WITHDRAWN

HARVARD LIBRARY

WITHDRAWN

ARISTOTELISCHES ERBE
IM ARABISCH-LATEINISCHEN MITTELALTER

ÜBERSETZUNGEN, KOMMENTARE, INTERPRETATIONEN

MISCELLANEA MEDIAEVALIA

VERÖFFENTLICHUNGEN DES THOMAS-INSTITUTS
DER UNIVERSITÄT ZU KÖLN

HERAUSGEGEBEN VON ALBERT ZIMMERMANN

BAND 18

ARISTOTELISCHES ERBE
IM ARABISCH-LATEINISCHEN MITTELALTER

ÜBERSETZUNGEN, KOMMENTARE, INTERPRETATIONEN

WALTER DE GRUYTER · BERLIN · NEW YORK
1986

ARISTOTELISCHES ERBE IM ARABISCH-LATEINISCHEN MITTELALTER

ÜBERSETZUNGEN, KOMMENTARE, INTERPRETATIONEN

HERAUSGEGEBEN VON ALBERT ZIMMERMANN
FÜR DEN DRUCK BESORGT VON GUDRUN VUILLEMIN-DIEM

WALTER DE GRUYTER · BERLIN · NEW YORK
1986

B
725
.A75
1986

CIP-Kurztitelaufnahme der Deutschen Bibliothek

Aristotelisches Erbe im arabisch-lateinischen Mittelalter :
Übers., Kommentare, Interpretationen / hrsg. von Albert Zimmermann. — Berlin ; New York : de Gruyter, 1986.
  (Miscellanea mediaevalia ; Bd. 18)
  ISBN 3-11-010958-1
NE: Zimmermann, Albert [Hrsg.]; GT

© 1986 by Walter de Gruyter & Co., 1000 Berlin 30
Alle Rechte, insbesondere das Recht der Übersetzung in fremde Sprachen vorbehalten.
Ohne ausdrückliche Genehmigung des Verlages ist es auch nicht gestattet, dieses Buch
oder Teile daraus auf photomechanischem Wege (Photokopie, Mikrokopie) zu vervielfältigen.
Printed in Germany
Satz und Druck: Arthur Collignon GmbH, 1000 Berlin 30
Bindearbeiten: Lüderitz & Bauer, Berlin

VORWORT

Das geistige Erbe, das Aristoteles hinterlassen hat, läßt sich mit gutem Grund „Universalwissenschaft" nennen; denn die von ihm stammenden Werke führen in die sachlichen und methodischen Probleme fast aller wissenschaftlichen Disziplinen ein, von der systematischen Untersuchung einzelner Bereiche der Wirklichkeit bis hin zur ranghöchsten theoretischen Wissenschaft, der Ersten Philosophie oder Metaphysik. Daher rührt auch die große Wertschätzung, der die aristotelischen Schriften sich während vieler Jahrhunderte erfreuten. Aristoteles galt im islamisch-arabischen Kulturkreis als „erster Lehrer", und er wurde schon bald nach dem Bekanntwerden seiner Werke an den europäischen Hochschulen des Mittelalters „der Philosoph" genannt. Die Erforschung der Geisteswelt jener Jahrhunderte besteht somit zu einem großen Teil im Erschließen der Überlieferung und der Benutzung des aristotelischen Gedankenguts. Grundlage dieser Arbeiten sind zuverlässige Quellentexte, die wiederum Ergebnis editorischer Bemühungen sind.

Dieser 18. Band der Miscellanea Mediaevalia enthält Beiträge von Wissenschaftlern aus drei Instituten, an denen kritische Editionen erarbeitet werden: dem Thomas-Institut der Universität zu Köln, dem Albertus-Magnus-Institut in Bonn und dem Aristoteles-Latinus-Zentrum in Löwen. Das Thomas-Institut ist an mehreren Vorhaben beteiligt, so an der Edition des „Aristoteles Latinus", der Werke des Nikolaus von Kues und der lateinischen Übersetzungen der Aristoteleskommentare des Averroes. Forschungsgegenstand sind ferner lateinische Aristoteleskommentare aus dem 13. und 14. Jahrhundert und die Lehren der großen Denker Albertus Magnus und Thomas von Aquin, die nachdrücklich für eine Aneignung und Benutzung des aristotelischen Erbes eintraten. Das Albertus-Magnus-Institut in Bonn gibt das Gesamtwerk dieses bedeutenden mittelalterlichen Gelehrten heraus. Zahlreiche Bände sind bereits erschienen. Das Projekt des „Aristoteles Latinus", das von Löwen aus geleitet wird, umfaßt die verschiedenen mittelalterlichen lateinischen Übersetzungen der Werke des Aristoteles, und auch davon liegen schon etliche Bände vor.

Die hier zusammengestellten Beiträge geben einen querschnittartigen Einblick in die Erforschung des aristotelischen Erbes. Sie lassen die Rolle erkennen, welche die Übersetzungen bei der Vermittlung der aristotelischen Texte im Mittelalter gespielt haben. Sie gehen den Schwierigkeiten nach, mit denen die Übersetzer konfrontiert waren und geben Beispiele von gedanklichen Verschiebungen, die sich dabei vollzogen haben. Sie geben einen Einblick in die Methode und Arbeitsweise eines der bedeutendsten mittelalterlichen Übersetzers und vermitteln zugleich einen Eindruck von den editorischen Problemen, welche mit der Identifizierung und Rekonstitution von Texten verbunden sind, die mehrfach übersetzt, viel gelesen und kommentiert wurden und deren Überlieferung zahlreichen Veränderungen, Vermischungen und Kontaminationen ausgesetzt war. Des weiteren sind in Editionen ausgewählter Kommentartexte und in Einzelstudien der Einfluß und das Nachwirken aristotelischer Gedanken zu verfolgen, seien es bestimmter Lehrstücke, wie bei Albertus Magnus, Thomas von Aquin und anderen Gelehrten, sei es — wie etwa bei Nikolaus von Kues — der „peripatetischen Philosophie" insgesamt.

Allen Kollegen, die Beiträge für den vorliegenden Band verfaßt haben, sei herzlich gedankt. Der Dank gilt auch Herrn H. Hastenteufel für die zuverlässige Erstellung des Registers. Dem Verlag de Gruyter, der bei der Planung und der Drucklegung dieses Bandes großes Entgegenkommen bewies, bin ich besonders dankbar.

Köln, 25. 6. 1986   Albert Zimmermann

INHALTSVERZEICHNIS

ALBERT ZIMMERMANN:
Vorwort V

PAUL HOSSFELD (Bonn):
Studien zur Physik des Albertus Magnus. I. Ort, örtlicher Raum
und Zeit. II. Die Verneinung der Existenz eines Vakuums 1

ALBERT ZIMMERMANN (Köln):
Zur Unterscheidung des sinnlichen Strebevermögens gemäß Thomas von Aquin 43

HANS GERHARD SENGER (Köln):
Aristotelismus vs. Platonismus. Zur Konkurrenz von zwei Archetypen der Philosophie im Spätmittelalter 53

J. HEINRICH RIGGERT (Köln):
Vier Fragen über die Zahl. Ein ungedruckter Text des Wilhelm
von Clifford zu Arist. Phys. IV 14 81

NOTKER SCHNEIDER (Köln):
Eine ungedruckte Quästio zur Erkennbarkeit des Unendlichen in
einem Metaphysik-Kommentar des 14. Jahrhunderts 96

CLEMENS KOPP (Köln):
Die Fallaciae breves (ad modum Oxoniae) — ein Werk Walter
Burleys? 119

EGBERT MEYER (Bochum):
Sprache und Weisheit — ein Text aus Ibn al-ʿArabīs al-Bulġa fī
l-ḥikma 125

RUDOLF HOFFMANN (Köln):
Übersetzungsbedingte Verständnisprobleme im Großen Metaphysik-Kommentar des Averroes 141

ROLAND HISSETTE (Köln):
Les éditions anciennes de la traduction de Guillaume de Luna du
commentaire moyen d'Averroès au De Interpretatione 161

HORST SCHMIEJA (Köln):
Drei Prologe im Großen Physikkommentar des Averroes? 175

Jozef Brams (Löwen):
Das Verhältnis zwischen der Translatio Vaticana und der Translatio Vetus der Aristotelischen Physik 190

Jozef Brams (Löwen) und Gudrun Vuillemin-Diem (Köln):
Physica Nova und Recensio Matritensis — Wilhelm von Moerbekes doppelte Revision der Physica Vetus 215

Gudrun Vuillemin-Diem (Köln):
Recensio Palatina und Recensio Vulgata — Wilhelm von Moerbekes doppelte Redaktion der Metaphysikübersetzung 289

Namenregister 367

STUDIEN ZUR PHYSIK DES ALBERTUS MAGNUS
I. Ort, örtlicher Raum und Zeit.
II. Die Verneinung der Existenz eines Vakuums

von Paul Hossfeld (Bonn)

Erster Teil

Ort, örtlicher Raum und Zeit nach Albertus Magnus

Eine kurze Vorbemerkung: Weil das griechische Wort ὁ τόπος, lateinisch *locus*, in erster Linie Ort, Stelle, Platz bedeutet, bisweilen aber den gleichen Sinn wie Raum hat, manchmal sogar zum besseren Verständnis mit Raum übersetzt werden sollte, habe ich das Thema ‚Ort, örtlicher Raum und Zeit nach Albertus Magnus' formuliert[1].

Das Thema ‚Ort, örtlicher Raum und Zeit' beansprucht ein besonderes Interesse, seitdem man in der modernen Physik mit H. Minkowski und A. Einstein von der unauflöslichen Raum-Zeit-Einheit spricht[2], an die auch ein aristotelisch geprägter Naturphilosoph des 20. Jahrhunderts wie N. Hartmann nicht vorbeigehen konnte, wenn er über den Raum philosophierte[3]. Die folgende Darstellung bietet einen kurzen Abriß der Lehre Alberts und seiner Quellen dar und untersucht das Verhältnis von Ort, örtlichem Raum und Zeit in Alberts Physik.

Albert behandelt im 4. Buch seiner Physik, gleich im ersten Traktat, das Thema Ort, örtlicher Raum eingehend, später, in De caelo et mundo, die Frage, ob es außerhalb des Himmels und somit der Welt einen Raum

---

[1] P. Gohlke, Aristoteles, Physikalische Vorlesung, Paderborn 1956, 322: ‚Die Übersetzung von τόπος macht bisweilen Schwierigkeiten, weil es sowohl Ort wie Raum bedeuten kann. Aristoteles bekämpft vor allen Dingen die Auffassung, wonach es einen leeren Raum gibt, der also ein ausgedehntes Nichts wäre'. K. Prantl, Aristoteles' Acht Bücher Physik. Neudruck der Ausgabe Leipzig 1854, Aalen 1978, 495: ‚Es ist übrigens nicht ohne Absicht geschehen, daß ich das deutsche Wort ‚Raum' nur für χώρα ... gebrauchte ..., denn für den philosophischen Sprachgebrauch ist Raum viel zu metaphysisch abstrakt ...'. Für die Synonymität von τόπος und χώρα siehe die 6 Stellen aus der Physik und ‚Über den Himmel' des Aristoteles im Index Aristotelicus (ed. H. Bonitz), 767a. Langenscheidts Taschenwörterbuch, Altgriechisch, von H. Menge, Berlin 1981[37], 268: Raum ... ὁ τόπος. Langenscheidts Großwörterbuch, Griechisch Deutsch, von H. Menge, Berlin 1981[24], 690: τόπος, ὁ 1. ... c übh. Raum.
[2] E. R. Harrison, Kosmologie, Darmstadt 1983, 208.
[3] N. Hartmann, Philosophie der Natur, Berlin 1950, 98.

gibt[4]; in De natura loci nochmals allgemein das Thema Ort und örtlicher Raum mit der alsbaldigen Verengung des Blicks auf die Natur des geographischen Ortes[5]. Unter den logischen Schriften sei noch Alberts Kommentar Liber de sex principiis mit dem 5. Traktat über das ‚Wo' erwähnt[6].

Die Zeit wird bei Albert im 3. Traktat des 4. Buchs seiner Physik untersucht, vom Thema Ort/örtlicher Raum äußerlich durch das Thema Vacuum getrennt — oder auch nicht getrennt. Übrigens hatte Albert schon in seinem Werk De IV coaequaevis lang und breit über die Zeit geschrieben mit Vorgriff auf seine Physik[7]. Auch in seinem Kommentar zu (Pseudo) Dionysius, De divinis nominibus geht er auf das Thema Zeit ein[8]; die Zeit als Stiefschwester und Antipode der Ewigkeit. Es ist daher nicht verwunderlich, daß der Theologe und Philosoph Albert in seiner Physik dem Traktat über die Zeit einen philosophischen Traktat über die Ewigkeit folgen läßt, wie er in De IV coaequaevis einen solchen dem Thema Zeit vorausgeschickt hatte[9].

I. Alberts Lehre vom Ort und örtlichem Raum[10]

Und auch hier wieder eine Vorbemerkung, um sich in der Lehre Alberts vom Ort bzw. vom örtlichen Raum leichter zurechtzufinden. Wird bei Albert Ort im Sinne des örtlichen Raums verstanden, ist er nicht der Raum, in dem wir uns wie in einem Zimmer aufhalten oder wo sich ein Flugzeug in seinem Luftraum befindet oder die vielen Galaxien und Einzelsterne anzutreffen sind. Weiter ist zu beachten, daß diese philosophische Diskussion und Untersuchung ein naturphilosophisches Weltbild, meinetwegen auch Kosmosideologie genannt, umfaßt. Die äußerste Kugelschale der statisch endlichen Welt enthält in ihrer inneren Oberfläche zumindest alle körperliche Realität; die unterste Himmelskugelschale, nämlich die des Mondes, umfaßt mit ihrer inneren Oberfläche zumindest alle physischen Körper, die dem Entstehen und Vergehen unterworfen sind. Die innere Oberfläche des gleich unter der Mondkugelschale befindlichen Elements Feuer umfaßt oder enthält alles in der Luft, im Wasser, auf der Erde und in der Erde. Ähnliches gilt abgewandelt von der inneren Oberflä-

---

[4] Albertus Magnus, De caelo et mundo. Ed. Colon. t. 5,1, 73,49.
[5] Albertus Magnus, De natura loci. Ed. Colon. t. 5,2, 1,6 sqq.
[6] Ed. Paris. t. 1,344 sqq.
[7] Ed. Paris. t. 34,363 sqq.
[8] Ed. Colon. t. 37,396 sqq.
[9] Ed. Paris. t. 34,338 sqq.
[10] Nach meinem nach folgenden Handschriften kritisch erstellten Manuskript von Alberts Physik: Roma, Bibl. Apostolica Vaticana: Borghes. 307; Palat. lat. 976; Urb. lat. 192. Paris, Bibl. Nationale lat. 6509. Budapest, Széchényi lat. 61. Zwettl, Stiftsbibl. 301.

che der Luft und des Wassers, nur daß der Umfang all dessen, was enthalten ist oder umfaßt wird, von Mal zu Mal kleiner wird[11]. Hält man sich nur dies kurz vor Augen, daß sich in der Tat die Erde um die Sonne bewegt, also nach aristotelisch-albertschem Denken die Kugelschale der sich bewegenden Erde die Sonne umfaßt und somit zugleich höherwertiger als die ‚ruhende' Sonne ist, dann geht einem auf, wieviel überholte Spekulation dieses Weltbild des Aristoteles/Albert enthält!

Das Wort Ort/örtlicher Raum ist vieldeutig, denn die Verbindung oder Mischung ist anders im örtlichen Raum als ein einfacher Körper oder als der Himmel[12]. Und wenn wir sagen, etwas befinde sich im gemeinsamen Ort oder allgemein im örtlichen Raum (*in loco communi*), weil es im Himmel ist, und wir dabei meinen, daß es sich in der Luft befindet, so besagt dies genau, daß es in dem ihm eigentümlichen Ort bzw. örtlichen Raum ist. Wäre nämlich die ganze Luft der Ort bzw. der örtliche Raum von diesem etwas, dann wäre der Ort bzw. der örtliche Raum nicht dem im Ort Befindlichen (*locato*) gleich[13]. — Dies wird erst später verständlich.

Im Gesamtzusammenhang der Lehre der Physik läßt uns die Bewegung physischer Körper nach dem Ort und dem örtlichen Raum fragen, und aus ihr läßt sich besser als aus der Ruhe(lage der Körper) erkennen, was der Ort bzw. der örtliche Raum ist[14]. Man kann sagen, daß der Ort oder der örtliche Raum deshalb etwas Wirkliches ist, weil es die örtliche Bewegung oder die Ortsbewegung gibt[15]. Die Ortsveränderung oder der Wechsel des Orts beweist, daß der Ort neben den physischen Körpern etwas Wirkliches ist. Wasser, Luft und noch anderes können in einem Gefäß wechseln, der örtliche Raum aber bleibt; er ist ein Behältnis (*receptaculum*)[16]. Und auf eine natürliche Weise wird durch die Bewegung der einfachen physischen Körper bewiesen, daß der Ort etwas Wirkliches ist, nämlich durch die Bewegung von Erde, Wasser, Luft und Feuer zu ihrem eigentümlichen natürlichen Ort oder Raum. Nicht nur beweist dies, daß der örtliche Raum wirklich ist, sondern auch, daß er das Vermögen (*potentia*) besitzt, den zu ihm bewegten Körper in seiner ihm zukommenden Weise zu vollenden. Es gibt sechs Arten oder Teile einer derartig vollendenden Kraft des örtlichen Raums: das Oben, das Unten, das Vorne, das Hinten, das Rechts und das Links; sie sind nicht menschlich subjektiv, sondern gemäß der Natur[17].

---

[11] Vergleiche B.4 Tr.1 K.2.
[12] B.4 Tr.1 K.1.
[13] B.4 Tr.1 K.8.
[14] B.4 Tr.1 K.8.
[15] B.4 Tr.1 K.1.
[16] B.4 Tr.1 K.2.
[17] B.4 Tr.1 K.2.

Der örtliche Raum ist keine Form, denn bei der Bewegung eines physischen Körpers werden dessen Form und Materie nicht von ihm getrennt, wohl aber der örtliche Raum. Zudem bedeutet die Trennung der Form vom physischen Körper dessen Ruin, nicht jedoch dessen Ruin die Trennung vom Raum. Zudem kennt der örtliche Raum mit oben, unten, vorne, hinten, rechts und links sechs Unterschiede, aber die Form hat nichts Dergleichen; usw.[18].

Der örtliche Raum ist auch keine Materie. Das ergibt sich zum Teil aus denselben Gründen, die gegen die Behauptung vorgebracht wurden, daß der örtliche Raum keine Form ist. Die Materie unterscheidet sich vom örtlichen Raum auch dadurch, daß der örtliche Raum das in ihm Befindliche oder das ‚Umraumte' (*locatum*) umfaßt (*continet*) und begrenzt (*terminat*), die Materie jedoch umfaßt wird und nicht umfaßt. Es ist auch zu bedenken, daß wenn die Form in der Materie ist und die Materie in einem Ding, dessen Materie sie ist, dies ein anderes Insein bedeutet, als wenn etwas im örtlichen Raum ist. Denkt man an die örtliche Bewegung eines Dings, bestehend aus Materie und Form, zu seinem Ort, dann würden die Materie und die Form als Räume zu Räumen bewegt, wären sie selbst örtlicher Raum; dann gäbe es auch einen Raum des Raumes[19].

Der örtliche Raum ist auch kein Vakuum in dem Sinn, wie Hesiod meinte, daß Gott bei der Erschaffung der Welt das Chaos als ein leeres Behältnis (*receptaculum inane*) gemacht habe und dann erst die Erde, schwimmend auf den Wassern. Vielmehr ist mit Berufung auf Aristoteles als Zeugen zu sagen, daß mit der Welt der Raum als Umkreis (oder: umfassende Kugelschale; *circumferentia*) erschaffen wurde, der alles an seine Stelle bringt (*locans*)[20]. Der örtliche Raum ist auch kein Zwischenraum (*spatium*), weder ein bei wechselnden Körpern stets voller Zwischenraum, noch ein bisweilen leerer Zwischenraum zwischen den äußersten Enden dieses örtlichen Raums. Das würde u. a. heißen, daß die drei Dimensionen des leeren Zwischenraums mit den drei Dimensionen des darin befindlichen Körpers verschmölzen; d. h., man könnte nicht mehr zwischen dem Ort als örtlichem Raum und dem im Ort befindlichen oder vom Ort ‚umraumten' Körper unterscheiden[21]. Zudem läßt sich noch sagen, daß jenes zugleich sein will, was zueinander eine Zusammenstellung hat (oder: was zueinandert gehört); deswegen will der örtliche Raum zugleich mit der in ihm befindlichen Sache sein. Das Ende nämlich und das, dessen Ende es ist, sind zugleich; der örtliche Raum ist aber in einem gewissen Sinn ein Ende, und das im örtlichen Raum Befindliche wird auf diesen örtlichen Raum

---

[18] B.4 Tr.1 K.5.
[19] B.4 Tr.1 K.5.
[20] B.4 Tr.1 K.2.
[21] B.4 Tr.1 K.9.

hin begrenzt. Daher ist klar, daß er kein abgesondertes Vakuum ist[22].

Seinem unvergänglichen Wesen nach (*secundum essentiam*) ist der Ort bzw. der örtliche Raum gewissermaßen eine Oberfläche eines umfassenden Körpers (*superficies quaedam continentis corporis*), die ihrem konkreten Sein nach (*secundum esse*) vergehen kann, das sie in der Beziehung zum (konkreten) im Ort Befindlichen oder zum ‚Umraumten' (*locatum*) hat[23]. Als Beiträge zur Wesens- und Begriffsbestimmung lassen sich mittlerweile folgende Merkmale anführen: Der örtliche Raum enthält das, dessen Raum er ist, von dem er aber selbst nichts ist; er umfaßt (*continet*) nämlich von außen (*extrinsecus*) wie eine äußere Oberfläche (*superficies exterior*), an der die Quantität des ‚Umraumten' oder des im Ort Befindlichen (*locati*) seine Grenze findet. Der örtliche Raum ist ausdehnungsmäßig (*secundum extensionem*) weder größer noch kleiner als der Körper, den er enthält, sondern ihm gleich. Diese Gleichheit bezieht sich nicht auf jede Dimension, weil der Ort (!) nicht drei, sondern nur zwei Dimensionen hat. Oder der Ort/der örtliche Raum hat gewissermaßen drei Dimensionen, weil die Dimensionen auf eine doppelte Weise verstanden werden (*habentur*), nämlich wesensgemäß (*secundum essentiam*) und gemäß der Ausführung oder der Wirkung (*secundum effectum*). Seinem Wesen nach hat der Ort (!) Breite (*latitudo*) und Länge (*longitudo*). Da der Ort aber (als örtlicher Raum!) in der Tat (*verissime*) entsprechend seiner Wirkung enthält (oder umfaßt; *continet*), ist er dafür die Ursache, daß das ‚Umraumte' oder das im Ort Befindliche in seinem Zustand aufrechterhalten wird. — Man denke an einen Eimer Wasser mit zweidimensionaler Bodenfläche und den Eimerwänden als dritter Dimension, die das Wegfließen verhindern. — Hierbei erfährt der Zusammenhalt (*continentia*) seine Grenze in der Mitte des ‚Umraumten'; er ist entsprechend der Raumtiefe da (*secundum profundum*), weil er bis zur Mitte des ‚Umraumten' reicht. Auf diese Weise ist der örtliche Raum dem ‚Umraumten' oder im Ort Befindlichen gleich. — Man denke hier an einen Bogen Pappe, der als Bogen nur zwei Dimensionen hat, den man dann zurechtschneidet und genau passend um zahlreiche kleine Geschenke legt, so daß sie verpackt sind und zueinander einen festen Halt haben. — In einer Erwiderung zu den Einwänden der Scharfsinnigen unter den Epikureern[24] betont Albert, daß der im Ort als örtlichem Raum befindliche Körper zwar ganz in diesem Ort ist, daß er jedoch mit der Kraft (*virtus*) des Orts zuerst durch die Oberfläche verbunden wird und daß sich die Kraft durch die Oberfläche in dem ganzen im Ort befindlichen physischen Körper ausbreitet. Albert schließt sich dem Ge-

---

[22] B.4 Tr.1 K.12.
[23] B.4 Tr.1 K.2.
[24] B.4 Tr.1 K.10.

danken des Avicenna an, daß der Ort vorab (*proxime*) durch die Oberfläche ein enthaltender Ort oder örtlicher Raum ist.

Die Aufzählung charakteristischer Merkmale als Beiträge zu einer Wesens- und Begriffsbestimmung des Orts oder örtlichen Raums geht noch weiter. Der örtliche Raum fehlt keinem der im Ort befindlichen physischen Körper oder keinem ‚Umraumten' und ist doch von einem jeden Körper abtrennbar. Der örtliche Raum hat Unterschiede der Lage wie oben und unten, die der natürlichen Bewegung der Körper entsprechen. — Man denke hier an den zu Beginn skizzierten Weltaufbau. — Die anderen vier Lageunterschiede, also vorne und hinten, rechts und links findet man nur beim beseelten Körper. Aber jeder Körper, der eine natürliche Bewegung besitzt, bewegt sich zu dem ihm eigentümlichen Ort (*ad proprium locum*), also nach oben oder unten, und bleibt dort[25].

In einer ersten, noch unfertigen Begriffsbestimmung des Orts oder des örtlichen Raums läßt sich folgendes sagen: Der örtliche Raum ist etwas, das berührt (*contingens*) und umfaßt, das in seiner Weite (*secundum spatium*) dem gleich ist, das in ihm ist, und in den (!) und zu dem die Bewegung dessen ist, das sich in ihm befindet[26]. — Am besten stellt man sich ein Gefäß vor, in das eine Flüssigkeit gegossen wird, die sich dann in ihm befindet wie in einem ganz konkret angepaßten Raum. — Oder es ist eher so, wie im 11. Kapitel geschildert wird, daß der Ort/der örtliche Raum auf zweierlei Weise vorkommt, wobei er das eine Mal bestimmt wird als eine Grenze (*terminus*), die dies von sich aus (*per se*) ist, oder als eine unbewegliche Oberfläche; als solche ist er der Ort der einfachen Körper wie der Elemente Erde, Wasser, Luft und Feuer. Das andere Mal ist der Ort/der örtliche Raum wie ein Gefäß (*vas*) und ist als solches beweglich und Ort oder örtlicher Raum auf Grund eines anderen. Wird in einem derartigen Ort oder örtlichen Raum ein physischer Körper bewegt und wird durch die Bewegung des Orts oder örtlichen Raums das in ihm Befindliche bewegt, wie ein Schiff im Fluß bewegt wird, dann wird es in ihm als dem Ort oder dem örtlichen Raum mehr wie in einem Gefäß bewegt als in einem Ort/örtlichen Raum, der enthält oder umfaßt, denn von sich aus will der Ort/der örtliche Raum unbeweglich sein. Sagt man, der Fluß sei der Ort bzw. der örtliche Raum des Schiffs, dann wird zutreffender (*convenientius*) der ganze Fluß, der als Ort bzw. örtlicher Raum eine Grenze ist, örtlicher Raum genannt als die Oberfläche des Flusses, die das Schiff berührt (*contingit*). Der ganze Fluß ist nämlich unbeweglich, bewegt sich aber in seinen Teilen (*secundum partes*); daher sind die Teile wie ein Gefäß, das Ganze aber wie eine unbewegliche Grenze (oder: Grenzschicht?). Um dies zu verstehen, muß man wissen, daß sich ein Ding

---

[25] B.4 Tr.1 K.7.
[26] B.4 Tr.1 K.8.

auf zweifache Weise im Ort bzw. im örtlichen Raum befindet, spricht man über den Ort bzw. den örtlichen Raum der Elemente und der aus Elementen zusammengesetzten Körper. Im eigentlichen Sinn (*proprie*) liegt ein Ort bzw. örtlicher Raum vor, wenn zahlenmäßig nur eine Oberfläche, in der die himmlische Kraft ausgebreitet ist, sowohl enthält als auch erhält und formt (*est continens, salvans et formans*); dieser ist im eigentlichen Sinn Ort bzw. örtlicher Raum und dem in seinem örtlichen Raum Befindlichen gleichgemacht (oder: angepaßt; *adaequatur*), weil nur ein Maß beide mißt, mißt doch die Oberfläche des Orts/des örtlichen Raums die Oberfläche des im Ort/Raum Befindlichen. Auf diese Weise befinden sich die einfachen Körper, die eine gerade Bewegung haben, im Ort, und von einem einfachen physischen Körper gibt es nur einen einfachen Ort, zu dem er sich bewegt. Die Kraft dieses Orts formt und erhält dann das im Ort Befindliche, indem sie sich in die Tiefe des Körpers bis zum Mittelpunkt ausbreitet. Weil nämlich die Kraft des Orts nicht ganz an der Oberfläche bleibt, sondern sich in die tiefe Weite (*spatium*) des im Ort befindlichen Körpers bis zum Mittelpunkt ausbreitet, deshalb bewegt sich Erde zum Mittelpunkt. Ähnliches, und zum Teil umgekehrt, läßt sich vom Feuer, oben in der inneren Schale des Mondhimmels, sagen, dessen formende Kraft nicht die Kälte wie bei der Erde, sondern die Wärme oder Hitze ist.

Der Ort oder der örtliche Raum der aus den Elementen gebildeten Körper (*elementata*) ist weniger eigentümlich, weil ihnen nur vermittels der Elemente ein Ort oder örtlicher Raum zukommt. Die Kunstgebilde menschlicher Hand (*artificialia*), das Abgetrennte und das Verdorbene (*corrupta*) befinden sich nur nebenher (*per accidens*) im Ort oder im örtlichen Raum; daher ist es nicht nötig, daß der sie umfassende Ort mit ihnen gleichartig ist[27].

So läßt sich jetzt die vollkommene Definition des Orts bzw. des örtlichen Raums geben. Der örtliche Raum ist das erste (oder: nächste; *primum*) gleiche (*aequale*; mit dem im örtlichen Raum Befindlichen) Enthaltende (oder: Umfassende, *continens*), das Unterschiede der Lage (*positionis*) hat, zu denen der bewegliche (physische Körper) entsprechend seiner Natur bewegt wird, und das im Hinblick auf die Bewegung dessen, was örtlich bewegt wird, unveränderlich ist (*intransmutabile*). Es ist daher klar, daß der örtliche Raum das in ihm Befindliche so umfaßt, wie das Gefäß (*vas*) seinen Inhalt enthält, und daß wie das Gefäß von seinem Inhalt abtrennbar ist, so der örtliche Raum von dem in ihm Befindlichen[28]. Klar ist demnach, daß, spricht man (ganz) allgemein über den Ort bzw. den örtlichen Raum, dann dort jeder beliebige Körper ist, dem es zukommt, daß er außer sich einen umgebenden und enthaltenden Körper hat[29].

---

[27] B.4 Tr.1 K.11.
[28] B.4 Tr.1 K.12.
[29] B.4 Tr.1 K.13.

Als Vorletztes eine kurze Erläuterung über den örtlichen Raum und die Bewegung des im örtlichen Raum Befindlichen. Ein im örtlichen Raum befindlicher physischer Körper wird entsprechend einer Änderung des örtlichen Raums bewegt, wobei der ganze bewegliche physische Körper den Ort oder den örtlichen Raum wechselt oder vertauscht (*transmutat*)[30]. — Freier formuliert läßt sich sagen, daß sich der physische Körper durch eine Raumschneise vieler örtlicher Räume bewegt. — Und wenn auch für den Ort bzw. den örtlichen Raum die Oberfläche und nicht die Tiefendimension wesentlich ist, darf man doch nicht sagen, daß eine Ortsbewegung zu einer Oberfläche erfolgt; vielmehr vollzieht sich die Bewegung zu einem Ort bzw. zu einem örtlichen Raum, wie er ein aktives und vollendendes (*perfectivam*) Vermögen des im Ort Befindlichen ist. Dieses Vermögen wurde dem Ort bzw. dem örtlichen Raum von einer himmlischen Kraft (*virtus caelestis*) eingegossen (*infusa*). Auch wird ein physischer Körper nicht zur Oberfläche eines möglicherweise entgegengesetzten Körpers als zu einer entgegengesetzten Oberfläche bewegt, sondern wie zu einem Formenden und Enthaltenden (*ad formans et salvans*)[31].

Zum Schluß noch ein Wort über den örtlichen Raum und den physischen Himmel. Weil der Himmel alles umfaßt, deswegen sagt man, alles sei im Himmel; der Himmel ist nämlich das Ganze und wird so genannt, weil er alles umfaßt und alles auf ihn hin geordnet ist. Ein Ort oder örtlicher Raum im eigentlichen Sinn ist er jedoch nicht, sondern er bildet die äußerste Grenze, von der aus der stufenweise Abstieg geht durch die Kugelschalen des Feuers, der Luft und des Wassers zur runden Erde. Der Himmel selbst befindet sich nicht in einem anderen als in seinem Ort oder örtlichen Raum[32], aber seine Teile haben die Natur, irgendwo wie in einem Ort oder Ortsraum zu sein (*alicubi esse sicut in loco*). Als Teile gelten nach der ausgesprochenen Ansicht Alberts die unteren Himmelssphären, bei denen ein Teil dem anderen untergeordnet ist. Vom obersten Himmel (oder von der obersten der vielen Himmelskugelschalen) läßt sich sagen, er befinde sich deshalb nebenher (*per accidens*), aber auch nur nebenher (!), in einem Ort oder örtlichen Raum, weil sein Zentrum in einem örtlichen Raum ist, also der Mittelpunkt der ganzen Welt, der mit dem Erdmittelpunkt zusammenfällt. Gilbert Porretanus irrt sich in seiner Behauptung, die äußerste Kugelschale des Himmels (und somit der Welt) bewege sich unter ihrer hohlrunden (konkaven) Oberfläche und befinde sich deswegen in einem Ort oder in einem Ortsraum; denn so wäre sie als Oberfläche ein örtlicher Raum außerhalb, obwohl sie nicht die Oberfläche eines von außen umfassenden fremden Körpers wäre[33].

---

[30] B.4 Tr.1 K.9.
[31] B.4 Tr.1 K.10.
[32] B.4 Tr.1 K.13.
[33] B.4 Tr.1 K.13.

II. Alberts Quellen seiner Lehre vom Ort oder vom örtlichen Raum[34]

Alberts Lehre über den Ort und örtlichen Raum ist ein paraphrasierender Kommentar zu dem entsprechenden Text der von ihm benutzten griechisch-lateinischen Übersetzung ('Translatio vetus)[35] der aristotelischen Physik. Zusätzlich zog Albert die arabisch-lateinische Übersetzung heran, die dem Kommentar des Averroes zur Physik des Aristoteles abschnittsweise beigegeben ist und dem Michael Scotus zugeschrieben wird[36]. Rein äußerlich betrachtet hat Albert den zugrundeliegenden Übersetzungstext mengenmäßig verfünffacht; das ist einmal die Folge des knappen, konzentrierten und abstrakten Gedankengangs seines Lehrmeisters Aristoteles, der bisweilen nach einer sehr ausführlichen Erläuterung verlangt, und ergibt sich zum Teil aus den weiteren von Albert benutzten Quellen. Die griechisch-lateinische Übersetzung, die Translatio vetus, ist eine Wort-für-Wort-Übersetzung des griechischen Aristotelestextes und wurde weitgehend in den Alberttext aufgenommen, mehr oder minder stark von erläuternden Worten Alberts unterbrochen. Beachtenswert ist, daß auf knapp einem Drittel des Aristotelestextes in seiner griechisch-lateinischen Übersetzung 58 Parallelen oder Fast-Parallelen zwischen Wörtern aus dem Alberttext und Interlinear'varianten' oder Interlinearkommentarbröckchen der benutzten Übersetzungshandschriften vorliegen. Dazu einige Beispiele:

hic (Transl.vetus) + *plato* (Alb., $a^1 c^1$)
alicubi + *in aliquo loco* (Alb., a^1)
species + *idest idee* (c^1) *species et ideae* (Alb.)
infinitum] *idest materia* ($a^1 c^1$) *materia* (Alb.)
sanitas + *sicut forma in materia* (c^1, Alb.)
opposita + *idest obiecta circa locum* (a^1) *circa locum obiecerunt* (Alb.)

Hierbei ist zu bedenken, daß es Albert ist, der überall nach Interpretationshilfen Ausschau hält.

Nicht selten übernimmt Albert einzelne Wörter oder Wortgruppen der schon erwähnten arabisch-lateinischen Übersetzung der aristotelischen Physik, wobei diese übernommenen Wörter hier die entsprechenden der Translatio vetus ersetzen, dort als Zweitformulierungen — bisweilen mit größerem Abstand — auftreten und schließlich drittens mehr oder minder

---

[34] Siehe dazu im allgemeinen: P. Hoßfeld, Die Physik des Albertus Magnus (Teil I, die Bücher 1—4), Quellen und Charakter. Albertus-Magnus-Institut, Bonn 1985.
[35] Von mir als eine halbwegs kritische Edition für den Teil I von Alberts Physik (Ed. Colon. t. 4,1; im Druck) nach folgenden Handschriften erstellt: Nürnberg, Stadtbibl. Cent. V 59 (= a). Paris, Bibl. Nationale lat.: 6325 (= b); 14386 (= e). Erfurt, Wissenschaftliche Allgemeinbibl. CA 2°: Fol. 29 (= c); Fol. 31 (= d). Alle 13. Jahrhundert.
[36] Aristoteles Latinus, Pars prior, Roma 1939, 104 n. (105).

belanglose Formulierungshilfen bilden. Einige Beispiele zu einer jeden der drei Arten mögen das veranschaulichen:

Gleich zu Beginn von Alberts Traktat über den Ort bzw. über den örtlichen Raum ersetzt Albert das *cognoscere* der Translatio vetus durch das *considerare* der arabisch-lateinischen Übersetzung[37]. Übrigens verwendet Albert das *cognoscere* der Translatio vetus einen Satz später. Anstelle des *species* der Transl. vetus benutzt Albert das *forma* der arabisch-lateinischen Übersetzung[38]. Wo die Translatio vetus liest „*Species quidem et materia non separantur a re, locum autem contingit; in quo namque aër erat, in hoc iterum aqua ... fit transmutatis ad invicem aëreque et aqua*', bietet die arab.-lat. Übersetzung „*forma enim et materia non separantur a re ab intentione, locus vero potest separari; locus enim, in quo fuit aqua, ... erit in eo aër secundum successionem ...*'. Und Albert liest so: „*Cum enim res transmutatur localiter, forma et materia a re mota non separantur, sed locus separatur a re mota; ergo nec locus est species nec materia. Locus enim, in quo nunc fuit aqua, non transmutatus cum ab eo removetur aqua, fit in eo aër, cum aqua et aër transmutantur ad invicem, quia aqua convertitur ad locum aëris et aër ad locum aquae secundum successionem ...*'.[39]

Das *tragelaphus* der Translatio vetus wird in der arabisch-lateinischen Übersetzung mit hircocervus wiedergegeben, und Albert bringt beide Wörter. Dasselbe gilt für *fligax* (Transl. vetus) und *chimaera* (Transl. arab.-lat.), die beide von Albert übernommen werden[40]. Ähnlich schreibt Albert sowohl *amphora* (Transl. vetus) als auch *cyphus* (Transl. arab.-lat.; d. h. scyphus)[41], sowohl *fiunt* (Transl. vetus) als auch *veniunt* (Transl. arab. lat.)[42].

An mehr oder minder belanglosen Formulierungshilfen sei folgendes angeführt:

hoc (Transl. vetus) *ipso* (Transl. arab.-lat.; Alb.)
unumquodque (Transl. vetus) + *istorum* (Transl. arab.-lat.; Alb.)
eodem (Transl. vetus) + *loco* (Transl. arab.-lat.; Alb.)
communis (Transl. vetus) + *et est ille* (Transl. arab.-lat.) *Et ille est* (Alb.)

Neben den beiden Übersetzungen der aristotelischen Physik, die als Grundlage von Alberts Paraphrase über den Ort bzw. den örtlichen Raum mehr als bloß einen Einfluß auf das Denken Alberts bedeuten, seien andere Schriften des Aristoteles in lateinischer Übersetzung erwähnt, die Albert in diesem Traktat beeinflußt haben und seinem Denken behilflich waren. Zu erwähnen ist vor allem De caelo et mundo. Mit Vorgriff auf dieses von Albert nach der Physik paraphrasierte Werk des Aristoteles (Περὶ

---

[37] Averroes, Physica B. 4 textus 1 (Venetiis 1562, f. 121 D). Alb., Physica B.1 Tr.1 K.1.
[38] Averroes, a. a. O. textus 15 (f. 126 K). Alb., Physica B.4 Tr.1 K.4.
[39] Averroes, a. a. O. textus 17 (f. 127 L). Alb., Physica B.4 Tr.1 K.5.
[40] Averroes, a. a. O. textus 1 (f. 121 D/E). Alb., Physica B.4 Tr.1 K.1.
[41] Averroes, a. a. O. textus 24 (f. 130 H). Alb., Physica B.4 Tr.1 K.6.
[42] Averroes, a. a. O. textus 37 (f. 137 D). Alb., Physica B.4 Tr.1 K.9.

οὐρανοῦ) konnte Albert näher auf die Lehre vom Ort oder vom örtlichen Raum im Zusammenhang mit der natürlichen Bewegung der Elemente eingehen oder die Beweisführung erhärten, daß sich der Himmel und somit die Welt nicht in einem äußeren Raum als ihrem Ort befinden. Sonst macht sich noch der Einfluß von De generatione et corruptione (Περὶ γενέσεως καὶ φθορᾶς), der Meteora (Μετεωρολογικῶν) und der Metaphysik (τῶν μετὰ τὰ φυσικά) des Aristoteles bemerkbar. Verglichen mit den vorhergehenden Büchern der Physik ist der zusätzliche Einfluß aristotelischer Werke auf Alberts Traktat De loco mäßig, und wo Albert in einer wichtigen Frage gegen Averroes auf Aristoteles verweist, der im Buch über die Natur der Götter ausdrücklich sage, die Welt sei von Gott erschaffen worden, hatte er vielleicht eine Stelle aus Ciceros gleichnamiger Schrift falsch im Gedächtnis behalten, wo Aristoteles namentlich erwähnt wird[43]; es ist möglich, daß er diesen Text Ciceros mit einer Stelle aus dem Liber de causis verschmolzen hatte, einem Werk, das nach Albert zum Teil aristotelischen Ursprungs ist[44].

Schon bei der Edition von Alberts Werk De caelo et mundo[45] und später bei der Edition von Alberts Schrift De generatione et corruptione[46] zeigte sich, daß Albert den jeweiligen Kommentar des Averroes mal mehr mal weniger herangezogen hatte, insgesamt gesehen jedoch sehr stark. Im mittlerweile druckfertigen Manuskript des Teils I (libri 1—4) der kritischen Edition der Physik Alberts findet das seine Bestätigung. Es ist daher angebracht, auf den Einfluß des von Albert bisweilen hart kritisierten[47] spanischen Mohammedaners Averroes auf Alberts Traktat De loco einzugehen, nachdem die aristotelische Grundlage besprochen wurde.

Albert übernahm fünf Mal den Hinweis auf eine aristotelische Äußerung mit Namensangabe des Aristoteles dem Physikkommentar des Averroes. Drei Mal wird dabei die Lehrmeinung des Aristoteles vorweggenommen, der Himmel befinde sich nur nebenher (*per accidens*) im Ort oder im örtlichen Raum. Ein weiteres Mal schreibt Albert fast wörtlich aus dem Kommentar des Averroes ab ‚*Aristoteles dicit in fine sexti physicorum*' und ebenfalls das Wesentliche dieser vorgezogenen Aussage des Aristoteles, nämlich daß die Himmelssphäre nicht dem Subjekt nach bewegt wird, sondern gemäß der Form[48]. Schließlich stammt Alberts Formulierung ‚*declaraverit Aristoteles in libro de motibus localibus animalium*' nebst einem

---

[43] M. T. Cicero, De natura deorum B.1 K.13 (ed. C. F. W. Mueller, Leipzig 1879, 15, 18sq.).
[44] Liber de causis V (VI) (ed. A. Pattin, Louvain 1966, 60, 10sqq.). Alb., De causis proc. univ. B.2 Tr.1 K.25 (Ed. Paris. t. 10 475bsq.), B.2 Tr.1 K.1 (435b).
[45] Ed. Colon. t. 5,1, numerus currens 9).
[46] Ed. Colon. t. 5,2, numerus currens 15).
[47] Alb., Physica B. 2 Tr.1 K.10.
[48] Averroes, a. a. O. B.4 Kommentar 45 (f. 144G). Alb., Physica B.4 Tr.1 K.13.

Teil der hiermit verbundenen Aussage aus dem Kommentar des Averroes[49].

Wenn Albert mal Alexander Peripateticus (bzw. Aphrodisias) anführt, z. B. als Vorläufer der Lehrmeinung Avicennas, die Bewegung des ersten Himmels vollziehe sich in der Lage der Himmelsteile, nicht aber im örtlichen Raum, mal Themistius, dann wieder Avempace, der sich auf Alfarabius zu beziehen scheine, schließlich Johannes Grammaticus, dann hat Albert den Kommentar des Averroes zur Physik des Aristoteles als Quelle herangezogen; dasselbe gilt vier Mal an Stellen, wo Albert Antiqui sprechen läßt. Zu vielen Textparaphrasen hat Albert keine Anregung vom Kommentar des Averroes bekommen, zu anderen hat er ohne Scheu tief in den Kommentar gegriffen und reichlich Anleihen bezogen, bisweilen zu Ausführungen von 4 oder 5 oder sogar von 6 Zeilen Länge. Zur Frage, ob sich der erste Himmel von sich aus (*per se*) oder nebenher (*per accidens*) im örtlichen Raum befindet und ob er sich *per se* oder *per accidens* bewegt, läßt Albert den Averroes selbst mit dessen Auffassung zu Wort kommen, wobei er Averroes namentlich erwähnt.

Nach oder neben dem Physikkommentar des Averroes ist Avicennas Werk ‚Sufficientia‘ eine beachtliche Quelle von Alberts Traktat ‚De loco‘. Drei Mal wird Avicenna von Albert namentlich erwähnt, das erste Mal zusammen mit dessen Sufficientia; hier wird in der Auseinandersetzung mit Gedanken sogenannter epikureischer Philosophen unter Berufung auf Avicenna erwidert, der im örtlichen Raum befindliche Körper (*corpus locatum*) sei zwar als Ganzes im Ort, aber die Kraft des Orts komme ihm zuerst durch die Oberfläche zu und durch sie werde sie im ganzen Körper ausgebreitet und Ursache dafür sei die Berührung (*contactus*) des Orts mit dem im Ort befindlichen Körper[50]. Die beiden anderen Stellen, an denen Albert Avicenna namentlich anführt, behandeln die Frage, ob sich der erste Himmel (oder die erste Himmelssphäre, *orbis*) in der Lage (*in situ*), nämlich in den Teilen des Himmels durch Erneuerung der Lage, oder im örtlichen Raum (*in loco*) bewegt[51].

Wie bei der Quellenabhängigkeit vom Physikkommentar des Averroes lassen sich bei Avicennas Sufficientia charakteristische Worte finden, die Albert in seinem Traktat De loco übernommen hat oder übernommen haben könnte; einige Beispiele, von denen eins aus der Metaphysik des Avicenna stammt:

extrinsecus ... exterior ... figura ... aequalitatis[52]
inani sive vacuo ... vacuum non est[53]

---

[49] Averroes, a. a. O. B.4 Kommentar 43 (f. 142L). Alb., Physica B.4 Tr.1 K.13.
[50] Alb., Physica B.4 Tr.1 K.10. Avic., Suff. B.2 K.9.
[51] Alb., a. a. O. B.4 Tr.1 K.13. Avic., Suff. B.2 K.3.
[52] Alb., a. a. O. B.4 Tr.1 K.7. Avic., Suff. B.2 K.9.
[53] Alb., a. a. O. B.4 Tr.1 K.7. Avic., Suff. B.2 K.9, K.8.

superficies concava[54]
duo spatia[55]
cum ... lapis stat in aqua fluente[56] = *lapis qui existit in aqua*[57]
locus ... est in genere accidentis ... et tamen non denominat locatum[58] = *ut a loco denominetur nomen locati ... Sed si denominaretur ab ea nomen esset verbum sicut locare: locus autem non est verbum: nec congruit lingue ut imponeretur ei nomen huiusmodi. Nec tamen ideo minus debet locus esse accidens*[59]
intendit assimilari primae causae[60] = *intentio eius est assimilari primo*[61]

Übrigens hat Albert im zweiten Buch seiner Physik Avicennas Sufficientia bisweilen über weite Strecken fast Wort für Wort übernommen[62].

III. Enthält Alberts Lehre vom Ort bzw. vom örtlichen Raum einen Ansatz zur gegenwärtigen Auffassung von der Raum-Zeit-Einheit?

Bei den möglichen Bestimmungen des Orts 1.) als einem durch Längen- und Breitengrade festgelegten geographischen Ort, 2.) als einem zweidimensionalen Platz, d. h. als einer physischen Fläche, 3.) als einem dreidimensionalen örtlichen Raum, 4.) als einem dreidimensionalen Raum in einem weiteren Sinn[63] bewegt sich Alberts Auffassung vom Ort zwischen der zweiten und der dritten Bestimmung und zwar näher zur dritten. Wenn Albert nur zwei Dimensionen für wesentlich hält und die dritte Dimension nur bedingt gelten läßt, dann kann man nicht sagen, daß er den Ort oder den örtlichen Raum in dem Sinn dreidimensional definiert, daß jede Dimension den beiden anderen Dimensionen gleichwertig ist, wie wir das heute vom Raum als dem realen Raum verstehen. Vielleicht ist Albert bei der Betonung der wesensmäßigen Zweidimensionalität des Orts bzw. des örtlichen Raums weitergegangen als Aristoteles, vielleicht unter dem Einfluß von Avicennas Sufficientia[64]. Oder Albert drückt nur klarer aus, was auch bei Aristoteles gemeint ist. Wie dem auch sei, wer von zwei Dimensionen ausgeht, wenn er vom Ort bzw. vom örtlichen Raum spricht, und demgegenüber die dritte Dimension in den Hintergrund treten läßt, weil sie nicht zum Wesen des Orts bzw. des

---

[54] Alb., a. a. O. B.4 Tr.1 K.8. Avic., Suff. B.2 K.9.
[55] Alb., a. a. O. B.4 Tr.1 K.9. Avic., Suff. B.2 K.7.
[56] Alb., a. a. O. B.4 Tr.1 K.10.
[57] Avic., Suff. B.2 K.6.
[58] Alb., a. a. O. B.4 Tr.1 K.14.
[59] Avic., Suff. B.2 K.9.
[60] Alb., a. a. O. B.4 Tr.1 K.13.
[61] Avic., Liber de philosophia prima sive scientia divina Tr.9 K.2 (ed. S. Van Riet, Louvain/Leiden 1980, 495, 95), K.3 (474).
[62] Alb., a. a. O. B.2 Tr.2 K.8. Avic., Suff. B.1 K.12.
[63] Siehe P. Gohlke in Anmerkung 1.
[64] Avic., Suff. B.2 K.9.

örtlichen Raums gehört, der bietet keinen Denkansatz für eine vierdimensionale Raum-Zeit-Einheit, bei der alle Dimensionen von der gleichen Bedeutung sind. Von uns aus betrachtet stellt Alberts Lehre vom Ort bzw. vom örtlichen Raum eine Sackgasse in der Gedankenentwicklung zur Vorstellung von der Raum-Zeit-Einheit dar.

Aristoteles und mit ihm Albert scheinen genauer und wirklichkeitsnäher zu denken als wir ‚Modernen'. Ihr Ort bzw. ihr örtlicher Raum ist mit der Oberfläche eines umgebenden oder ‚umraumenden' physischen Körpers dem im örtlichen Raum befindlichen physischen Körper ‚hautnah' angepaßt. Bei uns ‚Modernen' wurde der ganz konkret abgegrenzte örtliche Raum zu einem dreidimensionalen Etwas von gleichwertigen Dimensionen, der zwar von Wirklichem gebildet wird, andernfalls wäre er vom mathematischen Raum nicht zu unterscheiden, aber, wie K. Prantl schon sagte[65], einen Einschlag oder Charakterzug des ‚Metaphysischen' besitzt, der sich in einer Unbestimmtheit äußert, wie sich etwas im Raum befindet. Ein Mensch steht in einem Zimmer als seinem augenblicklichen Raum. Legt er sich flach auf den Boden oder hüpft er durch diesen Raum, ist es immer noch derselbe Raum, in dem er sich schon als ein Stehender befand. Bedenkt man aber die ‚hautnahe' Abgrenzung des örtlichen Raums und des in ihm befindlichen physischen Körpers weiter, dann muß auch die klare Bestimmung des örtlichen Raums, wie sie Aristoteles und Albert geben, etwas Unbestimmbares aufnehmen. Denn bei der Ortsbewegung eines physischen Körpers, die in einem fortwährenden Wechsel der ganz konkreten Ortsräume besteht, verdrängt der über eine Straße gehende Mensch sein Quantum Luft nicht nur nach vorne in die Bewegungsrichtung, noch strömt hinter ihm ein ihm entsprechendes Luftquantum aus dem genau hinter ihm liegenden örtlichen Raum der Luft nach, sondern von oben, von den Seiten und von hinten folgt die Luft und nach vorne, nach oben und zu den Seiten weicht die Luft. Das heißt, meine Bewegung als Mensch erfolgt in einer größeren Raumschneise als in der der mir genau angepaßten örtlichen Räume. Daher ist es ‚natürlicher', eine Erdhöhle, in der Menschen gehen, stehen und wohnen, als einen realen Raum anzusehen als die von Aristoteles und Albert so klar abgegrenzten und definierten örtlichen Räume. Aristoteles und Albert haben von Gegebenheiten abstrahiert, die im physikalisch-physischen Zusammenhang mitdazugehören. Daher kommt uns ihr Ortsverständnis so befremdlich vor; m.E. mit Recht. Dazu gesellt sich nicht zuletzt die aristotelisch-albertsche Lehre vom Aufbau der Welt im Untermondbereich, von der des Himmels ganz zu schweigen[66]. Für uns Menschen des 20. Jahrhunderts, sofern wie Chemieunterricht genossen haben oder uns allgemeinbildend interessieren,

---

[65] Siehe Anmerkung 1.
[66] Siehe hierzu meine Kritik im besonderen: P. Hoßfeld, Albertus Magnus als Naturphilosoph und Naturwissenschaftler; Teil II. Albertus-Magnus-Institut, Bonn 1983.

sind Erde, Wasser, Luft und Feuer keine Elemente; das Feuer liegt im Vergleich zur Erde, zum Wasser und zur Luft auf jeden Fall außerhalb der Betrachtung, ist es doch bedingt Ausdruck eines schnellen Energieumsatzes. Aber selbst wenn wir die aristotelisch-albertsche Lehre wohlwollend betrachten und die runde Erde von einer Kugelschale aus Wasser, diese von einer Kugelschale aus Luft umgeben betrachten, sind die runde Erde, die kugelschalenförmige Wassermasse der Ozeane und die kugelschalenförmige Luftmasse nicht der natürliche Ort oder Ortsraum für in die Luft geschleuderte Erdbrocken einer vulkanischen Explosion oder für aus der Luft fallende Regentropfen oder für aus der Erde tretende Gase bzw. für aus dem Wasser hochperlende ‚Luft'. Für uns gilt nicht mehr, daß ein Stück oder ein Teil eines einfachen Körpers, auch Element genannt, danach strebt, zu seinem ihm natürlichen Ort oder Ortsraum zu gelangen, wurde das Stück oder der Teil durch einen ihm äußerlichen Eingriff von seinem kugeligen oder kugelschalenförmigen Gesamtkörper getrennt, also von der Erde oder dem Wasser oder von der Luft. An die Stelle des natürlichen Orts oder Ortsraums ist das Wechselspiel von Massenschwerkraft oder Gravitationsfeld und spezifischem Gewicht (jeweils bezogen auf die Größe der Massenschwerkraft) getreten. Deswegen und nicht wegen einem Ort, der natürlich sein soll, bewegen sich z. B. reine und gemischte Gase, die nicht eingeschlossen sind, zu einem örtlichen Raum, der über der Erde und dem Wasser liegt.

Vielleicht darf man im Hinblick auf den Kosmos noch weitergehen und sagen, daß jede große Materiemasse um sich herum einen Raum ausspannt als Folge ihrer Schwerkraft. Und da große Materiemassen sich stetig verändern, und wenn nur unter astronomischer Zeitbetrachtung, und somit nicht nur ‚orten' oder ‚raumen', sondern auch ‚zeitigen', deshalb bilden die Materiebewegung oder Materieveränderung, der Raum und die Zeit eine Materie-Raum-Zeit-Einheit.

Mir bleibt eine Schlußbemerkung: Ich glaube nicht, daß meine Darstellung und meine Interpretationen unübertreffbar sind, aber vielleicht konnte ich zu weiterführenden Gedanken anregen.

IV. Alberts Lehre von der Zeit

Die Zeit ist kein Produkt der menschlichen Seele. Für einige Philosophen gibt es die Zeit nur als Produkt oder Erzeugnis der vergleichenden Seele; der Vergleich (*comparatio*) des Vorher (*ante*) und Nachher (*post*) in der Bewegung, den die Seele vollzieht, ist die Zeit, die das Maß der schnellen oder langsamen Bewegung ist. Für diese Behauptung führt Albert zahlreiche Gründe an[67].

---

[67] Alb., Physica B.4 Tr.3 K.3.

Im 16. Kapitel kommt Albert mit seiner aristotelischen Vorlage auf die Frage zurück, ob es die Zeit außerhalb der Seele gibt oder nur in der Seele. Für ihn ist das unter Einfluß von Averroes ein metaphysisches und kein naturphilosophisches Problem; um aber das Thema ‚Zeit' besser zu verstehen, geht er, zunächst im Anschluß an die Übersetzung der aristotelischen Physik, nochmals auf diese Frage ein und führt die ihn nicht ganz befriedigende Antwort des Averroes mit einer Anleihe aus der Sufficientia des Avicenna fort[68], indem er drei Gesichtspunkte klar unterscheidet: die gezählte Materie (der Bewegung), die formale Zahl und die Seele, die wirkmächtig, jedoch nicht im Sinne der Form zählt (*materia numerata, numerus formalis, anima efficienter et non formaliter numerans*).

Albert hatte schon vorher betont: Wir (*nos*) sagen, die Zeit existiert (ist; *est*) außerhalb der Seele[69].

Die Zeit wird mit der Bewegung wahrgenommen (*percipitur cum motu*)[70]; sie wird sogar nur durch die Bewegung erkannt. Wenn wir z. B. in uns eine Veränderung feststellen, dann sagen wir geschehe Zeit. Die Zeit selbst ist aber keine Bewegung, wohl ist sie etwas, was mit der Bewegung verbunden ist (*aliquid ... coniunctum motui*)[71]; ja, die Zeit ist weder Bewegung (*motus*) noch Veränderung (*mutatio*). Doch von den Alten sagten einige, die Zeit sei die Bewegung des Ganzen, also die tägliche Bewegung der ersten oder obersten Himmelssphäre. Diese Meinung vertrat auch Plato. Aber die Zeit kann nicht die Bewegung des Ganzen sein, denn dann wäre die Zeit der Kreislauf der Himmelssphäre (*circulatio circuli*) und ein Teil des Kreislaufs wäre der (ganze) Kreislauf, was nicht möglich ist, wohl aber, daß ein Teil der Zeit wiederum Zeit ist (*pars temporis est tempus*). Auch ist der Schluß nicht hinnehmbar, es gäbe mehrere Zeiten (*plura tempora*) zugleich, wenn mehrere erste Himmel und somit mehrere Himmelskreisläufe existierten (*plures caeli primi ... plures circulationes*). Die Zeit ist auch deswegen keine Veränderung oder Bewegung, weil es zwar eine schnelle oder langsame Bewegung gibt, aber keine schnelle oder langsame Zeit; schnell und langsam werden durch die Zeit definiert, aber die Zeit wird nicht durch die Zeit definiert.

Andere meinten, die Himmelssphäre selbst sei die Zeit, weil sich alles in der Zeit befindet, wie alles im ersten Himmel ist. Dieser Schluß beruht auf einer unerlaubten Zweideutigkeit des Enthaltenseins,‚ hier wie im örtlichen Raum, dort wie in der Zahl[72].

---

[68] Alb., a. a. O. B.4 Tr.3 K.16. Averr., Physica B.4 Komm. 131 (f. 202C–H). Avic., Suff. B.2 K.12.
[69] Alb., a. a. O. B.4 Tr.3 K.3.
[70] Alb., a. a. O. B.4 Tr.3 K.1.
[71] Alb., a. a. O. B.4 Tr.3 K.4.
[72] Alb., a. a. O. B.4 Tr.3 K.2.15.

Die Kontinuität oder der ununterbrochene Zusammenhang der räumlichen Weite (*spatium*) ist die Grundlage (*causa*) der Kontinuität der Bewegung im Sinne der Ortsbewegung (*continuitas motus localis est a continuitate spatii*), und deren Kontinuität ist die Grundlage der Zeit. Die Kontinuität der räumlichen Weite kann man danach betrachten, wie das Vorher (*ante*) und das Nachher (*post*) das eine Mal unter der Form der kontinuierlichen Größe (*continuae magnitudinis*), das andere Mal unter der Form des Früher und des Später (*prioris et posterioris*) stehen, und in diesem zweiten Fall sind sie Zahlwörter (*nomina numeralia*); so nämlich sind sie als Teile voneinander unterschieden und zählen die räumliche Weite. Abgewandelt gilt dasselbe von der Bewegung und nochmals abgewandelt von der Zeit[73], denn die Zeit ist in der Tat (*vera*) eine ununterbrochen fortlaufende Größe (*continua quantitas*)[74]. Sie besitzt die Kontinuität wie die Materie und die Trennung oder Scheidung (*discretio*), als Grundlage der zahlenmäßigen Quantität, wie die Form[75].

So kann jetzt eine Definition im engen Anschluß an den aristotelischen Übersetzungstext und mit Averroes wie folgt formuliert werden: Eine Definition, bei der es keinen Zweifel gibt, ist die, daß man sagen darf (*dicatur*), daß die Zeit die Zahl der Bewegung ist, verstanden vom Früher und Später, die in der Bewegung vorliegen (*tempus est numerus motus acceptus a priore et posteriore in motu existentibus*).

Im folgenden Kapitel 6 bestimmt Albert mit Hilfe von Averroes und Avicenna genauer, was unter ‚Zahl der Bewegung' zu verstehen ist. An der wirklichen oder realen Zahl kann man eine formale und eine materiale Seite unterscheiden; die eine läßt uns eins, zwei, drei usw. zählen, die andere meint die Zahl als gezähltes Ding (*res numerata*). Die Zeit als Zahl liegt dazwischen, aber näher zu der Auffassung von der Zahl als Form, verhält sich doch die Zeit zur Bewegung wie die Form zur Materie. Hierbei ist zu beachten, daß die Zeit als Zahl das Maß (*mensura*) jeder Bewegung ist, weil sie als Form auf nur eine Weise in jeder Bewegung ist wie die Form der Zahl auf nur eine Weise in allen gezählten Dingen. Betrachtet man fernerhin die Zeit wie die Bewegung in ihrem Dahinfließen, kann man sagen, daß die Zeit von sich aus (*per se*) ununterbrochen zusammenhängt, die Bewegung jedoch nur nebenher (*per accidens*), ist doch Ortsbewegung nur ein Sonderfall von Bewegung überhaupt. Die Zeit als gezählte Menge (*quantitas numerata*) der Bewegungsmomente (oder: Bewegungsstrecken; *momenta*) hat zuerst das von sich aus (*per se*) Früher und Später (*prius et posterius*), das einfach und absolut Früher und Später

---

[73] Alb., a. a. O. B.4 Tr.3 K.5.
[74] Alb., a. a. O. B.4 Tr.3 K.3.
[75] Alb., a. a. O. B.4 Tr.3 K.8.

genannt wird. Jede andere Sache (*res*) und die Bewegung selbst haben das Früher und Später nur, insofern sie durch jene Quantität gezählt werden.

Die Zeit ist das Maß (*metrum sive mensura; mensuratio*) der Bewegung. Daß nämlich die Bewegung in der Zeit ist, bedeutet dasselbe wie, daß die Bewegung von der Zeit gemessen wird, und zwar sowohl sie als auch ihr Sein. Die Bewegung selbst wird gemessen, wenn ihre Quantität gemessen wird, aber ihr Sein (*esse*), weil sie selbst zeitlich ist, da sie in gewisser Hinsicht ein Aufeinanderfolgendes ist (*successivum quiddam*). Was sich nicht verändert, sondern seiner Substanz nach immer (*semper*) ist, steht nicht unter der Zeit (*non ... sub tempore*) wie die ewigen Himmelskörper (*corpora caelestia ... aeterna*), die in ihrer Substanz nicht unter der Zeit stehen, wenn sie sich auch als Bewegliche (*mobilia*) wie in der Zeit oder im Jetzt der Zeit befinden (*sicut in tempore vel in nunc temporis*)[76].

Es gibt nur eine Zeit als Maß aller Zeiten, wie die erste kreisförmige Fortbewegung (*circulatio prima*) oder die Bewegung des ersten (= obersten) Himmels das Maß aller anderen Bewegungen ist[77].

Die Eigentümlichkeiten (*proprietates*) der Zeit: Eine Eigentümlichkeit der Zeit besteht darin, ein Kleinstes (*minimum*) zu haben, wenn man sie als Geschiedenes (oder abgetrennte Einheit; *discretum*) betrachtet, und als Kontinuum kein Kleinstes zu besitzen. Eine weitere Eigentümlichkeit der Zeit ist es, als kontinuierliche Zeit kurz und lang genannt zu werden, weil die Kürze (*brevitas*) und die Länge (*longitudo*) Eigenschaften des Kontinuums sind, als Zahl jedoch viel und wenig, weil die Vielheit (*multitudo*) und die ‚Wenigheit' oder Kleinheit (*paucitas*) Eigenschaften des Diskreten oder der Zahl sind. Eine andere Eigentümlichkeit der Zeit liegt darin, daß sie als ausgezählte (An)Zahl (*numerus numeratus*) das Vorher und Hinterher oder das Früher und Später (*prius et posterius*) immer anders hat, wie die Jetzt (*ipsa nunc*), die das Früher und Später teilen, immer anders sind. Aber als ganze formale Zahl ist die Zeit bei allem Gezählten dieselbe und zugleich (*idem et simul*); dieselbe Zahl, die von 100 Pferden gilt, gilt auch von 100 Menschen, das aber, von dem die Zahl gilt wie eine zählbare Materie, ist immer anders, weil Pferde von Menschen verschieden sind. Und noch eine Eigentümlichkeit der Zeit. Anders als die formale Zahl, aber wie die eine himmlische Kreisbewegung kommt die eine Zeit immer wieder; siehe die immer wiederkehrende Folge von Winter, Frühling, Sommer und Herbst. Mit der formalen Zahl stimmt sie jedoch darin überein, daß wir nicht allein mit der Zeit die Bewegung messen, sondern daß wir bisweilen auch mit der Bewegung die Zeit messen, wenn man z. B. sagt, die Zeit sei groß, weil die Bewegung (*motus*; oder Veränderung?)

---

[76] Alb., Physica B.4 Tr.3 K.10.
[77] Alb., a. a. O. B.4 Tr.3 K.17.

groß ist, wie wir die formale Vielheit oder die Zahl der Pferde auf Grund eines Pferdes erkennen oder erfassen (*cognoscimus*) oder wie man sich durch Abzählen an den Fingern einer formalen Zahl vergewissert[78].

Die Zeit hat zwei Teile, die Vergangenheit und die Zukunft (*praeteritum et futurum*). Der eine Teil ist nicht mehr, der andere Teil ist noch nicht. Die Gegenwart (*praesens*) ist unteilbar und kein Teil der zusammenhängenden oder ununterbrochenen Zeit (*non est pars continui temporis*), da sie als Jetzt (*nunc*) nur eine Grenze ist, wie der Punkt eine Grenze der Linie ist und kein Teil[79]. Entsprechend der Grammatik der lateinischen Sprache und beeinflußt von der in lateinischer Sprache vorliegenden Sufficientia des Avicenna[80] unterscheidet Albert später die in den drei Arten der Vergangenheit und den zwei Weisen der Zukunft befindlichen ‚Dinge'. Dann behandelt Albert im Anschluß an den lateinischen Aristotelestext das Verhältnis der Nichtseienden (*non-entia*) wie dessen, was unmöglich (*impossibilia*) ist, zur Vergangenheit und Zukunft, also zur Zeit, und der bisweilen Nichtexistierenden sowie der Immerseienden im Gegensatz zu den Niemalsseienden[81].

Die Zeit und das Jetzt (*nunc, instans*): Zeit und Jetzt (*nunc*) bedingen sich gegenseitig; gibt es keine Zeit, gibt es kein Jetzt, gibt es kein Jetzt, gibt es keine Zeit. Dieselbe Zusammengehörigkeit liegt bei ihrer Grundlage vor; auch das, was sich bewegt, und die Ortsveränderung (*loci mutatio*) gehören zusammen. Deshalb sind die Zeit als Zahl der Ortsveränderung und das Jetzt als Zahl dessen, was sich bewegt, zugleich (*simul*), wobei sich das Jetzt wie die Einheit in der Zahl verhält (*sicut unitas in numero*). Jetzt und Einheit der Zahl unterscheiden sich jedoch dadurch, daß die Zeit durch das Jetzt fortgesetzt und geteilt wird (*continuatur et dividitur*), die Zahl aber nur durch ihre Einheit geteilt, jedoch nicht fortgesetzt wird. Indem das Jetzt die frühere von der späteren Bewegung teilt und abgrenzt (*dividit et determinat*), ist es doch das Ende des Vergangenen und der Anfang des Zukünftigen (*finis praeteriti et principium futuri*), ähnelt es dem Punkt (*punctum*). Der Punkt bewirkt (*facit*) nämlich Zweierlei an einer ununterbrochen zusammenhängenden Länge (*continua longitudo*): er setzt sie fort, insofern er Grenze (*terminus*) ist und ein Unteilbares, das der vorherigen und der hinteren Linie (*anteriori et posteriori lineae*) gemeinsam ist; er teilt sie, insofern er die Grenze der einen und der Anfang der anderen ist. Und so ist es auch beim Jetzt (*instans*): es setzt die Zeit fort, nimmt man es wie

---

[78] Alb., a. a. O. B.4 Tr.3 K.9.
[79] Alb., a. a. O. B.4 Tr.3 K.1.
[80] Avic., Suff. B.2 K.13.
[81] Alb., a. a. O. B.4 Tr.3 K.11.

ein Unteilbares, das der vergangenen und der zukünftigen gemeinsam ist; als Jetzt (*nunc*) teilt es die Zeit, insofern es der Anfang der einen und das Ende der anderen ist. Diese Ähnlichkeit zwischen Jetzt und Punkt besteht aber nur in gewisser Hinsicht. — Albert arbeitet im Anschluß an seine Übersetzungsvorlage der aristotelischen Physik und mit Hilfe des Kommentars des Averroes die Unterschiede zwischen Punkt und Jetzt heraus[82].

Betrachtet man das Jetzt in seiner Wirklichkeit und in seinem Vermögen, läßt sich sagen, daß das Jetzt in seinem Wirklichkeitsvollzug (*actu*) für den ununterbrochenen Zusammenhang der Zeit verantwortlich ist, indem es die Teile der Zeit miteinander verbindet, während es in seinem Vermögen (*potentia*) zwei Seiten aufweist: für die Vergangenheit ist es die Grenze und das Ende, für die Zukunft ist es der Anfang. Auf Grund dieser seiner Natur teilt und unterscheidet das Jetzt und ist Grundlage für die Zeit als Zahl der Bewegung[83].

Nachdem Albert das Jetzt untersucht hat, bestimmt er das Wesen von ‚damals' (*tunc*), ‚schon' (*iam*), ‚einst' (*olim*) und ‚plötzlich' (*repente*). Hierbei kommt er bei der Bestimmung des ‚damals' zur Frage nach der Endlichkeit oder Unendlichkeit der Zeit, deren Lösung davon abhängt, ob die himmlische Kreisbewegung immer besteht oder nicht. Die Behauptung des Averroes, daß die Zeit nicht vergehe und deshalb ewig sei, weil sonst die Zeit in der Zeit vergehen müßte, wird von Albert als wertlos (*nullius valoris*) abgelehnt[84].

Von sich aus ist die Zeit mehr die Ursache des Vergehens als des Entstehens, und wenn man es genau betrachtet, muß man sagen, das Vergehen (*corruptio*) geschieht in der Zeit wegen der Veränderung (*propter mutationem*), die die Zeit zählt (*numerat tempus*), aber dennoch durch das eintritt, dem von sich aus die Zeit verbunden wird (*cui per se coniungitur tempus*)[85].

V. Alberts Quellen seiner Lehre von der Zeit

Was im II. Kapitel mittelbar oder implizite über die aristotelische Vorlage zur Physik Alberts im allgemeinen gesagt wurde, gilt natürlich auch für Alberts Traktat über die Zeit, und wie Albert die aristotelischen Kapitel über den örtlichen Raum in seinem entsprechenden Traktat mengenmäßig ungefähr verfünffacht hat so auch beim Thema Zeit. Innerhalb der gesamten Aristotelesvorlage über die Zeit konnte Albert 56 Interlinear-

---

[82] Alb., a. a. O. B.4 Tr.3 K.8.
[83] Alb., a. a. O. B.4 Tr.3 K.12.
[84] Alb., a. a. O. B.4 Tr.3 K.13.
[85] Alb., a. a. O. B.4 Tr.3 K.14.

'varianten' als Kommentarbröckchen seiner Übersetzungshandschrift oder seinen Übersetzungshandschriften entnehmen, oder diese stellen Parallelen zu Wörtern seines Kommentars dar; dazu einige bemerkenswerte Beispiele[86]:

differentia (Transl. vetus) + *propria* (Alb., c¹)
sicut (Transl. vetus) + *probat per simile* (c¹) *in simili* (Alb.)
principium (Transl. vetus) + *in tempore* (Alb., c¹)
generationem (Transl. vetus) + *dicunt esse circulum* (c¹) *dicitur esse circulus* (Alb.)
non (Transl. vetus) + *idest secundum suam substantiam* (a¹) *secundum quod est substantia quaedam* (Alb.)

Aus der arabisch-lateinischen Übersetzung übernimmt Albert für seinen Traktat ‚De tempore' etwa 144 Mal Lesarten oder er läßt sich von dieser Übersetzung in der Wortbildung beeinflussen. Bisweilen wird ein Wort der zugrunde liegenden griechisch-lateinischen Translatio vetus durch ein anderes der arabisch-lateinischen Übersetzung ersetzt, z. B.:

similiter (Transl. vetus) *tunc* (Transl. Arab.-Lat.; Alb.)[87]
determinantur ... determinatur (T.v.) *definiuntur ... definitur* (T.A.-L.; Alb.)[88]
Sardo (T.v.) *Rhodos* (T.A.-L.) *Rhodo* (Alb.)[89]
omnino (T.v.) *universaliter* (T.A.-L.; Alb.).)[90]
est multotiens (T.v.) *est iteratum* (T.A.-L.) *reiteratur* (Alb.)[91]

Öfters zieht Albert einzelne Wörter der arabisch-lateinischen Übersetzung als eine zusätzliche Lesart und Formulierung zu der griechisch-lateinischen Übersetzung heran; z. B.:

determinare (Transl. vetus) *distinguere* (Transl. Arab.-Lat.) *determinat et distinguit* (Alb.)[92]
terminus (T.v.) *finis* (T.A.-L.) *terminus et finis* (Alb.)[93]
quaerimus, quid est tempus (T.v.) *intentio est definire tempus* (T.A.-L.) *quaeramus, quid est tempus secundum ... diffinitionem* (Alb.)[94]
subito (T.v.) *statim* (T.A.-L.) *subito, hoc est statim* (Alb.)[95]
magnitudo (T.v.) *mensura* (T.A.-L.) *mensura ... magnitudo* (Alb.)[96]
cum quo fertur (T.v.) *translati* (T.A.-L.) *ab eo quod fertur ... translati* (Alb.)[97]

---

[86] Zu den Handschriftensiglen siehe Anmerkung 35.
[87] Averroes, Physica B.4 textus 93 (Venetiis 1562, f. 176A). Alb., Physica B.4 Tr.3 K.2.
[88] Averr., a. a. O. textus 96 (f. 177B). Alb., a. a. O.
[89] Averr., a. a. O. textus 97 (f. 177H). Alb., Physica B.4 Tr.3 K.4.
[90] Averr., a. a. O. textus 115 (f. 189L). Alb., Physica B.4 Tr.3 K.10.
[91] Averr., a. a. O. textus 124 (f. 197E). Alb., Physica B.4 Tr.3 K.13.
[92] Averr., a. a. O. textus 90 (f. 174H). Alb., Physica B.4 Tr.3 K.1.
[93] Averr., a. a. O. textus 91 (f. 175E). Alb., a. a. O.
[94] Averr., a. a. O. textus 98 (f. 178E). Alb., a. a. O. B.4 Tr.3 K.4.
[95] Averr., a. a. O. textus 98 (f. 178F). Alb., a. a. O.
[96] Averr., a. a. O. textus 99 (f. 179L). Alb., a. a. O. B.4 Tr.3 K.5.
[97] Averr., a. a. O. textus 105 (f. 184F). Alb., a. a. O. B.4 Tr.3 K.8.

ultima (T.v.) *duo fines* (T.A.-L.) *ultima ... duo fines* (Alb.)[98]
annum (T.v.) *hyems* (T.A.-L.) *hiems ... anno* (Alb.)[99]
multam ... multus (T.v.) *longam ... longus* (T.A.-L.) *longam et multam ... multus et longus* (Alb.)[100]
mensurabit (T.v.) *numeratur* (T.A.-L.) *mensurat ... numerat* (Alb.)[101]
duorum (T.v.) *duas intentiones quarum* (T.A.-L.) *duorum, quorum* (Alb.)[102]
superfluus (T.v.) *impar* (T.A.-L.) *impar et superfluum* (Alb.)[103]
quae semper sunt (T.v.) *res aeternae* (T.A.-L.) *quae semper sunt ... aeterna* (Alb.)[104]
non continet (T.v.) *non determinatur a tempore* (T.A.-L.) *non continet tempus* (Alb.)[105]
ambitum et planum (T.v.) *gibbositas et concavitas* (T.A.-L.) *ambitum, hoc est concavum, et planum, hoc est convexum* (Alb.)[106]

Nicht selten setzt Albert im Anschluß an ein Wort der Translatio vetus den Gedankengang mit Worten oder Gedankensplittern der arabisch-lateinischen Übersetzung fort; z. B.:

Temporis autem (T.v.) *sed temporis quaedam partes ... non sunt* (T.A.-L.) *Temporis autem duae partes non sunt* (Alb.)[107]
pars (T.v.) *pars temporis* (T.A.-L.; Alb.)
transmutantes (T.v.) *transmutati, sed non perceperimus* (T.A.-L.) *transmutamur ... percipere* (Alb.)[108]
enim (T.v.) + *cognoscitur per* (T.A.-L.) *per ... cognoscimus* (Alb.)[109]
semper (T.v.) + *quodammodo ... et quodammodo* (T.A.-L.; Alb.)[110]

Während der Einfluß anderer aristotelischer Schriften auf Alberts Traktat über die Zeit nicht besonders groß ist, infrage kommen De caelo et mundo, De generatione et corruptione, De anima und vor allem die Metaphysik, spielen der Kommentar des Averroes zur Physik des Aristoteles und Avicennas Sufficientia eine herausragende Rolle. Das wird von Albert selbst bestätigt, wenn er sagt[111], viele Lateiner hätten eine andere Auffassung von der Natur der Zeit als die Araber. Diesen Lateinern sei er einst (*aliquando*) gefolgt. Hier aber habe er sich entschlossen, in allem den Arabern zu folgen, ‚weil ich glaube, daß ihre Vorstellung von der

---

[98] Averr., a. a. O. textus 106 (f. 185C). Alb., a. a. O.
[99] Averr., a. a. O. textus 111 (f. 187L). Alb., a. a. O. B.4 Tr.3 K.9.
[100] Averr., a. a. O. textus 113 (f. 188K). Alb., a. a. O.
[101] Averr., a. a. O. textus 114 (f. 189D). Alb., a. a. O. B.4 Tr.3 K.10.
[102] Averr., a. a. O. textus 115 (f. 189K). Alb., a. a. O.
[103] Averr., a. a. O. textus 115 (f. 189L). Alb., a. a. O.
[104] Averr., a. a. O. textus 117 (f. 191H). Alb., a. a. O.
[105] Averr., a. a. O. textus 120 (f. 194E). Alb., a. a. O. B.4 Tr.3 K.11.
[106] Averr., a. a. O. textus 125 (f. 197M). Alb., a. a. O. B.4 Tr.3 K.13.
[107] Averr., a. a. O. textus 89 (f. 174C). Alb., a. a. O. B.4 Tr.3 K.1.
[108] Averr., a. a. O. textus 97 (f. 177H). Alb., a. a. O. B.4 Tr.3 K.4.
[109] Averr., a. a. O. textus 104 (f. 183B). Alb., a. a. O. B.4 Tr.3 K.7.
[110] Averr., a. a. O. textus 104 (f. 183B/C). Alb., a. a. O.
[111] Alb., Physica B.4 Tr.3 K.6: „*Sed hic per omnia Arabes sequi disposui, quia puto, quod intellectus eorum de tempore est verus*'.

Zeit wahr (oder: richtig) ist'. Mit den Arabern sind Avicenna und Averroes gemeint, die Albert immer wieder zur Ausdeutung seiner aristotelischen Vorlage heranzieht. So wird Avicenna kurz vorher namentlich erwähnt; insgesamt 6mal in diesem Traktat Alberts. Avicenna wird von Albert gegen jene Meinung zitiert, nach der die Zeit nur in der Seele existiert[112], kurz vorher ließ sich Alberts Formulierung ‚*tempus non est nisi aggregatio momentorum*', die sinngemäß von Gegnern der von Aristoteles und Avicenna vertretenen Zeitauffassung stammt, auf Avicennas Sufficientia als Quelle zurückführen[113]. Aristoteles und Avicenna werden namentlich erwähnt mit ihrem Beispiel vom fließenden Punkt, der eine Linie bildet[114]. Bei der Auseinandersetzung über die Natur des Jetzt (*nunc*), insofern es im Wirklichkeitsvollzug (*actu*) die Zeit zusammenhängend fortsetzt und dem Vermögen nach (*in potentia*) teilt, stellt sich Albert gegen Averroes auf die Seite des Avicenna: ‚Und dies ist das Verständnis des Avicenna, und ich glaube, daß es wahr ist'[115].

Über diese namentliche Erwähnung hinaus konnte ich etwa 40mal einen mehr oder minder großen Einfluß von Avicennas Suffentia auf Alberts Traktat ‚De tempore' ausmachen. In Alberts 3. Kapitel trifft man auf einer Manuskriptseite eine unterbrochene Folge von Sprachbrocken an, die sich in Avicennas Sufficientia nachweisen läßt: *esse nisi in anima … formae comparationum … cito … comparatio … mensurat … mobilis … quod est medium inter*[116]. Es folgt das schon oben angeführte Zitat Avicennas über die Zeit als *aggregatio momentorum,* dem nach kurzer Unterbrechung weitere Wort- und Gedankenanleihen aus der Sufficientia folgen. In manchen Kapiteln Alberts lassen sich zwei oder drei größere Textstücke nachweisen, die auf Avicennas Schrift zurückgehen und gesondert stehende Sprachbrocken nach sich ziehen wie *homines divini, non … permanens, cuius fluxus* oder *renovatio* (*situs*)[117]. Wo Albert von der *concomitantia temporis* spricht, liest Avicennas Sufficientia *comitantia temporis*[118], und wo sich Albert lang und breit über die verschiedenen Arten der Vergangenheit und der Zukunft ergeht, können Anklänge und Einflüsse aus Avicennas Sufficientia aufgewiesen werden[119]. Wenn Albert die Zirkeldefinition (*circularis diffinitio*) des Themistius tadelt, der sagte, die Zeit sei die Zahl der Bewegung entspre-

---

[112] Alb., Physica B.4 Tr.3 K.3.
[113] Avic., Suff. B.2 K.10.
[114] Avic., Suff. B.2 K.12. Alb., Physica B.4 Tr.3 K.7.
[115] Alb., Physica B.4 Tr.3 K.12: ‚*Et iste est intellectus Avicennae, et puto, quod verus*'. Avic., Suff. B.2 K.12.
[116] Alb., Physica B.4 Tr.3 K.3. Avic. Suff. B.2 K.10.
[117] Z. B.: Alb., Physica B.4 Tr.3 K.4.6.7. Avic., Suff. B.2 K.10.11.12; in K.11 heißt es *renovatio rerum* und *renovatio dispositionum*.
[118] Alb., a. a. O. B.4 Tr.3 K.10. Avic., Suff. B.2 K.13.
[119] Alb., a. a. O. B.4 Tr.3 K.11. Avic., Suff. B.2 K.13.

chend dem Vorher und Nachher (oder: dem Früher und Später) der Zeit, dann hat er in diesem Satz Aussagen des Averroeskommentars mit einer Aussage der Sufficientia des Avicenna kombiniert; Avicenna spricht von einem *aliquis ex discipulis,* der eine Zirkeldefinition gegeben habe, und Averroes liefert den Rest, also die Identifikation mit Themistius und die wörtlich ausgeführte Definition[120].

Vier Mal konnten *quidam*, je einmal *alii philosophi, quidam philosophi* und *philosophi* mit Hilfe der naturphilosophischen Schrift des Avicenna nachgewiesen werden.

Averroes, der andere ‚Araber', auf den sich Albert im Traktat über die Zeit besonders stützt, wird 8mal namentlich angeführt. Aber Albert steht ihm, wie man schon feststellen konnte, auch kritisch gegenüber. Zunächst wird Averroes mit seiner wahrscheinlichen Auffassung angeführt, die Zeit sei potentiell außerhalb der Seele im Beweglichen (oder: in dem, was sich bewegt) und *in actu* in der Seele[121]. Das zweite Mal zählt Averroes mit Avicenna, Alexander, Themistius, Theophrast und Porphyrius zu den berühmten Männern *(viri illustres)*, die die Meinung vertreten, daß die Zeit durch die Bewegung nur die Eigenschaft *(passio)* eines Beweglichen ist, nämlich des ersten Beweglichen (= der obersten Himmelssphäre)[122]. Im folgenden Kapitel zitiert Albert Averroes als den, der die kurz vorher widerlegte Unterstellung, die Zeit könnte als die Wahrnehmung von nur einem Jetzt aufgefaßt werden, mit einem weiteren Argument als irrig ausweist[123]. Man muß dann bis zum 12. Kapitel blättern, bis der Name des Averroes erneut fällt. Wie ich schon oben bei der Erwähnung Avicennas als Quelle Alberts gesagt habe, lehnt Albert die Meinung des Averroes über die Natur des Jetzt ab[124]. Gleich 3mal taucht der Name Averroes im 13. Kapitel auf. Es geht um die Frage, ob die Zeit begrenzt oder ewig sei, wie Averroes vertritt, weil doch ein Vergehen der Zeit in der Zeit erfolgen müßte, ein Argument, das Albert für wertlos hält[125]. Das letzte Mal greift Albert den Namen des Averroes dort auf, wo nochmals das Verhältnis von Zeit und Seele oder das Thema der sog. Objektivität der Zeit behandelt wird. Wie schon im Kapitel IV dieser Untersuchung dargetan wurde, reicht Albert das, was Aristoteles und Averroes bringen, nicht aus, um eine befriedigende Antwort zu erhalten und er schließt sich wieder enger den Gedanken Avicennas an[126].

---

[120] Alb., a. a. O. B.4 Tr.3 K.5. Avic., Suff. B.2 K.11. Averr., Physica B.4 Komm. 102 (f. 182C) + 101 (f. 181G).
[121] Alb., a. a. O. B.4 Tr.3 K.3. Averr., Physica B.4 Komm. 98 (f. 178 L sqq.).
[122] Alb., a. a. O. B.4 Tr.3 K.4. Averr., Physica B.4 Komm. 98 (f. 179B).
[123] Alb., a. a. O. B.4 Tr.3 K.5. Averr., a. a. O. Komm. 101 (f. 181D. G.).
[124] Alb., a. a. O. B.4 Tr.3 K.12. Averr., a. a. O. Komm. 121 (f. 196E).
[125] Alb., a. a. O. B.4 Tr.3 K.13. Averr., a. a. O. Komm. 124 (f. 197H−K).
[126] Alb., a. a. O. B.4 Tr.3 K.16. Averr., a. a. O. Komm. 130−131 (f. 201H−202H). Avic., Suff. B.2 K.12.

In allen 17 Kapiteln von Alberts Traktat ‚De tempore' ist der Einfluß des Physikkommentars des Averroes spürbar und belegbar, am wenigsten wohl im Kapitel 6, indem die Definition der Zeit bewiesen und erklärt wird, am stärksten vielleicht in den Kapiteln 9,13 und 17, in denen über die Eigentümlichkeiten (*proprietates*) der Zeit, über das Damals (*tunc*) usw. und die Endlichkeit oder Unendlichkeit der Zeit und über die Einmaligkeit der Zeit gedacht wird.

Der Ausdruck *philosophia extranea* für die Logik stammt von Averroes[127] und im folgenden Kapitel die nähere Bestimmung der Bewegung des Ganzen, also des Universums, als *motus diurnus* sowie die Erwähnung Platos, der in dieser Hinsicht besser gesprochen habe als die Alten (*antiqui*)[128]. Der etwas später formulierte Syllogismus: ‚In der Zeit befindet sich alles, und in der ersten Sphäre (des Himmels) ist alles; also ist die Zeit die erste Sphäre' geht auf Averroes zurück und ebenfalls die logische Beurteilung dieses Schlusses: *syllogizat ex affirmativis in secunda figura et aequivocat in propositione notante continentiam*[129]. Der vorletzte Satz des zweiten Kapitels, der die vorhergehende Aristotelesparaphrase Alberts abschließt, lautet: *Quantitas etiam motus diffinitur tempore, quia magnus est motus, qui est magni temporis, et parvus, qui est parvi;* bei Averroes so: ... *quantum, quod est in eo, definitur per tempus, cum dicitur quod magnus motus est in tempore magno, et parvus in parvo*[130].

Im folgenden dritten Kapitel hat Albert ein Textstück mit Erwähnung des Aristoteles dem Kommentar des Averroes entnommen, ist dabei aber freier verfahren als bei dem vorhergehenden Beispiel. Averroes liest: ... *Arist. intendebat quod nos non comprehendimus tempus, nisi cum movemur, idest quando per imaginationem comprehendimus motum: et quod hoc est signum quod tempus non est extra motum*[131]. Albert schreibt wie folgt um: *Adhuc autem, ut vult Aristoteles, nos non percipimus tempus nisi percipiendo motum in mente sive in anima. Hoc autem videtur ideo esse, quia tempus non sequitur nisi motum illum, qui est in anima, et non alium ... .*

Der von Albert etwas später zitierte Galienus wurde mit Namen und seiner Beweisführung dem Averroeskommentar entnommen[132]. Galienus und Augustinus, dessen Zeitverständnis Albert aus den ‚Confessiones' kannte, vertreten nach Albert die Meinung, daß wir die Zeit nur wahrnehmen, wenn sich in unserer Seele die Einbildungskraft (*imaginatio*) oder die Einsicht (*intelligentia*) bewegt bzw. regt. Über beide urteilt Albert, sie

---

[127] Alb., a. a. O. B.4 Tr.3 K.1. Averr., Physica B.4 Komm. 87 (f. 173I).
[128] Alb., a. a. O. B.4 Tr.3 K.2. Averr.,a. a. O. Komm. 93 (f. 176C.D).
[129] Alb., a. a. O. Averr., Physica B.4 Komm. 94 (f. 176I).
[130] Averr., a. a. O. Komm. 96 (f. 177E).
[131] Averr., a. a. O. Komm. 97 (f. 177M).
[132] Averr., a. a. O. Komm. 97 (f. 177M sq.).

verstünden nicht recht das Wesentliche (*nec Galienus nec Augustinus sciverunt bene naturas rerum*[133]).

Auch den Namen des Alfarabius und dessen grundsätzliche Auffassung von der Zeit entnimmt Albert dem Kommentar des Averroes[134], wenn er schreibt, daß von sich aus (*per se*) ein irgendwie großes Sein (*quantum esse*) teilbar ist und es daher feststeht, daß die Bewegung ein Quantum ist (*motum esse quantum*), wie Alfarabius sagt. Kurz darauf wird Alfarabius von Albert in einem Zug mit Avicenna genannt, die der Meinung des Aristoteles zu widersprechen scheinen, daß die Zeit den ununterbrochenen Zusammenhang von der Bewegung hat, weil, wie es dann im sechsten Kapitel Alberts heißt, die Zeit von sich aus (*per se*) ununterbrochen zusammenhängend ist, die Bewegung aber nur nebenher (*per accidens*), weshalb die Zeit als Quantität zuerst von sich aus das Vorher und Nachher (oder das Früher und Später) hat, wie es nach Albert die Meinung des Avicenna ist[135]. Dem schließt sich das Bekenntnis Alberts an, den Arabern zu folgen, wenn es um das Thema ‚Zeit' geht. Das läßt mich fragen, ob Albert mit den Arabern Avicenna und Alfarabius meint und nicht Avicenna und Averroes — oder etwa alle drei?

Die hier angeführten Belege mögen genügen, den starken Einfluß des Kommentars des Averroes auf Alberts Traktat ‚De tempore' aufzuzeigen.

VI. Alberts Lehren vom örtlichen Raum und von der Zeit eine ideengeschichtliche Sackgasse

Das Thema ‚Zeit' kreist um folgende Begriffe: räumliche Weite oder Raum und Bewegung im Sinne der Orts- oder Raumbewegung als die Grundlagen der Zeit; ebenso um das Vorher und Nachher, das Früher und Später. Sodann um den ununterbrochenen Zusammenhang und die Sonderung oder Diskretion, hierbei der zeitliche Fluß als Materie, die Sonderung in Gestalt der Zahl, die mißt, als Form; schließlich die zahlenmäßige Größe oder die zahlenmäßige Quantität als das eigentlich Wichtige an der Zeit, bezogen auf die Bewegung als Ortsbewegung mit ihrem Vorher und Nachher oder mit Avicenna absolut gesetzt. Ferner das Jetzt als Element der Zeit in etwa wie der Punkt als Element der Linie, insofern Jetzt und Punkt in ihrem Fließen betrachtet werden; das Jetzt mit seinen zwei ‚Gesichtern', hier des Vergehens, dort des Bleibens, oder, in Anlehnung an Hegel, als eine einfache Vielheit der Jetzt[136], d. h. viele konkrete

---

[133] Alb., a. a. O. B.4 Tr.3 K.4.
[134] Alb., a. a. O. B.4 Tr.3 K.5. Averr., a. a. O. Komm. 101 (f.181 E).
[135] Alb., a. a. O. B.4 Tr.3 K.5.6.
[136] G. W. Fr. Hegel, Phänomenologie des Geistes. Leipzig 1949⁵, 86.

einmalige, aber vorübergehende Jetzt als Träger eines bleibenden allgemeinen Jetzt im Fluß der Zeit; das Jetzt im Akt des Wirklichkeitsvollzuges als Fluß, als Diskretion in der Potenz oder im Vermögen die Zahl und das heißt die Zeit. Schließlich die Abhängigkeit der einen bewußtseinsunabhängigen (objektiven) Zeit von der einen himmlischen Kreisbewegung des ersten oder obersten Himmels.

Wir Menschen des 20. Jahrhunderts können nicht mehr wie Aristoteles, wie die Peripatetiker, wie die ‚Araber' und wie Albert die Bewegung eines ersten Himmels zum Ausgangspunkt einer Zeitbestimmung nehmen, auch nicht, wenn wir weiter mit einem Tag zu 24 Stunden rechnen; wir denken naturwissenschaftlich und naturphilosophisch nicht mehr geozentrisch (und anthropozentrisch), wenn wir uns auf den Kosmos beziehen. Als Grundlage der Zeit im Sinne der Zahl einer umfassenden oder zugrunde liegenden Bewegung kommt nicht mehr eine Himmelsbewegung infrage, die früher bestenfalls auch die unserer Milchstraße und ihrer Nachbarschaft miteinschloß, sondern die Lichtbewegung im Verhältnis zu einem Wasserstoffkern[137]; dies ist ein universelles Verhältnis und bleibt vielleicht nur für das Innere der sogenannten Schwarzen Löcher fraglich.

Vor allem aber ist zu beachten, daß die Zeit als Zahl definiert nur eine ‚aufliegende' oder nachfolgende Zeitlichkeit angibt[138]. Das Eigentliche an der Zeit ist der unumkehrbare Fluß des Jetzt, der nur eine Ausdehnungsrichtung oder Dimension kennt, also das, was Albert die Materie der Zeit bezeichnet. Auf Grund dieses eindimensionalen Charakters kann die Zeit mit dem dreidimensionalen Raum zu einer Raum-Zeit-Einheit vereinigt begriffen werden. Aber Albert betont, von Avicenna ‚verführt', gerade die formale Seite seiner Zeitdefinition: die Quantität, d. h. die Zeitlichkeit! Bei der Bestimmung des örtlichen Raums hob Albert unter dem Einfluß von Avicennas Sufficientia hervor, der örtliche Raum sei wesentlich (!) zweidimensional und nur bedingt dreidimensional. Aus diesen beiden Bestimmungen kann man m.E. nur folgern, daß auf jeden Fall Albert für die zukünftige naturwissenschaftliche und naturphilosophische Idee einer Raum-Zeit-Einheit keine Vorarbeit geleistet hat, sondern sich in dieser Hinsicht als Sackgasse der Entwicklung erweist. Wie uns die Evolutionslehre von Pflanzen, Tier und Mensch Sackgassen der Entwicklung aufzeigt, die sich dadurch drastisch bemerkbar machten, daß ganze Pflanzen- und Tierfamilien ausstarben[139], so lassen sich auch in der Ideengeschichte der

---

[137] Harrison, a. a. O., 516: ‚Eine natürliche Zeiteinheit ist die Zeit, die das Licht benötigt, um eine Entfernung von 1 Fermi zurückzulegen, und Richard Tohmann schlug den Namen Jiffy für die Einheit vor, die gleich 10^{-23} Sekunden ist'. 1 Fermi = die Größe eines Nukleons = 10^{-13} cm.

[138] N. Hartmann, Philosophie der Natur, Berlin 1950, 159f.

[139] G. G. Simpson, Fossilien, Mosaiksteine zur Geschichte des Lebens. Spektrum der Wissenschaft. Heidelberg [1985], 129ff.

Menschen Ideen anführen, die nicht fruchtbar wurden und somit nur einen ‚fossilen' Charakter besitzen[140].

Zweiter Teil
Die Verneinung der Existenz eines Vakuums durch Albertus Magnus

Albertus Magnus behandelt das Thema ‚Vakuum' grundlegend im zweiten Traktat des vierten Buchs seiner Physikparaphrase. Dem von mir kritisch edierten Text dieses Traktats[1] schließt sich die nachfolgende Darstellung von Alberts Lehre und die dazugehörige Quellenanalyse an.

In den naturphilosophischen Schriften De caelo et mundo und De generatione et corruptione geht Albert an verschiedenen Stellen auf die Frage nach der Existenz eines Vakuums ein, ebenso später in seiner Metaphysik, hier allerdings ziemlich kurz[2]. Aber grundlegend ist die Untersuchung ‚De vacuo' in seiner Physik.

I. *Albertus Magnus über das Vakuum*

Um die Frage, ob es ein Vakuum gibt oder nicht, richtig behandeln zu können, muß zunächst geklärt werden, was man unter dem Wort Vakuum versteht. Von den Alten sagen die einen, das Vakuum scheine ein örtlicher Raum (*locus*) zu sein, in dem sich nichts befindet, wobei sie unter Ortsraum ein wie auch immer bezeichnetes räumliches Fassungsvermögen irgendeiner Sache verstehen (*vocant locum cuiuslibet rei capacitatem quocumque modo dictam*). Diese Beschreibung ist sehr allgemein und faßt das Vakuum nicht als eine festbestimmte Natur auf. Das heißt, nach ihnen ist das Vakuum das, in dem nichts ist; genauer: das, wo sich kein berührungsfähiger Körper (*tangibile corpus*) befindet, ist ein Vakuum.

---

[140] Mir fällt eine weitere ideengeschichtliche Sackgasse bei Albert auf. Wenn er in seiner Bibelauslegung das aristotelische Denken heranzieht, dann interpretiert er bisweilen die eine Kultur mit den Mitteln einer anderen Kultur, ohne zu erkennen, daß man eine Kultur aus sich selbst heraus verstehen muß; man denke nur an das mythisch-dichterische Weltbild der Bibel hier und das naturphilosophische und naturwissenschaftliche, bisweilen auch mythische Weltbild des Aristoteles und Alberts dort.

[1] Albertus Magnus, Physica. Editio Coloniensis t.4,1; befindet sich im Druck.

[2] Siehe den Index rerum et vocabulorum unter den Stichworten vacuitas, vacuum und Democritus mit den entsprechenden Textseiten in den Bänden Ed. Colon. t.5,1; t.5,2; t.16.

Albert weist die Auffassung zurück mit der Begründung, dann sei der Punkt ein Vakuum, weil der Punkt das ist, in dem nichts ist, das Vakuum aber und der örtliche Raum eine Art Zwischenraum (*quoddam spatium*) sind und als solche teilbar; der Punkt als Vakuum wäre ein teilbarer Zwischenraum im Punkt und daher teilbar im Unteilbaren, was nicht geht (*est inconveniens*). Beschränkt man sich aber darauf, das ein Vakuum zu nennen, was nicht erfüllt ist mit wahrnehmbaren schweren oder leichten Körpern, dann müßte der ganze Himmel ein Vakuum sein, weil er nicht mit einem wahrnehmbaren schweren oder leichten Körper erfüllt ist.

Nach der Lehre der Platoniker, die von Platos Timäus angeregt wurden, der die Materie als den Schoß (*gremium*) der Formen bezeichnete, ist die formlose Materie eines Körpers leer, und weil die Materie identisch ist mit dem örtlichen Raum, ist das Vakuum ganz eigentlich (*verissime*) örtlicher Raum. Das aber ist schlecht gesagt, weil die Materie insgesamt (*universaliter*) nicht von den Dingen trennbar ist, so daß sie allein von sich aus (*per se*) von jeder Form getrennt ist.

Gegen alle diese Beschreibungen des Vakuums gilt, was (im Traktat vorher) über den örtlichen Raum (*de loco*) gesagt wurde: Wie der örtliche Raum kein dreidimensionales Gebilde ist, dessen Dreidimensionalität er von dem im örtlichen Raum enthaltenen Körper empfangen hätte, so ist auch das Vakuum kein dreidimensionales Gebilde, nämlich dreidimensionaler gesonderter (Zwischen-)Raum, und es gibt dort nicht irgendwelche Dimensionen, die von den Dimensionen des im örtlichen Raum befindlichen Körpers getrennt wären. Daran ändert auch nichts, daß man meint, nur so könnte die örtliche Bewegung erklärt werden, nämlich wenn man einen Ortsraum als Behältnis oder als Vakuum annimmt[3].

Faßt man Bewegung (*motus*) insgesamt (*universaliter*) auf, so daß sie jede Veränderung (*alteratio*) mitumfaßt, dann sei darauf verwiesen, daß die Veränderung dem Vollen zukommt und nicht dem Leeren (*alterari contingit plenum et non vacuum*). Faßt man Bewegung in dem Sinn speziell oder besonders auf, daß sie von der eigentlichen Ortsbewegung oder von der des Zunehmens und Abnehmens gilt, dann beweisen wir (Albert) allgemein (*generaliter*), daß kein Vakuum dafür nötig ist, daß es die Ortsbewegung gibt.

Das beste Beispiel dafür liefern die feuchtwässrigen Körper wie Wasser und Luft. Deren Teile bewegen sich übereinander, und die einen weichen den anderen, ohne daß in ihnen irgendein Vakuum vorkäme, weil feuchte Körper in sich keine abgesonderten Zwischenräume haben können, da sie sich schlecht begrenzen lassen (*cum sint male terminabilia*). Und ähnlich verhält es sich bei der Bewegung derjenigen Körper, die sich in ihnen bewegen; sie weichen voreinander, werden zu einem kleineren Ortsraum

---

[3] Albertus Magnus, Physica B.4 Tr.2 K.2.

verdichtet und zu einem größeren durch Verdünnung erweitert, ohne daß ihnen etwas an Materie zugefügt oder genommen wird. Auf diese Weise verdichtet nehmen sie in sich andere Körper auf und erweitert erfüllen sie die Ortsräume der Körper, die vor ihnen weichen. Ähnliches geschieht, wenn z. B. aus Luft Wasser wird, also aus dem quantitativ Größeren das quantitativ Kleinere.

Nimmt man an, das Zunehmen eines Körpers erfolge durch ein Vakuum, dann zieht diese Annahme eine der folgenden drei Unstimmigkeiten (*unum trium inconvenientium*) nach sich. Wird nämlich ein Körper in jedem beliebigen Teil vermehrt, dann muß das Vakuum in jedem beliebigen Teil sein, und so ist der Körper die Leerheit selbst (*ipsa vacuitas*) und wird so nicht vermehrt. Wird er aber durch Volles vermehrt, dann wird er entweder durch Unkörperliches vermehrt, was unpassend ist (*est inconveniens*), weil kein Körper eine Zugabe (*additionem*) durch Unkörperliches empfängt, oder er wird durch einen Körper vermehrt, und dann befinden sich zwei Körper in demselben Ortsraum. Wird auf ein Gefäß voll Asche verwiesen, das genau so viel Wasser oder mehr wie ein leeres Gefäß aufnimmt, stehen dem drei Gründe gegenüber. Einmal die Vermischbarkeit (*commixtibilitas*); die Asche ist fein, wird mit dem Wasser vermischt und begrenzt es (*terminat*), während das Wasser Asche (oder Mehl; *farina*) verbindet (*continuat*), und so werden beide füreinander aufnahmefähig (*retentivum*). Zweitens die Porosität (*porositas*) der Asche (oder des Mehls); das Wasser wird in den Poren der Asche (oder des Mehls) zurückgehalten. Drittens die teilweise Verderbnis (*corruptio*) des Wassers durch die Trockenheit der Asche (*a siccitate cineris*); das wird untrüglich sichtbar, wenn man es nachher herauspreßt, dann ist es nämlich nicht mehr so viel wie vorher, und die Asche ist weniger als vorher[4].

Im folgenden Kapitel 4 wird ausführlich dargelegt, warum das Vakuum in keiner Weise die Ursache der örtlichen Bewegung sein kann. Da sich nämlich die einfachen Körper, also die Elemente Erde, Wasser, Luft und Feuer, immer anders zu ihrem natürlichen örtlichen Raum hinbewegen, z. B. das Feuer nach oben, die Erde aber nach unten und zum Mittelpunkt der Welt, ist es jeweils der örtliche Raum mit seinem anziehenden Vermögen oder seiner anziehenden Kraft (*locus habet potentiam trahentem ad se*), der den einfachen Körper in Bewegung bringt. Dem jeweiligen örtlichen Raum kommt dieses Vermögen oder diese Kraft deshalb zu, weil er mit dem in ihm befindlichen Körper, also mit dem ‚Umraumten' (*locato*) eine gemeinsame Naturheit (oder einfach: Natur; *connaturalitatem*) besitzt, die man beim Vakuum vergeblich sucht, das nur überall gleiche Dimensionen ohne die Natur des Oben und der Mitte hat. Wird unterstellt, das Vakuum sei ein örtlicher Raum mit der zugkräftigen Eigenschaft eines Ortsraumes,

---

[4] B.4 Tr.2 K.3 + 1.

aber frei von einem Körper (*vacuum esse locus privatus corpore*), dann wird sich ein in dieses gesetzter Körper zu allen Teilen des Vakuums bewegen oder zu keinem Teil und ähnlich in jedem Teil bleiben oder nirgends; auch gäbe es kein Oben und Unten, es sei denn nur in Bezug auf uns (also äußerlich subjektiv), wie es bei den mathematischen Dimensionen der Fall ist; denn als bloße Quantität hat dieses Vakuum nur einen Seinsgrund in allen seinen Teilen.

Ähnlich läßt sich beweisen, daß das Vakuum als ein selbständig gesetzter Ortsraum nicht die Ursache für die Existenz eines Körpers in ihm ist (d. h. dafür, daß ein Körper in ihm ist), weder einer Existenz, die von sich aus (*per se*) ist, noch der, die nebenbei (*per accidens*) besteht[5].

Nach Kapitel 5 von Alberts Traktat über das Vakuum ergibt sich, daß die Gründe, die die Alten für den Beweis der Existenz eines Vakuums vorbringen, das Gegenteil besagen. Es gibt nämlich Physiker, nach denen sich die Erde deswegen in der Mitte des Weltalls befindet, weil der in gleicher Entfernung umlaufende und anziehende Himmelskörper die Erde in Schwebe hält, und nicht, weil eine gewisse gemeinsame Natur mit dem Ortsraum der Mitte vorhanden ist. Ähnlich ist es bei einem Körper, der in ein Vakuum gestellt wird. Unter der Voraussetzung, daß das Vakuum anzuziehen vermag, hebt sich die allseits wirkende Kraft so auf, daß der Körper nicht bewegt wird. Gibt es aber Bewegung, so folgt daraus, daß es das Volle (*plenum*), nicht aber das Vakuum gibt.

Vertritt man die Ansicht, daß ein Vakuum vorauszusetzen ist, um die Bewegung als Ortsveränderung erklären zu können, widerspricht man sich auch folgendermaßen. Bei einem Vakuum, das unendlich ist, wie die behaupten, die von der Existenz eines gesonderten Vakuums sprechen, gibt es kein Oben oder Unten, keine Mitte und keinen Anfang. Eine Bewegung aber, die nicht zu einem Oben oder Unten oder zu einer Mitte geht, ist keine natürliche Bewegung, die einen natürlichen Ortsraum als ihr Ziel anstrebt; also gibt es keine Bewegung oder es gibt kein Vakuum. Oder es gibt nur eine ‚gewaltsame' Bewegung (*motus violentus*), die jedoch nur möglich ist, wenn es eine natürliche Bewegung gibt, die seinsmäßig später ist als die natürliche Bewegung, wie das, was nebenbei (*per accidens*) ist, später ist als das, was von sich aus (*per se*) ist, oder wie die Beraubung (*privatio*) später ist als die Beschaffenheit (*habitus*).

Albert beweist sodann zusätzlich an Hand des Beispiels vom abgeschossenen Pfeil bzw. von einem mit der Hand durch die Luft geworfenen (Stein), daß im Vakuum eine ‚gewaltsame' Bewegung unmöglich ist, ferner, daß es in einem Vakuum keine natürliche Ruhe physischer Körper geben kann[6].

---

[5] B.4 Tr.2 K.4.
[6] B.4 Tr.2 K.5; von mir in der Übersetzung zum Teil frei zusammengefaßt.

Daß diejenigen, die die Existenz eines Vakuums fordern, um die Ortsbewegung zu erklären, sich widersprechen, ergibt sich aus folgenden Überlegungen.

Wir nehmen einen Körper an, z. B. einen Stein, der sich durch verschiedene Medien bewegt, z. B. durch Luft und durch Wasser. Durch das Medium Luft bewegt sich der Stein schneller als durch das Medium Wasser, weil die Luft dünner als das Wasser ist.

Nehmen wir zwei Körper an, von denen der eine sehr leicht und der andere sehr schwer ist, und lassen sie sich durch ein einziges Medium bewegen, dann wird der leichte Körper schnell nach oben, der schwere Körper schnell nach unten bewegt.

Ferner ist noch zu berücksichtigen, daß unter sonst gleichen Bedingungen das eine Medium auf drei verschiedene Weisen wirksam ist: es hemmt, z. B. den Fisch, der gegen die Strömung schwimmt, oder den Stein, der gegen den Wind geworfen wird; es verhält sich neutral[7], weil es steht (oder. ruht); es fördert durch eigene Bewegung den sich in ihm bewegenden Körper, z. B. den Fisch, der mit der Strömung schwimmt, oder den Stein, der sich mit dem Wind bewegt.

Nehmen wir nun an, ein und derselbe Körper werde durch zwei Medien bewegt, die verschieden dicht und dünn sind, dann ergibt sich eine Proportion der Zeit, in der er sich durch das eine Medium bewegt, zur Zeit, in der er sich durch das andere Medium bewegt, und diese Proportion ist die der einen Bewegung zur anderen Bewegung. Bewegt sich also ein Stein durch Luft und bewegt sich derselbe Stein durch Wasser, dann ist die Zeit, in der er sich durch das Wasser bewegt, doppelt so lang wie die Zeit, in der er sich durch die Luft bewegt, wenn die Luft doppelt so dünn wie das Wasser ist. Unter sonst gleichen Bedingungen gilt das für jede Bewegung, sei sie durch eine fremde äußere Kraft hervorgerufen, sei sie natürlich (*tam violento quam naturali*).

Ist aber das Medium leer oder ein Vakuum, gibt es keine Proportion zum Erfüllten (*plenum*), wie dünn es auch sein mag, wie es auch keine Proportion einer Zahl zum Nichts gibt. Durch das feinste Medium wird ein Körper in der kürzesten Zeit bewegt gemäß der Proportion, die zwischen einem Erfüllten und einem anderen Erfüllten (oder zwischen einem Vollen und einen anderen Vollen) bestehen kann. Also wird er durch ein Vakuum in keiner Zeit, sondern eher in einem unteilbaren Jetzt der Zeit bewegt (*in indivisibili temporis, quod est nunc*), weil dies keine Proportion mit der Zeit hat. Da es unpassend ist (*inconveniens est*), daß es im Jetzt der Zeit eine Bewegung gibt, scheint es, daß es im Vakuum keine Bewegung gibt. Das Vakuum wurde aber wegen der Bewegung vorausgesetzt; also braucht ein Vakuum nicht vorausgesetzt zu werden.

---

[7] Dieses Wort stammt nicht von Albert.

Albert geht dann auf mögliche Einwände ein, um sie auf eine ähnliche Weise zu entkräften[8].

Im sehr langen siebten Kapitel, eine Digressio, behandelt Albert die Gegenargumente des Avicenna und des Avempace, die er von Avempace dem Kommentar des Averroes zur Physik des Aristoteles entnimmt. Diese beiden Philosophen behaupten, ein die Bewegung hinderndes Medium sei kein natürliches Medium, weil das Natürliche eines Dings (*naturalia rei*) in keiner Weise ein Ding hindert, sondern eher für die Bewegung förderlich ist. Aber jedes Erfüllte (oder: Volle; *plenum*) ist, wie hier vorausgesetzt wird, ein Hindernis (*impedimentum*) dessen, was sich durch es bewegt. Es scheint also, daß kein Erfülltes ein natürliches Medium für einen sich bewegenden natürlichen Körper ist. Weil es daher nötig ist, irgendein natürliches Medium zu haben — das natürliche Medium ist doch vor einem unnatürlichen, und es gäbe kein unnatürliches Medium, wenn es kein natürliches gäbe —, muß das natürliche Medium für die Bewegung natürlich bewegungsfähiger Körper das Vakuum sein.

Zweitens halten sie die Folgerung für unzutreffend (*inconveniens*), daß sich die himmlischen Körper in einem unteilbaren Jetzt der Zeit bewegten, wenn die Bewegung, die durch ein nicht widerstehendes Medium geht, in einem unteilbaren Jetzt der Zeit erfolgt; die Kreisbewegung der himmlischen Sphären benötigt nämlich überhaupt kein Medium, weil sie nicht den Ortsraum verläßt, in dem sie rotiert, so daß nichts vor ihr weichen muß.

Unzutreffend ist drittens, daß es nur die Proportion einer schnelleren zu einer langsameren Bewegung gibt, wenn ein dichteres oder dünneres Medium vorliegt und kein Vakuum. Es kommt nämlich auf die Proportion der Kräfte an, durch die hier ein Körper von seinem Beweger (*motor*) schneller, dort langsamer bewegt wird, wie man es bei den Himmeln feststellen kann. Die Bewegung des ersten Beweglichen (Himmels) ist am schnellsten und erfolgt in 24 Stunden, die Bewegung der Fixsterne vollzieht sich am langsamsten und benötigt für dieselbe Entfernung (*spatium*) 36000 Jahre, wie Aristoteles sagt.

Albert beschließt die Darstellung der Gegenargumente mit dem Satz: Siehe da, das ist es, was zwei Philosophen, nämlich Avicenna und Avempace, an dieser Stelle den Worten des Aristoteles, denen wir folgen, entgegnen.

Alberts drei erste Gegeneinwände, die er mit Berufung auf Aristoteles gibt, beruhen auf dem Grundsatz, daß das räumliche oder besser das dimensionale Vorn (*ante*) und Hinten (*post*) das Vorher (*prius*) und Nachher (*posterius*) der Bewegung und diese das Früher (*prius*) und das Später (*posterius*) der Zeit begründen. Da auch bei einem Vakuum und bei einer

---

[8] B.4 Tr.2 K.6.

Bewegung durch dieses dieser Grundsatz gilt, gibt es im Vakuum keine Bewegung, die sich in einem unteilbaren Jetzt oder Nu der Zeit vollzieht.

Das nächste Gegenargument hat Albert im Anschluß an den Kommentar des Averroes zur Physik des Aristoteles formuliert. Fällt ein Stein 100 Ellen lang durch ein Vakuum, dann geschieht dies in einem unteilbaren Jetzt, oder der Stein benötigt dafür Zeit, zusammenhängende (oder: kontinuierliche) Zeit. Geschieht es in einem unteilbaren Jetzt der Zeit, dann befindet sich der Stein zugleich und auf einmal (*simul et semper*) oben, in den mittleren Ortsräumen und unten; wie das möglich sein soll, ist nicht begreiflich. Gebraucht der Stein Zeit, dann benötigt auch die Bewegung im Vakuum, wie behauptet, Zeit.

Und Albert führt noch weitere Gründe an, warum die Gegenargumente des Avicenna und des Avempace nicht stichhaltig sind, und da er dann feststellen muß, daß dieser Gedanke (oder diese Textstelle; *locus iste*) schwer ist und einer genauen Betrachtung bedarf, weil so hervorragende Männer in der Philosophie auf diese Weise den Aristoteles verstehen, steigt er erneut in diese Auseinandersetzung ein, wobei er sich streckenweise verstärkt auf den Kommentar des Averroes zur Physik des Aristoteles stützt. Mit dem anschließenden achten Kapitel wendet er sich wieder der paraphrasierenden Kommentierung seiner aristotelischen Vorlage zu.

Auf Grund der eigentümlichen Natur des Vakuums läßt sich beweisen, daß es kein Vakuum gibt. Wird ein Würfel oder ein anderer würfelförmiger Körper oder ein Körper von anderer Gestalt in Volles, z. B. in Wasser, gelegt, weicht das Wasser um die Menge, die der Würfel hat, weil das Wasser vom Würfel nicht aufgenommen, sondern vom örtlichen Raum (*a loco*), den der Würfel einnimmt, weggetrieben wird; und dann weicht das Wasser in einen anderen Ortsraum aus oder es wird verdichtet, so daß sich seine Teile in einem kleineren Ortsraum als vorher befinden. Ähnliches gilt von der Luft, nur daß man es nicht wahrnehmen kann, weil die Luft unsichtbar ist; gilt überhaupt von jedem einfachen Körper (wie Erde, Wasser, Luft und Feuer). Er weicht oder er wird verdichtet, und wenn er weicht, geht er in einen ihm von Natur aus zustehenden Ortsraum, also Erde nach unten, Feuer nach oben, Wasser von der Erde nach oben und von der Luft nach unten, Luft vom Feuer nach unten und vom Wasser und der Erde nach oben. Es ist aber unmöglich, daß es im Vakuum ein derartiges Ausweichen gibt, weil das Vakuum kein natürlicher Körper ist, es hat nämlich nur mathematische Dimensionen; also kann es nicht wie das Feuer nach oben, noch wie die Erde nach unten, noch wie Wasser und Luft nach beiden Ortsräumen fortgehen. Die mathematischen Gebilde haben nur in Bezug auf uns Ortsunterschiede. Was aber keinen natürlichen Ort hat, dem kommt auch keine natürliche Bewegung zu. Daher steht fest, daß kein Raum (*spatium*) des Vakuums weicht, sondern wie vorher bleibt, wenn ein Würfel in einen leeren örtlichen Raum kommt. Das läuft darauf hinaus, daß der Würfel dieselbe Größe wie das Vakuum hat, weil sich der örtliche Raum und das im Raum Befindliche oder das Umraumte entsprechen (*eo quod locus et locatum sunt aequalia*). So erhebt sich die Frage, ob zwei Körper zugleich ineinander sein können, von denen der eine ein mathematischer Körper, der andere ein natürlicher Körper ist. Betrachtet man nämlich den Würfel nach seiner reinen dreidimensionalen Körperlichkeit, unterscheidet er sich nicht von der dreidimensionalen Körperlichkeit des Vakuums. Befinden sich aber zwei Körper in nur einem Raum (*in uno spatio*), dann können aus demselben Grund ein beliebiges (Vakuum?) und unendlich beliebige (Körper?) in nur einem örtlichen Raum sein, da ja alle zu einem Körper werden; dies ist eine der unzutreffenden Folgen, wenn man annimmt, irgend etwas sei leer (*aliquid esse vacuum*).

Albert beabsichtigt, durch Beweise noch mehr Klarheit zu verschaffen. Hierzu benutzt er auch die Figur eines Kreises mit einer senkrechten und waagerechten Einteilung, in die er symbolisch zwei Körper A und B einträgt; durch eine erdachte geometrische Konstruktion mit ihrer Folgerung sucht er zu beweisen, daß in einem Ortsraum keine zwei Körper zugleich sein können. Dann kehrt er zur paraphrasierenden Kommentierung seiner aristotelischen Vorlage zurück.

Wenn man den vorhin erwähnten Würfel in seiner reinen Dreidimensionalität betrachtet, unterscheidet er sich nicht von der Dreidimensionalität eines Vakuums. Es gibt also keinen stärkeren Grund, daß ein Körper in einem örtlichen Raum durch leere Dimensionen (*per dimensiones vacuas*) als durch eigentümliche Dimensionen (*per dimensiones proprias*) aufgenommen wird. Dann aber ist die Unterscheidung von örtlichem Raum und dem im örtlichen Raum befindlichen Körper hinfällig, denn dem im örtlichen Raum befindlichen Körper brächte es keinen Nutzen (*utilitas*), sagte man, es gäbe um ihn herum einen anderen Raum (*alterum spatium*) mit Dimensionen, die seinen Dimensionen gleich sind. Dies war aber der Grund, ein Vakuum anzunehmen, daß der örtliche Raum und das im örtlichen Raum Befindliche gleich sind, und deswegen glaubte man, der örtliche Raum werde dem in ihm Befindlichen entsprechend dem Maß (*mensura*) derselben Dimensionen gleichgemacht. Die Ursache dieses Irrtums war die Mehrdeutigkeit, die in der Benennung von Gleichheit liegt; der örtliche Raum wird nicht deswegen gleich dem in ihm Befindlichen genannt, weil die Dimensionen des einen so groß wie die des anderen sind, sondern vielmehr wegen der Gleichheit des Fassungsvermögens (*aequalitas capacitatis*). Zudem, unterscheiden sich die Dimensionen des Vakuums in keiner Weise von den Dimensionen eines Körpers, der im Vakuum ist, dann sind aus demselben Grund die Dimensionen des Körpers der örtliche Raum des Vakuums wie umgekehrt, und so ist der örtliche Raum im ‚Umraumten' wie das ‚Umraumte' im örtlichen Raum, was ungereimt ist. Ferner, gibt es in der Welt ein Vakuum und ist es wie ein für sich existierender gesonderter örtlicher Raum (*sicut locus per se existens separatus*), müßte es irgendwie wahrnehmbar sein; es gibt nämlich keine Besonderheit in der Welt, die sich nicht in irgendeiner Weise offenbare; und es müßte sich in dem, was sich bewegt und verändert, offenbaren, was nicht geschieht. Also gibt es kein Vakuum. Auch die unsichtbare Luft und eiserne Fische (*pisces ferrei*), die man nicht sieht, weil sie untergehen, können wahrgenommen werden, nämlich durch Berührung (*tactu*). Es ist also klar, daß es in keiner Weise ein abgesondertes Vakuum gibt, das außerhalb der Körper wie ein örtlicher Raum existiert. Ob man nämlich ein Vakuum nennt, in dem nichts ist, oder sagt, ein Vakuum sei, in dem sich nur die für Dimensionen aufnahmefähige Materie befindet, oder ob das Vakuum ein örtlicher Raum genannt wird, der Dimensionen hat, die von jedem Körper gesondert sind, begründet verworfen wurde (*improbatum est*), daß es ein Vakuum gibt, und so steht ganz sicher fest, daß es kein Vakuum gibt; es gab nämlich diese drei Ansichten über das Vakuum bei den alten Philosophen.

Im neunten oder vorletzten Kapitel setzt sich Albert im Anschluß an den ins Lateinische übersetzten Aristotelestext mit der Lehrmeinung des Xutos auseinander, in den physischen Körpern selbst gebe es das Vakuum, das es ermöglicht, daß physische Körper zusammengedrückt und auseinandergezogen werden können — man denke an die Luft — und daß es ruhig fortlaufende Bewegungen gibt statt eine bis in den Himmel reichende Erweiterung des örtlichen Raums auf Grund einer fortwährend nach vorne fortschiebenden Tätigkeit erfüllter oder voller Körper durch den bewegten erfüllten oder vollen Körper. Das Vakuum könnte auf zweierlei Weise vorliegen, entweder als ein vom Erfüllten des Körpers abgesondertes Vakuum in eben diesem Körper oder als ein überall in diesem Körper vorhandenes Vakuum, das stets mit Vollem vermischt ist; im ersten Fall treffen die schon angeführten Gegenargumente zu, daß es kein gesondertes Vakuum geben kann. Im zweiten Fall käme es dazu, daß der auf Grund der überall vorhandenen Vakuumbeimischung lockere Körper nach oben steigt; das Vakuum wäre dabei die treibende Kraft, also das Bewegende (*movens*), zugleich auch das Bewegte, weil es im bewegten Körper enthalten ist, und das von einem Vakuum Aufgenommene, (also im örtlichen Raum oben, wohin die Bewegung geht), weil sich andernfalls zwei Körper in demselben örtlichen Raum befinden[9] — wie soll das möglich sein?

In diesem und im Schlußkapitel, dem zehnten, vertieft Albert die Beweisführung gegen die Lehre eines so verstandenen Vakuums und somit gegen den Philosophen Xutos.

---

[9] Von der Erde steigt Wasser hinauf zum Wasser, Luft hinauf zur Luft, Feuer hinauf zum Feuer; also müßte Vakuum hinauf zu einem Vakuum steigen.

II. Alberts Quellen zum Thema Vakuum

Alberts Traktat über das Vakuum liegt wie seiner ganzen Physikparaphrase eine griechisch-lateinische Übersetzung zugrunde, die Translatio vetus[10]. Dem Umfang nach hat Albert diese Wort-für-Wort-Übersetzung durch sein Paraphrasieren und durch zusätzliches Kommentierungsmaterial versechsfacht. Auch hier fällt auf, daß Interlinear'varianten' oder Interlinear'bröckchen' der von mir benutzten Handschriften der Translatio vetus genaue oder mehr oder minder übereinstimmende Parallelen im Text Alberts finden; und es ist Albert, der sich um möglichst viele Interpretationshilfen bemüht! Dazu einige beeindruckende Beispiele aus der Menge von etwa 76 Parallelen:

si aliquid extra omne (+ idest extra celum a^1*) corpus est = si vacuum sit aliquid, quod sit extra omne corpus separatum extra caelum* Alb.[11]

Testimonium autem et, quod est de cinere, faciunt, quod (+ scilicet vas plenum cinere a^1*) recipit tantum aquae, quantum vas vacuum = Testimonium autem ad hoc idem inducet experimentum de vase cum cineribus; cineribus enim vas plenum tantum recipit aquae, quantum vas vacuum sine cineribus* Alb. *= et induxit ipsam pro testimonio dicentium vacuum esse; dicunt enim, quod idem vas tantum capit de aqua, quando est plenum cinere, quantum capit de aqua, quando est vacuum* Averr.[12]

et hoc esse vacuum, quod (+ et fecit discretionem ... c^1*) determinat naturas = Et dicunt determinans hoc quidem ... faciens discretionem; vacuum enim est, quod facit ... discretionem* Alb.[13]

alterari (+ qui est species motus a^1*) namque contingit plenum = est enim alteratio aliquis motus, et alterari contingit plenum et non vacuum. Si autem dicunt, quod motus in specie dicitur esse vacuum ...* Alb.[14]

sicut enim propter simile dicentes terram quiescere (+ in medio a^1 *+ propter equalem distantiam a circumferentia* b^1*) =*
Dixerunt enim quidam physicorum terram quiescere propter hoc, quod ubique aequaliter attrahitur a circumferentia orbis ... aequaliter distat ... et sic stat in medio Alb. *=*
sequitur ut sit secundum equalitatem ..., quia circumferentia orbis attrahit eam ex omnibus partibus aequaliter ... in medio Averr.[15]

neque enim simile (+ vel scintille b^1c^1 *+ vel flamme* d^1 *+ scinctille (!) est* a^1; τῆς φλογὸς: 217 b 6) *est accipere =*

---

[10] Von mir wurden folgende Codices benutzt: Nürnberg, Cent. V 59 (= a); ff. 26v–30v. Paris, Bibl. Nat. lat. 6325 (= b); ff. 20ra (39a) — 22vb (44b). Erfurt, Wissenschaftliche Allgemeinbibl. CA 2° Fol. 29 (= c); p. [51–59]. Erfurt, Wissenschaftliche Allgemeinbibl. CA 2° Fol. 31 (= d); p. 50–58. Paris, Bibl. Nat. lat. 14386 (= e); ff. 139–157. Alle 13. Jahrhundert.
[11] Alb., Phys. B.4 Tr.2 K.1. Codex a: f. 26v.
[12] Alb., Phys. B.4 Tr.2 K.1. Codex a: f. 27r. Averr., Phys. B.4 Komm. 56.
[13] Alb., Phys. B.4 Tr.2 K.1. Codex c: p. [52].
[14] Alb., Phys. B.4 Tr.2 K.3. Codex a: f. 27v.
[15] Alb., Phys. B.4 Tr.2 K.5. Codex a: f. 28r. Codex b: f. 21ra. Averr., Phys. B.4 Komm. 66.

non enim potest accipi ... in scintilla vel flamma ignis Alb.
= *nec potest inveniri ex flamma* Translatio Arab.-Lat.[16]

Welche Handschrift oder Handschriften der Translatio vetus Albert zur Hand hatte, weiß ich nicht, so daß ich mich damit begnügen muß, auffällige Parallelen anzuzeigen.

Zusätzlich zur Translatio vetus als Grundlage seiner Paraphrase übernahm Albert erstaunlich oft Lesarten der arabisch-lateinischen Übersetzung, die dem Kommentar des Averroes zur Physik des Aristoteles abschnittsweise beigegeben ist; mal ersetzte Albert ein charakteristisches Wort der Translatio vetus durch das entsprechende der arabisch-lateinischen Übersetzung, mal, und zwar öfter, fügte er einem Wort der griechisch-lateinischen Übersetzung der Translatio vetus das entsprechende der arabisch-lateinischen Übersetzung als eine zusätzliche Lesart bei, mal entnahm er dieser Übersetzung mehr oder minder belanglose Formulierungshilfen; zu jeder Art folgen einige Beispiele:

quod recipiat omne corpus Transl. vetus = *quod miscentur cum toto corpore* Transl. Arab.-Lat. = *quod capiat totum ... corpus* Alb.[17]
omne quod est Transl. vetus = *omne ens* Transl. Arab.-Lat.; Alb.[18]
Omnino Transl. vetus = *universaliter* Transl. Arab.-Lat.; Alb.[19]
licet nullum spatium sit extra Transl. vetus = *absque eo, quod hic sit dimensio separata* Transl. Arab.-Lat. = *licet nullum spatium separatum sit* Alb.[20]
in vacuo autem ubique similiter huiusmodi est, quare ubique fertur Transl. vetus = *in ipso vero vacuo hoc est eodem modo in omnibus suis partibus: ergo sequitur ut illud, quod movetur in eo, expellatur ad omnes partes* Transl. Arab.-Lat. = *Sed vacuum ubique uno modo existens ad omnem partem natum est aequaliter cedere; ergo motus violentus uno modo est ad omnem partem vacui, quod est impossibile, quia tunc id quod movetur violenter, ad nullam partem movetur naturaliter ...* Alb.[21]

Das letzte Beispiel leitet zur zweiten Gruppe hinüber:

ex infinto spiritu tamquam respiranti Transl. vetus = *quando anhelat ex spiritu infinito* Transl. Arab.-Lat. = *quod spiritu suo anhelando et respirando ... ex infinito vacuo* Alb.[22]

---

[16] Alb., Phys. B.4 Tr.2 K.10. Codex a: f. 30r. Codex b: f. 22va. Codex c: p. [59]. Codex d: p. 57. Averr., Phys. B.4 Text und Komm. 84. — Inzwischen habe ich von Herrn Dr. J. Brams (Arist. Lat. — Physica) erfahren, daß einige Handschriften der Transl. vetus die richtige Lesart haben.

[17] (z. B.) Codex a: f. 26v (Bekker 213 a 33); Averr., Phys. B.4 Text 52; Alb., Phys. B.4 Tr.2 K.1.

[18] Codex a: f. 27r (213 b 32); Averr., Phys. B.4 Text 57; Alb., Phys. B.4 Tr.2 K.2.

[19] Codex a: f. 27v (214 a 27); Averr., Phys. B.4 Text 62; Alb., Phys. B.4 Tr.2 K.3.

[20] Codex a: f. 27v (214 a 30); Averr., Phys. B.4 Text 62; Alb., Phys. B.4 Tr.2 K.3.

[21] Codex a: f. 28r (215 a 23—24); Averr., Phys. B.4 Text 70; Alb., Phys. B.4 Tr.2 K.5.

[22] (z. B.) Codex b: f. 20rb (Bekker 213 b 23—24); Averr., Phys. B.4 Text 56; Alb., Phys. B.4 Tr.2 K.1.

Ad quale autem se habet, oportet accipere, quid significet nomen Transl. vetus = *Et est necesse declarare quod istorum est necessarium scire significatum huius nominis* Transl. Arab.-Lat. = *Ad quale autem se habet ..., non potest declarari, nisi prius accipiatur, quid est, quod significatur per nomen vacui* Alb.[23]

ex quibus demonstrant vacuum Transl. vetus = *ex illis rebus, quibus probant ipsum esse* Transl. Arab.-Lat. = *ex quibus intendebant demonstrare esse vacuum, quoniam per ipsas vacuum esse non probatur* Alb.[24]

propter quid, quod movetur, stabit Transl. vetus = *causam ex qua, cum aliquid movetur in eo, quiescit ex eo* Transl. Arab.-Lat. = *causam, propter quam id quod movetur, stabit aut quiescit* Alb.[25]

quare et magnitudo et parvitas sensibilis corporis non accipiente aliquid materia extenditur Transl. vetus = *magnitudo igitur et parvitas corporis sensibilis non est, quia materia recipit additionem, et expanditur* Transl. Arab.-Lat. = *quare etiam magnitudo et parvitas corporis sensibilis fiunt ... et extenditur materia ... non accipiente aliquid additionis ...* Alb.[26]

Sollte bei dem letzten Beispiel aus der angeführten Gruppe der Interlinearvarianten und Interlinearbröckchen, das von *scintilla* und *flamma* handelt, in Alberts Übersetzungshandschrift nun doch *scintille* statt des falschen *simile* zu lesen gewesen sein, dann gehört auch dieses Beispiel in diese Gruppe der Zweitformulierungen oder der sich ergänzenden Lesarten.

Es folgen einige Beispiele der Übernahme von Worten oder Textstücken aus der arabisch-lateinischen Übersetzung von der dritten Art:

ut et vinum dicunt cum utribus recipere dolia Transl. vetus = *dicunt, v.g. vinum; dolia enim occupant ipsum cum utribus* Transl. Arab.-Lat. = *... sicut dicunt fieri de vino. Cum enim dolia plena sint, adhuc recipiunt utres* Alb.[27]

sensibile autem secundum tactum est gravitatem habens et levitatem Transl. vetus = *et sensibile secundum tactum est illud, quod habet gravitatem, aut levitatem* Transl. Arab.-Lat. = *Corpus autem sensibile secundum tactum est id quod habet gravitatem vel levitatem* Alb.[28]

Neque una autem necessitas est, si motus est, esse vacuum ..., unde et Melissum latuit Transl. vetus = *Et non est hic necessitas cogens, si fuerit motus, ut vacuum sit ..., et hoc*

---

[23] Codex b: f. 20va. Codex a: f. 27r (213 b 30—31); Averr., Phys. B.4 Text 57; Alb., Phys. B.4 Tr.2 K.2.
[24] Codex a: f. 27v. Codex b: f. 20vb (214 b 10); Averr., Phys. B.4 Text 64; Alb., Phys. B.4 Tr.2 K.3.
[25] Codex a: f. 28r. Codex b: f. 21rb (215 a 19—20); Averr., Phys. B.4 Text 69; Alb., Phys. B.4 Tr.2 K.5.
[26] Codex a: f. 30r. Codex b: f. 22va (217 b 8—9); Averr., Phys. B.4 Text 84; Alb., Phys. B.4 Tr.2 K.10.
[27] (z. B.) Codex a: f. 27r. Codex b: f. 20rb (Bekker 213 b 16—17); Averr., Phys. B.4 Text 55; Alb., Phys. B.4 Tr.2 K.1.
[28] Codex a: f. 27r. Codex b: f. 20va (214 a 8—9); Averr., Phys. B.4 Text 58; Alb., Phys. B.4 Tr.2 K.2.

ignoravit Melissus Transl. Arab.-Lat. = *constat, quod nulla necessitas est, quod si motus est, esse vacuum ... Unde et hoc latuit Melissum, qui dixit ..., ne cogeretur dicere* Alb.[29]

Et hoc manifestum est in continuorum revolutionibus Transl. vetus = *et hoc est manifestum in cursu corporum continuorum* Transl. Arab.-Lat. = *Et hoc manifestum est etiam in his corporibus quae continua sunt et tamen revolvuntur* Alb.[30]

Aut igitur non est natura nullo modo nullius loci mutatio, aut Transl. vetus = *Est igitur alterum duorum, aut nulla translatio naturaliter est omnino alicuius rei ad aliquam partem, aut* Transl. Arab.-Lat. = *Oportet igitur ... Sumus ergo inter duo, quorum alterum oportet concedere; aut enim oportet nos concedere, quod nulla mutatio naturalis sit alicui corpori, aut ...* Alb.[31]

Der Einfluß des aristotelischen Denkens aus dem übrigen Schrifttum des Aristoteles ist gering und beschränkt sich in etwa auf De caelo et mundo, De generatione et corruptione, Meteora und De sensu et sensato. Dafür ist in jedem Kapitel von Alberts Paraphrase über das Vakuum der Einfluß des Kommentars zur Physik des Aristoteles von Averroes nachweisbar, nicht selten sehr kräftig oder über das ganze Kapitel verstreut, und an sechs Stellen entnahm Albert den Namen des Aristoteles mit Aristotelesaussagen oder Bezugnahmen auf dessen Lehre dem Averroeskommentar, insbesondere bei der Auseinandersetzung mit der Lehre des Avicenna und des Avempace; bei der Wiedergabe der Lehre des Avempace stützt er sich ganz auf das Kommentarstück 71 des vierten Buchs von Averroes' Physik[32], den (Averroes) er übrigens im ganzen Traktat nur hier erwähnt.

In zwei weiteren Kapiteln läßt sich Albert schon mal im Zusammenhang ausführlicher vom Averroeskommentar anregen; im ersten Kapitel seines Traktates über das Vakuum zur Erläuterung der drei Ursachen, warum Asche und Mehl soviel oder mehr an Wasser aufnehmen als ein leeres Gefäß[33], im zehnten Kapitel bei der vertieften Darstellung der Philosophie des Xutos[34].

Neben dem Einfluß gewisser Schriften des Aristoteles außer dessen Physik und neben dem des Physikkommentars des Averroes läßt sich die Benutzung von Avicennas Sufficientia belegen. Viermal erwähnt Albert den Namen des Avicenna und zwar ausschließlich im siebten Kapitel

---

[29] Codex a: f. 27v. Codex b: f. 20vb (214 a 26—28); Averr., Phys. B.4 Text 62; Alb., Phys. B.4 Tr.2 K.3.
[30] Codex a: f. 27v. Codex b: f. 20vb (214 a 31—32); Averr., Phys. B.4 Text 62; Alb., Phys. B.4 Tr.2 K.3.
[31] Codex a: f. 28r. Codex b: f. 21rb (215 a 12—13); Averr., Phys. B.4 Text 67; Alb., Phys. B.4 Tr.2 K.5.
[32] Alb., Phys. B.4 Tr.2 K.6 = Averr., Phys. B.4 Komm. 72 (Ed. Venet. 1562; f. 163I). Alb., Phys. B.4 Tr.2 K.7 = Averr., Phys. B.4 Komm. 71 (f. 160B—161L).
[33] Averr., Phys. B.4 Komm. 55 und 56 (f. 149I und f. 149M—150A).
[34] Averr., Phys. B.4 Komm. 84 (f. 171Bsqq.).

bei der Auseinandersetzung mit gewissen Einwürfen Avicennas und des Avempace. Hierbei ist zu berücksichtigen, daß Alberts Darstellung der Lehrmeinungen des Avempace und des Avicenna nur bedingt auf Avicenna zutrifft[35], so daß dieses Kapitel eigentlich so überschrieben werden müßte, daß Avempace vorneweg genannt wird statt Avicenna; die Darstellung und Auseinandersetzung in diesem siebten Kapitel wird weitgehend von dem beherrscht, was Averroes über Avempace überliefert und dazu zu sagen hat[36]. Sonst läßt sich Avicennas Einfluß noch mindestens viermal nachweisen, so die Erläuterung der *clepsydrae* als *instrumenta 'furantia aquas'*[37] und anschließend die etwas längere Ausführung über die Wirkweise hydraulischer Hebe'maschinen'. Das „*spatium autem omne divisibile sit*" des zweiten Kapitels läßt sich auch auf Avicennas Sufficientia, Buch 2 Kapitel 8, zurückführen. Wo sich Albert in seinem fünften Kapitel auf die Lehre des Aristoteles und aller Peripatetiker beruft, können die Peripatetiker zumindest mit entsprechenden Textstellen des Averroes und des Avicenna belegt werden[38].

III. Leukipp, Demokrit und Xutos oder Aristoteles und Albertus?

Gibt es nach dem heutigen Stand naturwissenschaftlicher und physikalisch-kosmologischer Erkenntnis ein Vakuum, oder wird diese Frage im Sinn des Aristoteles und Alberts verneint? Denkt man in den weiten Räumen des Weltalls, wird man belehrt, daß sich in den Teilen des Alls, wo keine Galaxien, kugelförmige Sternhaufen oder große Gaswolken sind, durchschnittlich ein Wasserstoffatom in mehr als einem Kubikmeter Weltall befindet[39]; das heißt, es gibt ein relatives, allerdings kein absolutes Vakuum im Weltall, gleichsam zwischen den ‚unendlichen' Weiten der Gestirne und der Gaswolken. Andererseits entspräche dieser sehr ‚verdünnte' Zustand in etwa immer noch der Lehre des Leukipp und des Demokrit, nach der Vakuum und Atome die Grundlagen der gesamten Natur darstellen. Dasselbe läßt sich sagen, wenn man in das Innere eines Atoms ‚schaut', orientiert man sich am korpuskularen Modell eines Atoms; zwischen Atomkern und Elektronen'schale' liegt ein Vakuum.

Das Blatt scheint sich zugunsten der Lehre des Aristoteles und Alberts zu wenden, wenn man bedenkt, daß im Kleinen wie im Großen Wellen den Raum durchdringen, z. B. Gravitationswellen oder elektromagnetische

---

[35] Avic., Suff. B.2 K.8.
[36] Averr., Phys. B.4 Komm. 71 (ff. 160Csqq.).
[37] Alb., Phys. B.4 Tr.2 K.1; Avic., Suff. B.2 K.8.
[38] Averr., Phys. B.8 Komm. 85 (f. 433B−C); Avic., Suff. B.2 K.8.
[39] E. R. Harrison, Kosmologie, Die Wissenschaft vom Universum; Darmstadt 1983, 352.

Wellen, oder sogenannte Felder den Raum erfüllen, und wenn nur ganz schwach. Aber Aristoteles und Albert denken sich bestenfalls einen ganz feinen Stoff aus, um mit Hilfe der Proportion eines Mediums ‚grober Stoff', ‚feiner Stoff', ‚ganz feiner Stoff' zum Medium ‚Vakuum' zu beweisen, daß es kein Vakuum geben kann, weil andernfalls eine durch ein Vakuum verlaufende Bewegung in einem unteilbaren Jetzt erfolgen müßte. Selbst wenn man zugunsten der Lehre des Aristoteles und Alberts diesen von ihnen erdachten ganz feinen Stoff als real annähme, wäre er nicht gleich einem Wellen'verband' oder einem Feld; die Ätherhypothese der Physiker des 19. Jahrhunderts mußte aufgegeben werden, und dieser vermutete Äther hätte dem Denken des Aristoteles und Alberts am ehesten entsprochen. Der heutige Erkenntnisstand der Physik und der physikalischen Astronomie als Grundlage einer jeden naturphilosophischen Spekulation ist sowohl von den Lehren des Demokrit, des Leukipp und des Xutos als auch von der Lehre des Aristoteles und Alberts mehr oder minder weit entfernt, steht aber den Ansichten der zuerst Genannten näher als der Auffassung der beiden letzten Philosophen. Eine an den Einsichten der modernen Physik und Astrophysik orientierte naturphilosophische Betrachtung findet man z. B. bei A. N. Whitehead[40].

---

[40] Concept of Nature, Cambridge (1920) 1964; Process and Reality, New York (1929) 1960: Siehe auch: P. Hoßfeld, Atom und Molekül innerhalb der Seinslehren von N. Hartmann und A. N. Whitehead. Philosophia Naturalis 12 (1970), 345—356. Whiteheads Lehre würde ich heute positiver beurteilen.

ZUR UNTERSCHEIDUNG
DES SINNLICHEN STREBEVERMÖGENS
GEMÄSS THOMAS VON AQUIN

von Albert Zimmermann (Köln)

1. In seinem Buch „Saint Thomas d'Aquin", das auch heute noch als eine meisterhafte Darstellung der philosophischen Lehren des Thomas angesehen werden muß, erwähnt A. D. Sertillanges in dem Kapitel über das sinnliche Begehrungsvermögen und die Leidenschaften die Unterscheidung zwischen dem begehrenden (concupiscibilis) und dem überwindenden oder zornartigen (irascibilis) Strebevermögen. Zum Schluß seiner kurzen Darstellung meint er: „Es versteht sich übrigens von selbst, daß die Einteilung in das Iraszible und Konkupiszible als allgemeiner Rahmen für uns nicht mehr von Bedeutung ist; es ist eine jener vorläufigen, wenn auch nicht willkürlichen Einteilungen, die der Wissenschaft das Feld für genauere Bestimmungen freilassen"[1]. Demgegenüber weist E. Gilson in seinem bedeutenden Werk „Le Thomisme" auf gewisse Versuche hin, die Einsichten, die ihren Ausdruck in dieser Einteilung finden, auch für die moderne Psychologie fruchtbar zu machen[2]. Er selbst stellt die Lehre des Thomas recht ausführlich dar. Dabei bespricht er auch die Überlegungen, mit denen Thomas die Unterscheidung der beiden Arten des sinnlichen Strebevermögens begreiflich zu machen versucht. Dennoch ist wohl die Feststellung richtig, daß dieses damals sehr traditionsreiche Lehrstück in der zeitgenössischen wissenschaftlichen Psychologie, in der Anthropologie oder in der Verhaltensbiologie kaum mehr erwähnt wird. Umso eher mag deshalb einem modernen Leser der betreffenden Texte in Schriften des Thomas auffallen, daß dieser offenbar der genannten Einteilung große Bedeutung beimißt. An ihr orientiert er sich bei der Unterscheidung der einzelnen besonderen Seelenregungen oder Leidenschaften (passiones) und bei deren Abgrenzung. An dem durch diese Einteilung festgelegten Schema hält er durchweg streng fest, und er greift bei manchen Beweisführungen auf es zurück.

---

[1] A. D. Sertillanges, Der hl. Thomas von Aquin, übers. von R. Grosche, Köln und Olten ²1928, S. 530.
[2] E. Gilson, Le Thomisme, Introduction à la philosophie de St. Thomas d'Aquin, Paris ⁶1983, S. 300, Anm. 11.

2. Nun hat bekanntlich die Lehre, das sinnliche Streben sei in diese beiden Arten einzuteilen, eine sehr lange Tradition. Thomas nennt als seine Quellen Texte des Aristoteles, des Johannes von Damaskus, des Gregor von Nyssa und das Buch „De spiritu et anima", eine pseudo-augustinische Schrift, deren Unechtheit ihm bekannt war. Sehr wahrscheinlich kannte er auch, was sein Lehrer Albert der Große, der seinerseits die Einteilung auf Platon zurückführt, über die beiden Strebevermögen gesagt hat. Mit Sicherheit konnte er voraussetzen, daß jeder seiner gelehrten Gesprächspartner und Leser wenigstens in Umrissen Bescheid wußte, wenn vom begehrenden und vom überwindenden Streben die Rede war und wenn bei der näheren Beschreibung der verschiedenen Leidenschaften von diesen Begriffen Gebrauch gemacht wurde. Wer die einschlägigen Texte der von Thomas genannten Autoren nachliest, wird jedoch leicht feststellen, daß sie nicht sehr viel Aufschluß darüber geben, was dieses Lehrstück, abgesehen von einer mehr oder weniger groben Beschreibung des Verhaltens sinnenbegabter Lebewesen, eigentlich bedeutet. Vor allem wird man es als eine bedenkliche Lücke empfinden, daß offenbar nirgendwo der Frage nachgegangen wird, woher es eigentlich kommt, daß sinnliches Streben sich in diesen beiden Formen entfaltet. Die Texte machen es deshalb auch nicht verständlich, warum Thomas mit Nachdruck behauptet, es handele sich bei dem begehrenden und überwindenden Strebevermögen um zwei der Art nach verschiedene Vermögen. Wie unklar die überlieferte Lehre manchmal erscheinen mußte, läßt sich schließlich daran erkennen, daß die Unterscheidung zwischen konkupiszibler und iraszibler Strebekraft gelegentlich auch auf das geistige Strebevermögen, also den Willen, angewendet wurde, eine Theorie, die Thomas ausdrücklich zurückweist.

Ein kurzer Blick auf einige besonders wichtige Quellentexte vermag zu zeigen, wie wenig ergiebig sie waren.

Platon unterscheidet zwischen demjenigen Streben der Seele, dem als Gegenstand etwas Gutes und etwas Schlechtes entsprechen — dem ἐπιθυμητικόν — und demjenigen, dessen Eigenart darin liegt, daß es eine besondere Energie im Begehren und in der Verteidigung zu entfalten vermag, von ihm θυμοειδές genannt[3]. Möglicherweise geht diese Unterscheidung auf noch ältere Quellen zurück[4].

Aristoteles folgt seinem Lehrer im wesentlichen. Die ἐπιθυμία ist, so erklärt er im 3. Buch der Nikomachischen Ethik, auf das gerichtet, was einem Sinnenwesen zuträglich oder aber schädlich ist, was also als etwas

---

[3] Platon, Timaios, 70 a—d.
[4] Vgl. M. Meier, Die Lehre des Thomas von Aquino De passionibus animae, BGPhM XI, 2, Münster 1912, S. 36.

Gutes anziehend oder als etwas Schlechtes abstoßend wirkt[5]. Die Kräfte, die ein Sinnenwesen aufbringt, wenn es sich verteidigen muß, entspringen dem θυμός. Im dritten Buch seiner Schrift „Von der Seele" sagt er, diese beiden Formen des sinnlichen Strebevermögens seien im irrationalen Teil der Seele anzutreffen[6]. Eine nähere Erläuterung oder Begründung fügt er nicht hinzu. Johannes von Damaskus weicht nun offensichtlich von diesen Beschreibungen insofern ab, als er dem begehrenden Streben als dessen Gegenstand etwas Schlechtes und dem überwindenden etwas Gutes zuordnet[7].

Albert der Große erwähnt in seiner Paraphrase von „De anima", und zwar im Kap. 10 des vierten Traktats von Buch 3, die Einteilung der Sinnenseele in einen begehrenden und einen überwindenden Teil. Sie gehe — so Albert — auf Platon zurück. Dessen Auffassung wird dann ganz knapp referiert[8].

Nicht nur diese Einteilung des sinnlichen Strebens, sondern auch die Zuordnung der verschiedenen Leidenschaften oder Seelenregungen zum begehrenden oder überwindenden Vermögen ist traditionelle Lehre. Allerdings vermißt man auch in diesem Punkt eine überzeugend begründete Systematik.

Die Überlieferung ist also in wichtigen Teilen, vor allem was die Beschreibungen der beiden Formen des sinnlichen Strebens betrifft, recht einheitlich. Aber man findet keine befriedigende Erklärung dafür, daß sich das genannte Streben gerade in dieser Weise verzweigt. Wird hier nur eine äußerliche Klassifizierung überliefert und wiederholt? Handelt es sich bei der Verzweigung um etwas Zufälliges? Es liegt auf der Hand, daß Thomas jedenfalls in dieser Einteilung mehr sieht als eine äußerliche Angelegenheit. Sie ist auch kein bloßer Zufall, sondern sie muß auf Ursachen beruhen, die mit der Eigenart einer sinnlichen, also wesenhaft organischen und somit dem Stoff eng verbundenen Kraft zusammenhängen.

3. Thomas kommt mehrfach auf die Einteilung des sinnlichen Strebevermögens zu sprechen, so in seinem Kommentar zum Kap. 9 von „De anima" bei der Erklärung des eben erwähnten Aristotelestextes, in der „Summa theologiae" und in den „Quaestiones disputatae De veritate". An den beiden zuletzt genannten Stellen legt er seine Auffassung systematisch dar, während er sich im De anima-Kommentar auf einige Bemerkungen beschränkt. Diese seien nun zuerst kurz erörtert.

Er gibt hier zu erkennen, daß er die Auskunft, die der Text über die Verzweigung des sinnlichen Strebens gibt, für nicht ausreichend hält. Aristoteles beschränkt sich ja auch nur darauf, die beiden Formen zu nennen. Man

---

[5] Eth. Nic. III, c. 4, 1111 b 13 ff.
[6] De anima III, c. 9, 432 b 6—8.
[7] Johannes von Damaskus, De fide orthodoxa c. 26, ed. E. M. Buytaert, Löwen-Paderborn 1955, p. 117; c. 36, p. 132.
[8] Albertus Magnus, De anima III, tr.3; tr.4, c. 10; Opera Omnia, Ed. Col. VII, 1, p. 242 b.

muß sich aber doch die Frage stellen: „Warum gibt es im sinnlichen Streben zwei Vermögen, nämlich das überwindende und das begehrende, während es im vernunftbestimmten Streben nur ein einziges Vermögen, nämlich den Willen, gibt?[9]" Die Antwort läßt sich finden, indem man überlegt, wie der Verstand einerseits und die Sinne andererseits das jeweilige Objekt des Strebens, also das entsprechende angemessene Gute, erfassen. Der Verstand erkennt das Gute als solches; denn er erfaßt, was „gut" bedeutet. Damit erkennt er etwas, das wegen seiner Universalität Einheitliches ist. Ihm entspricht deshalb auch nur ein einheitliches Strebevermögen[10]. Hingegen wird im Bereich der Sinne das Streben stets durch ein bestimmtes, begrenztes Gutes, das wahrgenommen wird, ausgelöst. Die Bestimmung kann einmal darin liegen, daß das Wahrgenommene eine Lustempfindung hervorruft. Durch ein solches wird das begehrende Streben in Gang gesetzt[11]. Unter dem, was sinnlichem Erfassen zugänglich ist, gibt es aber zweitens auch etwas, das in einer anderen Weise als gut und erstrebenswert wahrgenommen wird, nämlich nicht als lustbringend, sondern als etwas, das durch Lustbringendes erst die Vollendung findet, auf die es angelegt ist. So erstrebt ein Sinnenwesen den Zustand, der ihm die Fähigkeit verleiht, nach Belieben oder unbeeinträchtigt über Lustbringendes zu verfügen. Darauf ist das überwindende Streben gerichtet. Dieses tritt somit wie ein Verteidiger und Beschützer des begehrenden Strebens in Erscheinung[12]. Thomas begnügt sich bei der Erläuterung mit dem Hinweis auf ein Phänomen, das schon Aristoteles hervorgehoben hatte: Die Tiere geraten in Zorn und kämpfen nur wegen gewisser lustbereitender Objekte, und das sind die des Nahrungs- und des Geschlechtstriebes.

Den beiden Weisen, wie etwas mittels der Sinne Erfaßbares sinnliches Streben in Gang setzen kann, entspricht im übrigen auch die Ordnung der sinnenhaften Seelenregungen oder Leidenschaften. Sie heben stets mit irgendeinem Begehren an und enden auch mit einem solchen[13].

Die Theorie, gemäß welcher das überwindende Streben immer der Flucht vor einem Übel dient, weist Thomas als ganz und gar unvernünftig

---

[9] S. Thomae Aquinatis in Aristotelis librum De anima commentarium, III, 1.14, n.803, ed. P. F. Angeli M. Pirotta, Marietti 1959, p. 190: *Sed quaeritur quare in appetitu sensitivo sunt duae potentiae appetitivae, scil. irascibilis et concupiscibilis, in appetitu autem rationali est unus appetitus tantum, scil. voluntas.*

[10] a. a. O., n. 804: *ideo appetitus qui sequitur apprehensionem intellectus, est unus tantum.* Cf. Albertus Magnus, l.c.

[11] a. a. O.: *aliquid apprehensum per sensum habet rationem boni appetibilis, inquantum est delectabile secundum sensum; et ad hoc bonum ordinatur concupiscibilis.*

[12] a. a. O.: *Aliquid autem habet rationem boni et appetibilis, inquantum perficitur delectabilibus, quasi habens facultatem ad libitum utendi eis; et ad hoc ordinatur irascibilis, quae est quasi propugnatrix concupiscibilis.*

[13] a. a. O. n. 805: *Et propter hoc omnes passiones irascibilis incipiunt a passionibus concupiscibilis et terminantur in eis.*

zurück; denn es gilt allgemein, daß einander konträr entgegengesetzte Objekte einem und demselben Wirkvermögen zugeordnet sind. Gutes und Schlechtes bilden nun einen konträren Gegensatz. Also kann durch den Unterschied zwischen ihnen die Einteilung einer Strebekraft in Arten nicht begründet sein[14].

Der Lehrinhalt des Artikels 2 der Quaestio 81 aus der „Summa theologiae" stimmt mit dem des Artikels 2 der Quaestio 25 aus „De veritate" überein. Wie fast immer, wenn in beiden Werken dieselben Fragen behandelt werden, ist der Text in „De veritate" ausführlicher. Dieser breiteren Fassung sind die folgenden Überlegungen entnommen.

Die sieben Artikel der Quaestio 25 dienen einer Untersuchung der sinnlichen Antriebe und Tätigkeiten. Die Frage, der in Artikel 2 nachgegangen wird, lautet: „Ist die sinnliche Strebekraft ein einziges und einfaches Vermögen, oder verzweigt sie sich in mehrere Vermögen, nämlich das überwindende und das begehrende?"[15] Ziel des Artikels ist es demnach, die Grundstruktur der sinnlichen Antriebskräfte aufzudecken und zu erklären.

Die Antwort, die nach den einleitenden Argumenten contra und pro gegeben wird, ist klar und unmißverständlich: Dasjenige Streben, das im sinnenhaften Bereich des Seelischen wurzelt, umfaßt zwei voneinander verschiedene Kräfte, die überwindende und die begehrende. Strenggenommen hat man von zwei Vermögen des sinnlichen Strebens zu sprechen[16].

Um diese These zu begründen, wird nun ein wenig ausgeholt. Die Verschiedenheit der beiden Vermögen läßt sich einsehen, wenn man sich die in der stofflichen Natur anzutreffenden Antriebe zu Aktivitäten einmal ganz allgemein vergegenwärtigt und sie zu begreifen versucht. Sinnenhaftes Streben ist nämlich mit dem, was an naturhaften Antrieben im Bereich des Unbelebten zu beobachten ist, trotz eines wichtigen Unterschieds verwandt. Der Unterschied liegt darin, daß sinnliches Streben stets von irgendeiner Wahrnehmung abhängt, während unbelebte Körper keine Erkenntnis haben. Ihr Bewegungsdrang ist insofern blind. Die Verwandtschaft wiederum besteht darin, daß in beiden Fällen der Antrieb auf etwas gerichtet ist, das dem Angetriebenen zuträglich ist[17]. Demnach gilt es, einmal genau in den Blick zu bekommen, worauf das in der stofflichen

---

[14] a. a. O., n. 806.
[15] S. Thomae de Aquino Quaestiones disputatae De veritate, 25, 2, Ed. Leonina XXII, Vol. III, 1, p. 731: *Secundo quaeritur utrum sensualitas sit una simplex potentia vel dividatur in plures potentias, scil. irascibilem et concupiscibilem.*
[16] a. a. O., c. p. 732: *appetitus sensualitatis has duas vires continet, scil. irascibilem et concupiscibilem, quae sunt ab invicem diversae potentiae.*
[17] a. a. O.: *Appetitus ... sensitivus quandam convenientiam habet cum appetitu naturali, in quantum uterque tendit in rem convenientem appetenti.*

Wirklichkeit anzutreffende Streben überhaupt ausgerichtet ist; denn daran läßt sich erkennen, was sich im einzelnen als das Zuträgliche erweist.

Darüber, worauf der Antrieb, der den unserer Beobachtung zugänglichen Dingen innewohnt, nun zielt, geben uns die Aktivitäten der Dinge Auskunft. Am Verhalten der unbelebten Körper ist dies am einfachsten abzulesen. Deren Aktivitäten entspringen nämlich ausschließlich einem ihnen innewohnenden und somit im strengen Sinn naturhaften Drang, der nicht durch Einflüsse, die durch irgendein Erkennen ausgeübt werden, gelenkt wird.

Die Beobachtung eines unbelebten Körpers zeigt nun, daß seine Aktivitäten, soweit sie nicht gewaltsam bewirkt sind, sondern auf einen in ihm selbst liegenden Antrieb zurückgehen, in zwei Gruppen eingeteilt werden können. Es gibt Aktivitäten, die sich verstehen lassen, wenn man beachtet, daß ein Ding durch sie zu erlangen sucht, was der Erhaltung seiner Natur dient. Das gilt etwa für die nicht erzwungenen Ortsveränderungen der Körper. Jede derartige Bewegung eines Körpers von einem Ort zu einem anderen verrät offensichtlich diese Tendenz; denn durch Bewegungen dieser Art sucht ein Körper an den Ort zu gelangen, welcher der Bewahrung seiner Natur am zuträglichsten ist. Ein sehr einfaches Beispiel ist die Bewegung eines sich selbst überlassenen schweren Körpers. Sie ist stets zum Zentrum der Erde gerichtet und somit zu dem Bereich des Kosmos, der als der dem Schweren angemessene und natürliche Ort geeignet ist, die Eigenschaft der Schwere zu bewahren; denn es gibt hier keine dieser Eigenschaft entgegengesetzten äußeren Einflüsse[18]. Der in ihm liegende Antrieb, den jeder schwere Körper durch seine natürliche Bewegung verrät, ist also als ein Streben zu begreifen, das mit ihm gegeben und somit naturhaft ist, wie er selbst ein Ding der Natur ist. Letztlich ist dieser Antrieb demnach Ausdruck einer in der Natur wirksamen Tendenz, deren Sinn offenbar die Bewahrung und Erhaltung ist.

Neben dieser Form natürlicher Aktivitäten unbelebter Körper gibt es nun noch eine zweite. Sie findet ihren Ausdruck nicht in einer bloßen Ortsveränderung, bei welcher der bewegte Körper nur beiläufig auf seine Umgebung einwirkt. Zwar ist auch sie von irgendwelchen Ortsveränderungen, ohne welche es ja keinerlei Aktivitäten von Körpern geben kann, begleitet. Aber ihre Eigenart ist damit nicht erfaßt und nicht zu erklären. Ein Körper ist normalerweise ständig Einflüssen von außerhalb ausgesetzt, die seinen eigenen Bestand beeinträchtigen können, sofern sie seiner eigenen Beschaffenheit entgegengesetzt sind. Bei hinreichender Stärke können sie durch die Vernichtung seiner Qualitäten schließlich auch ihn selbst zerstören. Nun beobachtet man, daß ein Körper auf derartige Einflüsse

---

[18] a. a. O.: *Una (operatio) ... est per quam res naturalis nititur acquirere id quod est conservativum suae naturae, sicut grave movetur deorsum ut ibi conservetur.*

mittels seiner aktiven Qualitäten reagiert. Augenscheinlich ist es das unmittelbare Ziel der Reaktion, die den Bestand gefährdenden Einwirkungen zunichte zu machen, indem die Qualitäten, die von außen wirken und den eigenen entgegengesetzt sind, zerstört werden. Ein typisches Beispiel sind die Reaktionen des Feuers auf Wasser und umgekehrt.

Ausdrücklich behauptet Thomas nun, diese naturhaften Reaktionen eines Körpers auf zerstörerische Einflüsse von außen entsprängen einem den vergänglichen Naturdingen notwendigerweise zukommenden Antrieb. Besäßen die Dinge nämlich nicht die Kraft, mit der sie Entgegengesetztes überwinden können, dann würden sie von diesem zerstört[19]. Damit ist deutlich, daß die Naturtendenz, die sich in dieser zweiten Art von Aktivität zeigt, ebenfalls der Erhaltung dient.

Das natürliche Streben ist also zu verstehen als Ausdruck einer in der Natur angelegten Grundtendenz nach Erhaltung. Trotz dieses im ganzen gesehen einheitlichen Zieles entfaltet es sich aber im Bereich der stofflichen Dinge in zwei Formen: Jeder Körper sucht erstens dahin zu gelangen, wo er die günstigsten und zuträglichsten Bedingungen für seinen Fortbestand findet, und er wirkt zweitens auf seine Umgebung ein, insoweit diese Einflüsse ausübt, die seinen Bestand gefährden. Diese beiden Arten, wie sich die Naturtendenz nach Erhaltung zeigt, sind nun nicht auf ein einziges Antriebsprinzip zurückzuführen; denn die Bewegung zum günstigsten Ort hin ist ein Vorgang, bei dem der Körper gewissermaßen die Rolle eines Erleidenden spielt, bei dem er sich so verhält, als empfange er etwas. Die Einwirkung auf zerstörerische Einflüsse in der Umgebung besitzt hingegen den Charakter eines „von innen" herrührenden spontanen Tätigseins. Passives Aufnehmen und aktives Wirken können aber nicht ein und demselben Prinzip entspringen[20]. Tätigsein (actio) und Erleiden (passio) sind ja verschiedene Kategorien, sie sind zwei Seinsweisen, die nicht aufeinander zurückgeführt werden können. Diese Verzweigung der Aktivitäten, in denen sich die naturhafte Tendenz zur Erhaltung zu erkennen gibt, trifft man nun in viel deutlicherer Ausprägung im Bereich des sinnlichen Strebens an. Das begehrende Streben eines Sinnenwesens, sei es Tier oder Mensch, dient stets der Erlangung von etwas, das dessen Sinnen zuträglich und günstig ist. Kommt es zu seinem Ziel, dann wird dies als lustbringend erlebt. Deshalb ist der dem begehrenden Streben entsprechende Gegenstand dasjenige, was irgendeinem Sinn Lust berei-

---

[19] a. a. O.: *Alia est per quam res naturalis sua contraria destruit per qualitatem activam; et hoc quidem necessarium est corruptibili, quia nisi haberet virtutem qua suum contrarium vinceret, ab eo corrumperetur.*

[20] a. a. O.: *Sic ergo appetitus naturalis ad duo tendit, scil. ad consequendum id, quod est congruum et amicum naturae, et ad habendum quandam victoriam super illud quod est ei adversum; et primum est quasi per modum receptionis, secundum vero est per modum actionis; unde etiam ad diversa principia reducuntur; recipere enim et agere non sunt ab eodem principio.*

tet[21]. Dieses Streben ist offensichtlich der Bewegungstendenz eines Körpers zu seinem natürlichen Ort hin verwandt. Das überwindende Streben eines Sinnenwesens zielt auf die Bekämpfung von Unzuträglichem und auf dessen Beherrschung. Es ähnelt also der Reaktion eines unbelebten Körpers, durch die er zerstörerische Einflüsse abzuwehren trachtet. Daß es einem Strebevermögen entspringt, welches vom begehrenden streng zu unterscheiden ist, zeigt sich an der spezifischen Eigenart seines Gegenstandes. Die überwindende Strebekraft hat es nämlich mit solchem zu tun, dem es zukommt, für das Sinnenwesen und dessen Kräfte etwas Schwieriges zu sein[22]. Dadurch unterscheidet es sich aber grundlegend von dem Objekt, durch welches das begehrende Streben ausgelöst wird. Ja, es ist sogar geeignet, letzteres zu behindern und auszuschalten. Im Kampf werden nämlich Unlust und Schmerzen hingenommen, und das steht dem begehrenden Streben direkt entgegen. Objekte, die sich derart voneinander unterscheiden, können aber nicht von einem und demselben Vermögen erstrebt werden[23]. Auch durch den naheliegenden Vergleich mit den allgemeinen Bewegungstendenzen schon in der unbelebten Natur läßt sich die Verschiedenheit der beiden Vermögen erkennen. Der begehrende Antrieb entspricht dem passiv-aufnehmenden Bewegungsdrang eines Körpers, während die überwindende Kraft dessen aktivem Einwirken auf etwas außerhalb ähnelt. Rezeptives Verhalten und spontan-aktives Wirken auf die Umwelt sind aber immer verschiedenen Vermögen zuzuordnen[24].

4. Thomas weist — wie schon erwähnt — die Auffassung, auch im geistigen Streben gebe es eine Verzweigung ähnlich derjenigen im Bereich der sinnlichen Antriebe, zurück. Dem in sich streng einheitlichen Objekt, welches das geistige Erkennen dem Willen vorgibt, entspricht dessen Einheit. Verstandeserkenntnis und willentliches Streben entspringen nun unstofflichen Vermögen. Die Aufspaltung des sinnlichen Strebens in ein begehrendes und ein überwindendes kann somit eine zureichende Erklärung nur in der Organ- und das heißt der Stoffgebundenheit der Sinne finden. Deshalb wird bei der Suche nach dieser Erklärung die Aufmerksamkeit schließlich auf das Verhalten materieller Dinge ganz allgemein

---

[21] a. a. O.: *Ita in appetitu sensibili ista duo inveniuntur: nam animal per appetitivam potentiam appetit id quod est congruum et amicum sibi, et hoc per vim concupiscibilem, cuius proprium obiectum est delectabile secundum sensum.*

[22] a. a. O.: *appetit etiam habere dominium et victoriam super ea quae sunt sibi contraria, et hoc per vim irascibilem; unde dicitur quod eius obiectum est aliquid arduum.*

[23] a. a. O.: *Et sic patet quod irascibilis est alia potentia a concupiscibili, nam aliam rationem appetitibilitatis habet aliquid ex hoc quod est delectabile et ex hoc quod est arduum, cum quandoque illud quod est arduum a delectatione separet et rebus contristantibus immisceat, sicut cum animal relicta voluptate cui vacabat, aggreditur pugnam nec retrahitur propter dolores quos sustinet.*

[24] a. a. O.: *Et iterum ... concupiscibilis videtur ordinata ad recipiendum ..., altera vero, scil. irascibilis est ordinata ad agendum ... Hoc autem communiter in potentiis animae invenitur, quod recipere et agere ad diversas potentias pertinent.*

gelenkt. Insofern ist das Vorgehen des Thomas konsequent. Bei einer Würdigung, die über diese Feststellung hinausgeht, sollte noch einiges hervorgehoben werden. Zunächst einmal ist der Versuch, die deutlich erkennbare Lücke in einem alten und immer wieder aufgegriffenen Lehrstück zu schließen, ein bemerkenswertes Zeugnis dafür, daß Thomas sich nicht einfach einer ehrwürdigen Lehrtradition anschließt, sondern daß er um eine sachliche Erklärung und Begründung bemüht ist. Gewiß gibt das Verfahren, das in seinen Augen zu diesem Ziel führt, zu mancherlei Bedenken Anlaß. Die Betrachtung von Naturvorgängen, aus welchen auf die Existenz naturhafter Antriebe geschlossen wird, erscheint recht summarisch oder gar oberflächlich. Die uralte Lehre von den natürlichen Orten der Elemente und damit die Vorstellung von einer idealen Ordnung des materiellen Kosmos wird ohne weiteres übernommen und verwendet. Die Sichtweise, die das Verständnis das Vorgänge und Antriebe ermöglichen soll, ist wesentlich final, nämlich an dieser Ordnung orientiert. Eine wirkursächliche Erklärung der beiden Aktionsformen stofflicher Dinge wird hingegen überhaupt nicht in Erwägung gezogen. Die letzte Grundlage, auf die sich das Begreifen der zu beobachtenden Bewegungen und ihrer Antriebe stützen soll, ist die These, daß die Natur aus sich heraus nach Erhaltung strebt. Wenn aufgezeigt ist, wie die Bewegungen oder die Aktivitäten eines Körpers mit dieser Naturtendenz zusammenhängen, dann gelten sie als erklärt. Es wird dazu jedoch noch eine andere offenbar als allgemeingültig angesehene Eigenart der materiellen Natur herangezogen. Die Natur ist nämlich auch so beschaffen, daß stoffliche Wesen dauernd in ihrem Bestand gefährdet sind. Nur so ist ja zu verstehen, weshalb ein Körper über Kräfte verfügen muß, durch die er in der Lage ist, sich gegen eine Zerstörung durch Einflüsse von außen zur Wehr zu setzen. Die allgemeine Naturtendenz zur Erhaltung ist zwar in jedem körperlichen Wesen wirksam, aber gerade die Vervielfachung dieser im ganzen einheitlichen Tendenz hat notwendigerweise Kampf und Zerstörung im Einzelfall zur Folge. Daß die Natur so ist, macht gewiß die Existenz zweier verschiedener Antriebe in jedem Körperwesen verständlich. Warum sie allerdings so ist, wird nicht weiter erklärt und kann wohl auch nicht erklärt werden.

Bei derartigen Erwägungen sollte übrigens nicht vergessen werden, daß auch in den modernen Theorien über die Natur deren Tendenz zur Erhaltung eine sehr wichtige Rolle spielt. Viele Prozesse in der unbelebten und in der belebten Natur werden auf diese Tendenz zurückgeführt. Sie dient als das grundlegende Prinzip der Erklärung, nicht zuletzt bei allen Versuchen, natürliche Entwicklungsvorgänge zu verstehen. Allerdings stößt man auch hier auf die Schwierigkeit, die allgemeine Tendenz — etwa des Lebens — nach Erhaltung mit der Eigenart und der Ausstattung der Individuen in Einklang zu bringen. Über den Befund, daß die einzelnen materiellen Wesen vergänglich und zerstörbar sind, und dies in einer im ganzen auf Fortbestand hin angelegten Natur, sind wir wohl keinen Schritt hinausgelangt. Somit erscheint die Überlegung, durch die Thomas von Aquin versucht, das überlieferte und ausweislich einfacher Beobachtungen richtige Lehrstück von den zwei sinnlichen Strebevermögen verständlich zu machen, gar nicht allzu fremd.

ARISTOTELISMUS VS. PLATONISMUS
Zur Konkurrenz von zwei Archetypen der Philosophie im Spätmittelalter

von Hans Gerhard Senger (Köln)

Die Philosophien der beiden ‚Philosophenfürsten' Plato und Aristoteles haben die antike und die mittelalterliche Philosophie, aber auch die Theologie und andere Wissenschaften des Mittelalters in einem nicht leicht zu überschätzenden Maß bestimmt. Jede von beiden hat ihre eigene Rezeptionsgeschichte, die jeweils, mehr oder weniger, auch die Geschichte ihrer Umwandlungen ist. Die ‚Christianisierung' beider Philosophien im Mittelalter hat das platonische System aus mehreren Gründen, über die hier nicht zu handeln ist, stärker verändert als das aristotelische.

Aristoteles selbst hat bekanntlich dazu beigetragen, daß die Differenzen zwischen seiner und seines Lehrers Philosophie deutlich wurden. Der tatsächliche Unterschied zwischen beiden wurde durch die Plato-Tradition in der Akademie und durch den sogenannten Neuplatonismus verschärft, indem diese dem genuinen Platonismus neue Elemente einbauten. Für die mittelalterlichen Philosophen und Theologen war die Philosophie Platos vor allem und für lange Zeit der Platonismus der Neuplatoniker.

In der Geschichte beider Philosophien hat es nicht an Versuchen gefehlt, deren Übereinstimmung zu erweisen oder doch wenigstens nachträglich deren Konkordierbarkeit aufzuzeigen. Die Absicht des Boethius im 6. Jahrhundert, die Übereinstimmung Platos und Aristoteles' in allen wesentlichen Fragen nachzuweisen[1], ist nur ein, vielleicht der bekannteste Plan in einer Anzahl von Konkordierungsversuchen seit dem ersten nachchristlichen Jahrhundert. Antiochos von Askalon, Poseidonios und Ammonios Sakkas, Porphyrios, Jamblichos, Themistios und Simplikios stehen dafür[2].

Solchen stehen aber diejenigen gegenüber, die die Differenzen beider Philosophen nicht aus den Augen verloren, wie Attikos im zweiten,

---

[1] A. M. S. Boethius, Commentarii in librum Aristotelis Peri hermeneias, 2ᵃ editio, 2, 3; ed. C. Meiser, Lipsiae 1877 u. 1880, 80.

[2] Über die, vor allem neuplatonischen, Bestrebungen s. H. Flashar in: Grundriß der Geschichte der Philosophie, Die Philosophie der Antike, Bd. 3, Basel—Stuttgart 1983, § 15, 448 ff.; die Literatur dazu 454 ff.

Syrianos und sein Schüler Proklos im fünften Jahrhundert sowie Vertreter der Alexandrinischen Schule.

Für die Wirksamkeit der Philosphie Platos und Aristoteles' im Mittelalter wird man sich stets vor Augen halten, daß es einen reinen Aristotelismus und Platonismus nicht gab. Moses Maimonides beispielsweise, der sich im 12. Jahrhundert um eine Reinigung des Aristotelismus bemühte, hat ebenso eine neuplatonische Fermentierung wie der ‚Aristoteleskommentator' Albertus Magnus im 13. Jahrhundert. Waren schon die Bewahrer des Platonismus tendenziell gegenüber einer gewissen Aristotelisierung aufgeschlossen, so fand die Aristoteles-Rezeption bei den arabischen Philosophen in nicht unbeträchtlichem Maß im Horizont neuplatonischen Denkens statt. — Schriften wie die ‚Theologie des Aristoteles' und wie der ps.-aristotelische Liber de causis sind Zeugnisse solcher Vermengungen.

Man kann die Geschichte der antiken und mittelalterlichen Philosophie auch unter dem Aspekt des Vorherrschens der Philosophie des einen oder des anderen der beiden großen Griechen-Philosophen zu bestimmten Zeiten und in bestimmten Schulen sehen; oder unter dem Aspekt der Kontinuität beider Traditionen im Mittelalter, wie R. Klibansky sie für den Platonismus aufgezeigt hat[3]. Davon soll in diesem Beitrag nicht die Rede sein; vielmehr soll die Konkurrenz der zwei Archetypen abendländischer Philosphie im 15. Jahrhundert ins Licht gerückt werden, die in einer bestimmten historischen Konstellation derart in Konfrontation gebracht wurden, daß sie über mehr als drei Jahrzehnte kontrovers diskutiert wurden. Diese Auseinandersetzung, hauptsächlich unter Griechen in Italien in Griechisch geführt, steht neben einem averroistisch gefärbten Aristotelismus in Padua, Bologna und Pavia und einem italienischen Renaissance-Platonismus, vor allem in Florenz, aber auch in Rom, dessen Kraft in der Wiederbegründung der Platonischen Akademie in Florenz im Jahre 1459 ihren Ausdruck fand.

Die Grundzüge der Querele zwischen Aristotelikern und Platonikern sind bekannt[4]. Offenbar übersehen wurde bisher, daß Nikolaus von Kues sich an dieser Kontroverse auf seine Art beteiligte[5]. Er griff zwar nicht direkt in den Streit ein; aber dieser findet seinen Niederschlag in den

---

[3] The Continuity of the Platonic Tradition During the Middle Ages, London 1939; erweiterte Fassung München 1981.

[4] Eine kurze Skizzierung und die Literaturangaben folgen weiter unten.

[5] E. Cassirer, Individuum und Kosmos in der Philosophie der Renaissance, Leipzig-Berlin 1927, 16 f., hat zwar auf die Kenntnis „der Platonischen Quellen" aufmerksam gemacht, die Nikolaus „im Verkehr mit diesen Männern", „mit den führenden griechischen Denkern und Theologen", „mit Georgios Gemistos Plethon, mit Bessarion u. a.", „gewonnen haben muß". Cassirer sieht aber m.E. den „literarischen Streit eines Plethon und Bessarion, eines Theodorus Gaza und Georg von Trapezunt", auch in seinen Folgen für Cusanus, falsch. S. dazu am Schluß dieses Beitrags.

Schriften des Nikolaus in einer vierfachen Plato-Aristoteles-Kritik von beachtlichem Ausmaß. Kein anderes Alternativ-Paar seiner Zeit hat dessen Werk so stark bestimmt wie das von Platonismus—Aristotelismus, weder die Alternative via antiqua—via moderna, Realismus oder Nominalismus, noch die Kontroverse um die Konkordanz zwischen Albertus Magnus und Thomas von Aquin zwischen Thomisten[6] und sogenannten Albertisten, die der dem Nikolaus nahestehende Heymericus de Campo angefacht hatte[7].

Die Plato-Aristoteles-Kritik des Cusanus ist als solche nicht übersehbar gewesen. Sie beschäftigte und beschäftigt noch die Herausgeber der Werke des Nikolaus von Kues und deren Interpreten[8]. Daß der ‚Plato' des Cusaners derjenige der *platonici* ist, auf die er sich so häufig beruft, ist allgemein erkannt und anerkannt. Vor allem Augustinus, Ps.-Dionysios, Proklos, ganz massiv in den Schriften der letzten Jahre, aber auch die Chartrenser zählen dazu. Aber sein Vertrautsein mit solchen *platonici* und sein Vertrautwerden mit dem *Plato latinus*, das ebenso wie sein Interesse für einen *Aristoteles latinus* in den 50er Jahren zunimmt, lassen unerklärte Restbestände offen, die besonders in seiner *Diskussion* des Platonismus und des Aristotelimus offenbar werden. Vor allem die Aristoteles-Kritik gibt Anlaß zu mancher Irritation.

In diesem Beitrag soll ein Motiv für die Plato-Aristoteles-*Kritik* des Nikolaus von Kues aufgezeigt werden, aus dem Verständnis für die Art der Kritik, ihren Umfang, ihren Themenbereich und ihr Argumentationsmuster gewonnen werden kann. Zu diesem Zweck wird zunächst die Kritik ausführlicher dargestellt, um sodann von ihrem historischen und sachlichen Anlaß zu sprechen.

Die Plato- und Aristoteles-Kritik des Nikolaus von Kues

Das philosophische Werk des Nikolaus von Kues (1401—1464), dessen Platonismus in der neuplatonischen Fassung vor allem proklischer, ps.-

---

[6] Vgl. Gerhardus de Monte, Tractatus ostendens concordiam sancti Thome et venerabilis Alberti in multis in quibus dicantur esse contrarii (1456).

[7] Heymericus de Campo, Tractatus problematum inter Albertistas et Thomistas (1423/1424); s. dazu den Beitrag Albertismus? Überlegungen zur „via Alberti" im 15. Jahrhundert, in: Albert der Große. Seine Zeit, sein Werk, seine Wirkung, Berlin—New York 1981, bes. 225 ff. (= Miscellanea Mediaevalia, Bd. 14).

[8] Stellvertretend für die Vielzahl der Beiträge sei nur hingewiesen auf J. Hirschberger, Das Platon-Bild bei Nikolaus von Kues, in: Nicolò Cusano agli inizi del mondo moderno (s. Anm. 62), 113—135. Hirschberger zeichnet die Kritik, die „keine Kritik am historischen Platon, sondern an den platonici" sei, auch „in Unterschied zu Aristoteles", deutlich nach. — M. de Gandillac, Du XVe au XVIe siècle: Platonisme, Aristotélisme, Christianisme. Platonisme et Aristotélisme chez Nicolas de Cues, in: XVIe Colloque intern. de Tours. Platon et Aristote à la Renaissance, Paris 1976, 7—23, betont den Versöhnungswillen des Cusanus zwischen Platonikern und Aristotelikern (10).

dionysischer und augustinischer Prägung unübersehbar ist, zeigt in den Schriften der 15 letzten Lebensjahre eine zunehmende Auseinandersetzung mit der aristotelischen Philosophie. Diese Auseinandersetzung, mit der auch eine erneute Überprüfung platonischer Philosophie einhergeht, wird vor allem in der Form der Aristoteles-Kritik vollzogen. In zunehmendem Maß zeigt Nikolaus von Kues dabei aber auch ein Bemühen, aristotelische und platonische Theoreme in einer ihm eigenen Weise zu konkordieren. Diese Konkordierungsversuche haben jedoch nicht zum Ziel, Übereinstimmungen aufzuweisen oder gar herzustellen, wo solche nicht gegeben sind. In seinem Konkordanzdenken versucht Nikolaus von Kues vielmehr, erkannte Differenzen trotz ihrer Antithetik als kompatibel zu *denken*. Das geschieht in der Weise, daß sie in ihrer jeweiligen Besonderheit als unterschiedliche Aspekte eines und desselben Erkenntnisinteresses gesehen und gedeutet werden. Weiter unten wird davon ausführlicher die Rede sein.

In dieser Untersuchung wird weder über die Beschäftigung mit der Philosophie Platos und Aristoteles' in den Schriften der ersten Publikationsdekade (1440—1450) gehandelt noch wird die unterschwellig, tacite stattfindende Auseinandersetzung mit beiden in späterer Zeit verfolgt. Diese spiegelt sich in den Kommentaren der kritischen Edition der Werke des Nikolaus von Kues und in den zahlreichen Studien zu den Quellen cusanischer Philosophie. Jene trägt nicht das Kennzeichen einer ausdrücklichen Auseinandersetzung in der späteren Form der Kontroverse. Sie läßt sich vielmehr so kennzeichnen, daß in der Beschäftigung mit beiden Philosophien platonische und aristotelische Theoreme affirmierend aufgegriffen oder kritisch verworfen werden, so wie es der Entwicklung und Begründung der eigenen Philosophie zu dienen scheint. Beispielhaft seien genannt: die Affirmation der Substanz-Akzidens-Lehre und der assimilativen Abstraktionstheorie des Aristoteles wie der platonischen Prinzipienlehre der Einheit-Vielheit und der Ideenlehre Platos in De docta ignorantia (1440); aber auch die Zurückweisung der „irrationalen" Ideenkritik des Aristoteles in derselben Schrift; oder die Kritik am Häresieverdacht, den die ‚Aristoteliker' seiner Zeit gegen die cusanische coincidentia oppositorum-Lehre hegten, wie die Bekräftigung der negativen Theologie der ‚Platoniker' in der Apologia doctae ignorantiae (1449).

Gegenstand der vorliegenden Untersuchung ist allein die ausdrücklich als solche vorgetragene Kritik aristotelischer und platonischer Philosophie — oder was Nikolaus von Kues als solche ansah.

Die erste grundsätzliche Plato-Aristoteles-Kritik enthält die Schrift Idiota de mente vom Jahre 1450. Die ausführlichste Kontroverse findet darauf in De beryllo (1458) statt, die etwa vier Jahre später in der Directio speculantis seu de li non aliud verschärft und in De venatione sapientiae noch einmal aufgegriffen wird.

Die Auseinandersetzung vom Jahr 1450

Das dritte der vier Bücher vom Laien, Idiota de mente, kann man als eine cusanische ‚Phänomenologie des Geistes' bezeichnen. In dieser Geistphilosophie gibt Nikolaus von Kues eine Mutmaßung vom Geist an sich, *mens per se*, vom unendlichen Geist und seinen endlichen Abbildern, deren eines, der Geist in Hinsicht seines Tätigseins (*mens ex officio*), als Seele vorgestellt wird.

Im Rahmen dieser Geistphilosophie wird der Erkenntnisprozeß von der Natur des Geistes her wie auch unter den Bedingungen der Körperlichkeit behandelt. Der menschliche Geist wird als Maß aller Dinge und damit als Konstitutionsprinzip seiner Erkenntnis und seiner selbst bestimmt. Nikolaus von Kues versucht dabei, die Lehre von der Einheit des Intellekts zugunsten eines personal-individuellen Geistes argumentativ zu destruieren. Er untersucht den Weltgeist, *spiritus universorum*, den er als geisterschaffenden Gott bestimmt. Schließlich handelt er von der Entfaltung des absoluten Geistes in der Welt, die nach der Deszendenz- *und* Aszendenztheorie als eine Hierarchie von den Geistwesen der Milchstraße bis zu den animalischen Lebewesen vorgestellt wird. Als letztes handelt er schließlich von der Unzerstörbarkeit des unsterblichen Geistes des Menschen.

Die Themen der Schrift Über den Geist machen sogleich deutlich, daß Nikolaus von Kues seine Geistlehre im Horizont platonischer und aristotelischer νοῦς-Vorstellungen, allerdings auf der Diskussionsebene von Aristotelikern und Platonikern seiner Zeit, darstellt. Idiota de mente ist also eine Schrift, die sich in den Streit um die Bestimmung von ‚Geist' einmischt. Dem steht nicht entgegen, die vier Bücher Über den Laien insgesamt als einen Entwurf menschlicher Erkenntnismöglichkeiten zu sehen: die beiden ersten Bücher Über die Weisheit als den Entwurf einer *Weisheitslehre*, nach der *sapientia*, die wissenschaftsübersteigende Form der Gotteserkenntnis, aus ihrem Prinzip, der Weisheit schlechthin, bestimmt wird, während De mente die Funktion hat, die menschliche Erkenntnisorganisation und -psychologie im Gesamt einer *Geistlehre* zu bestimmen. Der vierte Teil des Idiota, De staticis experimentis, skizziert ahnungsweise eine Form weltbezogener *Erkenntnislehre*, deren neue Merkmale erfahrungsgeleitetes Experimentieren und quantifizierendes Bestimmen sein sollen. Während dieser vierte Teil — ungeachtet vergleichbarer Vorstellungen schon im 13. Jahrhundert bei Robert Grosseteste, Roger Bacon und Albertus Magnus — zukunftsweisend ist, greifen die beiden Weisheitsbücher auf platonisch-neuplatonische Vorstellungen (Proklos; Ps.-Dionys) und auf solche der *mystica theologia* zurück. Aber auf die zeitgenössische Diskussion der Intellektlehre bezogen ist das Buch Über den Geist, in dem die Auseinandersetzung mit konkurrierenden Modellen vor allem in folgenden Punkten geführt wird: (1) in der Intellekt- und Erkenntnislehre, (2) in der Weltseelenlehre, (3) in der Intelligibilitätslehre und (4) in der Frage nach der Einheit des Intellekts.

(1) In der Erkenntnislehre verwirft Nikolaus von Kues den rationalistisch-idealistischen Ansatz Platos zugunsten der empirisch-realistischen Position des Aristoteles[9]. Dieser habe die von Plato angenommenen angeborenen Begriffe, *notiones concreatae*, deren der Mensch allerdings in seiner körperlichen Existenzweise verlustig ging, zurecht abgelehnt und die Seele einer *tabula rasa* verglichen. Nach Nikolaus ist dem Menschen lediglich ein Erkenntnis*vermögen* angeboren, das zur Aktuierung von Wahrnehmungs- und Begriffserkenntnis sinnlicher Stimuli und der Sinnesdaten bedarf. Nur die Urteilsfähigkeit in Fragen der Moral und bei Erkenntnisfragen ist der Geistseele — erfahrbar — angeboren, die Abbild, nicht aber Explikation der göttlichen Geistseele ist[10]. Sich den Dingformen zu assimilieren und sich Dingbegriffe zu schaffen sei ihre eigene Leistung. — Plato habe indes ganz subtil die Funktion des Intellekts im Unterscheidungsurteil (*iudicium discretivum intellectus*) über konfuse Sinneswahrnehmungen gesehen[11].

Auch die Präexistenzlehre Platos und der Platoniker wird, sofern sie zeitliche Präexistenz der Seele meint und nicht nur deren Priorität der Natur der Sache nach, von Nikolaus zugunsten der peripatetischen Intellektlehre verworfen. Die Peripatetiker nämlich bestimmten den Intellekt als Seelenvermögen und Erkennen als dessen Akzidens. Besser werde sie jedoch als Substantialform des Körpers beschrieben, die Lebens- und Erkenntniskraft zugleich bedeutet; letztere umfasse die Fähigkeit zu sinnhafter, rationaler, intellektualer und intelligibler Erkenntnis[12].

(2) Zentraler, weil für die Welt- und Gotteslehre entscheidender, ist die Weltseelenlehre. Plato, so meint Nikolaus von Kues mit den spätantiken und mittelalterlichen Platonikern, nahm als Bewegungsprinzip der Welt eine Weltseele an, die Kenntnis vom göttlichen Geist und dessen Willensabsicht habe. Ihr Wissen (*scientia*) sind die *notiones* oder die unvergänglichen Exemplarformen (Ideen) der Dinge; aufgrund dieser ihrer Kenntnis und als Bewegungsprinzip sei sie Ausführungsorgan der Vorsehung Gottes (*providentia dei*). Der Weltseele bei Plato entspreche, so resümiert Nikolaus, der aristotelische Begriff der *natura*. Die weise Natur, *sagax natura*, bewege alles. Ihre Willensabsicht (*sagacitas*) sei ihr „scharfsichtiger Spürsinn, den Befehl Gottes auszuführen". Beide, Plato wie Aristoteles, nähmen so den

---

[9] Nicolai de Cusa opera omnia iussu et auctoritate Academiae Litterarum Heidelbergensis ad codicum fidem edita, vol. V, Idiota de mente, ed. R. Steiger, Hamburgi 1983, cap. 4, n. 77.
[10] ibid., n. 74.
[11] ibid., n. 78.
[12] ibid., cap. 5, n. 80 sq.

Modus der ‚Notwendigkeit der Verknüpfung' (*necessitas complexionis*) in der Natur an, die der eine der Weltseele, der andere der Natur zuspreche.

In beiden Positionen erkennt Nikolaus von Kues einen Irrtum. Denn aus ihnen ergebe sich in jedem Fall ein durch absolute Notwendigkeit determiniertes Handlungsmedium als Befehlsempfänger und Ausführungsorgan einer göttlichen Vorsehung, die er lieber als *deus omnia in omnibus operans* und als *Geist des Gesamt* bezeichnen wolle.

Ein derartiges Zwischenglied anzunehmen, wie Platoniker und Aristoteliker es tun, ist seiner Meinung nach überflüssig, da göttlicher Wille und göttliche Vorsehung infolge göttlicher Omnipotenz keines anderen Ausführungsorgans bedürfen. Wollen und Ausführen koinzidieren in der absoluten, aus sich bestehenden Schöpfungskunst Gottes, zu deren Wesen Omnipotenz in der Ausführung, Handlungswissen und die Verbindung beider gehören. Im Ternar *omnipotentia, sapientia* und dem *nexus* beider, der als Geist oder Wille gedeutet wird, zeigt sich die trinitarische Struktur Gottes, der alles aus sich wirken kann und wirkt.

Der Fehler der Platoniker besteht darin, das innergöttliche Willensprinzip nicht gesehen zu haben und deshalb ein außergöttliches Prinzipiat, eben die Weltseele, anzusetzen. Den gleichen Fehler begehen die Aristoteliker, die die Schöpfungskraft einer den Dingen inhärierenden Natur beilegten[13].

(3) Ein weiterer Punkt seiner Kritik betrifft die Lehre von der Emanation des Geistes als durchgängiges Geistprinzip des Universums[14]. Einige Philosophen nähmen einen Abstieg der Seelen von der Milchstraße über die Planeten zu den Körpern und ihren Wiederaufstieg zur Galaxie an. In der Deutung des Nikolaus von Kues meinten sie nichts anderes, als Plato und Aristoteles annahmen, jeder auf seine Weise. Dieser lasse die menschliche Vernunftseele vom Rationalen zur Mathematik (*doctrina*), von dort zur Intelligibilität aufsteigen. Jener dagegen setze als Ausgangspunkt die Intelligibilität; aus ihr entstehe degenerativ die Mathematik oder das Vernunfthafte, aus dem die Ratio degeneriere. Auf- und Abstieg des Geistes bezeichnen dasselbe auf unterschiedliche Weise, indem der Ausgangspunkt des einen der Zielpunkt des anderen sei und dessen Ausgangspunkt seinerseits Endpunkt des anderen. „Zwischen beiden besteht also keine Differenz, sondern nur der Unterschied in der Betrachtungsweise." Der „Nexus der Gesamtheit der Seienden" ist für beide derselbe Sinn in verschiedener Bedeutung. Es fällt auf, daß Nikolaus von Kues nicht hier auf die ‚aristotelische' Lehre von der Einheit des Intellekts und der Rückkehr der menschlichen Vernunft zu ihrem Vernunftprinzip zu sprechen kommt, die in diesen Kontext gehörten.

---

[13] ibid., cap. 13, n. 145—147.
[14] ibid., cap. 14, n. 151—153.

(4) Das geschieht an anderer Stelle[15]. Gewisse Peripatetiker behaupteten die Einheit des Intellekts für alle Menschen; andere dagegen, gewisse Platoniker nämlich, leugnen dies, indem sie aufgrund unterscheidbarer Operationsweisen numerisch unterscheidbare Individualseelen annehmen. Diese seien allerdings substanzgleich mit der Weltseele, zu der sie nach Tod und Auflösung der Leib-Seele-Verbindung als zu ihrem und aller Seelen Kohärenzprinzip zurückkehrten.

Die peripatetisch(-averroistische) Einheitslehre bleibt Nikolaus von Kues unverständlich. Wegen der Bezugseinheit von Körper und Geist eines Individuums, das different zu anderen Individuen ist, kann es keine Identität des Geistes geben, zumal der Geist diskrete Operationen im Einzelnen ausführt.

Kritik finden also bei Nikolaus von Kues die Thesen der Platoniker zur Erkenntnislehre hinsichtlich der angeborenen Ideen und der damit zusammenhängenden Frage der Präexistenz der Seele; desweiteren die Einheitslehre des Intellekts der Aristoteliker sowie die Positionen beider Richtungen zur Weltseelenlehre sowie das Theorem der platonischen Geistemanation resp. des Geistaufstiegs nach Aristoteles. Daß die drei letztgenannten Punkte zumindest Implikationen für die Theologie haben, ist evident. Daß Nikolaus bei der Behandlung der Probleme nicht dogmatisch der einen oder anderen Richtung folgt, daß er die platonisch bestimmte Erkenntnislehre ablehnt und aristotelischen Vorstellungen folgt, daß er schließlich in den Punkten, die unmittelbar in die Theologie reichen, nach Prüfung beider Philosophien auf ihre Konfliktfreiheit hin beide verwirft, ist im Auge zu behalten. Insgesamt handelt es sich bei den genannten vier Punkten um Theoreme, die in der Plato-Aristoteles-Diskussion seiner Zeit eine Rolle spielten. Auch darüber wird weiter unten gehandelt.

Die Plato-Aristoteles-Kritik vom Jahr 1458

Die umfassendste Kritik platonischer und vor allem aristotelischer Philosophie trägt Nikolaus von Kues in der Schrift De beryllo[16] vom Jahre 1458 vor, deren zweite Hälfte fast ganz der Kritik vorbehalten blieb. Sie betrifft nur teilweise die schon in De mente vorgetragenen Kritikpunkte.

---

[15] ibid., cap. 12, n. 142 sq.
[16] Nicolai de Cusa opera omnia ..., vol. XI, 1, De beryllo, ed. L. Baur, Lipsiae 1940. Die Zitationen in diesem Abschnitt erfolgen nach der Nummern-Zählung der in Vorbereitung befindlichen neuen Edition, die demnächst als zweite Auflage in den Opera omnia in Hamburg erscheinen wird. Bis dahin können die Zitationen identifiziert werden durch die lat.-dt. Ausgabe Über den Beryll, hrg. von K. Bormann, Hamburg 1977 (= Schriften des Nikolaus von Kues, Heft 2).

Während die Affirmation der platonischen Philosophie überwiegt, steht die Unzulänglichkeit fast der gesamten aristotelischen Lehre am Pranger; alle wesentlichen Momente des Aristotelismus sind jedenfalls in die Kritik einbezogen.

Die Punkte, die Nikolaus von Kues positiv beurteilt und die ihm besonders geeignet erscheinen, konstitutiv in seinem eigenen Denken aufgehoben zu werden, sind, soweit sie Plato betreffen, folgende: Platos Esoterik (n. 2), seine negative Theologie (n. 12), die Einheits- und Ursachenlehre (n. 13; n. 16), die änigmatische Behandlung des Intelligiblen durch die Lichtmetapher (n. 27), die νοῦς-Lehre, besonders unter dem Aspekt des νοῦς δημιουργικός (n. 35), die Kontrarietätsfreiheit des intelligiblen Kosmos (n. 57) und schließlich die Schriftlosigkeit als geeignetste Form einer sich nur kurz und zirkulär äußern könnenden Theologie (n. 71).

Kritik trifft Plato in nur drei Punkten. (1) Die Lehre von den trinarischen Ursachen und Seinsweisen im Vernunftprinzip (n. 35f.), die Nikolaus von Kues Plato selbst zuschreibt, so daß er ihm auch die Irrtumskonsequenz anlastet. Mit dem verstandesmäßig aufgespürten Vernunftprinzip, der göttlichen Allursache und der Schöpfervernunft (*conditor intellectus*) berühre Plato den Trinitätsgedanken wie auch mit den drei Seinsweisen, in denen alles existiert und zwar (1) in der allmächtigen Wirkkraft, hier wiederum dreiursächlich als Wirk-, Formal- und Finalursache; (2) in der Schöpfervernunft als weisestem Vollstrecker der Wirkkraft; (3) in der alles verbindenden und erhaltenden geistigen Kraft des Universums als Wirkung der Schöpfervernunft.

Wenn auch Plato — ebenso Aristoteles — die Trinität rational dachte, so doch nur um den Preis des Irrtums, der einem solchen Emanationsdenken systemimmanent ist: eine polytheistisch-hierarchische Gottesvorstellung mit einem absolut einfachen Gott, der als All-Prinzip weder partizipierbar noch mitteilbar ist, und einer Vielheit, von jenem geschaffener Götter.

(2) Dieser platonische Irrtum impliziert einen zweiten, selbst bei Wahrung des Partizipationsgedankens logisch nicht notwendigen Irrtum. Gegen ihn richtet sich der zweite Kritikpunkt (n. 37f.). Die Nikolaus willkommene Partizipationslehre ließe sich ohne Annahme von geschaffenen Intermediargöttern in der ternarischen Seinsweisenlehre denken, wenn man nur ein dreiheitliches Prinzip mit den platonischen Merkmalen des ersten Vernunftprinzips denkt: als absolutes, über alles erhabenes und übernatürliches Prinzip der Natur. Als solches kann es als frei von Notwendigkeit gedacht werden, die Kennzeichen determinierter Natur ist. So käme als sein Merkmal die Freiheit und Willensabsicht des All-Prinzips in den Blick, der Plato verstellt blieb. Deshalb war es ihm und seinen Interpreten nicht möglich, Schöpfung als uneingeschränkte, allkönnende Willensabsicht des dreieinen Gottes zu denken. Den Gedanken des *freien Schöpferwillens* ver-

paßte Plato (wie auch, schon in De mente gezeigt, Aristoteles) infolge des Irrtums, der ihn (und seinen Schüler) die Schöpfervernunft als *Notwendigkeit der Natur* interpretieren ließ.

(3) Der dritte Kritikpunkt zielt auf die platonische *Ideenlehre* (n. 55—57), nicht generell, wohl aber insoweit, als es die Ideen des *Mathematischen* und der *Artefakten* betrifft.

Für naturhafte Dinge wird die Existenz von Ideen zugestanden; sie sind die einfachen, unvergänglichen und gegensatzfreien Wesenheiten (*quiditas, quae sine omni contrario simplex et incorruptibilis exsistit*) der sinnlich wahrnehmbaren Dinge im Bereich des Intelligiblen (*in mundo intelligibili*). Im Intelligiblen haben die *Naturdinge* ihr wahreres Sein im Vergleich zu ihrer sinnfälligen Realität, die, stets in operationalem Bezug auf anderes, mit den Bedingungen des Ortes eigene, nichtgegensatzfreie Proprietäten aufweisen. Sie haben aber dort nicht ihre ideenhafte Wesenheit schlechthin. Diese findet sich als das Sein der Dinge in wahrerer Weise in ihrer angemessenen Ursache, die ihr Wesensgrund ist (*adaequata causa et ratio*), in ihrem Schöpfer, also in Gott als Schöpfer der Natur. Dies hat Plato nach dem Urteil des Nikolaus von Kues richtig erkannt.

Mangelhaft ist dessen Ideenlehre in zwei Punkten. Erstens, hinsichtlich der Lehre von der *Ideenerkenntnis*, soweit sie Ideen der Naturdinge betrifft; zweitens, hinsichtlich der Annahme von Ideen im Mathematischen und solcher von Artefakten.

(a) Mit den Ideen der Naturdinge verhalte es sich so: Die natürlichen Dinge der Welt haben ihr wahres Sein als Ideen im Geist ihres Schöpfers, das in Rücksicht auf das welthafte Sein der Dinge ihre wahreres Sein (*verius esse*) ist. Hinsichtlich der vernunfthaften Erkenntnis der Dinge und ihres wahreren intelligiblen Seins ist die sinnfällige Existenz der Dinge wahrer als unsere Erkenntnisbegriffe, die nur „konfuse Begriffe ohne die Wahrheit der Natur" sind. Platos Erkenntnisirrtum besteht demnach darin, den erkannten Ideen der Naturdinge einen höheren Rang und größere Wahrheit einzuräumen als den für die Sinneswahrnehmung sinnfälligen Dingen. Nikolaus richtet seine Kritik also auf die platonische Empirie-Kritik und den dialektischen Aufschwung zu vernunfthafter Erkenntnis des Intelligiblen. Die platonische Bestimmung der Relation von Naturhaftem zu seiner Idee bleibt von Nikolaus unkritisiert. Die platonische Bestimmung der Erkenntnisrelation zu den Dingen wird jedoch auf ein anderes Fundament gestellt. Nicht der dialektische Erkenntniszugriff auf die Ideen in ihrer intelligiblen Seinswelt, sondern der Zugriff der Vernunft auf die erreichbaren Sinnesdaten von nicht gegensatzfreien Naturdingen in ihren materiellen, räumlich-zeitlichen Bedingungen ist die adäquate Erkenntnismethode. Sie gelangt in diesem Bereich zwar nicht zu Ideenerkenntnis, sondern zu einer Begriffserkenntnis, die in Hinblick auf die ontische Wahrheit der Dinge (und erst recht auf deren ranghöhere Prinzipien) konfus bleibt. Die Erkenntnismethode, für die hier plädiert wird, steht der aristotelischen um vieles näher als der platonischen.

(b) Rigoroser trifft die Kritik die platonische *Ideenlehre*, soweit sie den Bereich *des Mathematischen und der Artefakten* betrifft. Ideen des Kreises oder einer Zahl, eines Hauses oder einer Skulptur existieren nicht, jedenfalls nicht als deren ontische Ursachenprinzipien. Name, Begriff und Definition mathematischer und artifizieller Dinge erfassen nach Plato nicht das Wesen solcher Dinge, das, wie bei den Naturdingen, allein durch den Zugriff der Vernunft auf Ideen von solchem in einem intelligiblen Kosmos erkannt werden soll. Es ist aber nach Nikolaus von Kues falsch, für derartiges einen eigenen Ideenkosmos anzunehmen. Denn für die mathematischen Dinge, „die der Natur entbehren", d. h. die nicht unter materiell-zeithaften Bedingungen existieren, gibt es kein vorausgehendes ontisches Begründungsprinzip, weder in einem (platonischen) Ideenkosmos, noch (neuplatonisch) im Schöpfer der Natur. Ihr Prinzip ist allein der menschliche Geist selbst, insofern er die mathematischen Ideen und die Gestalten, Urbilder und Ideen der Artefakten mental fabriziert. Sie sind Vernunftprodukte, die kein anderes wahreres Sein über die Vernunft hinaus haben.

Platos und aller Platoniker Fehler war es, mathematische Vernunftbegriffe und Artifizialformen nicht als Produkte des Menschen zu bestimmen, der — nach Hermes Trismegistos — als ‚zweiter Gott' gesehen wird. Seine mathematischen Begriffe, seine technischen und ästhetischen Ideen sind Ähnlichkeiten *seiner* Vernunft. Indem diese Ähnlichkeiten ihrer selbst produziert, handelt sie analog der göttlichen Vernunft, die die Ideen der Naturdinge in sich hat. Die artifiziellen Ideen des Menschen, deren extramentale Realisierung Abbildähnlichkeiten der mentalen Ideen sind, sind somit ihrerseits Abbilder von Abbildern des göttlichen Intellekts, nämlich Ähnlichkeiten intrinseker Naturformen. Die Ideen der Artefakten sind also Abbilder der menschlichen Vernunft, die, selbst Abbild der göttlichen Demiurgenvernunft, jene ihre Produkte als Abbilder der abbildhaften Naturformen schafft.

Diese Vernunftoperationen des Menschen als „zweiter Gott" (n. 7) hat Plato verkannt. Damit verkannte er aber auch, daß die *mathematicalia* und *artificialia* als Mentalbegriffe wahrer sind als deren nachfolgende Realisationen und als die Operationen mit ihnen. Das gilt nicht von den objektbezogenen Begriffen, die wir von den sinnfälligen Realisationen menschlicher Ideen gewinnen, sondern nur für die exemplarischen Ideengestalten, die den realisierten Objekten und den von diesen gewonnenen Begriffen derartiger Konkretionen vorausgehen. Zahlen und andere mathematische Dinge sind also nicht (pythagoreische) Substanzen und Prinzipien der Dingwelt. Artefakten „haben nicht eine getrennte Wesensgestalt, wie Aristoteles richtig sah" (n. 56). Intelligible Ideen des Mathematischen und der Artefakten gibt es nicht, sondern nur als Verstandesprodukte bestimmte mentale Gestalten für nachfolgende materielle Konkretionen.

In der schon seit längerem diskutierten Frage nach den Prinzipien von *Natur und Kunst* folgt Nikolaus von Kues also im Grundansatz der aristotelischen Position, die er allerdings mit der christlich-neuplatonischen Gotteslehre synkretisiert.

Die Annäherung an die aristotelische Kritik der platonischen Lehre von der Erkenntnis der Ideen und die von den Ideen des Mathematischen und Poietischen kann nicht darüber hinwegtäuschen, daß die Philosophie des Aristoteles aufs Ganze gesehen weiterhin, und verschärft, kritisiert wird. Wenngleich Nikolaus von Kues sich auf die Seite derer schlägt, die mit Augustinus[17] die platonische Philosophie insgesamt der christlichen Theologie und Philosophie näherrücken zu können glauben, als es bei der aristotelischen Philosophie möglich erscheint, so enthält dennoch auch diese „vieles, das mit der christlichen Wahrheit übereinstimmt"; beispielsweise „daß der Ursprung sich selbst erkennende Vernunft in vollkommener Aktualität ist", daß das *quo est, quid est* und der *nexus* beider oder Materie, Form und das aus ihnen zusammengesetzte Prinzipierte Hinweis auf die „Dreifaltigkeit der Wesenheit" Gottes sei (n. 39). Auch wenn noch die aristotelische Methode des Regresses auf ein je Erstes bei allen Dingen, die ein Mehr oder Weniger zulassen, als mit der christlichen Lehre kompatibel und für einen rationalen Diskurs über Gott für geeignet erachtet wird, — die Krux aristotelischer Philosophie liegt vor allem im Rationalitätsbegriff des „äußerst sorgfältigen und scharfsinnigen Logikers" (n. 40). Das Verdikt über die restriktiv gehandhabte „rationale Erörterung" des Göttlichen (n. 32) trifft den aristotelischen Methodenansatz in seiner Brauchbarkeit für metaphysische Spekulation zentral. Wo suprarationale Verbindung von Gegensätzen zuzulassen wäre, bleiben „rational gebundene Argumente unsicher und dürftig". Kritisiert wird die Ausdehnung des ersten logischen Prinzips auf den Bereich der Prinzipienerkenntnis. Die Gültigkeit des Kontradiktionsprinzips läßt ja nach Aristoteles eine konjunktive Verbindung von konträren Gegensätzen in einem Dritten, in dem sie übereinstimmten als ihrem Verknüpfungsprinzip, nicht zu (n. 40f.).

Der methodische Rationalismus des Aristoteles hat Konsequenzen für sein ganzes System. Diese macht Nikolaus hier zum Zielpunkt seiner Kritik. Die erste Konsequenz ist die, daß Aristoteles zu keiner richtigen und wahren *Theorie der Substanzprinzipien* gelangte. Als Substanzprinzipien setzte er Materie, Form und Privation an. Verängstigt durch seine restriktive Methode, nahm er Privation als Privation, die nichts setzt. Deswegen mußte er den Beginn eines hylemorphistisch Zusammengesetzten mit dem Beginn der Substantialform im Zusammengesetzten verbinden. Ohne die

---

[17] Vgl. Augustinus, De civitate dei X 29; Confessiones VII 9.

Gültigkeit des Kontradiktionsprinzips hätte er Privation als drittes Prinzip so verstehen können, daß in ihm die Kontrarietät zweier Entgegengesetzter aufgehoben werden könnte und damit eine Koinzidenz von Gegensätzen vor jeder notwendigen Gegensätzlichkeit zweier Gegensätze als deren Prinzip bestehen könnte. So aber verfügte er nicht über ein Prinzip der Verknüpfung (*principium conexionis*), das für eine Gegensatztheorie erforderlich wäre. Dieses Verknüpfungsprinzip, (das die Platoniker mit der Weltseele einführten,) könnte philosophisch das substituieren, was theologisch als Geist Gottes, als dritte Person im Göttlichen bezeichnet wird (n. 42).

Am Beispiel des Gekrümmten und des Geraden versucht Nikolaus von Kues die Unzulänglichkeit des aristotelischen Denkmodells klarzumachen (n. 45). Aristoteles nehme beides als ihrer Natur nach Entgegengesetztes, deren eines nicht ins andere verkehrt werden könne. Entgegengesetztes habe aber ein nicht nach dem Gegensätzlichen teilbares Prinzip; deshalb gehöre Entgegengesetztes derselben Gattung an. Das zu erkennende Prinzip beider (und aller Gegensatzpaare) sollte darum als ihr erkanntes unteilbares Einheitsprinzip die Gegensätze verbinden[18]. Dasselbe gelte für die natürlichen Ursachen von Gegensätzen (n. 46), für das Verhältnis von Passiv- und Aktiv-sein, jedenfalls innerhalb einer Gattung (n. 47).

Der zweite Kritikpunkt an der aristotelischen Philosophie ist die Substanzlehre unter der Hinsicht, daß sie, als nicht zu Ende gedachte Ontologie, zu Ungereimtheiten in der Theorie der *Wesensgestalten* (*species*) führe; von der Kenntnis der Wesensformen hänge aber, wie Aristoteles selbst richtig erkannt habe, jede Wissenschaft ab. Er hat aber die ein Seiendes aktual bestimmende Substantialform als dessen Wesen (*quod erat esse*) und Wesensform (*species*, wenn er abstrakt von jenem spreche) bestimmt (n. 48). Die Ungereimtheit seiner Substanzlehre besteht darin, daß Aristoteles nicht weiß, was die (zweite) Substanz sei, ob getrennt von der Substantialform (erste Substanz) und dann, ob sie ein Eines, Allgemeines, ob Gattung oder Idee sei, oder ob sie irgendwie — und wie? — der ersten Substanz inhäriere; ob sie Möglichkeit oder aktual Seiendes sei etc. (n. 49). All dies ungeklärt, gelangte er zu keinem vernünftigen Wissen. Das bestätige er durch oftmalige Versicherung, daß Wissen hierüber, stets von allen gesucht, schwierig zu erlangen sei.

Selbst wenn Aristoteles in diesem Punkt eine Klärung herbeigeführt, Kenntnis über die Wesensformen gehabt und dadurch überhaupt erst über Wissen verfügt hätte, wäre er damit noch zu keinem wahren Wesenswissen gelangt, es sei denn, er hätte den Willen (oder die Absicht; n. 54) des Schöpfers als letzten Seins- und Wesensgrund oder besser noch als Prinzip aller Wesensgründe erkannt (*essendi ratio, ratio, fons rationum*; n. 51).

---

[18] Zur Unteilbarkeit (*indivisibilitas*) als Letztprinzip s. De beryllo, n. 53.

Die Kritik richtet sich gegen die Ontologie und Metaphysik des Aristoteles überhaupt. Sie richtet sich dagegen, daß sie Wesenserfassung allein für die Erkenntnis von Wesensformen zulassen, die den Seinsdingen inhärieren. Weder eine solche rationale Endlichkeitsphilosophie noch, wie vorher gezeigt, der transzendenzphilosophische Ansatz Platos und der Platoniker, die den platonischen Chorismos durch Mittelglieder überwinden wollten, genügten der Erkenntnisintention des Nikolaus.

Da von der Kritik am Pluralismus kosmischer Vernunftkräfte (n. 36) und am Naturdeterminismus, der auch die Schöpfervernunft nach Aristoteles determiniere (n. 38), schon die Rede war und später noch darüber zu handeln ist, soll zunächst die Kritik in den Schriften der letzten Lebensjahre des Nikolaus von Kues verfolgt werden.

Die Kritik der 60er Jahre

In den letzten fünf Lebensjahren setzte Nikolaus von Kues die kritische Prüfung platonischer und aristotelischer Philosophie im Zuge der Rephrasierung seiner eigenen Philosophie fort. Um entscheidend Neues wird die Kritik dieser Jahre nicht mehr bereichert; der Kritikkatalog ist bereits komplett. Jedoch werden entscheidende Momente nuancierter herausgearbeitet und einige Konsequenzen des bereits Kritisierten neu aufgezeigt. Wie schon zuvor, stehen die Fragen im Vordergrund, die die Einheit Gottes unmittelbar und mittelbar betreffen.

So in der kleinen Schrift De principio (1459)[19], in der über der Vielheit von Trinitäten neuplatonischer Spekulation die eine, ewige Trinität gesehen wird, der auf seiten der Peripatetiker die Einheit der Erstursache gegenübergestellt wird, die diese dreikausal nennen[20]. Während Plato vor allem das absolut Eine an sich in den Blick nahm[21], über das positive wie negative Aussagen gleichermaßen unwahr seien[22], bestimmten die Platoanhänger das eine Erst-Prinzip als Gott und ‚König von allem', dem sie die *allgemeine* Vorsehung zuschrieben, einer Vielzahl von Untergöttern aber eine je *partielle* Vorsehung zuerkannten, beispielsweise die vorsehende Leitung der mechanischen Künste[23].

---

[19] Nicolai Cusae Cardinalis opera, Parisiis 1514 (= p), Nachdruck Frankfurt 1962, vol. II, 1, fol. VII^r–XI^v (dort unter dem Titel Tu quis es).

[20] n. 14; fol. 8^r. Die Nummern beziehen sich wieder auf die in Vorbereitung befindliche kritische Edition in den Opera omnia.

[21] n. 19; fol. 8^v.

[22] n. 26; fol. 9^v.

[23] n. 40; fol. 11^v.

Die Konstellation Plato : Aristoteles wird in den Dialogpartner der Schrift Directio speculantis seu de li non aliud (1461/62)[24] direkt personifiziert. Zwei weitere Dialogpartner, die den Platonismus des Proklos und die Theologie des Ps.-Dionys artikulieren, verdeutlichen, daß hier wie auch früher schon Platonisches — weitgehend ununterschieden — in neuplatonischer Überformung der Athener Schule und in der Veränderung des christlichen Platonismus auftritt. Plato-Kritik ist fast immer Kritik des paganen Platonismus, aber auch des zeitgenössischen Platonismus des 15. Jahrhunderts.

In der Frage der Wesenheiten — und das ist auch die Frage nach den Ideen —, so erfahren wir im zehnten Kapitel der Schrift[25], habe Plato eine Vielheit der Wesenheiten, die wegen der Vielheit der Dinge erforderlich sei, vor den Dingen und nach Gott als ihrem Quell angenommen; er, Nikolaus, nenne ihn ‚Wesenheit der Wesenheiten' (*essentiarum essentia*). Den Einwand des ‚Aristotelikers', Aristoteles habe zur Ermöglichung von Wissenschaft überhaupt keine solche Wesenheit der Wesenheit(en) angenommen, um einen regressus in infinitum zu vermeiden und um zu einem Ersten zu gelangen, pariert Nikolaus: Im Bereich des Quantitativen habe Aristoteles zurecht den Fortgang in infinitum ausgeschlossen; im Nicht-Quantitativen habe er aber ein Unendliches zugelassen und ontologisch alles auf es zurückgeführt als auf den Erstbeweger mit unendlicher Kraft; dieser sei bei ihm, Nikolaus, die „Form der Form, Art der Art, Grenze der Grenze usw."; ein unendlicher Regress sei hier ausgeschlossen, weil mit dem Unendlichen bereits ein Letztes erreicht sei.

Vielheit der Ideen oder der Wesenheiten oder der Wesensformen im Hinblick auf die Dinge, aber ein einfacher Wesensgrund für die unterschiedlichen, vielen Wesenheiten der Dinge als das Ergebnis intelligibler Schau vor aller Andersheit — das ist für Nikolaus von Kues platonische Sicht, die ergänzt wird durch die aristotelische Sicht des einen Erstbewegers mit unendlicher Kraft, die von allem partizipiert wird.

Heftiger und uneingeschränkter Kritik unterzieht Nikolaus von Kues erneut die Substanzlehre und die restriktive rationale Logik[26]. In der Substanzlehre beging Aristoteles den Irrtum, die einfachste Washeit im Bereich des Sichtbaren zu suchen. So fand er die Substanz der Dinge als nur etwas von den Dingen Verschiedenes, nicht aber das Prinzip der Substanz der Dinge. Er übersah also, daß diese Substanz identisch sein müsse mit der·allereinfachsten Washeit der Dinge (d. h. wohl, mit dem

---

[24] Nicolai de Cusa opera omnia ..., vol. XIII, Directio speculantis seu de non aliud, edd. L. Baur† et P. Wilpert, Lipsiae 1944. Hier zitiert nach der deutschen Übersetzung Vom Nichtanderen, hrg. von P. Wilpert, 2. Aufl. Hamburg 1976 (= Schriften des Nikolaus von Kues, Heft 12).
[25] ibid., n. 38—40.
[26] ibid., Kap. 18 f.

Prinzip der Substanz der Dinge); er übersah dies wegen seiner ungeeigneten Untersuchungsmethode. Denn: Jede rationale Methode ist für das intendierte Wissen höchst ungeeignet[27], wie im folgenden 19. Kapitel gezeigt wird.

Das logische Widerspruchsprinzip geht darauf aus, eine rationale Methode und Forschungsstrategie (*via seu venandi rerum substantiam ars ex ratione*) für eine Substanztheorie bereitzustellen. Aber weder seine aufwendige Logik noch seine diffizile Definitionslehre führt zu intuitiv-kontemplativer Schau des Seinsprinzips. Methodisch restringiert, blieb er bei den rational erkennbaren ersten Substanzen und deren Prinzipien stehen. Seine Metaphysik muß folglich als ein „Versagen in der Ersten oder Geist-Philosophie" beurteilt werden.

Diese Kritik ist radikal. Verfügt Aristoteles auch über einen „äußerst klaren Verstand" — aber „von welchem Metaphysiker ließe sich das nicht auch sagen?" —, hat er auch in der Logik und in der Ethik überaus große Verdienste (cap.19), „was aber hat er hinsichtlich der Wahrheitserkenntnis entdeckt?" — Die Antwort des Nikolaus: „Um es freimütig zu sagen: Ich weiß es nicht."[28]

Ein philosophisches System, das zwar über eine brauchbare Logik für eine Naturphilosophie, für eine Ethik und Politik verfügt, aber einer ‚Logik' ermangelt, mittels deren eine Metaphysik der Unendlichkeit und Transzendenz gedacht werden kann, ist für Nikolaus von Kues ein unbrauchbares Paradigma. Die radikale Aristoteles-Kritik enthält den Vorwurf, daß dessen Philosophie nicht Einheits- und Unendlichkeitsspekulation ist, wie die Platos und der Platoniker Proklos und Ps.-Dionys.

Das Verwerfen der Metaphysik des Aristoteles ist zugleich die Option auf die „Theologie Platos" als das Philosophie-Paradigma, das der cusanischen Erkenntnisintention gerechter wird. Konsequenterweise zeigt Nikolaus in den folgenden Kapiteln in positiver Kritik die für seine Philosophie konstitutiven Momente platonisch-neuplatonischen Philosophierens auf. Zunächst die Reflexion auf das Eine im Erkenntnisaufstieg von der Dingwelt über die Seele zur Vernunft, die das esoterische Geheimnis (*secretum*; cap. 19) erahnt und das Eine als absoluten Begriff (*conceptus absolutus*) erschaut, nicht begrifflich erfaßt (cap. 20). „Was Plato wohl sagen wollte", ist nach Nikolaus von Kues dies: daß es um eine Substanz- oder Wesenheitsphilosophie geht, die das Allprinzip in allem als Transzendenzprinzip erkennt und zugleich — wohl gerade deshalb — auch eine Immanenzphilosophie möglich macht, in der das Welthafte auf unterschiedlichen Wahrheitsebenen nach seinen unterschiedlichen Seinsmodi unterschiedlich erkannt werden kann: sinnlich, vernunfthaft und intuitiv. Und letztere ist als

---

[27] ibid., n. 84; vgl. das folgende Kap. 19.
[28] ibid., Kap. 18, n. 83.

Erkenntnisprinzip einer Prinzip-Erkenntnis „die genaueste" Erkenntnis-, Wahrheits- und Seinsebene[29]. Aber das ist schon, wie Nikolaus weiß, „Vision seines eigenen Geistes"[30], mit der er zur Bezeichnung seines Erstbegriffs vom Allprinzip als ‚Nicht-Anderes' gelangt. Die Dialektik des Einen und der Andersheit (Kap. 22) sowie das negative Wissen vom Allprinzip (Kap. 23) sind weitere Vorzüge der platonischen vor der aristotelischen Philosophie.

Trotz aller früheren Versuche, in der aristotelischen Lehre etwas Positives zu erkennen, das konstitutiv sein könnte in einem anders ansetzenden, leistungsfähigeren Metaphysik-Konzept; trotz der früher und besonders wieder in den beiden letzten Schriften gezeigten Bereitschaft, Konkordanzen in den Systemen des Aristoteles und Plato aufzuspüren, — die Aristoteles-Kritik ist nun soweit getrieben, daß Platos Konzept „unserer christlichen Theologie ganz nahe" rückt, Aristoteles aber „in seiner Metaphysik, die er selbst als Theologie bezeichnet", nicht mehr so „vieles aufzeigt, das mit der Wahrheit übereinstimmt", wie es Nikolaus noch wenige Jahre zuvor geschienen hatte[31]. Deutlicher im Vordergrund stehen die Fehlleistungen, die Irrtümer und die Vergeblichkeit der aristotelischen Rationalitätsphilosophie.

Der Grundsatzcharakter dieser Kritik hebt sie nun über die frühere Funktion hinaus, die sie, historisch-genetisch gesehen, für die Entwicklung der eigenen Philosophie hatte. Unter dem Eindruck der Kritik, die gegen seine Philosophie beispielsweise seitens des scholastischen Aristotelismus eines Johannes Wenck vorgebracht wurde, war seine Gegenkritik Verteidigung, die einen Freiraum eröffnen sollte: Die eingewurzelte Gewohnheit, in der viele sich mit der aristotelischen Tradition herumplagen, einmal aufzugeben, um sich anderen Überlegungen zu öffnen, vor allem in einer Zeit, „da nun die Aristotelische Schule vorherrscht" und „den in dieser Schulrichtung Ausgebildeten die Methode" der Koinzidenz der Gegensätze logisch als Irrtum und theologisch als Häresie vorkommt. Zurückweisung des Aristoteles, Wandel der Schulrichtung — das könnte den Fortschritt eines Aufstiegs in die mystische Theologie eröffnen[32]. Nachdem dieser Freiraum gewonnen und ausgefüllt war, nachdem seine Philosophie immerhin unter Theologen, Philosophen und Renaissance-Humanisten Billigung und einigen Anklang gefunden hatte, geht es nicht mehr um die Verteidigung eigener Positionen, sondern um eine Wirkungsbegrenzung aristotelischer (und zu ergänzen: und um wirksame Unterstützung einer in geeigneter Weise auf den Platonismus rekurrierenden neuen) Philosophie. Beiden

---

[29] ibid., Kap. 21, n. 98.
[30] ibid., Kap. 22, n. 99.
[31] De beryllo, a.a.O., n. 39.
[32] Nicolai de Cusa opera omnia …, vol. II, Apologia doctae ignorantiae (1449), ed. R. Klibansky, Lipsiae 1932, 1 u. 6 (n. 1 u. n. 7).

Zielen zugleich dient die zweiseitige, mit ungleicher Stärke vorgebrachte Kritik gegenüber den Archetypen der griechischen Philosophie.

So kann auch in der letzten ausdrücklichen Plato-Aristoteles-Kontroverse der Schrift De venatione sapientiae[33] trotz Kritik im einzelnen die Option auf den Platonismus nur überwiegen. In ihr bringt Nikolaus — unter Auswertung einer für ihn neuen Quelle[34] — die Differenz der Wahrheitssuche beider Systeme auf folgenden Nenner:

Plato setzte einen Bezug zwischen den Dingen und ihren Ursachen, den er durch eine wechselseitige Relation erklärte — Teilhabe der Dinge an den sie bestimmenden Prinzipien und Anwesenheit der Prinzipien in den prinzipiierten Dingen. Als Universalursache von allem setzte er als Einheits- und Erstprinzip das An-sich-Gute, unter ihm eine Vielzahl derivater Prinzipien und Ursachen je einzelner Bestimmtheiten der Dinge. Aristoteles habe dem Partizipationsmodell auf seine Weise zugestimmt, allerdings nur für den Bereich der Naturdinge, deren Beschaffenheiten jeweils die Annahme eines *maxime tale* oder *per se tale* als Ursache aller mehr oder weniger So-Beschaffenen aufnötige. Dabei gelange er auch zu einer ersten Ursache an sich, die Ursache aller anderen Ursachen sei. Beide Paradigmen setzten monistisch die Einheit des Kausalprinzips (*unum causale principium*)[35], aber mit unterschiedlichen Begründungen, mit unterschiedlichem Gültigkeitsbereich und mit unterschiedlichen Konsequenzen.

In der Auslegung der Peripatetiker sind die solchermaßen erkannten Ursachen vernunftkonstituierte Mental-Entitäten, „die das reale Sein nicht erreichen"[36]. Sie stehen damit in Gegensatz zu den Platonikern (wie Proklos), die alles Erkannte als Sein behaupten.

Zudem kennen die Aristoteliker nicht die Idee des Guten als oberste Universalursache von allem. Sie behaupten vielmehr, Erstursache sei die Seinsursache, die sie aufgrund der von Aristoteles behaupteten Konvertibilität der Transzendentalien *ens, unum, bonum* als identisch mit der Ursache von Einheit und Gutheit ansehen, obwohl Aristoteles als Erstursache die Vernunft bestimmte.

Was die Frage nach der Einheit der Prinzipien unter der Idee des Guten einerseits und der Identität der Transzendentalien als Seinsursache resp. der Vernunft als Erstursache betrifft, so hält Nikolaus von Kues das damit verbundene Problem theologisch für gelöst durch die Annahme der Trikausalität der Erstursache in beiden Systemen. Damit hält er auch das Problem von Einheit und Vielheit der Ursachen, Prinzipien und Ideen

---

[33] Nicolai de Cusa opera omnia ..., vol. XII, edd. R. Klibansky et I. G. Senger, Hamburgi 1982.

[34] Diogenes Laërtius, Vitae atque sententiae eorum qui in philosophia claruerunt, interpr. Ambrosio Traversari; cod. Londin. Bibl. Brit., Harleian. 1347.

[35] De ven. sap., cap. 39, n. 120.

[36] ibid., cap. 8, n. 22.

rational für gelöst. Mit ihm ist allenfalls noch die Frage des Begründungsmusters verbunden, die Nikolaus nach platonischer Weise gelöst sehen will: durch das Partizipationsmodell, nach dem die Ideenprinzipien als transzendente Prinzipien Seinsprinzipien und zugleich erkannte Erkenntnisprinzipien sind. Das Rationalitätsmodell der Peripatetiker — Immanenzprinzipien als *entia rationis* für real Seiendes — stellt keine Lösung vor[37].

Bedenkt man, daß auch Thomas von Aquin, Aristoteles folgend, Plato „diese unverständliche Annahme" für sich bestehender, separater Ideen zuspricht[38], bedenkt man ferner, in welchem Maße die Aristoteles-Plato-Kritik des Nikolaus von Kues überhaupt durch *peripatetici* und *platonici* bestimmt ist, wird es deutlich, daß die kontroverse Diskussion, in der beide traktiert werden, längst nicht mehr an jene beiden „Fürsten der Philosophie" und auch nicht mehr allein an die spätantiken und frühmittelalterlichen Vermittler dieser Philosophien gebunden ist. Es zeigt sich bald, daß Nikolaus von Kues seine Diskussion auf der Ebene einer Kontroverse führt, die schon die Auseinandersetzung zwischen Aristotelismus und Platonismus als konkurrierender Paradigmata im hohen und späten Mittelalter und vor allem dann in der Renaissance (und bis in die beginnende Neuzeit hinein) ist.

Diesen Grundsatzcharakter, den die cusanische Kritik gewonnen hat, unterstreichen nur noch die weiteren Kontroverspunkte,
die Zwei-Prinzipien-Lehre beider, Gott und Materie bei Plato, Akt und Potenz bei Aristoteles[39];
Erschaffung und Werden der Welt und der Zeit nach Plato, Anfangslosigkeit der Welt, der Bewegung und der Zeit nach Aristoteles[40];
Platos Ontologie der Ordnung[41] und seine Einschätzung von Sprache und sinnfälliger Konfigurationen als der Seinswahrheit nachfolgend[42]; die epistemologische Ordnung des Aristoteles, die das Welthafte strukturiert und eine auf Semantik, Sprachanalyse und Logik gegründete Wissenschaftssprache, die für die „menschliche Wissenschaft" eine brauchbare Struktur zeigt, nicht aber für die „Wissenschaft von Gott", die ‚Weisheit' (*sapientia*) ist[43].

Konkordierungsversuche

Der bisherigen Darstellung der Plato-Aristoteles-Kritik des Nikolaus von Kues läßt sich entgegenhalten, daß das Denken des Cusanus von den

---

[37] ibid., n. 19—22.
[38] S. th. I q. 6 a. 4 c.
[39] De ven. sap., cap. 9, n. 24.
[40] ibid., n. 25 sq.
[41] ibid., cap. 31, n. 94.
[42] ibid., cap. 33, n. 97.
[43] ibid., n. 98 u. n. 100.

frühesten Schriften an (De *concordantia* catholica!) bis zu den letzten Schriften (De apice theoriae; Memoriale) von dem Gedanken der Einheit und Eintracht, der Übereinstimmung und Konkordanz bestimmt gewesen ist. Man kann auch für die hier behandelten Schriften Konkordierungstendenzen[44] in stärkerem Maße sichtbar machen, als es geschah, so daß es mit dem Konkordanzdenken konkordierte, wie es schon früh von Nikolaus für divergierende Einheitsspekulationen formuliert worden war: Alle, die das Eine in den Blick nahmen, haben nur auf unterschiedliche Weisen von ihm gesprochen und dasselbe gemeint[45]. Schließlich ist auch die Tatsache nicht von der Hand zu weisen, daß Nikolaus von Kues über eine Methode zu verfügen glaubte, mit der er die Differenzen aller, auch aller denkbaren zukünftigen, Schulrichtungen und Antithetisches auflösen und auf einer höheren Intelligibilitätsebene zur Übereinstimmung bringen könne[46]. Es ist die *resolutive Methode*, die — auch das ist wahr — zuletzt sein ganzes Denken in der kleinen Schrift De apice theoriae leitete und bestimmte[47]. All das zu leugnen hieße, ein wesentliches Moment Cusanischen Denkens zu übersehen, das sich aus dem Versuch nährte, Konkordanzen zu sehen und Übereinstimmung herzustellen. Das allerdings ereignet sich auf einer erst über den Systemen zu schaffenden Einsichtsebene. Auf einer solchen Ebene, auf der Antithesen ihre Antithetik in einem höheren Erkenntnisprinzip verlieren, wird Kompatibilität hergestellt, die auf den Basen widerstreitender Theorien nicht gegeben und zwischen deren Theoremen nicht herstellbar sind. Nur aus solchem Geist heraus ist das Konkordieren zu erproben, der sich dessen bewußt ist, daß in der Konkordanz nicht das Gegensätzliche in unterschiedlichen Theorien, sondern die Theorien in ihrer spezifischen Eigenart selbst aufgelöst werden.

Die cusanische Konkordierungsmethode hat, wie jeder vergleichbare Konkordierungsversuch in der geschichtlichen Entfaltung der Philosophie, seinen Grund darin, daß die Theorien, deren Konkordierbarkeit erprobt werden soll, alleine und für sich gestellt als unzureichend erachtet werden. Dies nicht holistisch, da sie dann ja ganz dem Verdikt anheimfielen und die Grundlage eines Konkordierungsversuchs entfiele; wohl aber in wesentlichen Teilen.

Die in der cusanischen Plato-Aristoteles-Kritik auftretenden Konkordierungsversuche dürfen nicht darüber hinwegtäuschen, daß grundsätzliche Kritik angemeldet ist. Man darf auch nicht übersehen, daß die beiden

---

[44] Vgl. e.g. Idiota de mente, a.a.O., cap. 2, n. 66 sq.; cap. 7, n. 97; De beryllo, a.a.O., n. 35 sq.; De ven. sap., cap. 39, n. 120.

[45] De filiatione dei; Nicolai de Cusa opera omnia ..., vol. IV, ed. P. Wilpert, Hamburgi 1959, n. 83.

[46] Idiota de mente, a.a.O., cap. 2, n. 66 sq.

[47] Vgl. Einleitung und Kommentar zu meiner dt. Übersetzung Die höchste Stufe der Betrachtung, Hamburg 1986 (= Schriften des Nikolaus von Kues, Heft 19).

Philosophen — von Aristoteles selbst ja schon forciert in Opposition gebracht und von den Schulen beider vielfach wieder auf methodische und sachliche Differenzen, aber auch auf Konkordierbarkeit geprüft — von Nikolaus von Kues zum einen auf Konkordierbarkeit mit seiner eigenen Philosophie, zum anderen aber und entscheidend auf das Maß ihrer Kompatibilität mit der Theologie hin überprüft werden.

Ein Urteil darüber, was diese Überprüfung ergab, kann sich nicht auf kleinliches Bilanzieren von *Pro* und *Contra* berufen. Es muß, um stichhaltig zu sein, Grundsätzliches aufweisen können. Die Aristoteles-Kritik des Nikolaus von Kues geht auf Grundsätzliches; seine Plato-Kritik zielt auf Rezeption des Rezipierbaren und auf Salvation des Salvierbaren. In welchem Maße ihm dies möglich schien, sollte seine Plato-Kritik aufweisen. Seine Aristoteles-Kritik sollte zeigen, daß die aristotelisch-peripatetische Philosophie beim philosophischen Aufstieg zur „höchsten Stufe der Theorie" versagt. Wenn auch die aristotelische Logik in ihrem ganzen Spektrum gewürdigt und als instrumentell brauchbar für eine Philosophie der Natur, aber auch des Menschen erachtet werden kann — die *humana scientia* wird man jedoch wegen der oben aufgezeigten Kritikpunkte auf Mathematik, Poietik und Politik zu begrenzen haben und weder auf die Psychologie noch auf eine umfassendere Anthropologie ausweiten wollen —, die Metaphysik wird schließlich als eine Philosophie der Endlichkeit und Immanenz bewertet, weil sie den Gipfel nicht schafft. Salvierbar — auch das hat die Kritik deutlich machen wollen — wäre sie nur durch Mutation, bei der die Mutante die Merkmale eines christlich überformten Platonismus aufzunehmen hätte. Die Merkmale beider Philosophien sind in Wesentlichem doch so eigenförmig, daß auch der aufrichtigste Konkordierungsversuch die Diskordanz nicht wirklich auflösen kann.

Nikolaus von Kues und die Plato-Aristoteles-Querele des 15. Jahrhunderts

Fragt man nach den mutmaßlichen Gründen, die Nikolaus von Kues zu seiner extensiven Aristoteles- und Plato-Kritik über Jahre hin bestimmt haben könnten, wird man mehrere solcher in Erwägung ziehen können.

Will man das Argument ins Feld führen, daß Kritik schlechthin zum Philosophieren gehöre, wird man sich — vor allem angesichts des Ausmasses, das die cusanische Aristoteles- und Plato-Kritik kennzeichnet — vor Augen halten müssen, daß die Zeit der Kritik als Methode des Philosophierens noch nicht angebrochen war. Die sich in den Tagen Lorenzo Vallas und des Nikolaus selbst gerade neu formierende philologische und die sich abzeichnende, aber erst später mit Pierre Bayle deutlicher konturierte historische Kritik sind weder vom Stand ihrer Entwicklung her noch von der Intention des Cusaners her geeignete Erklärungsmomente.

Seine Kritik dann auf andere Weise als zum Geschäft der Philosophie gehörend zu verstehen, indem man sie als akademische Diskussion auffaßt, als eine Art Sic et non-Methode oder auch als Fall einer aufgeblähten scholastischen Argumentationsstruktur, hieße das Argumentationsmuster des Nikolaus verkennen, der sich, als Gelehrter außerhalb der Universität stehend, solchen literarischen Formen gegenüber stets abhold gezeigt hatte.

Das Ungenügen, das er vor allem an der aristotelischen Philosophie empfand, kann seine Kritik auch nicht hinreichend erklären. Denn es hätte ja durchaus gereicht, die Option auf die platonische Philosophie deutlich zu machen, eine solche mit der größeren Kompatibilität des Platonismus mit der christlichen Theologie zu begründen und die Momente des Platonismus einer Kritik zu unterziehen, für die ein höheres Maß an Konsistenz im Gesamtrahmen eines christlichen Platonismus wünschbar erschien.

Schließlich könnte auch der Hinweis nicht zufriedenstellen, daß eine Philosophie, die den Anspruch erhebt, bisher nicht Gehörtes[48] zu verkünden, im Horizont der beiden Archetypen abendländischen Philosophierens nur argumentieren könne.

Als einen, und zwar als den entscheidenden Erklärungsgrund möchte ich ein historisches Faktum nennen, das erstaunlicherweise bisher in der Diskussion der vorgestellten Kritik keine Rolle gespielt hat.

Es ist die Plato-Aristoteles-Querele[49] des 15. Jahrhunderts, die 33 Jahre lang fast ausschließlich zwischen Griechen in Griechisch geführt wurde. Die Hauptbeteiligten stritten darüber, welchem der beiden Philosophen der Primat zuzuerkennen sei, welches die Differenzen ihrer beiden Philosophien seien, ob und in welchem Maße diese konkordierten oder wenigstens konkordierbar seien. Diese Kontroverse, die ihre Wurzeln in der byzantinischen Geistesgeschichte hat[50], fand zum größeren Teil in Italien statt. Sie nahm ihren Ausgang mit der 1439 verfaßten Schrift Plethons, wie sich Georgios Gemistos nannte, über die Differenzen der platonischen und aristotelischen Philosophie[51] und endete 1472 mit dem Tod des Kardinals

---

[48] De docta ignorantia II 11 n. 156 (Schriften des Nikolaus von Kues, Heft 15b, ²Hamburg 1977, 84 f. u. Anm. 144a, ibid., 177).

[49] So vielleicht zuerst von Boivin le Cadet bezeichnet: Querelle des philosophes du quinzième siècle. Dissertation historique, in: Mémoires de littérature tiréz des registres de l'Academie Royale des Inscriptions et Belles Lettres II (Paris 1717) 775—791.

[50] P. O. Kristeller, Byzantinischer und westlicher Platonismus im XV. Jahrhundert, in: ders., Humanismus und Renaissance I. Die antiken und mittelalterlichen Quellen, hrg. von E. Keßler, München o. J. (= UTB 914) 161—176; 252—257 die Anmerkungen, die in der italienischen Erstfassung noch fehlen: Platonismo bizantino e fiorentino e la controversia su Platone e Aristotele, in: Venezia e l'Oriente fra tardo Medioevo e Rinascimento, ed. A. Pertusi, Firenze 1966, 103—116.

[51] Περὶ ὧν Ἀριστοτέλης πρὸς Πλάτωνα διαφέρεται; in einer späteren lat. Übersetzung: De differentiis Platonicae et Aristotelicae philosophiae, PG 160, 889—943; auch hrsg. von B. Lagarde in: Byzantion 43 (1973) 312—343. Zu Plethon s. die in Anm. 52 genannte Studie

Bessarion, des Plethon-Schülers und Freundes des Nikolaus von Kues. Die Geschichte der sachlich ebenso wie in der Motivfrage höchst interessanten, aber noch nicht vollständig bekannten Kontroverse kann hier nicht ganz skizziert werden[52]. Aus ihr greife ich nur die für meine Absicht wichtigen Fakten auf, mit denen gezeigt werden soll, daß (1) Nikolaus von Kues sich auf diese Debatte einließ, daß (2) seine Plato-Aristoteles-Kritik — jedenfalls in ihrer Intensität und ihrem Umfang nach — in jener Kontroverse ihren Ursprung hatte, daß sie (3) aus dem historischen Umfeld der Querele verständlicher wird, weil (4) ihre Themen die Themen der Kontrovers-Literatur sind und seine Parteinahme wie die Argumente dafür zu einem erheblichen Teil mit denen der in die Kontroverse involvierten Platoniker übereinstimmen. Wie bei diesen, lesen sich auch seine Argumente pro und contra auf dem Hintergrund der Argumentation der Aristoteles-Verteidiger besser.

Zum Platoniker-Kreis gehört neben Plethon und Bessarion der weniger bekannte Nikolaos Sekundinos. Mit noch gewissen Vorbehalten möchte ich, entgegen E. Vansteenberghes Ansicht[53], auch noch Nikolaus von Kues dazu zählen. Die führenden Verteidiger des Peripatetikers in diesem Streit waren Gennadios Georgios Scholarios, Theodoros Gaza und Georgius Trapezuntius Cretensis[54].

Der Ausbruch der Kontroverse hängt aktuell zusammen mit dem Konzil von Ferrara-Florenz (1438—1445; ab Februar 1439 in Florenz), auf dem über die Unierung der griechischen mit der lateinischen Kirche verhandelt und die 1439 auch beschlossen wurde. Plethon nahm als Berater der Griechen-Partei teil. Seine Schrift De differentiis ist die Aufzeichnung seiner ‚Vorlesungen‘, die er einem interessierten Kreis von Renaissance-Platonikern in Florenz gab. (Cosimo de'Medici ließ sich, wie Ficino berichtet, von Plethon, den er hörte, zur Gründung einer Plato-Akademie anregen.) Daß die Kontroverse auf dem Florenzer Konzil ihren Anfang und zunächst dort ihre Fortführung nahm, macht es verständlich, daß

---

von Masai. Erst nach Abfassung dieses Beitrags wird im März 1986 erscheinen: C. M. Woodhouse, Gemistos Plethon, Oxford 1986; die Untersuchung wird die erste vollständige Übersetzung der Differenz-Schrift enthalten.

[52] Neben den Darstellungen von le Cadet und Kristeller s. L. Mohler, Kardinal Bessarion als Theologe, Humanist und Staatsmann, 3 Bde, Paderborn 1923—1942 (Bd. I 335 ff., Darstellung; Bd. II enthält Bessarions Schrift In calumniatorem Platonis, Bd. III wichtige Schriften der Kontroverse: Aus Bessarions Gelehrtenkreis; = Quellen und Forschungen aus dem Gebiete der Geschichte, Bd. XX, XXII u. XXIV). Einen guten Überblick bieten F. Masai, Pléthon et le Platonisme de Mistra, Paris 1956, Kap. VIII, und J. Monfasani, George of Trebizond, Leiden 1976 (= Columbia Studies in the Classical Tradition, vol. I), Kap. 7, 201—229.

[53] E. Vansteenberghe, Le Cardinal Nicolas de Cues, Paris 1920, 263 f., betont mit Bezug auf die Querele, daß Nikolaus kein Mann irgendeiner Schule gewesen sei.

[54] Über ihn s. die in Anm. 52 genannte Untersuchung von Monfasani.

immer wieder — wie es auch bei Nikolaus von Kues der Fall ist — die Frage der Kompatibilität der beiden Philosophien mit der christlichen Religion behandelt wurde.

Scholarios, der entschiedenste Gegner Plethons, antwortete 1443 (oder 1444) auf dessen Differenz-Schrift. Auf seine Verteidigungsschrift für Aristoteles[55] antwortete Plethon erneut (1449 oder 1450). Scholarios macht den kirchenpolitischen Aspekt deutlich, den die Kontroverse auch hat, indem er bekennt, daß er sich nicht aus Liebe zu Aristoteles oder zur Philosophie in die Auseinandersetzung begebe, sondern zur Verteidigung des christlichen Glaubens, den er durch Platoniker wie Plethon mit seinem Paganismus und mit polytheistischen Tendenzen gefährdet sah. Mit Georgius Trapezuntius[56] glaubte er, daß die aristotelische Philosophie den Dogmen näherstehe als die platonische Philosophie. E. Garin ist soweit gegangen, den Platonismus des 15. Jahrhunderts als antiwestliche, antikirchliche und antichristliche Subversionsideologie zu kennzeichnen[57].

Kardinal Bessarion erbat sich um 1447 von Plethon die Erläuterung einiger Probleme der Differenz-Schrift, die dieser dann aus Griechenland schickte[58]. Er selbst, dem mehr an einem Aufweis von Übereinstimmungen als an der Herausstellung von Differenzen bei beiden Philosophen gelegen war, ließ sich Ende der 50er Jahre[59] mit einer kurzen Erwiderung gegen Plethon auf die Frage nach dem Substanz- und Allgemeinbegriff und auf den Erweis der Verträglichkeit des Seinsvorrangs ein, den Plato dem Allgemeinen, Aristoteles aber dem Individuellen eingeräumt habe[60]. Man kann Einfluß des Bessarion auf Nikolaus von Kues da vermuten, wo dieser, wie weiter oben gezeigt wurde, Übereinstimmungen oder Kompatibilitäten zwischen Plato und Aristoteles herauskehrte.

Theodoros Gaza übernahm dann die Verteidigung des Aristoteles in dieser Frage gegen die platonische Substanztheorie. In einem Traktat gegen Plethons De fato-Schrift bemühte er sich um den Nachweis, die Annahme einer *sagacitas naturae* sei überflüssig, da das Ziel der Natur wohlbestimmt und sicher sei[61]. Mit der um 1460 von Johannes Sophianos angefertigten

---

[55] Κατὰ τῶν Πλήθωνος ἀποριῶν ἐπ' Ἀριστοτέλει; Œuvres complètes de Gennade Scholarios, ed. L. Petit, X. A. Sidéridès, M. Jugie, tom. IV, Paris 1935, 1—116; 114,17ff. die erwähnte Mitteilung des Scholarios.

[56] Comparationes II 1, fol. D II^r sqq.

[57] E. Garin, Il Platonismo come ideologia della sovversione europea. La polemica antiplatonica di Giorgio Trapezunzio, in: Studia humanitatis. E. Grassi z. 70. Geburtstag, hrg. von E. Hora u. E. Keßler, München 1973, 113—120.

[58] Gedruckt bei Mohler III 455 ff.

[59] J. Monfasani, 208.

[60] Mohler III 149 f.; ibid., 153—158 die Gaza-Verteidigung.

[61] Περὶ ἑκουσίου καὶ ἀκουσίου, um 1460; ediert von J. W. Taylor: Theodore Gaza's De fato. First Edition ..., Toronto 1925 (= University of Toronto Studies, Philosophical Series, No. 7).

lateinischen Übersetzung von Plethons Schicksal-Schrift besaß Nikolaus von Kues nachweislich einen Text der Kontroverse[62].

Unter dem Aspekt *natura—ars* hatte Plethon bereits in De differentiis die Ideenlehre untersucht[63]. Zum selben Thema ließen sich auch Georgius Trapezuntius und Bessarion vernehmen, letzterer in dem Traktat De natura et arte (1458)[64], der allerdings erst 1469 mit der lateinischen Übersetzung als sechstes Buch seiner umfangreichen Plato-Schrift In calumniatorem Platonis veröffentlicht wurde.

Die Kontroverse geriet 1458 auf einen neuen Höhepunkt, als Georgius Trapezuntius seine drei Jahre zuvor gegen Plato und Plethon gerichteten Comparationes philosophorum Platonis et Aristotelis veröffentlichte. Sein Ziel war es, Aristoteles als konkordant mit der christlichen Philosophie zu erweisen und die im Vergleich mit Plato größere Nähe zur christlichen Theologie zu zeigen. Nikolaus, der die lateinische Parmenides- und Leges-Übersetzung Georgs besaß[65], nahm den in Bedrängnis Geratenen im September 1459 für einige Tage in sein Haus in Rom auf[66]. Monfasani weist darauf hin, daß Cusanus die Comparationes kannte[67].

Es kann nicht in Zweifel gezogen werden, daß Nikolaus von Kues mit der Querele bestens vertraut war. Zu den wichtigsten Parteigängern beider Seiten, zu Plethon und Bessarion einerseits, zu Theodoros Gaza und Georgius Trapezuntius andererseits, unterhielt er enge Beziehungen; von deren Schriften und Übersetzungen besaß er einige. Auch Scholarios sollte er gekannt haben. Zwar war Nikolaus nicht mehr Teilnehmer des Konzils in Florenz; für Ferrara aber ist er noch nachweisbar[68]. Im übrigen bat Scholarios den dem Nikolaus befreundeten Generalabt der Kamaldulenser, Ambrogio Traversari, für die Dauer des Konzils um Gastrecht in dessen Kloster[69]. Die Vorlesungen Plethons in Florenz kann Nikolaus allerdings nicht gehört haben. Er weilte zu der Zeit wieder in Deutschland. Aber die Zeit in Ferrara wird er, der sich zeitlebens kontaktfreudig zeigte, wenn es darum ging, berühmte und interessante Leute kennenzulernen, dazu

---

[62] Cod. Bruxell, B. R. 10.817; den Nachweis führte erstmals P. O. Kristeller, A Latin Translation of Gemistos Plethon's De fato by Johannes Sophianos Dedicated to Nicholas of Cusa, in: Nicolò Cusano agli inizi del mondo moderno, Firenze 1970, 175–193.
[63] Kap. 17; PG 160, 909C sqq.
[64] Mohler III, 92–147.
[65] Nikolaus hatte die Parmenides-Übersetzung von ihm erbeten; das Widmungsexemplar Hs. Volterra, Biblioteca Guarnaccia 6201. Die Leges-Übersetzung in cod. Londin. B. L. Harleian. 3261; s. R. Klibansky, Plato's Parmenides in the Middle Ages and the Renaissance, London 1943, 289–304; S. 293 sq. zur Datierung der Comparationes.
[66] Monfasani, 142 f.
[67] ibid., 169 f. — Gedruckt Venedig 1523; Nachdruck Frankfurt 1965.
[68] Acta Cusana I, 2 (Nr. 339–342, 357, 359), hrg. von E. Meuthen, Hamburg 1983; s. auch in Nr. 372 die Hinweise auf Bessarion und Scholarios.
[69] Masai, a. a. O., 318.

benutzt haben, Kontakte mit den Griechen zu knüpfen und die Bekanntschaften zu intensivieren, die er 1437/1438 auf seiner Gesandtschaftsreise nach Konstantinopel gemacht hatte.

Erst im Januar 1450 kommt Nikolaus von Kues wieder nach Italien und nach Rom. Sieben Monate später (23. August 1450) vollendet der inzwischen zum Kardinal Erhobene in Italien das Buch Idiota de mente, das seine erste ausführliche Plato-Aristoteles-Kritik enthält. Die Abwesenheit vom Ort der Kontroverse, Florenz zunächst und dann Rom und andere italienische Städte, macht die Verzögerung verständlich, mit der die Querele ihren Niederschlag bei Nikolaus findet. Plethons De differentiis ist elf Jahre zuvor verfaßt worden; sie hat bereits, allerdings nur in griechischer Sprache, weite Verbreitung gefunden[70]. Die Anti-Plethon Schrift des Scholarios ist seit 1443/44 bekannt.

1451/52 weilt Nikolaus von Kues auf einer Legationsreise wieder in Deutschland. Die Jahre von 1452 bis 1458 verbrachte er in seinem Bistum Brixen, allerdings, wie auch schon in den 40er Jahren, in stetigem Kontakt mit den italienischen Humanisten und mit der Kurie in Rom. Dorthin kehrt er im selben Jahr zurück, in dem Bessarion De natura et arte gegen Georgius Trapezuntius verfaßt, der seine Comparationes ebenfalls 1458 veröffentlicht[71]. 1458 ist das Jahr, in dem die Schrift, an der Nikolaus so lang gearbeitet hat, fertig wird: De beryllo. In diese Schrift nimmt er seine zweite Plato-Aristoteles-Kritik auf. Allerdings stammt sie noch aus der Brixener Zeit. — 1459 beginnt Bessarion, dessen lateinische Metaphysik-Übersetzung Nikolaus besaß[72], mit der ersten Redaktion der Schrift In calumniatorem Platonis. Noch vor der Abfassung von Directio speculantis seu de li non aliud, auf deren literarisches Rollenspiel schon hingewiesen wurde, und von De venatione sapientiae entstand die gegen Plethons necessitas-Theorie gerichtete Gaza-Schrift De fato (1460?). — Die Daten korrespondieren in auffälliger Weise miteinander.

Ebenso frappant ist die Korrespondenz der Kritikpunkte, die bei Nikolaus von Kues dieselben sind, die in der Kontroverse strittig wurden. Neben den schon genannten Punkten sind es noch die folgenden: die mit der Ideenlehre zusammenhängenden Fragen nach den Weisen der Vermittlung durch Intermediargötter; die Frage nach Anfangslosigkeit oder Erschaffung der Welt, nach ihrem Gouvernement, nach Schicksalhaftigkeit und Notwendigkeit des Weltlaufs oder freiem Schöpferwille und göttlicher Vorsehung; ferner der Gottesbegriff beider Philosophen (ob mono- oder polytheistisch) und die Bestimmung des summum bonum.

---

[70] Masai (a. a. O., 364, Anm. 1) kennt 228 Handschriften mit Plethon-Werken.

[71] Monfasani (a. a. O., 169) glaubt, daß Nikolaus von Kues diese allerdings 1458 noch nicht, vielleicht auch 1459 noch nicht kannte.

[72] Cod. Cus. 184, von Bessarion selbst korrigiert; s. De ven. sap., adnotatio 21 sq., a. a. O., 166.

Mit den Fragen nach der Einheit des Intellekts aller Menschen, nach der Unsterblichkeit der Individualseele und danach, ob der vernunfthafte Seelenteil des Menschen nach dem Tode, wieder mit der allgemeinen Weltseele vereint, weiterexistiert (Averroisten) oder ob auch dieser Teil sterblich ist (Alexandriner), berührt die Querele die den Renaissance-Aristotelismus von Padua bestimmenden Fragen[73].

Ob die offensichtlich parallel zur Querele geführte Plato-Aristoteles-Kritik des Nikolaus von Kues direkt auf bestimmte Quellen zurückgeführt werden kann und wenn, welche es im einzelnen gewesen sind, oder ob sie sich allein aus Kenntnis der Kontroverse und diese aus Diskussionen mit den unmittelbar und mittelbar Beteiligten erklären läßt, ist noch zu untersuchen[74]. Kein Zweifel aber scheint daran erlaubt, daß die Kritik des Nikolaus im Zusammenhang mit der Querele zwischen Platonikern und Peripatetikern des 15. Jahrhunderts zu sehen ist.

Diese Kritik, außerhalb der Querele selbst vollzogen, in die Entfaltung seines philosophischen Denkens aufgenommen, ist ein entscheidender Beitrag zur Diskussion über Harmonisierbarkeit oder Unverträglichkeit beider Philosophien. Aber weder die Kontroverse selbst noch die Kritik des Nikolaus von Kues waren akademisch; sie waren es aus unterschiedlichen Motiven nicht. Die Vertreter jener hatten theologische und kirchenpolitische Motive ins Feld zu führen; dieser erprobte in ihr die Kompatibilität beider mit seiner eigenen Philosophie.

E. Cassirer hat, wie oben bereits mitgeteilt[75], die Bedeutung Plethons und Bessarions für die Plato-Kenntnis des Nikolaus erkannt. Er gibt dieser Bedeutung aber eine andere Wendung, wenn er unter Hinweis auf den „berühmten literarischen Streit, der durch Plethons" Differenz-Schrift ausgelöst wurde, „nun alles zu einer Auseinandersetzung zwischen" Platonischen und Neuplatonischen Motiven bei Cusanus streben läßt. Cassirer hat m. E. erkannt, daß Nikolaus statt „der philologischen Kritik" der Kontroverse — die sie nicht war! — „die tiefere und folgenreichere systematische Kritik" vollzog. Aber diese führte nicht, wie Cassirer glaubte, zu einer neuen methodischen „Klärung des ursprünglichen Sinns des Platonismus", sie ergab nicht „gleichsam eine neue Demarkationslinie zwischen Platon und Aristoteles auf der einen, zwischen Platon und dem Neuplatonismus auf der anderen Seite". Die Demarkationslinie zwischen

---

[73] B. Nardi, Saggi sull'aristotelismo padovano dal secolo 14 al 16, Firenze 1958; Aristotelismo Padovano e filosofia Aristotelica. Atti del XII Congresso Intern. di Filosofia (Venezia, 12—18 Settembre 1958), vol. IX, Firenze 1960; G. Saitta, Il pensiero italiano nell'Umanesimo e nel Rinascimento, vol. I, ²Firenze 1961, 435—472 (Averroisti, aristotelici e platonici); A. Poppi, Introduzione all'aristotelismo padovano, Padova 1970.

[74] Die Frage wird, wenigstens soweit sie De beryllo betrifft, in der in Vorbereitung befindlichen Neuedition der Schrift in den Opera omnia in Kürze beantwortet werden.

[75] S. oben, Anm. 5.

Platon und Aristoteles, die Nikolaus in seiner Plato-Aristoteles-Kritik zieht, verläuft zwischen den wechselnden Fronten der in den Streit verwickelten Platoniker und Aristoteliker, durch die Nikolaus von Kues sich seine Art von Kritik aufdrängen ließ. Durch sie ist auch die ‚Systematik' seiner Kritik thematisch bestimmt.

VIER FRAGEN ÜBER DIE ZAHL
Ein ungedruckter Text des Wilhelm von Clifford zu Arist. Phys. IV 14

von J. Heinrich Riggert (Köln)

Die im folgenden dargestellten vier Quästionen, die sich mit der Zahl beschäftigen, stammen aus dem „Peterhouse Codex 157", einer Pergamenthandschrift, die sich im Peterhouse College in Cambridge befindet; besagte Handschrift ist — dem Typus der Schrift zufolge — im ersten Drittel des 14. Jahrhunderts entstanden.

Auf den Blättern 43 ra—104 va findet sich ein Kommentar zu den Büchern I—V und VII der Physik des Aristoteles, dessen Autor — nach einem Eintrag auf fol 43 r — ein „Guillelmus de Clifford"[1], also Wilhelm von Clifford, ist, der mit einer historisch nachgewiesenen Person identifiziert wird, die 1249 erstmalig erwähnt wird und ca. 1265 als Magister in Oxford auftaucht. 1286 wird dieser Wilhelm von Clifford zum Bischof von Emly, einem irischen Bistum, ernannt und stirbt schließlich 1306 in England[2].

Ob es sich dabei tatsächlich um den Autor des eben beschriebenen Kommentars handelt, kann wohl nicht letztendlich entschieden werden, sollte die Identifizierung aber stimmen, so wäre der Kommentar wohl zwischen 1265 und 1306 entstanden, wobei die Ernennung zum Bischof von Emly wohl nicht weiter störend gewirkt hätte, da Wilhelm während seines Pontifikats durchaus nicht ständig in Irland war, sondern — einigen Belegen zufolge — sich häufig in England aufhielt[3].

Der hier angesprochene Kommentar beinhaltet zahlreiche, allerdings meist sehr kurze Fragen, die jedoch nicht ohne weiteres aneinandergereiht werden, sondern in den jeweiligen Lektionen entwickelt, in die Wilhelm

---

[1] A. Zimmermann, Verzeichnis ungedruckter Kommentare zur Metaphysik und Physik des Aristoteles, Bd. I in: Studien und Texte zur Geistesgeschichte des Mittelalters Bd. IX, Leiden—Köln, 1971, S. 20f.

[2] A. B. Emden, A Biographical Register of the University of Oxford to A. D. 1500, Oxford 1959, S. 2163.

[3] Calendar of Patent Rolls preserved in the Public Record Office, Edward I, Vol. 1, 1281—1292, London 1893, S. 267, S. 348, S. 479, Vol. 2, 1292—1301, London 1895, S. 125, S. 242, S. 247.

den Stoff der Bücher der Physik einteilt. Eine solche Lektion besteht aus einer „sententia", einer sehr eng am Text arbeitenden Interpretation der aristotelischen Vorlage, an deren Ende die Themen der sich nun anschließenden Quästionen erörtert werden. Diese Themen werden mitunter in einer einzigen Frage abgehandelt, dort aber, wo es Wilhelm als notwendig erscheint, in mehrere Fragen aufgespalten, wodurch sich die hohe Anzahl der Fragen — im vierten Buch der Physik sind es allein 126 — erklärt.

Die letzte „sententia" des Buches IV bezieht sich nun auf Bk 222b 30—224a 17, einen im Vergleich mit den übrigen Sententien langen Textabschnitt, der aber — so Wilhelm — nicht mehr viele Fragen offenläßt, da die meisten dort behandelten Themen schon vorher aufgetaucht und besprochen worden waren, weshalb Wilhelm sich auf drei Themengebiete beschränkt. Zuerst geht es darum, ob jede Bewegung schneller oder langsamer vonstatten geht, als zweites fragt Wilhelm ob Zeit die Zahl einer jeden Bewegung sei. Für beide Themen reicht allerdings jeweils eine Quästio aus, was in diesem Kommentar nicht die Regel ist.

Das dritte Themengebiet ist das der Zahl, es bietet sich an, da Aristoteles am Ende des vierten Buches der Physik Überlegungen hinsichtlich der Identität und Nichtidentität von Zahlen gleichen Wertes anstellt. Obwohl Wilhelm eher dazu neigt die jeweils angesprochenen Fragen ziemlich knapp zu beantworten, ist dieses Thema — dessen Erörterung immerhin vier Quästionen in Anspruch nimmt — dazu angetan Wilhelm um einiges ausführlicher werden zu lassen, wobei er zumindest bei einigen der vier Fragen keine verbindliche Lösung anbietet — seine Leser müssen sich also selbst entscheiden, die Hauptleistung des Magisters liegt in der Darstellung der Auseinandersetzung hinsichtlich der Problemstellungen.

Der nun folgende Text befindet sich auf fol. 95 vb—96 va des „Peterhouse Codex 157".

Sequitur quaerere de numero, et possunt ad praesens quattuor quaeri: Primum, an numerus sit in rebus extra animam, vel tantum in anima; secundum, an numerus numeretur et diversificatur a diversitate numeratorum, hoc enim videtur negari in littera, et istud quaerere est quaerere de unitate numeri; tertium de diversitate numerorum inter se et ipsorum comparatione; quartum, quae sunt numeri constituentia ad invicem.

⟨1⟩ QUAESTIO EST AN NUMERUS SIT IN REBUS EXTRA ANIMAM

De primo arguitur sic:
⟨1⟩ Punctus addit super unitatem solam positionem[4]. Unde punctus non est nisi unitas habens positionem. Sed omnis positio est in materia extra animam:

---

[4] Bk 409 a 6.

quare et talis unitas erit in materia extra animam: quare multo fortius numerus erit in materia extra animam ut in subiecto.

⟨2⟩ Item: Unitas rei et sua entitas sunt ab eodem. Sed entitas rei non est ab anima, ergo nec sua unitas: quare nec numerus, a quo enim est principium, ab eodem est principiatum.

⟨3⟩ Item: Si numerus solum ab anima haberet esse, tunc non existente anima non esset numerus, quod falsum est, nam si omnino non esset anima, nihilominus essent duo dura duo et duo lapides duo.

⟨4⟩ Item: Nulla forma abstrahitur ab eo in quo non est: quare, cum numerus sicut omne mathemathicum abstrahatur a materia, erit numerus et universaliter omne mathematicum — licet non secundum esse mathematicum — in materia.

⟨5⟩ Item: In Genesi dicitur, quod homo septimo die creabatur[5], et sic numerus senarius praecessit creationem animae: quare numerus non habet esse ab anima, prius enim non habet esse a posteriori.

⟨6⟩ Item: Obiectum cuiuslibet sensus est ens extra animam, sicut patet inducendo: quare, cum numerus sit obiectum sensus, est enim sensibile commune, erit numerus ens extra animam.

⟨7⟩ Item: Superius, capitulo de infinito, voluit Auctor, quod numerus causatur ex divisione continui[6]. Sed non existente anima omnino potest continuum dividi: quare non existente anima omnino potest numerus existere, et sic ut prius.

Ad oppositum:

⟨1⟩ Quod indifferenter mensurat res, quae sunt in anima et extra animam, non habet esse determinate extra animam. Numerus indifferenter sic mensurat, dicitur enim, quod isti sunt duo equi, similiter dicuntur duo habitus animae: quare numerus non poterit esse determinate in rebus extra animam.

⟨2⟩ Item: Universalia secundum quod huiusmodi non fabriciuntur individuo extra animam. Sed universalia secundum quod huiusmodi subicuntur numero, sunt enim prima universalia in genere decem. Unde porro decem sunt genera prima: quare numerus non erit aliquod individuum extra animam.

⟨3⟩ Item: Actio numerantis non est nisi in numerante. Sed numerus est actio animae numerantis: quare numerus non erit nisi in anima.

Ad istud multipliciter responditur:

Quidam dicunt, quod est loqui de numero dupliciter: aut scilicet ut est habitus vel in potentia, aut ut est in actu[7]. Primo modo est in rebus praeter omnem comparationem ad animam. Unde, si non esset omnino anima, esset numerus duorum lapidum, sed iste numerus quasi habitus numerandi esset et in potentia, et non simpliciter in actu. Secundo modo numerus non est praeter animam: Actualis enim numeratio non est nisi ab anima, sed tamen non est in anima tantum in subiecto, sed tamquam in efficiente. Unde neutro modo est numerus in anima sicut in subiecto, sed semper in numerabilibus, sed secundo modo est in eis per comparationem tamen ad animam.

---

[5] Gn. 1, 27—31 In der Schöpfungsgeschichte findet die Erschaffung des Menschen freilich am sechsten Tag statt.

[6] Bk 203 b 17f.

[7] Averroes, In Phys. IV, comm. 131.

Si sic velis dicere, dic ad primam rationem in contrarium, quod licet numerus indifferenter mensuret res in anima et extra animam, tamen bene potest esse in re extra animam determinate, dummodo hoc sit per comparationem ad animam.

Ad aliud, quod universalia, ut numerantur, non manent in ratione universalium, sed in ratione numeratorum, et iam sunt in ratione unitatum indivisibilium, secundum quod numerantur.

Ad tertium, quod numerare dicitur dupliciter: scilicet actualiter, et sic est numerus actio animae, et est in anima sicut in efficiente et non sicut in subiecto, actio enim activi non est in agente ut in subiecto; vel dicitur numerare habitualiter, et sic numerus non est actio animae, sed in rebus absolute extra animam.

Aliter dicitur, quod numerus dupliciter consideratur: aut inquantum est quantitas discreta, aut inquantum est mensura. Primo modo est solum in rebus extra animam ut in subiecto, et hoc ratione materiae, omnis enim quantitas, praecipue inter accidentia, inest substantiae per naturam materiae[8]. Secundo tamen modo indifferenter est in rebus extra animam et in rebus, quae sunt in anima, et ideo absolute potest numerus, ut est accidens determinatum in genere quantitatis discretae, poni in re extra animam ut in subiecto, licet inquantum est mensura aliquo modo contingat ipsum esse in rebus, quae sunt in anima.

Per hoc patet ad primum in contrarium, quoniam licet numerus inquantum est mensura, indifferenter concernit res in anima et extra animam, inquantum tamen est accidens et discreta quantitas, determinat res extra animam, et ideo in ipsis erit sicut in subiecto, ut clarius infra apparebit.

Ad aliud, sicut prius dictum est.

Ad tertium, quod numerare dupliciter dicitur, sicut patet superius circa diffinitionem temporis[9], et per eius distinctionem patet solutio rationis.

⟨2⟩ QUAESTIO AN NUMERUS DIVERSIFICETUR A DIVERSITATE NUMERATORUM

Sequitur quaerere, an numerus diversificetur a diversitate numeratorum vel non, sed sit idem numerus decem hominum et decem canum, sicut dicit Auctor[10], et arguitur sic:

⟨1⟩ Omne accidens numeratur et diversificatur a numeratione sui per se subiecti: quare, cum numerus sit in rebus numerabilibus extra animam tamquam in subiecto, diversificatur numerus ab ipsorum diversitate, et sic, cum homines et canes non sunt idem, nec erit utrobique idem numerus.

⟨2⟩ Item: Ex eodem numero secundum quod huiusmodi non causatur aliquo modo maior numerus vel minor, sed semper idem. Sed ex denario hominum et denario equorum causatur maior numerus, quoniam numerus vicenarius: quare non erit idem numerus, numerus decem hominum et decem equorum, et sic ut prius: diversificatur a diversitate numeratorum.

---

[8] Averroes, In Phys. I, comm. 63.
[9] Bk 219 b 1—9.
[10] Bk 223 b 4—6.

Ad oppositum:
⟨1⟩ Est Auctor in littera[11].
⟨2⟩ Item: Quae differunt genere, specie, vel numero, non faciunt numerum differre genere, specie, vel numero: ergo numerus non diversificatur a diversitate numeratorum. Praemissa videtur, quia licet Socrates et Plato differunt numero, tamen numerus istorum, ut binarius, est idem numerus numero, similiter homo et asinus differunt specie et tamen numerus eorum unus est. Item: Omnia praedicamenta differunt genere, et tamen unus est numerus omnium, scilicet denarius.

Et iuxta hoc quaeritur, utrum idem sit denarius decem hominum et decem canum et arguitur sic:
⟨1⟩ In Praedicamentis dicitur, quod si color est in corpore, ergo est in aliquo corpore[12]. Similiter hic: Si numerus est idem decem hominum et decem canum, ergo aliquis numerus; constat quod non alius a denario. Idem igitur erit denarius decem hominum et decem canum.
⟨2⟩ Item: Si nullus denarius est idem decem hominum et decem equorum, et constat quod nullus alius numerus a denario est idem decem hominum et decem equorum: quare nec omnino erit numerus idem decem hominum et decem equorum, quod est contra Auctorem[13]. Est igitur, ut videtur, idem denarius decem hominum et decem equorum.

Ad oppositum:
Est Auctor in littera, vult enim quod sicut triangulus aequilaterus et inaequalium laterum sunt eadem figura, non tamen idem triangulus, similiter denarius hominum et equorum est idem numerus, non tamen idem denarius[14].

Ad istud multipliciter responditur:
Uno enim modo dicitur, quod numerum diversificari secundum diversitatem numeratorum contingit dupliciter: aut scilicet secundum speciem, aut secundum numerum. Unde numerus secundum numerum diversificatur a diversitate numeratorum, non tamen diversificatur secundum speciem. Unde solum secundum speciem est idem numerus decem canum et decem hominum, et non secundum numerum, sicut eadem est albedo in pariete et cygno secundum speciem, sed non secundum numerum. Sic igitur est idem numerus utrobique.

Ad primum igitur in contrarium dicendum, quod accidens diversificatur secundum numerum a diversitate sui subiecti, sed non oportet ipsum secundum speciem diversificari, sicut patet de albedine in dicto exemplo.

Ad aliud patet similiter, quoniam si esset idem numerus numero, tunc non causetur ex ipso maior numerus, sed sic non est, immo solum est idem numerus specie, et numero diversus.

---

[11] Bk 224 a 2f.
[12] Bk 1 a 29.
[13] Bk 224 a 2f.
[14] Bk 224 a 9—12.

Contra istam solutionem sic.

⟨1⟩ Minor diversitas non est causa maioris diversitatis, similiter minor identitas non est causa maioris identitatis. Sed causa, quare tempus est idem diversorum motuum secundum Aristotelem, est, quia numerus est idem numero diversorum numeratorum[15]: quare, cum tempus sit idem numero diversorum motuum — alioquin enim essent diversa tempora numero simul — erit numerus diversorum numeratorum aequalium idem numero, et non solum specie, secundum intentionem Auctoris.

⟨2⟩ Item: Si non est numerus diversorum numeratorum aequalium idem numero, erunt plures binarii rerum quam unitates, quod est falsum, cum unusquisque binarius habeat duas unitates. Probatio consequentiae: Sint quattuor res, A, B, C, D. Si binarius, quem constituit A cum B, non est idem numero cum binario, quem constituit C cum D, eadem ratione nec erit idem numero cum binario, quem constituit A cum C, vel A cum D, vel B cum C, vel B cum D, erunt igitur sex binarii numero diversi et tamen tantum sunt quattuor unitates: non erit igitur tantum unus numerus specie diversorum numeratorum, sed etiam numero erit unus.

⟨3⟩ Item: Res differentes specie non faciunt suum numerum differre specie, cum idem sit numerus omnium praedicamentorum, scilicet unus denarius numero: quare similiter res differentes numero non faciunt suum numerum differre numero.

Ex hiis videtur secundum intentionem Auctoris, quod non solum est idem numerus specie diversorum numeratorum aequalium, sed etiam numero idem.

Aliter dicitur ad principale problema, scilicet quod idem est numerus decem hominum et decem canum non secundum se, sed quia ex hiis resultat unus numerus, cum ad invicem componantur, ideo conceditur, quod idem est numerus utrobique.

Sed istud plane est contra intentionem Aristotelis:

⟨1⟩ Quoniam huic expositioni nullo modo consonat exemplum Aristotelis de figura et triangulo[16]. Non enim fit una figura ex duobus triangulis, quorum unus est aequalium laterum et alter inaequalium, propter cuius figurae identitatem dicatur una figura utrobique secundum intentionem Auctoris, ut satis patet inspiciendo litteram et sententiam.

⟨2⟩ Item: Si sic esset, quod esset idem numerus numero decem hominum et decem canum, quia ex hiis resultat unus numerus numero, ut vicenarius, tunc similiter esset unus numerus numero tres hominum et septem canum, quoniam ex hiis fit unus numerus numero, scilicet denarius, et hoc videtur contra intentionem Auctoris, quod semper dicit, quod est idem numerus aequalium numeratorum et similiter idem tempus diversorum motuum[17].

⟨3⟩ Item: Si sic esset idem numerus decem hominum et decem canum, similiter esset idem tempus numero diversorum motuum aequalium, quia est integratum

---

[15] Bk 223 a 32—b 4.
[16] Bk 224 a 5—12.
[17] Bk 223 b 4—6.

ex duobus temporibus particularibus, et sic adhuc essent duo tempora particularia simul, quod procul dubio apud Aristotelem est impossibile[18].

Tertio modo dicitur ad principale, quod duplex est accidens: Quoddam enim habet positionem et quoddam non. Exemplum primi: albedo in superficie; exemplum secundi est de numero. Quia igitur numerus non habet positionem in subiecto sive numerabilibus, ideo non diversificatur a diversitate ipsorum, sed manet idem numero in diversis numerabilibus. Albedo vero, quia habet positionem in suo subiecto, ideo non potuit eadem albedo numero manere in diversis albis vel in diversis superficiebus sive subiectis.

Contra istam solutionem opponitur sic:
⟨1⟩ Unitas est accidens non habens positionem, ergo secundum hoc non diversificatur per diversitatem illorum in quibus est, et sic unitas Socratis et Platonis non essent diverae unitates: quare non possunt consituere binarium, quod falsum est.
⟨2⟩ Item: Anima intellectiva non habet positionem, ergo secundum hoc duae animae intellectivae non ponerent in numerum, quod similiter falsum est.
⟨3⟩ Item: Cum non sit positio nisi in materia, nihil tunc numeraretur nisi habens materiam, quod falsum, quoniam species albi et nigri sunt duae species, et tamen species immutat sensum sine materia, sicut patet per diffinitionem sensus in secundo De anima[19].

Aliter adhuc dicitur, quod idem est numerus numero decem hominum et decem equorum, intelligendum tamen quod, sicut tactum est superius, numerus potest dupliciter considerari: aut ut est discreta quantitas, ut scilicet egreditur a natura rerum discretarum ad invicem, aut ut est mensura, est enim tam quantitas discreta quam mensura. Si primo modo consideretur, diversificatur numero secundum diversitatem numeratorum et sic intendit Auctor, quod non est idem denarius numero decem hominum et decem equorum. Si vero secundo modo consideretur, tunc est idem numerus numero decem hominum et decem equorum, et hoc quia numerus hoc modo non debetur ipsis numeratis, ut sunt discreta et distincta, sed per naturam unius, quod ab omnibus est communicatum, scilicet per hoc quod in omnibus est unitas totiens replicata, sicut patet, quod per unam ulnam vel virgam mensuratur totus pannus et etiam diversi panni per replicationem eiusdem quantitatis multotiens. Patet igitur hic, quod mensura est tantum una et quod mensurata sunt distincta et diversa; istud est satis probabile.

Sed contra:
Numerus, ut est mensura, est accidens: quare, cum omne accidens numeratur per numerationem eorum in quibus est, erit numerus diversus numero decem hominum et decem equorum, et hoc secundum quod hoc numerus est mensura.

Ad istud potest dici, quod accidens inest multis dupliciter: Aliquando enim inest accidens multis, ut multa sunt et multiplicata; aut inest multis per aliquod

---
[18] Bk 223 a 16—18.
[19] Bk 424 a 2f.

unum repertum in ipsis, et non ut multa sunt. Si primo modo, tunc numeratur accidens, sed sic non est numerus secundum quod est mensura in multis; immo secundo modo, scilicet per naturam unitatis totiens replicatae, et est exemplum de loco, qui manet unus et idem duorum corporum aequalium sibi succedentium, et hoc quia in utroque est aliquid idem repertum, scilicet quia sunt in aequali distantia et eodem respectu, respectu circumferentiae et centri, sicut dictum est in capitulo de loco[20].

Ex hiis igitur potest poni, quod idem est numerus numero decem hominum et decem equorum, secundum scilicet quod numerus est mensura. Similiter idem est denarius numero decem hominum et decem equorum secundum quod denarius est mensura, non tamen secundum quod est quantitas discreta causata a discretione decem hominum et decem equorum, quoniam tunc fit numerus vicenarius ex istis duobus denariis.

Ex dictis iam patet ad obiecta ad primam partem problematis, quoniam numerus, secundum quod est accidens discretum, recipit diversitatem, secundum autem quod est mensura non, quia tunc licet sit in multis, non tamen ut multa sunt, sed per naturam unius, ut dictum est.

Similiter patet ad aliud, quoniam ex denario equorum et denario hominum, secundum quod denarius est mensura, non constituitur numerus vicenarius, sed secundum quod discreta quantitas.

Similiter patet ad collaterale, quoniam idem est denarius numero, secundum quod est mensura, sicut est numerus idem numero, secundum tamen quod discreta quantitas non, et hoc intendit Auctor.

Aliter dicitur adhuc de unitate numeri multum substantialiter et huic videtur Commentatori consonare, supponendo cum Commentator, quod numerus dicitur tripliciter: scilicet numerus pure mathematicus, ut duo, tres, quattuor, et est iste numerus quo numeramus; et numerus formarum, sicut genus numeratur naturaliter per duas differentias; et est numerus compositorum, scilicet numerus istius hominis et illius equi et cetera. Numerus vero primo modo est tantum accidens, scilicet quantitas discreta, et de isto intelligendum est, quod non numeratur per numerationem rerum. Numerus vero secundo modo et tertio non tantum dicitur accidens, et de numero secundo vel tertio modo dicto intelligitur forte littera Porphyrii, scilicet quod individua solo numero differunt, et non de numero primo modo, cum non possunt individua solo accidente differre. Iste autem triplex numerus habet suas unitates sibi correspondentes. Intelligamus igitur materiam primam praeter omnem formam substantialem vel accidentalem, haec materia est una essentialiter. Unde ubicumque fuerit sub quacumque forma, manet una essentialiter, unde ipsa non numeratur essentialiter, sed solum accidentaliter. Si igitur intelligamus ipsam sub una forma, est una numero essentialiter et similiter accidentaliter. Essentialiter est una numero, quia non potest secundum essentiam numerari, accidentaliter similiter est una numero, quia non numeratur accidentaliter adhuc, sed si imaginatur iam esse sub alia forma, iam numeratur accidentaliter, et sic

---

[20] Bk 208 b 1ff.

semper multiplicando esse materiae sub diversis formis crescit numerus mathematicus, qui est accidens materiae. Unitas igitur, quae respondet numero mathematico, non est nisi unitas materiae accidentalis sub una forma, potuit enim secundum essentiam suam non esse sub hac forma. Unitas vero quae respondet numero formarum, est unitas materiae essentialis sub una forma, quae est divisibilis per multas formas, sicut genus dividitur per differentias. Unitas vero, quae respondet numero compositorum completorum, est unitas materiae essentialis sub forma indivisibili, quae, cum multiplicatur sub talibus formis, facit numerum compositorum.

Si hoc est verum, patet, quod quandocumque materia consideratur sub forma una, dupliciter est una: scilicet una accidentaliter et etiam essentialiter, et cum consideratur sub diversis formis semper manet una essentialiter, licet numeretur accidentaliter et secundum esse, formae tamen numerantur, et similiter ipsa composita ratione formarum numerantur accidentaliter. Est igitur numerus mathematicus, de quo hic intendit Auctor, quod idem est numerus decem hominum et cetera, secundum suam diffinitionem formalem habitus materiae primae passivus, per quem scilicet materia prima actu replicatur secundum esse diversa et numeratur — manens tamen eadem in essentia. Materialiter autem diffinitur numerus sic: Numerus est substantia materiae primae sic replicata, quia igitur iste habitus replicandi materiam est unus et idem, licet actus, ad quos iste habitus terminatur, sint diversi, sicut dicit Auctor. Et similiter erit idem denarius numero decem hominum et decem equorum.

Sumendo tamen numerum secundo modo vel tertio nec erit idem numerus, nec idem denarius utrobique, nec universaliter erit simpliciter idem numerus diversorum numeratorum hoc modo.

Contra hoc sic potest opponi:
Si identitas materiae sub diversis formis est causa identitatis numeri, cum eadem sit materia numero sub mille et sub tres replicata, esset idem numerus numero millenarius et ternarius, quod nullus concederat.

Forte ad hoc putandum secundum Auctorem, quod identitas materiae replicatae non est causa sufficiens unitatis numeri, sed identitas materiae replicatae, vel identitas habitus ipsius materiae passivi respectu replicationis cum aequalitate replicationis, id est quod totiens replicetur ex una parte quotiens ex altera.

Ista opinio multum famosa est, id est opinio multum famosi, forte veritatem habet, sed multum lacunosam et difficilem videri.

⟨3⟩ QUAESTIO EST AN NUMERI DIFFERANT SPECIE AD INVICEM

Sequitur tertium: quaeritur igitur an numeri ad invicem differant specie ad invicem vel non, et arguitur sic:
⟨1⟩ Quorum perfectiones non differunt specie, nec ipsa differunt specie. Sed perfectiones duorum numerorum, ut binarii et ternarii non differunt specie, igitur nec ipsi different specie. Maior patet, quoniam res non differunt specie nisi per

suas formas perfectivas. Minor probatur per hoc, quod perfectio cuiuslibet numeri est unitas, et omnis unitas cuilibet unitati est eadem, aliter enim non mensuraret unitas unitatem vel unitates, sicut homo mensurat homines[21]; quare perfectiones numeroum diversorum non differunt specie.

⟨2⟩ Item: Una species non confert esse alii speciei. Sed unus numerus confert esse alii numero, ut patet: Binarius enim confert esse ternario et ternarius quaternario, et sic de ceteris: quare unus numerus non differt specie ab alio.

⟨3⟩ Item: Unus numerus est pars materialis vel integralis alterius et recipit eius divisionem, sicut binarius recipit divisionem ternarii et cetera, et est pars eius materialis, ut patet: quare, cum non contingit unam speciem respectu alterius sic se habere, non differet unus numerus ab alio in specie.

Ad oppositum:

⟨1⟩ Duae sunt quantitates discretae, scilicet numerus et oratio: quare, cum oratio dividatur per species, ut per orationem affirativam et negativam[22], similiter dividetur numerus per species diversas.

⟨2⟩ Item: Species est, quod praedicatur de pluribus differentibus numero in eo quod quid. Sed numerus impar praedicatur de pluribus numero in eo quod quid, et similiter numerus par: quare utrumque istorum erit species, et sic, cum non sint una species numeri, necessario different specie.

⟨3⟩ Item: Species numerorum et figurarum sunt infinitae. Hoc non contingeret nisi numeri different ad invicem specie, ergo et cetera.

⟨4⟩ Item: Sedundum Auctorem in Posterioribus[23] magnitudines transeunt in numeros: quare, cum magnitudines, quae transeunt, ut linea, superficies, corpus, differunt specie, similiter et numeri, in quos transeunt, erunt differentes specie.

Ad istud dicit quidam magnus, quod numerus dupliciter consideratur, ut prius dictum est, scilicet aut secundum quod discreta quantitas, aut secundum quod est mensura. Primo modo non differt numerus a numero in specie, quia numerus sic non est nisi discretio vel aggregatio unitatum, quae non differunt specie. Si secundo modo consideretur, tunc differt numerus a numero specie; non enim est numerus mensura ratione unitatum tantum, sed ratione replicationis unitatis totiens, et quia ista replicatio differt in diversis numeris, ideo ratione huius replicationes ponitur diversitas secundum speciem in numeris, secundum quod numerus est mensura.

Nescio si istud satisfaciat argumentis, pertranseo tamen, quia in brevi istud propono tangere magis specialiter.

⟨4⟩ QUAESTIO EST QUAE SUNT ILLA QUAE CONSTITUUNT NUMERUM

Sequitur quaerere, quae sunt numerabilia ad invicem, sive quae sunt, quae numerum constituunt, quaeritur igitur utrum causa prima et causatum ponant in numerum, et arguitur sic:

---

[21] Bk 1088 a 9.
[22] Bk 74 a 17—25.
[23] Bk 4 a 22ff.

⟨1⟩ Ad hoc, quod aliqua ponant in numerum, non requiritur nisi quod sint existentia habentia diversitatem. Sed talia sunt causa prima et causatum: quare ipsa ponunt in numerum.
⟨2⟩ Item: In littera dicitur, quod idem est, a quo non differt aliqua differentia[24]. Causa igitur prima aut differt a causato, aut est ei idem. Constat, quod non sunt idem: quare differunt, et quaecumque differunt, proprie faciunt numerum: quare ut prius.
⟨3⟩ Item: Prima causa verissime est una, similiter causatum est unum, est igitur replicatio unitatis in causa et causato: quare numerus. Numerus enim non est nisi replicatio unitatis.

Ad oppositum:
⟨1⟩ Numerus, cum sit quantitas, causatur per naturam materiae secundum illud Averrois: Omnia accidentia insunt substantiae per naturam materiae[25] et praecipue quantitas: quare, cum in causa prima non sit omnino materia, immo est actus, cui nihil admiscetur de potentia, non erit aliquo modo causa prima numerabilis cum aliquo causato.
⟨2⟩ Item: In De articulis fidei dicitur, quod in Deo nullum penitus cadit accidens: quare nec unitas, quae est principium numeri; unitas enim ista est accidens, et sic ut prius.

Ad istud potest dici, quod proprie et univoce loquendo de numero non facit causa prima numerum cum aliquo. Illa enim, quae proprie numerum constituunt, debent communicare aliquam naturam univocam vel saltem analogam, quod non reperitur in causa prima et causato quocumque.

Ad primum in contrarium patet, quod plus requiritur ad hoc, quod faciunt numerum proprie et univoce: requiritur enim quod habent aliquid univocum, et haec non est in proposito.
Ad aliud, quod communiter et improprie differt causa prima a causato, scilicet sumendo differre pro omni eo quod non est idem, et tunc non sequitur ulterius, scilicet quod faciant numerum. Non enim quaecumque differunt, ponunt in numerum et constituunt numerum univoce, sed solum quae differunt per aliquam differentiam specificam et communicant idem coniunctione, et haec non sunt causa prima et causatum.
Ad ultimum, quod, cum dicitur: „Causa prima est una, et causatum est unum.", penitus aequivoce accipitur „unum" utrobique, et ideo ex hiis unitatibus non fit numerus unus.

Die hier vorgestellten vier Fragen, die sich mit der Zahl beschäftigen, beginnen mit dem Problem der Ermittlung des Trägers von Zahlen. Als mögliche Alternativen stehen für Wilhelm die Seele und die außerseelische

---

[24] Bk 224 a 6f.
[25] Averroes, In Phys. I, comm. 63.

Wirklichkeit zur Debatte; Aristoteles selbst, der ansonsten Zahlen immer mit zählbaren Gegenständen in Verbindung bringt, macht innerhalb des in dieser Lektion behandelten Textes die Bemerkung, daß dort wo keiner zählen kann, auch nichts Abzählbares und damit keine Zahl sein kann[26], was einen Hinweis auf die Wichtigkeit der zählenden Seele für die Zahlen selbst darstellt. Zur Auflösung dieser Problematik bietet Wilhelm zwei Alternativen für jeweils unterschiedliche Auffassungsmöglichkeiten von Zahlen. Die erste Alternative ist die Unterscheidung von Zahl als in Möglichkeit oder Habitus existent einerseits und in Verwirklichung andererseits. Die Möglichkeit oder der Habitus für Zahlen liegt demnach in den außerseelischen Dingen, während diese Vorgabe in der zählenden menschlichen Seele zur Verwirklichung gelangt, eine Lösung, die einem Vorschlag des Averroes entspricht[27]. Träger der Zahl wäre in diesem Falle aber weiterhin die außerseelische Wirklichkeit, während die Seele lediglich das darstellt, was die Verwirklichung der Zahl bewirkt. Die andere Alternative ist für diese Problematik wohl weniger glücklich gewählt, vermutlich führt Wilhelm sie aber auf, weil sie im Folgenden noch eine Rolle spielen soll. Zahlen kann man demnach als diskrete Größen und als Maß auffassen. Als diskrete Größe sind Zahlen freilich nur in den außerseelischen sinnlich erfahrbaren Dingen zu finden, als Maß aber in den Dingen sowie in der Seele, die diese Dinge auffaßt. In welcher Weise man sich die die Existenz von Zahlen in der Seele vorzustellen hat, wird hierbei nicht näher erörtert, als Ergebnis muß man aber wieder festhalten, daß Zahlen außerhalb der Seele ihren eigentlichen Platz haben, was die nächste Frage aufwirft.

Befindet sich die Zahl nämlich wie ein Akzidens an den außerseelischen Dingen, so liegt es nahe anzunehmen, daß sie sich genauso wie andere Akzidentien an außerseelischen Dingen — je nach Träger — von anderen Zahlen, die andere Träger haben, unterscheidet. Aristoteles bringt eine solche Idee am Ende des vierten Buches der Physik zum Ausdruck, wo er darlegt, daß zehn Hunde und zehn Pferde wohl dieselbe Zahl nicht aber dieselbe Zehn ausmachen[28].

Auch hier muß es also mindestens zwei verschiedene Auffassungen vom Charakter der Zahl geben, die diese Behauptung des Aristoteles erklären könnten. In dieser Lage beschäftigt sich Wilhelm zunächst mit der Frage, ob Zahlen tatsächlich nach Träger unterschieden werden und bringt dazu die üblichen Argumentationen, die sich für bzw. gegen die zunächst intendierte Ansicht aussprechen, an diese schließt Wilhelm als „collaterale" die Frage an, ob die Zehn verschiedener Träger jeweils unterschieden ist, wozu er ebenfalls Argumentationen anführt. Die Beantwortung beider

---

[26] Bk 223 a 22.
[27] Averroes, in Phys. IV, comm. 131.
[28] Bk 224 a 2—17.

Fragen ist nicht einfach, vielmehr bemüht Wilhelm sich mögliche Positionen aufzuführen, die das aufgeworfene Problem lösen sollen, wobei er die Mängel, die er an den jeweiligen Theorien entdeckt, gleich anspricht um daraufhin weitere Lösungsversuche anzufügen — eine Methode mit der er langsam zu der angestrebten Lösung vorstößt.

Als erstes zieht Wilhelm die Unterscheidung zwischen Species und Individuum heran, die durch das Beispiel des Aristoteles hinsichtlich des rechtwinkligen Dreiecks, das sich von einem anderen, schiefwinkligen unterscheidet, mit ihm aber unter den Oberbegriff „Dreieck" fällt, zumindest nahegelegt ist. Stimmt der Vergleich, so entspricht der gemeinsamen Zahl von zehn Hunden und zehn Pferden die gemeinsame Species von Zahl, während die individuelle Zehn der jeweiligen Hunde und Pferde unterschieden ist[29]. Auf diese Art lassen sich auch die zuvor aufgeworfenen Probleme lösen: Die weiße Farbe des Schwans und der Wand sind unterschieden, weil der Schwan und die Wand verschiedene Individuen sind, beide Weißen sind aber trotzdem von gleicher Species, denn in beiden Fällen handelt es sich um die gleiche Farbe. Das weitere Problem, daß aus ein und derselben Zahl keine weitere entstehen kann ist somit auch gelöst: Falls man zwei Anzahlen, beispielsweise zehn Menschen und zehn Pferde zusammenzieht, so erhält man insgesamt zwanzig zählbare Dinge — in diesem Falle zwanzig Sinnenwesen. Hätte man weitere zehn Einzeldinge zur Verfügung, so ließen sich auch diese hinzufügen und so fort: Ein unbegrenztes Addieren von jeweils zehn Dingen wäre denkbar, diese müßten nur die Eigenschaft besitzen, die Anzahl „zehn" zu haben und somit in der Species der Anzahl übereinstimmen. Aus zehn Dingen allein können dagegen ohne äußeren Eingriff weder mehr noch weniger werden, so daß eine individuelle Anzahl allein tatsächlich keine andere Zahl ergeben kann.

Doch so einleuchtend diese Erklärung auch scheinen mag, sie ist für Wilhelm unbefriedigend und zwar aus mehreren Gründen. Wichtig erscheint der Einwand, daß man, wenn man dieser Konstruktion zustimmen will, der Zeit, die ja die Zahl jeder Bewegung ist, zubilligen muß nur nach Species eine einzige zu sein, während die Zahlen einzelner Bewegungen individuelle Zeiten darstellten, die nebeneinander liefen, was Aristoteles ausdrücklich verneint[30]. Ein weiterer interessanter Einwand ergibt sich aus der möglichen Kombination von vier Einzeldingen. Wenn man alle Möglichkeiten Paare herzustellen nutzt, erhält man insgesamt sechs Paare, die jeweils zwei Einheiten enthalten. Dies würde bedeuten, daß vier Einzeldinge zugleich sechs Paare beinhalten würden, die jeweils zwei Einzeldinge beinhalten würden — diesen Paaren würde sogar die indivi-

---

[29] ibid.
[30] Bk 220 b 5f.

duelle Anzahl „sechs" zukommen. Dies ist aber mit der Theorie von Species und Individuum nicht mehr zu erklären, weshalb Wilhelm diese Argumentation für einen weiteren Gegenbeweis zu der oben dargelegten Theorie ansieht. Der Angelpunkt dieses Beweises liegt freilich in der unterschiedslosen Gegenüberstellung von wirklicher und in Kombinationen möglicher Anzahl, was Wilhelm hier aber nicht anmerkt.

Die Ablehnung dieser Lösungsmöglichkeit verpflichtet Wilhelm weitere Alternativen anzubieten, die ich hier nicht einzeln besprechen will, da Elemente von ihnen in der von Wilhelm schließlich akzeptierten Lösung auftauchen. Diese ist nun die Unterscheidung nach Zahl als diskreter Größe und als Maß, es ist also lediglich ein Unterschied der sich auf die Hinsicht, in der man die Zahl betrachtet, bezieht. Eine diskrete Größe ist dasjenige, was in Betracht der jeweiligen Einzeldinge gewonnen wird, in ihr bleibt die Bezugnahme auf die Einzeldinge erhalten und so unterscheidet sich eine Zehnzahl von Pferden und eine Zehnzahl von Menschen voneinander. Als Maß betrachtet ist es dagegen jeweils dieselbe Zahl, da das Maß auf Grund einer gemeinsamen Einheit besteht, mittels derer verschiedenartiges gemessen werden kann, so wie durch eine Elle verschiedenartiges gemessen werden kann, wenn es nur Ausdehnung hat. Der Einwand, daß auch ein Maß Akzidens ist und daher wie andere Akzidentien sich wegen unterschiedlicher Träger unterscheiden müsse, wird abgewiesen, denn dies ist nur bei manchen Akzidentien der Fall, wie beispielsweise bei der schon erwähnten Farbe. Andere Akzidentien — wie z. B. der Ort — bleiben dieselben, auch wenn andere Körper sie ausfüllen, und ebenso verhält es sich bei dem Maß.

Wo nun die Einheit des Maßes liegen soll, ist damit aber noch nicht gesagt; auf diese Frage geht eine weitere Überlegung ein, die drei Typen von Zahlen voraussetzt. So stellt diese Konstruktion eine „rein mathematische Zahl" vor, die lediglich ein Akzidenz an zählbaren Dingen ist, während andere Bereiche andere Zahlentypen benötigen. Dies ist beispielsweise der Fall, wenn man eine Gattung durch Artunterschiede trennt, bzw. eine Art in Individuen; Wilhelm spricht hier von einer Zahl von Formen. Letztlich führt er eine „Zahl von Zusammengesetzten" auf, die sich auf Dinge bezieht, die zwar von verschiedener Art sind, aber dennoch zusammengezählt werden — wie beispielsweise ein Pferd und ein Mensch „zwei" ergeben.

Die Unterschiede zwischen diesen Zahlentypen sind in den jeweiligen Einheiten begründet. Grundlage für solche Einheiten ist die erste Materie, die, wenn man sie ohne Berücksichtigung irgendeiner Form betrachtet als eine erscheint. Betrachtet man diese Materie unter einer bestimmten Ausformung, so bleibt sie freilich vom Wesen her eine, wird jedoch akzidentell — durch die Formung — ebenfalls eine und kann, wenn weitere Formen hinzutreten vervielfacht und entsprechend gezählt werden.

Eine solche Form stellt die Einheit für die rein mathematische Zahl dar, die vielfältigen Formen die die erste Materie annehmen kann, stehen so betrachtet gleichrangig nebeneinander, die Vergleichbarkeit der Zahlen liegt an der Tatsache, daß sie einen gemeinsamen Grund haben — nämlich die erste Materie.

Die „Zahl von Formen" dagegen hat als letzten Grund selbstverständlich auch die erste Materie, zwischen diese und den hier geschehenden Zählvorgang tritt freilich eine Form, die, wenn gezählt wird, weiterhin berücksichtigt wird und somit eine Unvergleichbarkeit zu anderen Formen, auf Grund derer gezählt wird, bedingt.

Die „Zahl von Zusammengesetztem" hat schließlich eine unteilbare Form als Einheit, zu der andere Formen treten — allerdings bleibt hier die Hinsicht auf die jeweiligen Formen erhalten, weshalb hier die Unterschiedlichkeit des Gezählten — wie hier ein Pferd und ein Mensch — betont werden kann.

Dieser Theorie zufolge läge es also an der jeweiligen Unterordnung unter einen bestimmten Zahlentyp, ob man verschiedenes Gezähltes als mit einer oder mit unterschiedlicher Zahl benennen will. Wählt man die „rein mathematische Zahl", so handelt es sich um dieselbe Zahl, hier wird ja lediglich die Gemeinsamkeit der Grundlage des Gezählten betont, während eben dies bei einer Zahl vom zweiten oder dritten Typ nicht der Fall ist.

Ob diese Theorie tatsächlich das hier gemeinte Problem trifft, läßt Wilhelm offen: Sie wirkt nach seiner Ansicht ziemlich schwierig und lückenhaft, was er an Kritik noch vorbringen könnte, verschweigt er allerdings.

An dieser Stelle ist nun die Erörterung der Grundlagen der Zahl abgeschlossen, die nun folgenden Fragen beinhalten nur noch die Anwendung der hier erarbeiteten Theorien und fallen dementsprechend kürzer aus, wie die meisten der übrigen Quästionen des Kommentars.

EINE UNGEDRUCKTE QUÄSTIO ZUR ERKENNBARKEIT DES UNENDLICHEN IN EINEM METAPHYSIK-KOMMENTAR DES 14. JAHRHUNDERTS

von Notker Schneider (Köln)

Einleitende Bemerkungen

Der Cod. 3490 der Bibliothèque Mazarine, Paris, enthält fol. 1^r—57^r einen anonym überlieferten Kommentar zu den Büchern I(A)—VII(Z) der aristotelischen ‚Metaphysik'. A. Zimmermann hat 1965 erstmals zwei Quästionen aus diesem Kommentar ediert und untersucht[1] und etwas später die Vermutung geäußert, der Verfasser „dürfte in der Umgebung des Franziskus von Marchia zu suchen sein, vielleicht ist er sogar mit diesem identisch."[2] Diese Identität kann jetzt als gesichert angesehen werden.[3]

Der Skotist Franciscus de Marchia stammt aus Ascoli in der Marca Ancona, wo der im ausgehenden 13. Jahrhundert geborene dem Franziska-

---

[1] Es handelt sich um die Quästionen I 1 und VI 16: A. Zimmermann, Ontologie oder Metaphysik? Die Disk. ü. d. Gegenstand der Metaphysik im 13. u. 14. Jh. Texte u. Untersuchungen, Leiden—Köln 1965, 56—71. Ein Quästionenverzeichnis gibt: ders., Verz. ungedruckter Kommentare z. Metaphysik u. Physik d. Aristoteles aus d. Zeit von etwa 1250—1350, Bd. 1, Leiden—Köln 1971, 37 u. 140—145.

[2] A. Zimmermann, Analoge u. univoke Bedeutung des Terminus ‚ens' nach einem anon. Metaph.komm. d. 14. Jh.s, in: Studia Schol.-Scot. 5 (1972) 724—730; hier 725. — A. Molinier, Catalogues de la Bibl. Mazarine, Vol. 3, Paris 1890, 105, verweist auf Quetif—Echard (I 433a), die den Kommentar Bernard v. Trilia zuweisen (der einzige namentlich überlieferte Text der Hs. stammt von ihm), was völlig unhaltbar ist.

[3] Diese Zuweisung gründet auf verschiedenen Franciscus de Marchia-Zitaten im Physik-Kommentar des Johannes Canonicus. A. Maier, Verschollene Arist.komm. d. 14. Jh.s, in: Ausgehendes MA. Ges. Aufs. z. Geistesgesch. d. 14. Jh.s, Bd. 1, 237—264, hat auf ein Zitat in I q. 5 hingewiesen; vor ihr auch schon J.-H. Sbaralea, Suppl... ad script. trium ord. S. Francisci, Rom 1908, 258. Außer dem von A. Maier gesehenen Zitat finden sich noch weitere (z. T. ohne Quellenangabe), die sich in besagtem Kommentar des Cod. 3490 verifizieren lassen. — Darüberhinaus steht jetzt fest, daß der Physik-Kommentar des Joh. Canonicus zu einem sehr großen Teil aus Paraphrasen bis hin zur wörtlichen Übernahme ganzer Artikel aus den Sent. und dem Metaph.-Komm. des Franciscus besteht; auch unsere Quästio findet sich mit leichten Kürzungen als q. 4 zum III. Buch, z. B. Vat. lat. 3013, fol. 43 ra—43 vb („Utrum infinitum inquantum infinitum (...) sit naturaliter cognoscibile").

nerorden beitritt[4]. 1319/20 kommentiert er in Paris die ‚Sentenzen' des Petrus Lombardus; dieser Kommentar ist in mehreren Redaktionen und zahlreichen Handschriften des 14. und 15. Jahrhunderts überliefert. Hier wie auch im Metaphysik-Kommentar zeigt er sich, zumal bei der Erörterung philosophischer Fragen, als wohl doch nicht so strenger Anhänger des Johannes Duns Scotus, wie die bisherige, vorwiegend theologiehistorische Forschung auf Grund seiner theologischen Lehren glauben mußte.

In den franziskanischen Armutsstreit verwickelt flieht er zusammen mit Michael von Cesena, Bonagratia von Bergamo und Wilhelm von Ockham im Mai 1328 aus Avignon nach Pisa. Ab 1330 lebt Franciscus mit zahlreichen anderen inzwischen aus dem Orden ausgeschlossenen Franziskanern am Hofe Ludwigs d. Bayern in München. Gestorben ist er wohl nach 1344.

Zur Abfassungszeit des Metaphysik-Kommentars kann mit großer Wahrscheinlichkeit nur das Jahr 1323 als *terminus ante quem* angegeben werden, da in diesem Jahr der Physik-Kommentar des Johannes Canonicus fertig wird[5].

An vielen Stellen ihrer Schriften konnte A. Maier[5a] darauf hinweisen, daß Franciscus im Bereich naturphilosophischer Fragestellungen „neue und richtige Einsichten" gehabt habe, vor allem ist er als erster scholastischer Vertreter der später ‚Impetustheorie' genannten Bewegungslehre zu einigem späten Ruhm gelangt. Überhaupt hat die Philosophie des Spätmittelalters in den vergangenen Jahrzehnten erfreulicherweise ein verstärktes Interesse gefunden, das, obwohl die Forschungen sich noch immer in einem Anfangsstadium befinden, bereits zu Ergebnissen geführt hat, die zu manchen Korrekturen am traditionellen Bild der Geschichte der Philosophie, aber auch der Naturwissenschaften, Anlaß gaben. So weiß man heute, daß Wandlungen naturphilosophischer bzw. naturwissenschaftlicher Vorstellungen, mit denen man gemeinhin den Anbruch der ‚Neuzeit' zu bestimmen pflegte, tatsächlich schon im 14. Jahrhundert vollzogen oder doch entscheidend vorbereitet wurden; das gilt für Neufassungen der Begriffe ‚Raum' und ‚Zeit', ‚Materie', ‚Bewegung', ‚Kraft' und vieler anderer mehr.

---

[4] Die beste Zusammenstellung der Daten zu Marchia bietet A. Teetaert in: Dict. de Theol. Cath., Vol. 12.2, Paris 1935, 2104–2109. — Bei älteren Ordenshistorikern hat die Vielzahl der Namen, unter denen Marchia auftritt, zu Verwirrung geführt; die wichtigsten sind: Franciscus Rossi (Rubeis o. ä.) de Marchia, — d'Ascoli (de Esculo, Asculanus), — d'Appignano (de Pignano), seit dem 15. Jh. treten dazu die Ehrentitel ‚Doctor succintus' u. ‚Dr. praefulgidus'.

[5] Vgl. A. Maier, op. cit., 239 sq.

[5a] A. Maier, Studien z. Naturphil. d. Spätscholastik, 1–5, Rom 1949–1958 (= Storia e letteratura 22, 37, 41, 52, 69); A. Maier, Ausgehendes Mittelalter. Ges. Aufs. z. Geistesgesch. d. 14. Jh.s, 1–2, Rom 1964 u. 1967 (= Storia e letteratura 97 u. 105).

Gleichwohl ist es noch immer nicht möglich, ein umfassendes Bild der Leistungen dieser Epoche zu zeichnen, da die überwältigende Menge des spätscholastischen Schrifttums noch bei weitem nicht vollständig gesichtet, geschweige denn ediert und ausgewertet ist. So beziehen sich denn alle bisher vorliegenden Beiträge zum Verständnis der spätmittelalterlichen Wandlung des Weltbildes notgedrungen auf Erkenntnisse, die aus der Analyse von Einzelfragen gewonnen wurden, die oftmals nur mehr oder weniger zufällig ans Licht gekommen sind.

Nur ein Mosaikstein zu dem in seinen Umrissen erst erahnbaren Bild ist so auch die spätmittelalterliche Diskussion des ‚Unendlichen', noch einmal einen Spezialfall stellt die Frage nach der ‚Erkennbarkeit des Unendlichen' dar, der hier an Hand eines Textes nachgegangen werden soll.

Die Quästio 5 zum zweiten Buch der ‚Metaphysik': *Utrum infinitum naturaliter sit cognoscibile a nobis*, ist sowohl von philosophischer als auch von wissenschaftsgeschichtlicher Bedeutung, partizipiert sie doch an der Brisanz, die jegliches Nachdenken über das ‚Unendliche' von Anfang an bis auf den heutigen Tag begleitet. Der Traktat über das ἄπειρον in Phys. III 4—6 ist nicht nur einer der geschlossensten im aristotelischen Werk, sondern die darin entwickelte Lehre gehört auch zum Fundament aristotelischer (und mittelalterlich aristotelistischer) Theorie, immer wieder herangezogen, fremde Auffassungen ad absurdum zu führen und die eigenen zu begründen. So ist es auch nicht erstaunlich, daß für den Übergang vom ‚Mittelalter' zur ‚Neuzeit', prima facie gewiß zu Recht, mit Vorliebe die Entscheidung in der Frage der (räumlichen) Unendlichkeit (hier vornehmlich der kosmischen Unendlichkeit) zum Markstein gewählt wird, verstanden die Philosophen der Renaissance doch selbst ihre Befreiung von den ‚Fesseln der Scholastik' gerne als Abbild der Befreiung des Kosmos von seinen Fesseln, den ihn eingürtenden Sphären. Die Bedeutung, die die Einführung des ‚Unendlichen' durch Differential- und Infinitesimalrechnung in die Mathematik für deren Entwicklung hatte, bedarf keiner Erläuterung. Weiter muß auch der bei Aristoteles angelegte Zusammenhang zwischen ‚Unendlichkeit' und ‚Materie', wenn nur einer der Begriffe neu interpretiert wird, gänzlich neue Konsequenzen auch für den jeweils anderen bedingen.[6]

In dem Maße, in dem die Kenntnis der mittelalterlichen Philosophie zunimmt, wächst auch die Gewißheit, „daß die ‚Mechanisierung des Weltbildes' in der spätmittelalterlichen Philosophie, insonderheit in den Kom-

---

[6] Dieses Problem untersuche ich im Rahmen einer ausführlichen Darstellung der Materieauffassung des Franciscus de Marchia.

mentaren zu den naturphilosophischen Schriften des Aristoteles vorbereitet wurde."[6a]

In diesem Zusammenhang sei ein Blick auf die Technik der Kommentierung bei Franciscus geworfen. Sein Umgang mit der aristotelischen Vorlage (analoges gilt für den Sentenzenkommentar) entspricht dem Usus des 14. Jahrhunderts, sich vom Gang des zu kommentierenden Textes in hohem Maße frei zu machen und aus der Vorlage nur die Themen auszuwählen, die den eigenen Interessen entsprechen. Bisweilen dient der Grundtext gar nur noch als Anknüpfungspunkt für eigene Fragen, die in einem mehr losen Zusammenhang zu ihm stehen. Häufig — auch im hier zur Diskussion stehenden Fall — gelangt Franciscus zu Ergebnissen, die von denen des ‚Philosophen' und der aristotelischen Tradition signifikant abweichen. Dabei geht es ihm nicht um Widerlegung und direkte Kritik, schon gar nicht um Destruktion von einer entschieden antiaristotelischen Position aus, sondern ausschließlich um die Einzelkorrektur bestimmter Sätze. Angriffspunkt ist eher die Aristotelesrezeption als Aristoteles selbst, dessen *vera intentio* gerade durch die Kritik rekonstruiert werden soll. Hier bietet sich eine der raren Gelegenheiten, gleichsam *in vitro* zu beobachten, wie ein philosophisch-wissenschaftliches System Gedanken hervorbringt, die zur Konsolidierung des Lehrgebäudes dienen sollen, letztlich aber den Keim zu dessen Auflösung bergen.

Die Behandlung aller dieser Themen verbietet sich in einem Aufsatz; hier soll nach einer knappen Exposition der Problemlage, wie sie sich von Aristoteles her bietet (I.), nur ein Auszug aus der überaus originellen Antwort Marchias auf die vorgelegte Frage vorgestellt und kurz kommentiert werden (II.). Abschließend (III.) wird versucht, die Einsichten Franciscus' de Marchia mit einer modernen Auffassung zu konfrontieren.

I. Die zugrundeliegende Theorie

Die hier behandelte Quästio 5 des zweiten Buches bezieht sich auf eine grundlegende methodologische (und zugleich gewiß auch ontologische) Passage in Metaph. II (α) 2, 994b 20—23: „Die so sprechen, heben auch noch das Wissen auf; denn es ist unmöglich, zu wissen, ehe man nicht zum Unteilbaren gekommen ist. Es gibt auch kein Erkennen, denn wie wäre es möglich, derartiges Unbegrenztes zu denken?"[7] Diese Warnung

---

[6a] I. Craemer-Ruegenberg, Ausführungen zur ‚Terminatio Materiae Primae' in einem Physik-Kommentar d. 14. Jh.s, in: A. Zimmermann (Hg.), Studien z. ma. Geistesgesch. u. ihren Quellen, Berlin—New York 1982, 278—292 (= Misc. Mediaev. 15); hier 278.

[7] ἔτι τὸ ἐπίστασθαι ἀναιροῦσιν οἱ οὕτως λέγοντες· οὐ γὰρ οἷόν τε εἰδέναι πρὶν ἢ εἰς τὰ ἄτομα ἐλθεῖν. καὶ τὸ γιγνώσκειν οὐκ ἔστιν· τὰ γὰρ οὕτως ἄπειρα πῶς ἐνδέχεται νοεῖν;

findet sich gegen Ende des langen Nachweises, daß „es klar ist, daß die Ursachen des Seienden weder in fortlaufender Reihe noch der Art nach unbegrenzt sind."[8]

Diese Überlegungen sind keineswegs marginal, sondern rühren an den Kern des Unternehmens ‚Erste Philosophie', betreffen gewissermaßen die ‚Möglichkeit von Philosophie als Wissenschaft überhaupt'. In Metaph. II (α) 1 wurde die Philosophie als „Wissenschaft von der Wahrheit"[9] charakterisiert und es wurde festgestellt, daß „wir das Wahre nicht ohne die Ursache wissen"[10]. Für jede Wissenschaft, ja für jedes Wissen, das sich zu Recht so nennt, gilt, was hier und an vielen anderen Stellen, am deutlichsten aber vielleicht zu Beginn der aristotelischen ‚Physik', gesagt wird: Wissen und Wissenschaft kommen zustande, indem wir Prinzipien, Ursachen und Elemente erkennen[11]. Nun steht für Aristoteles aber fest — und unser Autor zitiert den Kernsatz[12] —, daß das Unendliche hinsichtlich seiner Unendlichkeit nicht erkennbar ist. Dann aber ist klar, daß Reihe und Art der Ursachen nicht unendlich sein dürfen, wenn irgend Wissen möglich sein soll, und daß andererseits derjenige, der die Unendlichkeit behauptet, Wissen und Wissenschaft zerstört.

Wenn nun, worum es im Zusammenhang unserer Quästio geht, nach den Gründen für die Unerkennbarkeit der *infinita* gesucht wird, so können diese am besten dargetan werden, wenn die gründliche Analyse des ἄπειρον in Phys. III 4—6 betrachtet wird, die die Grundlage für alle Unendlichkeitsdiskussionen des Mittelalters, sicher aber auch für spätere darstellt (es sei nur an die dort getroffene Unterscheidung von ‚aktualer' und ‚potentieller Unendlichkeit' und deren Bedeutung in der gegenwärtigen mathematischen Grundlagendiskussion erinnert).

Die Ergebnisse seien in aller Kürze zusammengefaßt[13]: (1) Die Frage nach dem Unendlichen stellt sich für drei Bereiche: „das Unendliche gemäß der Hinzufügung oder gemäß der Teilung oder gemäß beidem"[14], d. h. es stellen sich die Fragen nach einer unendlichen Folge (der Zahlen etwa), nach der unbegrenzten Teilbarkeit der Kontinua und nach unendlich

---

[8] Met. II (α) 2, 994a1—2: (Ἀλλὰ μὴν ὅτι γ' ἐστὶν ἀρχή τις) καὶ οὐκ ἄπειρα τὰ αἴτια τῶν ὄντων, οὔτ' εἰς εὐθυωρίαν οὔτε κατ' εἶδος, δῆλον.

[9] Met. II (α) 1, 993b19—20: ὀρθῶς δ' ἔχει καὶ τὸ καλεῖσθαι τὴν φιλοσοφίαν ἐπιστήμην τῆς ἀληθείας.

[10] Ibid., 993b23—24: οὐκ ἴσμεν δὲ τὸ ἀληθὲς ἄνευ τῆς αἰτίας·

[11] Phys. I 1, 184a10 sqq.

[12] vv. 18 sq. (Verweise auf den unten edierten Text werden nur in dieser Kurzform gegeben).

[13] Diese thesenartige Zusammenfassung folgt weitgehend der gründlichen Darstellung bei I. Craemer—Ruegenberg, Die Naturphilosophie des Aristoteles, Freiburg/München 1980, 88—93.

[14] Phys. III 4, 204a6—7: ἔτι ἄπειρον ἅπαν ἢ κατὰ πρόσθεσιν ἢ κατὰ διαίρεσιν ἢ ἀμφοτέρως.

großem kontinuierlich Ausgedehntem. (2) Unendliches kann nicht selbst Substanz sein, sondern bloß Bestimmtheit an einer Substanz[15], d. h. es kann nur als unendliche Anzahl, unendliche Teilbarkeit oder unendliche Ausdehnung von etwas auftreten. (3) Ein unendlich großer Körper ist nicht möglich[16]. (4) Es wäre aber widersinnig, der Zeit, den Kontinua und der Zahlenreihe Unendlichkeit schlechthin abzusprechen[17]. Deshalb wird die aus anderen Zusammenhängen bereits bekannte Unterscheidung der Modi der ‚Wirklichkeit' und der ‚Möglichkeit' auf das Unendliche angewendet. (5) Indem die Möglichkeit der Existenz eines ‚in Wirklichkeit unendlichen Körpers' ad absurdum geführt wurde, wurde jedem aktual Unendlichen die Möglichkeit als Naturseiendes zu existieren abgesprochen. Der zentrale Gedanke, an den auch alle mittelalterlichen Diskussionen anknüpfen werden, besteht im Nachweis der Widersprüchlichkeit sowohl eines ‚getrennt' existierenden Unendlichen als auch jedes aktual Unendlichen: für beide müßten unendlich viele mit der Gesamtmenge gleichmächtige, nämlich unendliche, Teilmengen angenommen werden, was für Aristoteles jeden sinnvollen Begriff von ‚zusammensetzenden Teilen' destruieren würde. (6) „Es bleibt, daß es das Unendliche der Möglichkeit nach gibt."[18] So ist die Zeit in unaufhörlicher Sukzession in Vergangenheit und Zukunft verlängerbar, das Kontinuum ohne Ende teilbar und die Zahlenreihe stetig vermehrbar: nie gelangen wir an ein erstes (oder letztes) ‚Jetzt', einen kleinsten Teil (oder Streckenabschnitt) oder eine größte Zahl. Dieser Möglichkeitsbegriff unterscheidet sich von dem, der etwa aus der Analyse von Veränderungsprozessen hervorgegangen ist, gerade dadurch — Aristoteles selbst weist darauf hin[19] —, daß die ‚Potentialität' niemals als ganze ‚aktual' wird.

Erst diese Ergebnisse geben die adäquate Definition des Unendlichen an die Hand: „Es ergibt sich, daß das Unendliche gerade das Gegenteil von dem ist, wofür es gilt. Denn nicht das, was nichts außer sich hat, sondern was immer etwas außer sich hat, ist das Unendliche."[20]

So wird nun klar, weshalb Unendliches nicht erkennbar ist: Für das unmögliche aktual Unendliche stellt sich die Frage natürlich gar nicht, aber auch für das potentiell Unendliche muß gesagt werden, daß es hinsichtlich seiner Unendlichkeit unerkennbar ist, denn (das wird im einzelnen nicht ausgeführt) anderenfalls müßte entweder eine *per definitio-*

---

[15] Phys. III 5, 204a8 sqq.
[16] Ibid., 204b3—206a8.
[17] Phys. III 6, 206a9 sqq.
[18] Ibid., 206a18: λείπεται οὖν δυνάμει εἶναι τὸ ἄπειρον.
[19] Ibid., 206a18 sqq.
[20] Ibid., 206b33—207a2: συμβαίνει δὲ τοὐναντίον εἶναι ἄπειρον ἢ ὡς λέγουσιν. οὐ γὰρ οὗ μηδὲν ἔξω, ἀλλ' οὗ ἀεί τι ἔξω ἐστί, τοῦτο ἄπειρόν ἐστιν.

nem end-lose Strecke durchlaufen werden oder — damit ein Stillstand einträte, ohne daß der Charakter des Unendlichen aufgehoben würde — das potentiell Unendliche müßte aktual werden, z. B. müßten die möglichen Teile des Kontinuums aktual vorliegen: beides aber ist als unmöglich erwiesen.

Es gibt einen zweiten und im Zusammenhang einer auf die Naturphilosophie des 14. Jahrhunderts bezogenen Betrachtung besonders interessanten Grund für die Unerkennbarkeit des Unendlichen, der uns zugleich an die verborgene Quelle der Unendlichkeit führt. Ein erster Hinweis wird ganz beiläufig in der Mitte von Phys. III 6 gegeben, wo die Potentialität des Unendlichen in eine Beziehung zur Potentialität der Materie gesetzt wird[21]. Anschließend wird dann genauer herausgearbeitet, daß die Materie als das schlechthin Formlose, das unbestimmte Bestimmbare, dasjenige ist, das als letztes Zugrundeliegendes aller Naturseienden Unbestimmtheit und Unabgeschlossenheit in die Natur hineinträgt. ‚Potentielle Unendlichkeit' findet sich an Materie-Form-Komposita also qua deren Materialität. Dem liegt der Materiebegriff aus Metaph. VII (Z) 3 zugrunde: „Ich nenne aber Materie, was an sich weder als ein Etwas noch als etwas Quantitatives noch als etwas anderes von dem bezeichnet wird, wodurch das Seiende bestimmt ist." [22] Diese jeder Bestimmung entblößte, nur noch privativ zu beschreibende Materie, die die Scholastik dann auch meist als *ens in pura potentia* bezeichnete, die nichts ist als „a-kategoriale (oder prae-kategoriale) reine Unbestimmtheit" [23], ist auch jeder Erkenntnis und jedem Wissen entzogen. So ist die Materie nicht nur der Grund für die in der Natur anzutreffende Unendlichkeit, sondern darüberhinaus auch der eigentliche Grund der Unerkennbarkeit des Unendlichen.

Die Philosophen des christlichen Mittelalters folgten der Auffassung des Aristoteles weitgehend: im Bereich des Geschaffenen gibt es nichts aktual Unendliches, unendliche Kräfte oder Vollkommenheiten kommen allein Gott zu[24]. Nur wenige Modifikationen der aristotelischen Theorie waren aus Glaubensgründen notwendig[25]. Im Unterschied zu Aristoteles lag es für den christlichen (ebenso wie für den islamischen) Philosophen jedoch nahe, die Frage zu stellen, ob es Gottes Allmacht nicht wenigstens

---

[21] Ibid., 206b14—15: (...) καὶ δυνάμει οὕτως ὡς ἡ ὕλη (...).

[22] Met. VII (Z) 3, 1029a20—21: λέγω δ' ὕλην ἣ καθ' αὑτὴν μήτε τὶ μήτε ποσὸν μήτε ἄλλο μηθὲν λέγεται οἷς ὥρισται τὸ ὄν.

[23] H. Happ, Hyle. Unters. z. arist. Materiebegriff, Berlin—New York 1971, 297.

[24] Nur am Rande sei auf die interessante Neubewertung des ‚Unendlichen' hingewiesen, das bei Aristoteles durchgängig negativ besetzt war (vgl. Phys. III 6: das Unvollständige, das Bestimmbare etc.). Im Mittelalter dagegen schwankt die Bewertung zwischen der aristotelischen für die Philosophie und einer positiven (meist von Joh. Damasc., De fide orth. I 4, hergeleiteten), in der das Attribut Gott zugesprochen wird, für die Theologie.

[25] Wichtigster Streitpunkt war die Frage nach der ‚Ewigkeit der Welt'.

möglich wäre, ein solches zu schaffen[26]. Auch diese Überlegung wurde allerdings von den meisten Theologen und Philosophen negativ beantwortet oder als *problema neutrum* einer eindeutigen philosophischen Antwort entzogen. Dies nicht, weil Gottes Allmacht irgendwelche Beschränkungen auferlegt werden sollten, sondern aus der Überzeugung heraus, daß auch Gott nur solches schafft, das in sich nicht widersprüchlich ist; der Begriff des aktual Unendlichen aber galt diesen Philosophen als in sich widersprüchlich, und zwar zum großen Teil aus ebendenselben Gründen, die bereits Aristoteles zur Ablehnung veranlaßt hatten.

Nun hat A. Maier jedoch gezeigt[27], daß es im 14. Jahrhundert eine Handvoll entschiedener Infinitisten gegeben hat, die zumindest die Widerspruchsfreiheit des aktual Unendlichen vertreten haben und zu denen auch Franciscus de Marchia, „ein ausgesprochener und sehr weitgehender Infinitist" [28], gehörte. Dieses Faktum muß in dem hier behandelten Zusammenhang unbedingt berücksichtigt werden. Wichtig ist vor allem, daß Franciscus das ‚aktual Unendliche', dessen Möglichkeit er entschieden behauptet, nicht im Sinne eines überendlichen Maximums versteht, wie es die aristotelische Definition will — im Sprachgebrauch der Scholastik: *infinitum est quo nihil est maius* —, sondern den Aspekt des ‚Überschreitens' hervorhebt. Das drückt sich in einer veränderten Definition aus, die jetzt lautet: „*Infinitum in actu (positive) est, quod excedit quodcumque finitum ultra omnem proportionem determinatam acceptam vel acceptabilem.*" [29] Unter Voraussetzung dieses Unendlichkeitsbegriffs beantwortet er in seinem Sentenzenkommentar die Frage nach der Möglichkeit des aktual Unendlichen mit aller nur wünschbaren Deutlichkeit: „*Dico, quod Deus potest facere effectum infinitum positive et secundum magnitudinem et secundum multitudinem et secundum intensionem.*" [30] Es wird sich zeigen, eine wie große Rolle der neugefaßte Unendlichkeitsbegriff für die Frage nach der Erkennbarkeit des Unendlichen spielt.

---

[26] Die Auffassung, Aristoteles lehre die bloße Möglichkeit einer ewigen Welt, findet sich v. a. bei Averroes in Abwehr der antiaristotelischen Angriffe der Mutakallimun gegen die Lehre von der faktischen Ewigkeit der Welt.

[27] A. Maier, Disk. über das aktuell Unendl. i. d. ersten Hälfte d. 14. Jh.s, in: Ausgehendes Mittelalter ..., Bd. 1, 41—85; vgl. auch P. Duhem, Etudes sur Léonard de Vinci, Bd. 2, Paris 1900, 37 sqq. u. 368 sqq.

[28] A. Maier, Disk..., 68.

[29] Er diskutiert das Problem Sent. I dist. 2, in der Hs. Chis. B VII 113, fol. 31 v—33 v; hier zitiert nach A. Maier, Disk..., 69 (zum Zusammenhang vgl. dort); „*positive*" ist sinnvolle Ergänzung von A. Maier.

[30] Ibid.

II. Text und Kommentar

Vorbemerkung

Der hier gebotene Text stellt die eigentliche *responsio* zur Quästio II 5 des Kommentars zur aristotelischen Metaphysik im Cod. 3490 der Bibl. Mazarine, Paris, dar[31]. Die Quästio findet sich dort fol. 14 va—15 vb. Der *responsio* voran gehen drei Einwände (*quod sic videtur ...*) und ein *oppositum*, das das bekannte aristotelische Diktum (De caelo I 6, 247a7 u. ö.) zitiert: *Inter finitum autem et infinitum nulla est proportio*. Die *responsio* beginnt mit einer Einteilung des *infinitum*, die hier nicht abgedruckt wird (vgl. dazu den Kommentar). Auf den abgedruckten Text folgt in der Handschrift die Diskussion von vier Fragen (*Si autem quaeratur, quare ...*), auf deren Wiedergabe verzichtet wird, da sie über das zuvor Gesagte nicht hinausgeht. Den Abschluß bildet die Antwort *ad argumenta in oppositum*.

Eingriffe in den Text wurden nur äußerst behutsam vorgenommen und bis auf die Bereinigung belangloser Schreibereigenheiten sämtlich gekennzeichnet. Die Einteilung in Abschnitte findet sich in der Handschrift nicht. Orthographie und Interpunktion wurden dem modernen Gebrauch entsprechend normalisiert. Zusätze des Herausgebers stehen in ⟨ ⟩.

⟨lib. II, q. 5⟩

⟨14 va⟩ Utrum infinitum naturaliter sit cognoscibile a nobis. ⟨...⟩

⟨14 vb⟩ De infinito extra genus nihil ad praesens, sed solum de infinito in genere. De infinito negative planum est, quod est a nobis intelligibile naturaliter, quia naturaliter intelligimus punctum secundum suam quidditatem. De infinito autem secundo privative planum est, quod intelligitur naturaliter a nobis, quia naturaliter possumus intelligere materiam sine omni forma. Sed tota difficultas videtur de infinito contrarie sive positive, et hoc tam de infinito actuali[a] quam de infinito potentiali, quia eadem difficultas videtur esse utrobique secundum Philosophum in littera[b], quia sectores lineae nullus numerabit. Unde tantae virtutis videtur esse posse comprehendere infinitum in potentia secundum quod est in potentia, sive secundum divisionem sive secundum augmentum, quantae virtutis est comprehendere infinitum in actu. Ideo si potest comprehendere unum, et reliquum, et econtrario, et si non, non.

⟨1⟩ Circa hoc distinguitur dupliciter, quia de utroque infinito, tam acutali quam potentiali, possumus loqui dupliciter, vel quantum ad quid nominis vel

---

[a] accidentali *Ms.*
[b] Metaph. II (α) 2, 994b23 sq.

---

[31] Für eine Beschreibung der Hs. s. A. Molinier, Catalogue de la Bibl. Mazarine, Vol. 3, Paris 1890, 105 sq. (= Cat. gén. des Ms.s des bibl.s publ.s de France, Vol. VIII 3—4).

quantum ad quid rei. Primo modo utrumque infinitum naturaliter est cognoscibile a nobis, aliter non possemus loqui nec disputare de ipso. Secundo modo non est naturaliter cognoscibile a nobis secundum Philosophum hic in littera[c] et in libro Physicorum[d], quia infinitum secundum se est incognitum, ut dicitur ibidem.

Contra: Nullus potest imponere nomen alicui rei quam ignorat. Sed nos imponimus nomen infinito per intellectum. Ergo praecognoscimus non solum quid nominis significantis, sed etiam quid rei significatae per nomen.

Item: Nullus potest intelligere respectum determinatum, nisi intelligat rationem respectus illius. Sed significatio[e] nominis est quidam ordo, cum ⟨sit⟩ quidam respectus rationis nominis significantis ad rem significatam. Ergo nullus potest intelligere, quid significet nomen, nisi intelligat rem significatam per nomen. Et ita habendo quid nominis, habet quid rei.

Item: Cum disputamus de infinito, aut disputamus tantum de nomine aut assumimus de re subiecta nomini. Si tantum de nomine, ergo ista disputatio non erit metaphysicalis nec naturalis, sed solum erit disputatio grammaticalis vel logicalis, et ista consideratio de infinito non pertinebit ad physicum nec ad metaphysicum, sed pertinebit ad grammaticum et logicum, quod est inconveniens.

Ergo non est haec disputatio tantum de nomine ⟨15 ra⟩, sed de re subiecta nomini. Sed nullus potest disputare de re incognita. Ergo nos habemus notitiam non tantum de quid nominis, sed etiam de quid rei.

⟨2⟩ Ideo dicitur aliter, quod de infinito possumus loqui dupliciter, vel quantum ad rationem infinitatis in se vel quantum ad illud, quod subest infinitati sive quantum ad rem subiectam infinitati. Primo modo loquendo de infinito in se, tam actuali quam potentiali, sic intelligimus eam non solum quantum ad quid nominis, sed etiam quantum ad quid rei. Loquendo de infinito quantum ad illud, quod subest infinitati realiter vel quantum ad rem subiectam infinitati, sic dicitur, quod non utrum⟨que⟩ infinitum intelligitur vel cognoscitur.

Exemplum ponitur de ente per accidens, quod de ipso non est scientia[f], et tamen Philosophus VI° Metaphysicae[g] probat aliqua de ente per accidens, quod non posset esse verum, nisi de ente per accidens esset scientia. Ergo de ente per accidens est scientia quantum ad rationem eius in se, sed non est scientia de ipso quantum ad illud quod subest enti. Consimiliter dicitur de infinito.

Contra: Nulla ratio, ⟨quae⟩ intelligitur ab intellectu in se, prohibet aliquam rationem intelligibilem non intelligi. Sed ratio infiniti est intelligibilis in se ab intellectu per te. Ergo illud quod subest enti non est per se intelligibile nisi ratione infinitatis. Probatio: Quia si illud secundum quod subest infinito esset finitum, tunc illud esset intelligibile a nobis. Quod ergo non sit intelligibile a nobis illud quod subest, hoc est ratione infinitatis; sed infiniti in se non prohibet, ut probatum est. Ergo nihil est, quod prohibeat, quin illud intelligatur a nobis.

Item: Intellectus compositus praesupponit intellectum simplicem utriusque extremi. Sed intellectus attribuit infinitatem in se ei quod subest sibi, quia aliter

---

[c] Metaph. II (α) 2, 994b22
[d] Phys. I 4, 187b7 sq.; Phys. III 6, 207a26
[e] significat *Ms.*
[f] Metaph. VI (E) 2, 1026b3 sqq.; 1027a20 sq.
[g] Metaph. VI (E) 2—3.

non posset eam attribuere nec recipere ab eo. Ergo intellectus intelligat utrumque, et infinitatem et rem subiectam infinitati.

Confirmatur, quia intelligens passionem alicuius subiecti, potest intelligere subiectum. Sed infinitas est passio sive modus eius quod subest sibi. Igitur intelligens infinitatem potest intelligere illud quod subest sibi.

⟨3⟩ Tertio distinguitur aliter, quod infinitas potest considerari dupliciter, vel ut res vel ut modus rei. Primo modo, infinitas ut res, bene est intelligibile a nobis, quia aliter non possemus de ipsa disputare. Secundo autem modo, ut modus rei, sic non est intelligibile a nobis naturaliter, quia tunc esset comprehendere infinitum, quod est impossibile.

Contra sic: Infinitas ut modus non est perfectior ipsa ut ens. Si igitur est intelligibile a nobis ut res, similiter erit intelligibile ut est modus.

Nota[h], quod si loquamur de infinito ut induit modum finiti, sic habemus de ipso non solum quid nominis, sed etiam quid rei. Et quid rei non solum infinitatis in se, sed eius quod subest ei. Si autem loquamur de infinito ut induit modum infiniti negative, sic ad hoc habemus quid nominis et etiam quid rei, eomodo quo negatio vel privatio est res. Si autem loquamur de infinito ut induit modum infiniti positive, sic non habemus quid rei et quid nominis, nisi ut induit modum finiti positive.

Item: Distinguens aliquod commune intelligibile, ⟨intelligit⟩ membra distinctionis. Sed isti distinguunt infinitatem in rem et modum. Ergo isti intelligunt infinitatem non solum ut res, sed etiam ut modus.

⟨4⟩ Ideo potest dici quarto modo, quod sicut contingens potest considerari dupliciter, vel ut induit modum necessarii, et sic de ipso est scientia, vel ut induit modum proprium contingentis, et sic sub — ⟨15 rb⟩ — terfugit rationem scientiae, consimiliter in proposito dico, quod infinitum potest considerari dupliciter, vel ut induit modum finiti vel ut induit modum infiniti. Si primo modo, non est dubium, quod utrumque infinitum, tam actuale quam potentiale, intelligitur a nobis. Ut autem induit modum infiniti ad hoc dupliciter, quia vel ut induit modum infiniti negative vel ut induit modum infiniti positive[i]. Si ut induit modum infiniti negative ad hoc est intelligibile a nobis, scilicet per abnegationem finiti sibi oppositi et per carentiam terminorum. Si autem ut induit modum infiniti positive impossibile est, quod infinitum intelligitur a nobis, nisi inquantum illud infinitum positive subinduit modum finiti positive.

Verbi gratia: Cum intelligo istam propositionem ‚omnis homo est albus', ego intelligo infinita, quia omnes homines possibiles, qui sunt infiniti, non tamen intelligo omnes homines infinitos, nisi ut induunt quendam modum finitatis, quia solum intelligo omnes homines sub ratione humanitatis in communi, quae est finita. Non tamen eos intelligo in particulari sub propriis rationibus cuiuslibet. Et ita intelligendo ‚omnem hominem esse albus', licet intelligam infinita, non tamen intelligo ea ut induunt modum positivum, sed tantum ut induunt modum infinitatis negativum, licet modum finitatis positivum.

---

[h] *vide infra, p. 110 (n. 36).*
[i] privative *Ms.*

Consimiliter dicendum de quocumque infinito sive potentiali sive actuali. De potentiali patet, quia cum intelligo, quod in continuo sunt infinitae partes in potentia, licet ego intelligam infinitas partes, non tamen intelligo nisi ut induunt modum quendam finitatis, quia intelligo eas in ratione universali sub ratione partis, quae est finita. Non autem intelligo eas in particulari sub ratione propria cuiuslibet. Ut autem infinitae partes intelliguntur indistincte sub ratione partis induunt quendam modum finitatis. Et ideo non intelligo eas ut sunt infinita, sed solum ut induunt quendam modum finitatis.

Consimiliter patet de numeris: Cum intelligo, quod numerus est augmentabilis in infinitum in potentia, intelligo infinitos numeros in universali sub ratione numeri, non autem in particulari sub ratione propria cuiuslibet. Ut autem intelliguntur in universali sub ratione numeri induunt quendam modum finitatis.

Consimiliter, cum intelligo lineam actu infinitam, intelligo lineam extendi sive intelligo duo, et extensionem et negationem finis. Extensio autem, quam intelligo, et negatio finis vel cum negatione finis ponit simul infinitatem negativam. Et ideo, cum intelligo lineam actu infinitam, intelligo eam ut induit duplicem modum, scilicet ut induit modum finiti ⟨quantum⟩ ad extensionem, et ut induit modum infiniti negative quantum ad finis privationem. Et ideo, cum intelligo lineam actu infinitam, non intelligo, quod actualitas dicat infinitatem positivam, sed solum negativam. Nec alio modo possumus intelligere infinitum in actu nisi per remotionem finiti in actu, sed ⟨eo⟩ quod non sit aliquid finitum. ⟨...⟩

Kommentar

Die Beantwortung der Frage nach der Erkennbarkeit des Unendlichen beginnt mit einer ausführlichen Unterscheidung der Arten des Unendlichen oder der Weisen, in denen das Attribut ‚unendlich' verwendet wird. Die Einteilung sei hier der Kürze und Übersichtlichkeit halber nur schematisch in ihren Hauptstücken wiedergegeben:

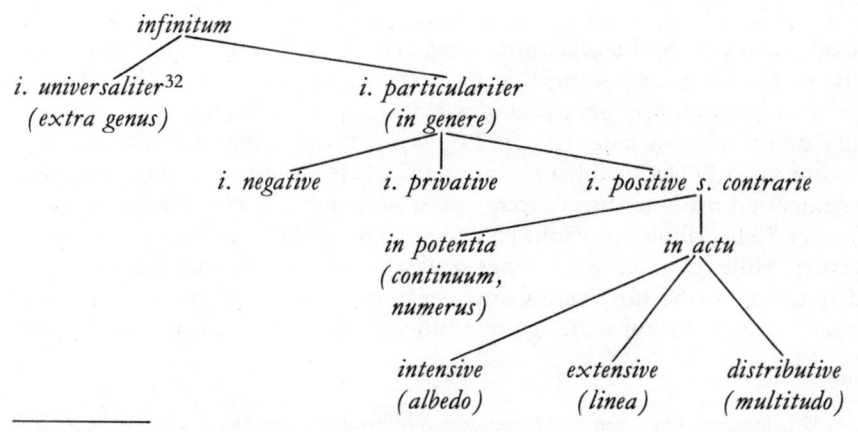

```
                        infinitum
                       /         \
        i. universaliter[32]      i. particulariter
          (extra genus)            (in genere)
                                        |
                    ┌───────────────────┼───────────────────┐
                i. negative         i. privative      i. positive s. contrarie
                                         |                   |
                                    in potentia           in actu
                                    (continuum,          /   |   \
                                     numerus)           /    |    \
                                                  intensive extensive distributive
                                                   (albedo)  (linea)  (multitudo)
```

---

[32] Die Hs. hat zweimal *naturaliter*, was keinen Sinn gibt; *universaliter* hat dagegen Joh. Canonicus loc. cit.

Einteilung und Definition der einzelnen *infinita* sind durchaus traditionell, sie finden sich ähnlich schon bei Thomas v. Aquin und Johannes D. Scotus und sind zu Teilen bereits bei Aristoteles angelegt[33].

Die eigentliche Diskussion vollzieht sich nun in einer Kette von vier Distinktionen und damit verbundenen Einwänden gegen die Möglichkeit bzw. Einschränkungen der Möglichkeiten, das Unendliche einzusehen, die der Autor sukzessive beseitigt. Die Argumentationsschritte bauen in der Weise aufeinander auf (das gilt zumindest für (1) bis (3)), daß zu jeder These ein *contra* formuliert wird, in dem gezeigt wird, daß das Unendliche durchaus unter beiden in der Behauptung unterschiedenen Aspekten intelligibel ist. In der jeweils folgenden These wird sodann eine erneute Differenzierung vorgenommen, die das Ergebnis des vorangegangenen *contra* wieder nur zu einem von zwei möglichen Aspekten macht.

(1) *quid nominis* — *quid rei*

These: Wir können das Unendliche auf natürliche Weise zwar *quantum ad quid nominis* erkennen oder — besser — einsehen, nicht aber *quantum ad quid rei*.

Gegen den ungenannten Opponenten[34] wird sogleich ein formales Argument vorgebracht, das die ganze Diskussion durchziehen wird: Gerade das Faktum des Disputs über das Unendliche, die Möglichkeit es zu definieren, Aussagen über es zu machen und zu wissen, was gemeint ist, wenn wir von ihm sprechen, machen es erforderlich und versichern uns zugleich, daß wir das Unendliche als Unendliches, das, auf das der Begriff *infinitum* verweist, auch verstehen und einsehen, einen ‚Begriff' von ihm haben können. Das Argument darf nicht (ontologisch) mißverstanden werden, es wird nicht behauptet, Denken sei gewissermaßen Sein-setzend. Es handelt sich vielmehr um eine erkenntnistheoretische Feststellung, die besagt, daß eine Sache erkennbar bzw. schon erkannt sein muß, wenn ein ‚Name' für sie gesetzt wird. Der moderne Leser fühlt sich unmittelbar an die ‚Sinn'-Forderung bestimmter Richtungen der ‚Analytischen Philosophie' und den Versuch des frühen ‚Logischen Positivismus', die Erkenntnistheorie von ‚Scheinproblemen' zu reinigen (Carnap), erinnert. Die entscheidende Formulierung Carnaps dazu liest sich wie eine Erläuterung zu unserer Stelle (ohne daß damit ganz disparate Ansätze unbillig parallelisiert werden sollen): „Der Sinn einer Aussage besteht darin, daß sie einen (denkbaren, nicht notwendig auch bestehenden) Sachverhalt zum Ausdruck bringt. Bringt eine (vermeintliche) Aussage keinen (denkbaren)

---

[33] Vgl. Johannes Duns Scotus, Quaestiones subtilissimae super Metaphysicam, lib. II q. 6 (= Editio Waddingi, Lugduni 1639, Vol. IV, 563 n. 2).

[34] Joh. Canonicus, loc. cit., verrät, daß es sich um Joh. Duns Scotus handelt.

Sachverhalt zum Ausdruck, so hat sie keinen Sinn, ist nur scheinbar eine Aussage."[35] Bei Franciscus: Wenn Einigkeit darüber besteht, daß der geführte Disput sinnvoll ist (und das darf jedenfalls vorausgesetzt werden), so muß das ‚Unendliche' wenigstens denkbar, einsehbar sein; das ist die Minimalforderung, die noch nichts über das faktische Bestehen oder Nicht-Bestehen des Unendlichen selbst aussagt. Franciscus geht allerdings noch einen Schritt weiter, wenn er behauptet, daß uns bestimmte Züge des Unendlichen bekannt sind, weil „niemand über eine unbekannte Sache disputieren kann" (v. 34).

Das dritte Argument unterstützt die Intention aus einer anderen Richtung: Wann immer eine metaphysische (oder physikalische) Untersuchung angestellt wird, werden nicht bloße Namen oder Begriffe analysiert — das wäre das Geschäft von Logik und Grammatik —, sondern *subiectum* jener Wissenschaften ist stets das dem Begriff Zugrundeliegende, die *res*, für die der Begriff steht.

Als Resultat des ersten Anlaufs ergibt sich, daß wir nicht nur das ‚Wesen des Begriffs', sondern notwendig auch das ‚Wesen der Sache' kennen.

(2) *ratio infinitatis in se — res subiecta infinitati*

These: Selbst wenn das Ergebnis des ersten Schritts konzediert wird, bleibt doch der Einwand, daß wir das Unendliche zwar *quantum ad rationem infinitatis in se*, nicht aber *quantum ad illud, quod subest infinitati, sive quantum ad rem subiectam infinitati* einsehen.

Der Gegenbeweis wird sehr elegant geführt, indem gezeigt wird, daß die behauptete Unerkennbarkeit der *res subiecta* ihren Grund nur in der ‚Unendlichkeit selbst' haben könnte. Nun hat aber der Opponent gerade zugestanden, daß die ‚Unendlichkeit als solche' sehr wohl erkennbar ist. Damit fällt jeder Hinderungsgrund für die Erkennbarkeit der *res subiecta*.

Das zweite Argument ist allgemeiner und ähnelt dem aus (1) bereits vertrauten Vorgehen. Ein zusammengesetzter Begriff, wie der einer ‚unendlichen Sache' (denn das ist gemeint, wie die Rede von der ‚Unendlichkeit' als *passio sive modus eius* (scil. *subiecti*, i. e. *rei*) sicherstellt), kann nur dann sinnvoll verwendet werden, wenn jede seiner Komponenten ihrerseits einen sinnvollen Begriff darstellt.

Die beiden ersten Schritte besitzen einen gemeinsamen Zug: Einmal wird es abgelehnt, über Begriffe zu sprechen, denen real nichts entspricht bzw. für die nichts ihnen Entsprechendes uns natürlicherweise zugänglich ist. Zum anderen wird abgelehnt, einem Begriff als solchem zwar Erkennbarkeit, Einsehbarkeit zu konzedieren, dem aber, dem dieser Begriff als Eigenschaft zukommt, diese Möglichkeit abzusprechen.

---

[35] R. Carnap, Scheinprobleme in der Philosophie. Das Fremdpsychische und der Realismusstreit. Frankf./M. 1966, 47.

(3) *infinitas ut res — infinitas ut modus rei*

These: Alles vorherige zugestanden, ist die Unendlichkeit doch nur *ut res*, nicht aber *ut modus rei* erkennbar.

Der Opponent hat sich der Position unseres Autors jetzt schon sehr weit angenähert: Er gesteht mit dem Hauptargument Franciscus' (*aliter non possemus de ipso disputare*) zu, daß die „Unendlichkeit als Sache von uns wohl vorgestellt werden kann", bestreitet nun aber, daß sie auch als *modus rei* vorstellbar sei. Er zeigt damit, daß er seine Position gegenüber dem letzten Schritt im wesentlichen nicht verändert hat, meint die *infinitas ut res* im Zusammenhang seiner Überlegung doch eigentlich nichts anderes als die vorherige *infinitas in se*. Die Zurückweisung wird in aller Kürze vollzogen, denn ein wirklich neues Argument wurde schließlich nicht vorgebracht.

Die entscheidende Überlegung in der mit *nota* eingeleiteten Passage gehört erst in den nächsten Abschnitt[36].

Bis hierhin wurden die Bedingungen expliziert, unter denen über die Vorstellbarkeit des Unendlichen überhaupt zu sprechen ist. Es ergab sich daraus, daß es ein prinzipielles Hindernis weder auf seiten unseres natürlichen Erkenntnisvermögens noch auf seiten des Unendlichen gibt, durch das Erkenntnis oder Einsehbarkeit von vornherein ausgeschlossen wären. Dennoch ist die Einsehbarkeit des Unendlichen an bestimmte Bedingungen geknüpft, es muß in bestimmter Weise ‚auftreten', damit es unserem endlichen Erkenntnisvermögen zugänglich wird, es muß, mit Franciscus de Marchia zu sprechen, einen bestimmten ‚Modus annehmen'. Das wird im vierten und letzten Schritt ausgeführt, in dem auch das bisherige starre Schema von Behauptung und Widerlegung verlassen wird.

(4) *infinitum ut induit modum finiti — ut induit modum infiniti*

These: Die Unendlichkeit kann den *modus finiti* annehmen und ist so von uns einsehbar; ob dies aber auch der Fall ist, wenn sie den *modus infiniti* annimmt (bzw. behält), ist zweifelhaft.

Zunächst gibt Franciscus dankenswerterweise wenigstens einen kurzen Hinweis darauf, was unter *modum induere* zu verstehen ist. Den Vergleich mit dem Kontingenten, das sowohl den Modus des Notwendigen als auch den des im eigentlichen Sinne Kontingenten annehmen kann, erläutert sehr schön eine parallele Aussage bei Thomas v. Aquin: *(...) dicendum, quod contingentia dupliciter possunt considerari. Uno modo, secundum quod contingen-*

---

[36] Ich vermute, daß es sich bei diesem Abschnitt um eine frühere Marginalie zu vv. 82 sqq. handelt, die beim Abschreiben irrtümlich an dieser Stelle in den Text integriert wurde. Dafür spricht neben inhaltlichen Überlegungen ein marginales *Nota* noch in der vorliegenden Hs. am genannten Ort, das aber auf nichts mehr verweist.

tia sunt. Alio modo, secundum quod in eis aliquid necessitatis invenitur: nihil enim est adeo contingens, quin in se aliquid necessarium habeat.[37] Wie sich dieser Vergleich genau auf den Fall des ‚Unendlichen' anwenden läßt, wird sich noch zeigen.

Die Modi, die das Unendliche annehmen kann, und die Konsequenzen für die Erkennbarkeit sind folgende:

(a) das Unendliche, das den Modus des Endlichen annimmt, ist ohne jeden Zweifel von uns erkennbar, und zwar sowohl das aktuale als auch das potentielle Unendliche;

(b) das Unendliche, das den Modus des negativ Unendlichen annimmt, ist — mit bestimmten Restriktionen — ebenfalls erkennbar;

(c) das Unendliche aber, das den Modus des positiv Unendlichen annimmt, kann unmöglich von uns erkannt werden, es sei denn, dieses positiv Unendliche nimmt seinerseits wieder den Modus des positiv Endlichen (vgl. (a)) an.

Zur Erläuterung dieser Distinktion sei von der grundlegenden Überlegung der vv. 91—98 ausgegangen. Der Unterschied zwischen der (unmöglichen) Erkenntnis „aller unendlich vielen Menschen" und der (möglichen) des „Begriffes der Menschheit im allgemeinen" ist der bedeutende — und bis in die moderne Unendlichkeitsdiskussion konstruktiv gebliebene (vgl. dazu unten) — zwischen der extensionalen und der intensionalen Beschreibung von Mengen oder Klassen, insbesondere aber (dabei entfaltet die Unterscheidung ihre ganze Kraft) von unendlichen Mengen oder Klassen. Überraschend hellsichtig hat Franciscus gesehen, daß für (aktual) unendliche Mengen die extensionale Bestimmung der Objektmenge niemals möglich, glücklicherweise aber auch gar nicht notwendig ist. Eine intensionale Spezifizierung durch eine oder mehrere Eigenschaften, die im Beispiel im Begriff der *humanitas* zusammengefaßt werden, kann eine Menge charakterisieren, deren Extension durchaus unendlich sein kann.

Nun wird auch besser klar, wie es zu verstehen ist, daß das Unendliche den ‚Modus des Endlichen annehmen' soll. Das heißt gerade nicht, daß aus einer unendlichen Menge ein (beliebig großer) endlicher Teil herausgenommen werden soll; es heißt auch nicht, daß etwa das potentiell Unendliche insofern erkannt werden kann, als es aktual immer ein Endliches ist. Vielmehr wird eine Möglichkeit eröffnet, das Unendliche in der ihm zukommenden Unendlichkeit zu belassen und sich dennoch nicht auf das weglose Unternehmen einlassen zu müssen, einen Bezug zu jedem einzelnen Element der unendlichen Menge herzustellen. Statt dessen wird auf einer übergeordneten Ebene ein Begriff gefunden, der das unendliche Einzelne vereint. So kann das Unendliche den Charakter des Endlichen annehmen, ohne doch selbst endlich zu werden.

---

[37] S. theol. I q. 86 a. 3 (Ed. Leon., tom. V, Romae 1889).

Abschließend wird das gewonnene Ergebnis auf die konkreten Fälle des potentiellen und aktualen Unendlichen angewandt, auf das Kontinuum, die Zahl und die Linie.

Die unendlich vielen Teile des Kontinuums sind nur „in allgemeiner Hinsicht unter dem Begriff des Teils" erkennbar, der selbst endlich ist. Analog vollzieht sich die Erkenntnis der „unendlich vergrößerbaren Zahl".

Das ist ein ganz anderer Ansatz als er in der Tradition, z. B. bei Thomas von Aquin, vorliegt und letztlich bis auf Aristoteles zurückgeht. Thomas fordert, ausgehend von dem Axiom, daß das (Erkenntnis-)Vermögen sich zu seinem Objekt in einem bestimmten Verhältnis, einer *proportio*, befinden muß, daß die Erkenntnis des potentiell Unendlichen selbst auch eine potentiell unendliche sein müsse; es kommt also niemals zu einer aktualen, zu einer ‚wirklichen' Erkenntnis: *Et ideo in intellectu nostro invenitur infinitum in potentia, in accipiendo scilicet unum post aliud (...)*.[38] Es zeigt sich, wie die extensionale Beschreibung des Infiniten seine Erkenntnis unmöglich macht, da Erkenntnis aller Elemente eines Unendlichen das unmögliche Durchlaufen einer unendlichen Reihe erforderte.

Man darf nun jedoch nicht die Lösungen des Thomas von Aquin und des Franciscus de Marchia, um uns auf diese zu beschränken, als gegensätzliche Antworten auf dieselbe Frage gegenüberstellen. Vielmehr muß man sehen, daß sich die Fragestellung wesentlich gewandelt hat und daß die unterschiedlichen Antworten, ermöglicht durch verschiedene Beschreibungen des Unendlichen, von diesem Wandel vollkommen abhängig sind. Fragt Thomas, ob *infinita* erkennbar sind, und das soll heißen, ob unendlich viele Teile einer unendlich großen Menge oder ob die unendlich vielen Teile eines Kontinuums erkennbar sind, so fragt Franciscus eher danach, ob und wie ein *infinitum*, besser noch eine *infinitas*, die sich u. a. in den Kontinuen, bei den Zahlen etc. manifestiert, erkennen läßt. Hätte Franciscus die Frage in derselben Weise wie Thomas gestellt, hätte er nach der Erkennbarkeit etwa unendlich vieler Teile ‚als' dieser Teile gefragt, so hätte er ohne jeden Zweifel dieselbe negative Antwort gegeben wie Thomas; er hätte sie wohl auch geben müssen, denn daß es nicht möglich ist, unendlich vieles Einzelne zu erkennen (im Sinne einer Erkenntnis eines jeden dieser Einzelnen für sich) steht auch für ihn außer Frage. Auch daß Franciscus die Möglichkeit des aktual Unendlichen anerkennt, ändert daran nichts, denn auf der ‚Elementebene' ist dieses Problem für aktuale und potentielle Unendlichkeiten dasselbe.

Ein weiteres thomasisches Argument gegen die „wirkliche Erkenntnis" des Unendlichen läßt sich mit der Auffassung Franciscus' konfrontieren, es zeigt denselben Wandel der Auffassungen vielleicht noch deutlicher. In den meisten mittelalterlichen Kommentaren findet sich an der entsprechen-

---

[38] S. theol. I q. 86 a. 2.

den Stelle ein Einwand, der bei Thomas folgendermaßen lautet: *Actu autem vel habitu non potest cognoscere infinita intellectus noster. Actu quidem non, quia intellectus noster non potest simul actu cognoscere nisi quod per unam speciem cognoscit. Infinitum autem non habet unam speciem (...).*[39]

Franciscus begegnet diesem Einwand nun nicht mit einem Angriff auf die Theorie selbst, sondern er schaltet das Problem aus, indem er die Frage nach der Erkennbarkeit von der Ebene der *species specialissima*, die z. B. jede einzelne Zahl darstellt, auf die nächsthöhere Ebene der *species* verlagert. Nicht mehr die unendlich vielen *species* der Elemente sind Gegenstand der Betrachtung, sondern die eine *species* der inhaltlich definierten unendlich großen Gesamtmenge. So kann, für den mathematischen Bereich gesprochen, die (distinkte) Erkenntnis finiter Gegebenheiten wie ‚Zahlprinzip' und ‚Erzeugungsregel' den Zugang zur (indistinkten) Erkenntnis des Infiniten bzw. Transfiniten eröffnen.

Noch einmal zurück zum Text. Wie potentiell Unendliches erkennbar ist, ist gezeigt; offen ist noch die Frage, ob mit aktual Unendlichem ebenso verfahren werden kann. Es zeigt sich, daß der Zugang in diesem Falle komplizierter, gleichwohl nicht schlechterdings unmöglich ist. Im Beispiel geht es um die Erkennbarkeit einer aktual unendlichen Linie. Dazu ist eine doppelte Operation notwendig: zum einen muß der Begriff der ‚Ausdehnung' gedacht werden. Dieser Begriff ist für sich zunächst ‚endlich', und so nimmt das Unendliche zunächst den Modus des Endlichen, in diesem Falle den von etwas Ausgedehntem an. Zugleich mit der ‚Ausdehnung' und bezogen auf sie muß die ‚Negation der Grenze' gedacht werden. Damit nimmt das Ausgedehnte den Modus negativer Unendlichkeit an, d. h. den Charakter dessen, das keine Grenze besitzt. Das aktual Unendliche wird also dadurch erkannt oder vorgestellt, daß es zunächst den Modus des Endlichen annimmt, das Resultat aber sogleich hinsichtlich seiner Endlichkeit negiert wird. Dabei ähnelt der erste Schritt dem, der für die Erkenntnis des potentiell Unendlichen unternommen werden mußte, während der zweite Schritt, die Negation des so gewonnenen Endlichen, den besonderen Charakter des ‚aktual' Unendlichen berücksichtigt. Durch die Transformation des positiven in ein negatives Unendliches wird zwar Erkennbarkeit überhaupt gewährleistet, diese erreicht jedoch niemals denselben Grad der Adäquatheit wie die Erkenntnis des potentiell Unendlichen.

Das Vorgehen scheint zunächst nicht neu: Unendliches wird konstituiert, indem vom Begrenzenden des Endlichen abstrahiert wird. Das ist prinzipiell derselbe Weg, der im Zusammenhang der aristotelischen Materiedefinition über die Beseitigung von allen Bestimmungen zum Begriff eines ‚letzten Zugrundeliegenden' führt. Dennoch geht es bei Franciscus um

---

[39] S. theol. I q. 86 a. 2.

etwas anderes, nämlich nicht darum, den bloßen Begriff der ‚Unendlichkeit' *via abstractionis* zu erzeugen, sondern um das ungleich schwierigere Unternehmen, vorliegende Unendlichkeit ‚begreifbar' zu machen. Dazu muß dasjenige, an dem als dem *quoad nos* Bekannteren die Abstraktion vorgenommen werden kann, allererst entwickelt werden.

III.

Mit seinen Ausführungen zur Erkennbarkeit des Unendlichen wirft Franciscus de Marchia mehr Fragen auf als er Antworten gibt. Nach der Lektüre seiner Abhandlung und selbst nach interpretatorischen Bemerkungen, die mitunter bis an die Grenze des im Text ausgesprochenen gingen, wird der Leser wenig geneigt sein, das Problem als ‚gelöst' beiseite zu legen. Das aber entspricht, abgesehen davon, daß eine ‚Lösung' bis heute nicht in Sicht ist, genau der Bedeutung und der Rolle, die Franciscus bei der Entwicklung und Umgestaltung naturphilosophischer Teilaspekte innehatte und auch nur innehaben konnte. Sein kaum zu überschätzendes Verdienst besteht darin, einige Fragen, die er wie auch andere als durch die Tradition unbefriedigend beantwortet erachteten, gesehen und ausgesprochen, darüberhinaus Lösungsvorschläge unterbreitet zu haben, die so zukunftweisend waren, daß sie u. a. von den Anhängern Johannes Buridans aufgegriffen, weiterentwickelt und zu großer Wirkung gebracht werden konnten. Durch die Bedeutung, die die Schriften der *nominales* an den zahlreichen spätmittelalterlichen Universitäten, die der *via moderna* verpflichtet waren, besaßen, fanden auch einige der von Franciscus vorbereiteten Gedanken große Verbreitung und begegnen noch bei den Gelehrten der frühen Neuzeit.

Es wäre nun außerordentlich reizvoll, den Spuren Franciscus' de Marchia in der Folgezeit nachzugehen, dazu aber bedürfte es einer umfangreichen Untersuchung, die hier nicht möglich ist. Vor allem müßten alle seine Quästionen zum *infinitas*-Problem aus Metaphysik- und Sentenzenkommentar vorgelegt und im Zusammenhang betrachtet werden, bevor entschieden werden könnte, wo und wie seine Antworten weitergewirkt haben, sofern dies überhaupt der Fall war.

Abschließend soll daher lediglich noch ein Blick auf eine moderne Konzeption geworfen werden, die für die mathematische Diskussion des Unendlichen in unserem Jahrhundert maßgeblich geworden ist, freilich ohne daß damit auch nur im mindesten ein direkter Einfluß unseres Philosophen nahegelegt werden wollte; allenfalls wäre zu überlegen, ob, wenn die Parallelen, die ich aufzeigen werde, zutreffen, die Probleme des Unendlichen vielleicht tatsächlich nur lösbar sind, wenn man die von Franciscus vorgeschlagene Denkrichtung einschlägt.

Solche ‚Parallelen' (in einem notwendig weiten Sinne) zeigen sich bei Georg Cantor, dem Begründer der modernen Mengenlehre, der in verschiedenen Schriften immer wieder gezeigt hat, daß man mit unendlichen Mengen konsistent umgehen kann, ja daß es sogar möglich ist, eine transfinite Arithmetik mit aktual unendlichen Mengen aufzubauen[40]. Cantor stellt sich bei diesem Unternehmen bewußt in die philosophische Tradition von Aristoteles über die Scholastik bis auf seine eigene Zeit und sieht sich, nicht ganz zu Recht, wie wir jetzt wissen, als ersten entschiedenen Vertreter des aktual oder, wie er meistens sagt, „Eigentlich-Unendlichen".

Vorgearbeitet hatte ihm bereits vor der Mitte des 19. Jahrhunderts Bernhard Bolzano, der mit seiner 1851 postum erschienenen Schrift ‚Paradoxien des Unendlichen'[41] die Debatte neu belebte. Neben zahlreichen anderen äußerst anregenden Gedanken findet sich hier auch der Hinweis, daß die objektive Existenz unendlicher Mengen nicht daran scheitern kann, daß es unmöglich ist, sich jedes einzelne Objekt, jedes der unendlich vielen diskreten Elemente vorzustellen oder auch nur als je einzelnes zu denken[42]. Hat Franciscus de Marchia auch noch nicht die Frage nach der ‚objektiven Existenz' unendlicher Mengen gestellt, so ist die bei Bolzano ausgeführte Überlegung unserer Interpretation zufolge dennoch in der Argumentation Franciscus' angelegt und dient ebenso wie bei Bolzano dazu, die Widersprüche, die mit dem Unendlichkeitsbegriff verknüpft waren, zu überwinden.

Auch zu G. Cantor, dem Mathematiker, dem es nicht allein darum ging, die Widersprüche des aktual Unendlichen zu überwinden, sondern weiterhin darum, erstmals eine umfassende Theorie des (mathematisch) Finiten *und* Transfiniten vorzulegen, gibt es Parallelen, besser, verwandte Strategien. Dabei muß ein Vergleich naturgemäß sehr vage ausfallen, da dem Philosophen des 14. Jahrhunderts weder eine adäquate mathematische Begriffssprache zur Verfügung stand noch unser Philosoph mathematische Interessen verfolgte.

Beide gehen von der möglichen Realität des aktual oder Eigentlich-Unendlichen aus, wobei Cantor über Franciscus hinausgeht und hinsicht-

---

[40] Die in diesem Zusammenhang wichtigsten Schriften sind: G. Cantor, Über unendliche lineare Punktmannigfaltigkeiten (1879—1884). Ders., Beiträge zur Begründung der transfiniten Mengenlehre (1895—1897). Ders., Über die verschiedenen Standpunkte in bezug auf das aktuelle Unendliche (1885). Ders., Mitteilungen zur Lehre vom Transfiniten (1887—1888). Jetzt alle wieder in und zitiert nach: G. Cantor, Gesammelte Abhandlungen mathematischen und philosophischen Inhalts, hg. E. Zermelo, Berlin 1932 (Repr. Nd.: Hildesheim 1966), 139—246; 282—356; 370—377; 378—439.

[41] B. Bolzano, Paradoxien des Unendlichen, Leipzig 1851 (Hamburg 1975).

[42] Vgl. ibid., 20.

lich der Möglichkeit des aktual Unendlichen einen Standpunkt einnimmt, „der *unbedingt affirmativ* ist" [43].

Wir haben gesehen, daß Franciscus die wesentliche Rechtfertigung dafür, über das Unendliche und seine Erkennbarkeit zu sprechen, aus der Möglichkeit des sinnvollen Disputierens darüber und dem Vorhandensein eines definiten Begriffs davon schöpfte. Einen vergleichbaren (wiewohl erneut über Franciscus hinausgehenden) Ansatz wählt Cantor, wenn er „von der Wirklichkeit oder Existenz der ganzen Zahlen, der endlichen sowie der unendlichen" [44] spricht:

> Einmal dürfen wir die ganzen Zahlen insofern für wirklich ansehen, als sie auf Grund von Definitionen in unserm Verstande einen ganz bestimmten Platz einnehmen, von allen übrigen Bestandteilen unseres Denkens aufs beste unterschieden werden, zu ihnen in bestimmten Beziehungen stehen und somit die Substanz unseres Geistes in bestimmter Weise modifizieren; es sei mir gestattet, diese Art der Realität unsrer Zahlen ihre *intrasubjektive* oder *immanente Realität* zu nennen. Dann kann aber auch den Zahlen insofern Wirklichkeit zugeschrieben werden, als sie für einen Ausdruck oder ein Abbild von Vorgängen oder Beziehungen in der dem Intellekt gegenüberstehenden Außenwelt gehalten werden müssen (...), die in der körperlichen und geistigen Natur tatsächlich vorkommen. Diese zweite Art der Realität nenne ich die *transsubjektive* oder auch *transiente Realität* der ganzen Zahlen. [45]

Bei alledem besteht für Cantor kein Zweifel, „daß diese beiden Arten der Realität stets sich zusammenfinden in dem Sinne, daß ein in der ersteren Hinsicht als existent zu bezeichnender Begriff immer in gewissen, sogar unendlich vielen Beziehungen auch eine transiente Realität besitzt (...)" [46].

Wenn, um einen weiteren Punkt anzuführen, beide einen Zusammenhang zwischen dem zunächst fremden Unendlichen und dem vertrauteren Endlichen herstellen, handelt es sich weniger um eine direkte Parallele, als um eine verwandte Idee. Bei beiden Denkern geschieht dies durch die Konstruktion eines geordneten Stufenbaus der Modi des Endlichen und Unendlichen. Dabei ist das Vorgehen dem unterschiedlichen Intersse entsprechend durchaus verschieden: Franciscus, der das Unendliche erkennen will, verfährt gewissermaßen regressiv, indem er die jeweiligen Infinita auf Modi untergeordneter Stufe reduziert. Cantor hingegen, der das In-

---

[43] G. Cantor, Mitteilungen ..., 378; und zwar „*in bezug auf alle drei Rücksichten*", nämlich: „Es wurde das A.-U. (= aktuale Uendlichte; d. Verf.) nach *drei* Beziehungen unterschieden: *erstens* sofern es in der höchsten Vollkommenheit (...) *in Deo* realisiert ist, wo ich es *Absolutunendliches* oder kurzweg *Absolutes* nenne; *zweitens* sofern es in der abhängigen, kreatürlichen Welt vertreten ist; *drittens* sofern es als mathematische Größe, Zahl oder Ordnungstypus vom Denken *in abstracto* aufgefaßt werden kann." (ibid.).
[44] G. Cantor, Über unendliche ..., Nr. 5 § 8, 181.
[45] Ibid.
[46] Ibid.

bzw. Transfinite und dessen Arithmetik allererst hervorbringen will, verfährt progressiv, indem er generative Prinzipien entwickelt, mit Hilfe derer sich übergeordnete Modi erzeugen lassen. Beiden gemeinsam ist die Vorstellung eines stufenweisen Auf- bzw. Abstieges auf einer Skala und damit verbunden der Gedanke des inneren Zusammenhangs der Modi untereinander.[47] Der gesetzmäßige Zusammenhang zwischen den Modi verschiedener Stufe (den Zahlenklassen verschiedener Mächtigkeit bei Cantor) garantiert Franciscus die Erkennbarkeit, Cantor die Abzählbarkeit auch der transfiniten Mengen: „(...) jede Menge von der Mächtigkeit *erster* Klasse ist *abzählbar durch* Zahlen der *zweiten* Zahlenklasse und nur durch solche (...). Die analogen Gesetze gelten für die Mengen höherer Mächtigkeiten. So ist jede wohldefinierte Menge von der Mächtigkeit *zweiter* Klasse abzählbar *durch* Zahlen der *dritten* Zahlenklasse und nur durch solche (...)."[48]

Es hatte sich als eine Hauptleistung der Untersuchung Franciscus' de Marchia ergeben, daß das Unendliche mit Hilfe einer intensionalen Beschreibung ‚faßbar' wird, indem das unendlich Singulare sich unter einem ihm allgemeinen Begriff, einer allgemeinen Bestimmung vereinigt. Cantor geht ganz ähnlich vor, wenn er die ‚Bestimmtheit' transfiniter Mengen fordert. Auch er kann nicht mit den unendlich vielen Elementen solcher Mengen operieren, sondern bedarf einer Größe, die unendliche Mengen definiert und determiniert; in seinem Falle handelt es sich um ‚Kardinalzahlen' oder ‚Mächtigkeiten'.[49] Seine prägnante Formulierung dieses Anspruchs: „Omnia seu finita seu infinita *definita* sunt et excepto Deo ab intellectu determinari possunt."[50] richtet sich direkt gegen die von ihm bekämpfte aristotelisch-scholastische Tradition. An anderer, späterer Stelle nähert er sich dem Gedanken unseres Textes noch mehr, wenn er die „*Mächtigkeit* oder *Kardinalzahl* einer Menge *M*" als deren „Allgemeinbegriff oder Gattungsbegriff (universale)"[51] bestimmt.

Besonders auffallend und interessant dürfte in unserem Zusammenhang sein, daß Cantor gerade gelegentlich der Forderung nach Bestimmtheit

---

[47] G. Cantor, Über unendliche ..., Nr. 5 § 1, 167: „Die *erste* Zahlenklasse (I) ist die Menge der endlichen ganzen Zahlen 1, 2, 3, ..., v, ..., auf sie folgt die *zweite* Zahlenklasse (II), bestehend aus gewissen in bestimmter Sukzession einander folgenden unendlichen ganzen Zahlen; erst nachdem die zweite Zahlenklasse definiert ist, kommt man zur dritten, dann zur vierten usw."

[48] Ibid., § 2, 169.

[49] Ibid., § 5, 176: „Was ich behaupte und (...) bewiesen zu haben glaube, ist, daß es nach dem Endlichen ein *Transfinitum* (welches man auch *Suprafinitum* nennen könnte), d. i. eine unbegrenzte Stufenleiter von bestimmten Modis gibt, die ihrer Natur nach nicht endlich, sondern unendlich sind, welche aber ebenso wie das Endliche durch bestimmte, wohldefinierte und voneinander unterscheidbare *Zahlen* determiniert werden können".

[50] Ibid.

[51] G. Cantor, Mitteilungen ..., 387.

unendlicher Größen auch auf deren Erkennbarkeit und Denkbarkeit zu sprechen kommt, wobei er diese von der möglichen Bestimmbarkeit abhängig macht: „Mit den endlichen Größen ist daher meiner Überzeugung nach der Bereich der definierbaren Größen *nicht* abgeschlossen, und die Grenzen unseres Erkennens lassen sich entsprechend weiter ausdehnen, ohne daß es dabei nötig wäre, unsrer Natur irgendwelchen Zwang anzutun."[52]

---

[52] G. Cantor, Über unendliche ..., Nr. 5 § 5, 176.

DIE FALLACIAE BREVES (AD MODUM OXONIAE) – EIN WERK WALTER BURLEYS?

von Clemens Kopp (Köln)

Die Sophistischen Widerlegungen des Aristoteles, die um ca. 1140 neu übersetzt wurden[1], waren ein wichtiger Impuls für die Weiterentwicklung der mittelalterlichen Logik, insbesondere der Fehlschlußtheorie.[2] Neben einigen Lehrsätzen und Beispielen entnahm man dieser aristotelischen Schrift die vier Arten der Disputation (*disputatio doctrinalis, dialectica, temptativa, sophistica*) die fünf Ziele (*metae*) der sophistischen Disputation (*redargutio, falsum, inopinabile, soloecismus, nugatio*), vor allem aber die Einteilung der Fehlschlüsse in die beiden Hauptgruppen, *fallaciae in dictione* und *fallaciae extra dictionem*, sowie deren weitere Untergliederung in dreizehn Fehlschlußtypen:

A. *fallaciae in dictione*
   aequivocatio
   amphibolia
   compositio
   divisio
   accentus
   figurae dictionis

B. *fallaciae extra dictionem*
   accidens
   secundum quid et simpliciter
   ignorantia elenchi
   consequens
   petitio principii
   non causa ut causa
   plures interrogationes ut una[3]

---

[1] Es gab zwar noch die alte Übersetzung des Boethius, die aber vor 1125–50 nicht benutzt wurde.
Eine ausführliche Untersuchung über die Sophistischen Widerlegung des Aristoteles und deren antike und mittelalterliche Kommentierung findet man in S. Ebbesen, Commentators and Commentaries on Aristotle's Sophistici Elenchi. A Study of Post-Aristotelian Ancient and Mediaeval Writings on Fallacies, Leiden 1981 (= Corpus Latinorum Commentarium in Aristotelem Graecorum, De Wulf-Mansion Center VII, 1–3). Ich verdanke Sten Ebbesen viele wichtige Informationen über die mittelalterliche Fehlschlußlehre. Ohne Einblick in seine umfangreiche Sammlung von Mikrofilmen wäre dieser Aufsatz unmöglich gewesen.

[2] Bevor die Sophistischen Widerlegungen bekannt wurden, kannte man innerhalb der Logica Vetus sechs Arten von Fehlschlüssen, die, wie de Rijk nachweist, aus diversen neuplatonischen Kommentaren zur Definition des Elenchus (Soph. El. 167a, 23–27) stammen. Es handelt sich um die *fallaciae secundum aequivocationem, univocationem, diversam partem, diversam relationem, diversum tempus, diversum modum*. Siehe dazu L. M. de Rijk, Logica modernorum. A Contribution to the History of Early Terminist logic. Vol I: On the Twelfth Century Theory of Fallacy, Assen 1962, 24–48.

[3] Dieser Katalog von Fehlschlußarten stammt aus den Kapiteln 4 und 5 der Soph. El. (165b23–168a17). Siehe dazu auch S. Ebbesen, Commentators I, 6–7.

Auch wenn die Sophistischen Widerlegungen als ganze Schrift kaum rezipiert wurde, so war doch diese Einteilung für die mittelalterlichen Logiker das Gerüst, an dem entlang sie ihre Fehlschlußtheorien entwarfen.

Einer der so aufgebauten Fehlschlußtraktate sind die *Fallaciae breves (ad modum Oxoniae)*, die in der Handschrift einem ausführlicheren Lehrbuch über die Auflösung von Fehlschlüssen, den *Fallaciae ad modum Oxoniae*, folgen.[4]

In den Untersuchungen, die sich an die Edition der *Fall. brev.* anschließen, wurde gezeigt, daß sie mehr sind als nur eine Kurzfassung der *Fall. Ox.* Während sich die durch ihre Klarheit, Knappheit und didaktische Tauglichkeit bestechenden *Fall. Ox.* an Anfänger wenden, scheint es, daß „der Adressatenkreis der *fallaciae breves* aus solchen besteht, die schon Vorkenntnisse der Fallacien-Lehre haben, d. h. aus Fortgeschrittenen."[5] Im einzelnen wurde gezeigt, daß die Auflösung von Fehlschlüssen in den *Fall. brev.* knapper, fachsprachlicher, präziser ist, stellenweise über die *Fall. Ox.* hinausgeht, stellenweise davon abweicht. Dieser Befund, der — wie schon gesagt — dadurch erklärt wurde, daß sich die *Fall. brev.* an Fortgeschrittene wenden, kann außerdem noch dazu dienen, für die *Fall. brev.* ein späteres Abfassungsdatum anzunehmen als für die *Fall. Ox.* Diese Vermutung wird auch dadurch bestätigt, daß die in den *Fall. brev.* anzutreffende Einteilung der *fallaciae extra dictionem* in *fallaciae principales* und *fallaciae annexae* in den *Fall. Ox.* fehlt.[6] Diese Einteilung ist weder im 12. Jahrhundert noch in der ersten Hälfte des 13. Jahrhunderts bekannt.[7] Erstmalig findet man sie in der Expositio super Librum Sophistici Elenchi des Aegidius Romanus, die — so Sten Ebbesen — in der Zeit zwischen 1270 und 1275 entstanden sind. „*Sciendum ergo quod fallaciarum extra dictionem quedam sunt principales, quedam annexae. Accidens enim, et secundum quid et simpliciter, ignorantia elenchi, et petitio principii possunt dici quasi principales.*

---

[4] C. Kopp, Ein kurzer Fehlschlußtraktat: Die Fallaciae breves (ad modum Oxoniae). London, British Museum, Royal MSS 12 F XIX, 104 rb—105 vb, in: Miscellanea Mediaevalia Bd. 15, hg. Albert Zimmermann, Berlin—New York 1980, 262—277. Dieser Text wird im folgenden mit „Fall. brev." abgekürzt. C. Kopp, Die „Fallaciae ad modum Oxoniae". Ein Fehlschlußtraktat aus dem 13. Jahrhundert, Dissertation Köln 1985. Dieser Text wird im folgenden mit „Fall. Ox." abgekürzt. Die Hinzufügung „ad modum Oxoniae" bei beiden Texten ist dem Explicit der Version der Fall. Ox. in Oxford, Bodleian Library, MS F. Auct. 5,23, f. 178 vb entnommen.

[5] *Fall. brev.* 273.

[6] *Fall. brev.* 268, 267 f.

[7] Untersucht wurden fast alle Fehlschlußtraktate aus dem 12. Jahrhundert. Eine nahezu vollzählige Liste der Fehlschlußtraktate und Arbeiten über die Soph. El. legte S. Ebbesen in der Einleitung seiner Edition des Anonymus Aurelianensis I vor (*Anonymi Aurelianensis I Commentarium in Sophisticos Elenchos,* Edition and Introduction by S. Ebbesen, Kopenhagen 1979, (= CIMAGL 34) XVII). Ebenfalls habe ich diese Untergliederung der *fallaciae extra dictionem* nicht bei Roger Bacon und Wilhelm von Sherwood gefunden.

Alie vero tres ut consequens, non causa ut causa, et plures interrogationes ut una possunt dici quasi annexe." [8]

Um die Frage nach dem Autor der *Fall. brev.* zu beantworten, ist ein Überblick über den Inhalt des gesamten Codex sehr hilfreich. In dem Codex British Library 12 F XIX sind folgende Texte enthalten:[9]

ff.	3 ra— 13 va	Teil eines Kommentar Walter Burleys über die Kategorienschrift des Aristoteles
ff.	14 ra— 23 ra	Walter Burleys Kommentar zu Aristoteles, Peri Hermeneias
ff.	23 rb— 33 vb	Walter Burleys Kommentar zu *De sex principiis* von Ps.-Gilbertus Porretanus
ff.	34 ra— 75 va	drei grammatische Traktate, deren Verfasser unbekannt ist
f.	76 ra— vb	fragmentarischer Beginn eines anonymen Kommentars zur Physik des Aristoteles
ff.	77 r — 89 v	*Formaciones verborum*, eine Liste von Perfekt und Supinum von 1600 lateinischen Verben
ff.	90 ra— 98 ra	*Logica „Cum sit nostra"*
ff.	98 rb—104 ra	*Fallaciae ad modum Oxoniae*
ff.	104 rb—105 vb	*Fallaciae breves (ad modum Oxoniae)*
ff.	106 ra—110 rb	Teil eines ausführlichen Kommentars zur *Logica „Cum sit nostra"*
ff.	111 ra—112 rb	Anfang eines Traktates über *consequentiae*
ff.	112 va—115 rb	Anfang einer ausführlichen Redaktion einer Sammlung von Sophismata, die auch *Abstractiones* genannt wird[10]
ff.	116 ra—122 rb	Walter Burley, *De consequentiis*
ff.	123 ra—126 rb	Walter Burley, ein Traktat über *dictiones exclusivae*
ff.	126 va—129 rb	Walter Burley, ein Traktat über *dictiones exceptivae*
ff.	130 ra—133 va	Walter Burley, ein Traktat über *suppositiones*
ff.	133 vb—138 ra	Walter Burley, *De insolubilibus*
ff.	138 ra—148 rb	Walter Burley, *De obligationibus*

---

[8] Aegidius Romanus, Expositio super Librum Sophistici Elenchi, ed. Augustinus, Venetiis 1500, f. 16 rb. Es scheint mir sicher zu sein, daß diese Einteilung dem Verfasser der *Fall. Ox.* unbekannt war. Aristoteles hatte weder Kriterien für die Anordnung der 13 Fehlschlußtypen gegeben, noch hatte er die Vollständigkeit dieser Liste belegt. Beides sahen mittelalterliche Kommentatoren als wichtige Aufgabe an. In bezug auf andere Untergliederungen und Einteilungen im Text der *Fall. Ox.* scheint es mir sicher, daß deren Verfasser, hätte er eine solche Distinktion gekannt, auf keinen Fall verzichtet hätte, diese anzuführen.

[9] Diese Zusammenstellung ist der ausführlichen Beschreibung des Codex in L. M. de Rijk, Logica modernorum II.1., The Origin and Early Development of the Theory of Supposition, Assen 1967, 36—41, entnommen.

[10] Es handelt sich um den Anfang einer ausführlichen Redaktion einer Sammlung von Sophismata, die u. a. in Oxford, Bodleian Library, Digby 24, ff. 61 ra—90 rb. Im Explicit dieses Textes wird als Verfasser ein *Ricardus Sophista* angegeben, der von die Rijk mit Richard Fishacre identifiziert wird. In einem späteren Aufsatz schlägt J. Pinborg als Autor der *Abstractiones* Richard Rufus vor. (J. Pinborg, Magister Abstractionum, CIMAGL 18, 1—4). Wie mir Osmund Lewry mitteilte, ist auch diese Zuschreibung fraglich.

ff. 149 ra—174 va   Ein Traktat *Abstractiones cum obligationibus et insolubilibus*, dessen Verfasser unsicher ist

Die *Fall. brev.* folgen also auf die *Fall. Ox.* und diese folgen wiederum auf einen Logik-Traktat in der Form von *summulae*, der nach seinen Anfangsworten als *Logica ‚Cum sit nostra'* bezeichnet wird. Über die enge Zusammengehörigkeit der *Logica ‚Cum sit nostra'* —, die im Explicit einer Handschrift auch als *Summulae ad modum Oxoniae* bezeichnet wird,[11] wurden in der Einleitung zur Edition der *Fall. Ox.* ausführliche Untersuchungen angestellt.[12] L. M. de Rijk, der die *Fall. brev.* (unter Bezugnahme auf die *Fall. Ox.*) als „the same tract on fallacies in a shorter version"[13] bezeichnet hat, betrachtet beide Fehlschlußtraktate als zur *Logica ‚Cum sit nostra'* gehörig. „No doubt, both tracts on fallacies belong to the preceding *Summulae*"[14].

Wer der Verfasser der *Logica ‚Cum sit nostra'* ist, konnte bis heute noch nicht ermittelt werden. Es liegen uns zwar fünf verschiedene Adaptionen der *Logica ‚Cum sit nostra'* vor, davon vier mit den *Fall. Ox.* als letztem Traktat.[15] Der ursprüngliche Text dieser *Summulae*, die ein knappes Jahrhundert lang in Oxford als Logik-Lehrbuch benutzt wurden, ist bisher noch nicht aufgefunden worden.[16] Für den auf die *Fall. brev.* folgenden Kommentar zur *Logica ‚Cum sit nostra'* schlägt de Rijk als Redaktor den Magister Walter Burley (1275—nach 1344), der eine Reihe von logischen Werken verfaßt hat, vor. Diesen Vorschlag begründet er vom Gesamtinhalt des Codex her: „It must be remarked that in the manuskript our compendium, followed by the usual tract on fallacy and a shorter version of it immediately preceeds eight works by Walter of Burley, ..."[17]

Wäre dies das einzige Argument, so könnte damit allenfalls eine vage Vermutung begründet werden. Durch einen Vergleich der *Fall. brev.* mit der Expositio super librum Elenchorum Walter Burleys aber kann de Rijks These erhärtet werden.

Folgende Gegenüberstellung mag die enge Verwandtschaft der beiden Schriften dokumentieren:

---

[11] Oxford, Bodleian Library, MS F. Auct. 5.23, .173 va „EXPLICIUNT SUMULE AD MODUM OXONIE". Siehe dazu in der Einleitung von Peter of Spain, Tractatus, called afterwards Summule Logicales, ed. L. M. de Rijk, Assen 1972, LXIX. Leider war de Rijk zur Zeit der Abfassung seiner Logica modernorum dieses Manuskript noch unbekannt. Mir scheint die Bezeichnung „Summulae ad modum Oxoniae" passender als „Logica ‚Cum sit nostra'".
[12] Fall. Ox. XV—XVII.
[13] de Rijk, Logica modernorum II.1., 38.
[14] Ibid.
[15] Siehe Fall. Ox. XVI.
[16] Siehe dazu Fall. Ox. XXXII.
[17] de Rijk, Logica modernorum, II.1., 445 f.

Walter Burley, Expositio Cambridge, Gonnville & Caius College, 448/409	Fall. brev.
f. 95 b De sophisticis autem elenchis etc. Modi arguendi sunt duo ut dicit Philosophus primo Elenchorum, unus extra dictionem, alius in dictione. ...	S. 263 Modi arguendi sunt duo, unus in dicitione, alius extra dictionem.
Sufficientia illarum fallaciarum in dictione patet quod hoc quia omnis fallacia in dictione aut operatur actualem multiplicitatem, aut potentialem aut phantasticam.	Quod sex sunt fallaciae in dictione patet, quia omnis fallacia in dictione aut operatur actualem multiplicitatem, aut potentialem, aut phantasticam.
Si actualem, hoc dupliciter: aut in voce incomplexa, et sic est aequivocatio, aut in voce complexa, et sic est amphibolia Si operetur potentialem multiplicitatem, aut in voce complexa, et sic est compositio et divisio, aut in voce incomplexa, et sic est accentus; si phantasticam, sic est fallacia figurae dictionis.	Si actualem, hoc dupliciter: aut in voce incomplexa, et sic est aequivocatio, aut in voce complexa, et sic amphibilia./Si potentialem, hoc dupliciter: aut in voce complexa, et sic compositio et divisio, aut in voce incomplexa, et sic accentus. Si phantasticam, sic est figurae dictionis.
Sed intendit, quod actualis multiplicitas est, quando oratio vel dictio manens eadem secundum materiam et formam, significat plura, potentialis, quando oratio vel dictio manens eadem secundum materiam tantum, significat plura.	Et est actualis multiplicitas quando dictio vel oratio manens eadem secundum materiam et formam, hoc est secundum litteras et syllabas et modum proferrendi significat plura. Potentialis multiplicitas est, quando dictio vel oratio manens eadem secundum materiam solum, significat plura. ...
Et sciendum, quod in oratione vel dictione contingit duo considerare, scilicet litteras et syllabas, quae sunt materia orationis et dictionis, et contingit considerare modum proferrendi, qui est quaedam forma dictionis et orationis. ...	
Aequivocatio est aequa multorum vocatio etc. Causa apparentiae est identitas vocis incomplexae manens eadem secundum materiam et formam.	Aequivocatio est diversa significatio alicuius termini positi in oratione. Causa apparentia est identitas vocis.

Causa non existentiae est diversitas significatorum eiusdem vocis. Tres sunt modi huius fallaciae.	Causa non existentiae est diversitas significatorum eiusdem vocis. Huius fallaciae tres sunt modi.
Primus modus est, quando aliqua dictio significat plura aeque primo; secundus est, quando aliqua dictio significat unum proprie et aliud transumptive.	Primus modus est, quando aliqua dictio significat plura aeque primo, ... Secundus modus huius fallaciae est, quando aliqua dictio significat unum proprie et aliud transumptive...
f 98 b Amphibolia dicitur ab ‚amphi' quod est dubium et ‚bule', ‚sententia' quasi ‚dubia sententia'.	S. 265 Amphibolia est multiplicitas orationis. Dicitur enim ab ‚amphi' quod est ‚dubium' et ‚bule' ‚sententia' quasi ‚dubia sententia'.
Causa apparentiae est unitas vocis complexae secundum materiam et formam, causa non existentiae est diversitas sententiae.	Causa apparentiae est unitas vocis complexae, causa non existentiae est diversitas sententiarum.

Die Liste der Übereinstimmungen reicht noch weiter. Fast wörtlich identisch sind die Beschreibungen der einzelnen Fehlschlußarten und deren *modi*, ebenfalls die so reichlich ungewöhnliche Untergliederung der *fallaciae extra dictionem* in *fallaciae principales* und *fallaciae annexae*.[18]

Diese Übereinstimmungen geben uns genügend Grund, die *Fall. brev.* Walter Burley zuzuschreiben.[19]

---

[18] Der Text Walter Burleys ist in folgenden Manuskripten überliefert: Cambridge, Gonville & Caius College 448/409 (membr. xiv) ff. 95 b—115 a und in: London, Lambeth Palace 70, (membr. xiv) ff. 134 vb—144 ra. Über diese Handschriften schreibt Sten Ebbesen „The relation between the two manuscripts is unclear, but a high number of small divergences and some major ones may betray the fact that the two manuscripts originate from different courses on the same subject and based on the same old textbook, though retouched, possibly by Burleys himself" (S. Ebbesen, OXYNAT: A Theory about the Origins of British Logic, in: The Rise of British Logic. Acts of the Sixth European Symposium an Medieval Logic and Semantics, ed. Osmund Lewry, Toronto 1985, 3.) In einer Anmerkung führt S. Ebbesen weiter aus: „It would be highly interesting to know the date of this work of Burley's. In some respect it resembles Parisian works from the late thirteenth century, ..." (ibid. 12).

[19] Aus diesem Ergebnis kann m. E. auch geschlossen werden, daß die den Fall. brev. vorangehende Adaption der Fall. Ox. Walter Burley zuzuschreiben ist. Siehe dazu Fall. Ox. XXXI.

SPRACHE UND WEISHEIT

— ein Text aus Ibn al-ʿArabīs al-Bulġa fī l-ḥikma —

von Egbert Meyer (Bochum)

> E si tot sui fallens,
> no guard Déus ma fallença.
> (Ramon Llull)

Titel und Untertitel bedürfen einiger Klarstellung. „Sprache" übersetzt hier manṭiq, t. t. für Logik. Warum diese Übersetzung, wird gleich deutlich werden. „Weisheit" steht für ḥikma. Auch dazu gleich mehr.

Das „und" im Titel verbindet pars und totum. Der Titel könnte also auch lauten: Logik als Bestandteil der Weisheit. Diese Zugehörigkeit wäre in der Tat am gewählten Text (und am Werke selbst) zu exemplifizieren. Dieser soll in einer Paraphrase vorgestellt, vorneweg aber der Horizont, Weisheit sive ḥikma, skizziert werden mit Hilfe der Übersetzung ebenfalls eines Textes aus der Bulġa.

Zunächst aber äußere Angaben zu Autor und Text. Muḥyīddīn b. al-ʿArabī (1165–1240) ist einer der einflußreichsten und fruchtbarsten mystischen Schriftsteller im Islam. Nihat Keklik hat Istanbul 1969 den oben genannten Text nach dem Unikum Râġıp Paşa 679/823 als Faksimile ediert. Die hier vornehmlich angezogene Passage beginnt 276a12 (al-qawl fī l-fikr) und endet 280b11 (fī anfusihimū l-āya).

Manṭiq ist aber zunächst einmal Sprache. Zwar ist Aristoteles ṣāḥib al-manṭiq (99a), und das heißt Autor der Logik, Verfasser des Organon. Sonst heißt er erster Lehrer (al-muʿallim al-awwal) und zwar 155a, 190b, 230b (dort macht er eine Himmelfahrt und liefert sich dem Herrscher über die Seelen der Philosophen aus!) und 251b. al-Fārābī (?–950), der im ganzen Werk nicht genannt wird, obwohl er der bedeutendste Logiker der arabischen Tradition ist, ist der zweite Lehrer. Doch heißt Aristoteles 56b ṣāḥib manṭiq aṭ-ṭayr. Da wäre er dann der Kenner der Vogelsprache!

Ibn al-ʿArabī meint mit Sicherheit nicht den Aristoteles der zoologischen Schriften. Koran 27, 16 gibt indes mit den Worten Salomos (Sulaymāns) einen wichtigen Hinweis: „Ihr Menschen! Man hat uns die Sprache der Vögel gelehrt."[1] ʿAbdarrazzāq al-Qāsānī (?–1329), Autor eines Koran-

---

[1] Übersetzung aller Koranzitate nach: Rudi Paret: Der Koran. Stuttgart–Berlin–Köln–Mainz 1983³. Die Zusätze in ( ) stammen ebenfalls von Paret.

kommentars esoterischer Ausrichtung, der fälschlich Ibn al-ʿArabī selber zugeschrieben wird, setzt diese Kenntnis der Vogelsprache mit „spirituellen Vermögen" (al-quwà r-rūḥāniyya) gleich. Ibn al-ʿArabī bestimmt denn auch den hier gemeinten rūḥ in seinen Iṣṭilāḥāt aṣ-Ṣūfiyya bereits als „das Wissen des Verborgenen, das ins Herz geworfen wird."[2] Eine extravagante Auslegung in der Perspektive islamischer Koranexegeten ist dies keinesfalls. Das Beispiel eines durchaus mystikfernen Autors, des an der Theologie der Muʿtazila orientierten Philologen az-Zamaḫšarī (1075—1144), aus seinem Korankommentar al-Kaššāf möge hier genügen: Salomo „sagt: ‚Ihr Menschen!', um Allāhs Gnadengabe zu rühmen, lobend hervorzuheben und ihren Erscheinungsort kenntlich zu machen. Außerdem will er die Menschen aufrufen, dem Bericht Glauben zu schenken über das Wunder, das das Wissen von der Vogelsprache darstellt nebst anderen außerordentlichen Dingen, die ihm widerfahren sind. Nun ist aber Sprache all das, was zum Tönen gebracht wird, sei es einfach oder zusammengesetzt, Mitteilung von Sinn oder nicht." Der Philologe Ibn as-Sikkīt (ca. 802—ca. 858) wird dann angeführt, der die Verbesserung der Sprache (iṣlāḥ al-mantiq, so auch der Titel seines Werkes) verstanden habe im Sinne der Korrektur von Wörtern gemäß den zugehörigen Morphemtypen.[3] Die Laute, die die Taube von sich gebe, seien ebenso Sprache, und auch die Laute, die alle möglichen Arten von Vögeln zur gegenseitigen Verständigung austauschten. „Das Wissen aber, das Salomo empfangen hat über die Sprache der Vögel, bezieht sich eben auf ihr gegenseitiges Verständnis, was ihre Intentionen und Ziele angeht."[4]

Aristoteles ist also für Ibn al-ʿArabī ein Weiser, der als solcher auch über das esoterische Wissen verfügt. Die zitierte Koranstelle ist dann auch der Ausgangspunkt gewesen für ʿAṭṭārs (1119—?) Mantiq aṭ-ṭayr, eine poetische Ausgestaltung der Risālat aṭ-ṭayr des Aḥmad Ġazzālī (?—1126), des Bruders des berühmten Muḥammad al-Ġazzālī (1058—1111), den Ibn al-ʿArabī 67b mit mehreren seiner Schriften — Zeichen seiner Wertschätzung — anführt.

Ein kurzer Überblick über die übrigen Koranstellen mit Abwandlungen der Wurzel n-ṭ-q sei hier angefügt. 51, 23 geht es um das Vermögen menschlicher Rede; um Sprachloswerden des sündigen Menschen gegenüber Beschuldigungen beim Jüngsten Gericht 27, 85; 77, 35; die eigene Haut (!) zeugt redenderweise gegen den Verdammten (41, 21); ebenfalls der Endabrechnung dient ein himmlisches Verzeichnis, das die Wahrheit ausspricht (23, 62; 45, 29). Auch das Kerygma des Propheten Muḥammad

---

[2] Ḥaydarābād 1367/1948, p. 8 (in: Rasāʾil Ibn al-ʿArabī).
[3] Zu diesem t. t. W. Fischer: Grammatik des klassischen Arabisch. Wiesbaden 1972. § 58.
[4] az-Zamaḫšarī: al-Kaššāf. Kairo 1344/1925. II, 139.

wird 53, 3 der Wurzel n-ṭ-q zugeordnet: „Und er spricht nicht aus (persönlicher) Neigung."

Nicht nur der Artikulation, sondern des Sprechens gänzlich unfähig sind die von Abraham (Ibrāhīm) bekämpften Götzen (21, 63, 65; 37, 92). Die der heidnischen Mekkaner (Lāt, Hubal, al-ʿUzzà, Manāt) nennt Ibn al-ʿArabī in der Bulġa (114b) als Beispiele für Namen, deren Benanntes realitätslos ist (lā ḥaqīqa lahā) und für Verehrung und Gehorsam untauglich. Dazu zitiert er Koran 12, 40: „Ihr dient an seiner Statt bloßen Namen, die ihr und eure Väter aufgebracht habt, und wozu Gott keine Vollmacht herabgesandt hat." Diese Vollmacht (sulṭān) setzt Ibn al-ʿArabī gleich mit burhān, dem t. t. für den apodiktischen Beweis — eine Verwendung, die er zu dementieren scheint, wenn er erläutert: „Der Beweis heißt Vollmacht wegen der Pflicht, seinem Urteil zu folgen und zu gehorchen gemäß der Macht seines Urteils und Befehls." Im Vorgriff sei gesagt: Ibn al-ʿArabī holt logische t. t. in seine Mystik herein, indem er ihnen vielfach mystische Färbung und Aura gibt.

In Anbetracht dieser Sanktionierung des Sprachgebrauchs durch den Koran ist es schon sehr verwunderlich, wenn in der Philosophie der Mensch ein ḥayawān nāṭiq, ein sprechendes Tier genannt wird. Dies ist natürlich Übersetzung des griechischen ζῷον λόγον ἔχον. Das Gewaltsame dieser Adaptation zeigt sich auch im philosophischen Kontext, wenn Tierlaute auch wiederum durch die Wurzel n-ṭ-q denotiert werden.[5]

Vor der Klärung des Begriffs ḥikma sei eben noch auf Verwendungen der Wurzel k-l-m in den islamischen Wissenschaften verwiesen.[6] kalām ist Rede Gottes als eines seiner Attribute und als der Koran. kalima ist ein konkretes Wort Gottes, ein schöpferischer Imperativ „Sei!" (kun). Daher ist siebenundzwanzig Propheten und Gottesmännern von Adam (Ādam) bis Muḥammad in Ibn al-ʿArabīs Fuṣūṣ al-ḥikam/„Gemmen der Weisheiten" eine sie schaffende kalima zu eigen, die jeweils eine ḥikma (!) ist. In der Grammatik ist kalima das einzelne Wort, kalām das, was die syntaktischen Elemente (kalim) zum Satz eint.[7] In der Logik ist kalima entweder das verbale Prädikat, das eo ipso kopulative Funktion hat, oder — dann auch kalima wuǧūdiyya genannt — copula als solche für das Subjekt und das nominale Prädikat.[8] Schließlich ist der ʿilm al-kalām die dialektische Theologie des Islam. kalām ist hier Übersetzung der stoischen διάλεξις. Ihre Vertreter sind die mutakallimūn, die in den lateinischen Übersetzungen des MA auch wörtlich richtig loquentes heißen (auch Gott ist ein mutakallim, natürlich kein Theologe, sondern einer, der spricht, s. o.).

---

[5] Ibn Rušd: Talḫīṣ Kitāb al-ʿIbāra. Ed. Charles E. Butterworth. Kairo 1981. 59 ult. sq.
[6] Zum Sprachgebrauch reiches Belegmaterial WKAS s. r.
[7] Sībawayh: al-Kitāb. Būlāq 1316 h. I, 2.
[8] Ibn Rušd: Talḫīṣ Kitāb al-ʿIbāra. 61 sq. (cf. n. 5).

Es ist noch darauf hinzuweisen, daß es im Islam eine juristische Logik gibt, ferner eine logische Struktur theologischen Denkens und natürlich die Logik des Organon.[9] Damit soll keineswegs prätendiert werden, daß die hier zu behandelnde Logik Ibn al-ʿArabīs in der Bulġa eine Logik der islamischen Mystik überhaupt oder auch die Ibn al-ʿArabī eventuell eigentümliche wäre. Dem stehen nämlich zwei Hindernisse im Wege: Erstens ist der Begriff einer genuin mystischen Logik, sofern sie keine Anleihen bei anderen Disziplinen machen müßte, äußerst fragwürdig, zweitens handelt es sich bei der hier angezogenen vom Material her um philosophische Logik in teils mystischer Modifikation.

Es ist Zeit, sich der Bulġa selbst endgültig zuzuwenden. Auch hier bedarf es noch einiger zusätzlicher Hinweise. Die Hs. ist eine Kopie aus dem Jahre 870h (so 288a) der Kopie des Autographen, der 629/1231 entstand, als Ibn al-ʿArabī bereits sechsundsechzig Jahre alt war.[10] Im Kolophon (288b) spricht er von fünfunddreißig Tagen, die er für die Niederschrift gebraucht habe. Dies ist bei einem Viel- und Schnellschreiber wie Ibn al-ʿArabī nicht weiter verwunderlich. Etwas seltsam sind hingegen Originalzitate aus der persischen Literatur, die sicher nicht als redaktionelle Einschübe betrachtet werden können wie eine Reihe von Interlinearglossen arabisch-persischer Provenienz, die vermutlich aus der Zeit nach der Niederschrift *dieses* Kodex stammen und auf jeden Fall einen nichtarabischen Glossator oder mehrere voraussetzen. Auf der anderen Seite war der seinerseits poetisch produktive Ibn al-ʿArabī sicherlich auch sehr sprachbegabt.[11] Insgesamt ein halbes Dutzend Verweise in der Bulġa auf Syrisch, Pahlawi und Griechisch sind natürlich in diesem Zusammenhang wenig beweiskräftig.

Wesentlich seltsamer jedoch ist die Tatsache, daß der Titel der Schrift al-Bulġa fī l-ḥikma erst 274b und sonst überhaupt nicht mehr genannt wird an einer Stelle, die bereits in einen Anhang (ḏayl) zum eigentlichen Werk gehört so wie auch unser Text über Logik.

Die laut 3b einem Aḥmad b. aṣ-Ṣadr as-Saʿīd A. Naṣr b. Yūnus gewidmete Schrift — der Titel ist eine Adaptation von Koran 54, 5 — kommt 4b zum Thema: „Ich sage: Philosophie ist ein griechisches Wort mit der Bedeutung Liebe zur Weisheit. Philosoph (faylasūf) ist ein Wort zusammengesetzt aus faylā und sūfā. faylā ist Liebhaber, sūfā die Weisheit. Er ist also der Liebhaber der Weisheit. Die Bestimmung der Weisheit ist Vervollkommnung der menschlichen Seele durch die

---

[9] Cf. die Beiträge von Robert Brunschvig, Josef van Ess und Muhsin Mahdi in: Logic in Classical Islamic Culture. Ed. G. E. v. Grunebaum. Wiesbaden 1970. 9—20; 21—50; 51—83.

[10] 2b deklariert der Autor sich ausdrücklich als in die Jahre gekommen.

[11] Vielleicht war schon die Bekanntschaft mit Niẓām ʿAynaššams im Jahre 1201 förderlich, war sie doch die Tochter eines Isfahaners. Daß der von ihr inspirierte Tarǧumān al-ašwāq nichts Persisches anklingen läßt, ist nicht unbedingt entscheidend.

Erkenntnis des Wesensgehaltes der seienden Dinge, so wie er wahrhaft ist, ferner das Urteil über ihr Sein und ihre Substanzialitäten, indem die Vergewisserung durch Beweise erfolgt, nicht durch Anschluß an eine Tradition, die sich auf keinerlei Beweis stützt — nach Maßgabe menschlichen Vermögens. Denn ⟨Koran 2, 286:⟩ ‚Gott verlangt von niemand mehr, als er (zu leisten) vermag.' Nachdem nun der Mensch als eine Mixtur aus zwei Bestandteilen in Erscheinung getreten ist, als feine Seele und als grober Leib, fächert sich die Weisheit ganz gewiß nach Maßgabe ihres Trägers zweifach auf: als psychisch-theoretisch und physisch-praktisch. Die psychisch-verbale Weisheit ist aber die Abbildung des Bildes des gesamten Seins gemäß seiner Ordnung, Vollkommenheit und Vollständigkeit in der menschlichen Seele, wie sich auch das sichtbare Bild im Spiegel abbildet. Dieses Fach der Weisheit ist das nämliche, das Wunsch und Bitte des Propheten — Heil ihm! — in seinem Gebet meint, als er sagt: ‚Laß mich die Dinge sehen, wie sie sind!' Ebenso verhält es sich mit dem Freunde ⟨= Abraham⟩, als er bat: ‚Herr! Schenk mir Urteilskraft!' Dabei ist Urteil das richtige Zusprechen beim Sein der Dinge. Er schloß im Gebet die begriffliche Vorstellung vom richtigen Zusprechen aus, weil die begriffliche Vorstellung Bestandteil des richtigen Zusprechens ist, so wie der Teil zum Ganzen gehört. Wenn nun das Ganze das ist, worum gebeten wird, so gilt dies unvermeidlich auch für den Teil.

Die physisch-tätige Weisheit ist die Verrichtung guter Werke und all dessen, was notwendig dem Menschen obliegt, daß es ihm in all seinen Verhältnissen vortrefflich ergehe. Auf dies Fach verwies er ⟨= der Prophet⟩ mit seinem Wort — Heil ihm! —: ‚Macht die göttliche Wesensart euch zu eigen!' Auch der Freund — Heil ihm! — erhob eine solche Forderung, indem er sagte ⟨Koran 26, 83⟩: ‚Und nimm mich (dereinst) unter die Rechtschaffenen auf!' Auf die beiden Fächer der Weisheit verwiesen die göttlichen Philosophen, als sie nach dem Vorbild der Propheten — Heil ihnen! — sagten: ‚Die Philosophie ist Angleichung an Gott nach Maßgabe menschlichen Vermögens. Außerdem ist der Rang der Weisheit wegen einer Reihe von Gesichtspunkten nicht verborgen: Zum einen wurde die Weisheit Ursache des Seins der Dinge in vollkommenster, schönster und umfassendster Weise, ja Ursache für das Sein selbst. Solange nämlich das Sein nicht erkannt ist, wie es ist, ist es unmöglich, es ins Sein zu heben und zu gebären (!). Das Sein aber ist reines Gutes. Und es gibt keinen Rang außer im seinsmäßig Guten, noch gibt es Gutes außer im seinsmäßig reinen Rang. Auf diesen Sinn verweist sein Wort — er ist erhaben — ⟨Koran 2, 269⟩: ‚Und wer die Weisheit erhält, erhält (damit) viel Gutes.' Unter diesem Gesichtspunkt nennt Gott — er ist erhaben — sich selbst weise an allerlei Stellen seines rühmlichen Buches, das die Offenbarung ist, die von einem gepriesenen Weisen ausgeht. Es ist dies zugleich einer seiner großen Namen. Er nannte aber auch das edle Buch[12] weise in Form eines Schwurs, um die prophetische Sendung zu bekräftigen in seinem Wort ⟨Koran 36, 1—3⟩: ‚js. Beim weisen Koran! Du bist wirklich einer der (von Gott) Gesandten.' Er legte auch seinen Propheten und Heiligen die Weisheit bei und nannte sie Gottesmänner, die weise sind und wissend in bezug auf den Wahrheitsgehalt der substanziellen Dinge. Er sagte auch ⟨Koran 3, 81⟩: ‚Und (damals) als Gott die Verpflichtung der Propheten entgegennahm (des Inhalts): Wenn immer

---

[12] ⟨al-⟩kitāb al-karīm.

ich euch eine (Offenbarungs)schrift oder Weisheit gebe...' Insbesondere nahm er sich Luqmāns an und sagte ⟨Koran 31, 12⟩: ‚Und wir haben doch (seinerzeit) dem Luqmān die Weisheit gegeben.' All das geschah im Zusammenhang mit gütigem Erweis und Wohltun. Keinen anderen Sinn hat weise als den, die Weisheit im Sinne der angegebenen Definition zur Eigenschaft zu haben — eine Weisheit, die man nicht zurückweisen kann. Offenkundig sind im Sein weder das Wesen des Verehrten noch seine Bücher noch seine Gesandten, die den deutlichsten seiner Wege zustreben. Von diesen legte er — gepriesen sei er! — allen die Weisheit bei. Auf diese Weise wurden Rang und Ruhm der Weisheit enthüllt. Also ist es dermaßen nötig, den Weg zu beschreiben über ihre Tiefen und Höhen. Also wollen wir darangehen, Weisheitsgeschenke in gebührendem Maße zu verteilen.[13] Das aber ist nichts anderes als ein Zusammenbringen zerstreuter Dinge. Die Schlüssel der Gnade liegen indes in der Hand Gottes. Er teilt sie aus, an wen er will. Also soll sich darum streiten, wer immer will. Meinem Geiste wurde eingetränkt, daß das Wissen der Weisheit in zwei Fächer eingeteilt ist. Davon ist das eine die Darlegung der Washeit und der Teile der Welt hinsichtlich ihrer Akzidenzen und Körper; das andere hingegen die Darlegung der Ursache des Seins der Welt hinsichtlich der Eigenschaften, die ihrem Wesen zukommen."[14]

Von der Weisheit zur Logik (cf. den arabischen Text im Anhang)! Allerdings fehlt der t. t. manṭiq eingangs. Die Rede ist vom diskursiven Denken (fikr). Das Denken ist eine Anordnung (tartīb) gewußter Dinge (umūr maʿlūma) zu dem Zweck, das Nichtgewußte (maǧhūl) ins Wissen zu heben.

Gewußte Dinge wie nichtgewußte sind zweifach unterteilt: Sie sind entweder reines Erfassen (idrāk muǧarrad), vielmehr am Erfassen das, was rein ist (muǧarrad al-idrāk). In diesem Falle handelt es sich um Begriffsbildung (taṣawwur). Oder mit dem Begriff geht ein Urteil (ḥukm) einher. Dann liegt eine Veridiktion (taṣdīq) vor. Werden die Begriffe gebildet, dann heißt die spezifische Anordnung der gewußten Dinge Erklärung (qawl šāriḥ).

Eine solche Erklärung ist auf dreierlei Art möglich. Geht sie auf die Washeit (māhiyya), heißt sie Definition (ḥadd). Eine solche ist vollständig (tāmm), wenn sie aus „beiden Teilen" besteht, dem genus proximum und der differentia specifica.

Ist einer der beiden Bestandteile ein proprium (ḫāṣṣ), dann ist die Definition unvollkommen (nāqiṣ).

Eine andere Art von Erklärung ist die Nominaldefinition (rasm). Sie heißt unvollkommen, wenn sie nur auf das geht, was nicht zur Washeit gehört. Kombiniert die Nominaldefinition zur Washeit Gehöriges und Nichtdazugehöriges, dann ist sie als solche vollständig.

---

[13] lege: ihdāʾ tuḥaf wa-imdād (?) ṭuraf.
[14] lege: ḏāt wuǧūdihī (?).

Weitere Arten uneigentlicher Definition (taʿrīf) liegen vor im Vergleich (tašbīh), der sich jeweils eines Beispiels (miṯāl) bedient.

Im Falle der Veridiktion liegen ebenfalls drei Arten vor, die alle Argument (ḥuǧǧa) heißen. Die Beweisführung (istidlāl) schließt vom Universalen (kullī) auf das Partikulare (ǧuzʾī). Ein solches Verfahren heißt Syllogismus (qiyās). Oder es wird umgekehrt vom Partikularen auf das Universale geschlossen. Dies Verfahren heißt Induktion (istiqrāʾ). Oder aber der Schluß wird gezogen von einem Partikularen auf ein anderes Partikulares. Sie müssen dann allerdings unter ein universale subsumierbar sein. Es kommt also dadurch zur Analogiebildung (tamṯīl).

Sonstiges hat erst gar keinen Namen, weil es den Wissenschaften keine Beweisgrundlage zur Verfügung stellt und von ihnen daher gemieden wird.

Der Beweis ist besser als die Erklärung. Er hat zum Resultat das Urteil über die Existenz (wuǧūd) der Dinge, die Erklärung hingegen nur die begriffliche Vorstellung von den Dingen.

Die Propheten baten aus diesem Grunde um die Gabe des Urteils, nicht die, Begriffe zu bilden. Daher sagt Abraham (Koran 26, 83): „Herr! Schenk mir Urteilskraft (ḥukm)!" Damit ist das definitive Urteil (ḥukm ǧāzim) über die Existenz der Dinge gemeint. Die begrifflichen Vorstellungen sind abgeleitet und akzidentell (tabaʿan wa-ʿaraḍan). Entsprechend muß man Muḥammad verstehen. Er sagt: „Laß uns die Dinge sehen, wie sie sind!" Eine solche Bitte ist umfassender Natur, sie schließt Begriff und Urteil ein. Insofern ist des Propheten Bitte vornehmer und vollkommener. Aber hier liegt noch eine besondere Pointe verborgen. Die Vorstellung der Dinge, wie sie sind, ist schwierig, ja unmöglich. Denn Erkenntnis bemißt sich nach den Namen (asmāʾ) und Eigenschaften (ṣifāt), nicht nach ihrem wahren Wesen und ihrer Washeit (fa-ammā ḥaqāʾiquhā wa-māhiyyātuhā fa-kallā). Aus diesem Grunde heißt es Koran 2, 31: „Und er lehrte Adam alle Namen (d. h. er lehrte ihn, jedes Ding mit seinem Namen zu bezeichnen)." Das aber ist etwas anderes als die Veridiktion. Das Urteil über die Existenz von Dingen kommt zustande in abrupter Weise (ǧazman), ohne einen Lernvorgang im Intellekt (bilā taʿallum min al-ʿaql). Anlaß zu einer entsprechenden Reflexion bietet der Satz: Gott ist (Allāh mawǧūd). Die begriffliche Vorstellung von Gott und Sein bietet arge Schwierigkeiten, während ein Urteil darüber die axiomatischen Grundsätze an Klarheit und Deutlichkeit übertrifft.[15]

Die beiden Verfahren, die zu Begriff oder Urteil führen, haben jeweils Inhalt und Form (mādda wa-ṣūra). Was den Inhalt des Begriffs angeht, so ist er gleichbedeutend mit den Prinzipien, die in den Seelen als geschöpf-

---

[15] lege: fa-inna taṣawwur al-ilāh wa-taṣawwur al-wuǧūd kilayhimā ṣaʿb muškil.

liche Anlage und zur Rückerinnerung vorhanden sind.[16] Die Prinzipien sind auch der Inhalt des Arguments (ḥuǧǧa). Denn der Beweis hat zum Inhalt die Definition, deren Inhalt wiederum die Prinzipien sind. Dieser Inhalt ist der erste und ferne (al-ūlà l-baʿīda). Der zweite, der der nahe ist (at-tāniya al-qarība), meint Aussagen überhaupt, axiomatische und empirische (kasbiyya). Sofern also das Ziel der Prinzipien die Vorstellungen der Dinge sind, heißen sie Definitionen. Im übrigen, sofern sie also zum Inhalt von Beweisen werden, heißen sie Aussagen (qaḍāyā wa-taṣdīqāt). Beider Verfahren Untersuchung, sofern sie ein Ziel haben, daß nämlich das Nichtgewußte ins Wissen gehoben werden soll, heißt Logik (manṭiq) und Waage (mīzān). Entsprechend obliegt dem Logiker die Betrachtung von fünf Dingen:

1. der Verhältnisse, die sich bei den Wörtern (alfāẓ) ergeben, die die Formen der Bedeutungen (qawālib al-maʿānī) sind, wobei die Betrachtung primär auf diese, sekundär auf jene zu gehen hat (bil-qaṣd al-awwal/bil-qaṣd at-tānī). Im Falle der Betrachtung der Bedeutungen wird das eigentliche Ziel der Wissenschaft der Logik verfolgt. Hier gibt es eine Analogie zwischen Grammatik und Logik. Die Grammatik bringt in die rechte Ordnung die Sprache der Araber als artikulierte (kalām al-ʿarab al-lisānī), die Logik besorgt dies für die Bedeutung in der Seele (lil-maʿnà n-nafsānī).

2. der Verhältnisse, die sich bei den unverbundenen Universalbegriffen (al-maʿānī l-mufrada al-kulliyya) ergeben, die man Isagoge nennt.[17] Dies sind das Genus, das wesentlich über verschiedene Wesenheiten ausgesagt wird (al-ǧins al-maqūl ʿalà muḫtalifa qawlan ḏātiyyan). Ferner die Differenz, die zwischen dem ihr zugehörigen und nichtzugehörigen Genus unterscheidet. Dann das, was aus beiden zusammengesetzt ist. Dann das proprium, das zu einer Art (nawʿ) gehört. Dann das allgemeine accidens, das die genannte Art und andere Arten einschließt.

3. der Zusammensetzung (tarkīb) der genannten nichtzusammengesetzten Begriffe, so daß sich die Gestalt der Definition ergibt, die zur begrifflichen Vorstellung führt. Diese besondere Zusammensetzung heißt Satz (qaḍiyya).

4. des Inhalts des Beweises, es sind dies dreizehn Arten.

5. der Form des Beweises. Sie meint die Art und Weise der Zusammensetzung, damit das, was das korrekte Resultat erbringt (al-muntiǧ), sich unterscheiden läßt von dem, was dies Resultat nicht erbringt. Das, worauf es bei den Arten des Arguments (ḥuǧǧa) ankommt, ist der Syllogismus, und zu dessen Art gehört insbesondere der Beweis. Dieser führt nämlich zum sicheren Wissen (al-ʿilm al-yaqīnī), wobei sein Inhalt fünf von den

---

[16] Eine Erkenntnistheorie in nuce findet sich 270b—276a.
[17] Der Titel steht also für die Sache selbst.

genannten dreizehn Arten umfaßt.[18] Der Reihe nach sind dies: Prinzipienhaftes (awwaliyyāt), durch die Sinne Wahrgenommenes (ḥissiyyāt), intuitiv Erfaßtes (ḥadsiyyāt), Erfahrenes (taǧrībāt) und vielfältig Überliefertes (mutawātirāt). Die hierhergehörige Form teilt sich primär in Kategorisches (iqtirānī) und Hypothetisches (istiṯnāʾī).[19] Der kategorische Syllogismus wird in drei Arten (aqsām) eingeteilt, der hypothetische in zwei, den verbundenen (muttaṣil) und den unverbundenen (munfaṣil). Insgesamt ergeben sich fünf Syllogismen. Das Prinzip der Aufteilung liegt darin, daß die Aussage (qaḍiyya), die geeignet sein soll als Inhalt (mādda) des Syllogismus, entweder eine kategorisch-definitive (ḥamliyya ǧazmiyya) oder eine hypothetisch-suspensive (šarṭiyya mawqūfa) ist. Die zweite Alternative ist wieder zweifach unterteilt. Denn die bedingten Sätze (mašrūṭa) sind entweder ausschließender oder implikativer Natur (luzūmiyya).

Die erste Alternative — der Syllogismus, der aus zwei definitiven Sätzen zusammengesetzt ist — enthält zwei Aussagen, die ein Paar bilden durch einen gemeinsamen terminus (ḥadd muštarak), der der mittlere terminus (al-ḥadd al-awsaṭ) heißt.[20] Hingegen heißt das Subjekt der gesuchten Sache (mawḍūʿ al-maṭlūb) terminus minor (ḥadd aṣġar), das Prädikat terminus maior (ḥadd akbar). Der medius (awsaṭ) tritt in drei verschiedenen Gestalten auf: Er ist entweder Prädikat in der propositio minor (ṣuġrà), Subjekt in der propositio maior (kubrà), und diese Gestalt heißt dann erste Figur (aš-šakl al-awwal). Sie heißt so, weil ihre conclusio (natīǧa) zuallererst (awwalan) mentaliter (fī l-aḏhān) entstand ohne Aufwand einer Vermittlung (bilā kulfa min wāsiṭa). Sie besagt: „Wenn etwas zwei Eigenschaften (ṣifatān) hat, von denen die eine von ihm gewußt ist, die andere nichtgewußt,[21] die nichtgewußte ist aber gewußt von der Eigenschaft her, die gewußt ist,[22] so ergibt sich aus der Gesamtheit dieser beiden Wissen, daß die nichtgewußte Eigenschaft von dem Etwas zu wissen ist durch Vermittlung. Denn was von dem einen Etwas gewußt ist, ist auch von dem anderen gewußt (li-anna l-maʿlūm liš-šayʾ maʿlūm li-ḏālika š-šayʾ)." Dies ist die vorzüglichste Figur. Sie heißt auch „die mit den beiden Vorzügen" (ḏū š-šarafayn), weil sie das Affirmative und das Universale enthält. Und diese beiden Charaktere haben ihren Rang im Vergleich zum Negativen und Partikularen.

Der terminus medius kann aber auch prädiziert sein von beiden propositiones. Diese Figur heißt die zweite, weil sie der ersten folgt, was die Rangstufe (daraǧa) des Subjekts angeht. Sie besagt: „Wenn eine Eigenschaft

---

[18] lege: aṯ-ṯalāṯa ʿašara. Allerdings ist unklar, wie diese Zahl zustandekommt.
[19] Die Terminologie folgt Ibn Sīnā.
[20] So ist al-ḥadd al-awwal zu korrigieren!
[21] wal-āḫar ist in wal-uḫrà zu verbessern.
[22] lege: lākinna l-maǧhūla maʿlūma li-mā hiya maʿlūma.

einem Etwas zukommt (ṯābita), einem anderen Etwas abgesprochen wird (maslūba), dann entsteht zwischen minor und maior eine Differenz (mubāyana). Die conclusio kann dann nur negativ sein in universaler oder[23] partikularer Weise.

Bei der dritten Möglichkeit ist der terminus medius in beiden propositiones Subjekt. Hier hat der Eigenschaftsträger, wenn von den zwei Eigenschaften die eine allgemeiner Natur (ʿāmma) ist, die andere von besonderer (ḫāṣṣa), dies an sich, daß die beiden Eigenschaften in ihm zusammenkommen. Was außerhalb davon (ḫāriǧuhū) ist, bei dem ergibt sich teils ein Zusammenkommen, teils nicht. Darum enthält die conclusio nur Partikulares in affirmativer oder negativer Weise. Diese Figur wird die dritte genannt, weil sie der zweiten folgt hinsichtlich der Stufe der Klarheit (ǧalāʾ). Als numerus clausus für die beweisenden Syllogismen wurden volle fünf angegeben. Als Beispiele sollen die folgenden dienen:

1. Figur: Wenn das Ritualgebet ordnungsgemäß ist, dann ist es akzeptabel (maqbūla). Hierbei gibt es eine zweifache conclusio. Unter der Bedingung dessen, was impliziert, resultiert eben das, was impliziert wird. Wird aber der kontradiktorische Gegensatz vom Implizierten stipuliert, dann resultiert der kontradiktorische Gegensatz von dem, was impliziert, damit die Implikation gewährleistet bleibt. Sonst ergibt es gar keine Implikation.[24]

2. Figur: Die Welt ist entweder ewig (qadīm) oder hat einen Anfang in der Zeit (muḥdaṯ). Es ergeben sich vier conclusiones. Bei Aufhebung der einen erfolgt das Zukommen der anderen und umgekehrt. Denn zwei kontradiktorische Gegensätze kommen weder zusammen, noch können sie gemeinsam aufgehoben werden.

3. Figur: Jeder Mensch ist vernünftig (nāṭiq) — Jeder Vernünftige ist erfassend (darrāk) — Also ist jeder Mensch erfassend. Die Typen (ḍurūb) dieser Figur sind vier.

4. Figur: Jeder Mensch ist vernünftig — Kein Esel ist vernünftig — Kein Mensch ist ein Esel. Auch die Typen dieser Figur sind vier.

5. Figur: Jeder Mensch ist wahrnehmend (ḥassās) — Jeder Mensch ist vernünftig — Einige Wahrnehmende sind vernünftig.

Dies sind die fünf syllogistischen Figuren. Diese Figuren stellen den Pol (quṭb) der Wissenschaft von der Logik dar, um den sich deren Sphäre dreht. Sie sind das, was mit diesem Fach (fann) wesentlich angestrebt wird.

Die Derivate dieser fünf Figuren füllen dicke Bände. Die Syllogismen sind „die gerechten Waagen, die am Tage der Auferstehung aufgestellt

---

[23] lege: aw.
[24] Einen mir unverständlichen Satz habe ich ausgelassen.

sind."²⁵ Weiter heißt es Koran 21, 47: „Und dann wird niemand (im mindesten) Unrecht getan. Wenn es (auch nur) das Gewicht eines Senfkorns ist, bringen wir es bei. Wir rechnen (genau) genug ab." Dann wird Koran 81, 10 zitiert: „Wenn die Blätter (mit dem Verzeichnis der menschlichen Handlungen) ausgebreitet (oder: entfaltet) werden, ⟨81, 11⟩ der Himmel weggezogen (?) ..." Zwei Wörter fügt Ibn al-ʿArabī ein: Die Blätter sind die der Seelen (nufūs), der Himmel ist der des Herzens (qalb). Der Text geht weiter, indem Koran 18, 49 passend angeschlossen wird: Und „eine Seele sagt: Wie sehr bedaure ich, Gott gegenüber Mißachtung gezeigt zu haben!" Und klagt ⟨18, 49⟩: „Wehe uns! Was ist mit dieser Schrift? Sie läßt (ja) weder etwas Kleines noch etwas Großes aus, ohne es (im einzelnen) aufzuzählen."

„Wie sehr du dein treffendes Denken und deinen durchbohrenden Blick wägst, durch deren jeden er ⟨= Gott⟩ auf dem Throne der Wahrheit gerade und aufrecht sitzt (?), so ist es eben das Denken, von dem der Gesandte Gottes — Gott segne ihn und spende ihm Heil! — sagte: ‚Das Nachdenken einer Stunde ist besser als der Gottesdienst von sechzig Jahren'. Es ist auch das mit seinem Worte — er ist erhaben — Gemeinte ⟨3, 191⟩: ‚Und über die Erschaffung von Himmel und Erde nachsinnen (wa-yatafakkarūna fī ḫalqi s-samāwāti wal-arḍi).' Es ist aber auch dies eben sein Befehl ⟨10, 101⟩: ‚Sag: Schaut doch, was (alles) im Himmel und auf der Erde ist!'. Und ebenso dies ⟨7, 185⟩: ‚Haben sie denn keine Betrachtungen über die Herrschaft (Gottes) über Himmel und Erde angestellt?' Und auch dies ⟨30, 8⟩: ‚Haben sie denn nicht bei sich (darüber) nachgedacht? Gott hat (doch) Himmel und Erde, und (alles) was dazwischen ist, wirklich (und wahrhaftig) geschaffen und auf eine bestimmte Frist (w. mit einer bestimmten Frist).' "

---

²⁵ Dies ist ein kaum verdecktes Koranzitat. 21, 47 heißt es: „Und für den Tag (oder: am Tag) der Auferstehung stellen wir die gerechten Waagen auf."

Anhang:

Ibn al-ʿArabī: al-Bulġa fī l-ḥikma
Hs. Istanbul, Râġıp Paşa 679/823, 276a—280b

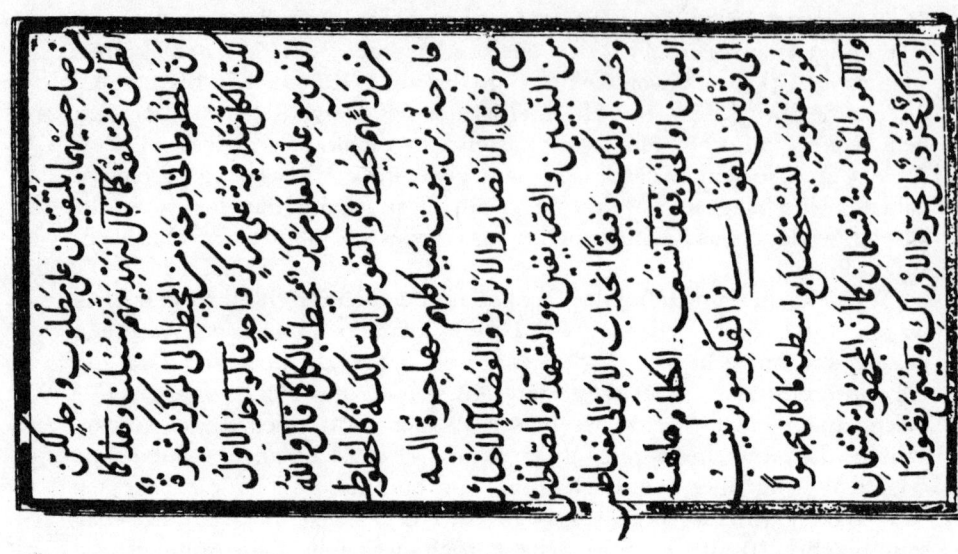

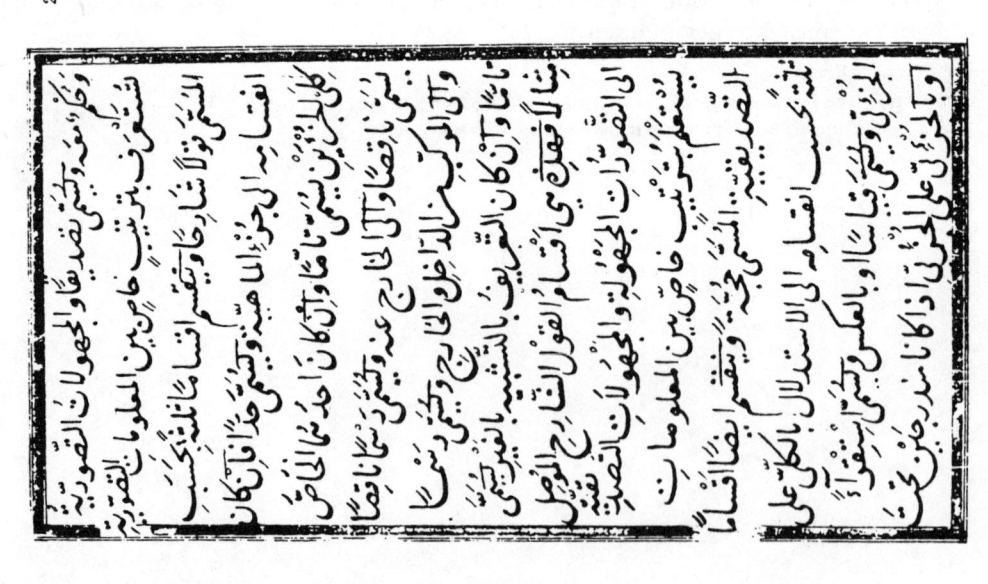

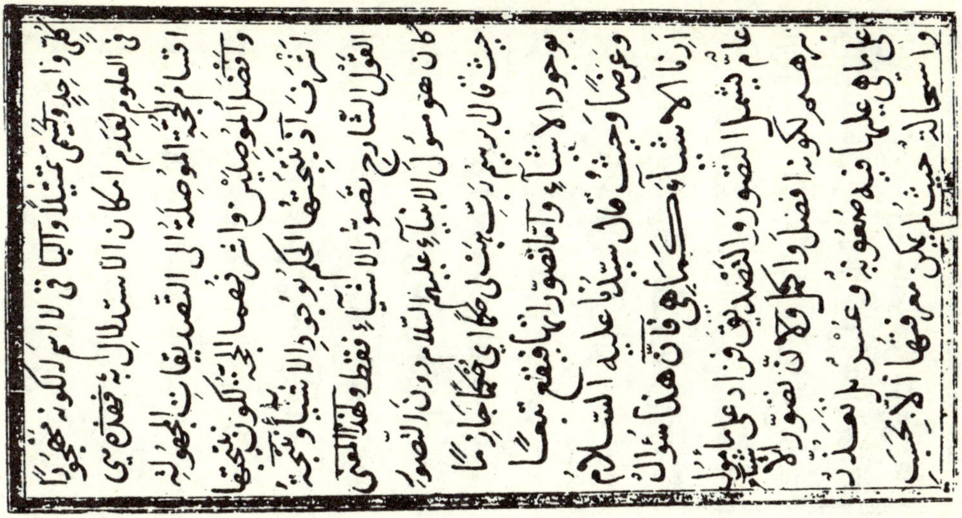

277a

وأسعد أبو حنيفة‌رحمه‌الله تعالى بن موهنا بن بكربن موهنا بن نصر بن دعوى ان القرآن محدث وإن كان معناه لم ينفك عن سبحانه وتعالى فمن ذلك أن القول بالقدم في القرآن إنما هو على معنى إثبات علة صفة الحكيم المعبر عنها بالقول لا على وجود الكلام المسموع الدال على الصفة، فإن الصوت من حيث هو صوت لا يجوز أن يكون قديماً وكذلك النظم والتأليف لا يجوزان أن يكونا قديمين لأنهما إنما يحدثان بعد وجود الأصوات وتأخر التأليف عن وجود الحروف أظهر من أن يخفى لأن التأليف والنظم إنما يكونان بعد وجود ما يؤلف ويُنظم فالقول بقدم الصوت محال وكذلك القول بقدم التأليف والنظم فلم يبق إلا أن القول بقدم الكلام إنما هو على معنى إثبات علة صفة المتكلم وهي المعبر عنها بالقول لا على وجود الكلام المسموع الدال على الصفة

277b

تصوّر الرؤية

القرآن قديم لأن نصيبه في التصديق لا يتغير، وأما التصور فإنه يتغير بحسب الأزمنة والأحوال واختلاف الأشخاص، فالتصوّر حادث والتصديق قديم، وإن كان التصوّر من شروط التصديق، فإنه لا يمكن التصديق إلا بعد تصوّر المحكوم عليه والمحكوم به، فإن كان التصوّر حادثاً فإنه لا يلزم من حدوثه حدوث التصديق، لأن التصديق إنما هو الحكم بالنسبة بين المحكوم عليه والمحكوم به، وهذه النسبة قديمة وإن كان طرفاها حادثين، كما أن الله سبحانه وتعالى قادر على الأشياء قبل وجودها، وقدرته قديمة وإن كان مقدورها حادثاً، فكذلك علمه بالأشياء قديم وإن كانت الأشياء حادثة، ومتعلق العلم هو التصديق لا التصور، فالتصديق قديم والتصور حادث.

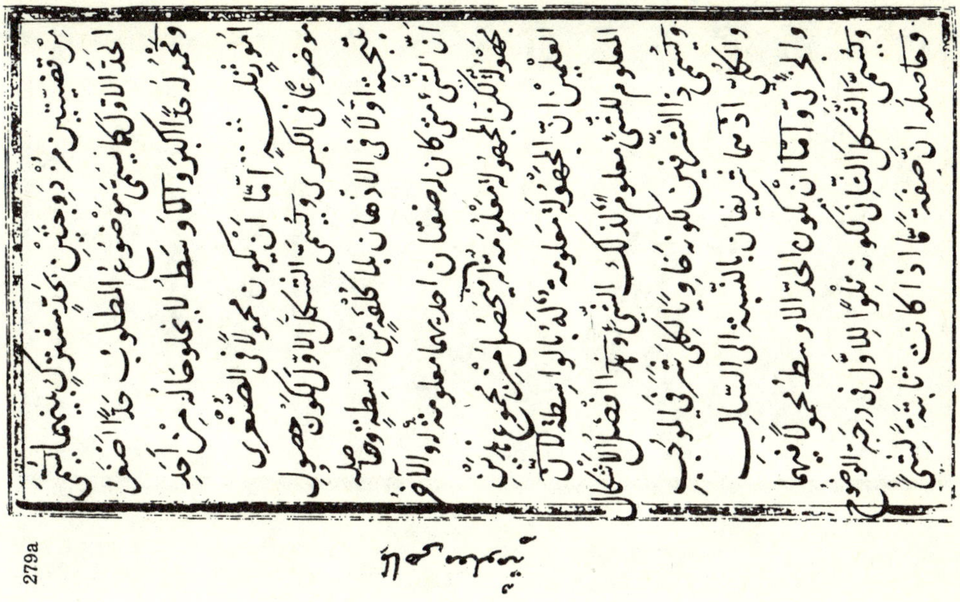

279a

279b

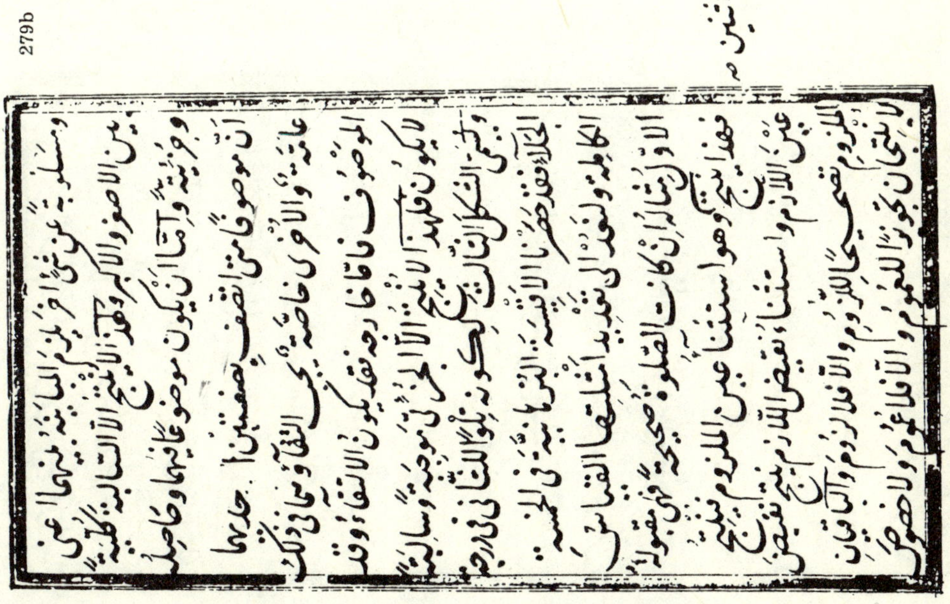

140 Egbert Meyer

ÜBERSETZUNGSBEDINGTE VERSTÄNDNISPROBLEME IM GROSSEN METAPHYSIK-KOMMENTAR DES AVERROES

(Zu Met. Δ 15, 1020b26–1021a14 und 1021a26–b3)

von Rudolf Hoffmann (Köln)

I. Anmerkungen zur Textgeschichte

Als der lateinische Metaphysik-Kommentar des Averroes um die Mitte des 13. Jahrhunderts an den europäischen Universitäten schnelle Verbreitung fand, hatte dieser Text bereits seine eigene Geschichte. Diese Geschichte der Textüberlieferung ist durch drei Vorgänge gekennzeichnet:

1. Wie jedes handschriftlich vervielfältigte Werk haben auch der Averroes-Kommentar und der mit ihm überlieferte Aristoteles-Text durch den Vervielfältigungsprozeß Veränderungen erfahren. Dabei sind Verschreibungen weniger wichtig als Emendationen, die falsche Auflösung paläographischer Abbreviationen für das kritische Textverständnis weniger gravierend als in den Text aufgenommene Glossen, zumal wenn diese einen Satz grammatisch zu komplettieren oder einem unverständlichen Text einen eindeutigen (aber dennoch oft nicht adäquaten) Sinn zu geben in der Lage waren. Der in Abschnitt III edierte Text wird auch dafür Beispiele geben. Dennoch stehen diese Vorgänge hier nicht im Mittelpunkt der Untersuchung.

2. Der lateinische Averroes-Kommentar und der gleichzeitig tradierte Aristoteles-Text[1] der Metaphysik wurden aller Wahrscheinlichkeit nach um 1230 am Hofe des Hohenstaufers Friedrich II. durch Michael Scottus aus dem Arabischen übersetzt[2]. Für diese Arbeit waren naturgemäß nicht nur gute Sprachkenntnisse, sondern auch eine detaillierte Kenntnis des Inhalts Voraussetzung: Die unvokalisierte Textvorlage konnte nicht einmal im Arabischen sinnvoll gelesen werden, ohne daß gleichzeitig durch die

---

[1] Einen Überblick über die verschiedenen Übersetzungen findet man in: Aristoteles Latinus, Pars Prior, Roma 1939, 61–66, Pars Posterior, Cantabrigiae 1959, 788. Vgl. auch: Metaphysica, Lib. I–X, XII–XIV, Transl. Anonyma sive ‚Media‘, ed. G. Vuillemin-Diem, Leiden 1976, IX–XIII.

[2] Ausführliche Erörterung bei G. Darms, Averroes in Aristotelis librum II metaphysicorum commentarius, Freiburg Schweiz 1966, 19–26.

Vokalisierung die vieldeutigen Wortzeichen inhaltlich fixiert wurden und der Text dadurch bereits interpretiert wurde (was natürlich auch noch auf die heutigen Bemühungen um den arabischen Text zutrifft). Darüber hinaus waren für die lateinische Übersetzung interpretierende Textverständnisse von wörtlich nicht übertragbaren Satzkonstruktionen oder syntaktischen Verbindungen notwendig. Es kann deshalb nicht überraschen, wenn der Übersetzer aus einer Sprache, die keine indogermanische ist, ins Lateinische einen größeren Einfluß auf den Text ausübt, als dies etwa bei einer griechisch-lateinischen Übersetzung der Fall ist, — und das jenseits der ebenfalls verschärften terminologischen Problematik. Die von Darms geäußerte Vermutung, daß sich Michael Scottus arabischer Hilfskräfte bediente, darf deshalb eine sehr hohe Wahrscheinlichkeit beanspruchen, zumal Textvergleiche mit dem stärker arabisierenden Latein des Wilhelm de Luna[3] zeigen, daß es Michael Scottus gelungen ist, die philosophischen Gedanken des Averroes mit einem hohen Grad an Kompetenz und sprachlicher Prägnanz wiederzugeben. Das alles kann nicht bedeuten, daß das Textverständnis sowohl des Aristoteles- wie des Averroes-Textes, das Michael Scottus hatte, immer mit dem heutigen Verständnis dieser Texte identisch ist, so wie man auch nicht voraussetzen kann, daß Averroes durchgängig den Sinn des Aristoteles-Textes an den Stellen erreichen konnte, wo ihm selbst verderbte oder vieldeutige Texte vorlagen.

3. Averroes (gest. 1198) hat den großen Metaphysik-Kommentar gegen Ende seines Lebens verfaßt, indem er einen Literalkommentar zu Aristoteles-Texten schrieb, die ihrerseits ungefähr dreihundert Jahre früher aus dem Griechischen und zum Teil wohl auch aus dem Syrischen ins Arabische übersetzt worden waren. Als Übersetzer sind Isḥāq ibn Ḥunain und Asṭāt namentlich bekannt[4]. Der Tätigkeit dieser Übersetzer ist bis heute kaum die gebührende Aufmerksamkeit gewidmet worden, standen sie doch vor einer Aufgabe, die noch schwieriger gewesen sein dürfte als die des Michael Scottus: Sie mußten nicht nur in eine Sprache mit anderen grammatischen Strukturen übersetzen, sondern hatten darüber hinaus erhebliche terminologische Probleme[5], die bis heute durch die Orientalistik nicht hinreichend erforscht sind. Wenn man aber zu einer präziseren als der bisher uneinheitlichen Bewertung der Qualität dieser Texte kommen will, ist es nötig, die

---

[3] Diese Textvergleiche haben wir über längere Zeit am Thomas-Institut in Zusammenarbeit mit anderen Averroes-Editoren durchgeführt.

[4] Die besten Informationen darüber bei: M. Bouyges, tafsīr ma baʿd aṭ-ṭabīʿat, Beyrouth 1952, Vol. I (Notice), 218 u. 220.

[5] Über die im folgenden erörterten Probleme hinaus sei darauf hingewiesen, daß nicht alle arabischen Handschriften die Buchstaben mit den diakritischen Zeichen versehen, wodurch sich die Vielzahl der ohnehin vorhandenen verschiedenen Möglichkeiten, einen Text zu lesen, noch erheblich vergrößert.

Tätigkeit der Übersetzer von der paläographischen Qualität sowohl der griechischen Vorlage wie auch der arabischen Handschriften zu trennen.

Bei diesem Versuch stellt sich heraus, daß auch diese Übersetzer über eine sehr gute Aristoteles-Kenntnis verfügten. Dennoch bleibt der Stil in einem gräzisierenden Arabisch, das häufiger mit den Regeln des klassischen Arabisch nicht übereinstimmt und die Texte nicht ohne den Rückgriff auf das Griechische verständlich erscheinen läßt. Darin dürfte der Grund dafür liegen, daß die Auseinandersetzung um die Philosophie des Aristoteles im arabischen Sprachraum nicht mit der Übersetzung der Texte, sondern mit den Kommentierungen dieser Texte beginnt[6].

Der arabische Aristoteles-Text ist im Kommentar des Averroes zweimal vollständig überliefert: einmal abschnittweise getrennt (so z. B. ist das 15. Kapitel des V. Buches ein geschlossener Abschnitt, der dem 20. Kommentar vorangestellt wird) und zusätzlich satzweise im Kommentar des Averroes. Die lateinische Übersetzung verkürzt diesen zweiten Text auf Lemmata und erschwert dadurch die fortlaufende Lektüre des Kommentars zusätzlich. —

Diese Überlegungen zur Textgeschichte mögen hinsichtlich der textkritischen Argumente aus sich heraus mehr oder weniger überzeugend sein. Das Unbefriedigende an ihnen liegt darin, daß auf diesem Wege nicht erkennbar werden kann, in welcher Weise die Geschichte der Textüberlieferung die Texte selbst beeinflußt hat. Um das exemplarisch sichtbar zu machen, soll im folgenden versucht werden, einen Text in seinen verschiedenen Versionen zu vergleichen. Das Augenmerk liegt dabei nicht auf einer vollständigen Kommentierung eines Aristoteles-Textes, sondern auf den Verständnisproblemen, die sich aus den Übersetzungen und den paläographischen Voraussetzungen ergeben. Mit anderen Worten: Auf welche Tücken muß derjenige gefaßt sein, der den lateinischen Averroes-Kommentar als Quelle benutzt?

Mit Bedacht wurden aus einem Kapitel der Metaphysik zwei Textstellen für diesen Versuch ausgewählt, aus denen sich keine weitreichenden spekulativen Schlußfolgerungen ergeben (obwohl sich auch solche Texte finden lassen), um dadurch das Intendierte um so deutlicher hervortreten zu lassen. Es handelt sich um zwei Stellen aus dem 15. Kapitel des V. Buches, in dem sich Aristoteles mit der sprachlichen Bezeichnung des Relativen befaßt. Dabei beschränke ich mich auf den Text zu dem der Zahl nach Relativen (1020b26—1021a14) und zu dem, was im Hinblick auf ein anderes relativ genannt wird (1021a26—b3).

---

[6] Cf. B. Geyer (Überweg), Bd. 2, Berlin 1928, 301—322.

II. Das Verständnis des griechischen Aristoteles-Textes

1. Das Relative der Zahl nach

In 1020b32 ff. nennt Aristoteles fünf Relationen der Zahl nach, die durch die Begriffe διπλάσιον, πολλαπλάσιον, ἡμιόλιον, ἐπιμόριον, ὑπερέχον bezeichnet werden. Die vollständigen Relationen heißen: διπλάσιον πρὸς ἥμισυ (Z. 26), διπλάσιον πρὸς ἕν (Z. 34), πολλαπλάσιον πρὸς πολλοστημόριον (Z. 27 f.), πολλαπλάσιον πρὸς ἕν (Z. 34 f.), ἡμιόλιον πρὸς τὸ ὑφημιόλιον, ἐπιμόριον πρὸς τὸ ὑπεπιμόριον und ὑπερέχον πρὸς τὸ ὑπερεχόμενον. Wie schwierig es ist, diesen Begriffen einen eindeutigen sprachlichen Ausdruck zu verleihen, wird sofort einsichtig, wenn man die modernsprachlichen Übersetzungen etwa zu den Relationen des ἡμιόλιον und ἐπιμόριον miteinander vergleicht. Bassenge[7] übersetzt 1021a1—3: „Was in einer Beziehung steht wie das Anderthalbfache zum darunterliegenden Einfachen, steht in einer zahlenmäßigen Beziehung zu einer genau bestimmten Zahl; was aber nur überhaupt in einer Beziehung steht wie das, was einen Teil *mehr* hat, zu dem, das *nicht* diesen Teil hat, das steht in einer unbestimmten Beziehung — in derselben Weise wie das Vielfache zum Einen." Diese Stelle übersetzt Bonitz[8]: „das Verhältnis von anderthalb zu zwei Drittel ist ein Zahlenverhältnis zu einer bestimmten Zahl, das Verhältnis eines unechten Bruches zu dem umgekehrten echten Bruche dagegen geht auf ein unbestimmtes, so wie das des Vielfachen zum Eins." Noch anders übersetzt Heath[9]: „Again 1 1/2 has to its reciprocal the definite relation of a number to a number; while 1 + 1/n is to its reciprocal [n/(n + 1)] in an indefinite relation like that of a multiple [say n times] to 1." — Nun ist die Relation von 1 1/2 zu 1 nicht gleich der Relation von 1 1/2 zu 2/3 und die von 6/5 zu 1 nicht gleich der von 6/5 zu 5/6. Woher kommen die sprachlichen Divergenzen?

Der Widerspruch läßt sich nur dadurch lösen, daß man die Benennung der Zahlen von den *Größen* unterscheidet, die miteinander verglichen werden. In seinem Buch über die Anfänge der griechischen Mathematik weist Szabó[10] darauf hin, daß ἡμιόλιον ursprünglich ein musiktheoretischer Begriff ist, der sich aus dem Intervall der Quinte herleiten läßt: Nach dem Klang der ganzen Saite wird ein Drittel von ihr stillgelegt, und es erklingt die Quinte. Die Relation der Strecken war 3 : 2, der alte pythagoreische Name für dieses Intervall ἡμιόλιον διάστημα, also 1 1/2 lange Strecke, da

---

[7] Aristoteles, Metaphysik, Übersetzt von F. Bassenge, Berlin 1960, 128.
[8] Aristoteles, Metaphysik, Übersetzt von H. Bonitz, München 1966, 115, in der Ausgabe Meiner, Hamburg 1978, S. 223.
[9] Th. Heath, Mathematics in Aristotle, Oxford 1949, 210.
[10] Á. Szabó, Anfänge der griechischen Mathematik, Wien 1969, 173.

der weiterklingende Teil der Saite als ὅλιον aufgefaßt wurde. Dieses „Ganze" wird aber in Beziehung zum ἡμιόλιον als ὑφημιόλιον bezeichnet und ist numerisch der reziproke Wert, also 2/3 *von ihm*, wie Liddell-Scott[11] in seinem Lexikon unter Berufung auf unseren Text feststellt.

In gleicher Weise ist die Relation des ἐπιμόριον zum ὑπεπιμόριον zu verstehen: Wenn ein Größeres z. B. 5/4 eines Kleineren beträgt, dann ist die Größe des Kleineren 4/4 = 1, die numerische Relation beider die von 5 : 4. In Relation zum Größeren ist das Kleinere 4/5 *von ihm*. Ebenso sind die anderen eingangs genannten Relationen zu verstehen.

Hinsichtlich des ἐπιμόριον scheint noch eine andere Auffassung zu differieren: Während die Formulierung von Bonitz und die Worterklärungen von Pape[12] zulassen, daß es sich auch um Zahlenverhältnisse wie das von 10 : 8 handeln könnte, sind Ross, Heath und Liddell-Scott der Auffassung, daß die Relation durch die Formel: $(n + 1)/n$ wiedergegeben werden kann, und das heißt, daß in der Zahlenrelation die größere Zahl nur um 1 größer ist als die kleinere, also 8 : 7, 4 : 3 usw. Diese Auffassung wird durch die Untersuchungen von Szabó[13] bestätigt, demzufolge das Problem zum ersten Male ebenfalls in der Musiktheorie auftauchte; ἐπιμόρια sind dort die Quarte (4 : 3) (nicht aber eine Relation von 5 : 3), die Quinte (3 : 2) und die Oktave (2 : 1).

Zusammenfassend könnte man sagen, daß ein gewisser Mangel der Bonitz-Übersetzung darin besteht, daß die numerischen Relationen nicht erkennbar auf Größen bezogen werden. Damit soll nicht behauptet werden, Bonitz habe den Sinn dieser Stelle nicht klar genug erkannt[14]. Es sollte nur gezeigt werden, daß Übersetzungen das Mit-Gedachte in unterschiedlicher Deutlichkeit ausdrücken, und daß Interpretationen anderer hilfreich oder notwendig sind, wenn der Leser den Kontext schwieriger Stellen verifizieren will.

Offenbleiben kann hier die Frage, ob die Einteilung in 20b33 in „gegen einander oder gegen Eins" zwei verschiedene Klassen des Relativen der Zahl nach begründet, wie Ross interpretiert[15], oder sich nur auf die unterschiedliche Bezeichnung gleicher Relationen bezieht: Das Doppelte ist das Doppelte von Einem (gegen Eins) oder vom (auf es selbst bezogenen) Halben (gegen einander). Die Aufmerksamkeit soll hier der Umwandlung der Terminologie im Arabischen und Lateinischen und deren Verständnis gewidmet sein.

---

[11] Liddell-Scott, A Greek—English Lexicon, Oxford 1968, 773.
[12] W. Pape, Griechisch—Deutsches Handwörterbuch, Graz 1954, 964.
[13] A. a. O., 231.
[14] Die Interpretation unterscheidet sich dennoch in einigen Punkten von Ross. Cf. H. Bonitz, Aristotelis Metaphysica, Commentarius, Hildesheim 1960, 260; W. D. Ross, Aristotle's Metaphysics Vol. I, Oxford 1981, 327—331.
[15] A. a. O., 328.

2. Das durch ein anderes Relative

In 21a26 ff. wendet sich Aristoteles einer Art des Relativen zu, das im Unterschied zu den bisherigen Relativa nicht durch sich relativ ist, sondern durch die Relation zu einem anderen. Als Beispiele werden das Meßbare, das Wißbare und das Denkbare genannt. Für unsere Untersuchung genügt es festzustellen, welche Relation der griechische Text bezeichnet und worin die Tautologie liegt, wenn man „zweimal dasselbe sagt".

Das Denkbare ist also deshalb relativ, weil ein anderes auf es bezogen wird. Dieses „andere" ist das Denken. „Das Denken ist aber nicht relativ zu dem, dessen Denken es ist" (a32). Im Griechischen ist eindeutig, daß „zu dem, dessen" ein Neutrum ist, sich also auf das Denkbare, nicht auf den Denkenden beziehen muß, weshalb auch deutlicher wäre zu sagen: „Das Denken ist aber nicht relativ zu dem, wovon das Denken ist". Wie Ross betont[16], liegt der Ausgangspunkt des Aristoteles darin, daß das Gemessene, Gewußte, Gedachte oder Gesehene eine eigene Natur außerhalb der Tatsache haben muß, daß es Objekt für Messung, Wissen, Denken oder Sehen ist. Und obwohl man das auch vom Doppelten sagen könnte, liegt der Unterschied darin, daß man vom Doppelten überhaupt nicht sagen kann, was es ist, während man z. B. vom Gesehenen sagen kann, daß es eine Farbe oder etwas dergleichen ist. Im Grunde ist Aristoteles der Auffassung, daß Denken und Wahrnehmen zur Realität auf eine andere Weise relativ sind als die Realität zu ihnen, was andernorts deutlicher hervortritt[17].

Auf dem Hintergrund dieser Erklärung ist deutlich, in welcher Aussage die Tautologie liegt: Obwohl z. B. das Gesehene relativ ist, weil das Sehen auf es bezogen wird, darf man doch nicht sagen: „Das Sehen ist das Sehen des Gesehenen" oder: „Das Denken ist das Denken des Gedachten", weil in diesen Sätzen Subjekts- und Prädikatsbegriff dieselben sind. — Und so interpretiert auch Bonitz diese Stelle. Im folgenden wird sich zeigen, daß die Übersetzungen diese Relationen in anderer Weise vermittelt haben.

III. Texte

Um die gleichen Texte nicht in größerem Umfang mehrfach (wenn auch in unterschiedlichen Versionen) zu publizieren, verzichte ich auf den Abdruck des leicht zugänglichen griechischen Textes. Hinsichtlich des Arabischen und Lateinischen soll ein, wie ich hoffe, hinreichender Kom-

---

[16] A. a. O., 330.
[17] Ross verweist auf 1010b30, 1051b6, 1053a32, 1057a7.

promiß versucht werden: Da das Arabische nur einem kleinen Leserkreis zugänglich wäre und drucktechnische Schwierigkeiten bereitet, stelle ich eine arabisch-deutsche Übersetzung des Aristoteles-Textes und seiner Kommentierung durch Averroes voran[18]. Der eher arabisierende Stil ist absichtlich beibehalten, um nicht die Sprachverschiebungen, die erkennbar werden könnten, in anderer Weise erneut zu verhüllen. Dennoch dürfte ein Eindruck über die Lesbarkeit des Kommentars in seinem Original entstehen und auch über die stilistischen Unterschiede zum lateinischen Kommentar, der den Inhalt zwar präzise wiederzugeben versucht, die Sätze aber oft verkürzt. Da der zugehörige Aristoteles-Text im arabischen Kommentar enthalten ist, wird hier auf die gesonderte Voranstellung verzichtet. Aus der lateinischen Übersetzung ediere ich den hier behandelten Aristoteles-Text und den Averroes-Kommentar zu 1021a26—b3.

Der zweite Apparat dieser Edition ist ein komparativer lateinisch-arabischer. Die arabischen Varianten werden in Umschrift wiedergegeben und zur Erläuterung in Klammern in mittelalterliches Latein übersetzt.

Diese Texte basieren auf folgenden Quellen:

Der Übersetzung wurde der arabische Text der Edition von M. Bouyges: Tafsīr mā baʿd aṭ-ṭabīʿat, Vol. II, Beyrouth 1942, 612,1—616,2 und 617,6—619,11 zugrundegelegt (Sigel: By). Die darin enthaltene Aristoteles-Übersetzung ins Arabische ist die Übersetzung des Asṭāt aus dem Griechischen[19].

Die lateinische Edition stützt sich auf die Handschriften: Paris B. N. 16109 (T), Paris B. N. 15453 (C), Oxford C. B. 112 (Od), Cambridge 132 (Ca) und Vat. Borgh. 306 (F). Sie wurde an jeweils einer Stelle ergänzt durch Paris B. N. 6504 (D) und Paris B. N. 16159 (Q). Diese Handschriften wurden unter den 65 noch erhaltenen lateinischen Manuskripten ausgewählt, weil sie verschiedene Gruppen der Textüberlieferung repräsentieren[20]. Für den Kommentar zu 1020b26—1021a14 sei auf die Inkunabel Venedig 1562—1574[21] und auf die Edition von Ponzalli[22] verwiesen.

---

[18] Herrn Dr. E. Meyer bin ich für mehrjährige gemeinsame Arbeit an den arabischen Texten zu großem Dank verpflichtet.

[19] Bouyges a. a. O., Notice, 129.

[20] Da der Versuch der Stemmatisierung dieser 65 Handschriften noch nicht abgeschlossen ist, kann noch nicht endgültig darüber entschieden werden, ob die kritische Edition des gesamten Kommentars diese Auswahl beibehält.

[21] Aristotelis opera cum Averrois commentariis, Venetiis 1562—1574, Nachdruck Frankfurt a. M. 1962, Vol. VIII.

[22] R. Ponzalli, Averrois in librum V Metaphysicorum Aristotelis commentarius, Bern 1971, 172.

1. *Die arabisch-deutsche Übersetzung*

C. 20 (Zu 1020b26—21a14)

Nachdem er berichtet hat, auf wieviele Weisen die Quantität und die Qualität ausgesagt werden, beginnt er auch zu berichten, auf wieviele Weisen das Relative ausgesagt wird, und so sagt er: „(Siehe:) Einige Relativa werden ausgesagt wie das Doppelte in Bezug auf das Halbe und das Dreifache in Bezug auf das Drittel und alles, was viele male multipliziert wird, in Bezug auf ein anderes". Er meint, daß eine der Arten des bestimmten Relativen ist wie das Doppelte und das Halbe und alles, was mit einer Zahl im Verhältnis zu der resultierenden Zahl multipliziert wird, da die resultierende Zahl das Vielfache der beiden miteinander multiplizierten Zahlen ist im Ausmaß dessen, was in jeder von beiden an Einerzahlen (enthalten) ist.

Dann sagt er: „und es ist nicht, was viele Male multipliziert wird, wie das was höher ist im Verhältnis zu dem, was es überragt". Er meint, daß die Relation der multiplizierten Zahlen, solange sie ist, eine bestimmte Relation ist, und die Relation der höheren Zahl zu der, die sie überragt, ist eine unbestimmte Relation wie die Relation des Wenigen zum Vielen.

Dann sagt er: „Und einiges wie das Erhitzende in Bezug auf das, was erhitzt wird, und das Schneidende in Bezug auf das, was geschnitten wird, und alles Tätige in Bezug auf das Leidende". Er meint: Und einige Relativa (sind) in den aktiven und passiven Vermögen, z. B. das Erhitzende; denn es nimmt diese Eigenschaft nur an in der Relation zu der Sache, die es erhitzt, und ebenso das Schneidende in Bezug auf das Geschnittene und überhaupt das Tätige in Bezug auf das Getane.

Dann sagt er: „und einiges gleich wie das Gemessene in Bezug auf das Maß und das Gewußte in Bezug auf das Wissen und das sinnlich Wahrgenommene in Bezug auf die sinnliche Wahrnehmung".

Und nachdem er diese drei Arten des Relativen erwähnt hat, sagt er: „Und was die Ersten des Relativen betrifft, so werden sie auf die Weise der Zahl ausgesagt, entweder das, was schlechthin ist, oder das Bestimmte". Er meint: Und was zu dem in der Zahl existierenden Relativen gehört, so ist einiges davon das, in dem die Relation eine bestimmte ist wie unsere Rede, daß das Doppelte das Doppelte für das Halbe ist, und unsere Rede, daß die Multiplikation der Zahl mit einer Zahl das Vielfache von einer von beiden ist im Maße dessen, was bei der zweiten von den Einerzahlen ist, und wie unsere Rede: die Zwei ist das Doppelte der Eins und die Drei das dreifache Vielfache der Eins und ebenso die übrigen Arten der auf die Eins bezogenen Zahlen. Und das ist es, was er mit seiner Rede sagen will: „Und dadurch [d. i. das Bestimmte] wird es auf sie bezogen oder auf Eins". Er meint, daß die bestimmte Relation ist wie unsere Rede von zwei, drei, vier, fünf; denn sie alle sind das Vielfache der Eins als bestimmtes Vielfaches.

Dann bringt er das Beispiel für das Unbestimmte, und so sagt er: „Und was die vielfache Zahl betrifft, so ist sie nicht relativ zu einem Bestimmten, z. B. diesem". Er meint damit daß, wenn einer von irgendeiner Zahl sagt, daß sie das Vielfache sei, er das von ihr nicht in Relation zu einer bestimmten Zahl sagt, wenn er nicht das Vielfache bestimmt, z. B. daß er die Fünf oder Sechs nennt. Und seine Rede: „und dieses Bestimmte, das ein Teil von den Einfachen ist, ist vor dem Doppelten" meint, daß die bestimmte Zahl, die die Hälfte ist, vor dem Doppelten in der zahlenmäßigen Reihenfolge ist und sie beide bestimmt sind. Und seine Rede: „und was so die Vielfachen und Zusätzlichen betrifft, so sind sie nicht auf die Weise eines Bestimmten" meint, wenn wir nicht die Zahl der Vervielfachung und die Zahl des Zusätzlichen nennen. Und seine Rede: „denn das Ganze und die Hälfte eines Ganzen im Verhältnis zu einem Ganzen und der Hälfte eines Ganzen und die Zahl im Verhältnis zur Zahl sind ein Bestimmtes" meint: Denn die Proportion des Ganzen zum Ganzen und seiner Hälfte ist eine bestimmte Proportion und ebenso eine solche Zahl zu einer solchen.

Dann sagt er: „Und was das Ganze und den Teil im Verhältnis zum um den Teil Abnehmenden betrifft, so ist es nicht auf die Weise eines Bestimmten wie das Vervielfachte in Bezug auf das Eine". Er meint: Und was die Proportion des Ganzen zum Teil und jenes Teiles zu dem betrifft, was noch weniger ist als er, so ist es nicht in bestimmter Proportion wie unsere Rede: „diese Zahl ist ein Vielfaches für die Eins", ohne daß wir (es) bestimmen.

Dann sagt er: „Und was das Höhere in Bezug auf das, was es übertrifft, angeht, so ist es generell ein durch die Zahl Unbestimmtes, weil die Zahl kommensurabel ist und diese durch eine inkommensurable Zahl ausgesagt werden. Und das Höhere in Bezug auf das, was es überragt wie dieses und dieses, ist ein Unbestimmtes; denn es ist eines von zwein, von denen etwas erfaßt wird, entweder ein Gleiches oder ein Ungleiches." Er meint: Und was unsere Rede betrifft, daß dieses höher ist als dieses und dieses höher als dieses, so ist das eine unbestimmte Relation; denn diese überragen einander bisweilen in inkommensurablen Zahlen oder inkommensurablen Maßen. Und das Bestimmte von ihnen ist nur, was sich in kommensurablen Zahlen überragt, und diese überragen einander bisweilen in kommensurablen und inkommensurablen Zahlen.

Dann sagt er: „Und so werden alle diese Relativen durch die Zahl und auch durch die Bestimmtheiten der Zahl ausgesagt". Er meint: Und so sind alle Relativen, die wir aufgezählt haben, Relative entweder, weil sie zur Zahl selbst gehören, oder weil sie in den Bestimmtheiten der Zahl sind. Und die Bestimmtheiten der Zahl sind z. B. das Weniger und das Mehr und das Hinzufügende und das Abnehmende und das Gleiche und das Ungleiche.

Dann sagt er: „Und ferner wird auf andere Weise das Gleiche, das Ähnliche und das Selbige (so) genannt". Er meint: Und die Relativen werden ferner auf andere Weise ausgesagt für das Gleiche beim „Wieviel" und das Ähnliche beim „Wie-Beschaffenen" und das Selbige bei der Substanz.

Dann sagt er: „Und so werden alle diese auf eine Weise in ihrer Relation zu einem ausgesagt, und zwar einige, weil ihre Substanz eine ist, und die Ähnlichen, deren Qualität eine ist, und die Gleichen, deren Quantität eine ist". Er meint: Und diesen drei Arten des Relativen ist eigentümlich, daß die Relation in ihnen von zwei Seiten her in Einklang gebracht ist. Und das kommt daher, daß jedes einzelne von zwei Ähnlichen seinem Korrespondierenden ähnlich ist, und ebenso zwei Gleiche und zwei einander Ähnliche. Und das ist es, was er mit seiner Rede sagen will, daß sie an etwas teilnehmen, im Gegensatz zu der Angelegenheit bei den anderen Arten der Relation.

Dann sagt er: „Und die Eins ist Prinzip der Zahl und ihr Maß". Er meint: Und von daher, daß die Eins Prinzip der Zahl und ihr Maß ist, ist sie auch inbegriffen in den Relativen der Zahl nach.

Dann sagt er: „Und folglich werden alle diese ‚Relative der Zahl nach' genannt, jedoch nicht auf eine selbige Weise". Er meint, von daher, daß die Relation einiger bestimmt ist und einiger unbestimmt und von einigen einander gegenüberliegend und von einigen teilnehmend an einer Sache und von einigen in den Bestimmtheiten der Zahl und von einigen in der Substanz der Zahl selbst.

(Zu 1021a26—b3)

Dann sagt er: „Und so sind alle Relativen, die auf die Weise der Zahl und des Vermögens ausgesagt werden, dadurch relativ, daß ihr Wesen darin besteht, daß es auf ein anderes hin ausgesagt wird, und nicht, weil ein anderes in Bezug auf sie ausgesagt wird". Er meint: Und so sind alle Relativen der Zahl und dem Vermögen nach deshalb Relative, weil das Wesen jedes einzelnen von zweien gemäß einem gleichen Muster zum Relativen gehört, und nicht weil das eine von zweien zum Relativen an sich gehört und das andere nicht zum Relativen an sich, ja sogar das andere für es akzidentell ist, ich meine, daß jenes, was an sich relativ ist, einem anderen akzidentell zufällt, das von dessen Seite her relativ wird.

Dann sagt er: „Und was das Gemessene und das Gedachte und das Gewußte betrifft, so wird es relativ genannt, weil irgend ein anderes in Bezug auf es ausgesagt wird". Er meint: Und was das betrifft, was zur Kategorie des Relativen gehört wie das Gedachte und das Gewußte und das sinnlich Wahrgenommene, so wird von ihm gesagt, daß es zum Relativen gehört, weil das, was durch seine Substanz zum Relativen gehört, ihm akzidentell zufällt; ich meine daß, nachdem dem Denken, das in seiner Substanz zum Relativen gehört, zufällt, daß es für das Gedachte relativ ist, dem Gedachten akzidentell zufällt, daß es zum Relativen gehört, nicht daß die Relation etwas in der Substanz des Gedachten ist wie die, die in der Substanz des Denkens ist, vielmehr von seiten dessen, daß die Relation für es ein Zufallendes ist. Und das ist es, was seine Rede bei den Beispielen dafür meint, daß sie zum Relativen gehören von seiten dessen, daß etwas anderes, das zum substantiell Relativen gehört, mit ihnen prädiziert wird. Und so sagt er gleichsam, daß die Relation (auf) zwei Weisen ist: eine Relation in der Substanz zweier Relativa von zwei Seiten her, und eine Relation ist in der Substanz von einem der beiden, und sie ist im zweiten von seiten des ersten. Und die erste Art besteht darin, daß beide zum wesenhaft Relativen gehören, und die zweite, daß eines von beiden zum wesenhaft Relativen gehört und das andere von seiten eines anderen.

Und nachdem er diese beiden Arten der Relation erwähnt hat, beginnt er, die Natur der zweiten Art zu erklären, und sie besteht darin, daß eines von beiden akzidentell relativ ist und das andere wesenhaft relativ, und so sagt er: „denn das Gedachte weist darauf hin, daß es ein Denken hat, und nicht ist das Denken relativ zu dem, dessen Denken es ist; denn wenn das gesagt wird, dann hat man folglich dasselbe bereits zweimal gesagt". Er meint: Und nicht ist das Denken relativ zum Denkenden, vielmehr zum Gedachten; denn wenn das so wäre, dann würde das Denken durch den Denkenden konstituiert, und von der Sache her ist der Denkende offenkundig vom Denken konstituiert; und aus jenem würde gewöhnlich folgen, daß die Sache, die für etwas konstituierend ist, durch die Sache konstituiert wäre, die sie konstituiert, ich meine, daß folgen würde, daß die

Ursache durch das Verursachte konstituiert wäre, und dann wäre bisweilen die durch sich erste Sache durch die Relation zu einem Ursache und Verursachtes zugleich. Und das ist es, worauf er mit seiner Rede hinweist: „denn wenn das gesagt wird, dann hat man folglich dasselbe bereits zweimal gesagt", das heißt: die erste Sache wäre Ursache und Verursachtes zugehörig zu einem.

Und seine Rede: „Und ebenso, wenn das Sehen Sehen von etwas ist, dann ist es nicht Sehen von einem" meint: Und das Gleiche liegt darin, daß, wenn das Sehen relativ zum Gesehenen ist, es nicht mehr relativ zum Sehenden ist.

Dann sagt er: „Obwohl diese Rede wahr ist, wird es vielmehr in seiner Relation zu einer Farbe oder etwas anderem dergleichen ausgesagt". Er meint: Und wenn die Aussage gewöhnlich dadurch wahr ist, daß das Sehen nicht relativ zum Sehenden ist, dann ist es relativ zu etwas anderem, entweder einer Farbe oder etwas anderem dergleichen.

Dann sagt er: „Und was das bei jenem betrifft, so wird zweimal dasselbe ausgesagt werden". Er meint: Und was das betrifft, wenn wir das Sehen in Relation zum Sehenden bringen, dann folgt, daß die erste Sache zwei einander entgegengesetzte Sachen ist, d. h. Ursache und Verursachtes, d. h. wenn wir annehmen, daß das Sehen nur Sehen beim Sehenden ist, nicht beim Gesehenen.

2. *Der lateinische Aristoteles-Text*

(1020b26—1021a14)

Quaedam relativa dicuntur sicut duplum ad dimidium et triplum ad subtriplum et omne quod multiplicatur multotiens ad alterum, et non omne quod multiplicatur multotiens est sicut quod est superius ad illud, quod est magis superius; et quoddam dicitur sicut calefaciens ad calefactum et abscindens ad abscissum et
5 omne agens ad patiens; et quaedam sicut mensuratum ad mensuram et scitum ad scientiam et sensatum ad sensum.

Primum enim relativorum dicitur modo numeri aut illud quod est modo simplici aut terminatum, et per illud refertur ad illa aut ad unum sicut duplum ad unum, quod est numerus terminatus. Numerus autem multiplex non est relativum ad
10 unum terminatum sicut istud. [Et est terminatum de simplicibus ante duplum, multiplex autem superpartiens non est terminatum][a]. Totum enim et dimidium ad

---

1 sicut *om.* OdCa   dimidium] dividendum Ca, medium C   ad[1+2]] et F   3 multotiens *add. et* OdCaCF   quod[1] *om.* Od   magis] maius T   4 quoddam] qiddam Ca, quod TOd, quemadmodum F   abscindens] adscindens C   ad[2]] et F   abscissum] abscisum CF, abscidum Ca   7 relativorum] relatorum F   8 refertur] quod fertur F   illa] illam OdCF   duplum *add.* autem T   9 numerus[1]] nunc Ca   numerus terminatus] terminatus numerus T   multiplex] multipliciter OdCa   10 istud] illud TOdCa   et *om.* Ca   11 multiplex] multipliciter OdCa   superpartiens] superficies F, vel superficies

---

2 omne quod[2]] qad (iam) By   4 dicitur *om.* By   5 quaedam] ba'ḍuhu (quoddam) By   7 primum] al-'ūla (prima) By   dicitur] tuqālu (dicuntur) By   9 quod] fa-'innahu (quia) By   10 istud *add. wa hāḏa* (et istud) By   11 autem *add. wa* (et) By

---

[a] Verba *et est* usque ad *terminatum* non continentur in graeco, exoriuntur tamen ex codicibus arabicis.

totum et dimidium et numerus ad numerum est terminatum. Totum enim et pars ad diminutum in parte non est terminatum sicut multiplex ad unum. Superius autem ad magis superius modo universali non est terminatum secundum numerum,
15 numerus enim est aequalis et ista dicuntur secundum numerum non aequalem. Et superius ad magis superius sicut istud et istud non est terminatum, quia est unum duorum, quod ex eis comprehenditur, aut aequale aut non aequale. Omnia igitur ista relativa dicuntur per numerum et per accidentia numeri etiam. Et dicitur etiam alio modo aequale et simile et idem. Omnia enim ista dicuntur secundum unum
20 modum, quia referuntur ad unum; quaedam igitur quia substantia eorum est una, et similia quorum qualitas est una, et aequalia quorum quantitas est una. Et unum est principium numerorum et mensura eorum. Omnia igitur ista dicuntur relativa sed non eodem modo.

(1021a26—b3)

Omnia igitur relativa quae dicuntur modo numeri et potentiae sunt relativa,
25 quia essentia eorum dicitur ad aliquid et non quia illud aliud dicitur ad illa. Mensuratum autem et intellectum et scitum dicitur relativum, quia ad illud dicitur aliud aliquid. Intellectum enim significat habere intellectum, et intellectus non est relativus ad illud quod est intellectus, quoniam si hoc dicatur, tunc idem dicetur bis. Verbi gratia si visus est visus ad aliquid, non est visus illius quod est, et si
30 iste sermo est verus, sed dicitur in respectu coloris aut ad aliud aliquid tale; per illud autem dicitur idem bis [a]ut illud cuius est visus.

Ca, superficiens C   dimidium] indimidium Od   ad] et T   12 et¹] ad T   et² *om.* OdF   est terminatum *om.* F   12—13 totum² *usque ad* terminatum *om. Hom.* Od   13 diminutum] dimidium Ca   sicut *add.* cum F   multiplex] multipliciter OdCa   14 autem *om.* T   15 numerus *usque ad* numerum *om. Hom.* F   aequalis *add.* et non aequalis T   ista dicuntur] ita dividitur TOdCaF   aequalem] aequale TOdF   16 superius² *add.* et Od   istud¹] illud TOdF   istud²] illud TOd   est¹ *om.* OdCaCF   17 aequale aut *om. Hom.* Ca   non aequale] inaequale Ca   18 relativa] relata Od   per² *om.* F etiam¹ *om.* TCa   etiam² *om.* Od   19 idem *add.* et T, *add.* sunt igitur eadem C   ista] illa C, *om.* T   20 unum *add.* sunt igitur eadem TCa   quia²] quae FOd   22 ista *om.* Ca   24 igitur *add.* quae dicuntur F   25 essentia] entia FCa   dicitur¹] dicuntur FCa, est Od   quia²] quod FOdCa   illud *add.* ad F   ad] ab F   26 relativum *usque ad* dicitur *om. Hom.* Od   27 aliud aliquid] aliquid aliud quid T   enim *add.* hoc T   significat] signat F   intellectus *add.* enim Od   28 relativus] relativum F   illud] istud CFOd   intellectus] intellectum Od   hoc dicatur] dicatur hoc Od   28—29 idem dicetur bis] dicetur bis idem T, dicetur hic Od, dicetur bis CaF   29 ad *om.* T   visus³ *add.* illud T   quod est *om.* Od   et *om.* Ca   30 sed] tunc Od   aliud aliquid] aliquid aliud F, aliquid Od   31 illud] istud Ca   dicitur idem bis] dicitur homo Od, idem bis dicitur Ca, idem dicitur bis CF   aut *usque ad* visus *om.* T   32 etc. *om.* OdCa   igitur²

---

18 accidentia] *infiʿālāt* (passiones) By   20 quia referuntur] *bi-iḍāfatihā* (in sua relatione) By   22 numerorum] *ʿadad* (numeri) By   eorum] *-hi* (eius) By   relativa *add. bi-l-ʿadad* (in numero) By   25 ad aliquid] *li-šaiʾin ʾāḫara* (ad aliquid aliud) By   illud *om.* By   29 verbi gratia] *wa-miṯlu ḏālika* (et similitudo huius est) By   illius] *li-llaḏī* (ad illud *vel* illum) By   30 in respectu] *bi-iḍāfatihi ʾilā* (in sua relatione ad) By   31 dicitur] *sa-yuqālu* (dicetur)

3. Der lateinische Averroes-Kommentar zu 1021a26—b3

Deinde dixit: *Omnia igitur relativa* etc., id est: Omnia igitur relativa quae sunt in numeris et in potentiis sunt relativa, quia essentia utriusque eorum collocatur in relatione eodem ordine, non quia alterum intrat in relationem per se et alterum non in relationem per se sed quia alterum accidit ei, scilicet illud quod est relativum per se est accidens alterius, propter quod fuit relativum.

Deinde dixit: *Mensuratum autem et intellectum* etc., id est: Quod autem est de modo relativorum sicut intellectum et scitum et sensatum dicitur esse relativum, quia illud quod est relativum per suam substantiam accidit ei, scilicet quod intellectus[b], qui est in sua substantia relativus, cum accidit sibi quod fuit relativum intellecti, accidit intellecto quod fuit relativum, non quia relatio est in substantia intellecti sicut est in substantia intellectus, sed quia relatio accidit ei. Hoc igitur intendit cum dixit talia esse relativa, scilicet quia aliud relativum per suam substantiam praedicatur de illis. Et quasi dicat quod relatio est duobus modis, scilicet aut relatio in substantia utriusque relativi aut relatio in substantia alterius tantum et in altero propter aliud.

Et cum induxit hos duos modos relationis incepit declarare naturam secundi modi et dixit: *Intellectum enim significat* etc., id est: Et intellectus non refertur ad intelligentem sed ad intellectum, quoniam si ita esset, tunc intellectus constitueretur per intelligentem, sed videtur esse e converso. Ex quo sequeretur quod illud quod constituitur per aliquid constituat illud, scilicet quod contingit ut causa constitueretur per causatum, et sic idem esset in respectu eiusdem causa et causatum

---

om. Ca   33 potentiis] principiis T   collocatur] collocantur C   34 relatione] relationem Od   eodem] eorum Od   35 relationem] relatione CFCa   per se *om.* F   quia] quoniam FTOdCa   ei scilicet] eis T   relativum] in relatione Ca   36 est *om.* CFT Od   alterius] autem F   37 et *om.* Ca   etc. *om.* Od   quod autem] quoddam T, autem quod C   38 intellectum] intellectus T   et scitum] sensus T   39 quia] quod Od   relativum *om.* Ca   scilicet *om.* TFCaOd   quod²] quia FCaOd, *om.* C   40 qui *om.* TCaOd   relativus] relativa T   relativum *add.* et Od   41 intellecti] intellectum FTOd, intellectui perfectum Ca   42 intellecti] intellectum Ca   43 dixit] dicit T   scilicet] sed TFCaOd   aliud *add.* est Od   44 dicat] dicit TC   quod] quia Od   46 aliud] illud TOd, istud CF   48 dixit] dicit T   et² *om.* C.   49 quoniam] quia Ca constitueretur] construetur Ca   50 e *om.* C   51 aliquid] aliud FOd, e converso T   scilicet] secundum T   quod²] quia FCOdCa   contingit] continget OdCa   52 causatum¹ *add.* insimul T   et sic *usque ad* causatum *om. Hom.* FOd   eiusdem *add.* et T   53

By   aut] *fa-'ammā* (et sic contingit) By   38 relativorum] *muḍāfi* (relativi) By   41 quia] *'anna* (quod) By   42 quia] *min ǧiha* (secundum quod) By   accidit] *'āriḍun* (est accidens) By   43 cum dixit *add. fī 'amṯāl* (in exemplis) By   scilicet] *min qibali* (secundum quod) By   45 scilicet *om.* By   relativi *add. minaṭ-ṭārifayni* (utrimque) By   46 altero] *fīṭ-ṭānī* (in secundo) By; hic deficit translatio quattuordecim verborum per homoeoteleuton forsan (?)   48 modi: hic deficit translatio novem verborum   refertur] *muḍāfan* (est relativus) By   50 e converso: translatio correcte abbreviata   50—51 ex quo *usque ad* constituat illud: conversio subiecti et obiecti ex omissione codicis arabici? cf. translationem arabico-germanicam   51 contingit] *yalzamu* (sequitur) By   52 in respectu] *bi-l-'iḍāfati*

---

[b] constructio ex arabico transumpta.

insimul. Et hoc intendebat cum dixit: *tunc idem dicetur bis*, id est: tunc idem erit causa et causatum eiusdem.

55 Deinde dixit: *Et similiter si visus* etc., id est: verbi gratia quoniam si visus fuerit relativus ad visum, videns non est relativus ad visum.

Deinde dixit: *Et si iste sermo* etc., id est: Et si sermo dicens quod visus non est relativus ad visum sit verus, erit relativus ad aliud aut ad colorem aut ad aliud simile.

60 Deinde dixit: *secundum autem hoc idem dicetur bis*, id est: Si autem posuerimus visum esse secundum relationem ad visum, continget idem esse duo opposita, scilicet causam et causatum, id est si posuerimus quod visus non est visus nisi per visum non per rem visam.

IV. Die übersetzungsbedingten Verständnisprobleme

Aufgrund der Texte soll nun versucht werden deutlich zu machen, worin die Inhaltsverschiebungen und -verluste, die terminologischen Probleme, aber auch die Leistungen der Übersetzer bestehen.

1. Das Relative der Zahl nach

Bereits im ersten Satz des Aristoteles-Textes geht der genaue Sinn des πολλοστημόριον verloren. Als Quelle ist die Übersetzung des Asṭāt auszumachen, wobei offenbleibt, ob seine griechische Vorlage fehlerhaft war. Man kann aber vom Griechischen her feststellen, daß Asṭāt seine Übersetzung anders aufgefaßt haben dürfte als Averroes. Er wollte vermutlich sagen: „und alles, was viele Male multipliziert wird, in Bezug auf ein anderes und nicht vielfach multipliziertes", wobei das Vielfache auf seine Einheit bezogen wäre, also 3 : 1, nicht 3 : 1/3. Da das anschließende „und" im Aristoteles-Text des Averroes-Kommentars fehlt, macht Averroes das

---

dicetur] diceretur Ca   id est] et FCOdCa   erit] est Ca   54 causatum *add.* respectu T   eiusdem] bis Ca   56 relativus¹] relativum CF   videns *add.* est F   non] enim Ca   relativus² D] relativum TCFOdCa   57 deinde *om.* FTOd   dixit et] et dixit T   iste] ille F   si² *add.* iste Od   58 relativus¹ Q] relativum TCFOdCa   sit] sed TF, sicut Od   verus] visus T, numerus OdCa, visum F   erit] est TFOdCa   relativus²] relativum TCF   aliud¹] aliquid TFOdCa   60 idem *om.* Ca   dicetur] dicitur Ca   id est *om.* TFOdCa   61 continget] contingit TC   62 scilicet] secundum TFOd   id est *om.* Od   posuerimus] posuimus Ca   nisi] non Od   63 rem *add.* illam Od

'ilā (in relatione ad) By   53 tunc² *om.* By   55 deinde dixit] *wa-qauluhu* (et sermo eius) By   56 videns *om.* By   57 quod] *bi-'anna* (eo quod) By   60 secundum hoc] *bi-ḏāka* (per illud *in textu*) By   61 continget] *yalzamu* (sequitur) By

„nicht vielfach Multiplizierte" zum Subjekt des folgenden Satzes[23]. Dadurch geht die Relation der beiden Begriffe zueinander verloren, und das „nicht vielfach Multiplizierte" bekommt einen anderen Sinn, weil es als inkommensurable Zahl verstanden wird. Die lateinische Übersetzung verstärkt die Trennung zusätzlich: Nachdem ὅλως durch Asṭāt als „alles, was" übersetzt war (vermutlich aus ὅλον), setzt Michael Scottus den negierten Teil in Parallele zum affirmativen, indem er der Negation noch einmal „alles" hinzufügt (was so im Arabischen nicht steht), und macht dadurch den Bezug der beiden Begriffe aufeinander unmöglich.

Der Bezug von ὑπερέχον und ὑπερεχόμενον ist im Arabischen ebenfalls unklar. Der Grund liegt darin, daß das verwendete Verb (ʿalā) sowohl „hoch sein" wie „höher sein" bedeutet und Subjekt und Objekt des Relativsatzes nicht eindeutig sind. Die wörtliche Übersetzung: „wie das, was hoch (oder höher) ist im Verhältnis zu dem, *es ist höher als es*" würde nach vorherrschendem Sprachgebrauch aufgefaßt als: „im Verhältnis zu dem, was höher ist". Im Rückgriff auf das Griechische wird man jedoch sagen müssen, daß Asṭāt diese Stelle anders verstanden wissen wollte, nämlich so, wie sie oben ins Deutsche übersetzt wurde, und auch der Kommentar des Averroes hält sich an dieses Verständnis. Michael Scottus übersetzt nach vorherrschender Syntax, und dadurch wird aus dem „Übertroffenen" ein *magis superius*, ohne daß man sagen könnte, Scottus habe einen Übersetzungsfehler gemacht. — An dieser und vielen vergleichbaren Stellen zeigt sich die Begrenzung des komparativen arabisch-lateinischen Apparates. Im aufgezeigten Fall besteht keine philologische Variante. Dennoch liegt eine inhaltliche Variante vor, die nur durch zusätzliche Erläuterung oder in einem eigenen Apparat kenntlich gemacht werden kann.

Der in Zeile 10—11 der lateinischen Edition in eckige Klammern gesetzte Satz findet sich in den arabischen Manuskripten, jedoch nicht im Griechischen. Aus der Satzverknüpfung durch Averroes einerseits und dem Rückgriff auf das Griechische andererseits kann man feststellen, daß es sich bei diesem Satz um eine arabische Randglosse handelt, die schon früh in den Text aufgenommen wurde: Asṭāt hatte übersetzt: „z. B. diesem und diesem". Dann beginnt die Glosse: „Das Bestimmte..." Nachdem sie in den Text aufgenommen war, machte der Sprachstil erforderlich, den eingeschobenen Satz mit: „Und dieses Bestimmte" zu beginnen, wodurch das erste Demonstrativpronomen isoliert wurde.

Eine Übersetzung des ὑφημιόλιον kommt im Arabischen nicht vor. Die wahrscheinlichste Erklärung dürfte darin liegen, daß in der griechischen

---

[23] So jedenfalls hat Michael Scottus den von Averroes eingeteilten Aristoteles-Text aufgefaßt. Für Averroes scheint wahrscheinlicher, daß er die Negation mit der Kopula verbunden hat, wodurch aber der zweite Relationsbegriff ganz aufgehoben und auf den ersten reduziert wird.

Vorlage das ὑφ (vielleicht durch nachträgliche Beschädigung) nicht gestanden hat; und so wird die Relation im Arabischen die von 1 1/2 zu 1 1/2. Für das Arabische könnte man erwägen, ob Asṭāt die Relation von 1 1/2 zu 1 und zu 1/2 bezeichnen wollte. Das würde aber nicht nur dem üblichen Stil widersprechen, sondern wäre mit Sicherheit von Averroes aufgegriffen worden: Er nämlich setzt voraus, daß es hier nicht um die Relation von gleichen Größen geht, und deshalb ändert er sie ohne zusätzliche Erläuterung in die von 1 zu 1 1/2.

Das ὑπεπιμόριον bleibt in seiner arabischen Übersetzung inhaltlich ebenfalls unklar. In der vorgelegten Übersetzung wurde die arabische Präposition *min* in einer ihrer möglichen Bedeutungen als „von ... weg" interpretierend aufgefaßt, da nur so eine Brücke zum Griechischen möglich scheint. Danach hätte Asṭāt ein „von dem Teil weg Abnehmendes", also ein Ganzes gemeint. Weit häufiger hat *min* die Bedeutung „ein Teil von" und wird in diesem Sinn in partitiven Genitivverbindungen gebraucht. Es ist wiederum kennzeichnend, daß Averroes keine Möglichkeit hatte, die im Griechischen vorhandene Bedeutung zu erkennen, wie ihm auch verborgen blieb, daß „das Ganze und der Teil" (ἐπιμόριον) auf einen einzigen Begriff zurückgeht. Entsprechend hält sich die Übersetzung des Michael Scottus an die arabische Vorlage, wobei bemerkenswert ist, daß *superpartiens*, das für ἐπιμόριον stehen könnte, in der Glosse Verwendung findet, nicht aber im ursprünglichen Aristoteles-Text.

Und noch eine Bemerkung zum Verhältnis des Übertreffenden zum Übertroffenen ist notwendig (21a6): Die merkwürdige arabische Übersetzung wäre richtig, wenn τοιοῦτον (statt τοσοῦτον) gelesen wurde und ἔον fehlte.

Es mag auch auffallen, daß der lateinische Text für συμμετρός wie auch ἴσος durchgängig *aequalis* verwendet. Auch das geht auf das arabische *mutasāwin* zurück, mit dem beide Worte übersetzt wurden. Insofern die vorgelegte deutsche Übersetzung zwischen „kommensurabel" und „gleich" unterscheidet ist dies nach dem sonstigen Sprachgebrauch des Averroes durchaus zulässig, aber bereits interpretierende Übersetzung. Wie sehr das Verständnis der lateinischen Übersetzung durch die Verwendung von *aequalis* für beide Begriffe erschwert wurde, bezeugt eine in den Text eingegangene Glosse der Handschrift T, die an dieser Stelle vermerkt: *et deficit expositio huius*.

Auf eine letzte terminologische Schwierigkeit sei noch hingewiesen: Die arabischen Termini für „das Gleiche, das Ähnliche und das Selbige" sind kaum zu differenzieren. Alle drei können für „das Gleiche" stehen, zwei für „das Ähnliche". Averroes variiert zusätzlich den Terminus für „das Ähnliche". Daß „das Selbige" in Verbindung mit der Aussage über die Substanz nicht mehr erwähnt wird, liegt mit Sicherheit an der griechischen Vorlage. Umso erstaunlicher ist, daß die lateinische Übersetzung den Sinn der griechischen Termini präzise wiedergibt. Dennoch läßt sich daraus nicht die Hinzuziehung einer griechischen Handschrift herleiten. Einer solchen Annahme stehen zu viele andere Stellen gegenüber, die eher auf das Gegenteil schließen lassen[24]. Man wird wohl annehmen dürfen, daß die Zuordnung von Substanz, Quantität und Qualität eine präzise Zuordnung der Begriffe ermöglicht hat.

Faßt man die hier erörterten Textbeobachtungen und -analysen zusammen[25], dann zeigt sich, daß die größten Schwierigkeiten der Aristoteles-Übersetzung ins Arabische in der Qualität des griechischen Textes, vor allem aber in einer adäquaten arabischen Terminologie gelegen haben, nicht in der mangelnden Fähigkeit des Übersetzers, die Inhalte zu erfassen. Die Notwendigkeit der Kommentierung dieser arabischen Texte, die Averroes als einziger in dieser Ausführlichkeit geleistet hat, ergab sich also nicht nur aus dem Inhalt, sondern vielleicht noch mehr aus den syntaktischen und terminologischen Problemen. Diese Arbeit konnte nur aufgrund einer umfassenden Aristoteleskenntnis begonnen werden. Es ist bezeichnend, daß Averroes von den fünf aufeinander bezogenen Begriffspaaren des zahlenmäßig Relativen nur zwei korrekt erkennen konnte (das Doppelte zum Halben und das Übertreffende zum Übertroffenen), daß sein Kommentar aber dennoch alle Bestimmungen des zahlenmäßig Relativen aufzählt, die sich bei Aristoteles finden lassen.

Die terminologischen und syntaktischen Probleme setzen sich ins Lateinische verschärft fort. Es ist ja noch heute nicht möglich, auf Wortfelduntersuchungen zur Terminologie des Averroes zurückzugreifen. Von daher war die Leistung der Übersetzer wohl größer, als aus dem Ergebnis vermutet werden könnte. Dennoch ist die Übersetzung nicht immer konsistent. Als Beispiel sei auf den Terminus *accidentia numeri* (Z. 18 des lat. Textes) hingewiesen. Die üblichen Termini für Akzidens sind ʿaraḍ — *accidens*, hier aber wäre für *infiʿālāt* die Übersetzung *passiones* entsprechender gewesen. Zusätzlich erleichtern die manchmal paraphrasierende Verkürzung (vor allem in einleitenden und zusammenfassenden Abschnitten) des Averroes-Kommentars und der um äußerste Knappheit bemühte Stil des Michael Scottus keineswegs das Verständnis.

---

[24] In unserem Text z. B. die im ersten Absatz dieses Abschnitts erläuterte Stelle.

[25] Die erörterten am Text gemachten Beobachtungen scheinen mir zwar die wichtigsten zu sein, sie ließen sich aber vor allem hinsichtlich der griechischen Textvorlage komplettieren. Auf manche eher marginale Einzelheit wurde im Interesse der Gedankenführung verzichtet, zumal die Mutmaßungen über den Zustand nicht erhaltener Manuskripte aus den edierten griechischen Varianten nicht belegt werden konnten.

2. Das durch ein anderes Relative

Wer den lateinischen Kommentar zur Relation des Sehens mit dem arabischen vergleicht, wird leicht feststellen, daß sie inhaltlich nicht übereinstimmen. Mehr noch: Es gelingt nicht, eine stimmige Interpretation des lateinischen Textes zu finden, und schon gar nicht eine, die in Parallele zur Relation des Denkens gebracht werden könnte, was doch nach Aristoteles notwendig ist. Da der Grund wiederum in der Frage nach dem übersetzungsbedingten Verständnis des Inhalts zu suchen ist, konzentriere ich die textkritischen Anmerkungen auf die eingangs angekündigten Fragen: Welche Relation bezeichnet „das durch ein anderes Relative?" und: Was wird ausgedrückt, wenn man „zweimal dasselbe" sagt?

a) *Der arabische Text*

Die Interpretation von 1021a32: οὐκ ἔστι δ' ἡ διάνοια πρὸς τοῦτο οὗ ἐστὶ διάνοια hatte für Averroes nicht die in Teil II,2 genannten Schwierigkeiten: Seine arabische Aristoteles-Übersetzung läßt nicht einmal erkennen, ob das zweite διάνοια Verb oder Nomen ist; ohne den Rückgriff auf das Griechische könnte man auch übersetzen: „und nicht ist das Denken relativ zu dem, der denkt" oder auch „zu dem, was Denken ist", wie Michael Scottus diese Stelle auffaßt, oder auch: „zu dem, dessen Denken es ist", wobei wieder offenbliebe, ob der Denkende oder das Gedachte bezeichnet werden soll. Daß Averroes diesen Text nach der Unterscheidung von wesenhaft und akzidentell kommentiert, mag an der Nähe der Formulierung zu 1017b14 über die Substanz gelegen haben oder an der gleichen Unterscheidung in 1020a15 hinsichtlich der Quantität, auch daran, daß die Zahlenrelation als wesenhaft bezeichnet wird, und nicht zuletzt daran, daß Denken notwendig Denken „von etwas" ist. Jedenfalls ist deutlich, daß für Averroes die von Aristoteles gemeinte Relation zwischen Gedachtem und Denken besteht, und zwar im Gedachten akzidentell, im Denken wesenhaft, und nicht zwischen Denken und Denkendem[26]. Bemerkenswert ist, daß Averroes auf der Suche nach dem zweimalig selben keine logische, sondern eine ontologische Begründung heranzieht: Setzt man die Relation zwischen Denkendem (wesenhaft) und Denken (akzidentell), dann ist das Denken verursacht durch den Denkenden (der Relation nach) und

---

[26] Die Auffassung, daß hier die Relation zwischen Denkendem und Denken ausgeschlossen werden soll, vertrat bereits Alexander von Aphrodisias, den Averroes aus einer Übersetzung kannte, und ebenso interpretiert Thomas v. Aquin diese Relation. Überhaupt sei darauf hingewiesen, daß der Metaphysik-Kommentar des Thomas v. Aquin in seinen klaren Formulierungen eine erhebliche Hilfe zum Verständnis unserer Texte bietet, obwohl sein Kommentar auch bei den hier erörterten Fragen z. T. andere Wege geht, die hier einzubeziehen zu weit führen würde. Cf. Thomas v. A., In duodecim libros Metaphysicorum Aristotelis expositio, Marietti, Turin 1964, Nr. 1001—1029.

gleichzeitig ist es ursächlich für den Denkenden (der Realität nach); das Denken, „die durch sich erste Sache", würde Ursache und Verursachtes zugleich. — Averroes sucht in dieser Argumentation nicht nach tautologischen Sätzen. Die logische Betrachtung mündet für ihn in einen in sich widersprüchlichen Begriff: Wenn man in dieser Relation „Denken" sagt, hat man immer zugleich „Verursachtes" (der Natur nach zweites) gesagt und kann auf die Frage nach seiner Ursache wieder nur „Denken" sagen und meint dann das der Natur nach Erste; anders ausgedrückt: wenn man in dieser Weise „Denken" sagt, hat man bereits zweimal „Denken" gesagt.

Die Eindeutigkeit dieser Interpretation ergibt sich nur dadurch, daß die arabischen Worte für „Denken", „denkender" und „gedachtes" verschieden sind, was aber für „sehenden" und „gesehenes" nicht zutrifft. Das arabische Schriftzeichen *mbṣr* ist eindeutig Partizip des IV. Verbalstammes; es bleibt aber offen und eine Frage der Interpretation, ob *mubṣir* (sehender) oder *mubṣar* (gesehenes) zu lesen ist. Darüber hinaus ist nicht eindeutig, ob der Satz über die wahre Rede Konzessiv- oder Bedingungssatz ist. Asṭāt dürfte *wa-'in* (obwohl) gemeint haben; nach dem Stil des Kommentars hat Averroes eher *wa-'in* (und wenn) gelesen. Man kann deshalb eine Eindeutigkeit über die Relation des Gesehenen nur aus der Parallele zum Gedachten ableiten, und nur so ergab sich die Eindeutigkeit der vorgelegten Übersetzung.

b) *Die lateinische Übersetzung*

Offensichtlich geht Michael Scottus von einem anderen Verständnis des Aristoteles aus. Er übersetzt a32 so, als wollte Aristoteles eine Relation zwischen Denken und Sehen einerseits und deren Was-Sein andererseits ausschließen. Dadurch verwickelt ihn der Kommentar in unlösbare Probleme. Die Variante in Zeile 28 intellectus] intellectum Od dürfte ein nachträglicher Versuch sein, den Text zu korrigieren, zumal das Verständnis dann stark in die Nähe des Griechischen gelenkt würde, diese Korrektur widerspräche aber der arabischen Textüberlieferung. — Die letzten Worte in Zeile 31 haben in dem dem Kommentar vorangestellten arabischen Aristoteles-Text eine Entsprechung, obwohl Averroes diese Worte im Kommentar nicht wiederholt: „und so betrifft es etwas, das das Sehen hat". Es bleibt unklar, weshalb Scottus mit einem *aut* beginnt.

In der lateinischen Übersetzung des Averroes-Kommentars kommt „illud, quod est intellectus" als eines der Relativen nicht mehr vor. Die Übersetzung hält sich inhaltlich und terminologisch an die arabische Vorlage und kann deshalb übereinstimmend mit der deutschen Übersetzung interpretiert werden.

Um so erstaunlicher ist, daß das hinsichtlich des Gesehenen nicht möglich ist. Der Grund liegt darin, daß Scottus das aktive Partizip nicht vom passiven trennt, sondern einheitlich *mubṣar*, also „gesehenes" liest.

Zusätzliche Konfusion kann für unser Verständnis dadurch entstehen, daß *ad visum* „in Bezug auf das Sehen" wie auch „das Gesehene" heißen kann, und dadurch unklar wird, ob der dritte mögliche Relationsbegriff ins Spiel gebracht werden soll. Um deutlicher zu machen, wie der Text nach der Lesart des Scottus verstanden werden müßte, übersetze ich diese drei Sätze aus dem Lateinischen:

„da ja beispielsweise, wenn das Sehen relativ zum Gesehenen wäre, der Sehende nicht relativ zum Gesehenen ist."

„Und wenn die Rede, daß das Sehen nicht relativ zum Gesehenen ist, wahr ist, wird es relativ zu etwas anderem sein, entweder zu einer Farbe oder zu etwas anderem dergleichen."

„Wenn wir aber annehmen würden, daß das Sehen gemäß der Relation zum Gesehenen ist, trifft zu, daß dasselbe zwei entgegengesetzte ist, nämlich Ursache und Verursachtes, d. h. wenn wir annehmen würden, daß das Sehen nur Sehen durch das Gesehene ist, nicht durch die gesehene Sache."

Zum ersten Satz: „der Sehende" kommt im Arabischen an dieser Stelle nicht vor. Bouyges verweist in einer Fußnote[27] darauf, daß *mbṣr* vielleicht zweimal im Arabischen stand und das zweite aktiv verstanden wurde. Dagegen spricht, daß diese Unterscheidung im folgenden wichtig gewesen wäre, aber nicht vorgenommen wird. Wahrscheinlich dürfte sein, daß das „es" dieses Satzes als „er" verstanden wurde, was sprachlich ebenfalls möglich war, und dafür die interpretierende Übersetzung „der Sehende" in den Text aufgenommen wurde.

Für die letzten Worte: „nicht durch die gesehene Sache" gibt es vom Arabischen her keinen Grund. Konsequent hätte Scottus übersetzen müssen: „daß das Sehen nur Sehen ist durch das Gesehene, nicht durch das Gesehene". Hier spätestens wird die Unstimmigkeit der Übersetzung deutlich. Man könnte noch annehmen, daß Scottus mit dem zweiten Satz Averroes im gleichen Sinn interpretieren wollte, wie Ross diese Aristoteles-Stelle; dann hätte aber im dritten Satz bemerkt werden müssen, daß das Argument von der Ursache und dem Verursachten, das im selben sein soll, auf die Relation des Sehens und des Gesehenen nicht anwendbar ist, weil dann nach der Argumentation des Averroes das Gesehene der Realität nach wesenhaft die Ursache des Sehens sein müßte (und das würde wohl niemand explizit Averroes unterstellen). Es soll ja gerade gezeigt werden, daß das Gesehene überhaupt nur vom Sehen her als solches bezeichnet wird und ihm nur akzidentell zufällt, ob es gesehen wird oder nicht. Man wird also annehmen müssen, daß der lateinische Übersetzer den Inhalt dieser Sätze nicht hinreichend analysiert hat, um eine adäquate Übersetzung anzubieten.

---

[27] Bouyges, a. a. O., Vol. II, 619 Anm. 82.

LES ÉDITIONS ANCIENNES DE LA TRADUCTION PAR GUILLAUME DE LUNA DU COMMENTAIRE MOYEN D'AVERROÈS AU DE INTERPRETATIONE

par Roland Hissette (Köln)

La version latine faite par Guillaume de Luna du commentaire moyen d'Averroès au De Interpretatione d'Aristote se trouve dans une série de onze éditions anciennes des œuvres du Stagirite. Celles-ci se répartissent en quatre éditions incunables[1] et sept éditions du XVIe siècle[2]. Dès lors l'utilisateur de ces éditions anciennes, à la recherche du texte de Guillaume de Luna, est en droit de se poser deux questions: 1. La première édition incunable de 1483 peut-elle être considérée comme l'édition *princeps*? Si oui, en quelle mesure? 2. Les dix éditions ultérieures apportent-elles d'importants éléments neufs permettant de mieux retrouver le texte de Guillaume de Luna?

Ces questions ont déjà été abordées par les érudits. Ainsi pour F. E. Cranz, l'édition de 1483 (A) serait la base des éditions ultérieures jusqu'en

---

[1] 1. Aristotelis opera lat., Venise 1483 (éd. désormais désignée par A; voir Gesamtkatalog der Wiegendrucke [désormais désigné par GW], II, Leipzig 1926, n° 2337); 2. Aristotelis opera lat., Venise 1483 (éd. désormais désignée par A'; voir GW, *ibid.*, n° 2338); 3. Aristotelis opera lat., Venise 1489 (éd. désormais désignée par B; voir GW, *ibid.*, n° 2339); 4. Aristotelis opera lat. Venise 1495–96 (éd. désormais désignée par C; voir GW, *ibid.*, n° 2340; les exemplaires utilisés de ces quatre incunables sont ceux de Munich SB).

[2] 1. Aristotelis Physica ..., Venise 1501 (éd. désormais désignée par D; l'exemplaire utilisé vient de Vienne NB; cf. Index Aureliensis [désormais désigné par IA], Catalogus librorum sedecimo saeculo impressorum, Baden-Baden 1962 sv., *107.693; voir aussi F. E. Cranz, A Bibliography of Aristotle Editions. 1501–1600; 2[d] Ed. with Addenda and Revisions by Ch. B. Schmitt, Baden-Baden 1984, 2 [= Bibliotheca Bibliographica Aureliana 38]); 2. Aristotelis opera, Venise 1507 (éd. désormais désignée par D'; cf. IA *107.753; F. E. Cranz, A Bibliography ..., corrigenda); 3. Aristotelis opera, Venise 1516 (éd. désormais désignée par E; l'exemplaire utilisé vient de Vienne NB; cf. IA *107.838; F. E. Cranz, A Bibliography ..., 16); 4. Aristotelis Libri Physicorum ..., Pavie 1520–21 (éd. désormais désignée par F; l'exemplaire utilisé vient de Florence BN; cf. IA *107.870; F. E. Cranz, A Bibliography ..., 20); 5. Aristotelis Logica ..., Lyon 1530 (éd. désormais désignée par G; l'exemplaire désigné vient de Louvain UB; cf. IA *107.921; F. E. Cranz, A Bibliography ..., 26); 6. Aristotelis opera, Lyon 1542 (éd. désormais désignée par H; l'exemplaire utilisé vient de Namur Fac. Univ.); 7. Aristotelis omnia opera, Venise 1560 (éd. désormais désignée par I; l'exemplaire utilisé vient de Bonn UB; cf. IA *108.423; F. E. Cranz, A Bibliography ..., 75).

1542 et au-delà[3], et, d'après le Gesamtkatalog der Wiegendrucke, la seconde édition de 1483 (A′) ne différerait de la première que par sa présentation[4]. En serait-il de même de l'édition de 1489 (B), qui, comme le notent F. E. Cranz et L. Minio-Paluello, rompt pour certaines œuvres avec le traditionalisme des traductions médiévales[5]? Que signifient exactement les affirmations de ces érudits, pour qui l'édition de 1495−96 (C) reproduirait sans changement essentiel celle de 1489[6]? Dans quelle mesure, pour le texte qui nous concerne, les éditions de 1501 (D), 1507/8 (D′) et 1516 (E) ont-elles été modelées directement sur celle de 1495−96[7]? Est-il vrai que malgré ses corrections soi-disant innombrables dans les premiers livres de l'Organon[8], l'édition de 1520−21 (F) demeure essentiellement la même que celle de 1516−19[9]? Les éditions de 1529−30 (G) et de 1542 (H) sont-elles simplement des réimpressions de celle de 1520−21[10]? Enfin l'édition de 1560 (I) apporte-t-elle l'une ou l'autre innovation[11]?

Pour répondre à ces questions, une comparaison de l'ensemble du texte du premier incunable de 1483 (A) avec celui des deux incunables suivants (A′ et B) a d'abord été réalisée. Ce travail a fait apparaître que la seconde édition de 1483 (A′) reproduit fidèlement la première (A) et ne modifie que la présentation[12]. Comme le signale une annotation manuscrite dans l'exemplaire de Munich (Staatsbibliothek), il appert aussi que l'incunable de 1489 (B) a introduit dans le chapitre J (commençant par les mots «Et

---

[3] «The *Opera* edition of 1483 ... provided the basic format of later editions through 1542»; F. E. Cranz, Editions of the Latin Aristotle accompanied by the Commentaries of Averroes, in: Philosophy and Humanism. Renaissance Essays in Honor of P. O. Kristeller, ed. E. H. Mahoney, Leiden 1976, 119.

[4] De cette édition, il est dit: «Zweite Ausgabe, anders umgebrochen»; GW, II, 567, n° 2338.

[5] La nouveauté importante de l'édition de 1489 «è la parziale rottura col tradizionalismo delle traduzioni medievali»; L. Minio-Paluello, Attività filosofico-editoriale aristotelica dell'umanesimo in: Opuscula. The latin Aristotle, Amsterdam 1972, 497; voir aussi F. E. Cranz, Editions ... (cf. ci-dessus n. 3) 120.

[6] «L'edizione del 1495−96 ripete, nel complesso, l'edizione dell' '89»; L. Minio-Paluello, Ibid. 497; «Octavianus Scotus republished the 1489 edition without essential change in 1495−96»; F. E. Cranz, *Ibid.* 120.

[7] «In 1501, Paganinus de Paganinis reissued the *Opera* edition of 1495−96... It reappeared in 1507−1508 unter the editorship of Marcus Antonius Zimara... Finally, the last edition patterned directly on that of 1495−96 appeared in 1516−19»; F. E. Cranz, *Ibid.*, 121. Voir aussi le Gesamtkatalog der Preussischen Bibliotheken, t. VI, Berlin 1934, 589: des éditions de 1507/8 et 1516 il est dit que chacune «stellt offenbar einen späteren Abdruck der Ausgabe der Werke, Venedig, Octavianus Scotus 1495−96 ... dar».

[8] F. E. Cranz, *Ibid.* 122.

[9] «The edition of 1520−21 remains essentially the same as that of 1516−19»; *ibid.*, 122.

[10] «There were reissues of the 1520−21 *Opera* in 1529−30 and in 1542»; *ibid.*, 124.

[11] Au sujet de cette édition, cf. H. A. Wolfson, Revised Plan for the Publication of a *Corpus commentariorum Averrois in Aristotelem*, in: Speculum 38 (1963) 93.

[12] D'où la désignation A′.

postquam enuntiationum») un long passage (32 lignes), qui appartient au chapitre suivant commençant par les mots «Et enuntiationum quarum subiectum»; dans ce chapitre, le passage en cause a été reproduit à sa juste place (contrairement à ce qu'indique, dans l'exemplaire signalé de Munich, une annotation de la même main). Mais à cet incident typographique s'ajoute l'introduction d'un certain nombre de coquilles ou de variantes orthographiques. Celles-ci ne supposent pas qu'il y ait eu une révision du texte sur manuscrit, comme on va le constater dans le sondage proposé ci-dessous.

Ce sondage porte sur le passage qui correspond aux paragraphes **62** à **75** dans l'édition arabe de Ch. Butterworth[13] et consiste à comparer systématiquement au texte correspondant de l'incunable de 1483 (A), publié *in extenso* et souvent très défectueux, les variantes intervenant dans toute la tradition imprimée ancienne, à l'exception toutefois de l'édition de 1507–8 (D') demeurée inaccessible. Ces variantes sont données en notes sous la forme d'un apparat négatif. Ce recensement réserve des surprises[14]; et, pour pousser le plus loin possible la comparaison des 9 témoins ABCDEFGHI, des graphies évidemment fautives ont été maintenues[15]; mais l'orthographe a été partout unifiée[16]; en outre, pour faciliter la lecture, une ponctuation nouvelle a été introduite dans le texte de A[17]; on a également retenu pour celui-ci la division en paragraphes proposée par Butterworth.

---

[13] Cf. Averrois Cordubensis In librum Aristotelis De interpretatione. Recensum textis arabicis initiavit M. M. Kassem, complevit, revidit et adnotationibus illustravit Ch. E. Butterworth adiuvante A. Abd al-Magid Haridi, Le Caire 1981, 102–112 (= Corpus commentariorum Averrois in Aristotelem. Versionum arabicarum vol. 1, a (3). The American Research Center in Egypt Public. n° 7).

Le passage correspondant aux paragraphes **62** à **75** a été retenu parce qu'il a été omis dans un des trois manuscrits de la traduction latine, soit dans Erfurt Ampl. Fol. 318 (cf. G. Lacombe …, Aristoteles latinus. Codices, t. 1, Rome 1939, 659, n° 878). Préparant l'édition critique de ce texte, j'ai voulu, tout en traitant les deux questions soulevées au commencement de cet article, chercher aussi à savoir si je pouvais tirer profit de la tradition imprimée ancienne, là où précisément le manuscrit d'Erfurt fait défaut, car les deux autres manuscrits connus ne permettent pas de restituer facilement ce long passage; ces deux manuscrits sont: Venise S. Marc lat. VI. 53 et Rome Vat. Urb. lat. 221 (cf. G. Lacombe, Arist. lat., t. 2, Cambridge 1955, 1103, n° 1611, et 1207, n° 1814.

[14] Ainsi dans les notes relatives au texte latin, on constatera qu'on passe de *succurrere* à *intentionis*, de *quidem* à *enim*, de *dictiones* à *duae*, de *absque hoc quod* à *sed*, de *res* à *dispositio*, de *coniungens partem negationis* à *negationis iungitur*, de *loco* à *respectu*, de *qui* à *et illa*, de *omni* à *quoniam sunt*, de *inveniemus* à *convertimus*, de *quod ostendit aestimatio ipsarum* à *cuius exemplum ostensum iam est*.

[15] Ainsi *etium, equiparate, nonminis, nomis, impossi e bilis, quē, contraadictoria*.

[16] Alors que les éditions ABCDEFG maintiennent pratiquement l'orthographe médiévale du latin, celle-ci est en partie abandonnée par H et I.

[17] Les éditions anciennes n'ont pas maintenu la même ponctuation; ainsi celle de A diffère sensiblement de celle de HI.

La majeure partie du texte qui nous occupe concerne le problème logique des propositions modales. Dans la discussion de celles-ci, un tableau est proposé au paragraphe **70**. Au lieu de ce tableau, I (fol. 56 vF) propose le tableau suivant, où manquent les *consequentes* dans les *ordines* I et III.

Ordo I

Antecedens
Affirmativa possibilis simplex
Possibile est ut inveniatur

Ordo II

Antecedens
Affirmativa possibilis declinata
Possibile est ut non inveniatur

Consequentes
Negativa necessaria declinata
Non oportet ut non inveniatur
Negativa impossibilis declinata
Non est impossibile ut non inveniatur

Ordo III

Antecedens
Negativa possibilis simplex
Non est possibile ut inveniatur

Ordo IIII

Antecedens
Negativa possibilis declinata
Non est possibile ut non inveniatur

Consequentes
Affirmativa necessaria simplex
Oportet ut inveniatur
Affirmativa impossibilis declinata
Impossibile est ut non inveniatur

Cette disposition du tableau en quatre *ordines* avec l'indication des *antecedentes* et des *consequentes* a son correspondant dans la première édition, à la Renaissance, de la traduction nouvelle du traité d'Averroès faite par Mantinus à partir d'une version hébraïque: la mention des *consequentes* y est toutefois complète[18].

Texte

62 Et postquam hoc ostensum est iam quod tunc[1], consideremus quando erit ex intentionibus multis quae praedicantur de intentione[2], et ex intentione una quae praedicantur de intentionibus multis, enuntiatio una, et illud est per hoc ut sit[3]. Dicamus ergo quod, quando[4] non erit praedicatio illarum intentionum multarum de subiecto in ea praedicatio per accidens, neque est una earum inclusa in alia neque contenta ab ea, scilicet quod sit condicio contenta in habente condicionem,

---

62 1 iam quod tunc] quod iam tunc E *om.* FGHI   2 intentione] una *add.* FGHI   3 sit] aggregatum ex his intentionibus multis intentio una et vera et quando non erit hoc *add.* FGHI   4 quando] *om.* HI

---

[18] Cf. Aristotelis omnia opera cum Averrois commentariis (IA *108.193), Venise Apud Iuntas 1553, 49; voir aussi l'éd. de 1562 (Ibid., 98 va; IA *108.486. Réimpr. par Minerva, Francfort/M 1962). Sur la version hébraïque, base de la traduction de Mantinus, voir F. E. Cranz, Editions ... (ci-dessus, n. 3) 125; H. A. Wolfson, Revised ... (voir ci-dessus, n. 11) 93.

et quanto magis ut sit condicio ipsa eadem habens condicionem, sicut si[5] dicamus quod Socrates albus albus, cum non erit illud secundum modum succurrere[6], quoniam coniunctum ex illis intentionibus erit intentio una; sed cum est quidem[7] praedicatio eius per accidens, sicut est dictum nostrum de Socrate quod est albus et quod ambulat, quoniam non[8] coniunctum ex eis intentio una. Et similiter, cum est secunda contenta a prima, quoniam sermo tunc est superfluus, sicut dictum nostrum de Socrate quod est homo vivus, secundum modum expositionis hominis per vivum, quoniam dictio homo iam comprehendit vivum, et[9] propter hoc est colligatio nostra ipsius cum vivo ridiculositas, e contrario colligationis generis est[10] differentia; et cum expoliantur praedicata[11] separata ad[12] his dispositionibus, scilicet a praedicatione quae est per accidens, et ut non sit unum eorum clausum in alio, erit enuntiatio una, sicut dictum nostrum de homine quod est animal et est bipes.

63 Sed[1] res qua[2] verificantur coniunctae in praedicatione de aliqua re, cum ligatur[3] quaedam cum quadam[4], sunt quarum quaedam verificantur[5] et quaedam non verificantur. Et verificantur illae in quibus coniunguntur duo, quorum unum[6], ut non comprehendatur in aliquo condicionato[7] in dicto[8] aliquid oppositum rei, quae condicionatur[9] in eo et ligatur omni[10] eo; et hoc quocumque modo accidat ex modis oppositionis quatuor, sicut[11] manifesta illa oppositio ei[12] ex significatione illius nominis, sicut est dictum nostrum «animal mortuum», quoniam mortuum est contrarium animali ex parte significationis huius nominis, scilicet nominis animal, aut[13] sit manifestatio illa ex parte significationis nonminis[14], sed ex parte significationis diffinitionis aut descriptionis; verbi gratia «homo mortuus», quoniam evidens est quidem quod homo est oppositum mortuo ex parte diffinitionis eius, in qua dicitur quod est animal rationale; cum ergo concluditur oppositio in huiusmodi colligationibus, falsificantur, cum separantur, quoniam verificatur de mortuo quod est homo mortuus, et non verificatur de eo quod est homo. Et condicio secunda, ut non sit praedicatio colligati de subiecto per accidens, id est propter aliud ab ipso sed propter se, id est propter seipsum; quia, cum est praedicatum per accidens secundum istum modum, falsificatur, cum separatur: verbi gratia, «Homerus est inventus versificator[15] aut inventus opinabilis», quoniam, cum separantur haec[16] et dicitur «Homerus est inventus», est falsum, cum sit nunc[17] privatus; et causa[18] in hoc est[19] quia dictio dicti nostri, in[20] inventus

---

5 si] *om.* EFG   6 succurrere] intentionis FGHI   7 quidem] quaedam D *om.* I   8 non] est *add.* FGHI   9 quoniam ... et] *om.* CDEFGHI *sed add. in marg. al. lect.* HI   10 est] cum FGHI   11 praedicata] praedicato BCDEFGH   12 ad] ab BCDEFGHI

63 1 Sed] *add.* cum I   2 qua] quae H *om.* I   3 cum ligatur] colligatur HI   4 quadam] quaedam BC quibusdam cum quaedam HI   5 verificantur] cum separantur *add.* FGHI   6 unum] est *add.* I   7 condicionato] condicionatio BCDE   8 dicto] *om.* FGHI   9 condicionatur] condicionantur BCDE   10 omni] in BCDEFGHI   11 sicut] sive sit FGHI   12 ei] *om.* GHI   13 aut] non *add.* FGHI   14 nonminis] nomis B nominis CDEFGHI   15 versificator] verificator BCDEFG *et add. i. m. al. lect.* HI   16 haec] hic FG   17 nunc] non DEFG   18 causa] casu BCDEFG   19 est] *om.* BCDEFG   20 in] *om.* HI

praedicatur de Homero ex parte, quae[21] est opinatur[22] aut[23] versificator[24], non praedicatione prima propter se, id est absolute; et dictum nostrum in eo quod est inventus ex parte, qua est in mente opinatus, est dictum[25] verum; et propter hoc est possibile in eo, cum accipitur[26] secundum hanc partem dictio inventus, ut verificetur de privato, sicut[27] dictum «non inventus est[28]» praedicatur de alio propter aliud, verificatur de re inventa et non verificatur de ipsa, cum praedicatur de ipsa propter se, sicut est dictum nostrum de Petro cui innuitur[29] quod est non inventus[30] paries, quoniam non verificatur de eo, quod ipse non est inventus absolute, sicut non verificatur de privato, quod ipse est inventus absolute; ergo, cum non comprehenditur vel clauditur in condicione ut non colligatur, opponitur[31] rei ligatae, cum significatur super rem assumptam per diffinitionem eius, aut nomen ipsius, neque est illi praedicatio propter aliud; oportet quidem[32] cum dividuntur huiusmodi in praedicatione, ut verificentur divise, sicut verificantur composite.

64 Differentia tertia. Dixit[1]: «Et ex quo sunt enuntiationum, quaedam habentes modos, et quaedam non habentes modos», — et modus est dictio significans qualitatem inventionis praedicati cum subiecto, verbi gratia homo necesse est ut sit animal, aut possibile est ut sit philosophus; suntque generum dictionum duo modi, quorum unus est necessarius, et quod sequitur ipsum secundum modum consequentiae et numeratur cum eo, et est opportunus[2] et impossibilis, qui etiam est partium eius[3], cum sit necessarium, aut necessariae inventionis, aut necessariae privationis, quidem[4] est impossibile, et secundus est possibilis, et quod sequitur eum secundum modum consequentiae et numeratur cum eo, verbi gratia contingens, — iam ergo oportet ut aspiciamus in oppositis huius generis, quae sunt, et in consequentibus etiam ipsius[5], et illud est in declinatis et etium[6] in simplicibus. Et fiunt quidem dictiones modorum duo modi, quia intenditur quidem in eis ut significationes ipsarum equiperate[7] enti, cuius differentiae sunt dictiones[8] scilicet aut in potentia aut in actu; et neccessarium quidem[9] in eo quod est in actu, et possibile dicitur de eo quod est in potentia. Consideremus ergo in oppositis earum primo deinde in consequentibus.

65 Et dicamus, quod iam apparet in principio aestimationis, quod littera negationis oportet ut ponatur in huiusmodi enuntiationibus cum dictione inventionis[1], quae est copula, non cum praedicato secundum dispositionem

---

21 quae] qua I   22 opinatur] opinatus HI   23 aut] *om.* H   24 versificator] verificator BCDEFG   25 dictum] *add.* nostrum DEFGHI   26 accipitur] accipiatur BCDEFGHI   27 sicut] sic HI   28 est] cum *add.* FGHI   29 innuitur] invenitur BCDEFGHI   30 inventus] intentus FG   31 ut non colligatur opponitur] aut colligato oppositum FGHI   32 quidem] enim I

64   1 Dixit] *om. sed add. subtitulum* De enunciationibus modalibus I   2 opportunus et] *om.* I   3 etiam est partium eius] etiam partium eius est HI   4 quidem] quod FG quod quidem HI   5 ipsius] ipsarum I   6 etium] etiam BCDEFGHI   7 equiperate] equiparate DE *et add.* sint FGHI   8 dictiones] duae FGHI   9 quidem] est *add.* FGHI

65   1 inventionis] inventionibus BCDE

enuntiationum non habentium modos. Et illud est quia negatio dicti nostri «homo invenitur iustus» est dictum nostrum «homo non invenitur iustus», non dictum nostrum «homo invenitur non iustus». Et illud est ex quo affirmatio et negatio dividunt verum a falso in omnibus rebus. Ergo si posuimus[2], quod negatio dicti nostri «homo invenitur iustus» sit dictum nostrum «homo invenitur non iustus», oportet similiter in his duobus dictis ut dividant verum a falso in omnibus rebus, donec oporteat[3] ut[4] sit dictum nostrum in ligno, verbi gratia, quod invenitur iustum lignum, ergo[5] falsum erit[6] de eo, quod ipsum invenitur non iustum. Sed postquam[7] fuit dictum nostrum «iustum» et «non iustum» separantia verum et falsum de homine tantum, ergo iam oportet, si est verum, quod lignum invenitur non iustum, ut sit de eo verum quod lignum sit homo non iustus; et hoc est in fine impossibilis[8].

66 Et cum est littera negationis quidem[1] posita in enuntiationibus trinariis et binariis cum verbo, iam putatur quod dispositio in enuntiationibus habentibus modos[2] est haec dispositio. Et erit secundum hoc negatio dicti nostri de re[3], quod possibile est[4] quod non inveniatur absque hoc quod[5] iam apparet, quod verificetur de re eadem, ut dicatur in ea[6] quod possibile[7] quod inveniatur possibile et[8] quod non inveniatur. Et exemplum illius est[9], quod possibile est ut incidatur, possibile est ut non incidatur, et quod possibile est ut ambulet, et[10] quod[11] possibile est ut non ambulet. Et illud est quia possibile[12], quod non est inventionis[13], et propter hoc iam est possibile in eo ut inveniatur[14], dictum nostrum possibile est ut non inveniatur.

67 Cum ergo ostensum sit quod pars negationis in his enuntiationibus, scilicet in habentibus modos, non oportet ut ponatur non[1] cum praedicato neque cum verbo inventionis, ergo iam oportet ut ponatur cum modo, erit ergo negatio dicti nostri de re, quod est possibile ut inveniatur, dictum nostrum quod non est possibile ut inveniatur. Et haec[2] est res[3] in omnibus modis, quos numeravimus. Et hoc est opportunum, quoniam quemadmodum in enuntiationibus non habentibus modum terminus quidem coniungens partem negationis[4] cum re quae est in praedicatione loco formae, quae est verbum inventionis, non cum re quae est[5] loco materiae, quae est praedicatum. Similiter hic[6] quidem ponitur pars negationis

---

2 posuimus] posuerimus I   3 oporteat] oportet BCDEFGHI   4 ut] cum *add.* FGHI   5 ergo] *om.* FGHI   6 erit] verum *add.* FGHI *sed scrib. i. m. al. lect.* lignum verum ergo falsum erit de eo HI   7 postquam] ut diximus *add.* HI   8 impossibilis] impossibilitatis I

66 1 quidem] *om.* I   2 modos] et *add.* CDE   3 de re] decere C dicere DEFGHI   4 possibile] ut inveniatur possibile *add.* FGHI   5 absque hoc quod] sed FGHI   6 ea] eo BCDEFGHI   7 possibile] possibilem DE est *add.* HI   8 et] *om.* FG   9 est] quia *add.* HI   10 et] *om.* I   11 quod] *om.* HI   12 possibile] est *add.* FGHI   13 inventionis] necessariae inventionis FGHI   14 inveniatur] et possibile est ut non inveniatur et quia impossibile est ut duo opposita verificentur de eodem, manifestum est quod negatio dicti nostri possibile est ut inveniatur non est *add.* FGHI

67 1 non] *om.* FGHI   2 haec] hoc BCD   3 res] dispositio HI   4 coniungens partem negationis] negationis iungitur FGHI   5 est] in *add.* DE   6 hic] haec FGHI

cum re, quae est loco⁷ verbi inventionis⁸ in non habentibus modos ex praedicato⁹, qui¹⁰ est modus. Et illud est quia verbum inventionis, ex quo est in enuntiationibus quae non sunt habentes modos significans qualitatem dispositionis praedicati cum subiecto, sit verbi inventionis proportio ad praedicatum in huiusmodi enuntiationisbus proportio formae ad materiam. Et ex quo est haec proportio eadem ipsa proportio modi ad verbum inventionis; et illud est, quia iam significat qualitatem inventionis praedicati ad subiectum, est proportio eius ad verbum inventionis proportio formae ad materiam; et cum sint proportiones duae eaedem, et sit pars negativa ibi posita cum verbo, oportet ergo ut ponatur hic cum modo.

68 Et universaliter manifestum est per se quod negatio dicti nostri «possibile est ut inveniatur¹» dictum nostrum «non possibile est ut inveniatur» omni², hae duae dividentes³ verum et falsum semper. Sed dictum nostrum quidem «possibile ut inveniatur», et «quod non inveniatur» non sunt contradictoria sed consequentia se. Et similiter negatio dicti nostri «possibile est quod non inveniatur», quod est declinata possibilis, est dictum nostrum «non possibile est ut non inveniatur», et negatio dicti nostri «oportet ut non inveniatur», et⁴ est declinata necessaria, est dictum nostrum «non oportet ut non inveniatur»; et similiter negatio dicti nostri «impossibile est ut non inveniatur» dictum nostrum «non est impossibile ut non inveniatur». Et hae sunt enuntiationes oppositae in hoc genere.

69 Sed sequentes quidem¹, sicut si dicam affirmativam quidem² possibilem³ simplicem, quae est dictum nostrum «possibile est ut inveniatur», consequuntur duae: negativa⁴ impossibilis, sicut dictum nostrum «non impossibile est⁵ inveniatur», et negativa necessaria, quae est dictum nostrum «non necesse⁶ ut inveniatur». Sed affirmativam possibilem declinatam, verbi gratia «possibile est ut non inveniatur», quidem⁷ sequuntur secundum famositatem et magis scitum⁸ duae, quarum una est negativa necessaria declinata, quae est dictum nostrum «non oportet ut non inveniatur», et secunda est negativa impossibilis declinata, quae est dictum nostrum «non impossibile est ut non inveniantur⁹. Et negativam possibilem simplicem, quae est dictum nostrum «non possibile est ut non¹⁰ inveniatur», consequuntur quidem¹¹ duae etiam, quarum una est affirmativa necessaria declinata, quae est dictum nostrum: «necesse est ut non inveniatur», et secunda¹² est affirmativa impossibilis simplex, quae est dictum nostrum «impossibile est ut inveniatur». Et negativam quidem possibilem declinatam, verbi gratia «non est

---

7 loco] respectu FGHI   8 inventionis] sicut verbum inventionis *add.* FGHI   9 ex praedicato] respectu praedicati FGHI   10 qui] et illa FGHI *sed scrib. in marg. al. lect.* in habentibus modos ex praedicato qui est modus HI

68 1 inveniatur] est *add.* FGHI   2 omni] omnino DE quoniam sunt FGHI   3 dividentes] et *add.* CDEFGH   4 et] *om.* DEFGHI

69 1 quidem] *om.* I   2 quidem] *om.* I   3 possibilem] possibile BCDEFG   4 negativa] negativae E   5 est] ut *add.* EI   6 necesse] est *add.* HI   7 quidem] *om.* I   8 scitum] sicut BCDE   9 inveniantur] inveniatur BCDEFGHI   10 non] *om.* FGHI   11 quidem] *om.* I   12 secunda] secundum BCDEFG

possibile ut non inveniatur», sequuntur duae, una quarum est affirmativa necessaria simplex, quae est dictum nostrum «oportet ut inveniatur», et secunda affirmativa impossibilis declinata, quae est[13] dictum nostrum «impossibile est ut non inveniatur».

70 Ponamus ergo oppositas ipsarum in latitudine tabulae et consequentes quasdam sub quibusdam et illud secundam hanc designationem:

Possibile est ut non[1] inveniatur	Non possibile[2] est[3] ut inveniatur
Non oportet ut inveniatur[4]	Oportet ut non inveniatur[5]
Non impossibile[6] est ut inveniatur[7]	Impossibile est ut inveniatur[8]
Possibile est ut non inveniatur	Non possibile[9] est[10] ut non inveniatur
Non oportet ut non inveniatur	Oportet ut inveniatur
Non impossibile[11] est[12] ut non inveniatur	Impossibile est ut non inveniatur

71 Cum ergo consideraverimus hanc consequentiam famosam et insequemur eam, inveniemus[1] dictum nostrum «impossibile» et dictum nostrum «non impossibile» consequentia dictum nostrum «possibile» et «non possibile», scilicet quod contradictoria ipsorum sequuntur contradictoriam; id est affirmativam[2] in eis sequuntur negativam[3], nisi quia illud est secundum conversionem, scilicet quod negativa ex impossibili sequitur affirmativa[4] de possibili, et affirmativa de impossibili sequitur negativam de possibili.

72 Sed enuntiationes[1] quidem[2] necessariarum[3] consequentes ac[4] possibiles[5] non sunt contradictoriae sed contrariae, scilicet contraria[6] affirmativa necessaria, quae est contradictoria[7] negativae necessariae. Et illud est quia non est negatio dicti nostri «necesse est ut non inveniatur» consequens ex dicto nostro «non est possibile ut inveniatur» dictum nostrum «non necesse est ut inveniatur», quod est consequens ex dicto nostro «possibile est ut inveniatur». Et illud est quoniam ambo iam possibile est ut verificentur de re una et eadem, namque quod oportet ut non inveniatur, verificatur[8] non oportet ut non[9] inveniatur; sed dictum nostrum «oportet ut non inveniatur» est contrarium dicti nostri «oportet ut inveniatur», quod est contradictorium dicti nostri «non oportet ut inveniatur».

---

13 impossibilis declinata quae est] impossi e bilis declinata quē est B *quod fit* impossibilis declinata quem CDE

70 1 non] *om.* FGHI   2 possibile] impossibile H   3 possibile est] est possibile I   4 Non oportet ut inveniatur] *om.* I   5 Oportet ut non inveniatur] *om.* I   6 impossibile] possibile H   7 Non impossibile est ut inveniatur] *om.* I   8 Impossibile est ut inveniatur] *om.* I   9 possibile] impossibile H   10 possibile est] est possibile I   11 impossibile] possibile CDEFGH   12 impossibile est] est impossibile I

71 1 inveniemus] *scrib. in marg. al. litt.* convertimus HI   2 affirmativam] affirmativa FG   3 negativam] negativum DE negativae HI   4 affirmativa] affirmativam HI

72 1 enuntiationes] nuntiationes EFG   2 quidem] *om.* I   3 necessariarum] necessarium FGH de necessario I   4 ac] ad FGHI   5 possibiles] possibile FGHI   6 contraria] affirmativae necessariae scilicet *add.* FGHI   7 contradictoria] contraadictoria *sic* D   8 verificatur] de eo *add.* FGHI   9 non] *om.* FGHI

73 Et causa in hoc quod sequitur possibile negativum affirmativum necessarium declinatum et sequitur negativum possibile declinatum affirmativum necessarium simplex, est quod impossibile est contrarium necessario invento, etsi sit vis eorum in necessitate una. Et ex quo est quod negativa possibilis simplex[1] sequitur impossibilis affirmativa simplex, et est impossibilis affirmativa simplex contraria affirmativae necessariae simplici; et[2] sequitur de necessitate quod sequatur eam contraria affirmativae necessariae simplicis, quae est affirmativa necessaria declinata; et postquam sequitur negativam possibilem declinatam impossibilis declinata affirmativa, et est impossibilis declinata affirmativa contraria necessariae declinatae affirmativae, oportet ut sequatur eam ex necessitare[3] contrarium necessariae declinatae affirmativae, quae est necessaria simplex affirmativa.

74 Sed cum experimentetur hoc, iam putatur quod dispositio in hoc quod sequitur possibile ex[1] necessario, est sicut dispositio eius, quod sequitur ipsum ex impossibili, scilicet quod contradictorium ipsarum sequitur contradictorium, secundum tamen alium modum a primo; quod ostendit aestimatio ipsarum[2]; et erit consequentia ex dicto nostro «possibile est ut inveniatur» dictum nostrum «non necessarium est ut non inveniatur», quod est contradictorium dicti nostri «necesse est ut non inveniatur», quod sequitur ex dicto nostro» non impossibile[3] ut inveniatur», non dictum nostrum «non necesse[4] ut non inveniatur», sicut posuimus illud in positione prima.

Au terme de ce travail de collation, il importe d'en interpréter les résultats. Voici d'abord un tableau récapitulatif. Dans celui-ci, comme dans les pages qui précèdent et dans celles qui suivent, les chiffres imprimés en grasses indiquent les numéros des paragraphes de l'édition de A (**62** à **75**); les chiffres en caractères ordinaires donnent les numéros des notes.

Tableau récapitulatif

Variantes communes à:

BCDEFGHI: cf. **62**, n. 12; **63**, n. 10, 15, 26, 29; **64**, n. 6; **65**, n. 3; **66**, n. 6; **69**, n. 9.
BCDEFGH: cf. **73**, n. 3.
BCDEFG: cf. **63**, n. 18, 19, 24; **69**, n. 3, 12.
BCDE: cf. **63**, n. 7, 9; **65**, n. 1; **69**, n. 8, 13.

---

73 1 negativa possibilis simplex] negativam possibilem simplicem HI   2 et] *om.* FGHI   3 necessitare] necessitate BCDEFGH necessita et I

74 1 ex] est DEFG   2 quod ostendit aestimatio ipsarum] cuius exemplum ostensum iam est FGHI   3 impossibile] possibile FGHI   4 necesse] est ut inveniatur et erit consequens dicti nostri possibile est ut non inveniatur dictum nostrum non est necesse ut inveniatur non dictum nostrum non est necesse *add.* FGHI

BCD: cf. **67**, n. 2.
BC: cf. **63**, n. 4.
CDEFGHI: cf. **62**, n. 9; **63**, n. 14.
CDEFGH: cf. **68**, n. 3; **70**, n. 11.
CDE: cf. **66**, n. 2.
DEFGHI: cf. **63**, n. 25; **66**, n. 3; **68**, n. 4.
DEFG: cf. **63**, n. 17; **74**, n. 1.
DE: cf. **64**, n. 7; **66**, n. 7; **67**, n. 5; **68**, n. 2; **71**, n. 3.
EFG: cf. **62**, n. 5; **72**, n. 1.
EI: cf. **69**, n. 5.
FGHI: cf. **62**, n. 1—3, 6, 8, 10; **63**, n. 5, 11, 13, 28, 31; **64**, n. 7—9; **65**, n. 4—6; **66**, n. 4, 5, 12—14; **67**, n. 1, 4, 6—10; **68**, n. 1, 2; **69**, n. 10; **70**, n. 1; **72**, n. 5, 6, 8, 9; **73**, n. 2; **74**, n. 2—4.
FGH: cf. **72**, n. 3.
FG: cf. **63**, n. 16, 30; **64**, n. 4; **66**, n. 8; **71**, n. 2.
GHI: cf. **63**, n. 12.
HI: cf. **62**, n. 4; **63**, n. 3, 4, 15, 20, 22, 27; **64**, n. 3, 4; **65**, n. 6, 7; **66**, n. 7, 9, 11; **67**, n. 3, 10; **69**, n. 6; **71**, n. 1, 3, 4; **73**, n. 1.

Variantes isolées:
B: cf. **63**, n. 14.
D: cf. **62**, n. 7; **72**, n. 7.
E: cf. **62**, n. 1; **69**, n. 4.
H: cf. **63**, n. 2, 23; **70**, n. 2, 6, 9.
I: cf. **62**, n. 7; **63**, n. 1, 2, 6, 21, 32; **64**, n. 1, 2, 5; **65**, n. 2, 8; **66**, n. 1, 10; **69**, n. 1, 2, 7, 11; **70**, n. 3—5, 7, 8, 10, 12; **72**, n. 3; **73**, n. 3.

L'inversion en positif de l'apparat négatif permettrait d'augmenter sensiblement la liste des variantes communes et isolées recensées dans ce tableau[19]. Cela n'apporterait toutefois rien de neuf relativement à l'évidence qui se dégage de cet ensemble: la révélation d'un lien de dépendance de chacune des éditions par rapport à la précédente ou aux précédentes. Il appert, en effet, que des variantes introduites respectivement par B, C, D, E, F, G, H, se retrouvent dans toute la tradition qui suit. Et puisque les variantes de B proviennent d'un remaniement direct de A, il apparaît que A est vraiment l'édition *princeps* dont dérive l'ensemble de la tradition imprimée, D' y compris, même si un certain écart s'est creusé au fil des éditions entre celles-ci et A, car aucune d'elles ne reproduit exactement le texte qui précède[20].

---

[19] Ainsi, par exemple, l'apparat: est] cum FGHI (cf. **62**, n. 10) pourrait être lu est] ABCDE praedicata] praedicato BCDEFGH (cf. **62**, n. 11) pourrait être lu: praedicata] AI.

[20] L'édition de 1507/8 est appelée D' parce que les conclusions valant pour D valent également pour elle.

Cela est particulièrement vrai des éditions F, (G)[21] H et I, qui forment un groupe à part, car à partir de F un important remaniement du texte a été entrepris, dont profitent les éditions GHI, H et I ayant par ailleurs été à nouveau l'objet de remaniements ultérieurs, ce que fait apparaître le tableau des variantes propres à FGHI, à HI et à I.

Dans les premières éditions BCDE, les variantes, somme toute assez rares, peuvent provenir d'incidents typographiques[22], de corrections plus ou moins heureuses[23], introduites en fonction du sens[24], de la grammaire[25] et de la syntaxe[26]. Il ne semble pas qu'il faille invoquer une nouvelle consultation d'un manuscrit latin[27]. L'intérêt des éditions BCDE pour qui veut relire le texte de Guillaume de Luna en fonction de l'incunable A paraît donc assez réduit. En va-t-il de même pour les éditions FGHI?

Constatons d'abord qu'ici, en revanche, l'écart par rapport à A est de plus en plus important. Rien d'étonnant, semble-t-il, puisque, d'après les préfaces de F et de H, une révision complète du texte à l'aide d'une version hébraïque, voire d'une copie arabe, a été réalisée[28]. Cela paraît confirmé par la confrontation du texte de FGHI avec le texte arabe dont nous disposons aujourd'hui: ainsi, par exemple, des additions, dont il est question ci-dessus dans les notes accompagnant le texte de A (cf. **62**, n. 2 et 3; **63**, n. 5; **66**, n. 4 et 12—14; **74**, n. 4) sont appuyées à peu près littéralement par l'arabe[29], et ont leur correspondant dans la traduction latine faite par

---

[21] G est mis entre parenthèses parce que dans le sondage effectué, il ne présente qu'une variante par rapport à F, soit une omission qu'on retrouve dans HI (cf. apparat, **63**, n. 12).

[22] Comme l'introduction de coquilles; cf. apparat, **62**, n. 11; **63**, n. 18; **64**, n. 6; **69**, n. 13; **72**, n. 1; **74**, n. 1.

[23] Des fautes de distraction sont possibles; cf. par exemple apparat, **69**, n. 3 et 8.

[24] Cf. par exemple apparat, **62**, n. 7; **68**, n. 2; **72**, n. 3.

[25] Cf. par exemple apparat, **63**, n. 2; **67**, n. 5; **69**, n. 9.

[26] Cf. par exemple apparat, **69**, n. 5.

[27] Même si la formule «dictum nostrum verum» en DEFGHI au paragr. 63 (cf. apparat n. 25) pourrait s'expliquer en juxtaposant la leçon *nostrum*, que paraît avoir écrite une première main dans le manuscrit Vat. lat. (fol. 254 va), et la correction de *nostrum* en *verum* par une seconde main (*ibid.*).

[28] Ainsi, comme dans la préface de F, l'éditeur signale dans celle de G: «tanta fuimus diligentia et cura, ut in Averroe collato Arabico codice errorum duo millia castigaverimus». De même, dans la préface de H, Octavianus Scotus écrit: «Averrois scripta ita quidem a capite ad calcem recognovi, ut Arabica, ut Hebraica etiam quaecumque extarent, excusserim». A propos de cette annotation de F, F. E. Cranz signale que c'est probablement à cause d'un «presumably less accurate statement» que les erreurs sont dites avoir été corrigées sur l'arabe; il s'agirait plutôt d'une révision faite sur l'hébreu; Editions ... (ci-dessus, n. 3), 122.

[29] Cf. Ed. Butterworth (ci-dessus n. 13) 102, l. 15—17; 103, l. 13; 107, l. 1—2 et 5—7; 112, l. 5—6. Voir aussi l'édition de G. Jehamy, dans Averroès. Paraphrase de la logique d'Aristote (Texte arabe inédit). T. I: Textes; T. III: Index et lexiques avec l'apparat critique des textes du t. I. Beyrouth 1982, 113, l. 24—25, 114, l. 13, 118, l. 14 et 17—20; 121, l. 20—21 (= Publications de l'Université Libanaise. Section des études philosophiques et sociales, XII).

Mantinus à la Renaissance à partir d'une version hébraïque[30]. Que ces additions et autres corrections viennent de l'arabe ou d'une version hébraïque, peu importe en un certain sens à quiconque se demande si ces éditions ont quelque chance de rendre mieux que l'incunable A la version originale de Guillaume de Luna.

Sur quel texte les corrections ont-elles été effectuées? On peut établir pour F qu'elles ont été portées sur DE et plus précisément sur E. Voici comment.

On relève au paragraphe **62** l'omission d'un *si* (cf. apparat n. 5); au paragraphe **63**, on trouve le mot *non* au lieu de *nunc* (cf. apparat n. 17), et, comme on l'a vu déjà[31], l'addition à *dictum* du mot *nostrum* (cf. apparat n. 25); au paragraphe **72**, on lit *nuntiationes* au lieu de *enuntiationes* (cf. apparat n. 1) et *necessarium* au lieu de *necessariarum* (cf. apparat n. 3); au paragraphe **74**, on lit *est* au lieu de *ex* (cf. apparat n. 1). Or cette substitution de *non* à *nunc*, de *est* à *ex* et l'addition *nostrum*, sont présentes déjà dans DE; l'omission du *si* et les variantes *nuntiationes* et *necessarium* sont le fait de E. Mais ces leçons de DE retrouvées en F sont en réalité fautives: d'après l'arabe, il faut maintenir *si, nunc, enuntiationes* et *ex*[32], omettre *nostrum*[33] et corriger *necessarium* en *necessariae*[34]. La traduction de Mantinus va dans le même sens que l'arabe[35]. F présente donc un texte qui n'a pas été très bien corrigé. C'est pourquoi les éditeurs de H et I, tout en reprenant le texte de F (G), l'ont à nouveau retravaillé, le rendant ainsi d'autant moins apte à être meilleur témoin que A de la version de Guillaume de Luna.

Mais, comme c'est le cas par ailleurs pour le texte d'Aristote commenté, des *aliae lectiones* ou *litterae* (a. l.), qui modifient le sens de certains passages, ont été ajoutées par H et I (cf. l'apparat des paragraphes **62**, n. 9; **63**, n. 15; **65**, n. 6; **67**, n. 10; **71**, n. 1). La première, qui restitue un passage omis par CDEFG, a son équivalent dans le texte arabe dont nous disposons[36]; le texte hébreu connu rétrospectivement à travers la traduction de Mantinus va dans le même sens que l'arabe[37]. La seconde *alia lectio*, qui propose de

---

[30] Ed. Apud Iuntas 1552, 46 va, l. 56—58; 47 ra, l. 12—13; 48 vb, l. 63—64, 69; 49 ra, l. 1—4; 49 rb, l. 69; 49 va, l. 1—3. Ed. 1562, 93 rb D, l. 3—5, F, l. 10—11; 97 vb L, l. 2—3, 11—17; 99 ra B, l. 10—15.

[31] Cf. ci-dessus n. 27.

[32] Ed. Butterworth, 103, l. 3; 104, l. 10; 110, l. 12; 112, l. 1. Ed. Jehamy, 114, l. 2 et 25; 120, l. 23; 121, l. 16.

[33] *Id.* respectivement 104, l. 13; 115, l. 2.

[34] *Id.* respectivement 110, l. 12; 120, l. 23.

[35] Ed. Apud Iuntas 1552, 46 vb, l. 64; 47 ra, l. 36 et 41; 49 ra, l. 33—34 et 63. Ed. 1562, 93 rb, D l. 14; 93 va I, l. 4, 11—12; 98 va I, l. 7—8; 99 ra A, l. 14.

[36] Ed. Butterworth 103, l. 7—8; Jehamy 114, l. 7.

[37] Ed. Apud Iuntas 1552, 47 ra, l. 3—4; 1562, 93 ra E, l. 11—12.

remplacer *versificator* par *verificator*, peut s'expliquer par le simple recours à l'édition G, qui suit la tradition BCDEF et a servi de base à HI; d'après l'arabe, il faut lire ici *versificator* ou *poeta* ou un terme synonyme[38]; il en va de même de l'hébreu traduit par Mantinus[39]. La troisième *alia lectio* concerne une phrase difficile: l'affirmation et la négation divisent en toutes choses le vrai du faux; si l'une est vraie, l'autre est fausse; si donc la négation de «l'homme est juste» est «l'homme est non juste», alors il suit que, si la proposition «le bois est juste» est fausse, la proposition «le bois est non juste» doit être vraie[40]. Aussi malheureuse que la seconde, la troisième *alia lectio* embrouille le texte, que FG avait bien corrigé. La quatrième *alia lectio* a au moins le tort de supprimer un *non*, là où il est nécessaire et qui a du reste son équivalent en arabe[41] et dans la traduction de Mantinus[42]. Quant à la cinquième *alia lectio*, qui substitue *convertimus* à *inveniemus*, elle n'a pas d'équivalent en arabe[43] ni dans le texte de Mantinus[44].

Ainsi, même la première qui peut tout simplement provenir de AB, les *aliae lectiones* dont il est question ici ne paraissent pas avoir un rapport immédiat avec les traditions arabe et hébraïque[45]. Appartenant à un texte plusieurs fois remanié, elles pourraient être des produits mixtes (rassemblant des éléments provenant de sources différentes) et paraissent, au moins pour trois d'entre elles, vouloir intégrer des leçons de A (cf. apparat, **62**, n. 9; **65**, n. 6; **67**, n. 10). Si c'était le cas, ce qui devrait être vérifié sur une base plus large, elles reposeraient du même coup le problème de la valeur de cette édition *princeps* pour l'établissement critique de la version de Guillaume de Luna.

Avant d'aborder ce problème ailleurs, retenons que, dans l'ensemble, la tradition imprimée dépendant de A paraît être d'un intérêt assez secondaire pour relire le texte de Guillaume de Luna: il vaut mieux recourir à l'édition *princeps* qu'à ses succédanées.

---

[38] Cf. ed. Butterworth 104, l. 9; Jehamy 114, l. 24.
[39] Ed. Apud Iuntas 1552, 47 ra, l. 35; 1562, 93 va I, l. 2.
[40] Ed. Butterworth 106, l. 9–10; Jehamy 118, l. 5–6; voir aussi ed. Apud Iuntas 1552, 48 vb, l. 46–55; 1562, 97 vb I, l. 3–14, K, l. 1–3.
[41] Ed. Butterworth 107, l. 16; Jehamy, 119, l. 2.
[42] Ed. Apud Iuntas 1552, 49 ra, l. 17; 1562, 98 ra A, l. 9.
[43] Ed. Butterworth 110, l. 7; Jehamy 120, l. 19.
[44] Ed. Apud Iuntas 1552, 49 ra, l. 25–26; 1562, 98 va H, l. 12.
[45] Elles ne paraissent pas en avoir plus directement avec la tradition manuscrite latine, dont un seul manuscrit, celui de Venise, pourrait appuyer la leçon *verificator* de la seconde a. l. (cf. fol. 27 ra).

DREI PROLOGE IM GROSSEN PHYSIKKOMMENTAR DES AVERROES?

von Horst Schmieja (Köln)

1. Der Prolog zum 3. Buch

1.1. Hinweise auf den Prolog in mittelalterlichen Texten

In einem Kapitel seiner Schrift Errores Philosophorum befaßt sich Aegidius Romanus mit den philosophischen Lehrmeinungen des Averroes, die ausdrücklich das christliche Gedankengut angreifen. Aegidius hat verschiedene Texte des Averroes durchgesehen und stützt sein Urteil u. a. auf eine Stelle im Physikkommentar. Er schreibt: *Praeter tamen errores Philosophi arguendus est, quia vituperavit omnem legem, ut patet ex II Metaphysicae et etiam ex XI, ubi vituperat legem Christianorum sive legem nostram Catholicam et etiam legem Sarracenorum, quia ponunt creationem rerum et aliquid posse fieri ex nihilo. Sic etiam vituperat in principio III Physicorum, ubi vult quod propter contrariam consuetudinem legum aliqui negant principia per se nota negantes ex nihilo nihil fieri, immo, quod peius est, nos et alios tenentes legem derisive appellat loquentes quasi garrulantes et sine ratione se moventes.*[1]

Obwohl die Transkription *in principio tertii*, bzw. *in tertio* eindeutig ist, korrigieren die Editoren diese Stellenangabe: „This is most likely a copyist's error. Tertii Physicorum is not correct, for Averroes does not speak of the ‚loquentes' in that place." [2]

Harry A. Wolfson zitiert in seinem Aufsatz The Twice-Revealed Averroes diesen Text des Aegidius Romanus und schließt sich der falschen Zuschreibung an.[3]

In einem Beitrag für das Bulletin der S. I. E. P. M. hat kürzlich Adriaan Pattin auf ein Zitat des Johannes von Janduno aufmerksam gemacht, in dem sich dieser ausdrücklich auf einen ‚prologus super tertium Physicorum' bezieht. Johannes von Janduno schreibt in seinen Quaestiones zur Physik:

---

[1] Giles of Rome, Errores Philosophorum, ed. by Josef Koch, transl. by John O. Riedl. Milwaukee 1944, 16.
[2] Giles of Rome, a. a. O., 17, Anm. 41.
[3] Harry A. Wolfson, The Twice-Revealed Averroes, in: Speculum XXXVI, 3, (1961) 379.

Et Commentator in prologo suo super Tertium Physicorum dicit, quod consuetudo est maxima causa impediens a pluribus rebus manifestis per se.[4] Pattin verweist außerdem auf das ‚Florilège Médiéval' Les Auctoritates Aristotelis, das J. Hamesse 1974 herausgegeben hat.[5] In unserem Zusammenhang ist folgender Abschnitt interessant: *Commentator in prologo huius III libri. (113) Quidam homines ita erant consueti comedere venenum quod erat eis cibus. (114) Quidam propter usum audiendi fabulas negaverunt principia vera per se nota, ut est illud: ex nihilo nihil fit. (115) Fides vulgi fortior est quam fides philosophorum. (116) Qui in principio addiscit philosophiam non bene potest audire leges, sed qui in principio addiscit leges non impeditur posse audire philosophiam.* J. Hamesse fügt diesen Zitaten die Bemerkung hinzu: *locus non inventus.*[6]

Aegidius Romanus, Johannes von Janduno und der Verfasser dieser Florilegien, deren Abfassung J. Hamesse auf den Zeitraum von 1267 bis 1325 datiert,[7] beziehen sich, wie zu sehen sein wird, auf ein- und denselben Text. Der Anlaß für Pattin, auf das Zitat hinzuweisen und die Frage nach einem Prolog zum 3. Buch des Physikkommentars zu stellen, war seine Beobachtung, daß ein solcher Prolog in der Junta-Edition, der am besten zugänglichen Textausgabe der Werke des Averroes, nicht gedruckt ist. Das erklärt wohl auch, warum Koch und Riedl die Stellenangabe des Aegidius anzweifelten. A. Pattin hat aber diesen ‚Prolog' nachgewiesen in zwei Pariser Handschriften des 13. Jahrhunderts, die den Großen Kommentar des Averroes zur Physik des Aristoteles überliefern.

Da ich den lateinischen Text aufgrund der Beschäftigung mit den Handschriften, die mir für die Edition dieses Averroes-Kommentars zur Verfügung stehen, seit längerem kenne, möchte ich den Text in der Form bekanntmachen, wie er sich den Gelehrten des 13. und 14. Jahrhunderts bot. Ich gebe einige ergänzende Informationen hinsichtlich seiner Überlieferung und werde außerdem anhand von zwei ausgewählten Lesarten auf ein Problem hinweisen, das sich angesichts der Quellenlage dem Editor stellt.

---

[4] A. Pattin, A Propos du Prologue d'Averroès au IIIe Livre de son Commentaire sur la Physique d'Aristote, in: Bulletin de Philosophie Médiévale (S.I.E.P.M.) Nr. 25, Louvain—La-Neuve 1983, 61 f. Johannis de Janduno, Super octo libros Aristotelis De Physico auditu subtilissimae quaestiones, lib. IV, q. V, ed. Venetiis apud Juntas, 1551, f. 53 vb, H.

[5] J. Hamesse, Les Auctoritates Aristotelis, Louvain—Paris 1974.

[6] A. a. O., 149.

[7] A. a. O., 38.

1.2 Text

In einer vorläufigen Auswahl liegen dieser Edition acht Handschriften zugrunde. Die eingeklammerten Buchstaben beziehen sich auf die wichtigsten und für den Text inhaltlich relevanten Varianten.[8]

⟨Prologus in tertium Physicorum⟩

Consuetudo sicut dicit Aristoteles in primo[a] Metaphysicae est maxima causa impediens a pluribus rebus manifestis per se, quemadmodum enim quando homo fuerit assuetus ad aliquas actiones, licet noceant illi, erunt faciles illi, et credit quod sint utiles. Similiter cum fuerit assuetus credere sermones falsos[b] a pueritia, erit illa consuetudo causa ad negandum illam veritatem manifestam, sicut quidam tantum assueti fuerunt comedere venenum in tantum quod erat eis cibus, et sicut accidit modernis dicentibus quod generatio fuit ex non ente, et causa istius aestimationis fuit consuetudo.

Et tu potes scire hoc ex hoc quod dixit Aristoteles quod omnes antiqui conveniunt in hoc quod nihil generatur ex nihilo. Et iam vidi quosdam socios dubitantes in hac quaestione, et Avicenna[c] oboedivit huic aliquantulum in suo[d] tractatu de substantia orbis. Et ista mala consuetudo potest auferri per habere consuetudinem audiendi sua contraria. Quemadmodum enim[e] malitiae acquisitae per malam consuetudinem destruuntur per[f] consuetudinem habituum bonorum oppositorum illis. Similiter credere res falsas per malam consuetudinem destruitur per habere consuetudinem rerum verarum, et ista consuetudo est impediens multos intellectus perfectos recipere veritatem.

Et ideo videmus modernos loquentes dicere quod qui in principio addiscit[g] philosophiam, non potest[h] addiscere leges, et qui primo addiscit leges, non ei abscondentur post aliae scientiae, et bene dixerunt. In quo enim congregantur consuetudo veritatis et comprehensio veritatis, ille non habet impedimentum a veritate, sed habet impedimentum a falsitate aut saltem ab eo, in quo neque est veritas neque falsitas ut in legibus.[i] Sed qui habet consuetudinem recipiendi falsum, aptus est, ut impediatur a veritate. Quemadmodum in quo congregatur cum nutrimento panis, qui est cibus temperatus, consuetudo nutrimenti, rectum est ut non impediatur in aliqua hora ab hoc, quin nutriatur ab eo et quin non accidat ei nocumentum. Sed qui assuetus est ad aliud quam ad panem, potest bene impediri a nutrimento illius.

Et ex hoc modo, scilicet per consuetudinem aestimatur quod apologi positi civitati[j] sibimet corrumpunt multa principia necessaria, et hoc est per assuetudinem, et ideo fides vulgi est fortior quam fides philosophorum[k], quoniam vulgus non assuevit audire aliud, philosophi[l] autem audiunt multa, et ideo quando disputatio

---

[8] Die verwendeten Siglen beziehen sich auf die folgenden Handschriften: C = Paris, Bibliothèque Nationale, Cod. lat. 15453, Cg = Cambridge, Gonville et Caius Coll. 485/481, Ch = Cambridge Gonville et Caius Coll. 486/482, Cq = Cambridge, Peterhouse 66, Et = Erfurt, Wiss. Allgemeinbibliothek, Ampl. 350, Ew = Erfurt, Ampl. 352, Q = Paris, Bibl. Nat. Cod. lat. 16159, V = Paris, Bibl. Nat. Cod. lat. 14385.

et consideratio communis est omnibus, corrumpitur fides vulgi, et ideo quaedam leges[m] prohibent disputare. Et potes bene videre quantum operatur audire res extraneas in opinione, quae est per consuetudinem in hoc tempore. Homines enim multi, cum intraverunt res speculativas et audierunt res extraneas eis, cum[n] fuerunt assueti, statim corrumpebatur opinio, quam habuerunt ex assuetudine, et non fuerunt tantum assueti ad istas res extraneas ut possent recipere, et fuerit destructa[o] apud eos maior pars legum, et multiplicati sunt apud eos homines, qui dicebantur zenedic[p], et Algazel fuit maior[q] causa huius cum suis compositionibus[r] mixtis et[s] ideo, quia antiqui ex assuetudine erraverunt circa sequentia, dixit hoc.

---

a primo] principio *CgQ*   b falsos *add.* philosophicos *Cg*   c Avicenna] Avicenne *Cg* Avincine *Q*   d suo *om. Cg*   e enim] igitur *CqEw*   f per *add.* habere *Ew*   g addiscit] addiscunt *EwQ* discentes *Cg*   h potest] possunt *CgEwQ*   i sed habet ... in legibus *om. CgCqQ*   j civitati] civitatum *Q*   k philosophorum] propinquiorum *Cg* propriorum *Q*   l philosophi] proprii *Cg*   m leges *add.* scilicet machometi *Ew*   n eis cum] ei cui *CgEw*   o possent ... destructa] possent destruere veras et cum fuerint destructae, destruebatur *Ew*   p zenedic] zenedich *Et* zenodic *Ch* zedenic *C* Benedic *Cq* zenedic, obedic *V*   q maior *om. Cg*   r compositionibus] comparationibus *Cq*   s mixtis et *add.* dicamus hoc *CgQ* diximus hoc *Cq finis prologi*

Die Zitate des Johannes von Janduno und des *florilegium* sind eindeutig, die zornige Kritik des Aegidius Romanus entzündete sich sehr wahrscheinlich am Inhalt des letzten Abschnitts.

1.3 Die lateinischen Manuskripte des 13. und 14. Jahrhunderts

Es wird allgemein angenommen, daß der Physikkommentar des Averroes, wie er in diesen Manuskripten vorliegt, aus dem Arabischen direkt ins Lateinische übersetzt wurde und daß Michael Scotus der Übersetzer ist.[9]

Für diese Edition habe ich fünfzig Handschriften herangezogen, das sind alle mir bis heute bekannten Manuskripte, die den Averroes-Kommentar entweder komplett oder zumindest die ersten vier Bücher beinhalten. Der edierte Text ist in 35 Handschriften überliefert. 30 Zeugen geben ihn einwandfrei als festen Bestandteil des Physikkommentars wieder, in 5 Fällen ist er von anderer Hand am Rand nachgetragen, wobei ungeklärt ist, ob das nach einer unmittelbaren Redaktion geschehen oder ob ein späterer Bearbeiter und Kenner des Kommentars dafür verantwortlich ist. Oft kennzeichnen die Kopisten oder Bearbeiter den Text ausdrücklich als *prologus* oder *praefatio Averrois*. Vereinzelt endet er dann mit dem Lemma

---

[9] H. Wolfson, Revised Plan For The Publication Of A Corpus Commentariorum Averrois In Aristotelem, in: Speculum XXXVII, 1, (1963) 92. Aristoteles Latinus, Codices Bd. 1, Roma 1939, 104.

Quia natura est, also dem Anfang des ersten Aristotelestextes im dritten Buch. Wo eine derartige Notiz nicht vorhanden ist, wird das ‚C' von „Consuetudo" zumeist als Initiale ausgemalt und der Text damit als Anfang des 3. Buches überliefert. Eine dritte Version macht ihn zum Schlußkapitel des 2. Buches, in der Regel folgt er mit einem Graphem dem — normalerweise letzten — Kommentar 92 oder wird als commentum 93 gezählt. Die Hinweise der genannten mittelalterlichen Autoren können dementsprechend neu verifiziert werden.

In 15 Manuskripten fehlt der Text. In einer Prachthandschrift des 14. Jahrhunderts ist dort eine Lücke, wahrscheinlich fehlt genau ein Folio. Die anderen Quellen geben keinen Hinweis darauf, daß der Kommentar an dieser Stelle unvollständig sei.

1.4 Die lateinischen Editionen der Renaissance

Die Aristoteles-Kommentare des Averroes sind in der Zeit zwischen 1232 und 1337 aus dem Arabischen auch ins Hebräische übertragen worden.[10] Diese hebräische Übersetzungstradition ist in unserem Zusammenhang deswegen von Interesse, weil sich die Übersetzer und Herausgeber der lateinischen Editionen der Renaissance auf sie berufen. In seiner grundlegenden Arbeit Editions of the latin Aristotle accompanied by the commentaries of Averroes faßt F. E. Cranz das Ergebnis seiner Untersuchung über die Publikationen, die nach 1483 erschienen sind, zusammen: „In contrast to the thirteenth century, these translations are made from Hebrew versions of the original Arabic".[11] Die Frage, welche Werke des Averroes im einzelnen aus dem Hebräischen ins Lateinische übersetzt wurden und welche Übersetzer für diese Arbeiten verantwortlich sind, hat H. A. Wolfson beantwortet.[12]

Was den Physikkommentar betrifft, so hält M. Steinschneider Kalonymos ben Kalonymos (1286—nach 1328) für den Übersetzer aus dem Arabischen ins Hebräische.[13] F. E. Peters vertritt demgegenüber die Ansicht, daß diese hebräische Version anonym sei.[14] Eine Edition dieser hebräischen Übersetzung gibt es noch nicht.

In den lateinischen Editionen nach 1483 erscheint der Kommentar immer in der alten arabisch-lateinischen Übersetzung, die aber nach dem

---

[10] Vgl. Wolfson, Revised Plan ..., a. a. O., 88.
[11] F. Edward Cranz, Editions of the latin Aristotle accompanied by the commentaries of Averroes, in: Philosophy and Humanism, ed. by Edward P. Mahoney, New York 1976, 119.
[12] Wolfson, Revised Plan ..., a. a. O., 88—95.
[13] M. Steinschneider, Die hebräischen Übersetzungen des Mittelalters und die Juden als Dolmetscher, Graz 1956, 122.
[14] F. E. Peters, Aristoteles Arabus, Leiden 1968, 33.

Hebräischen korrigiert ist. Eine Neuübersetzung aus dem Hebräischen ins Lateinische ist in der Renaissance nicht angefertigt worden. Eine Ausnahme bildet der Prolog zum 1. Buch, den die Junta-Edition von 1552 und die zugehörigen Nachdrucke auch in der Neufassung (hebr.—lat.) des Jacob Mantinus wiedergibt.[15]

Erstmalig in einer solchen Version liegt der Physikkommentar in der Edition des Bernardinus Stagninus vor, Venedig 1489.[16] Sie enthält den oben wiedergegebenen Text als Prolog zum 3. Buch. Editionen, die ohne wesentliche Änderungen am Physikkommentar auf diese Ausgabe folgen oder als Neuauflage andere Texte des Averroes mit einbeziehen, brauchen in diesem Zusammenhang nicht eigens genannt zu werden.

Eine entscheidende Änderung, den auffälligen Eingriff in den Text, bietet die Edition des Thomas Junta. In dem Nachdruck von 1562 heißt es auf p. 85 rb, am Schluß des 2. Buches: *In huius Secundi Libri fine, prooemii loco ipsius Tertii legebantur quaedam, quae, cum ex Pauli Israelitae, et Antiqui Codicis sententia .lx. commenti Primi ph. pars essent, ideo ea ex hoc ad illum deportavimus locum.*[17]

Korrespondierend dazu gibt es die folgende Notiz im 1. Buch neben dem Commentum 60: *Pars haec Prooemii loco in 3. ph. legi solebat, cum tamen iuxta Pauli Israelitae viri doctissimi sententiam huius commenti sit pars, ideoque nos eius secuti opinionem, ex eo ad hunc transtulimus locum, quod etiam in Codice Antiquo apud Eremitanos fratres Bononiae ita scriptum reperies.* (p. 36 rb)

Paulus Israelita, der hier als Gewährsmann angeführt wird, ist zuerst 1511 mit einer eigenen Übersetzung des Mittleren Kommentars zu De Coelo und einer Edition des Anfangsprologs zur Physik in Erscheinung getreten. Von ihm stammt außerdem eine Übersetzung des Prologs zum Buch Lambda-Lam der Metaphysik.[18] Prüft man diese Randnotizen der Junta-Edition nach, so kommt man zu einem überraschenden Ergebnis: Es liegt uns heute keine mittelalterliche Handschrift der arabisch-lateinischen Tradition vor, die bestätigen könnte, was jene Editoren der Renaissance behaupten. In allen Kopien endet der Kommentar 60 des 1. Buches mit dem Satz: *Sed hoc ignorant moderni propter consuetudinem.* (Junta, p. 36 rb, D) Das ist die Stelle, an der sie ihre Version des oben wiedergegebenen Textes anhängen.

Die Entscheidung des Paulus Israelita und der Junta-Editoren, den Text als Digression dem commentum 60 im 1. Buch zuzuteilen, und zwar

---

[15] Aristotelis Opera Cum Averrois Commentariis, Vol. IV, Venetiis apud Junctas, 1562, p. 1—5. Unveränderter Nachdruck, Minerva, Frankfurt am Main 1962.
[16] Vgl. Cranz, a. a. O., 120. Zur Verfügung steht mir ein Mikrofilm des Exemplars der Huntington Library and Art Gallery, San Marino (California).
[17] Junta-Edition, vol. IV.
[18] Junta-Edition, a. a. O., vol. VIII, p. 286—290.

aufgrund eines alten Codex', ist als Ausnahme zu bewerten. Eine einheitliche Texttradition, die diesen Eingriff sinnvoll macht, scheint es nicht zu geben. Neben der schon genannten Edition von 1489 können noch Zitate von zwei Gelehrten des 16. Jahrhunderts in dem Zusammenhang wichtig sein. Elias Cretensis Hebraeus, bzw. del Medigo, ist einer der bedeutendsten Übersetzer dieser Zeit.[19] Steinschneider beschreibt ihn als einen eifrigen Verteidiger des Averroes, „dessen Schriften er größtenteils aus dem Hebräischen ins Lateinische übersetzte oder lateinisch kommentierte".[20] Seinen ‚Adnotationes' zum Physikkommentar des Johannes von Janduno, in denen er sich vornehmlich mit den Gedanken des Averroes auseinandersetzt, kann man entnehmen, daß ihm eine Handschrift vorlag, in der der Kommentar 60 des 1. Buches mit *propter consuetudinem* endete. Er bezieht sich ausdrücklich auf diesen Kommentar, genauer: auf eine Stelle *in fine commenti*.[21] Die Argumentation des Averroes, die Elias meint, schließt ab mit jenen Worten.

Ausdrücklich bestätigt wird der Text als ‚Prologus Tertii Physicorum' durch Marcus Antonius Zimara. Die ‚Tabula Zimarae in dictis Aristotelis et Averrois', ein Wort- und Stellenregister, das im übrigen auch Teil der Junta-Edition ist, verweist unter dem Stichwort ‚Consuetudo' dreimal auf den Prolog.[22]

Die Zusammenarbeit mit Orientalisten und Hebraisten wird möglicherweise die Frage klären, wie es zu der Entscheidung des Paulus Israelita gekommen ist, den Prolog zum 3. Buch an einer anderen Stelle im Physikkommentar einzuordnen. Große Bedeutung für diese und andere Fragen der Textkonstitution ist dem Vergleich mit der arabisch-hebräischen Überlieferung beizumessen, da der naheliegende Weg, die anstehenden Probleme bei der Edition zu lösen, ein Vergleich mit der arabischen Vorlage, nicht möglich ist. Ein solcher Textzeuge ist nämlich bis heute nicht gefunden worden.

Alle Editionen der Renaissance sichern den Text als Bestandteil des Physikkommentars ab. Was die lateinische Überlieferung des Mittelalters betrifft, fiel auf, daß es 15 Manuskripte gibt, die den fraglichen Text gar nicht überliefern, weder als Fortsetzung des commentum 60 im 1. Buch noch als Prolog oder Anfang des 3. Buches. Läßt das darauf schließen,

---

[19] Vgl. Cranz, a. a. O., 119 f.
[20] Steinschneider, a. a. O., 974.
[21] „*In commento sexagesimo in fine commenti in illa parte in qua ponit Commentator quatuor rationes ad probandum nihil produci seu fieri ex nihilo ubi dicit: Et impossibile est ut sit in illo cuius partes et cetera, idest quia motus est in recipiente et recipiens remanet cum recepto.*" p. 145 va, G. Diese ‚Adnotationes' sind enthalten in der Edition des Physikkommentars des Johannes von Janduno, vgl. Anm. 4.
[22] Junta-Edition, a. a. O., vol. Suppl. III, p. 69 v.

daß es in der lateinischen Übersetzungstradition neben eifriger Kopiertätigkeit auch konkrete Zweifel an der Echtheit des Textes gegeben hat? Denn daß dieser Text irgendwann einmal als eigenständiger Prolog von einem Kopisten übersehen worden ist, kann ausgeschlossen werden. Da keine uns überlieferte Handschrift dieser Tradition die These des Israelita stützt, kann es noch keine zuverlässige Antwort geben.

Vielleicht lassen sich die Gründe ermitteln, die die Leser und Kritiker des Averroes bewogen haben, den Text als 2. Abschnitt des commentum 60 abzutrennen. Eine Randbemerkung ist mir aufgefallen, sie könnte eine Spur geben. Im Ms. Vatican, Urbinates lat. 220 steht neben den letzten Worten des com. 60 „... propter consuetudinem" die Notiz einer 2. Hand: *tangit christianos in isto loco*. Daß diese Aussage vielleicht auf ein Mißverständnis zurückgeht, scheint mir für unseren Sachverhalt unerheblich zu sein. H. Wolfson hat herausgefunden, daß gerade Aegidius Romanus mehrere Begriffe des Averroes falsch interpretiert haben muß, so auch ‚*lex*' und ‚*in legibus*'; ihnen kommt in diesem Zusammenhang eine wesentliche Bedeutung zu.[23] In diesem Codex wird der Prolog zum 3. Buch übrigens nicht als fester Bestandteil überliefert, sondern ist von späterer Hand am Rand nachgetragen.

Daß unser Text in 15 Handschriften gänzlich fehlt, kann möglicherweise auch Folge der überraschenden Nennung des Avicenna als Autor der Schrift „De Substantia Orbis" sein. (Im zweiten Absatz des edierten Textes) Ohne Transkriptionszweifel überwiegt die schwierigere Lesart *in suo tractatu*. Der Name selbst ist mit wenigen Ausnahmen deutlich ausgeschrieben, die Variante „Avincine" (Ms. Paris, Bibl. Nat. lat. 16159) latinisiert gezielt „Ibn Sina".[24] Es ist kaum anzunehmen, daß dieser Fehler nicht bemerkt wurde, da der Traktat im Mittelalter stets als Werk des Averroes angesehen wird. Bereits im 13. Jahrhundert wird er ‚kommentiert'.[25] Umso erstaunlicher ist es, daß in keiner Handschrift Korrekturen vorliegen oder daß eine Marginale eines Lesers auf diesen Sachverhalt aufmerksam macht, wie die Kontrolle der Mikrofilme ergab.

Die Renaissance-Editionen bieten an dieser Stelle den besseren Text. Der Wortlaut in der Junta ist hier: „... *in hac quaestione, tamen obviavi huic aliquantulum in tractatu de substantia orbis*". (p. 36 rb, E) Die oben genannte Edition von 1489 unterscheidet sich gleichsam geringfügig durch die Variante *tamen obviam*. Diese Versionen des Wortlauts geben zusammen mit der Abbreviatur des Namens ‚Avicenna': auīc̄ die Möglichkeit, die

---

[23] H. Wolfson, The Twice-Revealed Averroes, a. a. O., 379—382.
[24] Vgl. „Avenrosd" in der Sprache des Hermannus Alemannus. in: Averrois Expositio Poeticae, Brüssel—Paris 1968, (= Aristoteles Latinus Bd. XXXIII).
[25] M. C. Diaz y Diaz, Index Scriptorum Latinorum M. A. Hispanorum, Salamanca 1959, Nr. 1437: *in librum Averrois de substantia orbis commentaria*. (a. 1286—1296)

lateinische Überlieferung als Kopie-Kuriosum zu begreifen. Denn es ist denkbar, daß aus verkürztem *in hac quaestione* und folgendem *t aiīīē die Lesung *quaestione et avīc* entstanden ist.

Als eine Übersetzung aus dem Arabischen kennzeichnen zwei auffällige Details den Text. Gemäß der arabischen Tradition wird im ersten Satz des Prologs das Buch Klein-Alpha der Metaphysik als 1. Buch gezählt.[26] Averroes bezieht sich auf Metaphysik II 995 a, 3—6. In seinem Großen Kommentar argumentiert er nahezu gleichlautend. Die Schlüsselbegriffe in Text und Kommentar 14 der lateinischen Übersetzung sind *apologi, consuetudo in pueritia, loquentes*.[27]

Die Argumentation ist Averroes wohl vertraut. Schon einige Jahre vor der Beschäftigung mit Physik und Metaphysik des Aristoteles hat er seine Gedanken dazu formuliert. Gegen Algazel, gegen den er auch am Schluß des oben edierten Textes polemisiert, sind die Worte in der Destructio Destructionum gerichtet: *Nam consuetudo a pueritia in virtutibus legis est necessaria apud eos, non autem in esse hominis, in eo quod est homo, sed in eo quod est homo sapiens. Quare oportet omnem hominem recipere principia legis; et proculdubio ut exaltet eum, qui posuit ea. Nam negatio eorum, et dubitatio in eis destruit esse hominis. Quare oportet interficere Haereticos. Et quod debet dici de eis, est quod principia eorum sunt res divinae, in quibus convenire debent intellectus humani ad confitendum eis cum ignorantia causarum eorum. Quare non invenimus aliquem Antiquorum loqui de miraculis cum patefactione eorum in mundo. Nam sunt principia constitutionis legum; et leges sunt principia virtutum; et non ut dicitur de eis post mortem. Et, cum nutritus fuerit homo in virtutibus legis, tunc est religiosus simpliciter*.[28]

Kalonymos ben Kalonymos beendete die Übersetzung der Destructio Destructionum aus dem Arabischen ins Lateinische im April 1328, vorher war die Schrift in lateinischer Sprache nicht zugänglich.[29] Mit *Haereticos* im oben zitierten Text übersetzte er das arabische Wort für Ketzer, Freigeist, Antinomisten, Manichäer: zindīq, zanadīq, das man im arabischen Original der Destructio findet.[30]

---

[26] Vgl. J. Freudenthal, Die durch Averroes erhaltenen Fragmente Alexanders, Berlin 1884, 123. Gion Darms, Das Buch Klein-Alpha des großen Metaphysikkommentars von Averroes, Freiburg 1966, 30.

[27] Junta-Edition, Vol. VIII, p. 34 v, H—L.

[28] Averroes' Destructio Destructionum Philosophiae Algazelis in the latin version of Calo Calonymos, ed. by Beatrice H. Zedler, Milwaukee 1961, 410. Die Forschung geht allgemein davon aus, daß dieses Werk des Averroes um 1180 abgeschlossen war. Vgl. Zedler, 12. Die beiden Großen Kommentare zur Metaphysik, bzw. Physik, hat Averroes verfaßt in den Jahren 1186, bzw. 1190. Vgl. F. E. Peters, Aristoteles Arabus, a. a. O., 33 und 51.

[29] Zedler, a. a. O., 21 und 24.

[30] Averroes, TAHAFOT AT-TAHAFOT, ed. M. Bouyges, Beyrouth 1930, 527 (= Bibliotheca Arabica Scholasticorum, Bd. 3).

Es ist wahrscheinlich, daß den Gelehrten des 13. Jahrhunderts beim Studium des ‚Prologs' vor allem der Schlußsatz mit dem Hinweis auf Algazel unverständlich war. Der Begriff *zenedic*, ein Versuch, das arabische Wort zanadīq zu transkribieren, das auch hier für den Originaltext des Averroes anzunehmen ist, wird den Zugang zu dieser Polemik des Averroes erschwert haben.[31] Die handschriftlichen Varianten ‚*zenodic, zedenic, zenedich, Benedic*' zeigen geradezu die Hilflosigkeit, mit diesem fremden Ausdruck einen Sinn zu verbinden.

Was im Einzelfall dazu geführt haben mag, daß der Text als Prolog zum 3. Buch kopiert wird oder fehlt, kann durch einen Vergleich jeweils zweier Manuskripte geprüft werden, wenn diese direkt voneinander abhängig sind. Daß er im lateinischen Mittelalter ausschließlich als ‚Prologus Tertii Physicorum' bekannt war, bezeugen der Handschriftenbefund und die Zitate der genannten Autoren. Es ist anzunehmen, daß er besondere Aufmerksamkeit erregt hat, wenn man davon ausgeht, daß er in der Sammlung des Aegidius Romanus auch Belegtext für die ‚Errores Averrois' war.

2. Der Prolog zum 8. Buch

2.1 Der Hinweis in der Junta-Edition

Paulus Israelita stand bei seinen Kollegen und Zeitgenossen in hohem Ansehen. Nicht nur Thomas Junta hat seinem Urteil vertraut.[32] Er hat auch die Eliminatio des zweiten Textes, den ich in dieser Arbeit vorstellen möchte, veranlaßt. Wenig beachtet, wie mir scheint, endet das 7. Buch des Physikkommentars in der Junta-Edition mit folgender Anmerkung: *In huius Septimi Libri fine, in impressis hactenus codicibus omnibus legebatur ad verbum ea pars prooemii ipsius Averrois, Primi, Physicorum, incipiens, Utilitas autem, usque ad illud, Ordo vero, quam, veluti illegitime, superflue, ac vitiose hoc in loco positam, abscidimus. praecipue autem ad id Pauli Israelitae, Hebraei, viri doctissimi sententia coadiuvante, nonnullisque Antiquis codicibus, eam non legentibus.* (Vol. IV, p. 337 vb)

Die in diesen Zeilen vorgetragene Begründung für den erneuten Eingriff in den Text macht den Eindruck, als ob die Entscheidung in dieser Sache eher auf einem persönlichen Stilgefühl beruht als auf einem nachprüfbaren Kriterium. In seiner eigenen Edition von 1511 schreibt Israelita in seiner ‚Praefatio': *Tertium autem quod octavi de auditu prooemium creditur, ubi ex*

---

[31] Den Hinweis auf diesen sprachlichen Zusammenhang verdanke ich meinem Kollegen im Thomas-Institut Dr. E. Meyer.
[32] Vgl. Cranz, a. a. O., 122.

Averrois sententia legitur perfectionem scientiarum speculativarum esse vitam aeternam secundum fatuos, omnino totumque prooemium fictitium est, quod interpretis aut scriptoris dolus vel inicitia effinxit.[33]

2.2 Die lateinischen Manuskripte des 13. und 14. Jahrhunderts

Von den 50 untersuchten Handschriften der arabisch-lateinischen Tradition überliefern 27 den ‚Prolog zum 8. Buch' innerhalb des laufenden Textes, sechsmal wird er am Rand, bzw. am Ende des 8. Buches nachgetragen. In den Manuskripten, in denen er fehlt, wird nur selten auf diesen Verlust hingewiesen: *Nota quod hic deficit prologus Averrois in octavum.*

Die Überlieferung ähnelt der des Prologs zum 3. Buch. In einigen Handschriften beendet der Text als ‚Commentum 40' das 7. Buch, das normalerweise 39 Kapitel umfaßt. In besonders schönen Exemplaren des Physikkommentars ist der Text mit einer großen Initiale versehen und markiert auffallend den Anfang des 8. Buches.

2.3 Die Beziehung dieses Prologs zum Prooemium des 1. Buches
— Gegenüberstellung der Texte —

Die Behauptung in der Junta-Edition, dieser Prolog sei *ad verbum* die Wiederholung eines Abschnitts im Anfangsprolog, trifft nicht zu. Um einen Einblick in die Verschiedenheit der Diktion zu geben, stelle ich parallel den Prolog des 8. Buches und den entsprechenden Teil des Prooemiums zum 1. Buch, der nur etwa ein Drittel des ganzen Prooemiums wiedergibt, gegenüber. Es ist zu beachten, daß die rechte Columne den Text der mittelalterlichen Überlieferung enthält. Auf eine Synopse mit der Junta-Version (Vol. IV, p. 1v−3r) habe ich aus Gründen der Übersichtlichkeit verzichtet.[34]

⟨Prologus in octavum Physicorum⟩	⟨Pars Prooemii⟩
Utilitas autem istius scientiae est pars utilitatis scientiae speculativae et declaratum[a] est in scientia morali, scilicet quae considerat de actionibus voluntariis quod esse hominis in sua ultima perfectione est ipsum esse perfectum per scientias speculativas, et	Utilitas autem eius est pars utilitatis scientiae speculativae, et declaratum est in scientia considerante de operibus voluntariis quod esse hominis secundum ultimam perfectionem ipsius et substantia eius perfecta est ipsum esse perfectum per scientiam speculativam.

---

[33] Vgl. Index Aureliensis, Catalogus librorum sedecimo saeculo impressorum, Bd. I, 2, Baden-Baden 1962, 368. Ich habe das Exemplar der BSB München benutzt.

[34] Zusätzlich zu den oben genannten Handschriften habe ich für den Prolog zum 8. Buch außerdem benutzt: Pm = Paris, Bibl. Mazarine, lat. 3469.

⟨Prologus in octavum Physicorum⟩ | ⟨Pars Prooemii⟩

quod ista dispositio est ultima fortunitas[b], et secundum fatuos[c] vita aeterna, et apparet in illa scientia quod hoc nomen homo dicitur aequivoce de eo, qui perfectus est per scientias speculativas et de aliis hominibus, et hoc secundum insipientes[d] philosophos sicut dicitur de homine vivo et mortuo, immo sicut dicitur de animali rationali et picto[e]. Cum hoc quod sequitur cognitionem scientiarum speculativarum de moribus bonis, necesse est, cum artifices istarum scientiarum fuerint secundum cursum naturalem, necesse est[f], ut sint virtuosi omnibus modis virtutum moralium ut iustitia et castitate et audacia et magnanimitate[g] et liberalitate et veracitate et aliis virtutibus.

Et ista dispositio est sibi felicitas ultima et sempiterna vita, cum in hac scientia manifestum est quod praedicatio hominis perfecti in scientia speculativa et non perfecti sive non habentis aptitudinem, quod perfici posset, est aequivoca, sicut nomen hominis praedicatur de homine vivo et mortuo sive praedicatio hominis de rationali et lapideo.

Et cum hoc consequitur cognitio scientiae speculativae de moralitate virtuosa quantum scientes istam scientiam, cum erunt secundum ordinem naturalem, oportet eos ex necessitate esse virtuosos in omnibus speciebus virtutum moralium, quae sunt iustitia, abstinentia, audacia, sublimitas, bonitas, veritas, fiducia et aliae de virtutibus hominum.

Et Alexander in prohemio istius libri declaravit quomodo sequuntur istae virtutes ex cognitione istarum scientiarum[h]. Nam cum aliquis sciverit parvitatem suae vitae in respectu istius esse aeterni et motus continui et quod proportio suae vitae in respectu temporis aeterni est sicut proportio minimi finiti ad infinitum, non cupiet vitam, quare erit audax. Et similiter cum sciverit quod mors est de necessitate materiae et maxime cum acquisiverit humanam perfectionem, tunc enim percipiet in aliqua hora quod melius est ei mors quam vita[i], sicut fecit Socrates Athenis, licet aestimetur quod Socrates non distinxerit inter vias proprias et communes in[j] scientiis, quia nitebatur[k] procedere via propria cum vulgo.

Et declaravit Alexander in prohemio huius libri quomodo sequitur essentia harum virtutum ad scientiam speculativam. Quia cum noverit sapiens parvitatem vitae suae et perpetuitatem sempiternam et motum continuum et proportionem suae vitae ad tempus sempiternum sicut puncti ad lineam vel sicut finiti ad infinitum, non procurabit propriam vitam et tunc erit audax ex necessitate.

Et similiter, cum noverit quod mors est ex necessitate hylae sive materiae et proprie cum habet perfectionem humanam, et dubitat quod a perfectione spolietur, tunc non est mirum, si aliquando eligit mortem prae vitae, sicut fecit Socrates cum Atheniensibus, quamvis opinetur de Socrate quod non fuerint ei declaratae viae communes et propriae disciplinae, quia voluit ambulare in via propria et populorum.

⟨Prologus in octavum Physicorum⟩	⟨Pars Prooemii⟩
	Et similiter, cum sciverit quod perfectionem habere non potest, erit ei mors praeeligenda super vitam, et manifestum est quod cum sapiens dubitaverit non esse perfectus quod audatia eius non erit nisi in acquirendo hanc perfectionem.
Et est manifestum quod debent esse iusti et casti, quoniam cum sciverint naturam iustitiae existentis in substantia entium, diligunt se assimilari illi naturae.	Item oportet sapientes esse iustos et abstinentes. Iustos, quia cum sciverint naturam iustitiae existentem mensuram rerum, tunc amant assimilari illi naturae et acquirere illam formam.
Et similiter, cum sciverint vilitatem[l] appetitivum et quod non sunt de numero dispositionum necessariarum in permanentia hominis nedum ut sint perfectiones, sed sunt accidentia de necessitate materiae, expellent eas a se omnino et odient eas maximo odio, et sic erunt casti, retinentes[m] leges divinas et oboedientes legibus naturalibus.	Abstinentes, cum sciant indignitates voluptatum, quia non sunt de dispositionibus necessariis in esse hominum nedum de perfectionibus ipsorum, sed sunt consequentia de necessitate materiae, de seipsis eiciunt voluptates omnino et erunt abstinentes, et manifestabunt leges divinas et imitabuntur ordines naturales.
Et est manifestum etiam quod erunt liberales, quoniam reputant pecuniam vilem, et erunt magnanimi, diligentes veritatem in sermone et actione.	Et manifestum est quod debent esse boni et liberi, quia vilipendunt pecuniam, cum sciant vilitatem essentiae pecuniae et quod studiositas in ea est unum ex desideriis praeter naturam. Similiter debent esse sublimes et amantes veritatem in operibus et dictionibus ipsorum cum aliis consequentibus eis ex virtute humana.
Sed si aliquis dixerit quod nos videmus plures artifices istarum scientiarum in contraria dispositione, dicendum est quod hoc accidit eis ex dispositione innaturali, et hoc potes scire[n] ex hoc quod Alexander et alii ratiocinantur super hoc, scilicet quod omnes philosophi sunt studiosi sicut erant in suo tempore. Et cum aliquis perscrutatus fuerit de hac dispositione,	Si autem dicatur quod esse non testatur super hoc, quia plures sapientes huius artis huius temporis non sunt tales, dicimus quod hoc accidit eis propter dispositionem innaturalem in hac communitate gentium viles habentur, et principes aestimant quod non sunt digni regere civitatem neque digni sunt esse eorum secretarii et proximi. Sapientes tunc aestimant quod

⟨Prologus in octavum Physicorum⟩

inveniet quod illa perfectio, quam expectant in assuetudine hominum, in qua nutriebantur, valde est remota ab hac perfectione. Et non solummodo accidit hoc eis, sed credunt ex modo hominum et consuetudine, in qua nutriebantur, quod haec perfectio est valde vilis, et hoc non accidit eis ex lege, sed corrumpentibus eam.

Accidit igitur istis hominibus, cum incipiunt speculari contempnere illum modum perfectionis, quem expectabant, sed cum desperaverint pervenire ad hanc perfectionem et viderint omnes homines contempnere eam et credere quod expectantes eam non debent esse pars civitatis aut credunt quod omnia dicta de hac perfectione forte sunt similia dictis de illa prima perfectione, quam expulerunt, scilicet illam, in qua nutriebantur.

Et tales sunt plures istius temporis, scilicet illi, qui sunt dialectici. Tunc omnino declinabuntur ad appetitus° et accidet eis dispositio innaturalis adeo quod non debent esse omnino pars civitatis, quoniam cum eis non potest fieri[p] contractus civilis neque amicitia humana neque utilitas alterius[q], sed omnes actiones[r] eorum sunt ad seipsos et ideo philosophia in hoc tempore abhorretur, et iam exivimus a nostra intentione.

⟨Pars Prooemii⟩

haec vilitas ex scientia accidit eis et propter hoc declinabitur dispositio, quam naturaliter a scientia habuerunt, dispositioni opinionis eius, et declinant naturaliter ad voluptates, et accidit eis dispositio extra naturam in tantum quod non sunt digni esse pars civitatis, et haec dispositio pluries dialecticis advenit. Ergo secundum naturam scientiae sequuntur eos omnes virtutes et secundum accidens sequuntur eos vitia propter societatem hominum huius temporis.

---

a declaratum] determinatum *Et*   b fortunitas] felicitas *Ew*   c fatuos] fascivos *PmV*   d insipientes] sapientes *EwEt*   e picto] puto *PmQ*   f necesse est *om. EwV*   g magnanimitate] magnitudine *Pm*   h scientiarum *add.* speculativarum *Ew*   i mors quam vita] vita quam mors *ChJ*   j in *add.* suis *Et*   k nitebatur] videbatur *Et*   l vilitatem] utilitatem *Pm*   m retinentes] recipientes *Et*   n potes scire] potest sciri *Et*   o appetitus *add.* suos *Ew*   p fieri] esse *Et*   q alterius] aliqua *Et*   r actiones] actus *Cg*

Einen eindeutigen Hinweis auf diesen Prolog in Schriften des 13. und 14. Jahrhunderts habe ich bis heute nur in dem Florilège Médiéval von J. Hamesse gefunden. Zwei Zitate sind zu nennen: (229) *In prologo huius libri VIII, hoc nomen homo dicitur aequivoce de eo qui est perfectus per scientias speculativas et de aliis hominibus, hoc est de sciente et ignorante. (230) Sapiens naturaliter est virtuosus.*

J. Hamesse, die diese Sätze im Physikkommentar des Averroes nachweist, mußte zwangsläufig als Fundort den Anfangsprolog angeben, da ihr nur die Junta-Edition zur Verfügung stand.[35] Die Gelehrten des Mittelalters können die Ähnlichkeit der Argumentation und Terminologie zwischen diesem Text und dem Anfangsprolog kaum übersehen haben. Konkrete Zweifel an der Echtheit des Textes ergeben sich wegen des Hinweises auf Alexander. Averroes selbst bezeichnet im Anfangsprolog der Physik einen angeblichen Kommentar des Alexander zum 8. Buch als unecht: *et quod habetur super partem octavi, non est Alexandri.*[36] Bezieht man die Stellenangabe, die Averroes im zweiten Absatz unseres Textes gibt: *Et Alexander in prohemio istius libri declaravit* auf das 8. Buch, läßt sich der Text schwerlich als dessen Prolog ansehen. Notwendig ist diese Zuschreibung aber nicht. Wenn dieser Satz ursprünglich an dieser Stelle gestanden hat, kann mit dem „*prohemium istius libri*" nur die Einleitung zur Physik, d. h. zum 1. Buch gemeint gewesen sein.

Die Überlieferung der drei Prologe, des Anfangsprologs und der beiden in dieser Arbeit wiedergegebenen Texte, ist in den von mir untersuchten Handschriften des Mittelalters völlig uneinheitlich. Es gibt Kopien, die keinen dieser Texte enthalten, manche überliefern einen, manche zwei, und zwar in allen denkbaren Kombinationen, nur wenige Manuskripte sind vollständig. Ob nun während der Übersetzung oder auch im Zuge der Auseinandersetzungen um Averroes im 13. Jahrhundert absichtliche Änderungen in den Text des Physikkommentars eingeflossen sind oder die Schwierigkeit des Textes zu dieser Quellenlage geführt hat, wird Gegenstand weiterer Forschungen sein. Man wird zu einer Lösung der Probleme nur dann kommen, wenn man die Untersuchung auf die gesamte hebräische Übersetzungstradition ausdehnt, zumindest solange eine arabische Handschrift des großen Physikkommentars nicht gefunden werden kann.

---

[35] J. Hamesse, a. a. O., 159 und 338.
[36] Junta-Edition, Vol. IV, p. 1. Vgl. Freudenthal, a. a. O., 38.

DAS VERHÄLTNIS ZWISCHEN DER TRANSLATIO VATICANA UND DER TRANSLATIO VETUS DER ARISTOTELISCHEN PHYSIK*

von Jozef Brams (Löwen)

Einführung

Es war für die Gründer des Aristoteles Latinus keine leichte Aufgabe, aus der großen Anzahl der handschriftlich bezeugten Physikversionen die verschiedenen Übersetzungen bzw. Revisionen zu identifizieren; noch schwerer war es, ihre zeitliche Folge zu bestimmen.

Die „Operum distributio" im 2. Teil der Codices unterscheidet fünf mittelalterliche lateinische Physikübersetzungen[1]: die Translatio Iacobi[2], die Recensio Nova[3], die Translatio Vaticana (I—II.2), die Translatio Gerardi und die Translatio Scoti (?). Die beiden letztgenannten Texte sind aus dem Arabischen übersetzt worden; ihre Geschichte unterscheidet sich deutlich von der der übrigen Versionen — sie werden hier nicht weiter in Betracht gezogen. Die Translatio Vaticana ist nur ein in einer einzigen Handschrift bewahrtes Fragment. Die große Masse der Handschriften — mehr als 300 — soll entweder die Translatio Vetus oder die Recensio Nova enthalten, oder eine Kontamination aus beiden. Das Verhältnis zwischen diesen beiden läßt sich leicht erkennen: die Recensio Nova ist offensichtlich eine Revision der Translatio Vetus[4]. Größere Schwierigkeiten bereitete

---

* Die Untersuchung ist im Zusammenhang mit der Vorbereitung der Edition der Translatio Vetus (Aristoteles Latinus VII.1) entstanden. Von dieser bevorstehenden Edition ist im Bulletin de Philosophie Médiévale 24 (1982) 65—68 kurz berichtet worden. Ich danke dem Mitherausgeber, F. Bossier, für die vielen aufklärenden Diskussionen während der Editionsarbeit, sowie G. Verbeke und G. Vuillemin-Diem für ihre kritische Überprüfung der ersten Fassung dieses Aufsatzes. Für die hier vertretene These ist dennoch nur der Verfasser verantwortlich.

[1] G. Lacombe u. a., Aristoteles Latinus, Codices, Pars posterior, Cambridge 1955, 784.

[2] In der Folge immer als Translatio (bzw. Physica) Vetus bezeichnet; siehe Bull. de Phil. Médiév. 24 (1982) 65.

[3] Vgl. L. Minio-Paluello, L'„Aristoteles Latinus", in: Studi Medievali, terza serie, 1 (1960) 316 (= L. Minio-Paluello, Opuscula. The Latin Aristotle, Amsterdam 1972, 471), wo hinzugefügt wird: „Guillelmi de Moerbeke (?)". Siehe zu dieser Frage den betreffenden Aufsatz im gleichen Band, S. 215—288.

[4] Arist. Lat., Codices, Pars prior, Rom 1939, 52 und 126—127.

aber das Problem der zeitlichen Folge von Physica Vetus (= P. V.) und Physica Vaticana (= P. Vat.), mit welchem die Frage der möglichen Abhängigkeit der einen von der anderen verknüpft ist. Die Schwierigkeiten hängen damit zusammen, daß die mittelalterlichen Übersetzungen einerseits ziemlich wortgetreu sind und sich demzufolge relativ wenig voneinander unterscheiden, und daß die Handschriften andererseits nicht immer genau datierbar sind. Mit Bezug auf das Verhältnis zwischen der P. Vat. und der P. V. sind denn auch verschiedene Standpunkte vertreten worden.

Stand der Forschung

Nach G. Lacombe, dem Herausgeber des 1. Teiles der Codices, ist die P. Vat. mit Sicherheit die älteste Übersetzung der Physik, weil der einzige Kodex, in dem sie vorkommt, der Vaticanus Reginensis 1855 (A. L.^{2} 1800), auf die Mitte des XII. Jahrhunderts zu datieren und somit die älteste aller erhaltenen Physik-Handschriften ist. Er stützte sich dabei auf die ursprüngliche Ansicht von C. H. Haskins, und als dieser seine Meinung änderte, auf die Ansicht Lowes[5]. Auf Grund einiger vorläufiger Kollationen war er außerdem davon überzeugt, daß diese Version allen anderen griechisch-lateinischen Übersetzungen der Physik zugrunde lag[6]. In seiner Rezension des 1. Teiles der Codices äußerte sich A. Mansion eher skeptisch gegenüber der von Lacombe behaupteten Abhängigkeit der P. V. von der P. Vat.[7], doch nach einer näheren Untersuchung schloß er sich dem Standpunkt Lacombes an[8]. Diese Auffassung enthielt aber eine große Unbekannte, nämlich die Datierung der P. V.[9]. Denn nachdem L. Minio-Paluello gezeigt hatte, daß diese Übersetzung auf Jakob von Venedig zurückgeht[10], wurde das Argument des Alters der Vatikaner Handschrift für das Vorangehen der P. Vat. und somit das ausschlaggebende Kriterium mit Bezug auf die Richtung einer eventuellen Abhängigkeit zwischen den

---

[5] A. a. O., 51 mit Anm. 1.

[6] A. a. O., 51—52.

[7] Les prémices de l'Aristoteles Latinus, in: RPL 44 (1946) 116.

[8] Over de verhouding van de Vetus Translatio van Aristoteles' Physica tot de Translatio Vaticana, in: Miscellanea historica in honorem Alberti de Meyer ..., Recueil de Travaux d'histoire et de Philologie, 3me série, 22me fasc., Louvain—Bruxelles 1946, 472—484; Aristoteles Latinus VII.2 Physica. Translatio Vaticana, ed. A. Mansion, Bruges—Paris 1957, VIII—IX.

[9] Arist. Lat., Codices, Pars prior, 52: „de interpretationis tempore atque auctore nihil constat".

[10] Iacobus Veneticus Grecus: Canonist and Translator of Aristotle, in: Traditio 8 (1952) 265—304 (Opusc., 189—228).

beiden Übersetzungen hinfällig[11]. Trotzdem vertrat Mansion in seiner Edition der P. Vat. die Meinung, er könne auf seinem früheren Standpunkt beharren und zwar auf Grund der Feststellung, daß die P. Vat. Übersetzungsfehler an Stellen enthalte, die von Jakob richtig verstanden worden waren[12]. Nachdem dann auch bewiesen worden war, daß die P. Vat. und die sogenannte Metaphysica Media (= M. M.) auf denselben Übersetzer zurückgehen[13], während andererseits sowohl die Metaphysica Vetustissima (= M. V.) wie die P. V. von Jakob von Venedig stammen, unterzog G. Vuillemin-Diem, im Rahmen ihrer Forschung nach der Datierung der M. M., die Beweisführung Mansions mit Bezug auf das Alter der P. Vat. einer neuen Untersuchung. Sie gelangte zu dem Ergebnis, daß die These der Abhängigkeit der P. V. von der P. Vat. durch die Argumente Mansions nicht bewiesen und die Hypothese eines umgekehrten Verhältnisses unwahrscheinlich, wenn auch in einzelnen Fällen nicht völlig auszuschließen sei[14]. So kehrte sie zu der ursprünglichen Auffassung Mansions zurück, nach der die beiden Übersetzungen ebensogut unabhängig voneinander zustande gekommen sein können.

Gründe für eine neue Behandlung — ihre Methode

Die folgenden Betrachtungen sprechen dafür, das Verhältnis zwischen der P. Vat. und der P. V. nochmals zur Diskussion zu stellen. Erstens ist dieses Verhältnis bisher nicht eindeutig geklärt worden, da es unsicher bleibt, ob die P. Vat. von der Übersetzung Jakobs abhängig ist oder nicht, und uns somit ein möglicher *Terminus post quem* für ihr Entstehen entschlüpft[15]. Zweitens hat sich bei der Vorbereitung der Edition der P. V. herausgestellt, daß diese zumindest teilweise in einer Doppelfassung überliefert worden ist. Die handschriftliche Lage weist nämlich — am deutlichsten in den Büchern I—IV (Anfang), aber auch in den übrigen Büchern — das Vorhandensein zweier Versionen auf, die sich in Hinsicht auf ihre Übersetzungsmethode in ähnlicher Weise verhalten wie die Trans-

---

[11] Wie L. Minio-Paluello in seinem hervorragenden Aufsatz, S.291—295 (Opusc., 215—219), gezeigt hat, ist die Physik vielleicht in den Jahren 1130—1140 von Jakob von Venedig übersetzt worden.
[12] Arist. Lat. VII.2 Physica, IX.
[13] L. Minio-Paluello, Note sull' Aristotele Latino Medievale, II. Caratteristiche del traduttore della „Physica Vaticana" a della „Metaphysica Media" (Gerardo di Cremona?), in: RFNS 42 (1950) 226—231 (Opusc., 102—107).
[14] G. Vuillemin-Diem, Jakob von Venedig und der Übersetzer der Physica Vaticana und Metaphysica media (Zu Datierungs- und Abhängigkeitsfragen), in: AHDLMA 41 (1974) 7—25.
[15] A. a. O., 25.

latio Iacobi (= M. V.) und die Translatio Composita (= M. C.) der Metaphysik[16] und daher wohl von denselben Urhebern stammen wie diese. Hier taucht nun sofort die Frage auf, wie sich die P. Vat. zu dieser Doppeltradition verhält. Übrigens könnte man erwarten, daß sich aus der Erforschung der Tradition der P. V. neue Elemente zur Lösung der gestellten Frage ergeben. Wir werden daher versuchen, dem von G. Vuillemin-Diem (= G. V.-D.) eingeschlagenen Weg zu folgen, und in einem weiteren Schritt die noch offene Alternative im positiven oder negativen Sinne zu bestimmen.

Den Beweisgang, nach dem die Untersuchung zu verfahren hat, kann man theoretisch, den Prinzipien der historischen Methode folgend, in zwei Regeln zusammenfassen: Zuerst ist festzustellen, ob es ein Abhängigkeitsverhältnis zwischen den beiden Übersetzungen gibt; im bejahenden Falle ist die Richtung der Abhängigkeit aufzuweisen[17]. In der Praxis sind beide Fragen allerdings nicht ganz voneinander zu trennen. Wenn nämlich zwei Übersetzungen desselben Textes zusammenhängen, werden im Stil und im Vokabular der späteren Übersetzung bestimmte Elemente erkennbar sein, welche sich mit der vom zweiten Übersetzer befolgten Methode nicht vertragen, sondern aus der ersten Version übernommen wurden[18]. Wenn man aber die Übersetzungen auf diese Merkmale untersucht, betrachtet man sie sofort unter dem Gesichtspunkt der Abhängigkeit nach der einen oder der anderen Richtung. Man könnte also die beiden Fragen zugleich behandeln, und es ist durchaus möglich, daß die Frage des Zusammenhangs tatsächlich die Beantwortung der Frage nach der Richtung der Abhängigkeit fordert. Wenn wir trotzdem im Folgenden versuchen, die beiden Fragen voneinander zu trennen, so hat das vor allem einen methodischen Zweck: Es wird uns erlauben, die verschiedenen Beurteilungskriterien und die jeweiligen Ergebnisse zu ordnen und in diesem Zusammenhang die verschiedenen bisher vorgebrachten Argumente und Gegenargumente systematisch zu behandeln. Demnach gliedert sich unsere Untersuchung in die folgenden Teile:

1. Die Frage der Abhängigkeit zwischen P. V. und P. Vat.
2. Die Richtung der Abhängigkeit; vier Möglichkeiten sollen untersucht werden:

    a. Abhängigkeit der P. V., d. h. der ursprünglichen Übersetzung, von der P. Vat.

    b Abhängigkeit der handschriftlichen Tradition der P. V. von der P. Vat. (Kontamination)

---

[16] Vgl. hierzu G. Diem, Les traductions gréco-latines de la Métaphysique au moyen âge: Le problème de la Metaphysica Vetus, in: AGPh 49 (1967) 23—52.
[17] Vgl. G. Vuillemin-Diem, Jakob von Venedig, 11.
[18] Vgl. G. Vuillemin-Diem, a. a. O.

c. Abhängigkeit der P. Vat., d. h. der ursprünglichen Übersetzung, von der P. V.
d. Abhängigkeit der handschriftlichen Tradition der P. Vat. von der P. V. (Kontamination); die Vatikaner Hs ist nämlich kein Autograph, sondern eine Kopie, welche außerdem korrigiert worden ist[19].

1. Gibt es ein Abhängigkeitsverhältnis zwischen den beiden Übersetzungen?

Um ein Abhängigkeitsverhältnis zwischen zwei Übersetzungen desselben Textes zu beweisen, muß man zeigen, daß sie an solchen Stellen, an denen man normalerweise infolge der verschiedenen Möglichkeiten der Übersetzung eine unterschiedliche Lesart erwarten dürfte, in auffälliger Weise übereinstimmen[20]. Mansion ist der Meinung, daß, wenn man die Unterschiede, welche durch die verschiedenen Übersetzungsmethoden bedingt sind oder welche verschiedenen Interpretationen des griechischen Textes bzw. verschiedenen Lesarten im griechischen Exemplar zuzuschreiben sind, außer Acht läßt, die Abweichungen zwischen den beiden Übersetzungen geringfügig seien. Er erkennt, daß zwei Übersetzer, in Anbetracht ihrer Methode der wörtlichen Übersetzung und der Schlichtheit des zu übersetzenden Textes, unabhängig voneinander einen kleineren Textabschnitt zufällig gleichlautend wiedergeben könnten; die Übereinstimmungen seien aber den ganzen erhaltenen Text der P. Vat. hindurch so konstant, daß hier nicht von Zufall die Rede sein könne[21]. G. V.-D. hat dagegen die Anzahl der Unterschiede zwischen P. Vat. und P. V. sowie zwischen M. M. und M. V. einerseits, zwischen Metaphysica Nova (= M. N.) und M. M. (die eng miteinander zusammenhängen) sowie zwischen M. C. und M. V. (die ebenfalls, sei es weniger eng, miteinander zusammenhängen) andererseits, für mehrere Textteile ausgerechnet. Die Ergebnisse sind aufschlußreich: es gibt ungefähr ebenso viele Unterschiede zwischen P. Vat. und P. V., wie zwischen M. M. und M. V., nämlich ungefähr 40 Unterschiede pro 14 Bekkerzeilen; es gibt nur halb so viele Unterschiede zwischen M. C. und M. V., nur ein Viertel davon zwischen M. N. und M. M. Angesichts dieser Lage ist die vermeintliche Abhängigkeit zwischen P. Vat. und P. V. nach G. V.-D. sehr fragwürdig[22].

---

[19] A. Mansion, La translatio vaticana de la physique d'Aristote, in: Miscellanea Giovanni Mercati, Volume IV: Letteratura classica e Umanistica, StT 124, Citta del Vaticano 1946, 37; Over de verhouding, 473.

[20] Vgl. L. Minio-Paluello, Henri Aristippe, Guillaume de Moerbeke et les traductions latines médiévales des Météorologiques et du De Generatione et Corruptione d'Aristote, in: RPL 45 (1947) 233 (Opusc., 84).

[21] Over de verhouding, 482—484; Arist. Lat. VII.2 Physica, VIII—IX.

[22] Jakob von Venedig, 15—16.

Es muß beachtet werden, daß es sich hier um Abhängigkeit zwischen zwei Übersetzungen in ihrer ursprünglichen Form, nicht in ihren verschiedenen handschriftlich bezeugten Formen handelt, denn G. V.-D. nimmt an, daß sich in der Tradition der P. V. bestimmte Lesarten aufdecken lassen, welche aus der P. Vat. stammen[23]; die Elemente dieser (nachträglichen) Kontamination wurden aber von vornherein aus dem Vergleich zwischen den beiden Übersetzungen ausgeschieden.

In Übereinstimmung mit der oben vorgeschlagenen Methode wollen wir die Frage der Abhängigkeit zuerst ganz allgemein, also ohne Bezugnahme auf die vier möglichen Beziehungen, behandeln. Da die P. V., wie schon bemerkt wurde, keine einheitliche Textüberlieferung bietet, gilt es zunächst zu untersuchen, welcher Zweig der Tradition eventuell Spuren irgendeiner Beziehung zur P. Vat. aufweist. Man soll sich in diesem Zusammenhang klarmachen, daß, wenn ein Abhängigkeitsverhältnis zwischen zwei Übersetzungen vorliegt, die abhängige Übersetzung normalerweise nicht auf die ursprüngliche, uns durch die kritische Edition bekannte Form ihres Vorbildes zurückgeht, sondern auf ein beliebiges vorhandenes Exemplar desselben, dessen Beschaffenheit erst festgestellt werden muß[24]. G. V.-D. benutzte die beiden alten, auch Mansion bekannten Hss Avranches 221 (*Af* — Ende des XII. Jahrhunderts) und Avranches 232 (*Ay* — Anfang des XIII. Jahrhunderts), um den Text der P. V. zu rekonstituieren und die Anzahl der Unterschiede gegenüber der P. Vat. zu bestimmen. Dabei ergaben sich aber innerhalb von 7 Bekkerzeilen schon 7 Varianten, von denen sich 3 völlig und 1 teilweise mit den entsprechenden Lesarten der P. Vat. decken[25]. Die Kollationen einer größeren Anzahl von Hss der P. V. brachten auch neue Übereinstimmungen mit der P. Vat. an den Tag, vor allem derjenigen Hss, welche ziemlich systematisch Elemente der „zweiten" Version der P. V. bezeugten. Man vergleiche zum Beispiel die Vatikaner Version der von G. V.-D. erwähnten Stelle 189a20—27 einerseits mit der von *Af*, andererseits mit der von *Sä* (= Schlägl, Stiftsbibl. 10 Cpl) bezeugten Parallele:

Af	P. Vat.	*Sä*
Quod quidem igitur neque infinita sunt, manifestum est ex his. Quoniam autem finita non est facere duo tantum, habent quandam rationem.	Quia ergo nec unum nec infinita, palam ex his. Quoniam autem finita, non facere duo solum habet rationem quandam. Dubitabit	Quod quidem igitur neque infinita sunt, ⌜ex hiis neque unum palam⌝. Quoniam autem *finitorum sunt*, non autem ⌜solum duo facere⌝ ⌜quan-

---

[23] A. a. O., 15, Anm. 20; Arist. Lat. XXV.2 Metaphysica (Lib. I—X, XII—XIV), Translatio Anonyma sive ‚Media', ed. G. Vuillemin-Diem, Leiden 1976, XXIV.
[24] Vgl. hierzu die Untersuchungen über die Beschaffenheit von Moerbekes Vorlagen der Physik und Metaphysik in den betreffenden Aufsätzen des gleichen Bandes, S. 227—236 und 303—307.   [25] Jakob von Venedig, 18—19.

Af	P. Vat.	*Sä*
Dubitabit enim utique aliquis qualiter densitas raritatem facere apta nata sit aut hec densitatem. Similiter autem et alia quelibet contrarietas. Non enim concordia discordiam conducit et facit aliquid ex ipsa, nec discordia ex illa, sed utraque alterum quidem tertium. Quidam autem et plura recipiunt ex quibus parant eorum que sunt naturam.	enim * aliquis quomodo spissitudo tenuitatem facere quid apta nata est aut ea spissitudinem. Similiter et alia quelibet contrarietas. Non enim amicitia conducit contentionem et facit aliquid ex eo, nec contentio ex illa, sed ambo diversum quid tercium. Quidam vero plura accipiunt ex quibus componunt entium naturam.	dam rationem habet⌐. Dubitabit *autem* * aliquis quomodo densitas raritatem facere apta nata est aut hoc densitatem. Similiter autem et alia quelibet contrarietas. Non enim concordia discordiam *adducit* et ⌐aliquid ex ipsa facit⌐, *neque* discordiam *concordia*, sed utraque quoddam tertium. Quidam autem et plura accipiunt ex quibus ⌐eorum que sunt naturam preparant⌐.

Einerseits stellt sich heraus, daß *Sä* durch 10 zusätzliche Unterschiede von der P. Vat. abweicht. Dazu gehören die 5 im Text mit ⌐...⌐ markierten Transpositionen sowie die Varianten „*finitorum sunt, autem, adducit, neque, (discordiam) concordia*". Andererseits gibt es in *Sä* 8 zusätzliche Übereinstimmungen mit der P. Vat.: „(neque) unum, palam, solum, habet", Auslassung (*) von „utique", „quomodo, est, accipiunt". Wie man leicht bestätigen kann, handelt es sich im ersteren Fall hauptsächlich um Textkorruptionen; nur „adduco" und „neque" sind gleichwertige Varianten für „conduco" und „nec"[26]. Dagegen sind die Lesarten der zweiten Reihe durchaus berechtigt: sie stimmen entweder gegen *Af* mit dem griechischen Text überein („neque unum, habet"), oder stellen gleichwertige Doppellesarten dar, die sich lexikalisch meistens in die schon erwähnte zweite Version einreihen[27]. Die zusätzlichen Unterschiede sind also hauptsächlich wohl dem späten Überlieferungszustand, welchem wir in der Hs *Sä* begegnen, die zusätzlichen Übereinstimmungen hingegen der ursprünglichen von *Sä* bezeugten Textform zuzuschreiben. Diese Textform muß also näher zur

---

[26] Dies wird sich aus den Indices der Edition ergeben. Zum Vergleich kann auf die ähnliche Doppelfassung der M. V. und M. C. verwiesen werden; siehe Arist. Lat. XXV.1—1a Metaphysica (Lib. I—IV.4), Translatio Iacobi sive ‚Vetustissima' cum Scholiis et Translatio Composita sive ‚Vetus', ed. G. Vuillemin-Diem, Bruxelles—Paris 1970, Indices s. v. συνάγω, οὐδέ.

[27] Siehe vorige Anm. Der Vergleich mit der Metaphysik zeigt Folgendes: Die Auslassung von „utique" und die Variante „quomodo" für „qualiter" sind in der M. C. bezeugt (siehe Indices s. v. ἄν, πῶς); dagegen sind „solum" und „accipiunt" die von Jakob von Venedig allgemein gebrauchten Übersetzungen (siehe Indices s. v. μόνον, λαμβάνω). Auch der Gebrauch der Indikativform („est") für die indirekte Frage ist in der P. V. sowie in der M. V. und M. C. bezeugt. Eine Ausnahme ist das nur in der Hs *Sä* bezeugte „palam", das nicht in diesen Übersetzungen, wohl aber in der P. Vat. und M. M. vorkommt. Hierauf wird unten S. 204 näher eingegangen.

P. Vat. gestanden haben als die der Hs *Af*. Übrigens muß betont werden, daß obwohl die Hss, welche regelmäßig Elemente der zweiten Version bezeugen, ziemlich später Herkunft sind, diese Textform mit Sicherheit ins XII. Jahrhundert zurückgeht, wie aus einigen offensichtlichen Zitaten hervorgeht. Die ältesten uns bekannten Physik-Exzerpte stammen von Hugo von Honau, Diakon des „Sacrum Palatium" Kaisers Friedrich Barbarossa (1152—1191)[28]. Sie finden sich in einer theologischen Schrift, Liber de homoysion et homoeysion, die vor 1180 abgefaßt worden ist[29]. Man vergleiche z. B. das Zitat I,7.190a14—17 mit den beiden P. V.-Versionen *Af* und *Sä*:

Af	Hugo[30]	*Sä*
Opportet aliquid subici quod fit et hoc si numero est unum, sed specie non unum est. Specie enim dico et ratione idem. Non enim idem est homini et inmusico esse.	⌜Aliquid subici oportet⌝ quod fit et hoc est si numero ⌜unum est⌝ sed specie non unum *. Specie namque ⌜et ratione idem esse dico⌝. Non enim homini et non musico idem est esse.	⌜Aliquid subici oportet⌝ quod fit et hoc si numero ⌜unum est⌝, specie non unum *. Specie namque ⌜et ratione idem esse dico⌝. Non enim idem est esse homini et non musico esse.

Wenn man bei den oben zitierten Stellen die von *Af* und *Sä* bezeugten Versionen der P. V. miteinander vergleicht, spürt man hier deutlich eine ähnliche Lage wie diejenige, welche in den ältesten Versionen der Metaphysik vorliegt: Auch von der P. V. hat es zwei offensichtlich zusammenhängende Redaktionen gegeben, welche sich auf ähnliche Weise zueinander verhielten wie die M. V. und die M. C. Die zweite Version der P. V. ist, ähnlich der M. C., einerseits durch eine unterschiedliche, der M. C. verwandte Terminologie, andererseits durch eine freiere, „latinisierte" Wiedergabe des Inhalts charakterisiert, welche u. a. in einer beträchtlichen Zahl von Umstellungen zum Ausdruck kommt[31]. Im Gegensatz zur M. C. ist die zweite Redaktion der P. V. (= P. V. II) jedoch nur sehr fragmentarisch in den Hss bezeugt: eine Minderheit der Textzeugen ist in bestimmten Abschnitten — wie *Sä* in den oben zitierten Stellen — durch P. V. II

---

[28] Für die Datierung dieses Autors sei verwiesen auf A. Dondaine, Hugues Éthérien et Léon Toscan, in: AHDLMA 19 (1952) 89—90, und N. M. Häring, The Liber de diversitate naturae et personae by Hugh of Honau, in: AHDLMA 29 (1962) 106—109.

[29] N. M. Häring, a. a. O., 109—116.

[30] Nach der Edition von N. M. Häring, The Liber de homoysion et homoeysion by Hugh of Honau, in: AHDLMA 34 (1967) 129—254 und AHDLMA 35 (1968) 211—295. Das Zitat kommt bei Hugo zweimal vor: AHDLMA 34 (1967) 235 und 240—241; es ist an beiden Stellen (bis auf die Variante „sit" für „fit") gleichlautend und erweist sich somit als eine wörtliche Übernahme.

[31] Vgl. G. Diem, Les traductions gréco-latines de la Métaphysique au moyen âge, 32—43; Arist. Lat. XXV,1—1a Metaphysica (Lib. I—IV.4), XXIX—XXXI.

kontaminiert worden und sowohl das Ausmaß dieser Textteile wie der Grad der Kontamination ist nach den verschiedenen Zeugen sehr unterschiedlich[32]. Mit Bezug auf den Vergleich zwischen P. V. und P. Vat. hinsichtlich einer eventuellen Abhängigkeit geraten wir somit in eine schwierige Lage. Welchen Text sollen wir zum Vergleich heranziehen? Wie wir oben gezeigt haben, existierte vor 1180 eine Version der Physik, welche sich von der uns durch *Af* bekannten Version in erheblicher Weise unterschied. Nach den von G. V.-D. durchgeführten Berechnungen gibt es zwischen M. C. und M. V. ungefähr 20 Differenzen pro 14 Bekkerzeilen; ein ähnlicher Unterschied kann auch zwischen den beiden Physikversionen bestanden haben. Wir sind daher den von G. V.-D. zum Vergleich herangezogenen Textteilen nachgegangen, um wie bei den oben angeführten Stellen die zusätzlichen Übereinstimmungen mit der P. Vat., soweit sie uns aus den verschiedenen Textzeugen der P. V. II bekannt sind, aufzuzählen. Die nachfolgende Tabelle zeigt 1. die Zahlen der von G. V.-D. ausgerechneten Unterschiede zwischen P. Vat. und *Af/Ay*, 2. die Zahlen der zusätzlichen Übereinstimmungen der P. Vat. mit der zweiten Version der P. V. und 3. die aus 1 und 2 sich ergebenden Zahlen der restlichen Unterschiede zwischen P. Vat. und P. V. überhaupt.

	1	2	3
184a10–184a24	39	9	30
184a24–184b21	39	10	29
184b26–185a13	43	11	32
185a14–185a27	45	7	38
189a21–189a34	39	11	28
189a35–189b13	37	7	30
193b24–194a2	42	12	30
Mittelwert	41	10	31

Die gegensätzlichen Zahlen 41 und 31 stellen in gewissem Sinne die Maximum- und Minimumwerte der Differenzen zwischen P. Vat. und P. V. dar, welche sich aus der handschriftlichen Tradition noch entnehmen lassen. Man kann daher wohl schließen, daß die eine Übersetzung sicher keine „Revision" der anderen ist, wenn diese Benennung das Verfahren eines „Revisors" meint, die Korrekturen in das Exemplar der zugrunde liegenden älteren Übersetzung selbst, entweder in der Marge oder zwischen

---

[32] Die Frage, inwieweit sich die *Af*-Version und die aus einigen Hss herstellbare zweite Version im Einzelnen mit einer ursprünglichen „Translatio Iacobi" bzw. „Translatio composita" decken, sei hier außer Acht gelassen.

den Linien, einzutragen, wie es Wilhelm von Moerbeke bei der Revision der P. V. und M. M. gemacht hat. Was letztere betrifft hat G. V.-D. sehr präzis die Grenze zwischen der eigentlichen Revision und der Neuübersetzung von Buch M gezogen: bis c. 2, 1076b9 zählt man 41 Differenzen pro ca. 40 Bekkerzeilen, nach dieser Stelle 114, umgerechnet auf 14 Bekkerzeilen also ca. 14 bzw. 40[33]. Es ist jedoch eine andere Art der Abhängigkeit denkbar, bei der sich die neue Übersetzung zwar redaktionell von der früheren unterscheidet, der Übersetzer aber mehr oder weniger systematisch die vorhandene Version zum Verständnis seiner griechischen Vorlage heranzieht. Vielleicht ist es schon zur Erklärung der Unterschiede zwischen M. V. und M. C. (20 pro 14 Bekkerzeilen), sowie zwischen den beiden Versionen der P. V. notwendig, vor allem hinsichtlich der großen Zahl der Umstellungen, sich eine ähnliche Arbeitsweise zu denken. Mit einem approximativen Mittelwert von mindestens 31 Varianten pro 14 Bekkerzeilen ist der Unterschied zwischen P. Vat. und P. V. zwar noch größer; die These einer (gelegentlichen) Abhängigkeit zwischen beiden scheint dadurch aber nicht abwegig. Eine nähere Betrachtung der Art bestimmter Übereinstimmungen könnte über die Wahrscheinlichkeit dieser These näheren Aufschluß geben.

Zu diesen Übereinstimmungen gehören zuerst einige gemeinsame Abweichungen vom griechischen Text. A. Mansion fand nur einen einzigen gemeinsamen Übersetzungsfehler: in 188a5 wird εἰδότως in den beiden Übersetzungen durch „scientis" statt „scienter" wiedergegeben[34]. G. V.-D. ist der Meinung, dies sei ein zu dürftiger Beweis der behaupteten Abhängigkeit[35]. Das Argument könnte außerdem verdächtig erscheinen, weil die betreffende Lesart in der Vatikaner Hs durch Korrektur, wenn auch erster Hand, zustande gekommen ist; ursprünglich kann „scienter" dagewesen sein[36], und es ist unwahrscheinlich, daß diese dem Griechischen entsprechende Lesart einem bloßen Irrtum des Kopisten zuzurechnen sei. Es unterliegt keinem Zweifel, daß die gemeinsame Lesart „scientis", deren Äquivalent εἰδότος in keiner der griechischen Hss bezeugt ist, aus ein und derselben Quelle stammt; die Frage ist nur, ob sie schon dem Übersetzer der P. Vat. oder nur dem Kopisten der Vatikaner Handschrift bekannt war. Diese Frage soll weiter unten im Zusammenhang mit den übrigen Korrekturen dieser Hs erörtert werden[37].

---

[33] G. Vuillemin-Diem, Untersuchungen zu Wilhelm von Moerbekes Metaphysikübersetzung, in: Miscellanea Mediaevalia, Bd. 15 Studien zur mittelalterlichen Geistesgeschichte und ihren Quellen, Berlin—New York 1982, 105—109; hinsichtlich Moerbekes Physikrevision siehe im gleichen Band, S. 225—226.
[34] Vgl. A. Mansion, Over de verhouding, 481.
[35] Jakob von Venedig, 14.
[36] Arist. Lat. VII.2 Physica, 11.
[37] Unten, S. 210—212.

Eine weitere bemerkenswerte gemeinsame Lesart ist 193b23 quid: alle bisher bekannten griechischen Hss der Physik haben an dieser Stelle τίνι, das Äquivalent τί kommt nur im Lemma bei Philoponus vor. Daß die beiden Übersetzer in ihrer jeweiligen griechischen Vorlage — welche nicht identisch war — die Philoponus-Lesart gefunden hätten, ist zwar nicht unmöglich, wohl aber seltsam. Es kommen auch zwei gemeinsame Auslassungen vor, welche in keiner der griechischen Hss bezeugt sind: 185b27 αὐτοῖς und 193b31 καί. In 186b7 wird οὐδὲ in den beiden Übersetzungen durch „non" wiedergegeben. Es handelt sich in diesen Fällen aber nicht um eigentliche Übersetzungsfehler: die Varianten ändern den Sinn des griechischen Textes nicht, geben ihn aber in einer nachlässigen Weise wieder; sie könnten unter Umständen als (absichtliche) Textkorruptionen betrachtet werden, nur ist die wörtliche Übersetzung in der Tradition der P. V. nicht (mehr?) vorhanden. Es gibt aber eine beträchtliche Reihe von Fällen, in denen die P. Vat. in derselben Weise vom griechischen Text abweicht wie ein bestimmter Überlieferungszweig der P. V. Es handelt sich hier ebenfalls um Beispiele einer weniger skrupulösen Wiedergabe des griechischen Textes, welche öfters dem lateinischen Sprachgebrauch angemessener erscheint. In dieser Hinsicht sind vor allem die Umstellungen auffällig, eine Art von Varianten, welche wir in der obigen Tabelle außer Acht gelassen haben, da sie in der Berechnung der Unterschiede zwischen den beiden Übersetzungen von G. V.-D. anscheinend auch nicht in Betracht gezogen wurden.

184a10 συμβαίνει *post* omnes; *vgl. CrPjAx*   19 ἀνάγκη *post* producere; *vgl. PjGu*   b10 ταὐτὸ τοῦτο] hoc idem; *vgl. YlSäGuTqAxBw*   26 οὐ *post* natura; *vgl. CrPjGvTmHp*   185a14 λύειν *post* omnia; *vgl. NqPmWoGvTq*   19 αὐτοῖς *ante* dicere; *vgl. BwQfNoHpSöYlPmKoBöGuTqVü*   b2 τῷ ποσῷ *post* προσχρῆται; *vgl. WoKo*   21 αὐτοῖς *ante* dicere; *vgl. Rx*   28 δὲ *om.*; *vgl. Ek*   33 ἄρα *ante* multa; *vgl. Sö*   186a8 ὁ Μελίσσου + oratio; *vgl. SäHpCy*   26 εἰ] etsi; *vgl. Go*   28 οὔτε] non; *vgl. RxWo*   b1 ἔσται *post* alii; *vgl. RxCy*   3 τι *om.*; *vgl. Mi*   19 λέγεται *post* hoc; *vgl. SöCy*   32 καί[3] *om.*; *vgl. BwSä*   187a1 ἐνέδοσαν *post* ἀμφοτέροις; *vgl. BwBä[1]CySöEkUpBl*   13 γὰρ *om.*; *vgl. AfMi[1]JaBwQfTmRxEk*   15 πυκνότητι καὶ μανότητι *inv.*; *vgl. QfSä*   18 ταῦτα *post* facit; *vgl. KmHpBl*

Wie aus dieser Übersicht eines beschränkten Textteiles des I. Buches hervorgeht, sind die meisten erwähnten Umstellungen, Auslassungen, Zusätze und Varianten in einer Reihe von Hss der P. V. bezeugt, zu der oft Hss der zweiten Redaktion gehören[38]. Zum zweiten Male scheint sich also eine gewisse Beziehung der P. Vat. zu P. V. II abzuzeichnen.

---

[38] Die erwähnten Siglen, deren Bedeutung zunächst unwichtig ist, ermitteln eine Vorstellung der Überlieferungslage der P. V. nach etwa 30 kollationierten Hss. Die charakteristischsten Zeugen der zweiten Version sind, mit Bezug auf diese Stelle, *Cr* (Oxford, Corpus Christi Coll. 114; A. L.[1] 359), *Pj* (Paris, B. N. lat. 16082; A. L.[1] 658), *Wo* (Wolfenbüttel, Herzog Aug. Bibl. 577 Helmst.; A. L.[1] 942), *Sö* (Florenz, B. N. Conv. Soppr. I.IV.22; A. L.[2] 1405),

Dazu kann man einige gemeinsame Lesarten hervorheben, welche zwar nicht im eigentlichen Sinne vom griechischen Text abweichen, diesen aber auf eine eigentümliche Weise wiedergeben:

184a19 προάγειν procedere; *vgl.* N*q*S*ö*   185a21 οἰκειοτάτη magis proprium   b15 αὐτὰ αὑτοῖς eedem eisdem; *vgl.* eadem eisdem P. V.   186a29 τῷ δεδεγμένῳ susceptibili   b11 ἐσήμαινεν significavit (*perf.*)   188a26 τὸ περιφερές circulatio; *vgl.* W*o*E*k*   190b10 ἐξ ὑποκειμένων ex subiecto; *vgl.* W*o*H*p*

Diese Übereinstimmungen an Stellen, an denen der griechische Text vielmehr eine andere Übersetzung erfordert, dürften vielleicht nicht zufällig sein; vor allem die Stellen, an denen die P. Vat. mit P. V. II von der allgemeinen Überlieferung abweicht, scheinen auf Abhängigkeit hinzuweisen.

2. *Es bleibt somit die Frage nach der Richtung dieser Abhängigkeit*

a. *Abhängigkeit der P. V., d. h. der ursprünglichen Übersetzung, von der P. Vat.*

G. V.-D. hat die Hinfälligkeit dieser von Lacombe und Mansion vertretenen Hypothese mit guten Gründen aufgezeigt. Einige ihrer Argumente werden weiter unten noch zur Sprache kommen; hier sei kurz der Gang des Hauptbeweises dargestellt. Nachdem die Unterschiede bzw. Übereinstimmungen zwischen der P. V. und der P. Vat. quantitativ untersucht worden sind, wird die Frage gestellt nach der Art nicht nur der Unterschiede, wie bei Mansion, sondern auch der Übereinstimmungen zwischen den beiden Texten. Durch eine nähere Betrachtung dieser Unterschiede bzw. Übereinstimmungen unter dem Gesichtspunkt des von beiden Übersetzern jeweils bevorzugten Vokabulars sollte sich herausstellen, ob die betrachteten Übersetzungen selbständig sind oder aber eine von der anderen abhängig ist. Es wird aber festgestellt, die Übersetzungsmethode Jakobs sei zwar von anderen, selbständigen Übersetzungen her bekannt, die des Übersetzers der P. Vat. und M. M. jedoch nicht, denn es sei theoretisch möglich, daß dieser in beiden Texten, den einzigen, die wir von ihm kennen, die Vorlage Jakobs benutzt habe[39]. Die aufgeworfene Frage konnte somit nur mit Bezug auf die P. V. gelöst werden: es stellt sich heraus, daß diese allerdings den von L. Minio-Paluello aufgestellten Kriterien für die Unabhängigkeit verwandter Texte entspricht und somit, jedenfalls in ihrer ursprünglichen Form, eine selbständige Übersetzung ist[40].

Rx (Reims, B. M. 865; A. L.[1] 736), *Ek* (Erfurt, Wissenschaftl. Bibl. Amplon. 2° 29; A. L.[1] 865), *Hp* (Sevilla, B. Colomb. 81-7-7; A. L.[2] 1187).
[39] Jakob von Venedig, 11—12.
[40] A. a. O., 17—24; vgl. oben, Anm. 20.

b. *Abhängigkeit der handschriftlichen Tradition der P. V. von der P. Vat. (Kontamination).*

Eine zweite Möglichkeit, die Übereinstimmungen zwischen der P. Vat. und der P. V. zu erklären, liegt in der Annahme einer Kontamination der beiden Übersetzungen innerhalb der Überlieferung der P. V.

Nach G. V.-D. sind die bedeutenden Varianten zwischen den beiden von ihr benutzten Hss *Af* und *Ay* sowie die interlinearen Doppellesarten in *Af* durch Kontamination mit der P. Vat. zu erklären[41]. Eine solche Hypothese ist an sich vollauf berechtigt, nur muß sofort darauf hingewiesen werden, daß sie für die zwischen der P. V. und der P. Vat. festgestellten Übereinstimmungen nur teilweise eine Erklärung bietet, nämlich für die angeblich aus der P. V. und der P. Vat. herstammenden Doppellesarten. Diese sind zwar die auffälligsten, aber nicht die einzigen. Wie wir gezeigt haben, gibt es auch spezifische Übereinstimmungen zwischen der P. Vat. und der gesamten Überlieferung der P. V., was also eine Kontamination eben dieser letzteren voraussetzen würde. Außerdem läßt sich aber zeigen, daß diese Hypothese selbst zur Erklärung der Übereinstimmungen zwischen der P. Vat. und einem bestimmten Überlieferungszweig der P. V. untauglich ist.

Um dies zu belegen stellen wir zuerst fest, daß die Hypothese keine ausreichende Erklärung für die Verschiedenheit der Überlieferung der P. V. bietet. Denn obwohl Lesarten des einen oder des anderen Überlieferungszweigs oft mit P. Vat. übereinstimmen, kann nicht die ganze Doppeltradition durch Kontamination erklärt werden. In manchen Fällen weicht nämlich die P. Vat. von beiden Versionen der P. V. ab, so z. B.:

185a12 οὐδὲν non P. V. I: nichil P. V. II: nec P. Vat.   187a24 τῷ τὸν μὲν περίοδον ποιεῖν τούτων, τὸν δ' ἅπαξ in eo quod circulationem faciunt horum, hic autem semel P. V. I: quia hic horum circuitionem facit, ille vero semel P. V. II: in faciendo horum circuitionem, hanc vero semel P. Vat.   187a27 οἰηθῆναι opinari P. V. I: arbitrari P. V. II: existimasse P. Vat.; διὰ τὸ ὑπολαμβάνειν ut accipiat P. V. I: propter acceptionem P. V. II: quia suscipiebat P. Vat.   187a28 ὡς οὐ γιγνομένου οὐδενὸς tamquam non fiat nullum P. V. I: tamquam non facto nullo P. V. II: ut non genito nichilo P. Vat.   187a35 ὁμογνωμονοῦσι conveniunt P. V. I: consonant P. V. II: concordant P. Vat.   187b1 διότι propter id quod P. V. I: quoniam P. V. II: eo quod P. Vat.   187b11 εἰδέναι cognoscere P. V. I: scire P. V. II: nosse P. Vat.   187b12 ὑπολαμβάνομεν arbitramur P. V. I: opinamur P. V. II: suscipimus P. Vat.   189a23 αὕτη (αὐτὴ) hec P. V. I: ipsa P. V. II: ea P. Vat.

Daß die Doppeltradition der P. V. durch die angebliche Kontamination mit der P. Vat. nicht völlig erklärt wird, ist zwar kein Gegenbeweis; wenn die Annahme einer solchen Kontamination behalten bleibt, muß allerdings

---

[41] Siehe oben, Anm. 23.

zur Erklärung von Fällen wie den angeführten eine zweite Kontaminationsquelle angenommen werden. Wenn aber die Überlieferung der P. V. noch von anderer Seite her beeinflußt worden ist, können die Doppellesarten, welche mit der P. Vat. übereinstimmen, grundsätzlich ebensogut dorther stammen wie von der P. Vat. Diese Hypothese hat von vornherein den Vorteil, daß sie einfacher ist, weil sie die Tatsache der Doppeltradition der P. V. insgesamt erklärt. Sie ist aber zugleich auch tauglicher, wie sich aus einigen zusätzlichen Betrachtungen ergibt.

a) Als Beispiele der Kontamination zwischen der P. V. und der P. Vat. erwähnt G. V.-D. die folgenden Stellen: 184a11—12 ἐκ τοῦ ταῦτα γνωρίζειν ex eo quod est hec cognoscere ex horum cognitione *Af*: ex horum cognitione *Ay*; 189a22 ἀπορήσειε dubitabit *Af*: deficiet *Ay*; 189a25 οὐδὲ nec *Af*: neque *Ay*; 193b25 ἔτι amplius *Af*: item *Ay*. Da in jedem Variantenpaar jeweils eine Lesart mit der P. Vat. übereinstimmt, wird geschlossen, diese stamme aus der P. Vat.: 184a11—12 ex horum cognitione (ex eorum cognitione P. Vat.); 189a22 dubitabit; 189a25 nec; 193b25 amplius. Die jeweils von der P. Vat. abweichende Lesart muß dann aber Jakob von Venedig zugeschrieben werden: 184a11—12 ex eo quod est hec cognoscere; 189a22 deficiet; 189a25 neque; 193b25 item. Diese Lesarten werden als „typische Differenzen der Übersetzung des Jacobus gegenüber der Vaticana" bezeichnet[42]. Dies scheint für die Übersetzung von ἀπορέω durch „deficio" und von ἔτι durch „item" dennoch nicht so offensichtlich. „Deficio" kommt als Übersetzung für ἀπορέω in Anal. Post. überhaupt nicht vor, in M. V. nur dreimal (einmal in M. C. behalten). In P. V. kommt die Übersetzung mit der Doppellesart „dubito — oppono" vor. Auch die Übersetzung „defectus" für ἀπορία kommt in M. V. nur einmal vor, in P. V. gibt es dazu noch die Doppellesart „dubitatio — oppositio". „Item" ist nur zweimal in M. V. bezeugt, doch weder in Anal. Post. noch in der *Af*-Version der Physik. Dagegen sind die Ausdrücke „dubito" und „amplius", die mit der P. Vat. übereinstimmen, auch bei Jakob sehr geläufig. G. V.-D. erwähnt übrigens noch zwei andere Lesarten in der von ihr untersuchten Stelle 189a20—27 der P. Vat., welche zu Jakobs Übersetzungsmethode besser passen als die Lesarten der P. V. selbst: 189a21 μόνον solum P. Vat.: tantum P. V. (außerordentlich); 189a22 πῶς quomodo P. Vat.: qualiter P. V. (außerordentlich)[43]. Nun erscheinen „solum" und „quomodo" in der P. V. anfänglich als Doppellesarten für „tantum" und „qualiter", dann aber als die üblichen Übersetzungen für μόνον und πῶς[44]. Es ist daher unwahrscheinlich, daß solche Lesarten aus der P. Vat. stammen.

---

[42] Jakob von Venedig, 15, Anm. 20.
[43] A. a. O., 20.
[44] Siehe oben, S. 196 mit Anm. 27.

b) Wir stellen also fest, daß verschiedene gemeinsame Lesarten der Übersetzungsmethode des Jakob von Venedig entsprechen und somit aus der P. V. stammen könnten. Das umgekehrte Verhältnis, daß also bestimmte gemeinsame Lesarten dem Vokabular des Übersetzers der P. Vat. entsprechen, wird aber nicht festgestellt. Zum spezifischen Vokabular dieses Übersetzers gehören z. B. „ens" für ὄν und „palam" für δῆλον. Wenn nun die Tradition der P. V. von der P. Vat. kontaminiert worden ist, so ist es merkwürdig, daß solche häufig vorkommenden Übersetzungen der P. Vat., soweit wir wissen, in die Tradition der P. V. nicht vorgedrungen sind, bis auf sehr wenige Ausnahmen. So kommt „ens" zweimal vor (200b28 und 201a9), jeweils von einer großen Zahl von Hss der *Af*-Version bezeugt — die zweite Version hat beide Male das für Jakob geläufige „quod est". Der Text der P. Vat. reicht aber in seinem heutigen Zustand nicht so weit; über einen möglichen Einfluß der P. Vat. ist also mit Bezug auf diese Stellen nichts zu sagen. Nur in einem Fall könnte man, soweit uns bekannt ist, einen Einfluß der P. Vat. auf die Tradition der P. V. erwägen: es ist das schon erwähnte „palam", das 189a20 von einer einzigen Hs (*Sä*) bezeugt wird[45].

c) In der handschriftlichen Überlieferung der P. V. spüren wir also keinen deutlichen Einfluß der Übersetzungsmethode der P. Vat.; ebenso fehlen Lesarten der P. Vat., welche den griechischen Text besser wiedergeben oder eine andere griechische Tradition widerspiegeln. So bezeugt die gesamte Tradition der P. V. die Lücke 192a5—6 καὶ — οὐδαμῶς, wiewohl dieser Satzteil in der P. Vat. übersetzt worden ist. Die P. V. bezeugt 189a12 nur die Lesart „contrarium" (τὸ ἐναντίον *EF*), die P. Vat. „contraria" (τὰ ἐναντία *IJ*); die P. V. bezeugt 189b5—6 nur die Lesarten „continens vel exsuperans" (τὸ περιέχον *E*[1]), die P. Vat. „subiectum" (τὸ ὑποκείμενον *IJFE*[2]); in der gesamten Tradition der P. V. wird 192a33 τι ausgelassen (*EI*), die P. Vat. bezeugt „aliquid" (*FJ*). Die Möglichkeit der Kontamination der Tradition der P. V. von Seiten der P. Vat. ist natürlich nicht völlig auszuschließen; nach dem bisherigen Befund scheint diese jedoch eher beschränkt gewesen zu sein. Der Großteil der Übereinstimmungen zwischen den beiden Übersetzungen findet unseres Erachtens mit dieser Annahme keine ausreichende Erklärung. Da diese Übereinstimmungen aber andererseits zu auffällig sind, um dem reinen Zufall zugeschrieben werden zu können, muß die Erklärung in der Abhängigkeit der P. Vat. von der P. V. gesucht werden. Wir prüfen diese Annahme nochmals mit einem Beispiel; wir vergleichen die Stelle 188a30—36 in den beiden P. V.-Versionen *Af* und *Sä* mit der P. Vat.

---

[45] Siehe oben, S. 196 mit Anm. 27. Doch selbst in diesem Fall ist Kontamination mit der P. Vat. nicht die einzig mögliche Erklärung; eine andere Hs (*Qf* = Firenze, B. Laur. S. Croce 13.12) bezeugt „palam" in IV,8.216b21.

Af	*P. Vat.*	*Sä*
Sed hoc opportet in ratione considerare qualiter contingat. Accipiendum igitur primum est quod omnium que sunt nichil neque facere aptum natum est neque pati contingens a contingenti, ⟨neque fit quodlibet ex quolibet⟩, nisi aliquis accipiat secundum accidens. Qualiter enim utique fiat album ex musico, nisi accidens sit albo aut nigro musicum?	Sed ⌜oportet hoc⌝ et in ratione PERSCRUTARI quomodo accidit. SUMENDUM primum * QUIA omnium ENTIUM NULLUM neque facere APTUM EST neque pati QUODCUMQUE a QUOCUMQUE, NEC fit QUODCUMQUE ex QUOCUMQUE, nisi QUIS accipiat secundum accidens. Quomodo namque * fiet album ex musico, nisi QUIA ⌜sit accidens⌝ NON ALBO aut nigro musicum?	Sed hoc oportet et ratione considerare quomodo accidit. Accipiendum igitur primum * quod omnium que sunt neque facere neque pati contingens a contingenti aptum natum est, neque fieri quodlibet ex quolibet, nisi aliquis secundum accidens accipiat. Quomodo namque * fiet album ex musico, ⟨nisi⟩ accidens ⟨sit⟩ albo aut nigro musicum?

Es ist durchaus klar, daß sich die P. Vat. grundsätzlich von der P. V. unterscheidet, wie aus den in GROSSER SCHRIFT geprägten Lesarten hervorgeht. Die durch Unterstreichung gekennzeichneten Lesarten deuten aber darauf hin, daß zwischen *Sä* und P. Vat. eine gewisse Abhängigkeit wahrscheinlich ist. Wenn nun die Frage nach der Richtung dieser Abhängigkeit gestellt wird, so ist nicht einzusehen, warum *Sä* aus P. Vat. nur diejenigen Elemente herausgreifen würde, welche zum Verständnis des Textes überhaupt nicht beitragen, sondern sich nur aus einer verschiedenen Übersetzungsmethode ergeben („quomodo" statt „qualiter", „accidit" statt „contingit", Auslassung von „est", „namque" statt „enim", „fiet" statt „utique fiat"), während die wichtigen Varianten der P. Vat., wie „non albo" (μὴ λευκῷ *E*) statt „albo" (λευκῷ *FIJ*) keine Spur hinterlassen haben. Außerdem passen diese gemeinsamen Elemente ebenso gut zur Übersetzungsmethode der P. V., während die typischen Wendungen der P. Vat. nur in dieser Übersetzung bezeugt sind: die Lesarten „perscrutari" für σκέψασθαι, „sumendum" für ληπτέον, „entium" für τῶν ὄντων, „quodcumque" für τὸ τυχόν und „quis" für τις kommen in der P. V. nicht oder äußerst selten vor[46]. Aus diesen Gründen erscheint die Annahme einer Kontamination der Tradition der P. V. durch die P. Vat., wenigstens zur Erklärung des Großteils der gemeinsamen Lesarten, als nicht stichhaltig. Es muß dann weiter geprüft werden, ob die Alternative, nämlich die Abhängigkeit der P. Vat. von der P. V., aufrechterhalten werden kann.

---

[46] Die Lesarten „quia" für ὅτι, „aptum est" für πέφυκεν, „nec" für οὐδέ, „quodcumque" für ὁτιοῦν, „nullum" für οὐθέν, sowie die Transpositionen „oportet hoc" und „sit accidens", weichen tatsächlich von den betreffenden *Sä*-Lesarten ab; sie könnten jedoch irgendwie auf ein P. V.-Exemplar zurückgehen; siehe dazu oben, S. 197f.

c. *Abhängigkeit der P. Vat., d. h. der ursprünglichen Übersetzung, von der P. V.*

Der Beweis dieser Abhängigkeit ist nicht handgreiflich. Dies hängt damit zusammen, daß es sich in unserem Falle, wie wir schon betont haben, sicher nicht um eine Revision im gewöhnlichen Sinne handelt, bei welcher fortlaufend die lateinische Vorlage die Textbasis darstellt, in der an bestimmten Stellen ein Revisor Korrekturen vornimmt: dazu sind die Übereinstimmungen zwischen P. V. und P. Vat. in viel zu geringem Maße konstant. Es handelt sich vielmehr um einzelne Lesarten oder Ausdrücke, deren Übereinstimmung nicht zufällig sein kann. Fangen wir mit den Überlegungen Mansions zugunsten einer Abhängigkeit in der umgekehrten Richtung an.

Es wurde schon das Argument erwähnt, nach dem die P. Vat. Übersetzungsfehler an Stellen enthält, die von Jakob richtig verstanden worden sind; der Übersetzer der P. Vat. würde diese vermieden haben, wenn er die P. V. eingesehen hätte[47]. G. V.-D. hat aber mit Recht darauf hingewiesen, daß es sich in den von Mansion erwähnten Fällen nicht um eigentliche Fehler handelt, sondern um Eigentümlichkeiten der Übersetzungsmethode. Auch die Stelle 184a23, an der die P. Vat. διαιροῦσι falsch mit „dividunt" statt mit „dividentibus" übersetzt, ist für die Richtung der Abhängigkeit zwischen den beiden Übersetzungen nicht ausschlaggebend, denn „es gibt durchaus Fälle von ‚Verschlimmbesserungen'"[48]. Bei der Beurteilung solcher Fälle muß man der Fähigkeit des Übersetzers Rechnung tragen, und diese steht fürs erste in Frage. Umgekehrt verdient die Version der P. Vat. in vielen Fällen den Vorzug:

185a10 ἀσυλλόγιστοι non sillogizantes P. V.: non sillogistice P. Vat.; *vgl.* 186a8   185a14 ἀλλ' ἤ sed aut P. V.: nisi P. Vat.   185b2 προσχρῆται congruit P. V.: utitur P. Vat.   185b19 τὸ πεπερασμένον finitus P. V.: finitum P. Vat.

In einigen Fällen hat der Übersetzer der P. Vat. eine Lesart der P. V. vermieden, die wahrscheinlich auf einem fälschlichen Lesen des griechischen Textes beruht:

185b2 ἄττα alie (ἄλλα) P. V.: quedam P. Vat.   186a4 ἐπιοῦσιν facientibus (ποιοῦσιν) P. V.: supervenientibus P. Vat.

Ein weiteres, gewissermaßen ähnliches Argument für seine These fand Mansion in der Tatsache, daß die P. Vat. 14 nicht übersetzte griechische Wörter (in Transliteration) enthält, von denen die P. V. nur 4 bewahrt habe; nun ist nach Mansion in den mittelälterlichen lateinischen Aristotelesübersetzungen regelmäßig festgestellt worden, daß die ursprünglichen griechischen Lehnwörter in den Revisionen durch lateinische Wörter er-

---

[47] Siehe oben, S. 192 mit Anm. 12.
[48] Jakob von Venedig, 13–14. Einen ähnlichen Fehler begeht der Übersetzer der P. Vat. 189b17: ἐπισκοποῦσι intendunt; siehe A. Mansion, La translatio vaticana, 39.

setzt werden[49]. Dieses Argument hat G. V.-D. überzeugend widerlegt[50]. Es ist unseres Erachtens eine unberechtigte Verallgemeinerung einer Feststellung, die innerhalb der Tradition einer und derselben Übersetzung gemacht werden kann, nicht aber mit Bezug auf verschiedene voneinander abhängige Übersetzungen.

Andererseits hat Mansion selbst auf einige Eigentümlichkeiten der P. Vat. hingewiesen, welche durch die Annahme, es sei keine ursprüngliche Übersetzung, sondern eine Überarbeitung, besser erklärt werden. So erwähnt er erstens, daß das Partizip ὄν, nicht nur im substantivischen Gebrauch sondern in allen Fällen, gewöhnlich durch „ens" wiedergegeben wird; die P. V. hingegen übersetzt mit „quod est" oder verwendet andere Ausdrücke wie „cum sit" (oder „existens"), je nach dem grammatischen Sinn[51]. Mansion erwähnt aber nicht, daß die P. Vat. in drei Fällen von dieser Methode abweicht und die Lesart der P. V. bezeugt: 185a29 τὰ ὄντα „que sunt"; 187a36 ἐξ ὄντων „ex eis ... que sunt"; 187b10 οὐσῶν „existentibus". Da der Stilunterschied zwischen den beiden Übersetzungen gerade in diesem Punkt sehr groß ist[52], sind solche Übereinstimmungen umso merkwürdiger; sie können wohl nur durch die Abhängigkeit der P. Vat. von der P. V. erklärt werden.

Weiter hatte Mansion bemerkt, daß die P. Vat. nicht vor Barbarismen, wie „singulum" für ἕκαστον, zurückschreckt, während die P. V. eine Form von „unusquisque" bezeugt. Hier hat Mansion aber hinzugefügt, daß die letztgenannte Übersetzung auch in der P. Vat. auftaucht[53], und sogar an 5 von den 17 Stellen, an denen ἕκαστον vorkommt. Eine ähnliche Lage hatte er mit Bezug auf die Übersetzung von ἄτοπον festgestellt; in den von ihm verglichenen Stellen 185a9—12 und 186a7—10 hat die P. V. zweimal „inconveniens", die P. Vat. einmal „inconveniens" und einmal „absurditas". Mansion erklärt diesen Befund durch ein Bestreben nach Gleichförmigkeit seitens des Übersetzers der P. V. — er muß jedoch zugestehen daß diese Tendenz sich nicht in allen Fällen durchgesetzt hat! — und hält es für möglich daß die gleichlautende Übersetzung von ἄτοπον (durch „inconveniens") an einer der beiden Stellen auf Abhängigkeit der P. V. von der P. Vat. beruht[54]. Wenn aber eine Abhängigkeit zwischen beiden angenommen wird, so spricht die größere Wahrscheinlichkeit für das umgekehrte Verhältnis, nach dem die gemeinsame Lesart „inconveniens" auf den Übersetzer der P. V. zurückgeht, während die Lesart „absur-

---

[49] Over de verhouding, 481—482.
[50] Jakob von Venedig, 14.
[51] Over de verhouding, 476—477.
[52] Über den erheblichen Stilunterschied der beiden Übersetzer siehe G. Vuillemin-Diem, Jakob von Venedig, 24—25.
[53] Over de verhouding, 477.
[54] A. a. O., 480.

dum" oder „absurditas", welche in der P. V. nicht vorkommt, die gelegentliche Bevorzugung des überarbeitenden Übersetzers verrät; dieser hätte dann gleichfalls das der P. V. geläufige „unumquodque" regelmäßig durch „singulum" ersetzt, dabei jedoch einige Stellen übersehen.

Mansion macht außerdem darauf aufmerksam, daß die P. V. genauer die Wortfügung des griechischen Textes beibehält als die P. Vat., die sich gelegentlich Transpositionen erlaubt[55]. Auch diese Tatsache ist ganz begreiflich, wenn der Übersetzer der P. Vat. einen schon abgewandelten Text der P. V. gekannt hat. Viele dieser Transpositionen finden wir übrigens in der Tradition der P. V. wieder[56]. Wie schon oben bemerkt, wäre es bei einem umgekehrten Verhältnis sehr schwer zu erklären, wie ausgerechnet diese Elemente in die Überlieferung der P. V. gelangten, während die typische Terminologie der P. Vat. da keine Spuren hinterlassen hat; außer „absurditas" oder „absurdum" und „singulum" können — unter vielen anderen — erwähnt werden: „quaestio" für ἀπορία (185a18), „transcanonizabant" für μεθερρύθμιζον (185b28), „unice" für μοναχῶς (185b31), „genitus" für γιγνόμενος (γενόμενος) (186a12; 187a28,32,b28; 190b23,27), „excepto (-ta)" für πλήν (186a19).

Schließlich weist Mansion darauf hin, daß die beiden Übersetzungen auf unterschiedliche griechische Vorlagen zurückgehen. Während die P. V. im allgemeinen auf einer Hs der Gruppe *FIJ* beruht, bezeugt die P. Vat. viele, und zwar die charakteristischsten unter den Lesarten der anderen Gruppe von griechischen Hss, welche in den modernen Ausgaben nur durch *E* vertreten ist[57]. Bemerkenswert ist jedoch, daß der Text der P. Vat. nicht fortlaufend *E* folgt, sondern im Gegenteil im großen und ganzen mehr mit der Gruppe *FIJ* übereinstimmt[58]. Die von der P. V. abweichenden Lesarten widerspiegeln oft die *E*-Tradition, so z. B. 184a26 quemadmodum (ὥσπερ *E*); 184b16 inquit (φησι *EF*); 185b2 namque (γὰρ *E*); 185b10 infinita (ἄπειρα *E*); 185b22 bono et non bono esse (ἀγαθῷ καὶ μὴ ἀγαθῷ εἶναι *E*); 186b9 ut quod (ὡς ὅπερ *E*). Daß trotz dieser Verwandtschaft der Text insgesamt näher zur anderen Hss-Gruppe gehört, könnte darauf hinweisen, daß die P. V., die auf diese Gruppe zurückgeht, einen Einfluß auf die P. Vat. geübt hat.

Mit der Annahme der Abhängigkeit der P. Vat. von der P. V. ist jedoch eine Schwierigkeit verbunden. Es hat sich nämlich durch die Untersuchungen von G. V.-D. zur M. M. gezeigt, daß die Übersetzungseigentümlichkeiten der P. Vat. und M. M. in einer merkwürdigen Weise übereinstimmen, was gerade die Identität des Übersetzers der beiden Versionen deut-

---

[55] A. a. O., 477; La translatio vaticana, 42.
[56] Siehe oben, S. 200.
[57] Over de verhouding, 477.
[58] Arist. Lat. VII.2 Physica, XII.

lich demonstriert[59]. Wenn nun die P. Vat. eine von der P. V. abhängige Übersetzung ist, muß dann nicht dasselbe Verhältnis zwischen M. M. und M. V. bzw. M. C. angenommen werden? Das ist aber angesichts des fragmentarischen Charakters der M. V. und M. C. sehr fragwürdig[60]. — Dazu kann zweierlei bemerkt werden:

1. Wie G. V.-D. in ihrer sehr gründlichen Analyse hervorhebt, unterscheiden sich die P. Vat. und M. M. von allen anderen Aristotelesübersetzungen durch die große Variabilität ihrer Terminologie oder, genauer gesagt, durch die ungewöhnliche Vielfalt der möglichen Entsprechungen zwischen lateinischem und griechischem Vokabular[61]. Dies könnte darauf hinweisen, daß auf diese Übersetzungen Einflüsse verschiedener Herkunft gewirkt haben. Welche Einflüsse im Einzelnen zu dieser merkwürdigen Übersetzungsweise beigetragen haben, läßt sich nicht leicht bestimmen; daß jedoch der unbekannte Übersetzer wenigstens die P. V. in irgendeiner Form gekannt hat, scheint aus den erwähnten Übereinstimmungen hervorzugehen.

2. Es gibt auch einige Abweichungen zwischen der Terminologie der P. Vat. und der M. M. Eine bestimmte Freiheit in der Wahl zwischen den verschiedenen äquivalenten Übersetzungsweisen ist zwar immer, und besonders mit Bezug auf unseren Übersetzer, anzunehmen; daß aber die P. Vat. manchmal gegen das übliche Vokabular der M. M. die Terminologie der P. V. bzw. P. V. II benutzt, weist wieder auf eine Beziehung zwischen beiden hin:

ἄρα itaque 185a33 (P. V.), 186b1 (P. V.), 10 (P. V. I), 12 (P. V. II), 193b18 (P. V.)
— offenbar Doppellesart zu „ergo"
εἴπερ si quidem 188a9 — die P. V. hat hier „si vere"; „si quidem" (P. V. II?) ist sonst auch sehr üblich
ἤ secundum quod 186a24 (P. V. II)
πλὴν εἰ μήποτε nisi forte 188b4 (P. V.)
ὥστε itaque 186b28, 190b10, 193a8 — die P. V. hat hier jeweils „quare"; „itaque" (P. V. II?) 217b10 und (als Doppellesart) 233a2
ἐπισκέπτομαι considero 193b21 (P. V.)
νόησις intellectus 193b34 (P. V.)
πλῆθος multitudo 187b4 (P. V.), 8 (P. V.), 34 (P. V. II)
σκέψις consideratio 185a20 (P. V. — Doppellesart)

---

[59] G. Vuillemin-Diem, Die Metaphysica Media. Übersetzungsmethode und Textverständnis, in: AHDLMA 42 (1975) 7—69.
[60] Die Ansichten von F. Pelster (Die griechisch-lateinischen Metaphysikübersetzungen des Mittelalters, in: BGPhMA, Supplement 2, Münster i. W. 1923, 103—105) und L. Minio-Paluello (Note sull' Aristotele Latino Medievale, II, 231 = Opusc., 107), nach denen die M. M. von der M. V. abhängt bzw. kontaminiert worden ist, waren sicherlich dadurch veranlaßt, daß der Anfang des Textes der M. M. in den Hss durch den Anfang der M. C. ersetzt worden ist.
[61] Die Metaphysica Media, 46.

φθίσις detrimentum 192b15 (P. V. I)
φιλία amicitia 188b34, 189a24 — die P. V. hat hier jeweils „concordia"; „amicitia" (P. V. II?) ist sonst auch üblich.

Ein Element der Diskussion haben wir bisher nur beiläufig berührt. Es bezieht sich auf die zahlreichen Korrekturen, welche am Text der Vatikaner Hs vorgenommen worden sind. Schon Mansion hat auf diese Korrekturen hingewiesen; sie beziehen sich meistens auf ein ganzes Wort oder auf mehrere aufeinanderfolgende Wörter und sind vom Kopisten selbst *in rasura* eingefügt worden. Nach Mansion stammen sie nicht vom Übersetzer, sondern vom Kopisten; er vermutet, daß dieser den Text, den er kopierte, zugleich korrigierte, und zwar auf Grund einer anderen griechischen Hs als der des ursprünglichen Übersetzers — dies würde den Kompositcharakter der Textüberlieferung, welche durch die Übersetzung in ihrem jetzigen Zustand bezeugt ist, zumindest teilweise erklären[62]. Trotzdem hielt Mansion diese Korrekturen für zu wenig zahlreich und zu geringfügig, um den ursprünglichen Charakter der Übersetzung in nennenswerter Weise entstellen zu können[63], und da die ausradierte Lesart sich in den meisten Fällen nicht mehr ermitteln ließ, edierte er den Text der P. Vat. *prout exhibetur in codice*[64]. Dennoch ist es merkwürdig, daß die Korrekturen sich oft auf Stellen beziehen, an denen die P. Vat. von der P. V. abweicht. Die ursprünglichen Lesarten der korrigierten Stellen sind, nach den Fällen, in denen sie sich noch ermitteln ließen, zu urteilen, verschiedener Art. In einigen Fällen handelt es sich um augenscheinliche Fehler, so z. B. S. 24,18 (193a10) τῶν φύσει ὄντων „in natura entium", korrigiert in „natura entium"; S. 25,13 (193a35—36) ἐν τοῖς φύσει συνισταμένοις ist ein ähnlicher Fehler übersehen worden: „in naturis consistentibus". In anderen Fällen hingegen stellt sich heraus, daß die ursprüngliche Lesart die richtige war, weil sie dem Vokabular der M. M. entspricht; so ist „contentio" als Übersetzung für νεῖκος S. 13,22 (188b34) und 14,19—20 (189a24—25) eine Korrektur — die ursprüngliche Lesart ist an der letzteren Stelle noch erkennbar: „odium"; sie stammt zweifellos vom Übersetzer (vgl. M. M.). In einigen Fällen scheint die ursprüngliche Lesart durch die Variante der P. V. ersetzt worden zu sein, so z. B. S. 10,8 (187b4) sincere; 11,16 (188a5) scientis[65]; 15,30 (189b30) sic; 19,6 (191a26) diverterunt. In den meisten Fällen jedoch stimmt die vermutliche ursprüngliche Lesart mit der P. V. überein, so z. B.:

---

[62] La translatio vaticana, 37—38. Mansion hatte nämlich im ersten Teil des Aufsatzes, S. 28—36, das Verhältnis der P. Vat. zur griechischen Tradition der Physik untersucht und festgestellt, daß verschiedene Überlieferungszweige in dieser Übersetzung vertreten sind.

[63] A. a. O., 38—39.

[64] Arist. Lat. VII.2 Physica, XIV.

[65] Siehe oben, S. 199.

185a16 οὐ minime *ante correctionem*: non *post correctionem* (S. 4,28)   23 οὐσίαν substantiam *a. c.*: ut substantiam *p. c.* (S. 5,3)   186b16 τι aliquid *a. c.*: quid *p. c.* (S. 8,9) *et alias*   187a3 καί et *a. c.*: *om. p. c.* (S. 8,27)   25 ἄπειρα infinitas *a. c.*: infinita *p. c.* (S. 9,20)   b13 εἰ si *a. c.*: *om. p. c.* (S. 10,16)   188a8 ἤ aut *a. c.*: vel *p. c.* (S. 11,18); *vgl. SäSöEkVl*   190a14 τι aliquid *a. c.*: aliquod *p. c.* (S. 16,18)   35 ἕτερον aliquid *a. c.*: aliud *p. c.* (S. 17,6); *vgl. KmKoHpSöWo* ὑποκειμένου τινὸς subiecto aliquo *a. c.*: subiecti alicuius *p. c.* (S. 17,7)   b1 οὐσίαι substantie *a. c.*: substantia *p. c.* (S. 17,9)   2 ὅσα quecumque *a. c.*: omnia *p. c.* (S. 17,9)   18 καί et *a. c.*: aut *p. c.* (S. 17,24)   191a12 αὕτη hec (*an hoc?*) *a. c.*: ea *p. c.* (S. 18,25)   b20 εἰ si *a. c.*: *om. p. c.* (S. 20,7)   193a15—16 τὴν ... διάθεσιν καὶ τὴν τέχνην dispositione et arte (*an* dispositionem et artem?) *a. c.*: dispositio et ars *p. c.* (S. 24,23—24)   32 τεχνικόν artificiosum *a. c.*: artificium *p. c.* (S. 25,10)   b29—30 σελήνης καὶ ἡλίου lune et solis *a. c.*: luna et sole *p. c.* (S. 26,12)

Die mit der P. V. übereinstimmenden Lesarten sind sicher keine zufälligen Kopistenfehler, sondern verraten den Einfluß, welchen diese Übersetzung — vielleicht auch an anderen korrigierten Stellen, an denen sich aber die ursprüngliche Lesart nicht mehr ermitteln ließ — auf den Text der Vatikaner Hs ausgeübt hat. Wenn man aber annimmt, daß der Übersetzer der P. Vat. diese Lesarten aus der P. V. in seine Version übernommen hat, könnte man mit Mansion dazu neigen, die Korrekturen für sekundär zu halten. Dann ist es allerdings merkwürdig, daß die zweite Lesart in einigen der zitierten Fälle der anderswo (auch an nicht korrigierten Stellen) in der P. Vat. befolgten Übersetzungsmethode entspricht, so z. B. τι quid (vgl. S. 3,17,19; 5,14; — S. 5,20 wird „quoddam" aus der P. V. übernommen); ἤ vel (vgl. S. 3,4; 4,4,5,15); ἕτερον aliud (vgl. S. 11,19; 13,22; 20,22); αὕτη ea (vgl. S. 3,4,15; 4,10; 8,17); auch die Omission von καί kommt mehrfach vor (vgl. S. 4,14; 7,17; 8,22). Einige andere Korrekturen entsprechen einer griechischen Variante, so z. B. S. 5,3 ut substantiam (vgl. *FI²*); S. 10,16 εἰ *om.* (vgl. *E¹*); S. 17,24 aut (vgl. *EJ²*); S. 20,25 autem (vgl. *codd.*) — oder übermitteln eine andere Interpretation des griechischen Textes, so z. B. S. 9,20 infinita; S. 17,7 subiecti alicuius; S. 24,23—24 dispositio et ars (vgl. den nächsten Satzteil: substantia vero ens illa ...); S. 26,12 luna et sole[66]. Die übrigen Korrekturen könnten vielleicht sekundäre Textänderungen darstellen, so z. B. S. 16,18 aliquod; S. 17,9 omnia; S. 20,7 εἰ *om.*; S. 25,10 artificium[67]. Wenn man aber die zuvor erwähnten Korrekturen auf den Übersetzer selbst zurückführen muß, könnte man die Sachlage auf zwei verschiedene Weisen erklären: entweder sind die ursprünglichen mit der

---

[66] Siehe oben, S. 210 mit Anm. 62.
[67] Weitere Beispiele willkürlicher Änderungen, die nur zur Lesbarkeit des Textes beitragen, sind vielleicht: 5,11 (185a30) τὸ ἀδύνατον quod inpossibile *corr. in* inpossibile, sowie 18,1 (190b22—23) τοὺς λόγους τοὺς ἐκείνων ⟨(o)rationes⟩ que sunt ⟨eorum⟩ *corr. in* sermones suos.

P. V. übereinstimmenden Lesarten durch Kontamination in die Vatikaner Hs gelangt, doch nachher wieder gebannt worden, oder — und das scheint die einfachere Annahme zu sein — der Text der Vatikaner Hs enthält die Spuren einer früheren Fassung, welche sich an bestimmten Stellen noch näher auf die P. V. bezog. In dieser Hs würden wir also das Verfahren eines Übersetzers verfolgen können, der sich allmählich dem Einfluß seines Vorbildes entzieht. Bei einem solchen Verfahren ist es auch möglich, daß er umgekehrt zuerst auf seine eigene Weise übersetzt und nachher beim Vergleich mit der Vorlage die Lesart seines Vorbildes vorzieht. In einigen Fällen hat er vielleicht die Wahl offengelassen und beide Lesarten nebeneinander behalten. Auf Grund dieser Annahme könnten einige offenbar kontaminierte Lesarten der Vatikaner Hs. erklärt werden. S. 19,8 (191a28) wird διὰ τὸ ἀναγκαῖον μὲν εἶναι übersetzt als: „quia necessarium esse". In der P. V. lautet die Stelle: „propter id quod necessarium est". Wenn, wie wir oben zu zeigen versucht haben, die P. Vat. sich näher an die zweite Version als an die *Af*-Version der P. V. anlehnt, muß der Übersetzer in seiner Vorlage wohl gelesen haben: „propter necessarium esse"[68]. Er hat zunächst diese Ausdrucksweise übernommen, sie aber nachher, wie S. 9,22 und 21,14, durch eine Wendung mit „quia" ersetzt oder beide Ausdrücke behalten; der Kopist hat jedoch die Änderung der Infinitivform in die Indikativform übersehen. An der Stelle 191b35 hat die P. V. ἡμμένοι ... εἰσιν wörtlich übersetzt mit: tangentes ... sunt. Die P. Vat. (S. 20,22) hat, wie S. 15,17, das Partizip mit Kopula durch das konjugierte Verb ersetzt, nur hat der Kopist vergessen, die Kopula zu streichen. Die P. V. übersetzt 193a21 οἱ μὲν γῆν, οἱ δὲ πῦρ (*Λ*) mit: hic (?) quidem terram, illi vero ignem. Die P. Vat. (S. 24,28) übernahm die Lesart, doch korrigierte nach *E*: οἱ μὲν πῦρ, οἱ δὲ γῆν. Der Kopist hat die Korrektur offenbar zu spät bemerkt, denn er schrieb zuerst „terram", doch tilgte dies und schrieb „ignem". Die P. V. übersetzt 193b36 οἱ περὶ τὰς ἰδέας λέγοντες durch: circa ideas dicentes. Mansion behält diese Lesart in der P. Vat. (S. 26,18) bei, doch erwähnt im Apparat: „circa *prob. in eras. expunct.*". Auch hier hat der Kopist gezweifelt: vielleicht hat er „circa" zuerst ausgelassen, nachher jedoch *in rasura* eingetragen und, nach der griechischen Lesart der Hss *IE¹J²* οἱ τὰς ἰδέας λέγοντες, wieder getilgt[69].

---

[68] Diese Textform haben wir bisher in den erhaltenen Hss an dieser Stelle nicht gefunden. Sie läßt sich aber aus vielen Parallelstellen leicht konjizieren; siehe dazu Bull. de Phil. Médiév. 24 (1982) 66.

[69] Die beiden letzterwähnten Korrekturen, die auf unterschiedliche griechische Lesarten zurückgehen, werden von A. Mansion, La translatio vaticana, 38, im Rahmen seiner Hypothese über die Revision dieser Übersetzung benutzt (siehe oben, S. 210). Unseres Erachtens lassen sich diese Korrekturen — und, zumindest teilweise, auch der Kompositcharakter der P. Vat. — besser durch die Annahme erklären daß sie von der P. V. abhängig ist. Trotz der Korrekturen in der Vatikaner Hs hielt Mansion die P. Vat. für eine ursprüngliche,

d. *Abhängigkeit der handschriftlichen Tradition der P. Vat. von der P. V. (Kontamination)*.

Wenn es berechtigt ist anzunehmen, daß der Übersetzer der P. Vat. ein Exemplar der P. V. als Vorlage benutzt hat, so ist man zur Erklärung der Übereinstimmungen zwischen beiden nicht mehr zu der weiteren Annahme genötigt, daß die handschriftliche Tradition der P. Vat. auf sekundäre Weise mit Elementen der P. V. kontaminiert worden ist, wenn man auch diese Annahme nicht ausschließen kann.

Zusammenfassung und Schluß

G. Vuillemin-Diem hat in ihrem Aufsatz „Jakob von Venedig und der Übersetzer der Physica Vaticana und Metaphysica media" die Ansicht Mansions, nach der die Translatio Vetus der Physik von der Translatio Vaticana abhängig sei, als unhaltbar erwiesen und somit gezeigt, daß die Translatio Vetus eine Neuübersetzung aus dem griechischen ist. Zwei weitere in diesem Aufsatz gemachte Beobachtungen lassen sich aber auf Grund einer umfassenderen Erforschung der Tradition neu interpretieren bzw. präzisieren: 1. Die in der Tradition der Translatio Vetus bezeugten Doppellesarten lassen sich nicht aus der Kontamination der Translatio Vetus mit der Translatio Vaticana erklären, sondern entstammen einer frühen Doppelfassung der Translatio Vetus der Physik, welche der Doppelfassung der Metaphysica Vetustissima (Iacobi) und Vetus (Composita) ähnlich ist. 2. Die Übereinstimmungen zwischen einem bestimmten Überlieferungszweig der P. V. (P. V. II) und der P. Vat. scheinen für ein umgekehrtes Verhältnis zwischen den beiden Übersetzungen, d. h. Abhängigkeit der Translatio Vaticana von der Translatio Vetus, zu sprechen; dieses Verhältnis wird von G. Vuillemin-Diem zwar nicht ausgeschlossen, wohl aber unwahrscheinlich genannt. Die Translatio Vaticana ist allerdings keine eigentliche Revision, doch ebensowenig eine völlig unabhängige Neuübersetzung aus dem Griechischen. Ihre ganz spezifische Beschaffenheit und ihre fragwürdige Stellung gegenüber dem griechischen Text lassen sich offenbar nur auf dem Hintergrund einer schon geformten lateinischen Physik-Tradition erklären. Ob ein ähnliches Verhältnis auch zwischen Metaphysica Vetustissima/Vetus und Metaphysica Media vorliegt, scheint wegen der ganz verschiedenen handschriftlichen Lage (erstere nur teilweise, letztere fast vollständig erhalten) schwer zu entscheiden.

---

jedoch nach einer kompositen griechischen Überlieferung erstellten Übersetzung. Unseres Erachtens ist diese Übersetzung außerdem in dem Sinne komposit, daß sie Elemente der P. V. enthält und also auch verschiedene lateinische Traditionen kombiniert. Übrigens hat Mansion selbst schon auf einen Mangel an Gleichförmigkeit in der Übersetzungsmethode der P. Vat. hingewiesen: siehe a. a. O., 39 und 42—47.

Wenn die obigen Überlegungen das Richtige treffen, so haben wir für die Entstehung der Physica Vaticana nicht nur einen *terminus ante quem*, nämlich das (mehr oder weniger fragwürdige) Alter der Vatikaner Hs, sondern auch einen *terminus post quem*, nämlich die Veröffentlichung der Physica Vetus (um 1140). Wenn die Physica Vaticana jünger ist als die Physica Vetus, dürfen wir wohl annehmen, daß ihrerseits die Metaphysica Media zeitlich nach der Metaphysica Vetus bzw. Composita kommt, obwohl sich von einer eventuellen Beziehung zwischen beiden bisher keine Anzeichen ergeben haben. Die Herausgeber des Aristoteles Latinus haben sich also nicht geirrt, als sie die Physica Vetus im Editionsplan vor der Physica Vaticana und die Metaphysica Vetus vor der Metaphysica Media aufgestellt haben.

PHYSICA NOVA UND RECENSIO MATRITENSIS — WILHELM VON MOERBEKES DOPPELTE REVISION DER PHYSICA VETUS

Für Gerard Verbeke

von Jozef Brams (Löwen)
und Gudrun Vuillemin-Diem (Köln)

Einleitung

«Dès qu'on touche à la tradition latine de la Physique d'Aristote, il faut s'exprimer avec beaucoup de prudence: les problèmes qu'elle pose sont loin d'avoir été résolus».

Diese Warnung R. A. Gauthiers[1] ist vollauf berechtigt. Die Aristotelische Physik ist im 12. und 13. Jahrhundert mehrfach übersetzt, viel gelesen, zitiert und kommentiert worden. Die Überlieferung der verschiedenen lateinischen Übersetzungen ist äußerst kompliziert und durch zahlreiche Kontaminationen und Textvermischungen beeinflußt. Die Probleme beginnen schon bei der Identifizierung der Texte. Im allgemeinen unterschied man bisher, neben zwei Übersetzungen aus dem Arabischen, drei griechisch-lateinische Übersetzungen: 1. die nur fragmentarisch erhaltene Physica Vaticana, 2. die Physica Vetus, eine Übersetzung Jakobs von Venedig, 3. die Physica Nova, eine Überarbeitung der Physica Vetus, die man, wie eine Reihe von anderen Überarbeitungen der älteren Übersetzungen, Wilhelm von Moerbeke zuschreibt.

Untersuchungen im Zusammenhang mit der kritischen Edition der Physica Vetus haben aber inzwischen gezeigt, daß wir es hier nicht mit einem einheitlichen Text zu tun haben, sondern daß die Tradition, jedenfalls an bestimmten Stellen, verschiedene Elemente enthält[2]. Zur Hauptsache handelt es sich zweifellos um die Übersetzung Jakobs von Venedig[3]. Es

---

[1] Sancti Thomae de Aquino Opera omnia, t. XLV,1, Sentencia libri De anima, cura et studio Fratrum Praedicatorum, Roma 1984, 205*.

[2] J. Brams, L'édition de la Translatio Vetus de la Physique, in: Bulletin de Philosophie Médiévale (SIEPM) 24 (1982) 65—68.

[3] L. Minio-Paluello, Iacobus Veneticus Grecus: Canonist and Translator of Aristotle (Traditio 8, 1952, 265—304), jetzt in: L. M.-P., Opuscula. The Latin Aristotle, Amsterdam 1972, 189—228; J. Brams, James of Venice, Translator of Aristotle's Physics, in: Proceedings

gibt aber, besonders in den ersten Büchern, Spuren einer zweiten Redaktion, die einer abweichenden Übersetzungsmethode und einer anderen Terminologie entspricht, und die gelegentlich auch andere griechische Lesarten bezeugt. Ob es sich um Reste einer anderen Übersetzung, um die „Revision" der Übersetzung Jakobs durch einen zweiten Übersetzer, oder um eine doppelte Redaktion Jakobs selbst handelt, läßt sich schwer entscheiden. Die Elemente haben sich so früh und so gründlich vermischt, daß keine der überlieferten Hss, und nicht einmal eine sehr gute Hs vom Ende des XII. Jahrhunderts (Avranches, Bibl. mun. 221), einen reinen Text der Übersetzung Jakobs bewahrt hat. Wenn aber hier eine Reihe von Fragen offen bleiben müssen, so haben sich doch zum mindesten die Probleme formulieren lassen und werden in der in Kürze erscheinenden Edition des Textes verfolgt werden können. Das gleiche gilt auch für den bereits erschienenen Text der Physica Vaticana.

Die Physica Nova ist dagegen, obgleich es sich um einen handschriftlich sehr verbreiteten Text handelt, merkwürdigerweise von der Forschung noch kaum berührt worden, und die Probleme selbst sind hier erst noch zu entdecken. Wenn man versucht, sich hier über den „Stand der Forschung" zu orientieren, so stößt man immer nur auf einige allgemeine Aussagen, die zwar durchaus richtig sein können, die aber nicht eigentlich nachgewiesen sind, und die, wie sich zeigen wird, in entscheidender Weise differenziert werden können. Man kann sie in wenige Sätze zusammenfassen: 1. Die Physica Nova ist eine Überarbeitung der Physica Vetus nach dem Griechischen. 2. Obgleich äußere Zeugnisse fehlen, ist diese Bearbeitung, aus inneren Kriterien, Wilhelm von Moerbeke zuzuschreiben. 3. Die Korrekturen gegenüber der Physica Vetus sind jedoch relativ selten, so daß es nicht ganz einfach ist, die beiden Texte zu unterscheiden. 4. In der handschriftlichen Überlieferung sind beide Texte bereits ab Ende des XIII. Jahrhunderts stark miteinander vermischt. Das gleiche gilt für die einzigen in gedruckter Form neuerlich zugänglichen Texte der Physica Nova, welche sich in den Editionen des Physikkommentars von Thomas von Aquin befinden. 5. Thomas hat für seine Erklärung, neben der Physica Vetus, die er ebenfalls heranzieht, die Physica Nova benutzt.[4]

---

of the World Congress on Aristotle, Thessaloniki August 7—14, 1978, II, Athine 1981, 188—191.

[4] Vgl.: Arist. Lat., Codices, Pars prior, 52; M. Grabmann, Guglielmo di Moerbeke O. P., il traduttore delle opere di Aristotele, Roma 1946, 90—91, 56; A. Mansion, Sur le texte de la version latine médiévale de la Métaphysique et de la Physique d'Aristote dans les éditions des commentaires de S. Thomas d'Aquin, in: RNSP 34 (1932) 68—69; A. Mansion, De jongste Geschiedenis van de Middeleeuwsche Aristotelesvertalingen aan eigen Bevindingen getoetst, in: MVAW.L 3, n. 2 (1941) 11, 23—24; A. Mansion, Les prémices de l'Aristoteles Latinus, in: RPL 44 (1946) 115—116; A. Mansion, Les progrès de l'Aristoteles Latinus, in: RPL 54 (1956) 98—102; G. Verbeke, Het wetenschappelijk Profiel van Willem van Moerbeke, in: MNAW.L, Nieuwe Reeks, 38, n. 4 (1975) 24—27 = 180—183.

Allein dieser Zustand der Forschung, im Zusammenhang mit den inzwischen erschienenen kritischen Editionen anderer Übersetzungen Moerbekes, würde es rechtfertigen, den Text genauer zu untersuchen, insbesondere in Hinblick darauf, ob und mit welchen inneren Kriterien es sich tatsächlich nachweisen läßt, daß die Revision von Moerbeke stammt. Es hat sich aber darüber hinaus inzwischen eine sehr wichtige, neue Sachlage ergeben.

Bei den Arbeiten an der kritischen Edition der Vetus und den Vorarbeiten für die spätere Edition der Nova hat sich erwiesen, daß neben der von der allgemeinen Überlieferung bezeugten Form des Textes, die wir auch weiterhin mit dem Namen Physica Nova bezeichnen wollen, eine zweite, relativ stark davon unterschiedene Textform existiert, die wir Recensio Matritensis nennen werden. Sie ist vollständig durch eine einzige Hs des XIII. Jahrhunderts (Madrid, B. N. 1067) bezeugt, und zwar in den ersten Büchern durch Korrekturen erster Hand, ab Buch IV, cap. 4 (ca 211b8) im Grundtext selbst. Einige Elemente dieser zweiten Textform befinden sich außerdem in Form von Korrekturen in einer weiteren Hs (Ravenna, Bibl. Com. 458) und in deren beiden Abschriften (Firenze, Laur. Conv. soppr. 612, Firenze, Laur. S. Croce Plut. XIII Sin 8.), welche alle aus dem XIV. Jahrhundert stammen. Auf den ersten Blick sieht man, daß diese zweite Textform sowohl mit der Physica Vetus als auch mit der ersten Textform, der Physica Nova, zusammenhängt, daß sie im Unterschied zur Physica Nova aber ganz offensichtlich wesentlich mehr Revisionselemente, d. h. Korrekturen gegenüber der Physica Vetus enthält als die Nova.

Aus dieser neuen Sachlage ergeben sich sofort einige Fragen: Gehen die Revisionselemente der zweiten Textform — so wie man es für die erste annimmt — auf Moerbeke zurück? Wie hängen die beiden Textformen zusammen? Haben wir es mit zwei voneinander getrennten Revisionsarbeiten zu tun oder liegt beiden das gleiche Exemplar der Physica Vetus zugrunde? Handelt es sich in diesem Fall überhaupt um *zwei* originale Texte oder nur um die je verschiedenen Auswahlen der Abschreiber aus einem einzigen Autograph der Revision, d. h. aus einem einzigen Exemplar der Physica Vetus, welches mit den Korrekturen des Revisors versehen war? Oder haben wir es schließlich mit zwei zeitlich getrennten Stadien einer Arbeit zu tun, so daß die zweite Textform eine Art von Re-Revision der ersten wäre? Ist die griechische Vorlage in beiden Textformen die gleiche? Welche der beiden Textformen hat, nach der neuen Lage zu urteilen, Thomas dann benutzt?

Wir werden im folgenden versuchen, diese Fragen zu beantworten. Es wird sich zeigen, daß in der Tat die sogenannte Physica Nova auf ein erstes Stadium von Moerbekes Revision zurückgeht, die Recensio Matritensis dagegen auf ein zweites, zeitlich späteres Stadium seiner Arbeit, d. h. auf eine nochmalige Überarbeitung seiner ersten Revision.

Wir müssen jedoch von vornherein darauf hinweisen, daß sich unsere Untersuchung der Texte auf das V. Buch beschränkt. Obgleich Stichproben in den anderen Büchern die hier darzustellenden Ergebnisse bestätigen, sollen unsere Feststellungen, auch wenn wir das nicht immer ausdrücklich betonen werden, vorläufig nur für diesen beschränkten Teil des Textes gelten. Außerdem ist zu beachten, daß die handschriftliche Überlieferung der Physica Nova noch nicht systematisch untersucht worden ist; in Hinsicht auf die im V. Buch sich ergebenden fraglichen Stellen haben wir jedoch eine beträchtliche Reihe von Handschriften geprüft und die uns wichtigst vorkommenden in diesem Teil des Textes kollationiert.

I. Untersuchungsgrundlagen und Überlieferung

In diesem Abschnitt müssen notwendig einige Ergebnisse der Untersuchung vorweggenommen werden, welche weiter unten im Zusammenhang dargestellt werden.

Folgende Hss, Texte und Siglen werden benutzt:

1. Physica Nova (G^1). Zur Rekonstitution des Textes für die vorliegende Untersuchung haben wir uns auf folgende Textzeugen beschränkt: P = Lesarten des Pariser Exemplars [rekonstituiert nach den Hss $Z\zeta$ = Pamplona, Bibl. Capit. 8 (A. L.[2] 1241), Th = Tours, Bibl. mun. 679 (A. L.[1] 768)], Zl = Venezia, Marc. 1639/Z. L. 235 (A. L.[2,s] 1636), $Rä$ = Ravenna, Bibl. Com. 458 (A. L.[2] 1536). (G^{1v} = varia lectio Physicae Novae).

2. Recensio Matritensis (G^2). Gm = Madrid, B.N. 1067 (A. L.[2] 1189), $Rä^c$ = Korrekturlesarten von $Rä$. Der rekonstituierte Text der Recensio Matritensis ist im wesentlichen mit dem Text von Gm identisch. In sehr wenigen Fällen, die aber jeweils ausdrücklich kenntlich gemacht werden, wurde eine Lesart von Gm korrigiert oder eine Lesart von $Rä^c$ gegen Gm in den Text von G^2 aufgenommen.

3. Physica Vetus (V). Die Vergleiche mit der Physica Vetus beziehen sich auf den im Druck (A. L. VII 1) befindlichen rekonstituierten Text (V), der hauptsächlich der Hs Af = Avranches, Bibl. mun. 221 (A. L.[1,s] 401) folgt, sowie auf die Varianten in der übrigen Hss-Überlieferung (V^v = varia lectio Physicae Veteris). Diese Varianten werden nur zum Teil im gedruckten Apparat zu finden sein. Wir haben sie für unsere Zwecke den Gesamtkollationen, die der Edition zugrunde liegen, entnommen. Folgende Hss werden dabei häufiger erwähnt werden: Bm = Genève, Bibl. Bodmer 10, olim Leipzig, Universitätsbibl. 1341 (A. L.[1,s] 966), $Cü$ = Klosterneuburg, Stiftsbibl. 737 (A. L.[1] 45), Nq = Napoli, B. N. VIII.E.21 (A. L.[2] 1477), Fp = Firenze, Laur., S. Croce, Plut. XIV Sin 1 (A. L.[2] 1347).

4. Textus graecus (gr.). Der Vergleich mit dem griechischen Text bezieht sich vorwiegend auf die Ausgabe von Ross. Die Lesarten der in unserem Zusammenhang wichtigen Hss, insbesondere diejenigen von J, wurden jedoch nach Photokopien der Hss kontrolliert und gegebenenfalls nach den eigenen Kollationen zitiert. E = Par. gr. 1853, F = Laur. 87.7, H = Vat. gr. 1027, I = Vat. gr. 241, J =

Vind. phil. gr. 100 ($J^{t,m,s}$ = *prima manu in textu, in margine, superscriptum*; $J^{ac,pc}$ = *ante, post correctionem primae vel alterius manus*, $J^{1,2}$ = *prima, alia manu*).

Die Physica Nova ist uns in mehr als 200 Hss vollständig oder fast vollständig überliefert worden. Sie gehört meistens einem sogenannten Corpus Recentius an, einer mehr oder weniger fixierten Sammlung aristotelischer und pseudo-aristotelischer Libri naturales, welche gegen Ende des XIII. Jahrhunderts zustande gekommen ist und mit Bezug auf die schon im Corpus Vetustius enthaltenen Traktate eine „Nova Translatio" bietet. Die meisten der erhaltenen Corpora sind von dem offiziellen Exemplar abhängig, welches uns durch die Taxationsliste der Pariser Universität aus dem Jahre 1304 bekannt ist[5]. Die von diesem Exemplar (P) stammenden Abschriften sind durch eine Reihe von sehr eigentümlichen Kopistenfehlern gekennzeichnet, wie aus dem Apparat zu dem im Anhang veröffentlichten Text hervorgeht. Die Lesarten des Pariser Exemplars sind nach einer Hs mit expliziten Pezienandeutungen (Zz) und einer Hs mit impliziten Pezienandeutungen (Th) rekonstituiert. Daneben gibt es einige Hss italienischer Herkunft, welche von dem Pariser Exemplar unabhängig sind. Zu diesen Hss gehört erstens ein Textzeuge, welcher ursprünglich nicht Teil eines Corpus gewesen, sondern als Einzelkodex entstanden ist, nämlich Zl[6]. Außer dem Anfangsteil I—II,8in., der den Text der Physica Vetus bezeugt, hat Zl im wesentlichen den gleichen Text wie das Pariser Exemplar, d. h. er geht, wie P, auf einen Text zurück, der sich sowohl von der Physica Vetus wie von der Recensio Matritensis in spezifischer Weise unterscheidet.

Mit Bezug auf die stemmatischen Beziehungen zwischen Zl und P läßt sich nun Folgendes feststellen.

1. Zl ist unabhängig von P, wie auch umgekehrt P nicht von Zl abhängt. An sehr vielen Stellen, an denen P offensichtliche Überlieferungsfehler hat, bietet Zl zweifellos den richtigen Text, z. B. 227b5,13,14...; aber auch umgekehrt hat Zl an mehreren Stellen Überlieferungsfehler, an denen P den richtigen Text bezeugt, z. B. 228a10,b30,229a21... (cf. Anhang).

2. Zl bietet einen durchaus besseren Text als P, sowohl an Stellen, an denen der Text der Vetus vom Revisor nicht geändert wurde, wie an solchen, an denen er korrigiert wurde, ohne jedoch dem Verdacht der nachträglichen Kontamination, entweder mit der Vetus, oder mit der Matritensis, oder mit beiden, zu unterliegen.
a. An denjenigen Stellen, an denen Zl den Text der Vetus bietet, während P offensichtlich die Korrekturen des Revisors hat, läßt sich erkennen, daß Zl den Text der Vetus nach genau der gleichen spezifischen Überlieferungsform bietet, die dem Exemplar des Revisors auch sonst zugrunde liegt (unten, S. 227 ff.), z. B.

---

[5] H. Denifle—A. Chatelain, Chartularium Universitatis Parisiensis, II, Paris 1891, 107.
[6] Siehe zu dieser auch für die Revision der Metaphysik wichtigen Hs: F. Bossier—J. Brams, Quelques additions au Catalogue de l'Aristoteles Latinus, Bulletin de Philosophie Médiévale 25 (1983) 91—96.

230b28,231a5 ff. Das bedeutet also, daß diese Lesarten nicht durch nachträgliche Kontamination mit der Vetus in die Hs *Zl* gelangt sind, sondern daß *Zl* hier das vom Revisor zugrunde gelegte Exemplar der Vetus an Stelle der Korrekturen, oder zusammen mit den Korrekturen, repräsentiert. b. Ein ähnliches Verhältnis liegt an denjenigen Stellen vor, an denen *Zl* umgekehrt eine Korrektur des Revisors bezeugt — die sich dann meistens in der Matritensis wiederfindet — während P die Vetus-Lesart wiedergibt. Auch hier ist die Lesart von *Zl* nicht etwa nachträglich durch Kontamination mit der Matritensis entstanden: es handelt sich an diesen Stellen nicht um typische Matritensis-Lesarten, sondern um Korrekturen, welche für die Recensio Nova charakteristisch sind (unten, S. 233); sie werden übrigens auch im Kommentar von Thomas bezeugt, der die Matritensis überhaupt nicht kennt, z. B. 230b2 (unten, S. 267).

3. Es läßt sich zeigen, daß *Zl* einerseits und P andererseits (über ihre jeweiligen Vorgänger) ohne gemeinsame Zwischenquelle auf das Autograph des Revisors zurückgehen. Aus den obigen Feststellungen geht hervor, daß die beiden Traditionszweige unabhängig voneinander von einem Exemplar stammen, in dem der Grundtext mit den Korrekturen enthalten war. Dieses Exemplar war entweder das Autograph des Revisors oder aber eine Kopie. Die zweite Annahme wäre notwendig, wenn sich offensichtliche gemeinsame Überlieferungsfehler aufdecken ließen, welche nicht aus dem Autograph selbst hergeleitet werden können. Nun finden wir im ganzen V. Buch nur die folgenden *Zl* und P gemeinsamen Lesarten, welche zu der Annahme eines gemeinsamen Zwischenglieds nötigen könnten: 226a22 qui] quis *Zl*/P   currat] curat *Zl*/P   24 et[2]] aut *Zl*/P   b8 insit] insunt *Zl*/P   21 dicuntur] dicunt *Zl*/P   227a16 erit unum] *tr.* *Zl*/P   228a13 quia] quare *Zl*/P   20 quidem] quam *Zl*/P(?)   b8 unus] uniuntur *Zl*: unitur P   230a24 detrimento] decremento *Zl*/P   b1 detrimenta] decrementa *Zl*/P   231a16 et + in *Zl*/P(Z*z*). Die meisten dieser Lesarten lassen sich jedoch leicht als Fehllesungen aufgrund paläographischer Unklarheiten begreifen: sie können auch unabhängig voneinander in *Zl* und P entstanden sein. Nur für die Variante *aut* für *et*, und für die Umstellung von *erit unum* lassen sich nicht sofort paläographische Schwierigkeiten nachweisen; es sind jedoch ebenfalls sehr geläufige Fehllesarten, die sich möglicherweise schon in dem vorliegenden Vetus-Exemplar fanden und von *Zl* und P, statt der jeweiligen Korrektur, übernommen wurden.

Zwei weitere Hss, *Ao* = Assisi, Bibl. Com. 281 (A. L.[2] 1257) und *Nw* = Mantova, Bibl. Com. C.IV.18 (A. L.[2] 1430), bezeugen einen Text der Physica Nova, der mit dem von *Zl* zusammenhängt. Dies zeigt sich nicht nur durch eine Reihe von gemeinsamen Fehlern, sondern auch durch das gleiche Nebeneinander von Neuübersetzung und Paraphrase am Ende des V. Buches (unten, S. 269f.). *Nw* hat jedoch einen durch nachträgliche Kontamination mit der Vetus und auch sonst stark verschlechterten Text. *Ao* bezeugt ebenfalls einen schlechteren Text, scheint aber bisweilen die ursprüngliche Vetus-Lesart zu überliefern an Stellen, an denen *Zl* die Korrektur hat, z. B. 228a15 numero + habitus est *Ao* (wie V[v]): + est *Nw* (wie V); 229a2 quod] hoc (*s. l.* quod *Ao*) *Ao* V. — War also die gemeinsame Vorlage für *ZlAoNw* ein Exemplar, in dem öfters der Grundtext zusammen mit den Korrekturen des Revisors übernommen worden wäre? Diese Frage läßt sich aufgrund der bisher durchgeführten Untersuchungen nicht mit Sicherheit entscheiden.

Eine Sonderstellung innerhalb der italienischen Handschriften kommt der Hs *Rä* zu, nicht nur wegen der in ihr vorkommenden Korrekturen, welche Revisionselemente der Matritensis repräsentieren, sondern auch wegen der Stellung des Grundtextes innerhalb der Tradition der üblichen Translatio Nova, welche nach den Ergebnissen des V. Buches der Physik keineswegs eindeutig ist. Am nächsten kommt *Rä*[1] zu *Ao* und hat auch mit *Zl* einige spezifische Fehler gemeinsam. Daneben hat sie aber auch einige Lesarten der Pariser Tradition. Dies würde darauf hindeuten, daß *Rä*[1] zwar der italienischen Tradition angehört, aber einen späteren, kontaminierten Zustand derselben repräsentiert[7]. Außerdem zeigt der Text viele Auslassungen, welche nachher, vielleicht vom gleichen Kopisten, aber nach einer kontaminierten Vorlage, in der Marge beigefügt worden sind. Eine andere Reihe von Korrekturen stammen, wie wir schon angedeutet haben, aus der Recensio Matritensis.

Die Madrider Hs ist in ihrem Physikteil, der ursprünglich ein Einzelkodex war (*Gm*), von einem einzigen Kopisten in einer eleganten, fast fehlerfreien Schrift, wahrscheinlich in Italien, geschrieben worden. Während des Schreibens hat sich offenbar ein Wechsel der Vorlage vollzogen. Am Anfang ist der Grundtext derjenige der üblichen Physica Nova; die zusätzlichen Revisionselemente sind von einem Korrektor in der Marge notiert worden und nachher, jedenfalls im I. und II. Buch, vom gleichen Kopisten mit Sorgfalt mittels Rasur in den ursprünglichen Text eingefügt oder in der Marge mit einem Verweisungszeichen angebracht worden. Im III. Buch ist die kalligraphische Einordnung der Korrekturen allmählich unterlassen worden und es sind oft nur die ursprünglichen, sehr klein geschriebenen Korrekturen da. Im IV. Buch befinden sich dann plötzlich, f.24v., d. h. am Ende der zweiten Lage, die zusätzlichen Revisionselemente gegenüber der Translatio Vetus, bis auf sehr wenige Ausnahmen, schon im Grundtext. Von da an sind aber gelegentlich zwischen den Linien oder in der Marge, offenbar vom Kopisten selbst, weiterhin kurze Notizen hinzugefügt worden, welche ausnahmsweise übersehene Revisionselemente darstellen (zwei im V. Buch), meistens aber Texterläuterungen oder textkritische Bemerkungen enthalten, welche allem Anschein nach vom Revisor selbst stammen[8] — solche Notizen finden sich übrigens auch vor dem Wechsel der Vorlage. Dieser plötzliche Wechsel deutet darauf hin,

---

[7] Nach den Untersuchungen von R. A. Gauthier mit Bezug auf De anima und De sensu gehören die Hss *Ao* und *Rä* zu der italienischen Familie Ni[2]; cf. Sancti Thomae de Aquino Opera omnia, t. XLV, 1, Sentencia libri De anima (s. oben, Anm. 1), 157*—167*; t. XLV, 2, Sentencia libri De sensu et sensato, cura et studio Fratr. Praed., Roma 1985, 52*—62*.

[8] Wir haben vor, das Thema der Randbemerkungen in der Madrider Handschrift, das den Rahmen dieser Untersuchung sprengen würde, in einem gesonderten Aufsatz zu behandeln.

daß der Kopist erst während des Schreibens mit einer Vorlage konfrontiert worden ist, die die zusätzlichen Revisionselemente enthielt. Die präzise Beschaffenheit dieser Vorlage läßt sich im heutigen Stand der Untersuchung nicht bestimmen. War diese Vorlage dieselbe, welche zuvor benutzt wurde, nachdem sie nach einem Exemplar der zweiten Revision, eventuell nach dem Autograph der Revision selbst korrigiert wurde? Oder hat der Kopist direkt diese andere Vorlage, eventuell das Autograph des Revisors benutzt? Die zweite Hypothese ist zwar wahrscheinlicher, weil einfacher; um aber diese Frage mit Sicherheit beantworten zu können, müßte man die stemmatische Lage des Grundtextes vor und nach dem Wechsel der Vorlage untersuchen, was bisher nicht geschehen ist. Wie dem auch sei, der Umstand, daß der Kopist von *Gm* erst während des Schreibens, und zwar in Italien, mit der zweiten Revision der Physik bekannt geworden ist, deutet darauf hin, daß die Hs dieser Revision zeitlich sehr nahe kommen muß. Die sehr gute Qualität des Textes sowie die ausführlichen Randbemerkungen lassen außerdem vermuten, daß *Gm* sehr nahe zum Autograph steht und vielleicht sogar eine direkte Abschrift aus dem Autograph ist.

Ein zweiter Zeuge der Recensio Matritensis liegt in einer Reihe von Korrekturen der Hs *Rä* vor. Wie im ersten Teil der Madrider Hs sind die Matritensis-Lesarten von einem Korrektor in der Marge, bisweilen auch im Text vorgenommen und nachher, wenigstens zum Teil, kalligraphisch ausgeführt worden. Verschiedene Matritensis-Lesarten sind nicht als eigentliche Korrekturen, sondern als Doppellesarten in der Marge erwähnt.

Diese Doppellesarten sind auch in den beiden Abschriften von *Rä^c*: Firenze, Laur. Conv. soppr. 612 (A. L.^{2} 1336) (*Sx*), und Firenze, Laur. S. Croce, Plut. XIII Sin 8 (A. L.^{2} 1369) (*Sw*) als Marginallesarten überliefert. — Die von R. A. Gauthier für De anima (und De sensu) vertretene Ansicht, nach der *Sx* eine direkte Kopie von *Rä^c* ist, *Sw* hingegen über ein Zwischenglied von *Rä^c* abhängt (vgl. Sentencia libri De anima, oben, Anm. 7, 167*), bestätigt sich auch für die Physik. Mehrere Marginallesarten sind in *Rä* nachträglich ausradiert worden und können öfters nur mit Hilfe von *SxSw* identifiziert werden. Wegen des direkten Abhängigkeitsverhältnisses von *Rä^c* werden wir jedoch im folgenden, der Einfachheit halber, diese beiden Hss nicht mehr explizit erwähnen.

Die aus der Matritensis stammenden *Rä^c*-Lesarten repräsentieren jedoch nur eine Auswahl aus den durch *Gm* bekannten Elementen dieser Revision. Quantitativ bietet *Rä^c* fünfmal weniger Matritensis-Lesarten, qualitativ handelt es sich nicht um einen eigentlichen Zeugen der zweiten Revision, sondern um die „Verbesserung" eines mangelhaften Textes der ersten Revision mit Hilfe der zweiten. Wie man dem im Anhang veröffentlichten Apparat zur Recensio Matritensis entnehmen kann, handelt es sich vor allem um Änderungen, welche den lateinischen Text besser verständlich machen, d. h. um morphologische oder syntaktische Eingriffe, wie der

Zusatz des Relativpronomens zur Wiedergabe des griechischen Artikels. In einigen Fällen hat sich der Korrektor sogar die Mühe genommen, ein Fragezeichen hinzuzufügen. Mit Bezug auf die lexikalischen Änderungen ist er eher mit Vorsicht verfahren: hier hat er selbst gewählt (er hat z. B. niemals, wie *Gm, loci mutatio* durch *latio* ersetzt), und er hat die übernommenen lexikalischen Elemente im allgemeinen nur als Doppellesart erwähnt. In einzelnen Fällen hat er offenbar nicht eine Matritensis-Lesart übernommen, sondern nach eigener Einsicht den ihm vorliegenden Text „im Sinne der Matritensis" korrigiert: so fügt er 229b6 *qui* (sc. *sursum motus*) hinzu, wahrscheinlich parallel zum folgenden *ei qui est deorsum*; diese Lesart stammt vielleicht nicht aus der Matritensis, denn vor dem Nomen wird der Artikel normal nicht übersetzt: in *Gm* heißt es *sursum latio ei que deorsum*. An der Stelle 230b26 hat der Korrektor den Zusatz *proprie — naturam*² nicht aus der Matritensis übernommen, sondern er hat eine Marginallesart, welche sich schon in seiner Hs fand und vermutlich an der Stelle 230b28 (nach *simul*) eingefügt werden sollte, „im Sinne der Matritensis" auf die frühere Stelle (nach *stare*) bezogen[9]. Es handelt sich also im Falle der *Rä*-Korrekturen offenbar nicht um eine „dritte" Redaktion des Revisors, d. h. um eine Zwischenredaktion zwischen der Nova und der Matritensis, sondern um einen zusätzlichen Zeugen eben der Matritensis. Und zwar um einen von *Gm* unabhängigen Zeugen, wie aus den folgenden Stellen hervorgeht: 228a18 *contingit* G¹: *contingit et utique Gm*: *continget utique Rä*ᶜ (*Gm* hat die Korrektur $\begin{Bmatrix} et\ utique \\ contingit \end{Bmatrix}$ offenbar falsch verstanden); 228b12 *et perfectus* G¹: *qui et perfectus Gm*: *et qui perfectus Rä*ᶜ (auch hier hat *Gm* sich bei der Korrektur $\begin{Bmatrix} qui \\ et\ perfectus \end{Bmatrix}$ geirrt).

II. Einführender Textvergleich

Zu einer ersten Orientierung möge ein Vergleich aller vier Texte in einem kurzen Abschnitt (V 6, 230a7—16) dienen.

Sowohl in der Physica Nova (G¹) wie in der Recensio Matritensis (G²) werden die Unterschiede zur Physica Vetus (V) gekennzeichnet: GROSSE SCHRIFT = Änderung oder Zufügung eines Wortes; *, ** = Auslassung eines oder mehrerer Worte. Diejenigen Textelemente, die sich zwar von V unterscheiden, die jedoch

---

[9] Diese Marginallesart stammt übrigens nicht aus der Translatio Nova, sondern aus der Translatio Vetus. Im Gegensatz zu der Hs *Zl*, welche die Lesart des der Nova zugrunde liegenden Vetus-Exemplars überliefert (*proprie duci* ...), bezeugt *Rä*ᵐ eine andere Vetus-Lesart (*proprie dici ut* ...), welche z. B. in der Vetus-Hs *Yy* = Milano, Ambros., S. 70 sup. vorliegt.

mit bestimmten Varianten aus der Überlieferung von V (Vᵛ) übereinstimmen, werden durch *Kursivdruck* gekennzeichnet. In der Recensio Matritensis werden außerdem die Unterschiede zur Physica Nova durch Unterstreichung gekennzeichnet.

230a7 ὅσοις δὲ μὴ ἔστιν ἐναντία,
V   Quibuscumque autem non insunt contraria,
      Vᵛ: quibuscumque] quibus *BmCüNq*
G¹   *Quibus* autem non SUNT contraria,
G²   *Quibus* autem non SUNT contraria,

230a8 τούτων μεταβολὴ μέν ἐστιν ἀντικειμένη ἡ ἐξ αὐτοῦ τῇ εἰς
V   horum mutatio quidem est opposita que est ex ipso ei que est in
G¹   horum mutatio quidem est opposita que est ex ipso ei que est in
G²   horum mutatio quidem est opposita que * ex ipso ei que * in

230a9 αὐτό, κίνησις δ' οὐκ ἔστιν, οἷον ἡ ἐξ ὄντος τῇ εἰς ὄν, καὶ (*om. JE*)
V   ipsum, motus autem non est, ut que est ex esse ei que est in esse;
G¹   ipsum, motus autem non est, ut que est ex esse ei que est in esse;
G²   ipsum, motus autem non est, ut que * ex esse ei que * in esse,

230a10 μονὴ μὲν τούτων οὐκ ἔστιν, ἀμεταβλησία δέ. καὶ εἰ μέν τι
V   quies quidem huic non est, inmutatio autem est. Et si quidem aliquod
      Vᵛ: aliquod] -id *BmCüNq et alii*
G¹   quies quidem HORUM non est, inmutatio autem est. Et si quidem *aliquid*
G²   quies quidem HORUM non est, inmutatio autem est. Et si quidem *aliquid*

230a11 εἴη ὑποκείμενον (+ τὸ μὴ ὄν, *cf. Jᵐ*), ἡ ἐν τῷ ὄντι ἀμεταβλησία τῇ ἐν τῷ μὴ
V   erit subiectum non esse, que est in esse inmutatio ei que est in non
      Vᵛ: inmutatio] mutatio *Bm¹CüNq et alii*
G¹   erit subiectum **, que * in esse NON *mutatio* ei que est in non
G²   SIT subiectum QUOD NON ENS, que * in ENTE NON *mutatio* ei que * in non

230a12 ὄντι ἐναντία. εἰ δὲ μὴ ἔστι τι τὸ μὴ ὄν, ἀπορήσειεν ἄν τις
V   esse contraria erit; si vero non est aliquid quod non est, dubitabit aliquis
G¹   esse contraria erit; si vero non est aliquid quod non est, dubitabit aliquis
G²   ENTE contraria erit; si vero non est aliquid quod non ENS, dubitabit UTIQUE aliquis

230a13 τίνι ἐναντία ἡ ἐν τῷ ὄντι ἀμεταβλησία, καὶ εἰ (*om. JE¹*) ἠρεμία ἐστίν.
V   que sit contraria que est in esse ⟨in⟩mutatio, et si quies est.
      Vᵛ: que¹] cui *BmCüNq et alii*   ⟨in⟩mutatio] mutatio *BmCüNq et plurimi*
G¹   *cui* sit contraria que est in esse NON *mutatio* et * quies est.
G²   *cui* sit contraria que * in ENTE NON *mutatio* et * quies est.

230a14   εἰ δὲ τοῦτο, ἢ οὐ πᾶσα ἠρεμία κινήσει ἐναντία, ἢ ἡ γένεσις
V   Si autem hoc est, aut non omnis quies motui contraria est, aut generatio
G¹   Si autem hoc *, aut non omnis quies motui contraria est, aut generatio
G²   Si autem hoc *, aut non omnis quies motui contraria est, aut generatio

230a15   καὶ φθορὰ κίνησις. δῆλον τοίνυν ὅτι ἠρεμία μὲν οὐ λεκτέα,
V   et corruptio motus sunt. Manifestum igitur quod quies quidem non dicenda est,
         Vᵛ: motus sunt] motus *CüNq*ᶜ   quies quidem] quies *BmCüNq et alii*
G¹   et corruptio *motus*. Manifestum igitur quod *quies* non dicenda est,
G²   et corruptio *motus*. Manifestum igitur quod quies quidem non dicenda est,

230a16   εἰ μὴ καὶ αὗται κινήσεις, ὅμοιον δέ τι καὶ ἀμεταβλησία.
V   si non et he motus, simile autem aliquid est et inmutationes.
G¹   si non et hee motus, simile autem aliquid est et INMUTATIO.
G²   si non et hee motus, simile autem aliquid * et INMUTATIO.

Wir können an diesem kurzen Abschnitt bereits einige Beobachtungen machen.

1. Es ist evident, daß die Nova (G¹) mit der Vetus (V) zusammenhängt. Dies wird schon durch einen ersten quantitativen Vergleich deutlich. Wenn wir die in G¹ kursiv gedruckten Worte, die mit Varianten aus der Überlieferung von V übereinstimmen, nicht als eigentliche Unterschiede zur Vetus betrachten — was sich in der Folge als richtig erweisen wird —, so zählen wir bei insgesamt ca 105 griechischen Worten nur 9 Unterschiede zwischen G¹ und V. Diese Zahl liegt noch unter dem Mittelwert der Differenzen, der für andere, voneinander sicher abhängige Übersetzungen errechnet wurde[10]. Der Zusammenhang bestätigt sich sofort durch einen qualitativen Vergleich. Eine ganze Reihe von Übersetzungseigentümlichkeiten der Vetus — z. T. typisch für die Übersetzungen Jakobs von Venedig — sind in der Nova erhalten, nämlich zum Beispiel: (1) die auffällige Übersetzung von (τὸ) ὄν durch *esse* ist in fünf von sechs Fällen auch in G¹ bezeugt (a9¹,²,11²,12¹,13); an der sechsten Stelle ist das Wort in G¹ nicht auf andere Weise übersetzt, sondern ist, entsprechend dem allgemein bezeugten griechischen Text, ausgelassen worden (a11¹); an der einzigen Stelle, an der τὸ ὄν in V durch *quod est* (a12²) übertragen wird, ist G¹ wiederum mit V identisch. (2) Fast alle der zahlreichen Zufügungen der Kopula gegen das Griechische, durch die V charakterisiert ist *(18×)*, finden wir, in identischer Form, auch in G¹ *(16×)*.

2. Wir bemerken weiter, daß die Nova offenbar mit einer bestimmten Überlieferungsform der Vetus (Vᵛ) zusammenhängt. Einige der Lesarten, durch die sich G¹ von V unterscheidet (die kursiv gedruckten), finden

---

[10] G. Vuillemin-Diem, Jakob von Venedig und der Übersetzer der Physica Vaticana und Metaphysica media, in: AHDL, 1974 (1975) 15—16.

wir, wie oben schon angedeutet wurde, als Varianten in der Überlieferung von V, und zwar vornehmlich in den Hss *BmCüNq*. Bei diesen Varianten handelt es sich nicht um grobe Fehler, sondern teils um kleine Ungenauigkeiten gegenüber dem griechischen Text (die Auslassung von *quidem* a15), teils um mögliche oder auch äquivalente Termini (*quibus* a7, *aliquid* a10) oder sogar um Lesarten, die das Griechische genauer wiedergeben als der einer anderen Gruppe von Hss folgende edierte Text von V (*cui* a13, die Auslassung von *sunt* a15).

3. Außer denjenigen Elementen, die entweder mit V oder mit V^v übereinstimmen, enthält die Nova spezifische Elemente gegenüber der Vetus. Wir stellen sofort einige deutliche und wichtige Verbesserungen fest, die auf einem Vergleich mit dem griechischen Text beruhen, wie z. B. *sunt* (a7), *horum* (a10), *inmutatio* (a16). Zwei dieser Korrekturen gehen mit Sicherheit auf andere griechische Lesarten zurück, nämlich das Fehlen von *non esse* (a11) und *si* (a13) in G^1. An zwei weiteren Stellen könnte man zunächst willkürliche Änderungen oder gar Überlieferungsvarianten vermuten (*non mutatio* in G^1 an Stelle von *inmutatio* in V: a11,a13); daß es sich aber in Wirklichkeit doch um Verbesserungen handelt, wird sofort deutlich, wenn man beachtet, daß in beiden Fällen in die Überlieferung von V — wiederum unter anderen in die Hss *BmCüNq* — der Fehler *mutatio* eingedrungen ist, der hier an beiden Stellen ganz offensichtlich die Korrekturen veranlaßt hat. Schließlich gibt es noch zwei weniger signifikative Verbesserungen, nämlich die Auslassungen der in V zugefügten Kopula (a11,14).

Die sogenannte Nova stellt also offensichtlich einen Text dar, der in irgendeiner Weise auf die Revision der Vetus — und zwar, genauer gesagt, die Revision einer bestimmten Überlieferungsform der Vetus — nach einer griechischen Vorlage zurückgeht.

4. Auch der Text der Recensio Matritensis (G^2) hängt mit der Vetus zusammen. Die Zahl der Differenzen ist hier größer (*21*), liegt aber immer noch im Bereich der Unterschiedszahlen, die in anderen Fällen für voneinander abhängige Texte festgestellt wurde (s. oben, Anm. 10). Die für V charakteristischen Wendungen von *esse* für (τὸ) ὄν sind zwar mehrmals offenbar geändert worden, sind aber doch an zwei Stellen noch vorhanden ($a9^{1,2}$). Dasselbe gilt für die in V zugefügte Kopula: während sie in den meisten Fällen in G^2 fehlt oder gestrichen wurde, ist an zwei signifikativen Stellen die Identität der zugefügten Kopula auffällig und kann kaum auf Zufall beruhen (*erit* a12, *sit* a13). Nicht zufällig scheint auch die Identität der für δέ gewählten Termini zu sein: die Reihe der *autem* (5×) wird an der gleichen Stelle in beiden Texten durch *vero* (a12) unterbrochen. Schließlich finden wir hier sechs von sieben Varianten aus der Überlieferung von V, die auch in der Textform von G^1 vorkamen. Damit sind wir bereits auf die noch auffälligere Beziehung zwischen G^1 und G^2 hingewiesen.

5. Zwei Merkmale fallen beim Vergleich der Nova mit der Recensio Matritensis ins Auge.

Erstens: Mit einer Ausnahme sind alle Korrekturen der Nova gegenüber der Vetus auch in der Recensio Matritensis vorhanden. An der einzigen Stelle, an welcher wir eine in G^1 bezeugte Korrektur nicht zugleich auch in G^2 antreffen, ist G^2 nicht fehlerhaft gegenüber dem griechischen Text, sondern gibt — wie V — einen in einem griechischen Scholion bezeugten Zusatz zum Text wieder, und zwar in einer, gegenüber V wiederum aus dem griechischen Wortlaut korrigierten Form (*quod non ens* a11).

Zweitens: Die Recensio Matritensis enthält eine ganze Reihe von weiteren Korrekturen gegenüber der Vetus, an Stellen, an denen die Nova mit der Vetus übereinstimmt, und zwar sind, wiederum mit einer Ausnahme, alle eigenen Elemente der Recensio Matritensis (im Druck unterstrichen) zusätzliche Korrekturen gegenüber V. Es handelt sich dabei stets um Korrekturen, die auf einem Vergleich mit dem griechischen Text beruhen. Selbst die Auslassungen von *est*, die man, wenn sie vereinzelt vorkommen, auch für Überlieferungsfehler halten könnte, haben hier einen systematischen Charakter und finden sich nur dort, wo auch im Griechischen die Kopula fehlt. Während die mit G^1 übereinstimmenden Korrekturen sich vor allem auf gröbere Abweichungen der Vetus vom griechischen Text beziehen, kann man die zusätzlichen Korrekturen vorwiegend als terminologische und methodische Verbesserungen ansehen, die auf bestimmte Gewohnheiten oder Prinzipien der Übersetzungstechnik hinweisen. An einer einzigen Stelle ist eine eigene Lesart von G^2 (d. h. ein gegenüber G^1 spezifisches Element von G^2) mit V identisch und scheint also keine Korrektur gegenüber der Vetus zu sein (*quidem* a15). Hier handelt es sich jedoch in G^1 um einen kleinen Auslassungsfehler im Vergleich mit dem griechischen Text. G^2 ist also auch hier „besser" als G^1. Außerdem stammt dieser Fehler vermutlich aus der Überlieferung von V, und es könnte sich daher hier ebenfalls in Wirklichkeit um eine Korrektur in G^2 — nämlich Korrektur eines aus V^v stammenden Fehlers — handeln.

Neben der bisher bekannten und allgemein überlieferten Physica Nova, können wir also, nach diesem kurzen Probeabschnitt, in dem von der Madrider Hs bezeugten Text eine reichere, bessere und vollständigere Form der Revision der Physica Vetus vermuten.

III. Das den beiden Revisionsformen zugrunde liegende Exemplar der Physica Vetus (V^g)

In jeder Art von „Revision" lassen sich, im Prinzip, zwei verschiedene Arten von Elementen unterscheiden: 1. Elemente der zugrunde liegenden Übersetzung, die der Revisor übernommen, bzw. unverändert gelassen hat,

2. die eigentlichen Korrekturen, durch welche er Elemente des zugrunde liegenden Textes ersetzt hat, oder die er vielleicht auch nur als Alternativlösungen gegenüber den Elementen des zugrunde liegenden Textes vorgeschlagen hat.

Um die Korrekturelemente möglichst eindeutig und vollständig zu erkennen, und um außerdem die Korrekturen als solche beurteilen zu können, ist es daher wichtig, das der Revision zugrunde liegende spezifische Exemplar der älteren Übersetzung möglichst genau innerhalb deren Überlieferung zu bestimmen. Dies gilt in ganz besonderem Maße für die hier zu untersuchenden Revisionstexte, da die zugrunde liegende Übersetzung, die Physica Vetus, nicht nur mit einer ganz erheblichen Fülle von Varianten überliefert ist, sondern auch mit vielen alternativen Lesarten, die vielleicht zum Teil aus verschiedenen Quellen stammen. Man kann zwar den in der kritischen Edition rekonstruierten Text als Ausgangsbasis für den Vergleich benutzen. Wenn man sich aber nur auf diesen Text stützen wollte, so würde man zahlreiche Elemente in den beiden Revisionstexten für mehr oder weniger verständliche Korrekturen, andere dagegen für nachträglich in die Überlieferung der Revisionstexte eingedrungene Fehler halten, während es sich in Wirklichkeit um unkorrigierte Lesarten des der Revision zugrunde liegenden Exemplars handelt. Andererseits würde man Elemente der Revisionstexte, die zwar mit den Lesarten des rekonstruierten Vetus-Textes übereinstimmen, die in Wirklichkeit aber Korrekturen des Revisors gegenüber spezifischen Varianten seines Exemplars sind, als solche nicht erkennen. Beide Arten von Fehlern lassen sich zwar nicht ausschließen, aber doch einschränken.

Wir haben bereits an dem oben angeführten Beispielabschnitt gesehen, daß beiden Textformen, der Nova wie der Matritensis, vermutlich das gleiche spezifische Vetus-Exemplar zugrunde liegt, und daß dieses Exemplar mit einer gewissen Gruppe von Hss der Vetus verwandt zu sein scheint. Ein Vergleich beider Textformen mit den Kollationen von etwa 20 für die Edition ausgewählten Vetus-Hss im gesamten V. Buch läßt diese Verwandtschaft nun deutlich hervortreten.

In fast allen Übereinstimmungen von G^1/G^2 mit Varianten aus der Vetus-Überlieferung — sei es, daß es sich um kleinere Fehler, sei es daß es sich um „gute" Lesarten in Hinblick auf den griechischen Text handelt — sind die Hss *BmCüNqFp*, einzeln oder zu mehreren, vertreten. Es gibt außerdem noch einige andere Hss, die auch häufiger, zusammen mit den genannten Hss, an den Übereinstimmungen teilhaben (z. B. *Ay* = Avranches, Bibl. mun. 232, *Yy* = Milano, Ambros., S. 70 sup., *El* = Erford, Ampl. Fol. 31), die wir jedoch hier beiseite lassen wollen. Spezifische Übereinstimmungen mit anderen Hss gegen *BmCüNqFp* sind so selten und so wenig charakteristisch, daß man sie als zufällig betrachten muß. Es gibt dagegen eine sehr große Zahl von Stellen, an denen G^1/G^2

nur mit den genannten Hss, einzeln oder zu mehreren, gegen die gesamte übrige Vetus-Überlieferung übereinstimmen.

Wir geben im folgenden eine Reihe von Beispielen solcher Übereinstimmungen von G^1/G^2 mit den Hss *BmCüNqFp*, wobei wir nur Stellen ausgewählt haben, an denen entweder keine andere oder nur eine oder wenige andere (*aliqui*) Vetus-Hss die gleiche Lesart bezeugen. Der vor der eckigen Klammer angegebene lateinische Text stimmt, wenn nicht anders vermerkt, mit dem Griechischen überein.

224a24 mutare V] mutari $G^1G^2V^v(CüNq)$ 27 aliud V] *om.* $G^1G^2V^v(CüNqFp)$ 29 motum V G^2] + et alium $G^1V^v(BmCü)$ 32 autem V] vero $G^1G^2V^v(Bm\ aliqui)$ 34 quidem V] *om.* $G^1G^2V^v(Bm\ aliqui)$ aliquid V G^2] aliud $G^1V^v(BmFp)$ 224b1 ex V] a $G^1G^2V^v(BmFp)$ 4 autem V G^2] *om.* $G^1V^v(BmCüNq)$ manifestum est V] manifestum (= *gr.*) $G^1G^2V^v(Bm)$ 7 enim V G^2] autem $G^1V^v(Bm)$ 11–12 passiones ... locus V] *tr.* $G^1G^2V^v(Bm)$ 13 etsi V: et quidem G^2: καίτοι] et $G^1V^v(CüNq\ aliqui)$ 15 est (*om. gr.*) *post* albatio V] *ante* albedo $G^1G^2V^v(Bm)$ 21 Athene Europe V] *tr.* $G^1G^2V^v(Bm)$ 24 et^2 V] *om.* $G^1G^2V^v(Bm\ aliqui)$ 33 dicuntur quodammodo V] *tr.* $G^1G^2V^v(Bm)$ 34 et V G^2] *om.* $G^1V^v(Bm^1)$ 225a1 ex V] a $G^1G^2V^v(Bm)$ quodam V G^2] + et $G^1V^v(Bm\ aliqui)$ utique etiam V (*pauci*): autem et (δὲ καὶ) G^2] etiam utique $G^1V^v(Bm)$ 2 vero V] autem $G^1G^2V^v(Bm\ aliqui)$ 15 quidem *ante* in (*cf. gr.*) V] *post* generatio $G^1G^2V^v(Bm)$ 16 simpliciter^3 V G^2] *post* fieri (17) $G^1V^v(Bm\ aliqui)$ 20 et V] *om.* $G^1G^2V^v(BmFp\ aliqui)$ 25 album V G^2] albus $G^1V^v(Bm\ aliqui)$ 26 motum esse V] *tr.* $G^1G^2V^v(BmCü)$ 27 fit V G^2] inpossibile erit (est Cü) *praem.* $G^1V^v(BmCüNq)$ 30 omnia (*JFI*) V G^2] *om.* (*EH*) $G^1V^v(Bm\ aliqui)$ 34 omnis V G^2] *om.* $G^1V^v(Bm)$ 225b1 motus sunt V (κινήσεις)] *tr.* $G^1G^2V^v(BmCü)$ 3 aut^1 V] *om.* $G^1G^2V^v(Bm\ aliqui)$ 4 ponatur V G^2] ponitur $G^1V^v(BmCü)$ 7 aut V G^2] et $G^1V^v(Bm\ aliqui)$ 11 iam V: etiam G^2: δὴ] in $G^1V^v(BmCü)$ 14 et V G^2] neque $G^1V^v(Bm)$ 16 mutatio mutationis V] *tr.* $G^1G^2V^v(BmCüNq\ aliqui)$ dupliciter contingit V] *tr.* $G^1G^2V^v(BmFp)$ 25 quidem V G^2] sunt $G^1V^v(Bm)$ 31 eo quod (τῷ) V] secundum quod $G^1G^2V^v(BmCüFp\ aliqui)$ 33 quidem V] *om.* $G^1G^2V^v(Bm\ aliqui)$ sanitatem V G^2] sanationem $G^1V^v(Bm)$ 226a1 simplex V G^2] simpliciter $G^1V^v(Nq\ aliqui)$ 5 primum est V] *tr.* (= *gr.*, *cf. JE*) $G^1G^2V^v(Bm)$ 13 esse aliquid V] *tr.* $G^1G^2V^v(Bm\ aliqui)$ 17 motus sunt V] *tr.* $G^1G^2V^v(Bm)$ 19 quod movetur omne V] omne quod movetur $G^1G^2V^v(Bm)$ 20 quo^{1,2} V: τῷ ... τῷ] quia $G^1G^2V^v(BmCü)$ 24 et^1 V] aut $G^1G^2V^v(BmFp\ aliqui)$ 30 (secundum utrumque) autem V] sed (secundum utrumque) aut G^1: sed (utrumque) aut V^v (*Nq*): sed (secundum utrumque) G^2 226b11 in V] *om.* $G^1G^2V^v(CüNq)$ 13 quidem V] *om.* $G^1G^2V^v(CüNqFp\ aliqui)$ 15 motui V] + est $G^1V^v(Nq)$ 19 quid^{1,2} V G^2] + est $G^1V^v(CüNq)$ 22 quecumque V G^2] + sunt $G^1V^v(Cü)$ 35 determinatum V: ἀφορισθέντος] determinatorum $G^1G^2V^v(BmCü\ aliqui)$ 227a4 et V] ac $G^1G^2V^v(CüNq)$ 9 secundum medium V: ἀνὰ μέσον] medium $G^1G^2V^v(Bm)$ 19 necesse est V: necesse (= *gr.*) G^2] est necesse $G^1V^v(CüNq)$ 27 punctum ... unitas V] *tr.* $G^1G^2V^v(CüNq, cf. Bm)$ 227b9 autem igitur (δ' οὖν EH: οὖν JF) V] autem $G^1G^2V^v(Fp)$ 14 scientiarum V G^2] + aliarum $G^1V^v(CüNq)$ 15 est (*post* motus) V: *om.* (= *gr.*) G^2] sit $G^1V^v(CüNqFp)$ 18 volutio V] volutatio $G^1G^2V^v(Bm\ aliqui)$ 27 esse quidem genere aut specie V] genere quidem aut specie esse $G^1G^2V^v(Cü)$ 33 vulnerat V] percutit $G^1G^2V^v(Bm\ aliqui)$ 228a1 simul duos homines V] duos homines simul G¹G²Vᵛ(*BmCüNqFp aliqui*)   3 eandem alterationem V] *tr.* (alteratione ... eadem G²) G¹G²Vᵛ(*Cü aliqui*)   13 hoc V G²] *om.* G¹Vᵛ(*NqCüBm¹Fp*)   24 quidem non sunt V G²] non sunt quidem G¹Vᵛ(*CüNq*)   27 neque² V G²] + idem G¹Vᵛ(*BmCüNq*)   28 febricitabit statim V] *tr.* G¹G²Vᵛ(*CüNq*)   228b8 deficit V] deficiat G¹G²Vᵛ(*BmCüNq*)   10 esse unum² V: μίαν] *tr.* G¹G²Vᵛ(*BmCüNq*)   11 quidem *ante* igitur V G²] *post* motus G¹Vᵛ(*Cü*)   15 dictos V G²] predictos G¹Vᵛ(*BmCüNqFp*)   19 autem V] + et G¹G²Vᵛ(*CüNq*)   28 eadem velocitas V] *tr.* G¹G²Vᵛ(*Nq*)   229a10 videtur V] videntur G¹G²Vᵛ(*BmCü aliqui*)   21 accidit V G²] + mutare G¹Vᵛ(*BmCüFp*)   27 igitur V: itaque G²: δή] ergo G¹Vᵛ(*BmCü*)   32 motus est V G²] *tr.* G¹Vᵛ(*Nq*)   229b2 autem est V: δὲ] *tr.* G¹G²Vᵛ(*CüNq*)   19 medium V: + γὰρ] + autem G¹G²Vᵛ(*BmCüNqFp aliqui*)   21 sic est V: οὕτως] *tr.* G¹G²Vᵛ (*BmCüNq*)   23 motus esse V] *tr.* G¹G²Vᵛ(*CüNq*)   24 contrarium V] -ius G¹G²Vᵛ(*BmCüNq aliqui*)   25 motus motui est (*om. gr.*) V] est motus motui G¹G²Vᵛ(*CüNq*)   230a2 hee in oppositis V] in oppositis hee G¹G²Vᵛ(*BmFp aliqui*)   7 quibuscumque V] quibus G¹G²Vᵛ(*BmCüNqFpᶜ*)   15 quidem V G²] *om.* G¹Vᵛ(*BmCüNq aliqui*)   27 enim V G²] *om.* G¹Vᵛ(*CüNq*)   30 naturam V G²] + tunc G¹Vᵛ(*BmCüNq*)   230b9 corruptio corruptioni V] *tr.* G¹G²Vᵛ(*CüNq*)   25 stat semper V: statum it semper G²] semper stat G¹Vᵛ(*CüNq*)   231a2 contrarium V] -ius G¹G²Vᵛ(*BmCüFp aliqui*)

Aus den angeführten Beispielen geht deutlich hervor, daß G¹/G² mit den Hss *BmCüNqFp* verwandt sind. Zugleich wird auch der Abstand ersichtlich, der diese Handschriftengruppe von dem edierten Text der Vetus trennt. Hier ergibt sich die Frage, ob diese Hss überhaupt zur Tradition der Vetus gehören, d. h. ein der Revision vorausgehendes Stadium des Physiktextes repräsentieren. Nach paläographischen Kriterien gehören sie in das XIII. Jahrhundert: die Möglichkeit der Kontamination mit der Nova kann aufgrund dieser „Datierung" nicht ganz ausgeschlossen werden. Eine nähere Betrachtung der Art der erwähnten Übereinstimmungen lehrt aber, daß für die Annahme einer Kontamination mit der Nova jeder Anhaltspunkt fehlt. Zum weitaus größten Teil handelt es sich um Textabweichungen, die als Korrekturen eines Revisors unverständlich wären und sich auch durch nachträgliche Kontamination kaum überliefern würden, die sich aber sehr wohl als Korruptionen, und zwar als absichtliche Änderungen eines lateinischen Lesers begreifen lassen. Wenn diese Handschriftengruppe öfters auch „gute" Lesarten hinsichtlich des Griechischen bezeugt, so bedeutet dies nicht, daß sie aus der Nova stammen: es handelt sich in diesen Fällen um die aus der Tradition der Vetus bekannten alternativen Lesarten, welche nicht nur in dieser Handschriftengruppe, sondern auch in mehreren älteren Vetus-Hss vorkommen, z. B. 224a24,32, 225a2 ... Wenn man umgekehrt diese wenigen „guten" Lesarten durch Kontamination mit der Nova erklären wollte, so wäre die Abwesenheit der spezifischen, den Physiktext in erheblichem Sinne verbessernden Korrekturen der Nova in den Hss *BmCüNqFp* ganz unverständlich. Es handelt sich also bei den erwähnten Übereinstimmungen um unkorrigierte Elemente des vom Revisor benutzten Vetus-Exemplars, die dessen Verwandtschaft mit den Hss *BmCüNqFp* bezeugen.

Aus den angeführten Beispielen geht außerdem hervor, daß beiden Textformen — der Nova (G^1) wie der Matritensis (G^2) — das *gleiche* spezifische Vetus-Exemplar zugrunde liegt:

Von den hier angeführten ca 100 Stellen haben beide Textformen *übereinstimmend* ca 60 charakteristische Varianten mit V^v gemeinsam. Es handelt sich dabei vorwiegend um die zahlreichen Umstellungen in der Reihenfolge der Worte (gegen V und das Griechische), um geringfügige Textveränderungen, Zusätze (*et, est*), Auslassungen (*aut, et, in, quidem, igitur*), unwesentliche Abweichungen in den Verbformen (*deficit/-iat, videtur/-entur*) und schließlich um eine Reihe von kleinen Varianten, die den griechischen Text äquivalent (*autem/vero, eo quod/secundum quod, volutio/volutatio*) oder nur unbedeutend inkorrekter (*ex/a, et/ac, et/aut, dictos/predictos*, etc.) wiedergeben als V, d. h. um Fälle, die in ihrer zahlreichen Wiederholung signifikant sind für die Identität des zugrunde liegenden Exemplars.

Abgesehen von denjenigen Stellen, an denen G^2 an den Übereinstimmungen von G^1 und V^v teilnimmt, hat G^2 — und dies gilt nicht nur für die hier angegebenen Beispiele, sondern gilt im gesamten Text — keine *eigenen* spezifischen, d. h. Fehler-Übereinstimmungen mit V^v, weder mit den genannten noch mit anderen Hss aus der Vetus-Überlieferung. Das G^2 zugrunde liegende Exemplar zeigt also keine *anderen* Verwandtschaften innerhalb der V-Überlieferung als dasjenige von G^1.

An denjenigen Stellen, an denen G^2 nicht an den Übereinstimmungen von G^1 mit V^v teilnimmt, hat G^2 entweder eigene gute Lesarten, d. h. Revisionselemente im Vergleich sowohl mit V wie mit G^1V^v (z. B. 224b13 225a1,b11 227a19,b9 229a21 230b25) oder G^2 hat die gleichen Lesarten wie V. Aber auch dann handelt es sich immer um „gute" Lesarten hinsichtlich des Griechischen. Dies kann nun nicht mehr bedeuten, daß G^2 hier das zugrunde liegende Exemplar wiedergibt, sondern muß — da wir keine andere spezifische Verbindung von G^2 mit der V-Überlieferung finden als die auch in G^1 vorhandene — bedeuten, daß es sich hier in G^2 ebenfalls um Revisionselemente handelt, die nur zufällig mit den Lesarten von V übereinstimmen. Diese Annahme wird bestätigt, wenn man die Stellen im einzelnen betrachtet. Keine dieser Übereinstimmungen von G^2 mit V und dem Griechischen gegen G^1V^v kann einen genuinen Einfluß von V auf G^2 begründen. Es handelt sich um „gute" Lesarten in Hinblick auf den griechischen Text, von denen einige völlig uncharakteristisch sind (z. B. die Auslassungen der Textzusätze von G^1V^v 224a27 225a1,27 etc.), die anderen Termini verwenden, welche entweder zum Standardvokabular aller Übersetzer oder — wie sich noch zeigen wird — zu einem Vokabular gehören, welches G^2 auch unabhängig von V in gleicher Weise wie V verwendet (z. B. *enim, autem, et* etc.).

G^1 weist, gegenüber G^2, sehr viel mehr Übereinstimmungen mit V^v auf, und zwar immer mit den gleichen Hss *BmCüNqFp*. In G^1 ist die spezifische Vetus-Grundlage also sehr viel weitgehender zu erkennen, was natürlich damit zusammenhängt, daß in G^1 der zugrunde liegende Text sehr viel weniger verändert wurde.

Das den beiden Textformen zugrunde liegende Exemplar hatte ohne Zweifel auch eigene Fehler, die nicht oder nicht in identischer Form durch Varianten von V^v bezeugt werden. Auch diese Fehler sind nicht alle korrigiert worden. Sie sind ebenfalls eher in G^1 als in G^2 erhalten, z. B.:

224b3 τὸ μὲν ὅ: aliud quidem quod est V: aliud quidem quod G^2] aliud quidem mobile est G^1 (cf. V^v: aliud quidem est movens *Wo* [= Wolfenbüttel, Bibl. duc. 577 H]: aliud qui secundum se movetur *Fp*). — *mobile* ist hier sicherlich weder Revisionselement von G^1 noch gemeinsamer Fehler der G^1-Überlieferung, sondern, obgleich nicht direkt in der V-Überlieferung bezeugt, Element des vom Revisor benutzten *Vetus*-Exemplars. Es stammt vermutlich aus einer älteren Randnote, wie auch eine ganze Reihe von anderen erklärenden Zusätzen in diesem Exemplar (vgl. oben 224a29, 225a27, 227b14 etc.).

228b16 μία κίνησις: unus motus V: motus unus G^{1}G^2. — Die Umstellung der Worte gegen V und gegen das Griechische ist hier sicherlich keine Korrektur des Revisors, sondern ein Fehler seines lateinischen Exemplars, den er — wie viele andere Umstellungen gegen das Griechische — nicht korrigiert hat.

Wir können nun zwischen den Lesarten des zugrunde liegenden Textes und den eigentlichen Revisionselementen besser unterscheiden, die jeweiligen Grundlagen der einzelnen Korrekturen besser beurteilen und schließlich auch einen Rückschluß auf die Form der Korrekturen ziehen.

1. Sämtliche Lesarten, in welchen G^1 oder G^{1}G^2 mit einer oder mehreren Hss *BmCüNqFp* übereinstimmen, sind sicherlich Elemente des zugrunde liegenden Textes.

2. Die Grundlage und sozusagen Ursache für die Korrekturen war sicher nicht immer die Lesart von V, sondern häufig eine bestimmte Variante des zugrunde liegenden Exemplars, die sich durch Lesarten der Hss *BmCüNqFp* erkennen läßt, z. B.:

228b16 ὡς: sicut V: quia V^v(*BmCüNq plerique*): ut G^{1}G^2 230a25 ὡς: sicut V: om. V^v(*BmCüNq plerique*): ut G^{1}G^2. — An beiden Stellen ist nicht die „richtige" Lesart *sicut* willkürlich in die ebenfalls „richtige" Lesart *ut* verändert worden, sondern beide Korrekturen erklären sich aus den Fehlern von V^v, die direkt nach dem Griechischen verbessert wurden. Vgl. auch 230a11,13 (oben, S. 226), 229a2 (unten, S. 262f.), u. a.

225a15 οὐδαμῶς: nullo modo est V: nullo modo G^{2}G^1(*ZI*P): nullo modo contingit moveri G^{1v}(*Rä*) V^v(*Bm*). — Hier ist die ursprüngliche Lesart des Exemplars noch in einem Teil der Überlieferung von G^1 zu erkennen: G^{1}G^2 haben hier nicht die zugefügte Kopula von V weggelassen, sondern den schwerwiegenderen Textzusatz von V^v(*Bm*), die Korrektur wurde jedoch nur von einem Teil der Überlieferung von G^1 übernommen.

3. Elemente von G^2, die mit dem Griechischen gegen G^{1}V^v übereinstimmen, sind sicherlich echte Korrekturen von G^2 und nicht Bestandteile des zugrunde liegenden Textes, auch dann, wenn sie mit V übereinstimmen.

4. Auch in G¹ gibt es sicherlich Elemente, die zwar mit V übereinstimmen, die aber in Wirklichkeit Korrekturen des Revisors gegen eine von V abweichende Lesart seines spezifischen Exemplars sind. Wir können sie jedoch nicht so leicht erkennen, da diese Variante im allgemeinen im Text dann ja nicht mehr vorhanden ist, und da wir nicht ohne weiteres annehmen können, daß die Lesart des zugrunde liegenden Exemplars immer diejenige der Hss *BmCüNqFp* war, zumal in Fällen, in welchen sich diese Hss untereinander unterscheiden. An einigen Stellen lassen sich die ursprünglich zugrunde liegenden, aber korrigierten Lesarten noch erkennen, nämlich dort, wo — wie in dem oben angeführten Beispiel 225a15 — die ursprüngliche Lesart in einem *Teil* der Überlieferung von G¹ erhalten ist, weil die Korrektur übersehen oder nicht richtig verstanden wurde, während ein anderer Teil der Überlieferung die Korrektur übernommen und dementsprechend die ursprüngliche Lesart ausgeschieden hat, z. B.:

225b24 aliam (V) G²G¹(*ZlRä*)] + speciem Vᵛ(*AyYy*) G¹ᵛ(P)   226b7 et (V) G²G¹(P)] aut Vᵛ(*Bm*) G¹ᵛ(*Rä*): et aut G¹ᵛ(*Zl*) [hier hat P die Korrektur richtig verstanden, *Rä* hat die zugrunde liegende Lesart wiedergegeben, *Zl* hat sowohl die Lesart des Exemplars wie auch die Korrektur]   226b29 autem (V) G²G¹(*Zl*P)] aut Vᵛ(*BmCüNq*) G¹ᵛ(*Rä*)   226b30 in qua (V) G²G¹(*Rä*)] in quam Vᵛ(*NqCü*ᶜ) G¹ᵛ(P: in quantum *Zl*)   227a2 linea (V) G²G¹(*ZlRä*)] lineam Vᵛ(*Yy*) G¹ᵛ(P)   227a6 illis (V) G²(*scr.*) G¹(*ZlRä*)] illi Vᵛ(*Fp aliqui*: illius *Cü*) G¹ᵛ(P) G²ᵛ(*Gm*)   227a12 sicut (V) G²G¹(*Zl*)] sic Vᵛ(*Cü*) G¹ᵛ(P: *om. Rä*)   227b1 et³ (V) G²G¹(*Zl*P)] + quid Vᵛ(*BmNq*) G¹ᵛ(*Rä*)   227b4 igitur (V) G²G¹(*ZlRä*)] *om.* Vᵛ(*BmCü*¹*Nq*) G¹ᵛ(P)   227b15—16 idem in idem (V) G²G¹(*ZlRä*)] in idem idem Vᵛ(*Bm*) G¹ᵛ(P)   228b30 et (V) G²G¹(P)] vel Vᵛ(*CüNq*) G¹ᵛ(*ZlRä*)   229a21 et (V) G²G¹(P)] *om.* Vᵛ(*Bm aliqui*) G¹ᵛ(*ZlRä*¹)   229a23 utique (V) G²G¹(*ZlRä*)] *om.* Vᵛ(*BmYy aliqui*) G¹ᵛ(P)

Diese Beispiele führen uns zu zwei weiteren Erkenntnissen, die für den Verlauf der Untersuchung wichtig sein werden.

5. Der Revisor hat seine Arbeit nicht als neue Niederschrift des gesamten Textes durchgeführt, sondern er hat seine Korrekturen — und dies gilt sowohl für die von G¹ (Nova) wie die von G² (Matritensis) bezeugten Revisionselemente — über der Linie oder am Rand *in* das von ihm zugrunde gelegte Vetus-Exemplar eingetragen.

Daß dies für die von G¹ bezeugten Revisionselemente gilt, läßt sich an den oben angeführten Fehlern innerhalb der Überlieferung von G¹ erkennen. Es handelt sich bei diesen Beispielen, die sich leicht noch vermehren ließen, im allgemeinen um Kleinigkeiten, kleine Fehlerübereinstimmungen mit Lesarten aus der spezifischen Vetus-Überlieferung, zu welcher das vom Revisor zugrunde gelegte Vetus-Exemplar auch im übrigen Text gehört, und die sich unregelmäßig über unsere Textzeugen von G¹ verteilen. Diese Übereinstimmungen können in ihrer Gesamtheit weder durch nachträgliche Kontamination entstanden sein — die aufgeführten Textzeugen geben auch sonst keinen Anlaß zu Kontaminationsverdacht mit der Vetus — noch sind diese Fehlerübereinstimmungen zufällig, sondern sie stellen — mit dem von R. A. Gauthier geprägten Ausdruck — „primäre" Kontaminationen dar, welche bei jeder Abschrift aus einer korrigierten Vorlage vorkommen, und welche darauf zurückzuführen sind, daß der Abschreiber an einer Reihe von Stellen Korrekturen nicht verstanden oder nicht beachtet hat und die zugrunde liegende Lesart — in unserem Fall die Lesart des vom Revisor benutzten Vetus-Exemplars — an Stelle der Korrektur übernommen oder in falsch verstandener Weise mit der Korrektur vermengt hat.[11] Dies kommt natürlich nicht nur an solchen Stellen vor, an denen das Vetus-Exemplar des Revisors spezifische, mit der *BmCüNqFp*-Überlieferung übereinstimmende Varianten hatte, sondern auch dort, wo dieses Exemplar dem allgemein überlieferten Vetus-Text folgte. Es gab aber womöglich auch Stellen, an denen der Revisor selbst seine Korrekturen nicht definitiv gekennzeichnet hatte oder die Entscheidung zwischen der Lesart des zugrunde liegenden Textes und seiner eigenen Korrektur offenließ (vgl. z. B. unten, S. 265ff., 229b10,27 230b2,26—28 231a5ff.). Die „primären" Kontaminationen lassen sich, ganz gleich ob sie der Unachtsamkeit des Abschreibers oder der Unentschiedenheit des Revisors zuzuschreiben sind, relativ leicht als solche erkennen, wenn, wie es in der Nova-Überlieferung der Fall ist, die Korrektur selbst durch andere Textzeugen übernommen wurde. Die Textform von G^1 geht also auf das vom Revisor zugrunde gelegte Vetus-Exemplar zurück, in welches bestimmte Revisionselemente in Form von Korrekturen eingetragen waren.

Das Entsprechende gilt aber — mit ziemlicher Sicherheit — auch für G^2, obgleich es sich hier nicht so leicht erkennen läßt, da wir uns für die Matritensis — bis auf die sporadisch in $Rä^c$ auftretenden Elemente — nur auf eine einzige Hs (*Gm*) stützen können. Zunächst zeigen einige Fehler in dieser Hs, daß auch in ihrer Vorlage spezifische Revisionselemente *als Korrekturen* gegenüber einer Lesart des zugrunde liegenden Exemplars, welche von G^1 übernommen wurde, eingetragen waren, z. B.:

228a18 ἐνδέχοιτ' ἂν: contingit V^v(*BmCüNqFp, plerique*) G^1: contingit et utique *Gm*: continget (*scr. cum* $Rä^c$) utique G^2. — Der Fehler von *Gm* zeigt, daß die Lesart des Revisors *continget utique*, die man aus eben diesem Fehler sowie der Korrekturlesart von $Rä^c$ mit Sicherheit rekonstruieren kann, in der Vorlage von *Gm als Korrektur* gegen die zugrunde liegende V^v-Lesart eingetragen war und dann von *Gm* mißverstanden wurde: $\left\{ {et\ utique \atop contingit} \right\}$. (Vgl. ein ähnliches Beispiel oben, S. 223, 228b12.)

---

[11] Sentencia libri De anima (s. oben, Anm. 1), 160*—161*.

Wir hatten außerdem festgestellt, daß die Textform von G^2 auf das gleiche, spezifische Vetus-Exemplar zurückgeht wie die Textform von G^1. Dies könnte jedoch theoretisch auf zwei verschiedene Weisen erklärt werden. Entweder (erste Hypothese) befanden sich sämtliche von G^2 überlieferten Revisionselemente *als Korrekturen* in eben demselben materiellen Vetus-Exemplar, in welchem sich auch die von G^1 überlieferten Revisionselemente *als Korrekturen* befanden, d. h. der Revisor — daß es sich um ein und denselben Revisor handelt, werden wir später noch sehen — hat in das gleiche zugrunde liegende Exemplar sowohl die Revisionselemente eingetragen, welche von G^1 (bzw. G^1 und G^2 gemeinsam) überliefert werden (*corr.*^{1}), als auch diejenigen, die *nur* von G^2 überliefert werden (*corr.*^{2}), oder (zweite Hypothese) G^2 geht auf eine *Abschrift* des mit den Korrekturen *corr.*^{1} versehenen zugrunde liegenden Exemplars zurück, d. h. auf ein Exemplar der Textform G^1, in welches dann weitere Revisionselemente — die spezifischen von G^2 überlieferten (*corr.*^{2}) — eingetragen wurden:

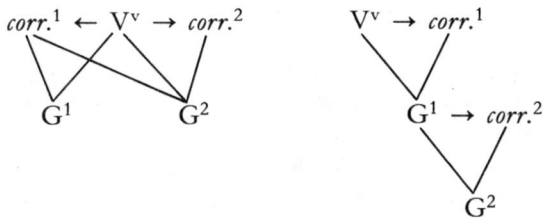

$$\begin{array}{cc} corr.^1 \leftarrow V^v \rightarrow corr.^2 & V^v \rightarrow corr.^1 \\ \diagdown\!\!\!\diagup\diagdown\!\!\!\diagup & \diagdown\!\!\!\diagup \\ G^1 \qquad G^2 & G^1 \rightarrow corr.^2 \\ & \diagdown\!\!\!\diagup \\ & G^2 \end{array}$$

Das zunächst angeführte Beispiel (228a18, vgl. auch 228b12) läßt sich, da es sich bei der genuin *als Korrektur* erkannten Lesart um ein spezifisches Revisionselement von G^2 handelt, mit beiden Hypothesen vereinen. Es gibt jedoch Anzeichen dafür, daß die erste Hypothese, welche an sich die wahrscheinlichere ist, auch als richtig angesehen werden kann.

Es finden sich nämlich in G^2, d. h. genauer gesagt in der Hs *Gm* nicht nur V^v-Lesarten, welche in G^1 übernommen wurden, sondern auch solche, welche in G^1 nicht übernommen wurden. Diese Lesarten sind, soweit wir ihnen nachgegangen sind, zwar auch in der Nova-Überlieferung bezeugt an Stellen, an denen die jeweiligen zugrunde liegenden V^v-Lesarten statt der Korrekturen übernommen worden sind, so daß sie auch von dorther in die Matritensis gelangt sein könnten, z. B.: 227a6 illis V $G^1(Zl Rä)$ $G^2(scr.)$: illi $V^v(Fp\ aliqui)$: illius *Cü*) G^{1v}(P) G^{2v}(*Gm*); 230b29 et V $G^1(Rä)$ $G^2(scr.\ cum\ Rä^c)$: om. $V^v(Bm)$ $G^{1v}(ZlP)$ $G^{2v}(Gm)$. In diesem Zusammenhang kann man auch eine merkwürdige Randbemerkung erwähnen, welche sich in *Gm*, f. 48r, in der Marge zur Stelle VI,6.236b20 findet: *dupliciter non est de textu*. Sie bezieht sich auf einen Zusatz in der vom Revisor benutzten Vorlage: mutari V $G^1(ZlP)$ G^2: mutari dupliciter $V^v(Bm)$ $G^{1v}(Rä)$. Der Revisor hat also gemerkt, daß die Lesart *dupliciter* im Griechischen nicht bezeugt war und demnach gestrichen werden sollte. Wenn nun die Textform von G^2 auf ein Exemplar von G^1 zurückgehen sollte (zweite Hypothese), so müßte dieses Exemplar die jeweiligen erwähnten V^v-Lesarten noch enthalten haben. Diese kommen aber in *verschiedenen* G^1-Überlieferungen vor: *illi* ist in P bezeugt, die Auslassung von *et* in Z/P, und *dupliciter* ist in *Rä* bezeugt. Man müßte also unterstellen, daß die G^1-Vorlage für G^2 entweder aus verschiedenen Traditionen kontaminiert war oder aber vor der Verzweigung der Tradition liegt: in beiden Fällen müßte sie die V^v-Lesarten, welche in den verschiedenen Traditionszweigen vorkommen, enthalten haben. Beide Annahmen sind unwahrscheinlich. Die erste Hypothese erklärt den Textbefund dagegen ohne Schwierigkeiten: Wenn man annimmt, daß auch die von G^2 überlieferten Revisionselemente als Korrekturen in das gleiche materielle Vetus-Exemplar eingetragen worden waren wie die von G^1 überlieferten, so ist es nicht verwunderlich, daß die Abschrift, welche uns die Textform von G^2 überliefert, in einigen Fällen irrtümlich nicht nur statt der eigentlichen G^2-Korrekturen (obiges Beispiel 228a18), sondern auch statt der G^1-Korrekturen die Lesarten des ursprünglich zugrunde liegenden Vetus Exemplars übernimmt, und daß sie in diesen Irrtümern gelegentlich mit der einen oder der anderen „primären" Kontamination in Textzeugen der G^1-Überlieferung übereinstimmt. Und es wird weiter verständlich, daß der Revisor bei einer Bemerkung, die offensichtlich ein G^2-Element darstellt, noch die ursprüngliche Lesart des zugrunde liegenden Exemplars, obgleich durch ein G^1-Element korrigiert, vor Augen hatte (Beispiel 236b20).

6. Zugleich bestätigen die aus der G^1-Überlieferung angeführten Beispiele primärer Kontaminationen, daß die Hss dieser Textform auf mindestens zwei, wenn nicht mehr als zwei, verschiedene direkte Abschriften aus der korrigierten Vorlage des Revisors zurückgehen, welche an einer Reihe von Stellen je *unterschiedlich* die Korrekturen verstanden oder nicht verstanden, beachtet oder nicht beachtet haben. Daß es mindestens zwei verschiedene, direkte Abschriften waren, zeigen die Unterschiede hinsichtlich der „primären" Kontaminationen zwischen der Pariser Überlieferung (P) einerseits und der italienischen Überlieferung (Z/Rä) andererseits. Daß es wahrscheinlich mehr als zwei Abschriften waren, zeigen die entsprechenden Unterschiede innerhalb der italienischen Überlieferung (Z/Rä). Wenn wir zunächst nur die Erkenntnis festhalten, daß die Zeugen der Textform G^1 auf mindestens zwei verschiedene, direkte Abschriften aus dem Original zurückgehen, und wenn wir weiterhin festhalten, daß die beiden Zeugen der Textform G^2 (Gm und $Rä^c$) voneinander unabhängig sind (vgl. oben, S. 223), so könnte man das oben gegebene Schema der ersten Hypothese, die wir für richtig hielten, noch etwa folgendermaßen präzisieren (wobei man natürlich auch hier beachten muß, daß es sich nur um ein Schema für gewisse Beziehungen handelt):

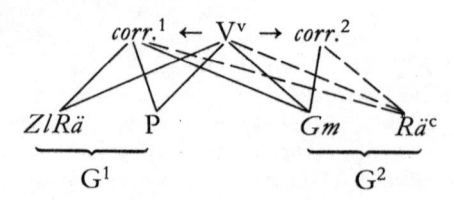

$$corr.^1 \leftarrow V^v \rightarrow corr.^2$$

$$\underbrace{Z/Rä \quad P}_{G^1} \quad \underbrace{Gm \quad Rä^c}_{G^2}$$

IV. Der Urheber der Revisionselemente in beiden Textformen: Wilhelm von Moerbeke

Wir haben bereits mehrmals von „dem" Revisor gesprochen, obgleich es zunächst nicht sicher ist, daß die Korrekturen in den beiden Textformen von ein und demselben Revisor stammen. Es wäre unter Umständen denkbar, daß der Revisor der Matritensis ein bereits von einem anderen Übersetzer korrigiertes Exemplar der Vetus — auf das unsere Nova zurückgeht — übernommen und weiter verbessert hätte. Daß es sich aber in der Tat um ein und denselben Revisor, und zwar um Wilhelm von Moerbeke handelt, geht aus einer terminologischen Untersuchung der Revisionselemente hervor. Wir werden dafür das spezifische Vokabular, das in den beiden Textformen bei den jeweiligen Korrekturen zum Vorschein kommt, vergleichen, und zunächst die Partikel und syntaktischen Termini, anschließend einige Beispiele des übrigen Vokabulars untersuchen.[12]

---

[12] Zur Untersuchung der Übersetzungs- bzw. Revisionstechnik haben wir vorwiegend folgende Editionen (insbesondere deren Indices [= ind.]) und Studien benutzt:

A. Editionen (zu den im Aristoteles Latinus [= A. L.] erschienenen Editionen machen wir, der Kürze halber, keine bibliographischen Angaben): Categoriae vel Praedicamenta, A. L. I.1–5. — De Interpretatione vel Periermenias, A. L. II.1–2 [= Int.]. — Analytica Posteriora, A. L. IV.1–4 [= Anal. Post.]. — De Sophisticis Elenchis, A. L. VI.1–3 [= Soph. El.]. — De Generatione Animalium, A. L. XVII.2.v. [= Gener. An.]. — Politica (I–II.11), A. L. XXIX.1. — Rhetorica, A. L. XXXI.1–2 [= Rhet.]. — De Arte Poetica, A. L. XXXIII. — Aristotelis De somno et vigilia liber adiectis veteribus translationibus ..., ed. H. J. Drossaart Lulofs, Leiden 1943. — Alexandre d'Aphrodise, De Fato ad Imperatores. Version de Guill. de Moerb., ed. P. Thillet, Paris 1963 [= Al. De Fato]. — Alexandre d'Aphrodisias, Comment. sur les Météores d'Aristote. Trad. de Guill. de Moerb., ed. A. J. Smet, Louvain–Paris 1963 (CLCAG IV) [= Al. Met.]. — Thémistius, Comm. sur le Traité de l'Âme d'Aristote. Trad. de Guill. de Moerb., ed. G. Verbeke, Louvain–Paris 1957 (CLCAG I) [= Them. An.]. — Ammonius, Comm. sur le Peri Hermeneias d'Aristote. Trad. de Guill. de Moerb., ed. G. Verbeke, Louvain–Paris 1961 (CLCAG II) [= Amm. Int.]. — Johannes Philoponus, Comm. sur le De anima d'Aristote. Trad. de Guill. de Moerb., ed. G. Verbeke, Louvain–Paris 1966 (CLCAG III). — Simplicius, Comm. sur les Catégories d'Aristote. Trad. de Guill. de Moerb., 2 vol., ed. A. Pattin, Louvain–Paris 1971/Leiden 1975 (CLCAG V.1–2) [= Simpl. Cat.]. — Procli Diadochi Tria Opuscula. Latine Guill. de Moerb. vertente ..., ed. H. Boese, Berlin 1960 [= Procl. Opusc.]. — Proclus, Comm. sur le Parménide de Platon. Trad. de Guillaume de Moerbeke (suivie de l'édition des extraits du Comm. sur le Timée, trad. par Moerb.), 2 vol., ed. C. Steel, Leuven 1982/1985 [= Procl. Parm./Procl. Tim.]. — Archimedes in the Middle Ages. Vol. II: The Translations from the Greek by William of Moerb., ed. M. Clagett, Philadelphia 1976 [= Clagett, Archim.]. — Wir haben außerdem die in Vorbereitung für A. L. XXV.3 befindliche Edition von Moerbekes Revision der Bücher A–I,Λ der Metaphysik [= rec Metaph.] und seiner Neuübersetzung der Bücher K, M, N der Metaphysik [= ntMetaph.] benutzt (vgl. dazu in diesem Band, S. 289ff.). — Zu den bibliographischen Angaben über weitere Editionen von Übersetzungen Wilhelms von Moerbeke sowie anderer Übersetzer verweisen wir auf Clagett, Archim. (s. oben), pp. 28–30.

Im allgemeinen handelt es sich um Änderungen, Zufügungen, Auslassungen, durch die einzelne Elemente (einzelne Worte oder Wortgruppen) des zugrunde liegenden lateinischen Textes vom Revisor nach dem Griechischen korrigiert wurden. Es gibt jedoch am Ende des V. Buches in der Textform von G^1, und nur in dieser, ein längeres zusammenhängendes Textstück, das in der Vetus, entsprechend einem Teil der griechischen Überlieferung, fehlt und auch in die Matritensis, wie es scheint, nicht aufgenommen wurde (vgl. unten, S. 269f., 286f.). Hier hat nun der Revisor seine Vorlage nicht, wie im übrigen Teil des Buches, sporadisch korrigiert, sondern er hat Wort für Wort nach dem Griechischen neu übersetzt und den ganzen Abschnitt insgesamt — vielleicht am Rand, vielleicht auf einem gesonderten Blatt — hinzugefügt. Da es sich um einen größeren Abschnitt, nämlich etwa 20 Bekkerzeilen handelt (231a5—17 und anschließend, in leicht abgewandelter Wiederholung, 230b29—231a3 [im folgenden = $^+$230b29—$^+$231a3]), sind die hier von ihm gebrauchten Termini, vor allem die spezifischen Partikel-Übersetzungen, besonders aufschlußreich. Sie sind in der folgenden Tafel in einer gesonderten Rubrik ($^{nt}G^1$ = *nova transl.* G^1) angeführt. In diesem Teil des Textes sind zur jeweiligen griechischen Partikel alle vorkommenden Stellen berücksichtigt worden, im übrigen Teil des Textes natürlich nur diejenigen Stellen, an welchen in G^1 bzw. G^2 der Ausdruck der lateinischen Vorlage (V bzw. V^v) geändert wurde.

B. Studien: L. Minio-Paluello, Guglielmo di Moerbeke tradutt. della Poetica di Arist., 1278 (RFNS 39, 1947, 1—17), jetzt in: L. M.-P., Opuscula. The Latin Aristotle, Amsterdam 1972, 40—56 [= Minio-Paluello[1]]. — L. Minio-Paluello, Henri Aristippe, Guillaume de Moerbeke et les traduct. latines médiév. des Météorologiques et du De Gener. et Corrupt. (RPL 45, 1947, 206—35), jetzt in: L. M.-P., Opuscula (s. oben), 57—86 [= Minio-Paluello[2]]. — L. Minio-Paluello, Note sull' Aristotele Latino Medievale V. L'ignota versione moerbekana dei Secondi Analitici usata da S. Tomaso (RFNS 44, 1952, 389—397), jetzt in: L. M.-P., Opuscula (s. oben), 155—163 [= Minio-Paluello[3]]. — L. Minio-Paluello, Iacobus Veneticus Grecus: Canonist and Translator of Aristotle (Traditio 8, 1952, 265—304), jetzt in: L. M.-P., Opuscula (s. oben), 189—228 [= Minio-Paluello[4]]. — G. Verbeke, Guillaume de Moerbeke et sa méthode de traduction, in: Medioevo e Rinascimento, Studi in onore di Bruno Nardi, Firenze 1955, 781—800. — G. Verbeke (La traduction de Guillaume de Moerbeke), in: Them. An. (s. oben), LXIII—LXXXI. — G. Verbeke (Deux traductions de Guillaume de Moerb., Le Peri Hermeneias et le Comment. d'Ammonius), in: Amm. Int. (s. oben), LXVII—XCII. — H. J. Drossaart Lulofs (De versionibus latinis), in: Arist. De somno et vigilia (s. oben), XI—XIX. — P. Thillet (Particularités de la traduction), in: Al. De Fato (s. oben), 36—59. — M. Clagett (William of Moerbeke and the Archimedean Translations), in: Clagett, Archim. (s. oben), 28—37. — R. A. Gauthier (De Libro Ethicorum a nescio quo viro docto recognito), in: Ethica Nicomachea, A.L. XXVI.1—3, Fasc. 1: Praefatio quam conscr. R. A. Gauthier, CCXXXIX—CCXLV [= Gauthier[1]]. — R. A. Gauthier (Le texte d'Aristote commenté par saint Thomas. La Nova de Guillaume de Moerbeke), in: S. Thomae de Aquino Opera omnia, t. XLV,2, Sentencia libri De sensu et sensato, cura et studio Fratr. Praed., Roma 1985, 43*—86* [= Gauthier[2]].

Moerbekes doppelte Revision der Physica Vetus 239

	V	V^v	G^1	^{nt}G^1	G^2	
[1] ἄν (c. opt.)	om.		id.		utique	24b13 25a3 27a22,b15 28a10,18 29a4 30a12,30
	—			utique	—	31a5,9
ὃ ἄν	quod		id.		quodcunque	27a6
[2] αὐτός	hic		id.		ipse	25b13,23 30b10
	idem		ipse		ipse	26b5
	—			ipse	—	31a14 +30b30
[3] γάρ	autem (? δέ)		enim		enim	26b6 30a3
	om.		id.		enim	27b5 30a24
	om.		enim		enim	30b4
	—			enim	—	31a7,9,12 +30b29
[4] δέ	sed		id.		autem	27a14
	utique		id.		autem	25a1
	igitur (δή)		autem		autem	24b4 25b28
	quidem		autem		autem	30b5
	—			autem	—	31a5,7,10,11,14,16^{1,2} +30b32 +31a1
[5] δή	igitur		id.		itaque	25a20,b35 29a27,b29 30b6
	iam		id.		itaque	25a32
		om.	id.		etiam	25b11
	om.		id.		etiam	25b13
		enim iam	igitur		igitur	28a9
[6] δῆλον	—			palam	—	31a8,13
[7] διό	—			propter quod	—	+31a1
[8] ἐπεί	—			quoniam	—	31a10
[9] ἔτι	amplius		id.		adhuc	25b29 27b10
	—			adhuc	—	+30b30,32
[10] ἤ	—			aut	—	31a12,13 +30b32
[11] καίτοι	et etiam		quamvis		quamvis	24b9,10
		et	id.		et quidem	24b13
[12] μέν	om.		id.		quidem	28a3
		om.	id.		quidem	30a15
	deest		quidem		quidem	29b27
	—			quidem	—	31a7,14 +30b32 +31a1,2

	V	V^v	G¹	^nt G¹	G²	
[13] ὅ (*art. def., ante adv., adiect., inf.*)						
	om.		*id.*		(is) qui	28×
	om./deest		qui		qui	26a5,28² 27a19 29b27
	om.		*deest*		qui	30a11
	alius		*id.*		qui	25a15[1,2]
	hic		(hic) qui		qui	29a2,28
	—			qui	—	8×
[14] οἷον	ut		*id.*		puta	27b7,13,30·
	ut		*id.*		ut puta	27b16
	—			puta	—	31a15
[15] ὅτι	—			quod	—	31a8
	—			quia	—	31a13
[16] ὁποιανοῦν	quamlibet		*id.*		quamcunque	25b29
ὁπότερα		utraque	*id.*		utracunque	29b16
ὅσος	—			quicunque	—	31a5
[17] ὅταν	cum		*id.*		quando	26a8
	—			cum	—	+30b29
[18] οὖν	—			igitur	—	31a7 +31a2
[19] παρά (φύσιν)	extra (naturam)		*id.*		preter (...)	30b26
	—			preter (...)	—	31a6,9,10,11,15
[20] πῇ	—			aliquatenus		31a17 +30b30
[21] ποτέ	aliquando		*id.*		equidem	26a1,3
[22] ὡς	sic		*id.*		ut	30b7
	sicut		*id.*		ut	24b31
		om.	ut		ut	30a25
		quia	ut		ut	28b16
	quod		ut		ut	27b12
	—			ut	—	31a15
ὥς	sic est		ut		ut	28b26
[23] ὡσαύτως	—			eodem modo	—	31a13
[24] ὥσπερ	ut		*id.*		sicut	27b32
	—			sicut	sicut	31a9
[25] ὥστε	—			quare	—	31a7 +30b29
[26] *ellipsis copulae*	*copulam suppl. fere semper/ saepius*		*copulam del.* 18×		*copulam del. circ.* 160×	
				copulam numquam suppl.	—	

[1] *utique* ist der gewöhnliche Terminus von Moerbeke, wie auch derjenige anderer Übersetzer. Moerbeke legt jedoch in seinen Revisionen offenbar besonderen Wert auf die Wiedergabe dieser Partikel, die er, wenn sie in der Vorlage ausgelassen wurde, auffallend oft und beinahe regelmäßig hinzufügt (vgl. z. B. Anal. Post.[ind.], Soph. El.[ind.], [rec]Metaph. *150×*, Minio[3], p. 160). — *quicunque* ist typisch für Moerbeke (vgl. z. B. Rhet. *16×*, Metaph. *11×*) und sehr charakteristisch für ihn. Man findet diese Äquivalenz nur selten bei anderen Übersetzern.

[2] *ipse* ist der Standard-Terminus Moerbekes. Auch hier legt Moerbeke offensichtlich großen Wert auf die Einförmigkeit in der Wiedergabe des griechischen Pronomens. In seiner Metaphysik z. B. korrigiert er die zahlreichen anderen Ausdrücke seiner lateinischen Vorlage (*is, hic, idem* etc.) ganz regelmäßig in *ipse* ([rec]Metaph. A—H ca. *175×*).

[3] *enim* ist der Standard-Terminus Moerbekes. *nam* gebraucht er selbständig nur sehr selten, *namque* nie (außer in Partikelfolgen). Er läßt diese Termini bei seinen Revisionen aber im allgemeinen unverändert, während er bei ungewöhnlichen Ausdrücken (wie *autem* z. B.) oder bei Auslassungen der Partikel seine Vorlage durch *enim* korrigiert.

[4] *autem* ist der ganz entschieden bevorzugte Ausdruck Moerbekes. Er verwendet *vero* im allgemeinen nur selten (z. B. [nt]Metaph. *autem 615×*, *vero 4×*), andere Termini wie *sed* oder *etiam* sind Ausnahmefälle. Es ist auch hier auffallend, daß er in seinen Revisionen sehr häufig, und stets in *autem*, korrigiert: *sed* und andere Ausdrücke werden fast immer, *vero* wird gelegentlich geändert (vgl. Anal. Post.[ind.], Soph. El.[ind.], [rec]Metaph. *477×*).

[5] *itaque* ist der bevorzugte Terminus Moerbekes und sehr charakteristisch für seine Übersetzungen. Die gleiche Äquivalenz kommt offenbar nur noch bei Bartholomaeus von Messina vor, und auch hier nur ausnahmsweise (cf. Minio[1], p. 48, Minio[4], p. 212—213, Gauthier[1], p. CCXLII). Bei Moerbeke ist *itaque* sozusagen die Regel. Dies gilt nicht nur für seine Neuübersetzungen (vgl. [nt]Metaph. *35×*), sondern speziell auch für seine Revisionen. Er korrigiert hier ziemlich häufig andere Termini seiner Vorlage zugunsten von *itaque* (vgl. Anal. Post.[ind.], Soph. El.[ind.], [rec]Metaph. *78×*). Neben *itaque* verwendet Moerbeke gelegentlich auch *etiam*, seltener *igitur*, und, meistens nach Negationen, *utique*. Die in unserem kurzen Textstück vorkommenden Korrekturen sind hier absolut repräsentativ für eine der charakteristischsten Moerbekeschen Partikelübersetzungen.

[6] *palam* ist ebenfalls sehr charakteristisch für Moerbekes Vokabular. Während die meisten anderen Übersetzer *manifestum* (*est*) bevorzugen, gebraucht Moerbeke fast ausnahmslos *palam* (vgl. z. B. [nt]Metaph. immer = *44×*, Gen. An. immer, Al. Met. immer, Al. De Fato immer). Es ist aber auffällig, daß er in seinen Revisionen den Ausdruck *manifestum* (*est*) in seiner Vorlage nur selten korrigiert (Anal. Post. *2×*, [rec]Metaph. *2×*). Auch im hier untersuchten Text wird *manifestum* der Vorlage immer beibehalten. Im neuübersetzten Schlußabschnitt von G[1] ist dagegen der zweimal vorkommende griechische Terminus an beiden Stellen durch *palam* wiedergegeben.

[7] *propter quod* ist ebenfalls charakteristisch für Moerbekes Übersetzungen. Die meisten anderen Übersetzer bevorzugen *quare, unde, ideo, quapropter* etc. Moerbeke

gebraucht fast ausschließlich *propter quod* (z. B. ntMetaph. immer = *14×*, Al. De Fato immer = *18×*, Procl. Parm. immer). Andere Ausdrücke seiner Vorlage ändert er jedoch nur gelegentlich, dann aber stets in *propter quod* (z. B. recMetaph. *14×*).

[9] *adhuc* ist das fast ausschließlich in allen Moerbekeschen Übersetzungen gebrauchte Äquivalent und charakteristisch für ihn. Die Mehrzahl der übrigen Übersetzer bevorzugt *amplius*. In seinen Revisionen korrigiert Moerbeke *amplius* seiner Vorlage nicht systematisch, aber oft, und stets in *adhuc* (Anal. Post. *4×*, Soph. El. *2×*).

[11] Moerbeke bevorzugt *quamvis*, gebraucht aber gelegentlich auch *et quidem*. Auch in seinen Revisionen verwendet er beide Termini, um andere Ausdrücke seiner Vorlage zu korrigieren (z. B. recMetaph. *quamvis 19×, et quidem 4×*).

[12] *quidem* wird von allen Übersetzern gebraucht. Die griechische Partikel wird jedoch von vielen Übersetzern, besonders in Partikelzusammenstellungen, gelegentlich ausgelassen. Es ist bezeichnend für Moerbeke, daß er sie in seinen Neuübersetzungen stets wiedergibt, und daß er sie in seinen Revisionen, wenn sie in der Vorlage fehlt, mehr oder weniger systematisch wieder einsetzt (vgl. Minio[3], p. 160). Dies ist auffällig nicht nur in seiner Revision der Metaphysik im allgemeinen (recMetaph. ca *180×*), sondern insbesondere auch in der zweiten Redaktion dieser Revision, in welcher er die Zufügungen von *quidem* weiter vervollständigt (*34×*).

[13] Sehr auffällig und bezeichnend für Moerbeke ist die Tendenz, den griechischen Artikel in seiner nicht-demonstrativen, definiten oder präpositiven Funktion dort, wo er substantivierend vor Zahlwörtern, Pronomina, Adjektiven, Adverbien etc. oder in attributiven Erweiterungen gebraucht wird, möglichst im Lateinischen deutlich zu machen. Dies finden wir natürlich auch bei anderen Übersetzern, und auch in der Physica Vetus ist der Artikel in solchen Fällen häufig durch (*is*) *qui* wiedergegeben. Daß Moerbeke ganz besonderen Wert auf die Widerspiegelung des griechischen Wortlautes legt, wird nicht nur in seinen Neuübersetzungen, sondern gerade auch in seinen Revisionen deutlich. In den Büchern A—H der recMetaph. wird der Artikel in seiner oben genannten Funktion, dort, wo er in der lateinischen Vorlage fehlte oder durch demonstrative Pronomina übertragen war, ca. *160×* durch (*is* = in deklinierten Formen) *qui* wiedergegeben. In seiner zweiten Redaktion der Metaphysikrevision vervollständigt Moerbeke seine diesbezüglichen Korrekturen noch weiter (*29×*). In dem von uns hier betrachteten Text läßt sich diese Tendenz sowohl im Neuübersetzungsteil von G[1] erkennen, als auch, ganz besonders auffallend, in den Revisionselementen von G[2].

Einer der charakteristischsten Züge der Moerbekeschen Übersetzungsmethode ist bekanntlich der Umstand, daß er, um den Schwierigkeiten einer lateinischen Übertragung des griechischen Artikels abzuhelfen, auf den französisch-italienischen Artikel *le* zurückgegriffen hat, durch den er gewisse Zahlwörter, Adverbien, Adjektive oder auch ganze Sätze entsprechend dem Griechischen substantivieren konnte. Bei keinem der bisher namentlich oder anonym bekannten Übersetzer kommt diese Sprachbildung vor. Der Artikel *le*, insbesondere in seinen deklinierten Formen, häuft sich in den späteren Übersetzungen Moerbekes, ist aber auch schon in seinem frühest datierten Werk (Alex. Met.) zu finden. Auch in der Metaphysik wird er einige Male verwendet. In dem hier untersuchten Teil der Physik kommt der Artikel *le* in den beiden Textformen nicht vor. Er findet sich jedoch, als Doppellesart zu *qui*, an einer anderen Stelle des Textes, nämlich I,4.187a34, und zwar in der Textform von G². Allein der Gebrauch dieses Artikels könnte schon eine Identifizierung des Revisors mit Wilhelm von Moerbeke rechtfertigen.

[14] *puta, ut puta* ist der von Moerbeke bei weitem bevorzugte Terminus. Auch hier ist auffällig, daß er in seinen Revisionen häufig andere Ausdrücke zugunsten von *puta* oder *ut puta* ändert (Anal. Post. *23*×, Soph. El. *5*×, ʳᵉᶜMetaph. *42*×).

[16] Der Gebrauch von *-cunque*, nicht von *-libet*, um die Unbestimmtheit anzuzeigen, ist ebenfalls sehr typisch, wenn auch nicht distinktiv, für Moerbeke. In seinen Revisionen ändert er auch hier häufig, um den von ihm bevorzugten Ausdruck einzuführen (cf. Minio³, p. 161; auch in der ʳᵉᶜMetaph. wird an zahlreichen Stellen *-libet* in *-cunque* geändert).

[17] *cum* und *quando*: beide Ausdrücke werden von Moerbeke gebraucht.

[19] *preter naturam* ist der bei selbständiger Übersetzung von Moerbeke gebrauchte Ausdruck (Gen. An. immer = *25*×, cf. Gauthier², p. 74*). *extra naturam* wird ständig von Iacobus gebraucht und von Moerbeke in seiner Revision der De An.-Übersetzung in zwei von drei Fällen in *preter* korrigiert, während er in De Sensu die Formulierung seiner Vorlage übernimmt (cf. Gauthier², ibid.). Es ist interessant, daß die häufig vorkommende Wendung *extra naturam* in unseren beiden Textformen im allgemeinen unverändert bleibt, daß im Neuübersetzungsteil von G¹ jedoch konsequent der treffendere Ausdruck *preter* gebraucht wird, und daß es sich an der einzigen Stelle, an welcher G² korrigiert, um einen Kontext handelt, der insgesamt von G² nicht aus der Vorlage korrigiert, sondern neu übersetzt wurde, vgl. unten S. 268f.

[20] *aliquatenus*: selten oder nie bei anderen Übersetzern, recht häufig bei Moerbeke (z. B. Procl. Parm. *8*×).

[21] *equidem*: ungewöhnlich; aber das bei anderen Übersetzern ebenfalls sehr seltene Äquivalent *quidem* ist mehrfach bei Moerbeke bezeugt (Gen. An. *7*×, Simpl. Cat. mehr als *5*×, Al. Met. *2*×, Procl. Parm. *2*×, Procl. Opusc. *2*×).

[22] *ut*: neben einer Reihe von anderen Ausdrücken gebraucht Moerbeke vorzugsweise *ut* (vgl. z. B. ⁿᵗMetaph. *ut 74*×, *tamquam 17*×, selten anders, Rhet. *ut 128*×, *tamquam 45*×, selten anders) und es ist auffällig, daß er in seinen Revisionen andere Ausdrücke, insbesondere *sic* und *sicut*, sehr häufig in *ut* korrigiert (ʳᵉᶜMetaph. ca *100*×, cf. Anal. Post.ⁱⁿᵈ·).

[23] *eodem modo*: sehr charakteristisch für Moerbeke (z. B. Procl. Parm. ca. *60*×, Rhet. *15*×, ⁿᵗMetaph. *4*× von *5*). Der allgemein übliche Terminus ist *similiter*, den Moerbeke in dieser Äquivalenz jedoch nur ausnahmsweise verwendet und den er fast ausschließlich ὁμοίως zuordnet. In seinen Revisionen ändert er den Ausdruck *similiter* jedoch fast nie (vgl. Anal. Post.ⁱⁿᵈ·, Soph. El.ⁱⁿᵈ·; das gleiche gilt für die ʳᵉᶜMetaph.).

[24] *sicut*: Moerbeke gebraucht hauptsächlich, und etwa zu gleichen Teilen, *sicut* und *quemadmodum*, andere Ausdrücke seltener. In seinen Revisionen ändert er gelegentlich (ʳᵉᶜMetaph. *ut* in *sicut 7*×).

[26] Ein sehr charakteristischer Zug der Übersetzungen Jakobs von Venedig ist die systematische Vervollständigung der griechischen Nominalsätze durch Formen des Verbums *esse*. In den Anal. Post. z. B. ist allen oder fast allen griechischen Nominalsätzen die Kopula hinzugefügt (Minio[4], p. 207). Das gleiche gilt auch für die Physica Vetus. Moerbeke dagegen gibt in dieser, wie auch in anderen Hinsichten, das Griechische so genau wie möglich wieder und fügt dementsprechend nur äußerst selten die Kopula hinzu. Daß ihm dieser Punkt merkwürdigerweise sehr wichtig war, erkennt man in seinen Revisionen, weil er hier die in der Vorlage ergänzten Formen von *esse* häufig und teilweise ganz systematisch wieder eliminiert (Anal. Post., vgl. Minio[3], p. 161; ebenso in der ^{rec}Metaph., wo jedoch seine lateinische Vorlage, die Translatio Anonyma, weniger oft Anlaß dazu gibt). Die genaue Abbildung der griechischen Nominalsätze in $^{nt}G^1$, die gelegentlichen Eliminationen der Kopula in G^1, und schließlich die ganz systematischen Eliminationen in G^2 (die Kopula wurde hier fast immer entsprechend dem Griechischen getilgt) sind also ein durchaus wichtiges und charakteristisches Merkmal der Übersetzungs- und insbesondere der Revisionsmethode Moerbekes.

Die Tafel der Partikelübersetzungen und die Untersuchung der einzelnen Termini macht also bereits deutlich:
1. Beide Textformen — G^1 und G^2 — gehen auf ein und denselben Revisor zurück. Soweit die jeweiligen lateinischen Termini in den Revisionselementen beider Textformen überhaupt vorkommen, sind sie identisch, d. h. der Revisor von G^1 verwendet dort, wo er seine Vorlage überhaupt korrigiert, oder im Schlußteil des V. Buches, wo er neu übersetzt, die gleichen Termini, die der Revisor von G^2 in seinen zahlreicheren Korrekturen benutzt.
2. Sämtliche Termini, die in den Korrekturen oder im Neuübersetzungsteil von G^1 und in den Korrekturen von G^2 vorkommen, entsprechen den Übersetzungsgewohnheiten Moerbekes. Die Korrekturen spiegeln außerdem nicht nur seinen Wortgebrauch im allgemeinen wider, sondern sind auch typisch — und dies gilt insbesondere für G^2 — für seine Revisionsmethode. Einige der Termini sind nicht *spezifisch* für ihn, d. h. sie kommen jeweils bei einzelnen oder mehreren anderen Übersetzern auch vor, andere sind dagegen ganz besonders charakteristische oder fast ausschließlich von ihm gebrauchte Übersetzungstermini. Es ist jedoch nicht der eine oder der andere Ausdruck, es ist die Tafel in ihrer Gesamtheit, welche, obgleich die einzelnen Vorkommnisse zum jeweiligen Terminus statistisch gesehen nicht sehr zahlreich sind, zeigt, daß der Revisor in beiden Textformen Moerbeke war.
3. Schließlich können wir schon an der Tafel der Partikelübersetzungen feststellen, daß, obgleich es sich in beiden Textformen um ein und denselben Revisor handelt, in der Textform von G^1 nur gelegentlich korrigiert wurde, und zwar vorwiegend an solchen Stellen, an welchen die entsprechenden Ausdrücke in der Vorlage entweder völlig fehlten oder sich stark

vom Vokabular Moerbekes unterschieden oder wo sie andere griechische Lesarten wiedergaben, während in den Korrekturen von G² das eigene Vokabular des Revisors durchgreifender und systematischer in die Vorlage eingeführt wurde.

Diese drei Beobachtungen bestätigen und verstärken sich beim Vergleich des „semantischen" Vokabulars, der eigentlichen Substantive, Adjektive oder Verben, von denen wir im folgenden einige Beispiele geben wollen. Bei der Untersuchung dieser Termini können wir aber darüber hinaus auch die spezifische Qualität der Korrekturen, die Intentionen und das Textverständnis des Revisors erkennen.

[1] τῶν ἄκρων: ultimorum V G¹: extremorum G² (229b20). — Moerbeke übersetzt (τὸ) ἄκρον fast immer durch *extremum* oder *extremitas*, gelegentlich auch durch *summum* (vgl. z. B. Gen An., Poet., Archim., Simpl. Cat., Amm. De Int., Procl. Opusc.). In den Anal. Post. korrigiert er mehrmals das von Iacobus gebrauchte *ultimum* in *extremum* oder *extremitas*. Die Korrektur von G² gibt außerdem den Aristotelischen Terminus, der die äußersten Gegensätze einer Reihe von Qualitätsunterschieden bezeichnet, technisch besser wieder. *ultimum* gebrauchte er dagegen vorzugsweise für ἔσχατον, vgl.: τὰ ἔσχατα. ἔσχατα: extrema. Ultima V G¹: ultima. Ultima G² (228a24). — Hier hat Moerbeke in G² die von G¹ aus V übernommene terminologische „Inkonsequenz" beseitigt.

[2] ἀληθεύεσθαι: verum esse V G¹: verificari G² (225b12). — *verificari* ist ein typisch Moerbekescher Ausdruck, der sich genau der griechischen Form anpaßt. Die meisten anderen Übersetzer, mit Ausnahme des Anonymus der Rhet., verwenden *verum esse* oder *verum dicere*, was Moerbeke auch gebraucht (im allgemeinen für die aktive Form). Der bei anderen Übersetzern ganz seltene und lateinisch unklassische Ausdruck *verificari* ist auffallend häufig bei Moerbeke. Er wird von ihm, neben *verum dico* (für die aktive Form), 12× in der Metaphysik (gelegentlich auch für die aktive Form, einmal als Korrektur gegen *verum esse* seiner Vorlage), 7× in De Int. gebraucht und scheint in seiner spätesten Periode sein ausschließlicher *terminus technicus* geworden zu sein (vgl. Procl. Parm.[ind.], Procl. Opusc.[ind.]).

[3] ἀπαλλαγή: mutatio V G¹: semotio G² (229a24). — *semotio* ist eine sehr gute und intelligente Korrektur. Es handelt sich im Kontext nicht etwa um die Veränderung, sondern um den Verlust der Gegensätzlichkeit. Der griechische Terminus kommt selten vor. In der Rhet. wird er von Moerbeke, in einem anderen Kontext, 2× durch *commutatio* übersetzt, in Simpl. Cat. 1× durch *regressus*, sowohl in Simp. Cat. wie in Procl. Parm. wird jedoch ἀπήλλαγμαι immer (4×) durch *semotus sum* wiedergegeben.

[4] ἀποβάλλῃ: remittetur V: remittatur V[v]: reiciatur G¹: abiciat G² (230b29); deest V: abiciat [nt]G¹: deest G² ([+]230b29). — *abiciat* in G² und im Neuübersetzungsteil von G¹ ist die exakte Wiedergabe des griechischen Verbs. *abicio, abiectio* sind die Standard-Übersetzungen Moerbekes (vgl. z. B. Rhet.[ind.], Simpl. Cat.[ind.], Gen. An.[ind.], Metaph. 5×). Auch in der Korrektur von G¹ ist der Verbstamm des genau entsprechenden Moerbekeschen Äquivalents *iacio* enthalten, aber G¹ hält sich enger an die Vorlage (V[v]) und übernimmt das Präfix *re-* und die Passivform.

Wir können an dieser Stelle eine Art von „Entwicklung" der Korrekturen von der ersten zur zweiten Textform feststellen.

τὸ ἀποβαλλόμενον: quod abiectum est V G[1]: quod abicitur G[2] (230b30); *deest* V: quod abicitur [nt]G[1]: *deest* G[2] ([+]230b30). — Auch hier ist interessant, daß G[1] im neuübersetzten Abschnitt das griechische Partizip in genau derselben Weise wiedergibt wie die Korrektur von G[2]. Eine Tendenz, das griechische Partizip Praes. Pass. nicht durch lateinisches Partizip Perf. wiederzugeben, sondern durch verbale Relativkonstruktion im Präsens, die den Charakter des gleichzeitig fortdauernden Geschehens, der im gr. Part. Praes. liegt, besser durchscheinen läßt, zeigt sich auch noch in einer anderen Korrektur von G[2]: τὸ δηλούμενον: monstratum V G[1] quod monstratur G[2] (225a7). Die gleiche Tendenz können wir in der Metaphysikrevision bzw. -übersetzung Moerbekes beobachten und zwar besonders ausgeprägt im zweiten Stadium seines Textes (siehe im gleichen Band, S. 323f.).

[5] αὔξησις: augmentum V G[1]: augmentatio G[2] (226a31[1,2] 230a25[1,2]), *vgl.*: φθίσις: detrimentum V G[1]: diminutio G[2] (226a31). — Sowohl *augmentatio* wie *diminutio* werden von Moerbeke, neben *augmentum* und *detrimentum*, benutzt (vgl. z. B. Rhet.[ind.]). Der Grund für die Korrekturen in G[2] mag darin liegen, daß in beiden Ausdrücken der Charakter der Bewegung, der wesentlich für den Aristotelischen Gedankengang ist, besser zum Vorschein kommt als in den von der Vetus gebrauchten Termini.

[6] γίγνεσθαι: fieri V G[1]: generari G[2] (225a16,17). — Bei der Korrektur von G[2] handelt es sich um eine intelligente Verbesserung, die, wie man sich leicht am Text überzeugen kann, den Sinn des Aristotelischen Satzes genauer trifft als die lateinische Vorlage. *generari* wird neben dem geläufigeren *fieri* öfters von Moerbeke gebraucht (z. B. Simpl. Cat. 7×, Procl. Parm. 24×, [nt]Metaph. K, 1067b31,32,34 [cf. Phys. 225a27–29]). G[2] ist jedoch nicht konsequent, denn man würde die gleiche Korrektur auch an den kurz darauf folgenden Stellen 225a27,28 erwarten. An der Parallelstelle in Metaph. K, 1067b31,32, wo es sich jedoch nicht um eine Revision, sondern um eine Neuübersetzung handelt, hat Moerbeke hier denn auch, sinnvoll im Kontext, *generari*.

[7] διαλείπω: deficio V G[1]: interrumpor G[2] (226b28,29 227b31 228a11,b4). — Das griechische Wort kommt relativ selten vor. Es wird von Iacobus, wie auch z. B. von Boethius (cf. Anal. Prior.[ind.]) mit *deficio* wiedergegeben, vom Anonymus der Anal. Priora mit *relinquo*, d. h. es wird in der gleichen Bedeutung verstanden wie λείπω. Die Übersetzung durch *deficio* kann in einigen Fällen durchaus zutreffen, wie z. B. Metaph. 986a7, wo sie vom Anonymus der Metaphysica Media eingeführt und von Moerbeke in seiner Revision beibehalten wurde. Diese an sich mögliche Übersetzung ist aber an den oben zitierten Stellen der Physik unangebracht. Es handelt sich hier nicht um ein Fehlen schlechthin, sondern um eine Lücke bzw. Unterbrechung in einer kontinuierlichen Größe (Raum, Zeit, Bewegung). *interrumpor* von G[2] trifft genau die Bedeutung des griechischen Terminus im Aristotelischen Kontext. Der Revisor war in dieser Hinsicht auch ziemlich konsequent: fast alle Stellen sind in G[2] verbessert worden. *interrumpor, interruptio* etc. sind die Moerbekeschen Termini auch in Al. Met., dem einzigen unter den bisher zugänglichen Texten in Moerbekescher Übersetzung, in dem die entsprechenden griechischen Worte vorkommen.

In engem Zusammenhang mit diesen Korrekturen stehen zwei weitere Stellen, nämlich: διαλαμβάνεται: occupetur V G[1]: interrumpitur G[2] (228b6[1]); recipitur V: intercipitur G[1]: interrumpitur G[2] (228b6[2]). — Auch hier handelt es sich um Unterbrechung, nämlich Unterbrechung einer Bewegung. Die an sich mögliche Übersetzung Jakobs *occupetur*, die G[1] unverändert läßt, ist im Kontext unangebracht, aber der Sinn wird zur Not noch verständlich (eine Bewegung die durch Ruhe „besetzt", d. h. durch Ruhe unterbrochen ist). An der zweiten Stelle hat Iacobus mit *recipitur* — eine ebenfalls an sich mögliche Übersetzung — den Sinn des Satzes völlig verändert. Hier hat auch G[1] eingegriffen. Seine Korrektur *intercipitur* hält sich enger an die lateinische Vorlage als diejenige von G[2], stellt aber den Sinn bereits wieder her. Der Terminus von G[1] wird von Moerbeke auch anderswo als Äquivalent zum griechischen Wort benutzt (vgl. Simpl. Cat.[ind.]). Die Korrekturen von G[2] sind radikaler, sie treffen genau die Bedeutung des Wortes an beiden Stellen, und darüber hinaus läßt sich eine Entwicklung von der ersten zur zweiten Textform feststellen: durch die Verwendung von *interrumpitur* zeigt der Revisor in G[2], daß er den synonymen Gebrauch der beiden verschiedenen griechischen Termini διαλείπειν und διαλαμβάνεσθαι in diesem Kontext verstanden hat. Man sieht, daß Moerbeke hier — wie auch in anderen Fällen — durchaus nicht das Griechische mechanisch auf ein stereotypes lateinisches Vokabular abbildet, sondern von diesem Prinzip in gewissen Fällen in sinnvoller Weise abweicht.

[8] εἱμαρμέναι: *graece* V (*imperfecte aliqui*): moderate V[v] (*BmCüNq*): fatate G[1]G[2] (230a32). — Der von Iacobus übernommene griechische Terminus ist in der Überlieferung teils verdorben, teils durch irgendwelche Konjekturen ersetzt worden, teils ganz ausgefallen. Die Textgrundlage des Revisors hatte sicherlich die Lesart *moderate* von *BmCüNq*, eine vom Kontext her verständliche lateinische Konjektur, die aber mit dem Griechischen nichts zu tun hat. Ein Vergleich mit dem Griechischen mußte hier zu einer Änderung führen, die wir in beiden Textformen finden. Die eigentümliche, im klassischen Latein nicht bezeugte Wortbildung *fatatus* wird von Moerbeke in Al. De Fato konstant (= 6×) zur Übersetzung des griechischen Wortes benutzt, während er in Procl. Parm. das geläufigere *fatalis* verwendet. Wir haben hier ein weiteres Beispiel dafür, daß ein sehr spezifisch Moerbekesches Übersetzungsäquivalent nicht nur in G[2], sondern auch in den selteneren Revisionselementen von G[1] bezeugt ist.

[9] τῆς ἕλικος: obliqui V G[1]: elice G[2] (228b24). — Die Übersetzung des Iacobus, die G[1] unverändert läßt, ist keineswegs falsch, trifft aber nicht genau die technische Bedeutung (Spirale oder spiralförmige Bewegung) des griechischen Terminus an dieser Stelle. Moerbeke verwendet in den Übersetzungen seiner frühen Periode (Al. Met. und Gen. An.) den Ausdruck *revolutio* (im substantivischen Gebrauch von ἕλιξ). Auch in der ersten Redaktion seiner Metaphysikrevision gebraucht er *revolutiones* (in der 2. Redaktion unverändert), um *cicles* seiner Vorlage zu korrigieren (998a5). Aber auch dieser Ausdruck war ihm offenbar nicht genügend adäquat. In seinen Archimedes-Übersetzungen, in denen er ständig mit der technischen Bedeutung des griechischen Wortes konfrontiert wurde, geht er dazu über, den transliterierten Ausdruck *elix*, Adj. *elicus* (möglicherweise seine eigene Schöpfung) zu benutzen (vgl. Clagett, Archim.[ind.] und p. 35), und erklärt außerdem ausdrücklich seine Wortbildung: *Post hec autem circa elicas, quas latini volutiones vel revolutiones*

vocant... (Archim. 11 P, p. 84). In diesem Zusammenhang ist die Korrektur von G² (*elice*) sehr interessant, weil sie möglicherweise einen Hinweis auf die Entstehungszeit der zweiten Textform geben kann.

[10] (ἡ) εὐθεῖα: rectitudo V G¹: recta G² (228b21). — *rectitudo* ist eine mögliche, korrekte Wiedergabe des griechischen Wortes. Es geht aber in dem Aristotelischen Beispiel nicht um „Kreis und Geradheit", sondern um „Kreis und gerade Linie", was der Revisor in G² beachtet hat. *recta* ist natürlich kein ausschließlich Moerbekescher Terminus, die Korrektur zeigt aber, wie der Revisor in G² auf die spezifische Bedeutung der Worte im Kontext geachtet hat.

[11] εὐθυφορία: rectitudo V G¹: recto motu motus G² (227b18). — Der griechische Ausdruck ist eine einmalige Aristotelische Wortbildung. *rectitudo* ist ein verständlicher, aber unpräziser lateinischer Behelf des Iacobus, der von G¹ übernommen wurde. Der Revisor hat in G² auch an dieser Stelle versucht, die genaue Bedeutung der Begriffszusammensetzung (Gegensatz zu κυκλοφορία = *circulatio*) wiederzugeben und hat, mangels eines adäquaten Terminus, den griechischen Ausdruck vielleicht nicht in eleganter, aber in präziser Weise analysiert: Bewegung, [die sich] als gerade Bewegung [vollzieht].

[12] ἵστασθαι (ἵστατο *etc.*): stare (stetit *etc.*) V G¹: statum ire (statum ibat *etc.*) G² (230b23,24,25,26). — Die Übersetzungen des Iacobus, die G¹ übernommen hat, geben den griechischen Terminus als solchen korrekt wieder. Sie treffen aber nicht die eigentliche Bedeutung der griechischen Termini in dem spezifischen, hier vorliegenden Argumentationszusammenhang. Es geht hier gerade nicht um das Stehen als statischen Zustand, sondern um die Bewegung zum Stehen hin, das Zum-Stehen-Kommen, das Anhalten. Die sonst ganz unüblichen Termini *statum ire* etc. in den Korrekturen von G² sind sehr intelligente Verbesserungen. Sie geben den Sinn der griechischen Worte in ihrem Kontext genau wieder und offenbaren ein differenziertes Verständnis des gedanklichen Inhalts.

[13] μάθησις: doctrina V G¹: disciplinatio G² (226a15[1,2]). — Die Übersetzung des Iacobus, die G¹ übernimmt, ist durchaus geläufig und wird ebenfalls von Moerbeke gebraucht, der im allgemeinen *disciplina* oder *doctrina* verwendet (z. B. Simpl. Cat.[ind.] Procl. Parm.[ind.]). An der hier zitierten Stelle geht es jedoch nicht um „die Lehre", sondern um den Akt des Lernens als Beispiel einer Bewegung; *disciplinatio* in G² drückt diesen verbalen Charakter der Tätigkeit besser aus als *doctrina* oder *disciplina* und ist also eine sehr gute und intelligente Korrektur. Vgl. die von Moerbeke gebrauchten Äquivalente *disciplinatio* ([nt]Metaph. 1069b15), *doctrinatio* ([nt]Metaph. 1069b19), *addiscere* (Rhet. 4×).

[14] μεταβάλλω: muto V G¹: mutor G² (224b30, 225a3,b12[1,2], 21—22,26 etc. = 16×); *deest* V: mutor [nt]G¹: *deest* G² (+231a1). — Die zahlreichen, formal identischen Änderungen von *muto* in *mutor* in G² sowie die selbständige Wahl von *mutor* in G¹ zeigen das intelligente Bestreben des Revisors, die intransitive, reflexive Bedeutung der aktiven griechischen Form im Aristotelischen Text durch die mediale (passive) lateinische Form (sich-verändern) verständlich zu machen. Genau die gleiche Übersetzungsmethode wendet Moerbeke in seiner Neuübersetzung des analogen Textabschnittes von Metaph. K 11—12, 1067b1—1069a14 an: bis auf zwei Stellen (1068a19 [griech. transitiv!], b29[2]) ist die aktive griechische Form

konstant durch das lateinische mediale Passiv wiedergegeben. Moerbeke gebraucht jedoch hier das Verb *permutor*, während er bei seinen Korrekturen in G² das Verb selbst aus der Vorlage übernimmt und nur die Form korrigiert, und sich auch in dem neuübersetzten Abschnitt von G¹ dem anderswo in der Vorlage gebrauchten Verbstamm anpaßt.

[15] (ὅταν) νοσήσῃ: (cum) infirmetur V G¹: (cum) egrotaverit G² (225b28). — *infirmetur* ist eine richtige Übersetzung. Der Terminus *infirmor* wird auch selbständig von Moerbeke, ebenso wie das entsprechende Substantiv *infirmitas*, neben den bei ihm häufigeren Äquivalenten *egroto, egrotatio* (gelegentlich auch *languor*) benutzt (vgl. z. B. Al. Met.^ind·, Simpl. Cat.^ind·). Warum der Revisor in G² an dieser Stelle ändert, erklärt sich aus dem Kontext. Im vorangehenden Satz wird ausgeführt, daß (wenn eine Veränderung einer Veränderung angenommen wird) es gleichzeitig Veränderung aus Gesundheit in Krankheit (εἰς νόσον = *in egritudinem* V G¹G²) und Veränderung aus eben dieser Veränderung in eine andere (Veränderung) gibt. Danach wird an der hier zitierten Stelle gefolgert, daß, wenn es zum Erkranken kommen soll (ὅταν νοσήσῃ), dieser Vorgang schon zu einer beliebigen (anderen) Veränderung geworden sein wird. Es ist auffällig, wie die Korrektur *egrotaverit* den präzisen Inhalt des griechischen Äquivalents viel klarer zum Ausdruck bringt. Zunächst wird, auch im Lateinischen, ein aktives Verbum benutzt, welches außerdem durch seine Etymologie die Beziehung zum vorangehenden Satz herstellt. Vor allem aber wird durch die Anwendung des Perfekts der Aristotelische Gedanke genau wiedergegeben. Daß der Revisor hier sehr überlegt verbessert hat, geht übrigens aus einer Randbemerkung in der Madrider Hs hervor, welche, wie eine Reihe von ähnlichen Randbemerkungen in dieser Hs, ohne Zweifel vom Revisor selbst stammt: (*cum*) *egrotaverit* (*Gm*ᵗ) *.i. cum pervenerit ad terminum motus egrotationis* (*Gm*ᵐ).

[16] τὸ ὄν : esse V: *id.* (*deest* 230a11) G¹: ens G² (224b8,10 225a15 230a11^{1,2},12¹,13,17)
: quod est V: *id.* G¹: (quod) ens G² (225a20,22,26,27,29,31 230a12²)
: *deest* V: *deest* G¹: ens G² (230b26)
: *om.* V: ens G¹: ens G² (225b11). —

Das substantivierte Partizip des Verbums εἶναι wird von Iacobus nie durch *ens*, dagegen sehr häufig durch das ungewöhnliche *esse* oder durch *quod est* wiedergegeben. In G² fällt das systematische Bestreben auf, diese Termini der lateinischen Vorlage in *ens* zu korrigieren. Ebenso verfährt Moerbeke in anderen Revisionen von Übersetzungen des Iacobus (vgl. Minio-Paluello³, p. 160). In der Textform von G¹ sind die Ausdrücke der Vorlage nicht geändert worden: an der einzigen Stelle jedoch, an welcher das substantivierte griechische Partizip in der *Vetus* ausgelassen wurde, ist es von G¹ durch *ens* ergänzt worden.

[17] πρόσφυσις : insertus V: adnascentia G¹G² (227a17)
σύμφυσις : insertus V: insertus G¹: symfysis G² (227a23)
: consertus V: consertus G¹: symfysis G² (227a27)
συμφύσεται : apta nata erunt V: adnata erunt G¹G² (227a25¹)
συμπέφυκεν : apta nata sunt V: adnata sunt G¹G² (227a25²). —

An allen angeführten Stellen dienen die Aristotelischen *termini technici* dazu, innerhalb einer hierarchischen Reihe von Begriffen — Aufeinanderfolge (τὸ ἐφεξῆς), Aufeinanderfolge mit Kontakt (τὸ ἐχόμενον), Kontinuität (τὸ συνεχές) — ein Beispiel für die kontinuierliche Einheit zu geben, die durch das natürliche Aneinanderwachsen bzw. Zusammenwachsen entsteht, in welchem zunächst bestehende Grenzen zur Einheit verschmelzen. Daß die griechischen Ausdrücke einem lateinischen Übersetzer Schwierigkeiten machten, zeigt sich schon an den Übersetzungsversuchen des Iacobus: *insertus* und *consertus* sind ungenau, *aptus natus* (von Natur aus geeignet) entstellt in beiden Fällen (227a25[1,2]) den Sinn des Textes. *adnatus* von G[1]G[2] ist eine wesentliche Verbesserung des Textes an den beiden Stellen, an welchen eine Änderung unbedingt notwendig war. G[1] hat außerdem, ebenso wie G[2], an der ersten der oben angeführten Stellen mit *adnascentia* eine adäquate Übersetzung für πρόσφυσις gefunden — es ist der von Moerbeke auch in anderen, und zwar schon in frühen Übersetzungen gebrauchte Ausdruck (vgl. Gener. An.[ind.]). An den beiden folgenden Stellen hat G[1] jedoch die Ausdrücke des Iacobus *insertus* und *consertus* für σύμφυσις übernommen. G[2] korrigiert hier durch ein transliteriertes Wort: *symfysis*. Es ist interessant, daß Moerbeke an der Parallelstelle in Metaph. K 12, 1069a11 bei der Übersetzung des gleichen griechischen Wortes offenbar ebenfalls zögerte: in der ersten Redaktion des Textes hat er, zusätzlich zu seiner Übersetzung *connascentia*, das griechische Wort selbst notiert, während sich in der zweiten Redaktion nur noch der lateinische Ausdruck findet (s. im gleichen Band, S. 301). Auch in seiner Übersetzung von Gener. An. finden wir, hinsichtlich des gleichen griechischen Wortes einen Wechsel von der ersten zur zweiten Redaktion (*adunatio/connascentia*, Gener. An. 773a4, cf. ind.).

[18] ὑπόληψις: opinio V: existimatio G[1]G[2] (227b14). — Es ist ein typisches Merkmal der Übersetzungsmethode Moerbekes, sehr genau zwischen den Ausdrücken δόξα (vorwiegend *opinio*, gelegentlich *sententia* oder anders) und ὑπόληψις (vorwiegend *existimatio*, gelegentlich *estimatio, suspicio*) zu unterscheiden. Dies läßt sich in allen bisher edierten Moerbekeschen Übersetzungen verfolgen. Daß ihm diese Unterscheidung wichtig war, zeigen jedoch auch seine Revisionen, in denen er mehrmals den Terminus *opinio*, den Iacobus und andere gelegentlich für ὑπόληψις verwenden, zugunsten von *existimatio* eliminiert (cf. An. Post.[ind.], [rec.]Metaph. 982a6). An der hier zitierten Stelle ist der Ausdruck *opinio* des Iacobus besonders verfehlt. Als Beispiel einer Sache, die zugleich *genus* und *species* ist, wird die Wissenschaft genannt, sie ist das *genus* der Einzelwissenschaften und eine *species* der ὑπόληψις, womit auf die bekannte Stelle in An. 427b25 angespielt wird, nach welcher sowohl *Episteme* wie *Doxa* und *Phronesis* verschiedene Arten der ὑπόληψις, d. h. des Urteilens sind. Der Moerbekesche Terminus *existimatio*, den wir in G[1] wie in G[2] finden, stellt die Aristotelische Unterordnung der Begriffe (*scientia* als *species* der *existimatio*, nicht der *opinio*) wieder her.

[19] φορά : loci mutatio V: latio G[1]: latio G[2] (226a33)
: loci mutatio V: *id.* G[1]: latio G[2] (227b5[1,2],6 228a29 229a6 230b13)
: motus V: *id.* G[1]: latio G[2] (229a2,b7). —

Der griechische Terminus wird von einer Reihe von Übersetzern unterschiedlich wiedergegeben. Neben *latio* (z. B. bei Boethius, Bartholomaeus von Messina, Robert Grosseteste) findet man *motus* (Iacobus, Bartholomaeus, Nicholaus Siculus,

Metaphysica Anonyma), *translatio* (Anonymus der Topik), *impetus* (Nicholaus Siculus), *ferentia, convehibile* (Metaphysica Anonyma), *loci mutatio* (Iacobus). Der genau die griechische Form abbildende lateinische Ausdruck *latio* ist der Standard-Terminus Moerbekes, den er immer (z. B. Al. Met., Procl. Opusc.) oder, neben einem gelegentlichen *delatio* oder *motus*, fast immer (vgl. z. B. Simpl. Cat.[ind.], Procl. Parm.[ind.]) gebraucht. Andere Ausdrücke wie *portitura* (Gener. An. 750a23) oder *fertilitas* (Rhet. 1390b25) sind Ausnahmen. Die von Iacobus in unserem Text gebrauchten Ausdrücke *loci mutatio* und *motus* werden von G¹ im allgemeinen übernommen. Nur an einer einzigen Stelle ändert G¹, und zwar in *latio*, nämlich dort, wo der Terminus innerhalb des V. Buches zum erstenmal von Aristoteles eingeführt wird, um der sonst „namenlosen" Ortsbewegung einen eigenen Namen zu geben (226a33). An dieser Stelle ist es natürlich besonders erforderlich, den eigens zur Bezeichnung eingeführten Aristotelischen Namen möglichst getreu abzubilden und nicht eine Umschreibung wie *loci mutatio* zu gebrauchen. Die Änderungen von G¹ beschränken sich jedoch auf diese Stelle. G² ist dagegen weitgehend systematisch und korrigiert fast überall in *latio*. Eine Parallele zu dem Verhältnis der beiden Textformen finden wir in der doppelten Redaktion von Buch Λ der [rec]Metaph. Der insgesamt *18×* vorkommende Terminus wird in der Translatio Anonyma *16×* durch *ferentia* übersetzt, was Moerbeke in seiner ersten Redaktion unverändert läßt. An zwei Stellen, an denen die Vorlage ein recht ungenaues *convehibile* aufweist, ändert Moerbeke, jedoch hier in den anderswo aus der Vorlage übernommenen Terminus *ferentia*. Erst in seiner zweiten Redaktion korrigiert er, nun jedoch ganz systematisch, alle vorkommenden Stellen in *latio* (vgl. im gleichen Band, S. 325).

Auch die Korrekturen des „semantischen" Vokabulars offenbaren also typische Merkmale der Moerbekeschen Übersetzungsmethode. Dies gilt natürlich in verstärktem Maße für die zahlreicheren Korrekturen von G², es gilt aber auch für G¹ (vgl. die Nummern 4, 7, 8, 14, 16—19). Weiter können wir, wie auch bereits hinsichtlich der Partikelübersetzungen, feststellen, daß G¹ vorwiegend — und wie es scheint, fast nur — an solchen Stellen korrigiert, an welchen die lateinische Vorlage in sozusagen grober Weise vom griechischen Text abweicht oder diesen entstellt. In den Korrekturen von G² finden wir demgegenüber systematische terminologische Verbesserungen; zugleich und vor allem aber offenbaren sie ein gründliches Verfolgen des Kontextes und ein verfeinertes und differenzierteres inhaltliches Verständnis.

Für eine Zuordnung zu möglichen zeitlichen Entwicklungsphasen der Moerbekeschen Terminologie oder Übersetzungstechnik ist es noch zu früh. Es mag aber erwähnt werden, daß sich gewisse Parallelen zur Metaphysikübersetzung, insbesondere zwischen G² und dem zweiten Stadium von Moerbekes Metaphysikrevision, abzeichnen, und daß wir außerdem auf eine terminologische Koinzidenz zwischen G² und den Archimedes-Übersetzungen hingewiesen wurden.

V. Zur griechischen Vorlage in beiden Textformen

Bevor wir nach der unterschiedlichen Natur und Herkunft der beiden Textformen fragen können, müssen wir einige Bemerkungen über die griechische Vorlage des Revisors vorausschicken.

Für seine Revision und Neuübersetzung der Metaphysik hat Wilhelm von Moerbeke zur Hauptsache, wie inzwischen durch innere und äußere Kriterien nachgewiesen werden konnte, den heute noch erhaltenen Kodex Vind. phil. gr. 100 (*J*) benutzt[13]. Die Hs, die um oder kurz nach der Mitte des 9. Jahrhunderts in Konstantinopel geschrieben wurde[14], ist die älteste unserer Überlieferung für die in ihr enthaltene Sammlung Aristotelischer Schriften, welche mit der Physik (ff. 1^r—55^v; Buch V: ff. 27^v—32^r) beginnt.

In ihrem Physikteil enthält die Hs recht zahlreiche Korrekturen und Randnotizen. Darin lassen sich, außer den Eintragungen des Kopisten selbst (z. B. f. 28^v linker Rand, f. 29^r rechter Rand, f. 29^v, linker Rand, 1. und 9. Eintragung) und denjenigen eines etwa gleichzeitigen Korrektors[15] (z. B. f. 29^v, linker Rand, 2.—8. Eintragung), vorwiegend zwei verschiedene Hände unterscheiden: eine Hand des 13. Jh., welche mindestens eine längere Randeintragung (f. 32^r Mitte)[16] und vielleicht einige der Interlinearkorrekturen geschrieben hat, sowie eine spätere Hand (Mitte des 15. Jh.?) von welcher die meisten der Randnotizen (z. B. f. 30^v, linker Rand unten, f. 31^r rechter Rand, f. 32^r, rechter Rand, 1. Eintragung oben) und wahrscheinlich auch einige der Korrekturen im Text stammen.

Wenn wir nun die Revisionselemente in den beiden hier untersuchten Textformen — der Physica Nova wie der Recensio Matritensis — hinsichtlich der aus ihnen zu erschließenden griechischen Lesarten mit den entsprechenden Elementen der Physica Vetus einerseits, mit den überlieferten Lesarten der oben (218 f.) angeführten griechischen Handschriften andererseits vergleichen, so wird — wie man fast schon vermuten konnte — auch hier, und das gilt für beide Textformen, sofort eine enge Beziehung zu *J* offenbar.

Mit sehr geringfügigen Ausnahmen entsprechen sämtliche Korrekturen Lesarten von *J*. Darüber hinaus gibt es zahlreiche und zum Teil ganz signifikative Übereinstimmungen der Revisionselemente mit Lesarten, die

---

[13] G. Vuillemin-Diem, Untersuchungen zu Wilhelm von Moerbekes Metaphysikübersetzung, in: Studien zur mittelalterlichen Geistesgeschichte und ihren Quellen, hg. v. A. Zimmermann, Berlin 1982, 116—172, 208 (= Miscell. Mediaev. 15), und, mit zusätzlichen externen Kriterien, G. V.-D., La traduction de la Métaphysique d'Aristote par Guillaume de Moerbeke et son exemplaire grec: Vind. phil. gr. 100 (J), in: Aristoteles — Werk und Wirkung, Festschrift für P. Moraux, hg. v. J. Wiesner, Bd. 2, Berlin 1986 (im Druck).

[14] Zur Datierung siehe J. Irigoin, L'Aristote de Vienne, in: Jahrb. d. Oesterr. Byz. Ges. 6 (1957) 5—10.

[15] Über diese Hand siehe J. Irigoin, a. a. O.

[16] Nach Ansicht von Prof. Dr. O. Mazal, Wien (mündliche Mitteilung).

sich nur in *J* oder in *J* und einer oder einigen Hss gegen die übrigen Textzeugen befinden. Wir führen im folgenden die wichtigsten dieser Stellen an:

224b4 igitur (δὴ *HI*) V: autem (δὲ *JEF*) G¹G²   225a17 non (*E²*) V G¹: + aliquid (*JE¹FHI*) G²   225a30—31 si moveatur quod non est (τῷ κινεῖσθαι τὸ μὴ ὄν *FI*) V: *om.* (*JEH*) G¹G²   225a33 aut¹ (*I*) V: *om.* (*JF*) G¹G²   225b18 mutatur (*EH*) V G¹: + ergone (+ ἆρά γε *JFI*) G²   225b28 igitur (δὴ *EHI*) V: autem (δ' *JF*) G¹G²   226a16 cuiusdam (τινός *J²E²HI*) V: *om.* (*J¹E¹F*) G¹G²   226b3 ex contrario (*FHI*) V: + aut (*JE*) G¹G²   226b29 deficiens (διαλείποντα *EFHI*) V: deficientem (interrumpentem G²) rei non temporis (διαλείποντα τοῦ πράγματος μὴ τοῦ χρόνου *J*) G¹G²   227a22 enim (*EFHI*) V G¹: + utique (+ ἄν *J*) G²   227a25 penitus (πάντως *EH*) V: omnia (πάντα *JFI*) G¹G²   227b23 unum (*H*) V G¹: *om.* (*JEFI*) G²   227b24 quod quoniam (ὃ ὅτι *HI*) V G¹: quod (ὅτι *JE*) G²   227b30 quod est aliquando (τὸ ὅτε *J*ᵖᶜ*EFH*) V: ipsum quando (αὐτὸ ὅτε *J*ᵃᶜ) G¹G²   228a27 qui neque idem (αἱ μὴ αὐταὶ *FHI*) V G¹: si non iidem (εἰ μὴ αἱ αὐταὶ *J*) G²   228a29 non (*EHI*) V G¹: + est (*JF*) G²   229b27 nunc (*J*ᵗ*EFH*) V G²: {quidem / nunc} (νῦν *J*ᵗ: μὲν *J*ᵐ: μὲν νῦν *I*) G¹ [vgl. hierzu unten, S. 266]   230a11 non esse (*cf. J*ᵐ) V: *om.* (*J*ᵗ*EFHI*) G¹: quod non est (... τὸ μὴ ὄν ... *J*ᵐ) G² [vgl. hierzu unten, S. 266f.]   230a13 si (*E²FHI*) V: *om.* (*JE¹*) G¹G²   230a24 neque (*J¹EI*) V G¹: + enim (*J²FH*) G²   230a25 quod autem V: hic autem (ἡ δὲ *J*ᵃᶜ*E²I*) G¹: aut (ἢ *J*ᵖᶜ*E¹FH*) G² [vgl. hierzu unten, S. 267]   230b3 erit (*cf. E*) V: erunt enim (*JFHI*) G¹G²   230b9 secundum quod est hec V: hec (ἡ *J¹E¹*) G¹: qua hec (ᾗ ἡ *J²E²FHI*) G²   230b18 hinc V: hic (αὕτη *JE²FI*) G¹G²   230b26/28 proprie dici (duci Vᵛ G¹ᵛ) in proprium qui est secundum naturam locum non in eum qui est extra naturam *post* simul (ἅμα 230b28) *add.* V: *om.* (*J¹E¹FI*) G¹: proprie in eo quod secundum naturam dici in proprium locum ente [*sic*] non in eo quod preter naturam (κυρίως ἐπὶ τοῦ κατὰ φύσιν λέγεσθαι εἰς τὸν οἰκεῖον τόπον ὄντος [*sic J²*, *postea tertia manu correctum in* ἰόντος] οὐκ ἐπὶ τοῦ παρὰ φύσιν *post* ἵστασθαι, 230b26, *add. marg. J²*, *cf. E²H*) *post* statum ire (230b26) *add.* G² [vgl. hierzu unten, S. 268f.]   230b32 aut (*J²EFI*) ... aut (*J²H*) V: aut (ἢ *J²*) ... secundum quod (ᾗ *J¹*) G¹: aut (ἢ *J²*) ... {si / secundum} quod (ᾗ *J¹*: εἰ *J*ᵐ*E²FI*) G² (secundum quod *Gm*ᵗ: vel si *Gm*ˢ)   231a11 *deest* (*H*) V G²: πυρὶ *EFI*: ignis (πῦρ *J*) G¹   231a14 *deest* (*H*) V G²: μὲν ... ὡς *EI*: μὲν ὡς ... *J²F*: quidem ... (μὲν ... *J¹*) G¹   ⁺230b30 *deest* (*HE*) V G²: ἡ αὐτὴ ἠρεμία *F*: ipsa quies (αὐτὴ ἡ ἠρεμία *JI*) G¹   ⁺230b32 *deest* (HE) V G²: ἢ ... εἰ *J²FI²*: ἢ ... ἢ *I¹*: si ... aut (εἰ ... ἢ *J¹*) G¹ [zu 231a11−⁺230b32 vgl. unten, S. 269f.]

An diesen Beispielen läßt sich erkennen:

1. In allen Änderungen von G¹ und/oder G² gegenüber V sind, bei Differenzen in der griechischen Überlieferung, die Übereinstimmungen mit *J* sozusagen der „gemeinsame Nenner", während in den Übereinstimmungen mit zusätzlichen anderen Hss die Partner wechseln. Dies gilt nicht nur für die zahlreicheren Revisionselemente von G², sondern auch für die weniger häufigen Revisionselemente von G¹.

2. Unter diesen Übereinstimmungen gibt es eine Reihe von ganz spezifischen Fehlern oder Varianten, welche sich nur in *J* befinden, sei es im Grundtext, sei es in Korrekturen oder Randnotizen von erster oder späterer Hand: 226b29 227a22,b30 228a27 230a11,b18,26 231a11,14, 230b32, +230b32.

Diese beiden Beobachtungen gelten insbesondere auch für den längeren Schlußteil des V. Buches, der in V und G² sowie in einem Teil der griechischen Überlieferung fehlt, und der von G¹ direkt nach dem Griechischen übersetzt und hinzugefügt wurde (siehe unten, 269f.). Es ist der Text von *J* bzw. *J*¹, der hier Wort für Wort mit seinen spezifischen Fehlern (231a11,14 +230b32, vgl. +230b30) und ohne Abweichung übertragen wurde.

3. Besonders auffällig hinsichtlich der Beziehung von G¹/G² zu *J* sind die Korrekturstellen in *J*: (1) An einigen Stellen, an denen *J* korrigiert wurde, sind in den Änderungen von G¹ und/oder G² gegenüber V *beide* Lesarten von *J* vertreten: 229b27 230a11,25,b9,26/28,32. (2) An den Korrekturstellen von *J* unterscheiden sich G¹/G² mehrmals nicht nur von V, sondern auch untereinander. (3) Es scheint, als ob G¹ sich stärker an die ursprünglichen Lesarten von *J* hält, während von G² demgegenüber mehrmals die Korrekturen, und zwar Korrekturen späterer Hand oder späterer Hände berücksichtigt werden. (4) Außerdem ist es noch wichtig festzustellen, daß sich unter diesen Korrekturen von späteren Händen auch die längere Randeintragung auf f. 32ʳ (= Textzusatz zu 230b26) befindet, welche mit Sicherheit, wie oben erwähnt wurde, von einer Hand des 13. Jh. stammt, und welche von G² in ihrem genauen Wortlaut und mit einem sehr auffälligen, spezifischen Fehler (εἰς τὸν ... τόπον ὄντος [*sic*] = *in ... locum ente*) übernommen wurde.

Schließlich möchten wir noch erwähnen, ohne das hier im einzelnen nachzuweisen, daß nicht nur — bis auf die noch aufzuführenden Ausnahmen — alle Änderungen von G¹ und/oder G² gegenüber V mit Lesarten von *J* übereinstimmen, sondern daß auch umgekehrt fast alle Abweichungen, insbesondere fast alle bedeutenderen Abweichungen zwischen den Übersetzungselementen der vom Revisor benutzten lateinischen Vorlage und Lesarten von *J* in mindestens einer der beiden Textformen durch Korrekturen gegenüber V berücksichtigt worden sind.

Betrachten wir nun diejenigen Stellen, an welchen sich Änderungen von G¹ und/oder G² gegenüber V von *J* unterscheiden. G¹ weicht nur ein einziges Mal von *J* ab:

228a11 ipsa (αὐτή *J*) V: hec (αὕτη *cett., edd.*) G¹G². — Es handelt sich bei der von G¹G² gegen V und *J* wiedergegebenen Lesart sicherlich nicht um den Fehler eines griechischen Kopisten, wie er bei einer eventuellen Abschrift von *J* in den Text geraten sein könnte, sondern um eine absichtliche Verbesserung. Ein spezifischer Einfluß aus einer bestimmten anderen griechischen Überlieferung läßt sich nicht erkennen. Die Korrektur von G¹G² könnte dagegen sehr wohl eine gute „Konjektur" des Revisors sein, die vom Kontext suggeriert wird und in Hinblick auf die griechische Lesart von *J* sehr naheliegt. Im Kontext dieser Stelle (228a9—12) ist die Lesart von (*J*) V *ipsa et illa* unpassend. Der Sinn des Satzes erfordert *hec et illa*: *diese*, nämlich die zuletzt genannte Gesundheit des jetzigen Augenblicks, *und jene*, d. h. die zuerst genannte Gesundheit von heute morgen, würden, obgleich sie zwischenzeitlich durch einen Krankheitszustand unterbrochen waren, der Zahl nach eine genannt werden. — Eine einfache Uminterpretation der griechischen Akzentuierung — eine Freiheit, die sich Moerbeke auch in der Metaphysik öfters nimmt — genügt bereits, um die Korrektur zu rechtfertigen.

In G² gibt es vier Korrekturen, die sowohl von V wie auch von *J* abweichen:

225a24 erit enim homo (εἴη γὰρ ἄνθρωπος *codd.*) V G¹: erit enim utique (ἄν) homo G². — Auch hier handelt es sich bei der Lesart von G² nicht um einen Fehler, sondern um eine Art von „Textadaptation". *utique* könnte hier sehr wohl die eigene Zufügung des Revisors sein, suggeriert durch den vorangehenden Optativ (vgl. auch die Parallelstelle in Metaph. 1067b29) und vielleicht sogar durch die Schreibweise (ἄν θρωπος) von *J*. Die gleiche Konjektur wurde von einem der modernen Editoren (Bekker) gemacht.

229b11 non (*JEFH*) V G¹: et non (*I*) G². — Durch die wörtliche lateinische Übertragung des elliptischen griechischen Satzes (229b10—11) in V G¹ (*ut fieri album non ex quodam*) wird der Sinn des Aristotelischen Beispiels entstellt. Es ist nicht „nicht aus irgendetwas Weiß-werden" gemeint, sondern „Weiß-werden, ohne (hinzuzusetzen) aus welchem (etwas weiß wird)". Alle neusprachlichen Übersetzungen sind an dieser Stelle gezwungen, den Text zu erweitern. Die Zufügung von *et*, welche den Aristotelischen Gedanken in intelligenter und knapper Weise andeutet, könnte eine selbständige Korrektur des Revisors sein, sie könnte aber auch darauf beruhen, daß er eine mit *I* zusammenhängende Lesart gesehen hat.

230b17 illa ... quies (ἡ ... μονὴ ἐκείνη *JEFI*) V G¹: ... illa quies que sursum (ἡ ... μονὴ ἐκείνη ἡ ἄνω *H*) G². — Auch bei der Zufügung von *que sursum* könnte es sich durchaus um eine selbständige Texterklärung des Revisors handeln. Obgleich mit *H* sonst keine Verwandtschaft besteht, könnte hier aber auch ein Einfluß aus einer anderen griechischen Überlieferung vorliegen.

227b12 manifestum est quod (δῆλόν ἐστιν ὡς *H*) V: manifestum est quod ut G¹: manifestum quomodo est ut G²: δῆλον ///// [*ras. 5 litt.*] ὡς *J*¹: δῆλον οὖν ὡς *J*²*I*: δῆλον ὡς ἔστιν ὡς E², *Bonitz Ross*. — Auf diese Stelle, die in der gesamten griechischen Überlieferung verdorben ist und die auch den modernen Editoren Schwierigkeiten bereitet hat, werden wir unten (S. 265) noch zurückkommen.

Der Vergleich mit der griechischen Überlieferung hat gezeigt, daß die Revisionselemente in beiden Textformen auf das engste mit *J* zusammenhängen, und zwar mit der Handschrift *J* in ihrem individuellen, historisch bis ins 13. Jh. angereicherten Zustand.

Daraus ergibt sich, daß die griechische Quelle, oder, vorsichtiger gesagt, die griechische Hauptquelle des Revisors entweder eine direkte Abschrift von *J* war oder die Handschrift *J* selbst. Die Frage, welche der beiden Hypothesen zutrifft, läßt sich prinzipiell durch innere Kriterien nicht sicher entscheiden. Die inneren Kriterien sprechen jedoch eher für die zweite als für die erste Hypothese. (1) Die erwähnten Unterschiede zu *J* machen die erste Hypothese nicht notwendig: sie verraten nirgendwo eigentliche Fehler eines Kopisten, wie man sie in einer Abschrift erwarten sollte; sie sind vielmehr teils objektive Textverbesserungen, teils Textadaptationen und finden sich an Stellen, an welchen die griechische Textüberlieferung divergiert und an welchen ein Übersetzer ebenso wie ein Editor Schwierigkeiten haben konnte. Es könnte natürlich sein, daß der „hypothetische" Abschreiber von *J* selbständig oder durch Vergleich mit einer anderen Handschrift intelligente Korrekturen in den von *J* übernommenen Text eingeführt hat, es könnte aber ebensogut sein, daß der Revisor mit *J* selbst gearbeitet hat, und daß er an einigen Stellen „konjiziert" oder eine zweite griechische Textquelle eingesehen hat. (2) Die Beobachtungen an den Korrekturstellen von *J* sprechen, ebenso wie in den ganz ähnlichen Fällen in der Metaphysik, *für* die zweite Hypothese: sie zeigen nämlich, daß der Revisor an einer Reihe von Stellen sowohl die ursprüngliche wie die Korrekturlesart von *J* gesehen hat, und dieser Umstand läßt sich natürlich sehr viel besser mit der ersten als mit der zweiten Hypothese vereinbaren.

Die zweite Hypothese hat sich nun, im Hinblick auf den Metaphysikteil der Hs, auch durch äußere Kriterien, nämlich durch eine Reihe von materiellen Spuren des Übersetzers in seiner griechischen Vorlage, als richtig nachweisen lassen[17]. Wenn Moerbeke aber für seine Metaphysikübersetzung die Handschrift *J* selbst benutzt hat, so ist es, wenn in seiner Physikrevision ebenfalls eine ganz enge Beziehung zu *J* hervortritt, von vornherein wahrscheinlich, daß er auch hier die Handschrift *J* selbst und nicht eine Abschrift von ihr gehabt hat. Diese Annahme wird noch verstärkt dadurch, daß Moerbeke diese Hs für seine Arbeit an der Metaphysik zu zwei zeitlich getrennten Arbeitsvorgängen benutzt hat, daß er also innerhalb eines längeren Zeitraums Zugang zu dieser Hs hatte (s. im gleich. Band, 355-7). Schließlich gibt es aber auch im Physikteil der Hs eine — und wir wollen von vornherein sagen, mindestens eine — direkte Spur Moerbekes. Zu den Eintragungen des Übersetzers in seine griechische Vorlage gehört im Metaphysikteil der Hs unter anderem auch eine Reihe von nachträglich in den Text von *J* eingefügten, z. T. am Rand wiederholten lateinischen Paragraphenzeichen. Zwei dieser Paragraphenzeichen — der Form nach völlig identisch mit den zahlreichen Paragraphenzeichen im Metaphysikteil — finden sich nun auch im Physikteil der Hs, und zwar auf f. 30^r, Z. 4 (zu Beginn des 5. Kapitels des V. Buches = 229a7) und,

---

[17] Vgl. G. Vuillemin-Diem, La traduction ... (s. oben, Anm. 13).

wiederholt, am Rand. Das Zusammentreffen all dieser Umstände rechtfertigt daher, wie uns scheint, die zweite Hypothese auch für den Physikteil der Hs.

Wir werden also im folgenden voraussetzen, daß J, und zwar J selbst, auch hier die Hauptquelle der Moerbekeschen Korrekturen war. Die Frage, ob J seine einzige griechische Quelle war, oder ob er, mindestens in gewissen Fällen oder zu einem bestimmten Zeitpunkt, auch noch eine andere griechische Hs eingesehen hat, werden wir erst behandeln, nachdem wir die Unterschiede zwischen den beiden Textformen geklärt haben.

VI. Physica Nova und Recensio Matritensis: erste und zweite Redaktion Moerbekes

Die terminologische Untersuchung und der Vergleich mit dem griechischen Text haben erkennen lassen, daß die Recensio Matritensis (G^2) gegenüber der Physica Nova (G^1) die vollständigere, systematischere, „endgültigere" oder auch die „eigentliche" Revision Moerbekes überliefert. Natürlich nicht in ihrer formalen Beschaffenheit — das Original der Revision Moerbekes war, wie wir gesehen haben, eine bestimmte Handschrift der Physica Vetus, in welche er seine Korrekturen, Korrekturvorschläge oder Anweisungen eingetragen hatte —, aber in der Ausführung seiner Intentionen. Ein Blick auf die beiden, im Anhang nebeneinander gestellten Texte und ihre jeweiligen, im Druck hervorgehobenen Revisionselemente genügt, um sich davon zu überzeugen.

Wie läßt sich aber nun das Zustandekommen der Physica Nova und deren einheitlich abgegrenzte Überlieferung, in welcher ein so großer Teil der Revisionselemente „fehlt", erklären?

Man könnte zunächst vermuten — und dies war in der Tat eine der Anfangshypothesen nach der „Entdeckung" der Madrider Hs —, daß die Physica Nova eine Art von Mischform zwischen der Physica Vetus einerseits und der Recensio Matritensis, als der eigentlichen Revision Moerbekes andererseits darstellt, d. h. daß sie entweder auf irgendeinen Vetus-Text zurückgeht, in welchen nachträglich ein Teil der Korrekturen aus der vollständigen Revision Moerbekes eingetragen worden sind, oder daß sie auf eine Abschrift der vollständigen Revision Moerbekes zurückgeht, in welche nachträglich wieder zahlreiche Elemente der Vetus eingedrungen sind, die eine Reihe der ursprünglichen Korrekturen Moerbekes eliminiert haben. Obgleich die zweite Annahme wegen der großen Zahl der in G^1 „fehlenden" Korrekturen von vornherein unwahrscheinlicher ist als die erste, gibt es doch in der Überlieferung vielgelesener Texte, die mehrmals übersetzt oder nach dem Griechischen überarbeitet wurden, zahlreiche

Beispiele für beide Arten von Kontaminationen. Diese Hypothese kann jedoch — in beiden Richtungen — aufgrund der Untersuchung des den beiden Textformen zugrunde liegenden Vetus-Exemplars ausgeschieden werden. Die Physica Nova ist nicht mit irgendeiner Form der Physica Vetus vermischt, sondern die in ihr vorhandenen und gegenüber der zweiten Textform häufigeren Vetus-Elemente stammen aus eben dem Vetus-Exemplar, welches Moerbeke zugrunde gelegt hat, und welches auch in dem stärker korrigierten Text der Recensio Matritensis noch deutlich zu erkennen ist.

Die Physica Nova stammt also, ebenso wie die Recensio Matritensis, direkt und ohne Kontamination, von „dem" Original der Moerbekeschen Revision ab. Unter diesen Umständen lassen sich aber das Zustandekommen dieser Textform bzw. die Unterschiede der beiden Textformen hinsichtlich ihrer Revisionselemente, nur noch auf zwei Weisen erklären. Entweder nehmen wir an, daß sich sämtliche Korrekturen, sowohl die von G^1 wie die von G^2 bezeugten, von vornherein zusammen in „dem" Original Moerbekes befunden haben, daß in der Textform von G^1 jedoch nur ein kleiner Teil dieser Korrekturen berücksichtigt wurde und ein großer Teil übersehen oder absichtlich zugunsten der Elemente des zugrunde liegenden Textes vernachlässigt wurde, während in G^2 alle oder fast alle Korrekturen beachtet und akzeptiert wurden. In diesem Falle wäre die Physica Nova zwar ein für die Überlieferungs- und Rezeptionsgeschichte wichtiger Text, sie wäre aber hinsichtlich der Revision Moerbekes, als eine sehr ungetreue Ausführung seiner Intentionen, im Vergleich mit der Recensio Matritensis ein ganz untergeordneter Textzeuge. Oder wir nehmen an, daß „das" Original Moerbekes kein zeitlich einheitliches Gebilde war, sondern daß Moerbeke selbst seine Revision in zwei Etappen durchgeführt hat, und daß die Physica Nova (G^1) im großen und ganzen getreu ein erstes Stadium seiner Revision bezeugt, während die Recensio Matritensis das zweite Stadium, eine neuerliche, verbesserte und vervollständigte Redaktion überliefert.

Die erste der beiden Hypothesen wäre sicherlich die vorsichtigere, weil sie die Differenzen zwischen den beiden Textformen auf die Überlieferung und nicht auf das Original zurückführt. Sie erweist sich aber aus mehreren Gründen als unhaltbar.

1. Es ist völlig normal, daß bei Abschriften aus einem stark korrigierten Text Fehler entstehen, und insbesondere Korrekturen zugunsten des zugrunde liegenden Textes verlorengehen. Aber diese Versehen halten sich doch — wie wir das auch an den entsprechenden Differenzen („primären Kontaminationen") innerhalb der Überlieferung der Physica Nova beobachtet haben — in Grenzen im Verhältnis zur Gesamtheit der übernommenen Korrekturen. Daß ein Abschreiber aber eine so große Zahl von Korrekturen zugunsten des ursprünglichen Textes vernachlässigt haben

sollte, wie wir das bei der ersten Hypothese voraussetzen müßten, ist schwer vorstellbar: selbst wenn man die zahlreichen und sicher authentischen Eliminationen der überflüssigen Kopula, die G^2 im Gegensatz zu G^1 befolgt hat, nicht einmal mitzählt, so hätten z. B. auf den etwa 100 Bekkerzeilen zwischen 224b30—226a20 etwa 65, zwischen 229a25—230b20 etwa 50 Korrekturen des Revisors in G^1 „vernachlässigt" oder „übersehen" werden müssen.

2. Gänzlich ausgeschlossen ist es jedoch, daß zwei verschiedene Abschreiber unabhängig voneinander genau die gleichen zahlreichen Versehen begangen haben wollten. Wir haben aber gesehen, daß die Physica Nova durch mindestens zwei, wenn nicht mehr als zwei verschiedene direkte Abschriften aus dem Original überliefert ist.

Mit diesem Argument könnte man eigentlich sofort die erste Hypothese ausscheiden und infolgedessen die zweite, alternative Hypothese für richtig ansehen. Wir möchten aber trotzdem noch zwei weitere Gründe anführen, und zwar zunächst deshalb, weil sie von diesem Argument unabhängig sind — sie würden beide auch dann gelten, wenn die Überlieferung der Physica Nova nur auf eine einzige direkte Abschrift aus dem Original zurückginge —, vor allem aber deshalb, weil beide außerdem die zweite Hypothese positiv verdeutlichen und konkretisieren.

3. Obwohl die Revisionselemente in beiden Textformen auf den gleichen Autor zurückgehen, haben die in der Physica Nova vorhandenen Korrekturen, wenn man sie in ihrer Gesamtheit betrachtet und mit der jeweiligen lateinischen und griechischen Vorlage vergleicht, einen anderen Charakter als die *zusätzlichen* Korrekturen der Recensio Matritensis, d. h. diejenigen, welche nach der ersten Hypothese von der Nova „übersehen" worden wären.

Die Korrekturen in der Physica Nova finden sich ganz vorwiegend an solchen Stellen, an welchen die Übersetzungen der lateinischen Vorlage und die Lesarten der griechischen Vorlage des Revisors — aus welchen Gründen auch immer — stark oder völlig voneinander abweichen. Dieser Umstand hatte sich schon beim Vergleich der beiden Textformen hinsichtlich der Partikelübersetzungen und Übersetzungen bestimmter anderer Worte gezeigt. Er wird aber ganz deutlich, wenn man die in der Nova vorhandenen Korrekturen durch einen längeren Textabschnitt hindurch verfolgt und mit den beiden Vorlagen, der lateinischen und der griechischen, vergleicht.

Wir führen im folgenden von 227b3—231a17 (vgl. Anhang) — mit Ausnahme der wenigen Eliminationen der Kopula — sämtliche in G^1 vorhandenen Korrekturen an (G = Korrekturen von G^1, die auch von G^2 übernommen wurden; G^1 = Korrekturen von G^1, die sich nicht in G^2 befinden oder die in G^2 geändert wurden) und vergleichen sie mit der jeweiligen lateinischen Vorlage (V oder, in einigen Fällen, V^v = *BmCüNqFp*-Zweig), sowie mit dem griechischen Text.

227b5 γάρ: enim G] *om.* V   μία: una G] unus V   b14 ὑπολήψεως: existimationis G] opinionis V   b22 καί: et G] aut V   b25 χρυσόν: aurum G] astrum V   228a2 ὀφθαλμίας: obtalmie G¹] oculationis V   a8 καὶ τὰ πάθη τῇ οὐσίᾳ: et passiones substantie G¹] cum substantia V: cum passibilia Vᵛ(*Nq*) a9 δή: igitur G] iam V: enim iam Vᵛ(*CüNq*)   a10 ἡ ἔωθεν: que diluculo G] *graece* que V: que Vᵛ(*BmCüNq*)   a11 αὕτη (αὐτὴ *J*): hec G] ipsa V   228b6 διαλαμβάνεται: intercipitur G¹] recipitur V   15 ἄλλως: aliter G] *om.* V   b16 ὡς: ut G] sicut V: quia Vᵛ(*BmCüNq*)   b26 ὡς: ut G] sic est V   b30 καί: et G] vel V   229a2 κεκλασμένη: reflexivo G¹] reflexo V: reflexio Vᵛ(*Bm¹Nq*)   τό: quod G] hoc V   a18 ἡ αὐτή: idem G] ipsa V   a20 καί: et G] *om.* V   a27 λείπεται: relinquitur G] deficit V   a28 τὰς (τὰ *JE*): hos qui G] hos V   a29—30 τὸ ... τῷ ... τὸ ... τῷ: quod ... ei quod ... quod ... ei quod G] quod (qui Vᵛ) est ... ei qui est ... quod (qui Vᵛ) est ... ei qui est V   229b6 κτᾶσθαι habere G] niti V: *om.* Vᵛ(*BmCüNq*)   b10 ταῦτα: hec sunt G¹] hec sunt in altitudine V [s. unten, S. 265 f.]   b22 ἐξ ἐναντίου: ex contrario G] *om.* V   b24 διοριστέον: determinandum G] + est V: + est prius Vᵛ(*CüNq*)   b27 ἡ κατὰ τόπον: que secundum locum G] *om.* V   b28 μονῇ: mansioni G] manenti V: quieti manenti Vᵛ(*BmCüNq*)   230a3 γάρ: enim G] autem V   a5 ᾗ: secundum quod G¹] aut V   a7 ἔστιν: sunt G] insunt V   a10 τούτων: horum G] huic V   a11,13 ἀμεταβλησία: non mutatio G] inmutatio V: mutatio Vᵛ(*BmCüNq*)   a16 ἀμεταβλησία: inmutatio G] inmutationes V   a25 ὡς: ut G] sicut V: *om.* Vᵛ(*BmCüNq*)   a30 ὡς: ut G] est sicut V   a32 εἱμαρμέναι: fatate G] *graece* V: moderate Vᵛ(*BmCüNq*)   230b2 τρύφην: teneritudinem G] alimentum V [vgl. unten, S. 267]   b3 πῶς: qualiter G] sic V   b5 κρισίμοις ἡμέραις οἱ δ' ἐν κρισίμοις: creticis diebus alii autem in creticis G] congruis neque in congruis (creticis *BmCüNq*) diebus V   b8 εἰ: si G] *om.* V   b12—13 τὴν μὲν ἄνω φορὰν φύσει τὸ πῦρ τὴν δὲ κάτω: sursum quidem motum natura ignis deorsum vero G] qui (quod *BmCüNq*) quidem sursum est motu (-tum *NqFp¹*) natura ignis qui (quod *BmCüNq*) vero deorsum   b18 αὕτη: hic G] hinc V   b22 αὕτη τὸ ἵστασθαι: hec stare G] ipsi ipsum stare V   b25 θᾶττον: velocius G] velociter V   b29 ἀποβάλλῃ: reiciatur G¹] remittitur V: remittatur Vᵛ(*Nq*)   b31 τῇ ἐντεῦθεν: ei qui hinc G] abhinc V: qui abhinc est Vᵛ(*BmCüNq*)   231a3 ἑκατέρα μία: uterque unus G] utraque unus sint V: utraque unum sint (sunt *Bm*) Vᵛ(*BmCüNq*)   τίσιν: quibus G] quibusdam V. — Dieser Liste sind noch die bei der Untersuchung der griechischen Vorlage, S. 253, bereits aufgeführten Stellen 227b30 229b27 230a11,13,25,b3,9,26/28,32 sowie 231a5 sqq. (s. unten, S. 269f.) hinzuzufügen, an welchen die Korrekturen von G¹ bzw. G¹G² immer Divergenzen zwischen der griechischen und der lateinischen Vorlage beseitigen.

An dieser Liste läßt sich sofort ablesen, daß die rein terminologischen Änderungen oder Änderungen aufgrund einer bestimmten Übersetzungsmethode, wie z. B. 227b14 oder 230a30, in der Physica Nova Ausnahmen sind.

Die zusätzlichen Korrekturen von G², d. h. die Korrekturen von G², die nicht unter dem Siglum G in der obigen Liste enthalten sind, betreffen dagegen umgekehrt, wie man sich leicht an dem im Anhang aufgeführten Text von G² (vgl. die dort unterstrichenen Korrekturen) überzeugen kann, nicht ausschließlich, aber zahlenmäßig ganz vorwiegend terminologische, methodische und feinere hermeneutische Korrekturen.

Dieser Unterschied im Charakter der Korrekturen — zwischen den in G^1 (bzw. G^1G^2) *vorhandenen* Korrekturen und den in G^1 „*fehlenden*", d. h. den zusätzlichen Korrekturen von G^2 — verträgt sich nicht mit der ersten Hypothese. Ein Abschreiber kann weder zufällig noch absichtlich zu einer solchen „Auswahl" kommen: er müßte dafür den zugrunde liegenden Text und die Korrekturen minutiös vergleichen und in vielen Fällen auch die griechische Lesart kennen. Wenn wir aber die zweite Hypothese wählen, so wird der unterschiedliche Charakter der Revisionselemente in den beiden Textformen verständlich: er zeigt zwei verschiedene Intentionen des Revisors. Beim ersten Durchgang des Textes wollte oder konnte er — aus welchen Gründen auch immer und vielleicht nur eilig — hauptsächlich nur eigentliche Fehler oder Textentstellungen hinsichtlich des Griechischen (seiner griechischen Vorlage) korrigieren. Bei einer nochmaligen Überarbeitung des Textes, den er wiederum fortlaufend mit dem Griechischen verglichen haben muß, wollte oder konnte er jetzt auch auf die Übersetzungsqualität als solche, auf terminologische, methodische und feinere hermeneutische Verbesserungsmöglichkeiten achten.

4. Die Recensio Matritensis (G^2) unterscheidet sich nicht nur dadurch von der Physica Nova (G^1), daß sie eine große Zahl zusätzlicher Revisionselemente enthält, d. h. daß sie an zahlreichen Stellen Korrekturen des Revisors überliefert, an welchen in der Physica Nova der unkorrigierte, zugrunde liegende lateinische Text übernommen wurde. Es gibt auch Unterschiede zwischen den beiden Textformen an solchen Stellen, an welchen die Physica Nova bereits Korrekturen des Revisors gegenüber seiner Vorlage überliefert. An den meisten dieser Stellen hat G^2 ebenfalls eine Korrektur gegenüber der lateinischen Vorlage, jedoch eine von G^1 verschiedene Korrektur — d. h. wir haben „Doppelkorrekturen" des Revisors —, an einigen, wenigen Stellen überliefert G^2 gegen eine Korrektur von G^1 die Lesart des zugrunde liegenden lateinischen Textes. Betrachten wir diese Unterschiede zwischen den beiden Textformen hinsichtlich ihrer griechischen Lesarten: die „Doppelkorrekturen" geben an einigen Stellen die gleiche griechische Lesart auf je verschiedene Weise wieder, an einigen Stellen dagegen entsprechen die beiden Korrekturen zwei verschiedenen griechischen Lesarten. In den wenigen Fällen, in welchen G^2 gegenüber einer Korrektur von G^1 keine weitere Korrektur, sondern die Lesart des zugrunde liegenden lateinischen Textes überliefert, handelt es sich jedoch immer um Differenzen hinsichtlich des griechischen Textes.

Für die Antwort auf unsere Frage, ob G^1 und G^2 verschiedene Auswahlen der Abschreiber oder zwei sukzessive Redaktionen Moerbekes darstellen, genügt es bereits, diejenigen „Doppelkorrekturen" miteinander zu vergleichen, welche dieselbe griechische Lesart wiedergeben.

226b29 διαλείποντα: deficiens V: deficientem G¹: interrumpentem G². — Zunächst hat Moerbeke in G¹ die Form des Partizips, im Zusammenhang mit dem Zusatz τοῦ πράγματος μὴ τοῦ χρόνου (oben, S. 253), genau nach dem Griechischen korrigiert, hat jedoch den Terminus selbst aus seiner Vorlage übernommen. In G² hat er seine erste Korrektur weiter verbessert, indem er jetzt auch den Verbstamm selbst änderte und den im Kontext sehr viel adäquateren Ausdruck *interrumpentem* einsetzte, vgl. oben, S. 246.

228a2 ὀφθαλμίας: oculationis V: obtalmie G¹: ab opthalmia G². — Die sehr merkwürdige und in ihrer Bedeutung nicht ganz klare Wortbildung *oculationis* hat Moerbeke, mangels eines eigenen lateinischen Wortes, in den transliterierten Terminus *obtalmie* korrigiert. Dabei hat er zunächst (G¹) die wörtliche Übersetzung des griechischen Genitivs aus seiner Vorlage übernommen. Erst in G² hat er dann die ablativische Bedeutung des griechischen Genitivs an dieser Stelle (ὑγιάζεσθαι ... ὀφθαλμίας) durch *ab opthalmia* deutlich gemacht und dadurch seine erste Korrektur weiter verbessert.

228a8 καὶ τὰ πάθη τῇ οὐσίᾳ: cum substantia V (*pauci*): cum passibili substantia Vᵛ (*BmCü aliqui*): cum passibilia Vᵛ(*Nq*): et passiones substantie G¹: et passiones substantia G². — Moerbekes lateinischer Text hatte hier entweder die Lesart von *BmCü* oder diejenige von *Nq*. Beide Lesarten — ebenso wie diejenige von V — entstellten den griechischen Text. In einer ersten Korrektur (G¹) hat Moerbeke sich genau an den griechischen Text gehalten und den gr. Dativ durch lat. Dativ wiedergegeben. In G² hat er jedoch die Funktion des gr. Dativs im Zusammenhang des Satzes besser erkannt und hat den in seiner ersten Korrektur gewählten lat. Dativ sinnvoll in Ablativ verbessert. — Es geht im Aristotelischen Text um die Frage, ob Zustände und Affektionen von Körpern, wenn diese Körper sich verändern und die betreffenden Zustände zwischenzeitlich unterbrochen werden, *der Substanz nach, substanziell* (τῇ οὐσίᾳ) ein und dieselben sind. Daß Moerbeke die sehr gute Weiterverbesserung seiner ersten Korrektur wohl überlegt hat, geht aus einer an dieser Stelle von der Madrider Hs überlieferten Bemerkung hervor, die, wie eine Reihe von anderen Randnotizen in dieser Hs, ohne Zweifel eine Randnotiz des Revisors selbst wiedergibt; Moerbeke erklärt hier nämlich: *ablativus casus* (*substantia Gm¹: ab. c. Gmᵐ*). Ob Moerbeke, wenn seine lateinische Vorlage die Lesart von *BmCü* hatte, hier auf den Ablativ seiner lateinischen Vorlage *zurückgekommen* ist, oder ob er, wenn sein Exemplar die Lesart von *Nq* hatte, neu formuliert hat, spielt keine Rolle. Das Vorhandensein von *substantia* (und der zusätzlichen Erklärung) in der Madrider Hs ist keine „primäre Kontamination" dieser Hs mit der Lesart des zugrunde liegenden Exemplars, sondern bezeugt eine zweite Textinterpretation des Revisors.

228b6 διαλαμβάνεται²: recipitur V: intercipitur G¹: interrumpitur G². — Die zweite Korrektur ist eine offensichtliche Weiterverbesserung der ersten Korrektur, vgl. oben, S. 247.

229a2 τῇ κεκλασμένῃ (φορᾷ): reflexo (motui) V: reflexio (motui) Vᵛ(*Bm¹NqFp*): reflexivo (motui) G¹: reflexe (lationi) G². — Moerbeke hatte in seiner Vorlage sicherlich nicht *reflexo* von V — was ihm im ersten Stadium seiner Revision, in welchem er *motui* beibehielt, keinen Grund zur Änderung gegeben hätte —, sondern die Variante *reflexio* von Bm^1NqFp, die vom Griechischen völlig abwich, und die er in der ersten Textform in *reflexivo* korrigierte. In der zweiten Textform hat er *motus* (als Äquivalent für φορά) in *latio* korrigiert. Er mußte also an dieser Stelle auch das Genus des zugehörigen Partizipialadjektivs ändern und hat jetzt seine erste Korrektur in die dem Griechischen genauer entsprechende Form *reflexe* verbessert.

230b29 ἀποβάλλῃ: remittetur V: remittatur $V^v(CüNq)$: remittitur $V^v(BmFp)$: reiciatur G^1: abiciat G^2. — Moerbeke hat sich in der ersten Textform bei seiner Korrektur noch enger an die lateinische Vorlage gehalten und das Präfix *re-* übernommen. Seine zweite Korrektur ist eine deutliche Weiterverbesserung seiner ersten Korrektur, vgl. oben, S. 245f.

230a5 ᾗ: aut (ἥ *cf. coni. Ross*) V: secundum quod G^1: cui G^2. — Moerbeke hat in beiden Fällen die Lesart seiner lateinischen Vorlage entsprechend der ihm vorliegenden griechischen Lesart korrigiert. In G^1 hat er den griechischen Ausdruck adverbial interpretiert, in G^2 hat er dessen Bedeutung als Relativpronomen vorgezogen. Beide Versionen ergeben im Satzzusammenhang etwa den gleichen Sinn. Die erste Interpretation, ebenso wie diejenige der Lesart von V, verlangt jedoch im Griechischen und im Lateinischen eine syntaktische Ergänzung (*secundum quod accidit* ⟨sc. *quietationem*⟩ *simul fieri motui*), welche in der zweiten Interpretation nicht mehr nötig ist, weil die Verknüpfung mit dem vorangehenden *quietatio* durch das Relativpronomen direkt ausgedrückt ist: ... *quietatio ... cui accidit simul fieri motui*. Auch hier ist die Korrektur von G^2 offensichtlich eine Verbesserung gegenüber der Korrektur von G^1.

Die Untersuchung der einzelnen Stellen zeigt also, daß die Korrektur von G^2 in allen Fällen, bei gleicher griechischer Lesart, eine terminologische, syntaktische oder hermeneutische Verbesserung des Textes gegenüber der Korrektur von G^1 darstellt. An mehreren dieser Stellen läßt sich außerdem eine „Entwicklung" der Korrekturen erkennen. Während G^1 noch enger an den Ausdrücken der Vorlage haftet und in einigen Fällen nur Teile eines Wortes ändert — das Präfix, den Stamm, die Endung —, führt G^2 diese Teiländerungen in eine vollständige Änderung über.

Diese Beobachtungen sind aber, ebenso wie die zuvor angeführten, mit der ersten Hypothese unvereinbar. Ein Abschreiber könnte weder zufällig noch absichtlich, wenn sich die Doppelkorrekturen jeweils zugleich im Autograph befunden hätten, konstant die weniger guten und weniger durchgreifenden Korrekturen den offensichtlich besseren Alternativen vorziehen, während ein anderer Abschreiber, ebenso konstant, jeweils die syntaktisch oder terminologisch besseren Versionen wählt.

Auch dieser Gesichtspunkt führt uns also zu dem Schluß, daß wir es in den beiden verschiedenen Textformen nicht mit Differenzen der Überlieferung zu tun haben, sondern daß sie zwei zeitlich getrennte Stadien der Arbeit Moerbekes repräsentieren. Moerbeke hat seine erste Revision zu einem späteren Zeitpunkt noch einmal sehr gründlich überarbeitet und hat dabei nicht nur zahlreiche neue Korrekturen hinzugefügt, sondern er hat in einigen Fällen auch seine eigenen ersten Korrekturen verbessert, sie einem genaueren Verständnis des Kontextes angeglichen und ihre Terminologie mit den entsprechenden neu eingeführten Korrekturen in Einklang gebracht.

Diese Feststellung schließt natürlich keineswegs aus, daß Moerbeke sowohl im ersten wie im zweiten Stadium seiner Redaktion *auch* gleichzeitige alternative Korrekturvorschläge gemacht haben kann, und es wird sich noch zeigen, daß dies hinsichtlich alternativer griechischer Lesarten sicherlich sowohl im ersten wie im zweiten Stadium seines Textes geschehen ist.

VII. Textkritische Umentscheidungen in der zweiten Redaktion

Moerbeke hat in seiner zweiten Redaktion aber nicht nur die Übersetzung als solche in ihrer Qualität verbessert und dementsprechend auch einige seiner ersten Korrekturen weiter verändert, sondern er hat an einer Reihe von Stellen auch neue textkritische Entscheidungen getroffen, d. h. er hat im zweiten Stadium seiner Revision eine andere griechische Lesart zugrunde gelegt als im ersten. Dies gilt natürlich auch für solche Stellen, an welchen er im ersten Stadium die Lesart seiner lateinischen Vorlage unverändert ließ und erst im zweiten Stadium einer davon divergierenden Lesart seines griechischen Exemplars Rechnung trug. Es läßt sich aber besonders gut an denjenigen Stellen verfolgen, an welchen die erste Redaktion bereits eine Korrektur aufweist, wo wir also sicher sein können, daß er auch bei seinem ersten und vielleicht flüchtigen Vergleich mit der griechischen Vorlage, das griechische Textzeugnis effektiv beachtet hat. Die Umentscheidung des Revisors in der zweiten Redaktion hat, wie wir oben schon angedeutet haben, meistens zu neuen Korrekturen, in einigen wenigen Fällen auch zum Rückgriff auf die ursprüngliche lateinische Vorlage geführt.

In seinen Übersetzungen hatte Moerbeke ja nicht nur die Aufgabe zu lösen, den griechischen Text in eine möglichst adäquate Form zu bringen, sondern er stand, wie jeder andere Übersetzer seiner Zeit, auch sehr häufig vor Problemen des griechischen Textes selbst, vor offensichtlich fehlerhaften Lesarten, Korrekturen, Alternativvarianten oder materiellen Verderbnissen in seiner griechischen Handschrift, die ihn dazu zwangen, textkritische Entscheidungen zu treffen, auszuwählen, zu konjizieren oder, wenn möglich, eine andere Textquelle zu vergleichen. In einer Revision, mit der wir es hier zu tun haben, sind textkritische Probleme außerdem noch dadurch gegeben, daß der Revisor es von vornherein mit zwei

Textzeugen — dem lateinischen und dem griechischen — zu tun hatte, die gewöhnlich an einer Reihe von Stellen divergierten. In unserem Falle können wir, aufgrund der hier sehr günstigen Voraussetzungen hinsichtlich seiner griechischen Vorlage, diese Divergenzen und die in der griechischen Vorlage selbst enthaltenen Problemstellen sowie ihre Lösung in den beiden Textformen recht gut verfolgen. Die Umentscheidungen Moerbekes von einer ersten zu einer zweiten Lösung geben nun sehr aufschlußreiche Beispiele dafür, daß und wie er diese textkritischen Probleme beachtet hat. Die Untersuchung dieser Beispiele muß außerdem sofort auf die Frage führen, was diese späteren Umentscheidungen veranlaßt haben kann und ob sie sich allein aus den bisher bekannten Faktoren — seiner lateinischen Vorlage, seinem griechischen Exemplar, dem Umstand, daß er in der zweiten Redaktion den jeweiligen Kontext sorgfältiger verfolgt und berücksichtigt hat — erklären lassen.

227b12 (δῆλον) ὡς ἔστιν ὡς (εἴδει μία ἔσται, ἁπλῶς δὲ μία εἴδει οὔ) E^2, *fort. Simpl. Them., Bonitz Ross*: ὡς *F, Bekker*: ἔστιν ὡς *H*: οὖν [*in ras. J²*] ὡς J^2I: ||||| ὡς J^1: manifestum est quod V: manifestum est quod ut G^1: manifestum quomodo est ut G^2. — Die Stelle ist problematisch in der griechischen Überlieferung, und auch die modernen Editoren haben unterschiedliche Lesarten adoptiert. *J* ist von späterer Hand korrigiert, der ursprüngliche Text vor ὡς ist nicht mehr zu erkennen, es war möglicherweise derjenige von *H*. Moerbeke hat in einem ersten Stadium seiner Revision *ut* (ὡς) eingeführt: entweder, als Konjunktion verstanden, um *quod* zu ersetzen, was von den Abschreibern dann fälschlich als Zufügung angesehen wurde, oder, in der adverbialen Bedeutung, als effektive Zufügung zu *quod*, wenn G^1 seine Intention richtig überliefert. Er hat hier sicherlich nicht doppelt ὡς gelesen, sondern hat — in diesem Fall — wahrscheinlich erkannt, daß der letzte Teil des Satzes eine Einschränkung im ersten verlangt („wie" spezifisch eine). Er hatte hier bestimmt nur den Text von V und den (ursprünglichen) Text von *J* zur Verfügung. Seine Korrektur im zweiten Stadium stellt nun eine wesentliche Verbesserung dar und gibt denjenigen Text wieder, der gegen die allgemeine direkte Überlieferung von Bonitz und Ross adoptiert wurde, und der sowohl die vom Kontext geforderte Einschränkung *quomodo* wie die notwendige Konjunktion (*manifestum* ...) *ut* enthält. Es ist nicht ausgeschlossen, daß diese Verbesserung seine eigene Konjektur ist, es ist jedoch wahrscheinlicher, daß er hier im zweiten Stadium seiner Revision eine zusätzliche griechische Textquelle eingesehen hat.

229b10 ταῦτα *JEHI*: hec sunt in altitudine (ταῦτα ἐν βάθει *fecit F*) V: hec sunt {*om.* / in altitudine} G^1 (hec sunt in altitudine $ZlRä^m$: hec sunt $Rä^tP$): hec sunt in altitudine G^2. — Moerbeke hat an dieser Stelle vermutlich zunächst zwischen dem Zeugnis seiner lateinischen Vorlage und demjenigen seines griechischen Exemplars *J* geschwankt. Er hat die in *J* nicht bezeugten Worte *in altitudine* wahrscheinlich nicht definitiv getilgt — man kann auch in anderen Fällen beobachten, daß er unter solchen Umständen vorsichtig war —, sondern vermutlich das Fehlen dieser Worte nur angemerkt, so daß die Abschreiber die im Grundtext vorhandenen

Worte teils gelten ließen, teils sie entsprechend der Bemerkung des Revisors ausfallen ließen. Das Vorhandensein dieser Worte auch in der Madrider Hs, läßt vermuten, daß Moerbeke im zweiten Stadium seiner Revision, vielleicht durch eigene Überlegung, vielleicht aber auch durch eine Bestätigung aus einer zusätzlichen griechischen Quelle (cf. *F*), auf das Zeugnis seiner lateinischen Vorlage zurückgekommen ist und die Worte *in altitudine* akzeptiert hat. Der Zusatz mußte ihm auf jeden Fall als eine sehr gute und vielleicht sogar authentische Vervollständigung des Aristotelischen Textes an dieser Stelle erscheinen: nach der Eingliederung von „auf—ab" in die Längendimension (b7), „rechts—links" in die Breitendimension (b8), mußte man eigentlich bei der Eingliederung von „vor—nach" in eine dritte Dimension (b9—10) auch hier die Präzisierung dieser Dimension, nämlich Höhe bzw. Tiefe erwarten, vgl. dazu De caelo, 284b24—5.

229b27 νῦν $J^t EFH$: μὲν J^m *Philop.*: μὲν νῦν *I*: nunc V, non V^v(*BmCüNq plurimi*): $\begin{Bmatrix} \text{quidem} \\ \text{nunc} \end{Bmatrix}$ G^1 (nunc quidem *Zl*: nunc *Rä*P): quidem G^2. — Moerbeke hatte in seiner lateinischen Vorlage sicherlich nicht *nunc*, sondern die Variante *non*, die durch *BmCüNq* sowie die meisten anderen Vetus-Hss überliefert ist und die einen offensichtlichen Fehler darstellt. Sein griechisches Exemplar hatte zwei alternative Lesarten: νῦν im Text, μὲν, von gleicher Hand, am Rand. Im ersten Stadium seiner Revision hat Moerbeke vermutlich zwischen diesen beiden Lesarten geschwankt und hat beide, wahrscheinlich als Alternativen, an Stelle des falschen *non* seiner Vorlage notiert. Von *Zl* bzw. deren Vorgänger wurden beide Lesarten übernommen, von *Rä* und P bzw. ihren Vorgängern dagegen nur *nunc*. Im zweiten Stadium hat sich Moerbeke offensichtlich für die Korrekturlesart von *J* entschieden, vielleicht durch eigene Überlegung, möglicherweise aber auch, weil er diese Lesart in einer griechischen Zusatzquelle (vgl. den Kommentar des Philoponos und *I*) bestätigt fand.

230a11: ὑποκείμενον $J^t EFHΓ$: + τὸ μὴ ὄν I^s: καὶ εἰ μὲν τὸ μὴ ὄν οἷον ἡ ὕλη εἴη (?) τι ὑποκείμενον J^m: subiectum non esse V: subiectum G^1: subiectum quod non est G^2. — Der Aristotelische Text ist an dieser Stelle wegen der merkwürdigen, nicht-parallelen Formulierung der beiden alternativen Bedingungssätze: εἰ μέν τι εἴη ὑποκείμενον ... εἰ δὲ μὴ ἔστι τι τὸ μὴ ὄν ... (a10—12) nicht leicht verständlich, was auch durch das Vorhandensein des Scholions in *J* und den erklärenden Zusatz in *I* bestätigt wird: in beiden Fällen ist versucht worden, den ersten Bedingungssatz als die genau entgegengesetzte positive Alternative zum zweiten Bedingungssatz zu erklären („wenn nun das Nicht-Seiende etwas Zugrundeliegendes wäre ... wenn das Nicht-Seiende aber nicht ein Etwas ist"). Moerbeke hatte in seiner lateinischen Vorlage die Worte *non esse*. Im ersten Stadium seiner Revision hat er diese Worte, die im Grundtext von *J* fehlten, gestrichen. Im zweiten Stadium seiner Revision ist er auf das Zeugnis von V zurückgekommen, hat jedoch nicht die Worte seiner Vorlage übernommen, sondern hat neu, direkt nach dem Griechischen (*quod non est*) formuliert. Moerbekes Umentscheidung beruht sicherlich nicht, oder nicht allein auf dem Vorhandensein des Scholions in *J*, in welchem die Worte innerhalb einer längeren Erklärung der Stelle vorkommen, welche insgesamt von Moerbeke aber weder im ersten noch im zweiten Stadium übernommen wurde, sondern darauf, daß Moerbeke im zweiten Stadium hier eine zusätzliche griechische Textquelle hinzugezogen hat, welche an dieser Stelle, ebenso wie die griechische Vorlage des Iacobus, mit *I* (bzw. *I*ˢ) verwandt war.

230a25 ἡ δὲ *J*ᵃᶜ*E*²*I Ross*: ἥ *J*ᵖᶜ*E*¹*FH Bekker*: quod autem est V, et qui est Vᵛ(*Nq*): hic autem G¹: aut G². — Die griechische Überlieferung ist an dieser Stelle gespalten, und auch die modernen Editoren sind sich in der Wahl der zu bevorzugenden Lesart nicht einig. Moerbeke hat entweder *quod autem est* oder *et qui est* in seiner lateinischen Vorlage gelesen. Wie dem auch sei, er hat die eine oder die andere Version geändert. Sein griechischer Text bot zwei Möglichkeiten: die ursprüngliche Lesart, die noch zu erkennen ist, war ἡ δὲ, daraus ist nachträglich (von späterer Hand?) ἥ gemacht worden. Im ersten Stadium seiner Revision entschied sich Moerbeke für die ursprüngliche Lesart von J, die im übrigen durch seine lateinische Vorlage bestätigt wurde, aber er änderte deren etwas unklare Übersetzung durch Relativpronomen *quod* bzw. *qui*, indem er das hier angebrachte und deutlichere Demonstrativpronomen *hic* wählte. Im zweiten Stadium seiner Revision entschied er sich dagegen — aus eigener Überlegung oder durch Vergleich mit einer griechischen Zusatzquelle? — für die Korrekturlesart von J. Sie stellt ohne Zweifel die *lectio facilior* dar. Sie verändert den Sinn des Satzes nicht, „verbessert" aber die schwierigere, elliptische Formulierung, welche der Satz mit der ursprünglichen Lesart erhält, in eine syntaktisch leichter verständliche Form.

230b2 τρυφὴν: alimentum (τροφὴν) V: {teneritudinem / alimentum} G¹ (teneritudinem alimentum *Zl*: alimentum *Rä*¹P): teneritudinem G². — Moerbeke hat vermutlich im ersten Stadium seiner Revision zwischen dem Zeugnis seines griechischen Textes einerseits und dem Zeugnis seiner lateinischen Vorlage andererseits geschwankt: die lateinische Lesart ergibt einen sinnvollen Text und er konnte hier eine Alternativlesart in der griechischen Überlieferung vermuten. Er hat also im ersten Stadium seiner Revision das seiner griechischen Vorlage entsprechende lateinische Äquivalent *teneritudinem* angegeben, hat aber vermutlich den Terminus *alimentum* nicht getilgt, sondern die Auswahl zwischen beiden offengelassen. Auf diesen Zustand des Autographs würden die Differenzen in der Überlieferung von G¹ zurückgehen: die Abschrift, aus der *Zl* stammt, hat beide Lesarten übernommen, diejenige oder diejenigen, auf die *Rä*¹ und P zurückgehen, nur die ursprüngliche Lesart. Eine weitere Bestätigung für den Alternativcharakter beider Lesarten in G¹ gibt der Kommentar von Thomas, der, zum mindesten in diesem Buch, auf dem Text von G¹ beruht und keine Kenntnis von G² verrät (siehe unten, S. 272-4); er erwähnt an dieser Stelle beide Lesarten: *propter teneritudinem vel propter alimentum* (V 10, n. 4). — Im zweiten Stadium seiner Revision hat Moerbeke sich dann — aus eigener Überlegung oder durch ein weiteres Zeugnis aus einer griechischen Zusatzquelle? — gegen die Lesart seiner lateinischen Vorlage und für diejenige seines griechischen Exemplars — d. h. für *teneritudinem*, wie durch die Madrider Hs bezeugt wird — entschieden.

230b9 ᾗ *J*²*E*²*FHI*: ἥ (*vel* ᾗι *J*¹?, *E*¹: secundum quod (est) hec V: hec G¹: qua hec G². — Diese Stelle ist sehr merkwürdig. Im ersten Stadium seiner Revision hat Moerbeke die Worte *secundum quod (est)* von V gestrichen. Die Handschrift *J* hat an dieser Stelle eine Korrektur. Die ursprüngliche Lesart, die nach der

Korrektur nicht mehr ganz klar ist, war entweder ἤ oder ἦι (jedenfalls weder ἥι noch ἧι ἥ). Daraus ist von späterer Hand ἦι ἥ gemacht worden. Moerbeke hat sich im ersten Stadium nach der ursprünglichen Lesart von *J* gerichtet. Er hat entweder von vornherein ἥ gelesen, oder er hat ἦι als ἥ verstanden: ἥ ist, wie man sich leicht am Text überzeugen kann, syntaktisch hier unbedingt notwendig. Im zweiten Stadium seiner Revision ist er auf den von V übersetzten und allgemein, sowie auch durch die Korrekturlesart von *J* überlieferten griechischen Text zurückgekommen, hat aber die Übersetzung von V nicht wieder eingesetzt, sondern *qua* bevorzugt. Es scheint an dieser Stelle ziemlich sicher, daß die Korrekturlesart im ersten Stadium der Moerbekeschen Revision noch nicht in *J* vorhanden war. Ist sie (vor), während oder nach seiner zweiten Redaktion eingetragen worden? Hat er seine Textverbesserung im zweiten Stadium an dieser Stelle einer griechischen Zusatzhandschrift entnommen? Ist zufällig später die gleiche Korrektur in *J* eingetragen worden oder könnte die Eintragung mit seiner Arbeit an dieser Handschrift zusammenhängen?

230b26—28 ἵστασθαι ... ἅμα *J*[1]*E*[1]*FI*: ἵστασθαι κυρίως λέγεσθαι ἐπὶ τοῦ κατὰ φύσιν εἰς τὸν οἰκεῖον τόπον ἰόντος ἀλλ' (*om. Simpl.*) οὐκ ἐπὶ τοῦ παρὰ φύσιν ... ἅμα *H*, *Simpl.*, *cf. E*[2]: ἵστασθαι κυρίως ἐπὶ τοῦ κατὰ φύσιν λέγεσθαι εἰς τὸν οἰκεῖον τόπον ὄντος (*sic J*[2], *postea tertia manu corr. in* ἰόντος) οὐκ ἐπὶ τοῦ παρὰ φύσιν ... ἅμα *J*[2]: stare ... simul proprie dici (duci *Nq*) in proprium qui est secundum naturam locum non in eum qui est extra naturam V: stare ... simul {om. — om. proprie duci [*sic*] — naturam} *G*[1] (proprie duci — naturam *habet Zl, om. Rä*[1]*P*): statum ire proprie in eo quod secundum naturam dici in proprium locum ente [*sic*] non in eo quod preter naturam ... simul *G*[2]. — Der durch *H*, Simpl. und, in etwas abweichender Form, durch *J*[2] nach ἵστασθαι überlieferte Text κυρίως — φύσιν[2] scheint ursprünglich eine alternative Form des Satzes 230b26—28 gewesen zu sein (vgl. Ross, ad loc.). In der lateinischen Übersetzung der Physica Vetus ist dieser Text, in einer mit *H* und Simpl. näher als mit *J*[2] verwandten Form, an einer anderen Stelle, nämlich am Ende des Satzes überliefert. Moerbekes lateinische Vorlage hatte ihn in dieser Form, jedoch mit der Variante *duci* von V[v] (*Nq*). Im ursprünglichen Text seiner griechischen Vorlage *J* war er — ebenso wie in den meisten anderen griechischen Hss — nicht vorhanden. Der Zusatz κυρίως — φύσιν[2] ist in *J* in der oben angegebenen Form nachträglich von einer Hand des 13. Jh. am Rand eingetragen und durch ein Zeichen an die angegebene Textstelle plaziert worden. Moerbeke hat im ersten Stadium seiner Revision vermutlich zwischen dem Zeugnis seiner lateinischen Vorlage und dem Zeugnis des ursprünglichen Textes von *J* geschwankt. Er hat den Text seiner lateinischen Vorlage von *proprie duci — naturam* wahrscheinlich nicht definitiv gestrichen, hat jedoch sein Fehlen in der griechischen Vorlage in irgendeiner Weise angegeben. *Rä*[1] und P haben ihn dementsprechend weggelassen, *Zl* hat ihn bewahrt. Erst in der zweiten Redaktion, und dies ist sehr merkwürdig, hat Moerbeke den Text wieder berücksichtigt. Er hat ihn hier neu nach dem Griechischen formuliert und ist dabei Wort für Wort der Randeintragung von *J*[2] gefolgt, aus welcher er auch den spezifischen und sehr auffälligen Fehler *in ... locum ente* übernahm. Er hat ihn schließlich an der durch *J*[2] angegebenen Stelle eingefügt und gleichzeitig den Paralleltext seiner lateinischen Vorlage am Ende des Satzes definitiv gestrichen: dies ist die durch die Madrider Hs bezeugte Form von G^2. Es ist nun sehr merkwürdig, daß Moerbeke die lange Randeintragung von *J*, welche den „problematischen" Text seiner lateinischen Vorlage hätte erklären können, im ersten Stadium seiner Revision übersehen haben soll. Es ist andererseits sicher, daß Moerbekes zweite Version direkt mit dieser Randeintragung verknüpft ist. Diese Stelle gibt, in noch stärkerem Maße als die oben angeführte (230b9), Anlaß zu der Frage, ob diese Randkorrektur nicht von Moerbeke selbst, im zweiten Stadium seiner Arbeit, eingetragen sein könnte.

231a5–17; $^+$230b29 ὅταν — $^+$231a3 εἴρηται (*sed post* $^+$231a2 ἠρέμησις *add.* τίς μὲν οὖν κίνησις ἁπλῶς μία εἴρηται *J* G^1) *JFI Al.* G^1: 231a5–17; $^{+2}$ περὶ — εἴρηται *Simpl.*: 231a5–17 *E Versio arabo-lat.*; Paraphr. $V^v(Nq)$ G^2, *add.* $G^{1v}(Zl)$: *om. H Them.* γρ. *Al* γρ. *Simpl. Porph.* V. —

Das Schlußstück des V. Buches (231a5 ff.) hat von jeher den Kommentatoren Schwierigkeiten bereitet[18]. In einigen griechischen Hss, sowie in der Translatio Vetus, wird es ganz ausgelassen, die Hs *E* und die arabisch-lateinische Version bezeugen den von Bekker und Ross edierten Schlußtext, während in mehreren Hss nach diesem als Zusatz aussehenden Textstück einige der ihm vorangehenden Zeilen, welche ein richtiges Textende darstellen, wiederholt werden. Hier zeigen sich abermals Unterschiede: während Simplicius nur die Schlußformel (231a2 περὶ — 3 εἴρηται) wiederholt, greifen die meisten den Text schon mit 230b29 ὅταν wieder auf, und *J* hat in $^+$231a2 einen ganz eigentümlichen Zusatz. Im ersten Stadium seiner Revision der Vetus hat Moerbeke das Schlußstück nach seiner griechischen Vorlage neu übersetzt[19]. In seiner lateinischen Vorlage hat er aber das durch $V^v(Nq)$ überlieferte Textstück vorgefunden, das eine Paraphrase des Textes 231a5–17 darstellt[20]. *Zl* hat beide Paralleltexte hintereinander, die übrigen Hss bzw. ihre Vorgänger haben die Paraphrase zugunsten der Neuübersetzung ausgeschieden (vermutlich ist dabei in dieser Überlieferung auch der vorangehende Satz 231a2 *et*^{1}–3 *est* verlorengegangen). Moerbeke hat wahrscheinlich die Paraphrase nicht getilgt, sondern er hat die Entscheidung zwischen den beiden Paralleltexten offengelassen. Er konnte durchaus über den Wert der beiden Parallelfassungen, und insbesondere denjenigen seines griechischen Exemplars mit den offensichtlichen merkwürdigen Wiederholungen, im Zweifel sein. Die Vermutung, daß er im ersten Stadium seiner Revision beide Texte, die Paraphrase seiner lateinischen

---

[18] Siehe z. B. G. Verbeke, Het wetenschappelijk Profiel van Willem van Moerbeke (s. oben, Anm. 4), 26 = 182; R. A. Gauthier, Sentencia libri De anima (s. oben, Anm. 1), 205*–206*.

[19] Der Text von *J* ist wörtlich wiedergegeben, mit der einzigen Ausnahme, daß der am Ende hinzugefügte erste Satz des VI. Buches weggelassen wurde.

[20] Siehe F. Bossier–J. Brams, Quelques additions au Catalogue de l'Aristoteles Latinus (s. oben, Anm. 6), 95–96. Daß die Paraphrase mit der arabisch-lateinischen Übersetzung des Michael Scotus zusammenhängt, geht aus der benutzten Terminologie sowie aus dem Umstand hervor, daß sie sich wie diese auf die Zeilen 231a5–17 beschränkt. Am auffälligsten zeigt sich dies aber durch die Tatsache, daß Albert der Große, der die Physik mit Hilfe der Translatio Vetus und der Translatio Scoti kommentiert, am Ende des V. Buches den Text der Paraphrase fast wörtlich wiedergibt, zwar nicht fortlaufend, sondern in der ihm eigentümlichen Weise durch Kommentar unterbrochen.

Vorlage und seine eigene Neuübersetzung, als Doppelfassungen nebeneinander bestehen ließ, wird auch dadurch unterstützt, daß Thomas offensichtlich beide Fassungen in seinem Exemplar, das auf das erste Stadium von Moerbekes Revision zurückgeht, gesehen hat, cf. V 10, n. 12.

Mit Bezug auf das zweite Stadium der Revision scheint die Textüberlieferung der Hs *Gm*, die nur die Paraphrase hat, darauf hinzuweisen, daß Moerbeke sich damals merkwürdigerweise für den Text seiner lateinischen Vorlage und gegen seine eigene Neuübersetzung entschieden hätte. Daß diese Wahl durch die *Rä*ᶜ-Überlieferung nicht bestätigt wird, ist kein Gegenargument, weil *Rä*ᶜ nur eine kleine Auswahl aus den spezifischen Matritensis-Lesarten bietet. Andererseits scheint es kaum denkbar, daß ein so sorgfältiger Kopist wie derjenige der Madrider Hs, der seinen Text nachher korrigiert und mit Randbemerkungen versehen hat, die Neuübersetzung, welche möglicherweise am Rand oder auf einem extra Blatt hinzugefügt war, gänzlich übersehen hätte. Es bleibt also nur die Möglichkeit, daß diese Neuübersetzung, falls Moerbeke sie nicht selbst wieder getilgt hat, in der Zeit nach der zweiten Revision entweder unleserlich geworden oder aber verloren war. Es scheint uns aber durchaus möglich, daß Moerbeke sich im zweiten Stadium seiner Revision, wie auch in anderen Fällen, gegen den Text seiner griechischen Vorlage und für den scheinbar kohärenteren Text seiner lateinischen Vorlage, der für ihn ja „Zeugnis" einer griechischen Herkunft sein konnte, entschieden hat.

Wir sehen, daß Moerbeke an einer Reihe von Stellen Probleme mit dem griechischen Text als solchem hatte. Seine Schwierigkeiten zeigen sich an Stellen, an welchen seine lateinische und seine griechische Vorlage in einer Weise voneinander abwichen, daß es nicht ohne weiteres klar war, welcher der beiden Textzeugen hier die authentische Lesart hatte, mehrmals an Stellen, an welchen seine lateinische Vorlage anscheinend sinnvolle Textelemente hatte, die aber in der griechischen Handschrift fehlten. Sie zeigen sich an Stellen, an welchen wir Korrekturen in *J* finden und an welchen auch die übrige griechische Überlieferung gespalten ist. Sie zeigen sich mehrmals an Stellen, an denen auch die modernen Editoren Schwierigkeiten hatten und unterschiedliche Entscheidungen trafen. Im ersten Stadium seiner Revision hat Moerbeke einige Male zwei Möglichkeiten angegeben oder offengelassen, zwischen denen er sich im zweiten Stadium dann entschieden hat (einmal hat er auch im zweiten Stadium eine Doppellesart des griechischen Textes bestehen lassen, vgl. oben, S. 253, 230b32), oder er hat im ersten Stadium eine Wahl getroffen, die er im zweiten Stadium wieder änderte.

Nach der Untersuchung dieser Stellen gewinnt man nun sehr stark den Eindruck, daß Moerbeke, zum mindesten in einigen Fällen, im zweiten Stadium seiner Revision eine zusätzliche griechische Quelle eingesehen hat, deren Gegenzeugnis er für einige Entscheidungen oder neuerlichen Korrekturen benutzt hat. Wir wissen inzwischen mit Bestimmtheit, daß Moerbeke für eine Reihe von Übersetzungen gleichzeitig zwei, für seine

Revision der Analytica Posteriora sogar gleichzeitig drei griechische Textquellen benutzt hat. Die Beispiele hierfür vermehren sich mit der fortschreitenden Untersuchung seiner Texte. Daß er im zweiten Stadium seiner Physikrevision ebenfalls eine zweite, zusätzliche griechische Textquelle benutzt hat, können wir, nach der Untersuchung des V. Buches, nur vermuten. Für die Bestätigung dieser Vermutung müssen wir über den Rahmen des von uns hier untersuchten Textabschnittes herausgreifen; sie ist in anderen Teilen des Textes vorhanden:

Es gibt in der Madrider Hs, d. h. unserem Textzeugen für die zweite Redaktion, eine Reihe von Randbemerkungen erster Hand, die, wie oben schon erwähnt wurde, ganz ohne Zweifel Moerbekes eigene Notizen wiedergeben. In einigen dieser Notizen bezieht sich Moerbeke implizit oder explizit auf den Vergleich von *zwei* griechischen Exemplaren, die er teils gegeneinander, teils gemeinsam gegen die Lesart seiner lateinischen Vorlage anführt: *non est in uno greco; unus grecus non habet; non habent duo libri greci; unus grecus non habet, alius habet; in duobus grecis non inveni; in alio greco non est; in uno greco sic, sicut hic, alius grecus habet ...* . Diese Bemerkungen finden sich in den Büchern VI, VII, VIII. Wir können die Texte hier nicht im einzelnen untersuchen, sondern nur folgendes dazu bemerken: 1. Eine der beiden griechischen Lesarten, auf welche sich seine Notizen beziehen, stimmt, wie zu erwarten, jeweils mit der Lesart von *J* überein, seine andere griechische Quelle war mit der Hs *I* verwandt, jedoch nicht mit ihr identisch. 2. An den Stellen, auf die sich seine Notizen beziehen, stimmt seine erste Redaktion (G^1) immer mit V und/oder mit *J* überein, in seiner zweiten Redaktion (G^2), aus welcher die Notizen stammen, hat er dagegen in einigen Fällen die Lesart seiner „anderen" griechischen Quelle gegen seine erste Redaktion im Text selbst adoptiert. 3. In der zweiten Redaktion der Bücher VI, VII, VIII gibt es außerdem einige wenige Fälle, in welchen er, ohne ausdrücklich verschiedene griechische Lesarten zu notieren, den Text offenbar stillschweigend nach einer Lesart seiner zusätzlichen griechischen Hs — einer Lesart, die z. B. mit *I*, aber nicht mit *J* übereinstimmt — gegen seine erste, mit V und/oder *J* übereinstimmende Redaktion geändert hat. — Diese Beobachtungen hinsichtlich der Bücher VI—VIII erklären nun ohne Zweifel auch einige der nachträglichen textkritischen Umentscheidungen im V. Buch, die wir oben untersucht haben.

Wir können also schließen, daß Moerbeke im ersten Stadium seiner Revision zwei, und sicherlich nur zwei, Textgrundlagen benutzt hat: das lateinische Exemplar der Physica Vetus, in welches er seine Korrekturen eintrug, welches aber für ihn zugleich Zeugnis eines griechischen Textes war, sowie die Handschrift *J*. Im zweiten Stadium seiner Revision hatte er, vielleicht von vornherein, mindestens aber vom V. Buch an, noch eine zusätzliche griechische Handschrift. Seine lateinische Textgrundlage war auch im zweiten Stadium dasselbe Exemplar der Physica Vetus, jedoch dieses Exemplar *mit* den bereits im ersten Stadium von ihm eingetragenen Korrekturen. Diesen von ihm selbst korrigierten lateinischen Text, in welchem die ursprünglichen Lesarten sicherlich zum größten Teil noch sichtbar waren, hat Moerbeke im zweiten Stadium noch einmal durchlaufend mit dem griechischen Text von *J* und, mindestens an einer Reihe von problematischen Stellen, mit einer zusätzlichen griechischen Handschrift verglichen.

VIII. Textgrundlage im Kommentar von Thomas und Fragen der Datierung beider Redaktionen

Die erste Redaktion Moerbekes war, aus welchen Gründen auch immer, zweifellos der über das Pariser *exemplar* allgemein verbreitete Text. Ist seine zweite Redaktion, welche zusammenhängend bisher nur in einer einzigen Hs gefunden wurde, überhaupt bekannt geworden und benutzt worden? Diese allgemeine Frage läßt sich vorläufig nicht beantworten. Die im Anhang abgedruckten Abschnitte der beiden Texte sollen, unter anderem, dazu dienen, diese Frage bei künftigen Untersuchungen von Kommentaren und Zitationen, soweit diese sich auf die ausgewählten Abschnitte beziehen, zu berücksichtigen.

Was jedoch die Textgrundlage angeht, der Thomas in seiner Erklärung der Aristotelischen Physik folgt, so ist die Antwort, zum mindesten für das V. Buch, klar: Thomas hat hier ein Exemplar der Physica Nova benutzt; die Recensio Matritensis kannte er nicht. Die gleiche Lage scheint, nach Stichproben, auch für die anderen Bücher des Kommentars zu gelten. Ob und inwieweit — vielleicht zu Anfang? — Thomas außer der Physica Nova noch ein Exemplar der Physica Vetus verglichen hat, soll hier nicht untersucht werden: im V. Buch scheint das jedenfalls nicht der Fall gewesen zu sein.

Wir führen im folgenden die wichtigsten Stellen auf, an welchen sich die beiden Redaktionen (G^1, G^2) voneinander unterscheiden und an welchen außerdem die von Thomas im Kommentar selbst (T) gebrauchten Ausdrücke deutlich zeigen, welche der beiden Versionen er aufgegriffen hat. Die Lemmata berücksichtigen wir nicht. (Wir zitieren nach der Leonina-Ausgabe, die Stellenangaben können aber auch nach der Marietti-Ausgabe aufgefunden werden.)

224b3 (V 1, n. 5) ὅ: mobile $V^v G^1$ T: quod G^2 224b8,10 (V 1, n. 6) (τὸ) ὄν^{1,2}: esse V G^1 T: ens G^2 224b34 (V 1, n. 11) τὴν ὑπάτην ... βαρεῖα ... τὴν νητήν: ultimam ... subtilis ... extremam V G^1 T: infimam ... acuta ... summam G^2 225a15 (V 2, n. 6) τοῦ μὴ ὄντος: non esse V G^1 T: non ente G^2 225a16–17 (V 2, n. 6) γίγνεσθαι^{1,2}: fieri V G^1 T: generari G^2 225a25 (V 2, n. 8) τὸ λευκόν: albus $V^v G^1$ T: album G^2 225a26,27 (V 2, n. 8) τὸ μὴ ὄν^{1,2}: quod non est V G^1 T: (quod) non ens G^2 225a26 (V 2, n. 8) εἶναι: + inpossibile erit (est T) V^{v}G^1 T: esse G^2 225b12 (V 3, n. 7) ἀληθεύεσθαι: verum esse V G^1 T: verificari G^2 225b35 (V 3, n. 13) τὴν προτέραν: primam V G^1: prima T: priorem G^2 226a1 (V 3, n. 13) ἁπλῆ ... ποτε: simpliciter ... aliquando V^{v}G^1 T: simplex ... equidem G^2 226a15 (V 3, n. 16) μάθησις ... τῆς μαθήσεως: doctrina ... doctrine V G^1 T: disciplinatio ... disciplinationis G^2 226a31 (V 4, n. 3) αὔξησις^{1,2}: augmentum V G^1 T: augmentatio G^2 226a31 (V 4, n. 3) φθίσις: detrimentum V G^1: decrementum T: diminutio G^2 226b28 (V 5, n. 4) τὸ διαλεῖπον: quod deficit V G^1 T: quod interrumpit G^2 226b29 διαλείποντα (+ τοῦ πράγματος μὴ τοῦ χρόνου J): deficientem rei non temporis G^1: cum defectu rei sed non temporis T: interrumpenten rei non temporis G^2 227a23 (V 5, n. 10) ἡ σύμφυσις: insertus V G^1 T: symfysis G^2 227a27 (V 5, n. 10) σύμφυσις: consertus V G^1 T: symfysis G^2 227b5 (V 6, n. 2) φορά: loci mutatio V G^1 T: latio G^2 227b14 (V 6, n. 3) τῶν ἐπιστημῶν: scientiarum aliarum V^{v}G^1: diversarum scientiarum T: scientiarum G^2 227b30 (V 6, n. 5) ἄτομον: indivisibile V G^1 T: individuum G^2 227b31 (V 6, n. 5) διαλείπειν: deficiens V G^1 T: interrumpi G^2 227b32 (V 6, n. 5) μελαίνεσθαι: nigrum fieri V G^1 T: nigrescere G^2 228a3 (V 6, n. 6) τὴν ἀλλοίωσιν: secundum alterationem V G^1 T: alteratione G^2 228a11 (V 6, n. 7) διαλιπὼν: deficiens V G^1: deficit T: interrumpens G^2 228a29 (V 7, n. 2) φορά: loci mutatio V G^1 T: latio G^2 228b6 (V 7, n. 4) διαλαμβάνεται: intercipitur G^1: intercipiatur T: interrumpitur G^2 228b7 (l. c.) μεταξὺ: in medio V^{v}G^1 T: intermedium G^2 228b15 (V 7, n. 6) τὰς εἰρημένας: predictos V^{v}G^1 T: dictos G^2 228b24 (V 7, n. 8) τῆς κεκλασμένης ... τῆς ἕλικος: reflexi ... obliqui V G^1 T: reflexe ... elice G^2 229a2 (V 7, n. 11) τῇ κεκλασμένῃ φορᾷ: reflexivo motui G^1: motu reflexivo T: reflexe lationi G^2 229a6 (V 7, n. 12) φορᾶς: loci mutatione V G^1 T: latione G^2 229a21 (V 8, n. 4) συμβαίνει: accidit mutare V^{v}G^1: accidit mutari T: accidit G^2 230a4 (V 9, n. 5) εἰς αὑτὸ: in ipso V G^1 T: in ipsum G^2 230a11−13 (V 9, n. 8) τὸ ὄν^{1,2,3,4}: esse V G^1 T: ens G^2 230a25 (V 10, n. 2) φύσει: secundum naturam V^{v}G^1 T: natura G^2 ibid. ἡ δὲ (J^1): hic autem G^1: et alter T: ἢ (J^2): aut G^2 ibid. αὔξησις αὐξήσει: augmentum augmento V G^1 T: augmentatio augmentationi G^2 230b3 (V 10, n. 4) πιληθέντες: constricta V G^1: constringuntur T: commassata G^2

An all diesen Stellen, die sich noch vermehren ließen, hat Thomas ganz offensichtlich den Text von G^1 — sei es die in G^1 aus V oder V^v übernommenen Lesarten, sei es die eigenen Korrekturen von G^1 — und nicht denjenigen von G^2 kommentiert. Übereinstimmungen des Kommentars mit G^2 gegen G^1 sind dagegen so selten und so wenig charakteristisch, daß man sie für zufällig halten muß (z. B. 229b20 [V 8, n. 12] *ultimorum* V G^1: *extremorum* G^2 T: hier hat Thomas vermutlich frei vom Text den besser passenden Ausdruck gewählt).

Aus den oben angeführten Beispielen folgt nicht nur, daß Thomas an den jeweiligen Stellen die Lesarten von G^1 — und nicht diejenigen von G^2 — erklärt hat. Es scheint aus der Gesamtheit der Stellen auch hervorzugehen, daß Thomas den Text von G^2 gar nicht kannte: in einer Reihe von

Fällen hätte er andernfalls sicher die Versionen von G^2 als die besseren erkannt oder zum mindesten die Divergenzen notiert. Daß er die Korrekturen der zweiten Redaktion Moerbekes sicher *nicht* gesehen hat, geht nun aber ganz deutlich aus zwei Stellen seines Kommentars hervor:

228a28 λάμπας ἐκ διαδοχῆς: lampas ex diffusione V G^1: lampas ex successione G^2. — Thomas erklärt (V 7, n. 2): *sicut patet in diffusione lampadis, ut puta cum candela de manu in manum transfertur: sunt enim ibi diversi motus non continui. Vel potest intelligi quod motum localem liquoris quo flamma sustentatur, quem appellat diffusionem, consequitur motus localis flammae, quae nomine lampadis significatur.* Thomas hat hier versucht, die ganz ungeschickte „Übersetzung" *diffusione*, welche G^1 merkwürdigerweise nicht geändert hatte, auf zwei Weisen verständlich zu machen. In seiner ersten Erklärung des Wortes hat er, ohne es zu wissen, den ursprünglichen Aristotelischen Text getroffen, er hat dann aber noch versucht, auch der eigentlichen Bedeutung des Wortes *diffusione* im Kontext einen Sinn abzugewinnen. Es ist offensichtlich, daß ihm die Korrektur von G^2, wenn er sie gesehen hätte, sofort zu der richtigen Interpretation des Textes verholfen hätte.

230b22 τὸ ἵστασθαι: stare V G^1: statum ire G^2. — Thomas erklärt (V 10, n. 7): *utrum scilicet omnis quietis, quae non semper fuit, sit aliqua generatio, et generatio quietis vocatur stare; ut per stare non intelligamus idem quod quiescere, sed stare sit idem quod pervenire ad quietem; quod forte in graeco magis proprie sonat.* Thomas hat sehr gut erkannt, daß der Ausdruck *stare* vielleicht richtig, aber hier unzutreffend ist. Seine Überlegungen an dieser Stelle zeigen, daß er die Korrektur von G^2 *statum ire*, welche genau seinem eigenen Verständnis des Textes entsprochen hätte, nicht gesehen hat.

Die Erkenntnis, welcher der beiden Redaktionen Thomas in seiner Erklärung des Aristotelischen Textes gefolgt ist — daß er die Physica Nova zugrunde gelegt hat und die Recensio Matritensis offensichtlich nicht kannte —, ist natürlich in erster Linie eine wichtige Voraussetzung für unser Verständnis seines Kommentars. Sie gehört aber auch, ohne daß hier vorläufig irgendwelche Schlüsse gezogen werden sollen, in den Rahmen der historischen Frage nach den Beziehungen zwischen den Übersetzungen Moerbekes und ihrer Kenntnis und Benutzung durch Thomas — eine Frage, welche man seit den Untersuchungen Gauthiers nicht mehr durch die einfache Formel *ad instantiam fratris Thomae* beantworten kann.

Zur Frage nach der Entstehungszeit der beiden Moerbekeschen Texte selbst trägt diese Erkenntnis jedoch fast nichts bei. In Hinblick auf die erste Redaktion gibt sie uns zwar einen ungefähren *terminus ante quem*. Da man aber, wie schon A. Mansion gefolgert hatte und wie R. A. Gauthier jetzt bestätigt hat[21], für den Kommentar ein sehr viel späteres Datum

---

[21] S. Thomae de Aquino Sentencia libri De anima (siehe oben, Anm. 1), 270*.

annehmen muß als ursprünglich vermutet wurde — nach Gauthier hat Thomas ihn frühestens im Jahre 1269 in Paris geschrieben —, ist dieser *terminus ante quem* für die Entstehungszeit von Moerbekes erster Redaktion möglicherweise eine sehr weit gesteckte obere Grenze. Hinsichtlich der zweiten Redaktion können wir überhaupt nichts folgern.

Sicher ist nur, daß beide Redaktionen durch einen gewissen zeitlichen Abstand voneinander getrennt waren — einen Abstand, der mindestens zwei Abschriften der ersten Redaktion erlaubt haben muß. Aber wann und wo Moerbeke die Physica Vetus zum erstenmal nach dem Griechischen bearbeitet hat, wann und wo seine zweite Redaktion entstanden ist, wissen wir nicht. Hat er *J* in Griechenland gefunden und dort, während seines ersten griechischen Aufenthalts in der Zeit oder in den Jahren um 1260 benutzt? Er hätte dann dort auch — auf welche Weise auch immer — ein Exemplar der Physica Vetus haben müssen. Hat er *J* mit nach Italien genommen, wo wir ab 1267 gewisse Daten und Orte kennen[22]? Es gibt kodikologische Anzeichen dafür, daß der griechische Kodex sich für einige Zeit, um 1300, in Italien befunden hat[23]. Bei unserer terminologischen Untersuchung waren wir außerdem auf eine mögliche zeitliche Verwandtschaft der zweiten Redaktion mit den Archimedes-Übersetzungen (1269, vermutlich Viterbo) hingewiesen worden. Aus welchen Gründen hat er, wie in der Metaphysik so auch in der Physik, seine erste Redaktion ein zweites Mal überarbeitet? Hängen die doppelten Redaktionen der beiden Texte untereinander zusammen? Es haben sich auch hier in der terminologischen Untersuchung einige Parallelen angedeutet. Wo hat Moerbeke in beiden Fällen die „zweiten" griechischen Exemplare gefunden? — Wir können diese Fragen nicht beantworten. Erst die Untersuchung der übrigen in *J* enthaltenen und von Moerbeke übersetzten oder bearbeiteten Texte sowie eine bessere Kenntnis der Entwicklungsphasen in Moerbekes Übersetzungsmethode könnten hier — vielleicht — weiterführen[24].

---

[22] Eine sehr gute Übersicht über die Übersetzungen Moerbekes mit Angaben über die zeitlichen und örtlichen Evidenzen findet man in L. Minio-Paluello, Moerbeke, William of, in: Dictionary of Scientific Biography, 9 (1974) 434—440.

[23] G. Vuillemin-Diem, Recensio Palatina und Recensio Vulgata — Wilhelm von Moerbekes doppelte Redaktion der Metaphysikübersetzung, im gleichen Band, S. 360, n. 44.

[24] Eines der spätesten Werke des Thomas ist bekanntlich der Kommentar In De Caelo, in dem er Moerbekes Übersetzung des Simpliciuskommentars benutzt. Diese Übersetzung ist auf 1271 datiert. Der Umstand, daß Thomas Moerbekes zweite Physikrevision nicht mehr gekannt hat, könnte darauf hinweisen, daß diese nach 1271 entstanden ist. In diese Richtung weist auch der oben S. 247f. erwähnte Terminus *elica*. Während Moerbeke in den Übersetzungen seiner früheren Periode den Ausdruck *revolutio* verwendet, geht er in seinen Archimedes-Übersetzungen dazu über, die Termini *elix* und *elica* zu benutzen. Dasselbe geschieht in der Übersetzung des Simpliciuskommentars In De Caelo, ebenfalls unter Verweisung auf seine frühere Übersetzung *revolutio* (mündliche Mitteilung von F. Bossier). Daß Moerbeke im zweiten Stadium seiner Revision der Physik den Ausdruck *elica* ohne weitere Erklärung benutzt, könnte darauf hinweisen, daß ihm damals dieser Terminus schon geläufig war.

Fassen wir, zum Schluß, die positiven Ergebnisse unserer Untersuchung zusammen. Es hat sich gezeigt, daß die Translatio Nova der Physik, wie schon lange Zeit vermutet wurde, eine Überarbeitung der Translatio Vetus durch Wilhelm von Moerbeke ist. Wie bei verschiedenen anderen seiner Übersetzungen, ist er bei dieser Arbeit in zwei Stadien vorgegangen, und die handschriftliche Tradition hat beide Revisionsformen getrennt überliefert. Merkwürdigerweise ist die zweite, endgültige Fassung nur in einer einzigen Hs vollständig erhalten, während die große Gruppe von Hss der Translatio Nova das erste, vorläufige und von der Translatio Vetus kaum abweichende Stadium der Revision bezeugt. Auch Thomas hat in seinem Kommentar nur diesen allgemein verbreiteten Text benutzt. Beide Textformen gehen jedoch aus derselben materiellen Vorlage hervor, nämlich einer bestimmten Handschrift der Physica Vetus, die mit der Gruppe *BmCüNq* zusammenhing, und in welche Moerbeke seine Korrekturen, Korrekturvorschläge oder Anweisungen in zwei zeitlich getrennten Arbeitsgängen eingetragen hat. Im ersten Durchgang hat Moerbeke hauptsächlich textkritische Korrekturen vorgenommen, im zweiten hat er den Text systematisch auch in terminologisch-hermeneutischer Hinsicht verbessert. Seine griechische Vorlage war, wie bei seiner Revision der Metaphysik, und zwar in den beiden Stadien der Revision, der Vindobonensis 100 (*J*), im zweiten Stadium hat er jedoch, wie er selbst ausdrücklich bezeugt, eine zweite griechische Quelle herangezogen.

IX. Textanhang

Der folgende Textanhang gibt eine Gegenüberstellung der beiden Redaktionen Moerbekes (Physica Nova und Recensio Matritensis) in der zweiten Hälfte des V. Buches (227b3—231a17). In beiden Texten sind die vom Revisor übernommenen Elemente seines Vetus-Exemplars (kleine Schrift) und die eigentlichen Revisionselemente (GROSSE SCHRIFT = Änderung oder Zufügung eines Wortes; *, ** = Auslassung eines oder mehrerer Worte; ⟨...⟩ = Änderung der Reihenfolge) entsprechend den oben, S. 232-6, gewonnenen Kriterien unterschieden.

Im Text der Physica Nova werden außerdem durch kleine, aber *kursive* Schrift diejenigen Elemente des der Revision zugrunde liegenden Vetus-Exemplars (V^g) gekennzeichnet, welche sich zwar vom edierten Text der Vetus (V) unterscheiden, welche aber durch Varianten der Überlieferung von V (V^v), und zwar durch die Hss *BmCüNqFp*, einzeln oder zu mehreren, bezeugt sind. Der Einfachheit halber wurde eine einheitliche Bezeichnung durch Kursivdruck für alle Arten von Varianten gewählt: bei Auslassungen gegenüber dem Text von V ist das vorangehende Wort kursiv gedruckt, bei Unterschieden in der Reihenfolge alle betroffenen Worte. Der Kursivdruck dient also nur dazu, dem Leser bei einem eventuellen Vergleich mit dem edierten Text der Physica Vetus anzuzeigen, daß es sich bei diesen Lesarten ebenfalls um Elemente des zugrunde liegenden Vetus-Textes handelt; im Exemplar des Revisors waren diese Elemente natürlich nicht von den übrigen Elementen unterschieden. Auf Ausnahmen oder problematische Stellen hinsichtlich der Unterscheidung zwischen den Lesarten des zugrunde liegenden Exemplars und den Korrekturen wird im Apparat der Physica Nova verwiesen. In diesem Apparat werden außerdem die wichtigsten Varianten der zur Textkonstitution benutzten Textzeugen *Zl, Rä*[(ac)] und P angegeben.

In der Recensio Matritensis sind die Lesarten des zugrunde liegenden Exemplars einheitlich in kleiner und normaler Schrift angeführt. Soweit die Varianten des zugrunde liegenden Exemplars vom Revisor auch im zweiten Stadium seiner Revision übernommen wurden, lassen sie sich leicht durch den Vergleich mit der Physica Nova erkennen. Die Korrekturen des Revisors sind in der gleichen Weise gekennzeichnet wie in der Physica Nova. Die spezifischen Elemente der zweiten Redaktion gegenüber der ersten Redaktion sind außerdem durch Unterstreichung kenntlich gemacht. Der Text ist im allgemeinen mit der Hs *Gm* identisch, Ausnahmen werden im Apparat angegeben. Im Apparat werden außerdem diejenigen spezifischen Elemente der zweiten Redaktion angeführt, welche auch durch die Korrekturlesarten von *Rä* überliefert sind ([+] ... = *praebet etiam Rä*[c]).

PHYSICA NOVA (G[1])

[4] (**227b**3) Unus autem motus dicitur multipliciter; unum quidem enim multipliciter (4) dicimus. Genere quidem igitur unus est secundum figuras (5) predicamenti; loci mutatio quidem ENIM omni loci mutationi genere UNA est, (6) alteratio autem a loci mutatione altera genere est; specie autem unus est, cum (7) genere unus et individua specie sit, ut coloris quidem (8) sunt differentie; *iam* igitur *alius* specie denigratio et *dealbatio*; (9) omnis *autem* dealbatio omni dealbationi idem secundum (10) speciem erit et omnis denigratio denigrationi, albedini autem non amplius; (11) unde specie una dealbatio *albationi* omni. Si autem sunt (12) quedam que et genera simul et species sunt, manifestum est quod UT specie unus (13) erit, simpliciter autem unus specie non, ut doctrinatio, si scientia (14) *quidem est species* EXISTIMATIONIS, genus autem scientiarum *aliarum*. Dubitabit (15) autem aliquis si specie unus motus *sit*, cum ex eodem ⟨idem in⟩ (16) idem *mutetur*, ut unum punctum ex hoc loco (17) in hunc locum iterum et iterum. Si autem hoc est, erit (18) circulatio rectitudini eadem et *volutatio* ambulationi. (19) Aut

RECENSIO MATRITENSIS (G[2])

[4] (**227b**3) Unus autem motus dicitur multipliciter; unum * enim multipliciter (4) dicimus. Genere quidem igitur unus est secundum figuras (5) predicamenti; LATIO quidem ENIM omni LATIONI genere UNA *, (6) alteratio autem a LATIONE altera genere *; specie autem unus est, cum (7) genere unus ENS et IN individua specie sit, PUTA coloris quidem (8) sunt differentie; EQUIDEM alius specie denigratio et dealbatio; (9) omnis autem dealbatio omni dealbationi EADEM secundum (10) speciem erit et omnis denigratio denigrationi, albedini autem non ADHUC; (11) unde specie una dealbatio DEALBATIONI omni. Si autem sunt (12) quedam que et genera simul et species sunt, manifestum QUOMODO est * UT specie unus (13) erit, simpliciter autem unus specie non, PUTA doctrinatio, si scientia (14) ⟨species quidem *⟩ EXISTIMATIONIS, genus autem scientiarum *. Dubitabit (15) autem aliquis si specie unus motus *, cum ex eodem ⟨idem in⟩ (16) idem mutetur ut PUTA unum punctum ex hoc loco (17) in hunc locum iterum et iterum. Si autem hoc *, erit (18) circulatio RECTO MOTU MOTUI eadem et volutatio ambulationi. (19) Aut

PHYSICA NOVA (G¹)

determinatum est id in quo est si alterum *est* specie, quoniam alter motus est, (20) circulare autem a recto alterum specie est.

Genere quidem igitur et (21) specie motus unus sic est, simpliciter autem unus motus est qui substantia quidem (22) unus ET numero *est*; quis autem huiusmodi sit, manifestum est dividentibus. (23) Tria enim sunt secundum numerum circa que dicimus motum unum: quod et (24) in quo et quando. Dico autem ʿquodʾ, quoniam necesse est *aliquid* esse quod movetur, (25) ut hominem aut AURUM, et in aliquo hoc moveri, ut in (26) loco aut in passione, et quando; in tempore enim omne movetur. (27) Horum autem *genere quidem aut specie esse* unum est in (28) re in qua movetur, habitum autem erat in tempore, (29) simpliciter autem *unum* in omnibus hiis est; et namque in quo est unum oportet (30) esse et indivisibile, ut speciem, et IPSUM QUANDO (31) unum tempus et non deficiens, et quod movetur unum esse non secundum (32) accidens, ut album nigrum fieri et Coriscum ambulare (33) (unum autem est Coriscus et album, sed secundum accidens), (**228a**1) neque commune; esset enim *duos homines simul* sanari secundum (2) eandem sanitatem, ut OBTALMIE; sed non unus hic est, (3) sed specie unus est. Socratem *autem* secundum *alterationem eandem* alterari (4) specie, in alio autem tempore et iterum in alio, si (5) quidem contingit corruptum iterum unum fieri numero, erit (6) et hic unus, si vero non, idem quidem, unus autem non *. Habet (7) autem dubitationem huic similem et utrum una sanitas (8) et *omnino* habitus ET PASSIONES * SUBSTANTIE sint in corporibus; (9) moveri namque videntur habentia et fluentia. Si IGITUR (10) eadem et una que DILUCULO ET *nunc* sanitas, quare non et (11) cum deficiens accipiat iterum sanitatem, et HEC et illa (12) una numero erit? Eadem enim ratio est; nisi quod in tantum (13) differt, quia si quidem duo * *idem*, sicut numero (14) unus, et habitus esse

RECENSIO MATRITENSIS (G²)

determinatum est id in quo * si alterum SIT specie, QUOD alter motus *, (20) circulare autem a recto alterum specie *?

Genere quidem igitur et (21) specie motus unus sic *, simpliciter autem unus motus * qui substantia * (22) unus ET numero *; quis autem huiusmodi sit, manifestum * dividentibus. (23) Tria enim sunt NUMERO circa que dicimus motum*: quod et (24) in quo et quando. Dico autem * QUOD necesse * aliquid esse quod movetur, (25) ut hominem aut AURUM, et in aliquo hoc moveri, ut in (26) loco aut in passione, et quando; in tempore enim omne movetur. (27) Horum autem genere quidem aut specie esse unum est in (28) re in qua movetur, habitum autem erat in tempore, (29) simpliciter autem unum in omnibus hiis *; et namque in quo * unum oportet (30) esse et INDIVIDUUM, PUTA speciem, et IPSUM QUANDO ⟨tempus (31) unum⟩ et non INTERRUMPI, et quod movetur unum esse non secundum (32) accidens, SICUT album NIGRESCERE et Coriscum ambulare (33) (unum autem est Coriscus et album, sed secundum accidens), (**228a**1) neque commune; esset enim duos homines simul sanari (2) EADEM SANATIONE, ut AB OPTHALMIA; sed non unus hic *; (3) sed specie unus est. Socratem autem ALTERATIONE QUIDEM EADEM (4) ⟨specie alterari⟩, in alio autem tempore et iterum in alio, si (5) quidem contingit corruptum iterum unum fieri numero, erit (6) et hic unus, si vero non, idem quidem, unus autem non *. Habet (7) autem dubitationem huic similem et utrum una sanitas (8) et omnino habitus ET PASSIONES * SUBSTANTIA sint in corporibus; (9) moveri namque videntur habentia et fluentia. Si IGITUR (10) eadem et una que DILUCULO ET nunc sanitas, quare non UTIQUE et (11) cum INTERRUMPENS accipiat iterum sanitatem, et HEC et illa (12) una numero erit? Eadem enim ratio est; nisi quod in tantum (13) differt, quia si quidem duo * ID IPSUM HOC, sicut numero (14) unus, et

PHYSICA NOVA (G¹)

necesse est; unus enim numero actus unius (15) numero *; si vero habitus unus est, fortassis non alicui videbitur unus (16) et actus esse; cum enim pauset ambulans, non amplius (17) est hec ambulatio, iterum autem ambulante erit. Si igitur unus (18) et idem est, *contingit unum et idem* corrumpi (19) et esse multotiens.

Hee quidem igitur sunt dubitationes extra que (20) nunc est *intentionem*; quoniam autem continuus est omnis motus, simpliciter *quidem* (21) unum necesse est et continuum esse, si quidem omnis divisibilis est, et (22) si continuus, unus. Non enim omnis fiet continuus omni, (23) sicut neque aliud nullum contingenti contingens, sed quorum unum sunt (24) extrema. Ultima autem aliorum *non sunt quidem*, aliorum autem sunt, sed (25) specie differentia et equivoca sunt; quomodo namque tanget aut unum fiet (26) ultimum linee et ambulationis? Habiti quidem igitur sunt (27) et qui neque idem specie neque *idem* genere sunt (currens enim (28) aliquis *statim febricitabit*), et ut lampas, ex diffusione (29) loci mutatio *est habita*, continua autem non; ponitur enim continuum, quorum (30) ultima unum sunt. Quare habiti et consequenter sunt quo tempus (31) continuum est, continuum autem est quo motus; hoc autem est, (**228b1**) cum unum ultimum fiat ambobus. Unde necesse est eundem (2) *secundum speciem* esse et unius et in uno tempore simpliciter continuum (3) motum et unum; tempore quidem, ut non inmobilitas intersit (4) (in deficienti enim quiescere necesse est; multi igitur (5) et non unus motus est, quorum quies *in* medio est; quare si aliquis (6) motus statu occupetur, neque unus est neque continuus; INTERCIPITUR (7) autem, si *in* medio tempus est); *qui* autem specie non (8) *unus*, non, et si non *deficiat* tempus; tempus quidem enim (9) unum est, specie autem alius; unum quidem enim necesse est (10) et specie unum esse, hunc autem simpliciter

RECENSIO MATRITENSIS (G²)

habitus esse necesse *; unus enim numero actus unius (15) numero *; si vero habitus unus *, fortassis non alicui videbitur unus (16) et actus esse; cum enim pauset ambulans, non amplius (17) est * ambulatio, iterum autem ambulante erit. Si igitur unus (18) et idem *, CONTINGET UTIQUE unum et idem corrumpi (19) et esse multotiens.

Hee quidem igitur sunt dubitationes extra EAM que (20) nunc * intentionem; quoniam autem continuus est omnis motus, simpliciter quidem (21) unum necesse * et continuum esse, si quidem omnis divisibilis *, et (22) si continuus, unus. Non enim omnis fiet continuus omni, (23) sicut neque aliud nullum contingenti contingens, sed quorum unum sunt (29) ULTIMA. Ultima autem aliorum ⟨quidem non sunt⟩, aliorum autem sunt ALIA (25) specie * et equivoca *; quomodo namque tanget aut unum fiet (26) ultimum linee et ambulationis? Habiti quidem igitur ERUNT (27) UTIQUE et SI NON IIDEM specie neque * genere * (currens enim (28) aliquis statim febricitabit), et ut lampas ex SUCCESSIONE (29) LATIO * habita, continua autem non EST; ponitur enim continuum, quorum (30) ultima unum *. Quare habiti et consequenter sunt PER tempus (31) continuum ESSE, continuum autem * PER motus; hoc autem *, (**228b1**) cum unum ultimum fiat ambobus. Unde necesse * eundem (2) SPECIE esse et unius et in uno tempore simpliciter continuum (3) motum et unum; tempore quidem, ut non INMOTIO intersit (4) (in INTERRUPTO enim quiescere necesse *; multi igitur (5) et non unus motus *, quorum ⟨est quies INTERMEDIA; quare si aliquis (6) motus statu INTERRUMPITUR, neque unus * neque continuus; INTERRUMPITUR (7) autem, si INTERMEDIUM tempus *); * ⟨non UNIUS autem specie⟩, non, et si non deficiat tempus; tempus quidem enim (9) unum *, specie autem alius; EUM quidem enim QUI UNUS necesse * (10) et specie unum esse, hunc autem simpliciter unum esse non est

PHYSICA NOVA (G¹)

unum esse non est necesse. (11) Quis *igitur motus quidem* simpliciter unus, dictum est; amplius autem dicitur unus (12) et perfectus, sive secundum genus sive secundum speciem sive (13) secundum substantiam sit, sicut *et* in aliis perfectum et (14) totum unius est. Est autem aliquando et si imperfectus sit, unus dicitur, si (15) solum sit continuus.

Amplius autem ALITER preter *predictos* dicitur (16) *motus unus* regularis. Irregularis enim est UT non videtur (17) unus, sed magis regularis, sicut rectus; (18) irregularis enim divisibilis est. Videtur autem differre sicut magis et (19) minus. Est autem *et* in omni motu quod regulariter est aut non; et namque (20) alterabitur regulariter, et *fertur* in regulari ut circulo (21) aut rectitudine, et circa augmentum similiter et detrimentum. Irregularitatis (22) autem differentia est aliquando quidem in quo movetur; impossibile enim est regularem (23) esse motum non in regulari magnitudine, ut (24) reflexi motus aut obliqui aut alius magnitudinis, *quarum* (25) non convenit contingens in contingentem partem; aliquando autem neque (26) in ubi neque in *quando* neque in QUOD, sed in eo quod UT *. Velocitate (27) enim et tarditate aliquando determinatur; cuius quidem enim (28) *velocitas est eadem*, regularis est, cuius autem non, irregularis. Unde neque species (29) motus neque differentie sunt velocitas et tarditas, quia omnes (30) sequuntur differentes secundum speciem. Quare neque gravitas ET (31) levitas que in idem *, ut terre ad ipsam aut ignis ad (**229a**1) ipsum. Unus quidem igitur irregularis est quo *est continuus*, minus autem, quod quidem (2) REFLEXIVO accidit motui; QUOD autem minus commixtio semper (3) contrarii *. Si autem omnem unum contingit et regularem esse (4) et non, non erunt qui non secundum speciem habiti ipsi * (5) unus et continuus; quomodo enim erit regularis ex alteratione (6) compositus et loci mutatione? Indiget enim convenire.

RECENSIO MATRITENSIS (G²)

necesse. (11) Quis ⟨quidem igitur motus⟩ simpliciter unus, dictum est; amplius autem dicitur unus (12) et QUI perfectus, sive secundum genus sive secundum speciem sive (13) secundum substantiam sit, sicut et in aliis perfectum et (14) totum unius *. Est autem QUANDO et si imperfectus sit, unus dicitur, si (15) solum sit continuus.

Amplius autem ALITER preter DICTOS dicitur (16) motus unus QUI regularis. Irregularis enim est UT non videtur (17) unus, sed magis QUI regularis, sicut rectus; (18) irregularis enim DIVISUS est. Videtur autem differre sicut QUOD magis et (19) minus. Est autem et in omni motu quod regulariter * aut non; et namque (20) alterabitur regulariter, et FERETUR in regulari ut circulo (21) aut RECTA, et circa augmentum similiter et detrimentum. Irregularitatis (22) autem differentia est aliquando quidem in quo movetur; impossibile enim est regularem (23) esse motum non in regulari magnitudine; ut QUI (24) REFLEXE motus aut QUI ELICE aut alius magnitudinis, quarum (25) non convenit contingens in contingentem partem; aliquando autem neque (26) in ubi neque in quando neque in QUOD, sed in eo quod UT *. Velocitate (27) enim et tarditate aliquando determinatur; cuius quidem enim (28) velocitas * eadem, regularis *, cuius autem non, irregularis. Unde neque species (29) motus neque differentie sunt velocitas et tarditas, quia omnes (30) sequuntur differentes secundum speciem. Quare neque gravitas ET (31) levitas que in idem *, ut terre ad ipsam aut ignis ad (**229a**1) ipsum. Unus quidem igitur QUI irregularis * quo * continuus, minus autem, quod quidem (2) REFLEXE accidit LATIONI; QUOD autem minus commixtio semper (3) contrarii *. Si autem omnem unum contingit et regularem esse (4) et non, non UTIQUE erunt qui non secundum speciem habiti ipsi * (5) unus et continuus; quomodo enim erit regularis QUI ex alteratione (6) compositus et LATIONE? Indiget enim convenire.

PHYSICA NOVA (G¹)

[5] (7) Amplius autem determinandum est qualis motus contrarius motui, et de (8) *mansione* eodem modo. Sed *primo* dividendum est utrum (9) contrarius motus sit qui est ex eodem ei qui est in idem, ut qui est ex sanitate (10) ei qui est in sanitatem — ut generatio et corruptio *videntur*, aut qui est (11) ex contrariis, ut qui est ex sanitate ei qui est ex egritudine, aut qui est in contraria, (12) ut qui est in sanitatem ei qui est in egritudinem, aut qui est ex contrario ei qui est in contrarium, (13) ut qui est ex sanitate ei qui est in egritudinem, aut qui est ex contrario in contrarium (14) ei qui est ex contrario in contrarium, ut qui est ex sanitate in egritudinem (15) ei qui est ex egritudine in sanitatem. Necesse est enim aut unum quendam horum esse (16) modorum aut plures; non enim est aliter contraponere. Est (17) autem qui *quidem* ex contrario ei qui est in contrarium non contrarius, ut qui est ex (18) sanitate ei qui est in egritudinem; IDEM enim et unus est. Esse quidem igitur (19) non idem est ipsis, sicut non idem est ex sanitate mutare (20) ET in egritudinem. Neque qui est ex contrario ei qui est ex contrario; (21) simul quidem enim accidit *mutare* ex contrario et in contrarium aut in medium — (22) sed de hoc quidem posterius dicemus; sed magis (23) in contrarium mutare videbitur utique causa esse contrarietatis (24) quam ex contrario; hic quidem enim mutatio contrarietatis, (25) ille vero acceptio. Et dicitur autem unusquisque in quod mutat (26) magis quam ex quo, ut sanatio in sanitatem, *egrotatio* (27) *autem* in egritudinem.

RELINQUITUR *ergo* qui est in contraria et qui est in contraria (28) ex contrariis. Fortassis quidem igitur accidit hos QUI in contraria et ex (29) contrariis esse, sed esse forsitan non idem, dico autem QUOD * (30) in sanitatem ei QUOD * ex egritudine et QUOD * ex sanitate ei QUOD * in egritudinem. Quoniam (31) autem differt mutatio a motu (ex quodam enim subiecto (32) in quoddam subiectum mutatio *est motus*), qui

RECENSIO MATRITENSIS (G²)

[5] (7) Amplius autem determinandum est qualis motus contrarius motui, et de (8) mansione AUTEM eodem modo. Sed primo dividendum est utrum (9) contrarius motus sit qui * ex eodem ei qui * in idem, ut qui est ex sanitate (10) ei qui est in sanitatem — QUALE generatio et corruptio videntur, aut qui * (11) ex contrariis, ut qui * ex sanitate ei qui * ex egritudine, aut qui * in contraria, (12) ut qui * in sanitatem ei qui * in egritudinem, aut qui * ex contrario ei qui * in contrarium, (13) ut qui * ex sanitate ei qui * in egritudinem, aut qui * ex contrario in contrarium (14) ei qui * ex contrario in contrarium, ut qui * ex sanitate in egritudinem (15) ei qui * ex egritudine in sanitatem. Necesse est enim aut unum quendam horum esse (16) modorum aut plures; non enim est aliter contraponere. Est (17) autem qui quidem ex contrario ei qui * in contrarium non contrarius, ut qui * ex (18) sanitate ei qui * in egritudinem; IDEM enim et unus est. Esse VERO (19) non idem * ipsis, sicut non idem est ex sanitate MUTARI (20) ET in egritudinem. Neque qui * ex contrario ei qui * ex contrario; (21) simul quidem enim accidit * ex contrario et in contrarium aut in medium — (22) sed de hoc quidem posterius dicemus; sed magis (23) in contrarium mutare videbitur utique causa esse contrarietatis (24) quam ex contrario; hic quidem enim SEMOTIO contrarietatis, (25) ille vero acceptio. Et dicitur autem unusquisque in quod MUTATUR (26) magis quam ex quo, ut sanatio QUI in sanitatem, egrotatio (27) autem QUI in egritudinem.

RELINQUITUR ITAQUE qui * in contraria et qui * in contraria (28) ex contrariis. Fortassis quidem igitur accidit hos QUI in contraria et ex (29) contrariis esse, sed esse forsitan non idem, dico autem QUOD * (30) in sanitatem ei QUOD * ex egritudine et QUOD * ex sanitate ei QUOD * in egritudinem. Quoniam (31) autem differt mutatio a motu (ex quodam enim subiecto (32) in quoddam subiectum mutatio ⟨motus est⟩),

PHYSICA NOVA (G¹)

est ex contrario (**229b**1) in contrarium ei qui est ex contrario in contrarium motus contrarius *est*, ut (2) qui est ex sanitate in egritudinem ei qui est ex egritudine in sanitatem. Manifestum *est autem* et (3) ex inductione qualia videntur contraria esse; *egrotari* (4) *enim ipsi* sanari et ipsi addiscere decipi (5) non per ipsum (in contraria enim; sicut enim *in scientia,* (6) est sic et *in deceptione* et per ipsum HABERE et per alium), et (7) sursum motus ei qui est deorsum (contraria enim hec sunt in longitudine), et qui est (8) ad dexteram ei qui est ad sinistram (contraria enim hec sunt in latitudine), (9) et qui est ante ei qui est retro (contraria enim (10) hec sunt {** **********/in altitudine}). Qui autem est in contrarium solum non est motus sed mutatio, (11) ut fieri album non ex quodam est. Quibus autem non est (12) contrarium, qui est ex ipso ei qui est in ipsum mutatio contraria est; unde (13) generatio corruptioni contraria est et remotio acceptioni; hee autem mutationes (14) quidem, motus autem non sunt. Qui *autem* in medium motus *sunt,* (15) quibuscumque contrariorum est medium, tanquam in contraria quodammodo ponendi sunt; (16) sicut enim contrario utitur medio motus, in *utraque* (17) utique *mutetur,* ut ex fusco quidem in album tanquam ex (18) nigro et *ex* albo in fuscum tanquam in nigrum, (19) ex nigro autem in fuscum tanquam in album fuscum; medium *autem* (20) ad utrumque dicitur quodammodo utrumque ultimorum, sicut dictum *est* (21) prius. Motus quidem igitur motui contrarius *est sic* qui est ex (22) contrario in contrarium *ei qui* EX CONTRARIO *in contrarium.*

[6] (23) Quoniam autem motui non solum videtur *esse motus* contrarium (24) sed et quies, hoc determinandum *. Simpliciter quidem enim *contrarius est* (25) *motus motui,* opponitur autem et quies (privatio enim est, est (26) autem *sic quod* privatio contraria dicitur), qualis autem quali, ut (27) ei qui est secundum

RECENSIO MATRITENSIS (G²)

qui * ex contrario (**229b**1) in contrarium ei qui * ex contrario in contrarium motus contrarius *, ut (2) qui est ex sanitate in egritudinem ei qui est ex egritudine in sanitatem. Manifestum est autem et (3) ex inductione qualia videntur contraria esse; egrotari (4) enim ipsi sanari et ⟨addiscere ipsi⟩ decipi (5) non per ipsum (in contraria enim; sicut enim * SCIENTIAM, (6) est sic et * DECEPTIONEM et per ipsum HABERE et per alium), et (7) sursum LATIO ei que * deorsum (contraria enim hec sunt in longitudine), et QUE * (8) ad dexteram ei QUE * ad sinistram (contraria enim hec sunt in latitudine), (9) et QUE * ante ei QUE * retro (contraria enim (10) hec sunt in altitudine). Qui autem est in contrarium solum non est motus sed mutatio, (11) ut fieri album ET non ex quodam *. Quibus autem non est (12) contrarium, QUE * ex ipso ei QUE * in ipsum mutatio contraria est; unde (13) generatio corruptioni contraria est et remotio acceptioni; hee autem mutationes (14) quidem, motus autem non sunt. EOS ⟨autem qui⟩ in medium motus *, (15) quibuscumque contrariorum est medium, tanquam in contraria quodammodo PONENDUM *; (16) sicut enim contrario utitur medio motus, in UTRACUMQUE (17) utique mutetur, ut ex fusco quidem in album tanquam ex (18) nigro et ex albo in fuscum tanquam in nigrum, (19) ex nigro autem in fuscum tanquam in album QUOD fuscum; medium autem (20) ad utrumque dicitur quodammodo utrumque EXTREMORUM, sicut dictum est ET (21) prius. Motus quidem igitur motui contrarius est sic qui * ex (22) contrario in contrarium ei qui EX CONTRARIO in contrarium.

[6] (23) Quoniam autem motui non solum videtur esse motus CONTRARIUS (24) sed et quies, hoc determinandum *. Simpliciter quidem enim contrarius est (25) motus motui, opponitur autem et quies (privatio enim est, est (26) autem UT ET privatio contraria dicitur), qualis autem quali, ut (27) ei qui est

PHYSICA NOVA (G¹)

locum QUE SECUNDUM LOCUM. Sed hoc {QUIDEM / NUNC} dicitur (28) simpliciter; utrum enim ei *que* est hic MANSIONI qui est ex hoc aut qui est (29) in hoc motus opponitur? Manifestum igitur est quia, quoniam in duobus motus (30) subiectis est, huic quidem *qui* ex hoc in contrarium que est in hoc (31) quies, huic autem *qui* ex contrario in hoc *que* in contrario quies. Simul autem (32) et ad invicem contrarie hee sunt; et namque inconveniens est, si motus (**230a1**) quidem contrarii sunt, quietes autem opposite non sunt. Sunt autem (2) *in oppositis hee*, ut que est in sanitate ei que est in egritudine quies — (3) motui autem ei qui est ex sanitate in egritudinem; ei ENIM qui est ex egritudine in sanitatem (4) *irrationabile* (qui enim in ipso motus est in quo *stetit*, quietatio (5) magis est, SECUNDUM QUOD accidit simul fieri motui), (6) necesse autem est aut hanc aut illam esse —; non enim que est in albedine (7) quies contraria est ei que est in sanitate. *Quibus* autem non SUNT contraria, (8) horum mutatio quidem est opposita que est ex ipso ei que est in (9) ipsum, motus autem non est, ut que est ex esse ei que est in esse; (10) quies quidem HORUM non est, inmutatio autem est. Et si quidem *aliquid* (11) erit subiectum ***, que * in esse NON *mutatio* ei que est in non (12) esse contraria erit; si vero non est aliquid quod non est, dubitabit aliquis (13) *cui* sit contraria que est in esse NON *mutatio* et * quies est. (14) Si autem hoc *, aut non omnis quies motui contraria est, aut generatio (15) et corruptio *motus*. Manifestum igitur quod *quies* non dicenda est, (16) si non et hee motus, simile autem aliquid est et INMUTATIO; (17) contraria autem est aut nulli aut ei que est in non esse aut corruptioni; (18) hec enim ex ipsa, generatio autem in illam.

Dubitabit autem aliquis (19) quare in mutatione quidem secundum locum sunt et secundum naturam (20) et extra naturam et quietes et motus, in aliis autem (21) non, ut

RECENSIO MATRITENSIS (G²)

secundum locum QUE SECUNDUM LOCUM. Sed hoc QUIDEM dicitur (28) simpliciter; utrum enim ei que * hic MANSIONI qui * ex hoc aut qui * (29) in hoc motus opponitur? Manifestum ITAQUE * QUOD, quoniam in duobus motus (30) subiectis est, EI quidem qui ex hoc in contrarium que * in hoc (31) quies, EI autem qui ex contrario in hoc que in contrario quies. Simul autem (32) et ad invicem contrarie hee sunt; et namque inconveniens est, si motus (**230a1**) quidem contrarii sunt, quietes autem opposite non sunt. Sunt autem (2) in oppositis hee, ut que est in sanitate ei que est in egritudine quies — (3) motui autem ei qui * ex sanitate in egritudinem; ei ENIM qui * ex egritudine in sanitatem (4) irrationabile (qui enim in IPSUM motus * in quo STAT, quietatio (5) magis est CUI accidit simul fieri motui), (6) necesse autem * aut hanc aut illam esse —; non enim que * in albedine (7) quies contraria est ei que est in sanitate. Quibus autem non SUNT contraria, (8) horum mutatio quidem est opposita que * ex ipso ei que * in (9) ipsum, motus autem non est, ut que * ex esse ei que * in esse; (10) quies quidem HORUM non est, inmutatio autem est. Et si quidem aliquid (11) SIT subiectum QUOD NON ENS, que * in ENTE NON mutatio ei que * in non (12) ENTE contraria erit; si vero non est aliquid quod non ENS, dubitabit UTIQUE aliquis (13) cui sit contraria que * in ENTE NON mutatio et * quies est. (14) Si autem hoc *, aut non omnis quies motui contraria est, aut generatio (15) et corruptio motus. Manifestum igitur quod quies QUIDEM non dicenda est, (16) si non et hee motus, simile autem aliquid * et INMUTATIO; (17) contraria autem * aut nulli aut ei que * in non ENTE aut corruptioni; (18) hec enim ex ipsa, generatio autem in illam.

Dubitabit autem aliquis (19) quare in mutatione quidem secundum locum sunt et secundum naturam (20) et extra naturam et quietes et motus, in aliis autem (21) non, ut

PHYSICA NOVA (G¹)

alteratio hec quidem secundum naturam illa autem extra (22) naturam; nichil enim magis sanatio aut egrotatio secundum (23) naturam aut extra naturam, neque dealbatio aut denigratio. Similiter (24) autem est et in augmento et detrimento; neque *ad invicem hii* (25) contrarii UT *secundum naturam* * HIC autem * extra naturam, neque augmentum augmento. (26) Et in generatione autem et corruptione eadem ratio est: *neque* (27) generatio quidem secundum naturam corruptio autem extra *naturam* (28) (senescere enim secundum naturam est), neque generationem videmus aliam quidem (29) secundum naturam aliam vero extra naturam. Aut si est quod violentia *fit* extra (30) naturam, *tunc* et corruptio erit corruptioni contraria que violenta * UT que extra (31) *naturam* ei *que* secundum naturam. Ergone et generationes ⟨quedam sunt (22) violente⟩ et non FATATE, quibus *contrarie* sunt *que sunt* secundum naturam, (**230b**1) et augmenta sunt violenta et detrimenta, ut augmenta que velociter (2) propter
{TENERITUDINEM / alimentum} pubescentium sunt, et tritica cito adaucta et (3) non constricta? In alteratione autem QUALITER? Aut similiter? ERUNT (4) ENIM alie quidem violente alie vero naturales, ut dimissi non in (5) CRETICIS ⟨diebus, ALII AUTEM in *creticis*⟩; alii quidem extra naturam (6) alterantur, alii vero secundum naturam. Erunt igitur (7) corruptiones contrarie ad invicem, non generationi. Et quid prohibet? Est enim sic; (8) et namque SI hec quidem dulcis illa vero tristis est; quare non simpliciter (9) *corruptioni corruptio* contraria *est*, sed ** hec quidem huiusmodi alia autem huiusmodi (10) *harum* est.

Omnino quidem igitur contrarii motus et quietes (11) dicto modo sunt, ut qui est sursum ei qui est deorsum; loci enim contrarietates (12) *hee* sunt. Fertur autem * ⟨sursum quidem⟩ * *motum* natura (13) ignis, * ⟨deorsum vero⟩ terra; et contrarie ipsorum loci mutationes sunt. (14) Ignis autem sursum

RECENSIO MATRITENSIS (G²)

alteratio hec quidem secundum naturam illa autem extra (22) naturam; nichil enim magis sanatio aut egrotatio secundum (23) naturam aut extra naturam, neque dealbatio aut denigratio. Similiter (24) autem est et in augmento et detrimento; neque ENIM ad invicem hii (25) contrarii UT NATURA * AUT * * extra naturam, neque AUGMENTATIO AUGMENTATIONI. (26) Et in generatione autem et corruptione eadem ratio est: neque (27) generatio quidem secundum naturam corruptio autem extra naturam (28) (senescere enim secundum naturam est), neque generationem videmus aliam quidem (29) secundum naturam aliam vero extra naturam. Aut si est quod violentia * extra (30) naturam, * et corruptio UTIQUE erit corruptioni contraria que violenta * UT * extra (31) naturam ENS ei que secundum naturam. Ergone et generationes ⟨quedam sunt (22) violente⟩ et non FATATE, quibus contrarie * que * secundum naturam, (**230b**1) et augmenta * violenta et detrimenta, ut augmenta que velociter (2) propter TENERITUDINEM pubescentium sunt, et tritica cito adaucta et (3) non COMMASSATA? In alteratione autem QUALITER? Aut similiter? ERUNT (4) ENIM alie quidem violente alie vero naturales, ut dimissi non in (5) CRETICIS ⟨diebus, ALII AUTEM in creticis⟩; alii quidem extra naturam (6) ALTERATI SUNT, HII vero secundum naturam. Erunt ITAQUE (7) corruptiones contrarie ad invicem, non generationi. Et quid prohibet? Est enim UT; (8) et namque SI hec quidem dulcis illa vero tristis est; quare non simpliciter (9) corruptioni corruptio contraria *, sed QUA hec quidem huiusmodi alia autem huiusmodi (10) IPSARUM est.

Omnino quidem igitur contrarii motus et quietes (11) dicto modo sunt, ut qui * sursum ei qui * deorsum; loci enim contrarietates (12) hee sunt. Fertur autem * ⟨sursum quidem⟩ * MOTU natura (13) ignis, * ⟨deorsum vero⟩ terra; et contrarie ipsorum LATIONES sunt. (14) Ignis autem sursum qui-

PHYSICA NOVA (G¹)

quidem natura, deorsum autem extra naturam; et contrarius est (15) qui est secundum naturam ipsius ei qui est extra naturam. Et quietes autem similiter; (16) que namque *est sursum quies* qui est desuper deorsum *motui* contraria est. (17) Fit autem terre illa quidem quies extra naturam, motus autem (18) HIC secundum naturam. Quare motui quies contraria que est extra (19) naturam ei qui est secundum naturam eiusdem; et motus enim (20) eiusdem contrarius sic est; alia quidem enim secundum naturam ipsorum erit, (21) sursum aut deorsum, alia autem extra naturam. Habet autem dubitationem si (22) est omnis quietis que non semper * generatio, et HEC * stare. (23) Manentis igitur extra naturam, ut terre sursum, erit (24) generatio. Cum ergo ferebatur sursum violentia, stetit. Sed quod (25) *semper stat* videtur ferri VELOCIUS, *que* autem violentia est contrarium est. Non (26) factum ergo quiescens erit quiescens. Amplius videtur stare * (27) aut omnino esse in ipsius locum ferri aut accidere (28) simul {******* **** ** ******** proprie *duci* in proprium *** *** ********* ******* ***** *** qui est secundum naturam locum, non ** *** *** *** ***** ******* in eum qui est extra naturam}. Habet autem dubitationem si contraria est quies que *est hic* qui hinc est (29) motui; cum enim moveatur ex hoc aut et REICIATUR, (30) adhuc videtur habere quod abiectum est; quare si hec quies contraria est (31) EI *qui* HINC * in contrarium motui, simul erunt contraria. (32) Aut sic quiescit SECUNDUM QUOD adhuc manet, omnino autem eius quod movetur aliud quidem (**231a**1) ibi, aliud autem est in quod mutat? Unde et magis motus motui (2) *contrarius* est quam quies. Et de motu quidem et quiete, (3) quomodo UTERQUE unus *, et que contrarie QUIBUS, dictum est.

RECENSIO MATRITENSIS (G²)

dem natura, deorsum autem extra naturam; et contrarius est (15) qui * secundum naturam ipsius ei qui * extra naturam. Et quietes autem similiter; (16) que namque ⟨sursum est⟩ quies EI qui est desuper deorsum motui contraria est. (17) Fit autem terre ⟨quidem illa⟩ quies QUE SURSUM extra naturam, motus autem (18) HIC secundum naturam. Quare motui quies contraria que est extra (19) naturam ei qui est secundum naturam eiusdem; et ⟨enim motus⟩ (20) eiusdem contrarius sic est; HIC quidem enim secundum naturam ipsorum erit, (21) QUI sursum aut QUI deorsum, HIC autem extra naturam. Habet autem dubitationem si (22) est omnis quietis que non semper * generatio, et HEC * STATUM IRE. (23) Manentis igitur extra naturam, ut terre sursum, eritNE (24) generatio? Cum ergo ferebatur sursum violentia, STATUM IBAT. Sed quod (25) ⟨STATUM IT semper⟩ videtur ferri VELOCIUS, QUOD ⟨autem⟩ violentia * contrarium est. Non (26) factum ergo quiescens erit quiescens. Amplius videtur STATUM IRE PROPRIE IN EO QUOD SECUNDUM NATURAM DICI IN PROPRIUM LOCUM ENTE, NON IN EO QUOD PRETER NATURAM, aut (27) omnino esse in ipsius locum ferri aut accidere (28) simul ***. Habet autem dubitationem si contraria * quies que * hic EI qui hinc * (29) motui; cum enim moveatur ex hoc aut et ABICIAT, (30) adhuc videtur habere quod ABICITUR; quare si hec quies contraria est (31) EI qui HINC * in contrarium motui, simul erunt contraria. (32) Aut sic quiescit {SI / SECUNDUM QUOD} adhuc manet, omnino autem eius quod movetur aliud quidem (**231a**1) ibi, aliud autem * in quod MUTATUR? Unde et magis motus motui (2) contrarius est quam quies. Et de motu quidem et quiete, (3) quomodo UTERQUE unus *, et QUI CONTRARII QUIBUS, dictum est.

PHYSICA NOVA (G¹)	RECENSIO MATRITENSIS (G²)
(5) DUBITABIT AUTEM UTIQUE QUIS ET DE STARE, SI ET QUICUMQUE (6) PRETER NATURAM MOTUS, HIIS EST QUIES OPPOSITA. SI (7) QUIDEM IGITUR NON ERIT, INCONVENIENS; MANET ENIM, VIOLENTIA AUTEM. QUARE QUIESCENS (8) ALIQUID ERIT NON SEMPER SINE FIERI. SED PALAM QUOD ERIT; (9) SICUT ENIM MOVETUR PRETER NATURAM, ET QUIESCET UTIQUE ALIQUID PRETER (10) ~ NATURAM. QUONIAM AUTEM EST QUIBUSDAM MOTUS SECUNDUM NATURAM ET PRETER (11) NATURAM, PUTA IGNIS QUI SURSUM SECUNDUM NATURAM QUI AUTEM DEORSUM PRETER NATURAM, (12) UTRUM HIC CONTRARIUS AUT QUI TERRE? HEC ENIM FERTUR (13) SECUNDUM NATURAM DEORSUM. AUT PALAM QUIA AMBO, SED NON EODEM MODO, (14) SED QUI QUIDEM SECUNDUM NATURAM SECUNDUM NATURAM EXISTENTIS; EIUS AUTEM QUI IPSIUS (15) QUI SURSUM IGNIS EI QUI DEORSUM; UT SECUNDUM NATURAM EXISTENS PRETER (16) NATURAM EXISTENTI. SIMILITER AUTEM ET MANSIONIBUS. FORTE AUTEM QUIETI MOTUS (17) ALIQUATENUS OPPONITUR; (⁺**230b**29) CUM ENIM MOVEATUR EX HOC ET ABICIAT, (⁺30) ADHUC VIDETUR HABERE QUOD ABICITUR; QUARE SI IPSA QUIES CONTRARIA (⁺31) EI QUI HINC IN CONTRARIUM MOTUI, SIMUL EXISTENT CONTRARIA. (⁺32) SI ALIQUATENUS QUIESCIT, AUT ADHUC MANET, TOTALITER AUTEM EIUS QUOD MOVETUR HOC QUIDEM (⁺**231a**1) IBI, HOC AUTEM IN QUOD MUTATUR. PROPTER QUOD ET MAGIS MOTUS MOTUI (⁺2) CONTRARIUM QUAM QUIES. QUIS QUIDEM IGITUR MOTUS SIMPLICITER UNUS, DICTUM EST. ET DE	†⟨...

PHYSICA NOVA (G¹)

MOTU QUIDEM ET QUIETE, (⁺3) QUOMODO UTERQUE UNUS, ET QUI CONTRARII QUIBUS, DICTUM EST.

(*paraphr. ad* **231a**5−17) *Queret autem aliquis utrum quies opponitur motui extra naturam. Irrationabile enim videtur si non sit opposita; remanebit enim violentia et non veniet ad statum quiete non generata. Manifestum igitur est quod est hiis opposita quies; id enim quod extra naturam movetur, extra naturam habet quiescere.* (cf. 10) *Quoniam autem omne quod movetur secundum naturam habet etiam extra naturam motum, ut ignis sursum natura motus extra naturam movetur inferius, dubitabit aliquis quis cui contrariatur motui; aut enim motus ignis sursum contrariatur motui terre deorsum (terra enim descendit naturaliter), aut motus secundum naturam ei qui est extra naturam. Aut utrumque horum rationabile, sed non eodem modo; motus enim naturalis naturalem habet oppositionem,* (cf. 15) *et cum hoc motus ignis secundum naturam sursum opponitur motui eiusdem extra naturam deorsum. Et de contrarietate quietum eodem modo. Est enim quies opposita motui.*

RECENSIO MATRITENSIS (G²)

...⟩†

(*paraphr. ad* **231a**5−17) Queret autem aliquis utrum quies opponitur motui extra naturam. Irrationabile enim videtur si non sit opposita; remanebit enim violentia et non veniet ad statum quiete non generata. Manifestum igitur est quod est hiis opposita quies; id enim quod extra naturam movetur, extra naturam habet quiescere. (cf. 10) Quoniam autem omne quod movetur secundum naturam habet etiam extra naturam motum, ut ignis sursum natura motus extra naturam movetur inferius, dubitabit aliquis quis cui contrariatur motui; aut enim motus ignis sursum contrariatur motui terre deorsum (terra enim descendit naturaliter), aut motus secundum naturam ei qui est extra naturam. Aut utrumque horum rationabile, sed non eodem modo? Motus enim naturalis naturalem habet oppositionem, (cf. 15) et cum hoc motus ignis secundum naturam sursum opponitur motui eiusdem extra naturam deorsum. Et de contrarietate quietum eodem modo. Est enim quies opposita motui.

PHYSICA NOVA (G¹): *ZlRä*⁽ᵃᶜ⁾P (V, Vᵛ: *BmCüNq*)   **227b**4 igitur *fort. corr.* G¹: *om.* P Vᵛ (*BmCü*¹)   5 mutationi] -ne P   13 si] sed P   14 quidem] quedam P   15 unus specie *tr.* P, *cf.* G² (*Gm*) idem in idem] *ord. verb. certe corr.* G¹: in idem idem P Vᵛ (*Bm*)   18 eadem] idem P   19 est⁴ *om.* (*an recte?, cf.* G²) *Zl*   29 est¹ *om.* (*an recte?, cf.* G²) *Rä*   33 Coriscum P   **228a**1 duo P   3 autem *om.* P   10 una et eadem *tr. Zl* que diluculo et (*sic corr.* G¹: que Vᵛ [*BmCüNq*]) P: diluculo et *Zl*: que diluculo (*post* nunc) *Rä*   11 et² *om. Rä*ᵃᶜP, *cf.* G² (*Gm*)   13 quia] quare *Zl*/P   14 esse *om.* (*an recte?*) *Zl*/P   **228b**8 unus] uniuntur *Zl*: unitur P   14 unus *scr. cum Rä*ᶜAo: unum *ZlRä*ᵃᶜP, *fort. lectio* Vᵍ quam G¹ *non corr.*   16 est *om.* P   24 quorum *Zl*   30 et] vel *ZlRä* V (*CüNq*)   **229a**2 motui accidit *tr.* P   7 qualiter P, *cf.* G² (*Gm*)   8 dividendum] determinandum *Rä*P   21 et *fort. corr.* G¹: *om. ZlRä*¹ Vᵛ (*Bm*)   23 utique *fort. corr.* G¹: *om.* P Vᵛ (*Bm*) est² *om.* (*an recte?, cf.* G²) *Zl*: [*Rä*ᵃᶜ]   29−30 quod¹ᐟ³ *certe corr.* G¹: qui est Vᵛ (*BmCüNq plerique*) quod²] qui *Zl*: qui est V   **229b**2 est¹ *om. Zl*: [*Rä*ᵃᶜ]   6 deceptionem *Rä*   10 {** **********/in altitudine} *scr.*: in altitudine *Zl* V, *cf.* G²: *om. Rä*ᵃᶜP: *vide supra, p.* 265   12 qui¹] que *Zl, cf.* G²   16 enim *om.* P   21 sicut *Zl*   24 est *post* motus (25) *Zl* Vᵛ (*CüNq*)   27 {quidem/nunc} *scr.*: nunc quidem (*post* dicitur) *Zl*: nunc *Rä*P: *cf. supra, p.* 266   30−31 quidem − autem¹ *om.* P   31 qui + est P   **230a**2 in² − est² *om.*

P sanitatem *Rä* 4 irrationale P 7 contraria *om.* P 11 erit] esset P 14 hoc] hec *Zl/Rä*[1](?) 18 hec] hee P illam] ipsam *Rä*P 23 albatio P, *fort. lectio* V^g *quam* G[1] *in* dealbatio *corr.* 25 hii P 31 *post* naturam[1] *fort. est excidit in* V^g **230b**2 $\begin{Bmatrix} \text{teneritudinem} \\ \text{alimentum} \end{Bmatrix}$ *scr.:* teneritudinem alimentum *Zl*: alimentum *Rä*^ac P V: *vide supra, p.* 267 adauctiva P 4 quidem + alie P: *an alique addendum?* 6 igitur] ergo P 8 illa] alia P 9 autem] vero *Rä*P 12 sursum quidem *sic certe corr.* G[1]: + est *Rä*^ac: quod (*s. l.*) quidem sursum est *Zl* V^v (*BmCüNq*) 18 hic] huic *Zl*: hinc V 22 hec *Zl*: hic *Rä*^ac: hoc P 28 $\begin{Bmatrix} \text{******* ****} & \text{*******} \\ \text{proprie duci} & \text{— naturam}^2 \end{Bmatrix}$ *scr.:* proprie duci — naturam[2] *Zl* V^v (*BmCüNq*): *om. Rä*^ac P: *vide supra, p.* 268 29 *et fort. corr.* G[1]: *om. Zl*/P V^v (*Bm*), *cf.* G[2] (*Gm*) 31 ei qui hinc (*sic certe corr.* G[1]: qui abhinc est V^v [*BmCüNq*]) *scr., cf.* G[2]: ei qui in hinc *Rä*P: ei hinc est *Zl* 32 sic] si *Zl* **231a**2—3 et[1] — est *om. Rä*^ac P 3 contrarie *scr. cum* A^o: contraria (*an recte?*) *Zl*: [*Rä*^ac P] 7 violenta *Zl* 9 quiescit *Zl* aliquis P 12 hec] hic P 14 qui quidem] quicquid P secundum naturam *semel tantum Rä*^ac P 15 ei] eius *Rä*P 16 et + in *Zl*/P (*Zz*) †**230b**30 abiciatur *Zl* 31 qui + in *Rä* existant *Rä*: -unt P †**231a**3 et — est *om.* P *paraphr. ad* 231a5 *sqq. habet Zl ut* V^v (*Nq*): *om. Rä*P: *vide* G[2] *et supra, p.* 269 quiete *scr. cum* V^v: quieta *Zl*

RECENSIO MATRITENSIS (G[2]): *Gm* (+ ... = *praebet etiam Rä*^c) **227b**7 +in 9 +eadem 14 +*om.* aliarum 15 specie unus *scr. cum* G[1]: *tr. Gm, cf.* G[1] (P) 19 +quod +*om.* est[4], *cf.* G[1] (*Zl*) 20 alterum *scr. cum* G[1]: alter *Gm* 22 +*om.* est 31 +interrumpi **228a**2 +ab opthalmia (optalmia *corr. ex* ob- *Gm, cf.* G[1]) 11 et[2] *scr. cum Rä*^c *et* G[1]: *om. Gm, cf.* G[1] (*Rä*^ac P) 13 quia *scr. cum* G[1]: qui *Gm* 14 unius *scr. cum* G[1]: unus *Gm* 17 +*om.* hec 18 continget *scr. cum Rä*^c: contingit et *Gm* 19 +eam 29 +est **228b**6 +interrumpitur[1] 7 unius *scr.* (*certe corr.* G[2]): unus *Gm* 11 motus + qui *Gm, cf.* quidem G[1] 12 et qui *scr. cum Rä*^c: qui et *Gm* 16 +qui 17 +qui 18 +quod 23 +qui **229a**1 +qui +*om.* est[1] 5 +qui 7 qualis *scr. cum* G[1]: -iter *Gm, cf.* G[1] (P) 8 +autem 10 +quale 19 +mutari 25 +mutatur 26 +qui 27 +qui **229b**5 +*om.* in 6 et[4] + qui (*sc.* motus) *Rä*^c: *an* que (*sc.* latio) *addendum?* 7 rursum *Gm* 11 +et 12 +que[1,2] +*om.* est[1] 16 +utracumque 20 +extremorum 26 +ut et 29 +quod **230a**2 sanitatem (*cf.* G[1] *Rä*) 11 +quod non ens +*om.* est 12 +ens 14 hoc *scr.:* hec *Gm, cf.* G[1] 23 dealbatio *scr.:* albatio (*an recte?*) *Gm, cf.* G[1] (P) **230b**2 +teneritudinem adaucta *scr. cum* G[1]: et aucta *Gm* 3 +commassata 8 ille *Gm* 12 +motu 16 +ei 17 +que sursum 20 +hic 21 +qui[1,2] +hic 21—22 si est] sic *Gm* 22 +statum ire 23 eritne] *an* erit utique *scribendum?* 25 semper] super *Gm* autem *suppl., cf.* G[1]: *om. Gm* 26 +proprie — naturam[2]] *vide supra, p.* 223 29 moveatur *scr. cum* G[1]: moveat *Gm* +aut et (*scr. cum Rä*^c, *cf.* G[1]: *om. Gm*) abiciat 32 si] vel si *s. l. Gm* **231a**3 +qui contrarii 231a5 *sqq.* †⟨...⟩†] textum Physicae Novae *om. Gm: fort.* Guillelmus ipse primam suam versionem postea delevit et paraphrasim tantum retinuit, *cf. supra, p.* 269 *paraphr. ad* 231a5—17 igitur est *scr. cum* G[1] V^v (*Nq*): *tr. Gm* etiam *scr. cum* G[1] V^v (*Nq*): et *Gm* utrumque *scr. cum* G[1] V^v (*Nq*): utrum *Gm*

RECENSIO PALATINA UND RECENSIO VULGATA — WILHELM VON MOERBEKES DOPPELTE REDAKTION DER METAPHYSIKÜBERSETZUNG

Lorenzo Minio-Paluello † 6. 5. 1986 zum Gedächtnis

von Gudrun Vuillemin-Diem (Köln)

Gewisse Differenzen innerhalb der handschriftlichen Überlieferung von Moerbekes Metaphysikübersetzung führen zu folgender Frage: Haben wir es mit einem zeitlich einheitlichen Original zu tun, in welchem der Übersetzer eine Reihe von doppelten Lesarten und alternativen Übersetzungsmöglichkeiten angegeben hatte, die dann — aus ein und demselben unveränderten Original — auf je verschiedene Weise von den Abschreibern übernommen wurden, oder handelt es sich nicht vielmehr um zwei verschiedene und zeitlich getrennte Stadien seiner Übersetzung, die hier durch verschiedene Überlieferungszweige entsprechend getrennt bezeugt werden, was natürlich Alternativlesarten im einen oder anderen Stadium nicht auszuschließen braucht[1].

Ich möchte im folgenden diese Frage näher untersuchen. Ihre Beantwortung ist nicht nur eine notwendige Voraussetzung für die Edition des Textes, sie wird, wie sich zeigen soll, außerdem die bisher gewonnenen Erkenntnisse über Moerbekes griechische Quelle in einem wichtigen Punkt ergänzen, sie gibt uns weiterhin eine Information über die Entstehung des Textes, die zugleich auch für die Frage seines zeitlichen Bekanntwerdens relevant sein mag, vor allem aber gibt sie uns einen neuen Einblick in Moerbekes Arbeitsweise und kann, im Zusammenhang mit einer analogen Situation in seiner Physikübersetzung[2], ein bestimmtes — und gelegentlich bezweifeltes — historisches Faktum innerhalb Moerbekes Übersetzertätigkeit belegen, das man möglicherweise auch noch in einzelnen seiner anderen Übersetzungen berücksichtigen muß.

---

[1] L. J. Bataillon OP, J. Brams und G. Verbeke waren so freundlich, eine erste Fassung dieser Untersuchung zu lesen. Ich danke ihnen für ihre sehr hilfreichen Fragen, Bemerkungen und Verbesserungsvorschläge.

[2] Vgl. J. Brams und G. Vuillemin-Diem, Physica Nova und Recensio Matritensis — Wilhelm von Moerbekes doppelte Revision der Physica Vetus, im gleichen Band, 215—88, im folgenden = „Physica Nova".

I. Die Überlieferung.
Der stemmatische Wert der Haupttextzeugen.
Unterschiede in Textverlauf und Textform

Drei Feststellungen, die sich aus früheren Untersuchungen[3] ergeben haben, seien vorausgeschickt.

1. Die Metaphysikübersetzung Wilhelms von Moerbeke ist teilweise die Revision einer älteren Übersetzung, der Translatio Anonyma (oder Metaphysica „Media")[4], nach dem Griechischen und teilweise direkte Neuübersetzung aus dem Griechischen. Die Revision erstreckt sich über die Bücher A−I, Λ−M 2, 1076b9. Buch K, das in der Translatio Anonyma nicht enthalten war und auch in der arabisch-lateinischen Übersetzung fehlte, ist von Moerbeke direkt aus dem Griechischen übersetzt, ebenso wie die Bücher M (ab 2, 1076b9) und N. Im Gegensatz zu Buch K waren die beiden letzten Metaphysikbücher in der Translatio Anonyma vorhanden. Wilhelm läßt jedoch in M 2, 1076b9, sozusagen mitten im Satz, seine lateinische Vorlage fallen und geht zur Neuübersetzung über. Möglicherweise war in dem von ihm benutzten Exemplar der Translatio Anonyma das Ende des Textes abhanden gekommen. Er scheint jedenfalls im folgenden Teil des Textes die Translatio Anonyma auch nicht mehr zum Vergleich herangezogen zu haben.

2. Im Revisionsteil war das Autograph nicht, wie in den neuübersetzten Büchern ein fortlaufend geschriebener Text, sondern Wilhelm muß hier, was auch verständlich ist, seine zahlreichen Korrekturen zwischen den Zeilen und am Rand in das von ihm benutzte Exemplar der Translatio Anonyma eingetragen haben.

3. Aus dem Zusammentreffen von inneren und äußeren Kriterien[5] hat sich ergeben, daß Wilhelm sowohl für seine Revision wie für die Neuübersetzung zur Hauptsache die heute noch erhaltene griechische Hs Vind. phil. gr. 100 (*J*) benutzt hat. Daneben hat er möglicherweise gelegentlich eine zweite griechische Quelle herangezogen, die eine gewisse Verwandtschaft mit Lesarten des Alexander-Kommentars hatte.

---

[3] G. Vuillemin-Diem, Untersuchungen zu Wilhelm von Moerbekes Metaphysikübersetzung, in: Studien zur mittelalt. Geistesgesch. und ihren Quellen, hg. von A. Zimmermann, Berlin 1982, 102−208 (Misc. Mediaev. 15), im folgenden = „Unters.". Dort auch ausführlichere Literaturangaben.

[4] Metaphysica, Lib. I−X, XII−XIV, Transl. Anonyma sive ‚Media', ed. G. Vuillemin-Diem, Leiden 1976 (Arist. Lat. XXV 2). Alle Angaben zu der in der folgenden Untersuchung häufig benutzten Translatio Anonyma beziehen sich, ohne daß im einzelnen noch darauf hingewiesen wird, auf Text, Variantenapparate, Indices und Praefatio dieser Edition.

[5] Zu den „äußeren" Kriterien vgl. jetzt: La traduction de la Métaphysique d'Aristote par Guillaume de Moerbeke et son exemplaire grec: Vind. phil. gr. 100 (J), in: Aristoteles, Werk und Wirkung. Paul Moraux gewidmet, hg. v. J. Wiesner, II, Berlin 1986 (im Druck).

Ich werde nun zunächst kurz die Überlieferungslage und die stemmatischen Beziehungen zwischen den hauptsächlichen Textzeugen schildern. Daraus wird sich sowohl die Fragestellung als auch die Gliederung in die einzelnen Punkte der Untersuchung ergeben.

Der Moerbekesche Text ist uns in über 210 Hss ganz oder teilweise überliefert. Nach Probekollationen von ca 170 Hss — ausgeschieden wurden nur die Hss aus dem 15. Jh. und einige Fragmente — und Gesamtkollationen von 23 Hss hat sich folgende Überlieferungslage ergeben.

Von drei Ausnahmen abgesehen gehen alle diese Hss, direkt oder indirekt, rein oder kontaminiert, auf ein erstes Pariser *exemplar* (P) zurück, welches einige Jahre vor 1284[6], in doppelter Ausführung, angefertigt worden sein muß. Eine Reihe von Hss mit expliziten oder impliziten Pecienangaben[7] stellen direkte Abschriften dieses Exemplars dar und erlauben seine Rekonstitution. Es ist durch eine ganze Reihe von offensichtlichen paläographischen Fehlern und nicht-authentischen Textadaptationen charakterisiert. Ein späteres, erhaltenes *exemplar* (P²: Paris. B. N. lat. 16584, A. L.¹ 694), von welchem weitere direkte und indirekte Abschriften existieren, geht ebenfalls auf das erste Exemplar zurück, ist jedoch in einigen Pecien mit der unabhängigen Tradition kontaminiert.

Abgesehen von nachträglichen Kontaminationen gibt es drei Hss italienischer Herkunft, welche — in großen Teilen des Textes — von P unabhängig sind:

Si = Scorial. monast. f. II 1, s. XIV, m. ital. (Arist. lat.² 1217): unabhängig ab A 6,987b6. Der Anfang des Textes stammt aus einer anderen, mit P zusammenhängenden Quelle.

Zl = Venet. Marc. 1639 (Z. L. 235), s. XIV, m. ital. (Arist. Lat.²,ˢ 1626): unabhängige Überlieferung im Grundtext der Hs ab Buch H. Von A—Z im Grundtext von P abhängig, jedoch Elemente der unabhängigen Überlieferung in den Korrekturen erster Hand[8].

---

[6] Eine der von diesem Exemplar abstammenden Hss, Vat. lat. 2083 (A. L.² 1842) ist vom Kopisten mit dem Datum 1284 versehen. Die Argumente, die R. A. Gauthier zu der Annahme geführt haben, daß das erste Pariser Exemplar des De Anima-Textes seit etwa 1275 in Gebrauch war (Sentencia libri De anima, cura et studio Fratr. Praed., Roma 1984, 138* [Ed. Leonina, XLV, 1]), sind auch auf den Text der Metaphysik anwendbar.

[7] Explizite Pecienindikationen z. B. in: Assis. comm. 280 (A. L.² 1256), Flor. Laur. Ashb. 1674 (A. L.² 1333), Monac. Clm. 162 (A. L.² 1015), Pampal. capit. 8 (A. L.² 1214), Vat. lat. 1082 (A. L.² 1841). Implizite Pecienanzeichen z. B. in: Paris. Mazar. 3460 (A. L.¹ 523), Turon. munic. 679 (A. L.¹ 768). Diese und einige weitere Hss wurden zur Rekonstitution der Lesarten des (ersten) Pariser Exemplars (P) benutzt.

[8] Vgl. zu dieser Hs: F. Bossier—J. Brams, Quelques additions au Catalogue de l'Aristoteles Latinus, in: Bullet. de Philos. Médiév. 25 (1983) 91—96.

Da = Vat. Palatinus lat. 1060, s. XIII(?), m. ital.[9] (Arist. Lat.² 1791). Die Hs unterscheidet sich in Textverlauf und Textform von den übrigen Hss. Sie enthält von A 3,984b8—α 2,994a7 und ab M 8,1084a4 den Text der Translatio Anonyma. In den übrigen Teilen enthält sie die Recensio-Translatio Guillelmi, jedoch in einer etwas abweichenden Form. Sie enthält, insbesondere in den Büchern Z—I, Λ, mehr Anonyma-Elemente als die übrige Überlieferung.

Außer in diesen drei Hss sind Elemente einer von P unabhängigen Überlieferung noch durch Kontamination in Hss des Pariser Zweiges enthalten, vorwiegend in *Fv* = Flor. Laur. Cruc. Plut. XII Sin 7, s. XIV^{in} (A. L.² 1363) und, in geringerem Maße, in *Fz* = Flor. Laur. Cruc. Plut. XIII Sin 6, s. XIII^{ex} (A. L.² 1367). Dies muß insbesondere in den ersten Büchern, in welchen die unabhängige Überlieferung durch die oben genannten Hss nur sehr unzureichend bezeugt ist, berücksichtigt werden. Ich beschränke mich im folgenden jedoch vorwiegend auf die vier genannten Textzeugen: P *Si Zl Da*.

Was den relativen stemmatischen Wert der vier Textzeugen angeht, so sei, ohne dies im einzelnen nachzuweisen, zunächst festgehalten, daß sie gegenseitig unabhängig sind. Jeder von ihnen hat eine beträchtliche Anzahl von „individuellen" Fehlern, die ihn von jedem der drei übrigen Textzeugen trennen.

Wichtiger ist die Frage, ob es zwischen zweien oder dreien von ihnen, oder zwischen allen, Variantenzusammenhänge gibt, welche auf eine (oder mehrere) vom Autograph verschiedene, gemeinsame Zwischenquelle(n) deuten würden. Eine solche Zwischenquelle müßte sich in einer gewissen Zahl gemeinsamer „Bindefehler" äußern. Da wir es hier nicht mit einem eigenständigen lateinischen Text, sondern mit einer Übersetzung zu tun haben, deren hauptsächliche griechische Vorlage außerdem noch erhalten ist, sind die üblichen Kriterien der Textbeurteilung um ein wichtiges Kriterium, nämlich die bestehende oder nicht-bestehende Übereinstimmung mit dem griechischen Text vermehrt. In der Mehrzahl der Variantenfälle kann man mit ziemlicher Sicherheit zwischen „guter" Lesart und „Fehler" unterscheiden.

Um die Antwort vorauszunehmen: Auf keiner der möglichen stemmatischen Ebenen zeigt sich eine gemeinsame Zwischenquelle an. Ich möchte die Lage am Beispiel von Buch K erläutern. Der Text ist genügend lang (ca 700 Bekkerzeilen). Die Überlieferungsverhältnisse sind hier außerdem klarer und sind einfacher zu durchschauen als in den Revisionsteilen, in welchen das Autograph eine stark korrigierte Hs gewesen sein muß,

---

[9] Im A. L. ist die Hs mit „s. XIV" angegeben. Nach R. Wielockx, der den Kodex freundlicherweise an Ort und Stelle für mich eingesehen hat, ist die Schrift des Kopisten italienischer und vermutlich Bologneser Herkunft und gehört wahrscheinlich noch dem XIII. Jh., 2. H. an.

die vielfachen Anlaß zu Unsicherheiten und Mißverständnissen bei den Abschreibern gab. Die Verhältnisse sind jedoch in den übrigen Büchern im Prinzip die gleichen, wenn man die bei der Beschreibung der Hss angegebenen Einschränkungen beachtet.

Wenn wir die individuellen Fehler der vier Textzeugen — darunter die ca 75 (!) Fehler der Gruppe P — beiseite lassen, so sind folgende Fehler-Übereinstimmungen zwischen je zweien, dreien oder allen von ihnen in Buch K aufzuführen:

Ich beziehe mich auf die Zeilenzählung des griechischen Textes: 60a36, ... = 1060a36, ... Vor der eckigen Klammer steht die dem Griechischen entsprechende Lesart des Textes, nach der eckigen Klammer die — fehlerhafte — Variante. Der griechische Text selbst wird nur in einigen Fällen explizit hinzugefügt. — Der Vergleich mit dem griech. Text bezieht sich, hier und im folgenden, vorwiegend auf die Ausgaben von Ross und Jaeger. Die Lesarten der Hs J wurden nach Photokopien (teilw. Autopsie) kontrolliert und gegebenenfalls nach den eigenen Kollationen zitiert. E = Par. 1853, A^b = Laur. 87.12, J = Vind. 100 ($J^{t,m,s}$ = *prima manu in textu, in margine, superscriptum*; J^{ac}, J^{pc} = *ante, post correct. primae vel alt. manus*, $J^{1,2}$ = *prima, alia manu*). In einigen Fällen wurden weitere Hss (nach eigenen Kollationen) erwähnt: E^b = Marc. 211, E^s = Escor. Y III 18, M = Ambr. F 113 sup. — Bei Übereinstimmungen der Haupt-Hss E, A^b, J wird der griech. Text ohne Angabe der Textzeugen angeführt[10].

1. *SiZl*: 60a36 putata] puta *SiZl*   68a33 ibit] ibi *SiZl*
2. *SiDa*: 59a29 et] *om. SiDa*   61b30 mota in quantum entia] *om. (hom.) SiDa*
3. *Si*P: 60a18 construere (κατασκευάζειν)] constituere *Si*P   65a14 fit] sit *Si*P
4. *ZlDa*: 60b13 quis principia] *tr. ZlDa*   64a11 a¹ *om. ZlDa*
5. *Zl*P: 59a25 quid] quidem *Zl*P
6. *Da*P: 60a35 fit] sit *Da*P   63a18 et²] *om. Da*P   64a5 quid] quidem *Da*P   65b13 *et* 68b34 autem] aut *Da*P
7. *ZlDa*P: 65b20 ingrossatio (ἀδρυνσις) *Si*] *om. ZlDa*P (spat. 5 litt. Fv)*   66a26 difficilem (χαλεπὴν) *Si*] -le *ZlDa*P
8. *SiZlDa*P: 59a2 sint (ἢ J^{pc}) *scr. cum dett.*] sic̄ *SiZlDa*P

Jeder, der mit lateinischer Paläographie und Hss dieser Zeit vertraut ist, wird sofort sehen, daß die Zahl und die Art der aufgeführten gemeinsamen Varianten auf keiner der Ebenen die Bindung an eine gemeinsame, vom Autograph verschiedene Vorlage verraten. Die Fehler *quid/quidem, fit/sit, autem/aut* und umgekehrt sind häufig und kommen in dem betrachteten Textabschnitt mehrfach auch „individuell" vor (insbesondere bei *Da* und P). Dasselbe gilt für den übrigen Teil des Textes, wo wir die gleichen Verwechslungen sowohl individuell wie in allen möglichen nicht-signifika-

---

[10] Zur stemmatischen Lage der griech. Überlieferung vgl. D. Harlfinger, Zur Überlieferungsgesch. d. Metaph., in: Etudes sur la Métaph. d'Arist., Actes du VIe Symp. Arist., publiés par P. Aubenque, Paris 1979, 7—36, und, mit Hinblick auf *J*, „Unters.", 122—4.

tiven Zusammenstellungen finden. Das gleiche gilt für Auslassungen von *et* und auch für die Verschreibung oder Verlesung sīt/sīc.

Die gemeinsame Auslassung von *ingrossatio* in *Z*/*Da*P (65b20) ist dagegen sicher kein Zufall, kann aber andererseits auch nicht die Bindung an eine gemeinsame Vorlage für diese drei Textzeugen verraten, die im übrigen nur noch in einem sowohl paläographisch wie sinngemäß leicht verständlichen Fehler übereinstimmen. Es ist anzunehmen, daß das seltene griechische Wort ἅδρυνσις dem Übersetzer Schwierigkeiten bereitet hat. Es kommt in den Aristotelischen Schriften sonst nur noch an der Parallelstelle in Phys. III 1, 201a19 vor, wo Iacobus es im Zusammenhang mit der Gegenüberstellung zu γήρανσις sinngemäß mit *adolescentia* übersetzt, was Moerbeke im ersten Stadium seiner Revision des Textes übernahm, im zweiten in *adolescentiatio* (!) korrigierte. An der oben zitierten Stelle der Metaphysik war jedoch für Moerbeke die Gegenüberstellung zu γήρανσις durch einen Fehler von *J* (πήρανσις = *orbatio*) nicht mehr erkennbar. Er muß nach einem Äquivalent gesucht haben. Möglicherweise hat er zunächst eine Lücke im Text gelassen, die vielleicht noch durch *Fv* bezeugt ist, und hat seine Übersetzung erst später am Rand vermerkt oder sie vielleicht als fraglich gekennzeichnet, so daß sie nur von einem der vier Textzeugen übernommen wurde.

Angesichts der Länge des betrachteten Textabschnittes sprechen die geringe Zahl und die Art der Fehler sowie ihre kreuzweisen Kombinationen im Gegenteil dafür, daß wir es mit getrennten Überlieferungszweigen zu tun haben. Unterstützt wird diese Annahme noch durch die Beobachtung, daß im Revisionsteil der Übersetzung jeder einzelne der vier Textzeugen gelegentlich allein sogenannte „primäre" Kontaminationen[11] aufweist, d. h. an Stelle der Korrektur Moerbekes die zugrundeliegende Lesart der Translatio Anonyma übernommen hat, ohne daß eine nachträgliche Kontamination mit der Translatio Anonyma im übrigen Text festzustellen ist. Das bedeutet aber, daß alle vier Textzeugen unabhängig voneinander auf eine *korrigierte* Vorlage zurückgehen, in welcher Elemente der Translatio Anonyma *und* Revisionselemente zugleich vorhanden waren, d. h. vermutlich, über je eigene Zwischenglieder, auf das Autograph selbst.

Festzuhalten ist jedenfalls, daß sich weder ein Hyparchetypus für alle vier Textzeugen noch eine Dreiergruppierung, insbesondere nicht eine solche für *SiZl*P, durch die Überlieferung einer zu erwartenden Reihe gemeinsamer Fehler abzeichnen.

Um so auffallender ist es aber nun, daß sich *SiZl*P nicht nur, wie schon aus der Hss-Beschreibung hervorgeht, im Textverlauf von *Da* unterscheiden, sondern in denjenigen Teilen, in denen *Da* prinzipiell den gleichen Text, nämlich die Recensio und Translatio Guillelmi, überliefert, auch in der Textform. *SiZl*P stimmen in diesen Teilen des Textes an einer ganzen Reihe von Stellen gegen *Da* überein, ohne daß es sich auf der

---

[11] Dieser Ausdruck wurde von R. A. Gauthier geprägt und in höchst anschaulicher Weise erklärt, vgl. Sentencia libri De anima (Anm. 6), 160*—161*.

Tabelle I

Übersicht über die Unterschiede in Textverlauf und Textform zwischen *Da* und *SiZl* P. Die mittlere senkrechte Trennungslinie gibt die Unterschiede an:

| ▌ = verschiedene Texte auf beiden Seiten | ⁝ = prinzipiell gleiche Texte, gelegentliche Unterschiede | ┊ = prinzipiell gleiche Texte, häufige Unterschiede |

Da *SiZl* P

Da		SiZl P
A 1 980a21	Recensio Guillelmi ⁝	A 1 980a21
A 3 984b8	Translatio Anonyma ▌	
α 2 994a8	Recensio Guillelmi ⁝ Recensio Guillelmi ┊	Z 14
Z 14		
K 1 1059a18	Translatio Guillelmi ┊ Translatio Guillelmi	K 1 1059a18
Λ 1 1069a18	Recensio Guillelmi ┊ Recensio Guillelmi	Λ 1 1069a18
M 2 1076b9	Translatio Guillelmi ⁝ Translatio Guillelmi	M 2 1076b9
M 8 1084a4	Translatio Anonyma ▌	
N 6 1093b29		N 6 1093b29

einen oder anderen Seite um eigentliche Fehler handelt. Dies gilt sowohl in den neuübersetzten Büchern als auch in den Revisionsteilen. Es sind diese Differenzen, die zu einer Unterscheidung von zwei verschiedenen Redaktionen Moerbekes führen werden.

Die vorstehende Tabelle soll die Unterschiede im Textverlauf und in der Textform zwischen *Da* und den übrigen Textzeugen sowie den Wechsel zwischen Revision (Recensio Guillelmi) und Neuübersetzung (Translatio Guillelmi) übersichtlicher machen (Tabelle I).

Mit Hilfe dieser Tabelle läßt sich die Gliederung der Untersuchung verfolgen. Ich untersuche zunächst die Unterschiede in den allen vier Textzeugen gemeinsamen Teilen der Neuübersetzung (K, M 1076b9—1084a4), anschließend die Unterschiede in den gemeinsamen Teilen der Revision (A 980a21—984b8, α 994a8—I, Λ—M 1076b9) und schließlich die beiden hauptsächlichen Unterschiede im Textverlauf, d. h. die Bedeutung der beiden Translatio Anonyma-Teile in der Hs *Da* (A 984b8—α 994a7, M 1084a4—N).

II. Die beiden verschiedenen Textformen im Neuübersetzungsteil[12]

An den folgenden Stellen stimmt die Vulgata-Version (*SiZl*P) gegen die Palatina (*Da*) überein, ohne daß es sich auf der einen oder der anderen Seite um eigentliche Fehler handelt:

---

[12] Den in diesem und in späteren Abschnitten vorkommenden terminologischen Vergleichen und Aussagen zur Übersetzungsmethode liegen folgende kritische Editionen der Moerbekeschen Übersetzungen zugrunde (auf die im Aristoteles Latinus [= A. L.] erschienenen Texte wird der Kürze halber nicht durch die üblichen bibliographischen Angaben, sondern nur durch die Zahl des Bandes, in welchem sich der Text befindet, verwiesen): Categoriae vel Praedicamenta, A. L. I. 1—5 [= Cat.]. — De Interpretatione vel Periermenias, A. L. II. 1—2 [= De Int.]. — Analytica Posteriora, A. L. IV. 1—4. — De Sophisticis Elenchis, A. L. VI. 1—3. — De Generatione Animalium, A. L. XVII. 2. v. [= Gener. An.]. — Politica (Lib. I—II. 11), A. L. XXIX. 1. — Rhetorica, A. L. XXXI. 1—2 [= Rhet.]. — De Arte Poetica, A. L. XXXIII. — Aristotelis De somno et vigilia liber adiectis veteribus translationibus ..., ed. H. J. Drossaart Lulofs, Leiden 1943. — Alexandre d'Aphrodise, De Fato ad Imperatores. Version de Guill. de Moerb., ed. P. Thillet, Paris 1963 [= Al. De Fato]. — Alexandre d'Aphrodisias, Comment. sur les Météores d'Aristote. Trad. de Guill. de Moerb., ed. A. J. Smet, Louvain—Paris 1963 (CLCAG IV) [= Al. Met.]. — Thémistius, Comm. sur le Traité de l'Âme d'Aristote. Trad. de Guill. de Moerb., ed. G. Verbeke, Louvain—Paris 1957 (CLCAG I) [= Them. De An.]. — Ammonius, Comm. sur le Peri Hermeneias d'Aristote. Trad. de Guill. de Moerb., ed. G. Verbeke, Louvain—Paris 1966 (CLCAG II) [= Amm. De Int.]. — Johannes Philoponus, Comm. sur le De anima d'Aristote. Trad. de Guill. de Moerb., ed. G. Verbeke, Louvain—Paris 1966 (CLCAG III) [= Philop. De An.]. — Simplicius, Comm. sur les Catégories d'Aristote. Trad. de Guill. de Moerb., 2 vol., ed. A. Pattin, Louvain—Paris 1971/Leiden 1975 (CLCAG V. 1—2) [= Simpl. Cat.]. — Procli

Außer den genannten direkten Textzeugen werden hier und im folgenden an einigen Stellen auch die Lesarten angegeben, die sich aus dem Kommentar des Thomas von Aquin erschließen lassen (T)[13]. Es werden jedoch nur die kommentierten Lesarten berücksichtigt, nicht die Lemmata.

[1] 59b3 ὅμως δὲ: tantum (*corrupt. e* tamen) autem *Da*: at tamen *SiZl*P. — Die Formulierung *tamen autem* (*Da*) ist eine genaue Abbildung der beiden griechischen Worte. Sie wird von Moerbeke auch noch an einer anderen Stelle (88a13) gebraucht. *at tamen* ist stilistisch besser und entspricht ebenfalls seinem Vokabular (z. B. 43a4).

[2] 61a12 ἐναντιώσεων: oppositionum [et] contradictionum *Da*: contrarietatum *SiZl*P (*cf*. T, *n*. 2198: contrarietates ... quae sunt oppositae differentiae)   61a12 ἐναντιώσεις: oppositionis (*scrib*. -nes) contradictionis (*scrib*. -nes) *Da*: contrarietates *SiZl*P (T)   61a32 ἐναντιώσεις: oppositiones contradictiones *Da*: contrarietates *SiZl*P (T). — *oppositio* ist eine mögliche Übersetzung für ἐναντίωσις. In einigen seiner Übersetzungen gebraucht Moerbeke *oppositus* für ἐναντίος (z. B. Al. Met., Al. De Fato, Archim.). Seine Standardübersetzung ist jedoch *contrarietas*. *contradictio* ist wohl nicht richtig, es könnte ein Fehler für *contrarietas* sein. Es ist möglich, daß Moerbeke — zu einem bestimmten Zeitpunkt — beide Termini, *oppositio* und *contrarietas* notiert hat. Die Verwendung von *oppositio* in der Texterklärung von Thomas könnte darauf hindeuten, daß Thomas in seiner Textvorlage ebenfalls beide Termini gelesen hat.

[3] 61b17 τίς ἐστιν *J*: aliqua est *Da*: τις *EA*ᵇ, *edd*.: aliqua *SiZl*P. — *Da* gibt mit *est* die Lesart von *J* wieder. Es handelt sich jedoch um einen Fehler von *J*, durch welchen der Text grammatisch inkongruent wird: *quomodo erit multorum et differentium genere una aliqua est scientia*. In *SiZl*P ist die störende zweite Kopula nicht — oder nicht mehr — vorhanden.

[4] 62b25 δογμάτων *J*¹: dogmatum *Da*: δόγμα τῶν (δόγμάτων [*sic*]) *J*² *EA*ᵇ: dogma eorum qui *SiZl*P (T). — Die Lesart von *Da* entspricht der ursprünglichen Lesart von *J*, die fehlerhaft ist, aber den Text nicht völlig entstellt: *fere omnium est commune*

Diadochi Tria Opuscula. Lat. Guill. de Moerb. vert., ed. H. Boese, Berlin 1960 [= Procl. Opusc.]. — Proclus, Comm. sur le Parménide de Platon. Trad. de Guill. de Moerb., 2 vol., ed. C. Steel, Leuven 1982/1985 [= Procl. Parm.]. — Archimedes in the Middle Ages. Vol. II: The Translations from the Greek by William of Moerb., ed. M. Clagett, Philadelphia 1976 [= Archim.]. — Angaben zu Moerbekes Übersetzung der Meteora (vgl. A. L.¹, p. 57) sind einem Text entnommen, den J. Zuijderduijn† für eine kritische Edition vorbereitet hatte, und von dem mir H. J. Drossaart Lulofs freundlicherweise eine Kopie zur Verfügung gestellt hat. — Hinweise auf die Terminologie Moerbekes in den jeweiligen Übersetzungen beziehen sich, im allgemeinen ohne Stellenangaben, auf die Indices der betreffenden Editionen. — Zu den Untersuchungen über Moerbekes Übersetzungsmethode, die hier benutzt, aber nicht explizit erwähnt werden, vgl. „Physica Nova", Anm. 12. — Eine zusammenfassende Übersicht über die Übersetzungen Moerbekes sowie die Evidenzen hinsichtlich der Verfasserschaft, der Daten und Orte findet man in L. Minio-Paluello, Moerbeke, William of, in: Dictionary of Scientific Biography 9 (1974) 434—440.

[13] Zitiert nach: S. Thomae Aquinatis In duodecim libros Metaph. Arist. Expos., ed. M.-R. Cathala—R. M. Spiazzi, (Marietti) Taurini—Romae 1950. Ich gebe der Kürze halber im allgemeinen nur die durch den ganzen Text des Kommentars durchgezählten Abschnittsnummern an.

dogmatum de natura. Die Lesart von *SiZl*P, welche einer nachträglichen Korrektur in *J* sowie der übrigen griechischen Überlieferung entspricht, ist aber offensichtlich besser: *fere omnium est commune dogma eorum qui de natura*. Man könnte sich an dieser Stelle im übrigen fragen, ob der Übersetzer von vornherein beide Lesarten von *J* vor sich hatte, von denen die zweite eine offensichtlich gute Korrektur der ersten darstellt.

[5] 62b26—27 οὐ λευκὸν γίγνεται λευκοῦ τελέως ὄντος καὶ οὐδαμῇ μὴ λευκοῦ: non album fit albo perfecte existente et nequaquam non albo *Da*: non album fit ex albo perfecte existente et nequaquam ex non albo *SiZl*P (T, *n*. 2227). — Die Lesart von *Da* gibt den griechischen Text wörtlich wieder, der zweimalige Genitiv ist richtig durch Ablativ übersetzt. In der Form von *SiZl*P wird durch die beiden Zufügungen der Präposition *ex* die spezifische Bedeutung des (Genitiv-)Ablativs jedoch klarer, und der Sinn des Satzes ist jetzt unmittelbarer verständlich. Die zweite Form ist „freier", aber eine deutliche Verbesserung gegenüber der ersten.

[6] 62b28 ἐκ μὴ ὄντος λευκοῦ *JEA*[b]: ex non ente albo *Da*: ἐκ μὴ ὄντος μὴ λευκοῦ *E* γρ: ex non ente non albo *SiZl*P (T, *n*. 2227). — Dieses Textstück ist an anderer Stelle[14] ausführlich behandelt worden. Die griechische Überlieferung ist hier, obwohl syntaktisch-grammatisch scheinbar in Ordnung, im Zusammenhang der gesamten Argumentation (1062b24—33) verdorben und zwang auch die modernen Editoren zu Konjekturen. In *Da* ist der Text von *J* (und der hauptsächlichen übrigen griechischen Überlieferung) wörtlich wiedergegeben. *SiZl*P bezeugen dagegen mit der Zufügung von *non* eine Korrektur — ob sie vom Übersetzer selbst gefunden oder aus einer anderen griechischen Quelle übernommen wurde, soll hier dahingestellt bleiben —, die eine kohärente Gedankenfolge des komplizierten Argumentationsganges wiederherstellt.

[7] 65a14 κἂν: quamvis *Da*: et si *SiZl*P (T, *n*. 2228). — *quamvis* wird von Moerbeke auch an anderer Stelle (43b38) gebraucht, *et si* ist häufiger und hier sinngemäßer (vgl. [8]).

[8] 65a14 ὂν ... γιγνόμενον: ens ... facta *Da*: existens ... que fit *SiZl*P (T, *n*. 2228). — Der ganze Satz lautet: κἂν μὴ ὂν ἀλλὰ γιγνόμενον τὸ αἴτιον ὑποτεθῇ, ταὐτὰ συμβήσεται *JE*: quamvis non ens sed facta causa supponatur, eadem accident *Da*: et si non existens sed que fit causa supponatur, eadem accident *SiZl*P (T). — Aus dem Kontext ist sofort zu ersehen, daß die Version von *SiZl*P eine Verbesserung gegenüber derjenigen von *Da* darstellt.

[9] 67a11 βῶλος: gleba *Da*P² (T, *n*. 2345): bolus *SiZl*P (-P²). — *gleba* ist die eigentliche lateinische Übersetzung. Der transliterierte Ausdruck *bolus* für βῶλος ist jedoch auch schon im nachklassischen Latein bezeugt (Thesaurus Linguae Latinae II, 2068; Forcellini, Lexicon totius Latinitatis I, 457). Wenn man die Stelle isoliert betrachtet, so könnte man annehmen, daß der von *SiZl*P überlieferte transliterierte Ausdruck einen ersten Übersetzungsversuch darstellt, welcher durch das von *Da* bezeugte genuin lateinische Äquivalent verbessert wurde. Diese Erklärung würde einer allgemein verbreiteten und in vielen Fällen durchaus

---

[14] „Unters.", 148.

richtigen Auffassung entsprechen, nach welcher die Transliterationen nach und nach den eigentlichen lateinischen Ausdrücken gewichen seien. Da jedoch die von *SiZI*P bezeugten Lesarten, wie wir bereits gesehen haben und wie sich auch weiter zeigen wird, im allgemeinen deutliche Verbesserungen gegenüber *Da* darstellen, sollte man hier eher den gegenläufigen Vorgang vermuten. Und in der Tat gibt es bei Moerbeke, neben der „normalen" Entwicklung von ersten Transliterationen zu späteren eigentlich lateinischen Äquivalenten[15], auch eine sehr merkwürdige und auffallende gegenläufige Entwicklung, welche gerade auch in seinen späten Übersetzungen hervortritt. Im Zuge eines immer extremer werdenden Literalismus wird die lateinische Sprache der griechischen „angeschmiedet", und in zahlreichen Fällen wählt er absichtlich Transliterationen, welche das griechische Wort durchscheinen lassen, anstatt der eigentlichen lateinischen Ausdrücke, die er bisweilen erklärend hinzufügt[16]. Der gleiche Vorgang ist auch im zweiten Stadium seiner Physikrevision zu beobachten: ein in der ersten Redaktion übernommener lateinischer Ausdruck wird in mehreren Fällen in der zweiten Redaktion in eine Transliteration *korrigiert*[17]. — Es ist also durchaus wahrscheinlich, daß *bolus* keine Verlegenheitslösung, sondern eine absichtliche, und vermutlich nachträgliche, Wahl Moerbekes darstellt. Auffällig ist, daß Thomas, der an allen bisher angeführten Stellen nicht die Lesart von *Da*, sondern diejenige von *SiZI*P kommentiert, hier *gleba* hat (wie auch das spätere Pariser Exemplar, das jedoch in diesem Teil nachträglich mit einer *Da* nahestehenden Überlieferung kontaminiert ist). Hat Thomas hier, und vielleicht an anderen Stellen, beide Lesarten gesehen und die ihm besser scheinenden — hier den eigentlich lateinischen Ausdruck — ausgewählt?

---

[15] In den frühen Moerbekeschen Übersetzungen sind Transliterationen — aus Unkenntnis oder Verlegenheit — sehr zahlreich im Vergleich zu den Übersetzungen seiner mittleren oder späten Periode, so z. B. in der Historia Animalium (um 1260?), vgl. G. Rudberg, Das erste Buch der aristotelischen Tiergeschichte nach der Übersetzung Wilhelms von Moerbeka (= Textstudien zur Tiergeschichte des Aristoteles), Upsala 1908, 32—34, in den Meteora (um 1260?) (oben, Anm. 12), in De Generatione Animalium (um 1260?), insbesondere in der ersten Redaktion des Textes, vgl. Gener. An. (Anm. 12), XIX und Indices. Zur vieldiskutierten Frage der Datierung von Moerbekes Übersetzung der Tierbücher, vgl. A. Gauthier, Saint Thomas d'Aquin, Contra Gentiles, Livre premier, Paris 1961, 41—44. Zur Datierung der Meteora-Übersetzung vgl. A. L.¹, p. 57 und unten, Anm. 47.

[16] Vgl. z. B. Procl. Parm. (Anm. 12), I, 47*.

[17] Vgl. „Physica Nova", 247ff. — Beispiele für die Entwicklung der Moerbekeschen Übersetzungsmethode in *beiden* Richtungen — Beseitigung von eigenen, früheren Verlegenheitstransliterationen durch eigentliche lateinische Ausdrücke und andererseits absichtliche Wiedereinführung von Transliterationen gegenüber zunächst gebrauchten lateinischen Worten — kann man den von H.-F. Dondaine und L.-J. Bataillon aufgeführten Unterschieden zwischen der Politica Imperfecta, Moerbekes erster, unvollständiger Politikübersetzung, und der Politica (Perfecta), Moerbekes zweiter, vollständiger Übersetzung entnehmen, vgl. Sententia Libri Politicorum, cura et studio Fratr. Praed., Romae 1971 (Ed. Leonina, XLVIII), A 44—A 47. In den wenigen, kurzen Probeabschnitten findet man, neben den zahlreichen „Auflösungen" der früheren Transliterationen in der späteren Redaktion, zwei Neueinführungen transliterierter Ausdrücke, nämlich: 52b11 *faciens* (Politica Imperfecta) — *poetizans* (Politica Perfecta), 72b24 *civiliter autem uiuere* (Politica Imperfecta) — *politizare* (Politica Perfecta). Zur Wiedereinführung von Transliterationen vgl. auch unten, S. 326.

[10] 67b16 οὐκ ἐξ: non ex *Da*: ex non *SiZl*P (T, *n.* 2364)   67b21 οὐκ ἐξ: non ex *Da*P (-P²): ex non *SiZl*P² (T, *n.* 2364). — Die Lesart von *Da* entspricht genau der Wortstellung im Griechischen (*non ex subiecto in non subiectum/non ex subiecto in subiectum* 67b16/21). Durch die Umstellung in *SiZl* (P) wird jedoch, wie man aus dem Kontext sofort ersehen kann, der Text wesentlich verbessert, indem die Negation sich jetzt eindeutig auf dasjenige Wort bezieht, zu welchem sie dem Sinn nach gehört, und nicht mehr als Negation des gesamten folgenden Satzteiles mißverstanden werden kann.

[11] 68a12 μεταβάλλον: permutans *Da*: permutatum *SiZl*P. — Im Kontext dieser Stelle wird die häufig vorkommende aktive griechische Form μεταβάλλειν von Moerbeke fast ausschließlich durch das mediale lateinische Passiv *permutari* übersetzt, welches der intransitiven, reflexiven Bedeutung des griechischen Terminus (sich verändern) im hier vorliegenden Textzusammenhang besser entspricht. Die Kohärenz, welche durch die Lesart von *Da* gestört wird, ist durch die in *SiZl*P bezeugte Form wiederhergestellt. Die Verwendung des medialen lateinischen Passivs zur Wiedergabe der aktiven griechischen Form μεταβάλλειν in ihrer intransitiven, reflexiven Bedeutung gehört zu den charakteristischen und spezifischen Korrekturen im zweiten Stadium von Moerbekes Physikrevision[18].

[12] 68b1—2 ὥστε οὔπω ἦν γιγνόμενον ἁπλῶς, ἀλλά τι γιγνόμενον ἁπλῶς ἢ γενόμενον *J*: (puta si simplex generatio fiebat aliquando, et quod fit fiebat;) quare nondum erat genitum simpliciter, sed aliquid genitum simpliciter aut genitum *Da*: (…) quare nondum erat quod fiebat simpliciter, sed aliquid fiens simpliciter aut factum *SiZl*P (*cf.* T, *n.* 2394: … quod nondum erat quod fit simpliciter …). — Der Text ist an dieser Stelle in der griechischen Überlieferung uneinheitlich und problematisch. Er zwang auch die modernen Editoren zu Konjekturen. Grundlage der beiden Versionen in der Moerbekeschen Überlieferung ist die spezifische Textform von *J*. Beide Versionen sind, Wort für Wort betrachtet, mögliche „Übersetzungen". In der Version von *Da* wird jedoch, infolge der mechanischen Wiedergabe der Reihe γιγνόμενον … γιγνόμενον … γενόμενον durch *genitum … genitum … genitum*, der lateinische Text unverständlich. Die Version von *SiZl*P (vermutlich auch Thomas) bringt, durch die intelligente Differenzierung der drei Termini, eine ganz wesentliche Verbesserung in den Text. Der Satzteil ist jetzt sinnvoll — so sinnvoll wie es die griechische Textgrundlage erlauben konnte — und paßt in den Argumentationszusammenhang: „… daher war das, was wurde, noch nicht schlechthin, sondern ⟨es war⟩ etwas schlechthin Werdendes oder Gewordenes".

[13] 68b8 ὅταν γένηται γιγνόμενον *JE*: (quare quod fit,) cum fuerit factum, (tunc corrumpitur) *Da*: (…) cum fiat fiens, (…) *SiZl*P (*cf.* T, *n.* 2395). — Beide Versionen der Moerbekeschen Überlieferung übersetzen den gleichen griechischen Text, interpretieren ihn jedoch auf verschiedene Weise. Es ist offensichtlich, daß die Version von *SiZl*P (T) den Text, im Vergleich mit derjenigen von *Da*, wesentlich verbessert. Werden und Vergehen finden an demselben (*eiusdem*) statt, „sobald also das was wird, Werdendes wird [Gewordenes gewesen ist *Da*], dann vergeht es". Es ist das Werdende selbst, und nicht das Gewordene, welches wird *und* vergeht.

---

[18] Vgl. „Physica Nova", 248.

[14] 68a7 καὶ νωδὸν: edentulum et ρωδορ *Da*: et edentulum *SiZ*/P (T, *n*. 2375) 69a11 σύμφυσις: συνφυσισ connascentia *Da*: connascentia *SiZ*/P (*cf*. T, *n*. 2414). — Die beiden griechischen Worte in *Da* gehen zweifellos auf den Übersetzer zurück. Wir wissen, daß Moerbeke, z. B. in seinen Archimedes-Übersetzungen, an Stellen, an welchen ihm der Text oder die Übersetzung aus irgendeinem Grunde Schwierigkeiten bereitete, häufig den griechischen Terminus — am Rande — notierte. Zu einem späteren Zeitpunkt wurden dann an einer Reihe von Stellen diese griechischen Termini, vermutlich von ihm selbst, wieder ausradiert. In seinem Autograph der Übersetzungen von Werken des Archimedes, Eutocius, Ptolemaeus etc. (Vat. Ottob. lat. 1850) finden sich zahlreiche Beispiele dafür. In einigen Fällen ist an der entsprechenden Stelle im lateinischen Text eine Lücke gelassen, in anderen Fällen ist ein lateinisches Äquivalent im Text vorhanden, das entsprechende griechische Wort jedoch am Rande notiert[19]. Das Vorhandensein der beiden griechischen Worte, zusammen mit ihren lateinischen Äquivalenten in der Hs *Da* geht also sicherlich auf ein ursprüngliches Stadium der Übersetzung zurück. — Das Wort νωδός wird nicht häufig gebraucht. Es kommt, im Rahmen Moerbekescher Übersetzungen, in den Kategorien und im Kategorienkommentar des Simplicius (1266 übersetzt) vor. In beiden Übersetzungen hat er das Wort im allgemeinen durch *edentulus* wiedergegeben, in zwei Fällen sinngemäß durch *mutus* (cf. Cat. *indices*, Simpl. Cat. *indices*). Es ist gut möglich, daß Moerbeke an dieser Stelle in der Metaphysik noch unsicher war und daher den griechischen Terminus notierte. — Die adäquate Wiedergabe des Wortes σύμφυσις scheint für Moerbeke ebenfalls problematisch gewesen zu sein. In der (vermutlich) ersten Redaktion von *Gener. An*. wählt er *adunatio*, in der zweiten Redaktion dann *connascentia* (773a4), im ersten Stadium seiner Revision des V. Buches der Physik übernimmt er *insertus* aus der Physica Vetus, im zweiten Stadium korrigiert er in *symfysis* (227a23,27). Im übrigen Text der Metaphysik übernimmt er an einer Stelle *complantatio* aus seiner Vorlage (1040b15), korrigiert aber in zwei Fällen *conflatio* bzw. *complantatio* in *connascentia* (1014b22, 1070a11).

[15] 77b36—78a1 ᾗ δ' ἔστιν ὑγιεινόν, ἀλλ' ἐκείνου ᾗ ἐστιν ἑκάστου, (+ εἰ *J*[2] *Al*.[c]) ὑγιεινὸν ὑγιεινοῦ *JEA*[b]: in quantum autem est salubre, sed illius in quantum est uniuscuiusque, si (= *J*[2]) salubre salubris *Da*: HEC (ἡ *edd*.) autem est SALUBRIS (ὑγιεινοῦ γρ *E Al*.[c], *edd*.) sed illius CUIUS (οὗ *E*[b2] *et alii Al*.[c], *edd*.) est UNAQUEQUE (ἑκάστη *Al*.[c], *edd*.), si (εἰ *J*[2] *Al*.[c], *edd*.) salubre salubris *SiZ*/P. — Dieses Textstück ist bereits an anderer Stelle ausführlicher besprochen worden[20]. Der Text ist in der gesamten griechischen Überlieferung an mehreren Stellen verdorben. Die Version von *Da* stellt ohne Zweifel einen ersten Übersetzungsversuch Moerbekes dar. Er folgt hier wörtlich dem Text von *J*, in welchem sich bereits eine, in der direkten Überlieferung sonst nicht bezeugte Korrekturlesart befand. Trotzdem blieb der Text im Argumentationszusammenhang noch unverständlich. Erst mit Hilfe einer zusätzlichen griechischen Textquelle (verwandt mit dem Ps.-Alexanderkommentar) wie auch durch eine eigene Konjektur (vgl. die Textelemente in Großbuchstaben) hat Moerbeke in der von *SiZ*/P bezeugten Version eine sinnvolle Interpretation der Textstelle erreicht: *Et sicut et alias scientias*

---

[19] Vgl. Archim. (Anm. 12), 37—41.
[20] „Unters.", 149—150.

simpliciter verum dicere huius esse, non accidentis (puta quia albi, si salubre album, hec [sc. *scientia*] *autem est salubris), sed illius cuius est unaqueque (si salubre, salubris, si autem in quantum homo, hominis),* — *sic et geometriam* (*SiZl*P). Es ist im übrigen bemerkenswert, daß diese Version Moerbekes genau diejenigen textkritischen Entscheidungen bzw. Konjekturen verrät, welche auch von den modernen Editoren adoptiert wurden. Die Version von *SiZl*P ist also ganz offensichtlich nicht als eine „gleichzeitige Alternative" zu derjenigen von *Da* anzusehen, sondern sie stellt eine durchgreifende, nachträgliche und definitive Verbesserung der ersten Version dar.

Die hier angeführten und besprochenen Stellen erlauben einige Beobachtungen, die unsere Frage betreffen.

1. Die Differenzen zwischen *Da* einerseits, *SiZl*P andererseits sind weder auf der einen noch auf der anderen Seite auf nachträglich in die *Überlieferung* eingedrungene Elemente zurückzuführen. Sie haben mit dem griechischen Text zu tun, in einigen Fällen auch mit Varianten des griechischen Textes, und insbesondere mit spezifischen Varianten von *J*. Das Vokabular stimmt auf beiden Seiten mit Gewohnheiten Moerbekes überein. Die Unterschiede sind geringfügig im Verhältnis zum Umfang der betrachteten Textteile. Sie beziehen sich auf Kleinigkeiten, die jedoch in einigen Fällen für das Textverständnis bedeutsam sind. Ihre Beschaffenheit weist darauf hin, daß sie genuin zur Übersetzung selbst gehören und nicht etwa durch den Eingriff eines anderen Übersetzers zu erklären sind.

2. Die Versionen von *SiZl*P stellen gegenüber denjenigen von *Da* in fast allen Fällen offensichtliche Verbesserungen des Textes dar. Wir finden sowohl terminologische und syntaktische Verbesserungen, welche in Bezug auf die gleiche griechische Vorlage den Text treffender oder expliziter wiedergeben, als auch textkritische Verbesserungen, d. h. die Wahl von anderen — und an den hier aufgeführten Stellen objektiv besseren — griechischen Lesarten.

3. Bei den terminologischen und syntaktischen Differenzen zwischen den beiden Versionen läßt sich außerdem eine gewisse methodische oder terminologische Kohärenz auf der einen wie auf der anderen Seite beobachten ([2], [5], [10], [12], vgl. auch [8] mit [12] und [13]). In den Versionen von *Da* finden sich mehrmals Doppellesarten — in zwei Fällen griechisches Wort *plus* Übersetzung —, während das bei *SiZl*P nicht vorkommt.

4. Die textkritischen Differenzen finden sich an Stellen, an welchen der griechische Text aus bestimmten Gründen — sei es durch einen spezifischen Fehler oder eine Korrektur in *J*, sei es durch eine Verderbnis in der gesamten Überlieferung — problematisch ist ([3], [4], [6], [15]). Die Lesarten von *Da* entsprechen in allen Fällen einer Lesart von *J*, während die Versionen von *SiZl*P in einigen Fällen auf eine andere — zusätzliche — griechische Quelle und/oder Konjekturen hindeuten.

5. Es handelt sich bei den festgestellten Differenzen jedoch nicht etwa um eine systematische „Überarbeitung", weder eine systematische termino-

logisch-methodische Überarbeitung noch eine systematische Überarbeitung nach einer anderen griechischen Hs, sondern um gelegentliche Verbesserungen einzelner Stellen. Die Differenzen sind zahlreicher in Buch K. Im betrachteten Abschnitt von Buch M gibt es nur einen einzigen, allerdings textkritisch wichtigen Unterschied zwischen den beiden Textformen.

Wenn also an den betrachteten Differenzstellen sowohl die Versionen von *Da* als auch diejenigen von *SiZl*P genuin zur Übersetzung gehören, so müssen sich die Lesarten von *Da* entweder gleichzeitig mit denjenigen von *SiZl*P oder zu einem bestimmten Zeitpunkt — früher oder später — allein im Original befunden haben. Daß es sich bei den Versionen von *Da* um spätere, nachträgliche Korrekturen des Übersetzers handelt, ist ausgeschlossen. Die Annahme, daß sie sich gleichzeitig mit denjenigen von *SiZl*P im Original befunden hätten, d. h. daß der Übersetzer jeweils beide Versionen zugleich notiert hätte, ohne sich zwischen ihnen zu entscheiden, stößt ebenfalls auf Widerstände: 1) Wie konnten die Textzeugen *SiZl*P bzw. ihre Vorgänger, die im übrigen keinen stemmatischen Zusammenhang aufweisen, an diesen Stellen unabhängig voneinander immer die gleiche Wahl treffen? 2) Selbst wenn man das stemmatische Argument beiseite läßt: Wie konnte ein Abschreiber, d. h. *Da* bzw. sein Vorgänger, sozusagen konsequent immer die „schlechteren" Versionen oder solche, die sich, ohne daß er es wissen konnte, aus einem spezifischen Fehler von *J* ergaben, auswählen? Die Annahme dagegen, daß der Übersetzer seinen eigenen Text zu einem späteren Zeitpunkt in einigen Fällen verbessert hat, an der einen oder anderen Stelle mit Hilfe einer zusätzlichen griechischen Handschrift, kann die angeführten Stellen in Übereinstimmung mit der stemmatischen Lage ohne weiteres erklären und wird durch die Untersuchung der Differenzen, insbesondere an der Textstelle 77b36—78a1 [15], nahegelegt.

III. Die beiden verschiedenen Textformen im Revisionsteil

Bevor wir die Unterschiede der beiden Textformen im Revisionsteil untersuchen können, muß eine Vorfrage geklärt werden. Es wird sich zeigen, daß ein wichtiger Unterschied zwischen den beiden Textüberlieferungen darin besteht, daß *SiZl*P eine große Zahl von zusätzlichen Revisionselementen bezeugen, während *Da* an diesen Stellen den Text der Translatio Anonyma aufweist.

Man könnte sich nun fragen, ob das starke Vorwiegen von Anonyma-Elementen in *Da* gegenüber *SiZl*P und zugleich die merkwürdige Einmischung der beiden längeren Anonyma-Teile in den Textverlauf von *Da* nicht auf Kontamination hindeuten. Man könnte nämlich vermuten, daß

Da auf eine kontaminierte Vorlage zurückgeht, in welcher ein ursprünglicher Translatio Anonyma-Text in einigen Teilen nach der Recensio-Translatio Guillelmi korrigiert worden wäre. (Die umgekehrte Annahme, daß die „zusätzlichen" Anonyma-Elemente im Revisionsteil von *Da* auf nachträgliche Kontamination einer ursprünglichen Recensio Guillelmi-Hs mit einem Translatio Anonyma-Text zurückgehen, ist von vornherein unwahrscheinlicher, ist aber auch mit der Art dieser Elemente ganz unvereinbar: so kann z. B. das systematische *Fehlen* von *utique* und *quidem*, worin *Da* mit der Translatio Anonyma gegen *SiZl*P übereinstimmt — vgl. unten, S. 321 — nicht durch nachträgliche „Korrektur" oder Kontamination entstanden sein.) In diesem Falle könnte man *Da* nur hinsichtlich ihrer Recensio Guillelmi-Elemente als Textzeugnis gebrauchen.

Um diese Frage zu entscheiden, muß man versuchen, das spezifische Exemplar der Translatio Anonyma, das Wilhelm für seine Revision benutzt hat, innerhalb der Überlieferung der Translatio Anonyma zu bestimmen oder möglichst genau einzuordnen. Dann läßt sich feststellen, ob das in *Da* zugrundeliegende Anonyma-Exemplar davon verschieden ist, was auf Kontamination deuten würde, oder das gleiche war, was eine Erklärung durch Kontamination ausschließen würde. Die nähere Eingrenzung dieses Exemplars gibt außerdem an vielen Stellen ein Hilfsmittel zum Verständnis der Korrekturen Moerbekes an die Hand.

1. Das der Revision Moerbekes zugrundeliegende Exemplar der Translatio Anonyma: identisch in beiden Textformen

Wilhelm hat für seine Revision natürlich nicht den in der Edition der Translatio Anonyma rekonstruierten Text gehabt. Er hatte auch mit Sicherheit nicht das Autograph der Anonyma-Übersetzung, sondern eine bestimmte Handschrift, irgendwo innerhalb der Überlieferung, mit ihren eigenen Fehlern, und, was nicht auszuschließen ist, vielleicht auch mit eigenen guten Lesarten. Alle uns überlieferten Hss der Translatio Anonyma gehen auf einen Archetyp zurück, der bereits durch viele Fehler und gewisse Texteingriffe gekennzeichnet ist. Wilhelm hat den zugrundeliegenden lateinischen Text, wie sich aus seinen Korrekturen ergibt, fortlaufend mit dem Griechischen verglichen. Er hat ihn aber nicht radikal geändert. In manchen Fällen hat er sicherlich dem Zeugnis seiner lateinischen Vorlage gegen dasjenige seines griechischen Textes geglaubt. In anderen war seine Aufmerksamkeit nicht immer gleich groß, und er hat Differenzen übersehen. Schließlich waren ihm aber natürlich nicht alle Differenzen zwischen seiner lateinischen und seiner griechischen Vorlage in gleicher Weise einer Verbesserung wert. So hat er insbesondere zahlreiche kleinere Ungenauigkeiten des lateinischen gegenüber dem griechischen Text —

Umstellungen in der Reihenfolge der Worte, Zufügungen von *est, in* usw., kleinere Auslassungen von *et* und Ähnliches — unverändert übernommen. In solchen Lesarten läßt sich nun auch seine spezifische Vorlage innerhalb der Überlieferung der Translatio Anonyma erkennen.

Ein Vergleich der hauptsächlichen spezifischen Übereinstimmungen zwischen Lesarten der Recensio Guillelmi — in ihrem einheitlichen Text sowie in den Unterschieden beider Textformen — mit Varianten innerhalb der Überlieferung der Translatio Anonyma erlaubt folgende Feststellungen:

1. Das von Wilhelm benutzte Exemplar der Translatio Anonyma hängt im gesamten Textbereich seiner Revision sehr eng mit der Anonyma-Hs *Sc* = Pis. Conv. S. Cath. 11, 13. Jh. (A. L.[2] 1530) zusammen (ohne natürlich mit ihr identisch zu sein). In fast allen spezifischen Übereinstimmungen der Recensio Guillelmi mit Varianten aus der Anonyma-Überlieferung ist *Sc* vertreten, und es gibt zahlreiche Übereinstimmungen mit singulären Lesarten — meist kleineren Fehlern — von *Sc*.

2. Für die hier betrachteten Teile der Revision, nämlich diejenigen, in welchen *Da*, wenn auch mit Differenzen gegenüber *SiZ/*P, die Recensio Guillelmi überliefert (siehe Tabelle), gilt außerdem: Mit Ausnahme der ersten ca. 80 Bekkerzeilen (980a21 − 982a4) sind alle oder fast alle dieser spezifischen Übereinstimmungen mit Varianten von *Sc*, wenn sie in *SiZ/*P bezeugt sind, auch in *Da* vorhanden, d. h. *Da* stimmt an all diesen Stellen mit *SiZ/*P überein. Von über 100 dieser Stellen seien hier nur einige Beispiele angeführt, in welchen die von Wilhelm aus der Überlieferung der Translatio Anonyma übernommene Variante von *Sc* allein oder von *Sc* und einer oder wenigen anderen Anonyma-Hss bezeugt ist.

Der Einfachheit halber gebe ich auch beim Vergleich mit der Translatio Anonyma nur die griechische Seiten- und Zeilenzählung an. Da sie in der Edition des Textes mitaufgeführt wurde, lassen sich die Stellen leicht identifizieren. Vor der eckigen Klammer steht die Lesart der Translatio Anonyma (A) (zitiert nach dem edierten Text bzw. der allgemeinen Überlieferung), welche mit dem Griechischen übereinstimmt. Der griechische Text ist nur in Ausnahmen explizit aufgeführt. Nach der eckigen Klammer steht die in *Sc* bezeugte Variante aus der Überlieferung der Translatio Anonyma (A^v = *varia lectio* Transl. Anon.), mit welcher die Recensio Guillelmi (G), ohne Unterschied in beiden Textformen, übereinstimmt.

(Buch A) 982a4 hanc scientiam A] *tr.* A^v(*Sc*) G   983a21 mensurabile A] commensurabile A^v(*Sc*): commensurabilis G   984a22 subiectum facit A] *tr.* A^v(*Sc*) G   984b5 contingit A] convenit A^v(*Sc*) G   − (α) 994a21 aliud aliquid A] *tr.* A^v(*Sc*) G   994b2 enim A] + est A^v(*Sc*) G   − (B) 996a6 et A] aut A^v(*Sc*) G   998a29 dicunt esse A] *tr.* A^v(*Sc*) G   02a25 et[3] A] + in Av^v(*Sc*) G   − (Γ) 04a22 multipliciter unum A] *tr.* A^v(*Sc*) G   05a8 dicentur A] dicuntur A^v(*Sc*) G   06a15 demonstrare dico A] *tr.* A^v(*Sc*) G   07a32 homini accidit A] *tr.* A^v(*Sc*) G   08b23 et A] *om.* A^v(*Sc*) G   09b22 complexionem membrorum A] *tr.* A^v(*Sc*) G   11a31 apparere A] + contingit A^v(*Sc*) G   − (Δ) 13b30 sunt multi A] *tr.* A^v(*Sc*) G   14b37 esse compositionem A] *tr.* A^v(*Sc*) G   17a13 huic hoc A] *tr.* A^v(*Sc*) G   19a3—4 sine illis non A] non sine illis A^v(*Sc*) G   21b10 eidem accidit A] *tr.* A^v(*Sc*) G   22b12 est A] *om.* A^v(*Sc*) G   24a30 habentium eadem A] *tr.* A^v(*Sc*) G   — (E) 26a6 quia A] + est A^v(*Sc*) G   27b12, 28a29 igitur A] ergo A^v(*Sc*) G   — (Z) 28b1 καὶ αὐτῶν τούτων τότε: et horum eorundem tunc A] tunc horum eorundem A^v(*Sc*) G   30b27 aliter A] + est A^v(*Sc*) G   30b29 est A] *om.* A^v(*Sc*) G   32b27 aliquid eum A] *tr.* A^v(*Sc*) G   34a20 quidem A] quasi A^v(*Sc*) G   36b7 quidem A] *om.* A^v(*Sc*) G   38b21 hoc erit A] *tr.* A^v(*Sc*) G   — (H) 42a19 ratio[1] A] + est A^v(*Sc*) G   44a10 et A] aut A^v(*Sc*) G   — (Θ) πρότερον: prius est A] *tr.* A^v(*Sc*) G   — (I) 52b15 et[2] A] + in A^v(*Sc*) G   54b33 bene hoc A] *tr.* A^v(*Sc*) G   55a20 una pluri A] *tr.* A^v(*Sc*) G   57b20 discretio ... concretio A] *tr.* A^v(*Sc*): congregativum ... disgregativum G   58b29 de hiis diximus] diximus de hiis A^v(*Sc*) G   — (Λ) 69a34 esse separabile A] *tr.* A^v(*Sc*): separabilem esse G   69b2 commune A] + est A^v(*Sc*) G   71b8 non A] nec A^v(*Sc*) G   71b33 esse dicunt A] *tr.* A^v(*Sc*) G   70b32 cause erunt A] erunt cause A^v(*Sc*): utique erunt cause G

3. Es gibt darüber hinaus, in den hier betrachteten Teilen der Revision, einige zusätzliche Übereinstimmungen zwischen einer Variante von *Sc* und einem oder einigen Textzeugen der Recensio Guillelmi, während die übrigen Textzeugen der Recensio Guillelmi mit dem allgemein überlieferten Text der Translatio Anonyma und dem Griechischen übereinstimmen. In diesen Fällen hatte vermutlich Wilhelms Exemplar der Translatio Anonyma die durch *Sc* bezeugte Lesart, die Wilhelm korrigierte, wobei seine Korrektur mit dem allgemein überlieferten Text der Anonyma zusammentraf, ohne daß er diesen vor sich gehabt hätte. In diesen Fällen müßte man also diejenige Lesart in der Überlieferung der Recensio Guillelmi, die mit dem allgemeinen Anonyma-Text übereinstimmt, als authentische *Korrektur* Wilhelms ansehen, welche von einigen Textzeugen verstanden und übernommen wurde, während der eine oder andere der Abschreiber die Korrektur nicht beachtet oder nicht gesehen hat und hier den zugrundeliegenden Text — in seiner spezifischen, von *Sc* bezeugten Lesart — überliefert. Dies kommt ganz gelegentlich bei den einzelnen Textzeugen vor und hängt natürlich mit den schon erwähnten „primären" Kontaminationen in den ersten Abschriften (gelegentliche Vernachlässigungen der Revisionselemente zugunsten des zugrundeliegenden Anonyma-Textes) zusammen. In *Da* sind diese spezifischen Übereinstimmungen mit *Sc* häufiger, da in *Da* auch sonst mehr Anonyma-Elemente bewahrt sind. Einige Beispiele (G^v = *varia lectio* Recensionis Guillelmi)

06b29 est A G(*SiZl*P) esse A^v(*Sc*) G^v(*DaFv*)   14a31 sillabe A G(*SiZl*P)] sillaba A^v(*Sc*) G^v(*Da*)   18a7 unio quedam A: unitas quedam G(*SiZl*P)] quedam unio A^v(*Sc*): quedam unitas G^v(*Da*)   26a29 sed A G(*SiZl*P)] secundum A^v(*Sc*): sed secundum G^v(*Da*)   43a9 cristallum A G(*SiZl*P)] cristallus A^v(*Sc*) G^v(*Da*)   56a35 hoc accidere A G(*SiZl*P)] *tr.* A^v(*Sc*) G^v(*Da*)

4. Ausgenommen von den bisher getroffenen Feststellungen sind die ersten ca. 80 Bekkerzeilen des Textes (980a21—982a4). Hier folgt *Da* „konstant", d. h. 3× hintereinander, der übrigen Anonyma-Überlieferung (und dem Griechischen) gegen Variantenübereinstimmungen zwischen *Sc* (allein oder mit anderen Anonyma-Hss) und den übrigen Textzeugen der Recensio Guillelmi.

981b4 horum unumquodque A *Da*] *tr.* A^v(*Sc*) G(-*Da*)   981b18—19 sapientiores illis A *Da*] *tr.* A^v(*Sc*) G(-*Da*)   982a2 sapientia A *Da*] + et A^v(*Sc*) G(-*Da*)   vgl. auch 983b3 illi dicunt A Da] *tr.* A^v(*Sc*) G(-*Da*)

Dieser Umstand könnte darauf hindeuten, daß die Hs *Da*, in welcher hier wie im übrigen Text Revisionselemente „fehlen", in diesem Anfangsstück auf eine andere, nicht-authentische Vorlage zurückgeht, daß nämlich der genuine Anfang in der Vorlage von *Da* möglicherweise verloren war und durch irgendeinen, nach der Recensio Guillelmi korrigierten Anonyma-Anfang (es gibt mehrere Misch-Hss dieser Art) ersetzt worden ist. Dies gilt jedoch nur für diese ersten etwa 80 Bekkerzeilen und spielt in der von uns hier betrachteten Frage keine Rolle.

Aus diesen Feststellungen läßt sich schließen, daß die Hs *Da* in den betrachteten Teilen der Revision (mit Ausnahme der ersten ca. 80 Bekkerzeilen) nicht etwa einen kontaminierten Text repräsentiert, d. h. irgendeinen Anonyma-Text, in welchen nachträglich Revisionselemente aus der Recensio Guillelmi eingeführt worden wären, sondern daß sie auf genau dieselbe spezifische Translatio Anonyma-Grundlage zurückgeht wie *SiZlP*, d. h. auf ein und dasselbe von Wilhelm zugrundegelegte Exemplar. Die Hs *Da* muß also nicht nur hinsichtlich ihrer Revisionselemente, sondern auch hinsichtlich ihrer Anonyma-Elemente in den betrachteten Teilen der Recensio Guillelmi als Zeugnis für das Autograph, welches aus Wilhelms spezifischem Anonyma-Exemplar *plus* seinen Korrekturen bestand, gewertet werden. Der Umstand, daß in *Da* weniger Revisionselemente und entsprechend mehr Elemente der Translatio Anonyma überliefert werden als in den anderen Textzeugen, kann also nur bedeuten, daß entweder ein Teil der im Original vorhandenen Revisionselemente von der Abschrift, auf die *Da* zurückgeht, übersehen oder willkürlich ausgelassen wurde, oder daß ein Teil der von *SiZlP* bezeugten Revisionselemente zum Zeitpunkt dieser Abschrift noch nicht vorhanden war.

2. *Die Recensio Vulgata (SiZlP) umfaßt und ergänzt die Recensio Palatina (Da)*

Die Unterschiede zwischen beiden Textformen sind nicht gleichermaßen häufig in allen betrachteten Teilen der Revision. In den ersten Büchern gibt es nur gelegentliche Unterschiede. Ab Buch Z 14 werden sie plötzlich häufiger bis zum Ende von Buch H. In Buch Θ, welches bereits in der ersten Textform einen sehr vollständig korrigierten Eindruck macht, findet man wiederum weniger Unterschiede. Die häufigsten Differenzen sind in den Büchern I und Λ zu beobachten. Ich werde zunächst von diesen Teilen des Textes ausgehen. Die Textform von Da (Recensio Palatina) werde ich mit „erster Textform" oder „G^1" bezeichnen, die Textform von $SiZl$P (Recensio Vulgata) mit „zweiter Textform" oder „G^2".

Zwei Textabschnitte (I 5, 1056a35—6,1057a14 und Λ 6,1071b26—7,1072b14) sollen als Beispiel dienen. Beide Textformen, G^1(Da) und G^2($SiZl$P) sind nebeneinander aufgeführt. Von beiden Textformen ist nur der „edierte" Text selbst gegeben. Auf einen Variantenapparat mußte hier verzichtet werden, was auch für die erste Textform G^1(Da) gilt, in welcher einige offensichtliche paläographische Fehler der Hs Da zugunsten des vermutlich ursprünglichen Textes geändert wurden.

1. In beiden Texten sind die Unterschiede zur Translatio Anonyma gekennzeichnet. Vergleichspunkt ist der edierte oder, bei Konjekturen im edierten Text, der einheitlich überlieferte Text der Translatio Anonyma. Die mit diesem Text übereinstimmenden Lesarten werden in Normaldruck gebracht. Lesarten, die sich von diesem Text unterscheiden, jedoch sicherlich nicht Korrekturen des Revisors darstellen, sondern Varianten seines Anonyma-Exemplars, welche in der Sc-Überlieferung bezeugt sind und von ihm unverändert übernommen wurden, werden durch *Kursivdruck* = varia lectio Transl. Anonymae gekennzeichnet. Der Kursivdruck bezeichnet also, ebenso wie der Normaldruck, die von Wilhelm aus seiner Vorlage übernommenen Elemente. — Alle übrigen Unterschiede sind als echte Korrekturen des Revisors anzusehen: UNZIALE = Änderung oder Zufügung eines Wortes; *, ** = Auslassung eines, bzw. mehrerer Worte; ⌜...⌝ = Umstellung. — Die Kennzeichnung nach diesen Prinzipien gibt im allgemeinen eine gute Unterscheidung zwischen den aus der lateinischen Textgrundlage übernommenen Elementen und den eigentlichen Revisionselementen. Die Möglichkeit, daß in einem Einzelfall eine in Normaldruck gebrachte Lesart in Wirklichkeit eine echte Korrektur des Revisors darstellt gegenüber einem spezifischen Fehler in seinem Anonyma-Exemplar (vgl. oben, S. 306 und unten S. 344) oder umgekehrt, daß eine als Korrektur ausgezeichnete Lesart in Wirklichkeit aus einer individuellen „guten" Lesart seines Anonyma-Exemplars übernommen wurde (vgl. unten, S. 347 f.), soll hier außer acht gelassen werden.

2. In der zweiten Textform G^2($SiZl$P) sind außerdem die Unterschiede zur Textform G^1(Da) durch Unterstreichung gekennzeichnet.

3. Den Beispielabschnitten ist außerdem ein komparativer Apparat der „textkritischen" Korrekturen Moerbekes hinzugefügt, welcher beide Textformen zusammen erfaßt. In diesen Apparat sind sämtliche Stellen aufgenommen, an welchen durch eine Korrektur in G^1 und/oder G^2 eine griechische Lesart wiedergegeben ist, die nicht dem von Moerbeke in seinem Anonyma-Exemplar sicher oder höchstwahrscheinlich gelesenen Text (A, bzw. A^v) entspricht, d. h. diejenigen Stellen, an welchen Wilhelm den Text nach seiner griechischen Vorlage gegen das „Zeugnis" seines lateinischen Anonyma-Exemplars geändert hat; ungeachtet dessen, ob dieses „Zeugnis" objektiv eine andere griechische Variante bezeugt oder

ob es — was er nicht wissen konnte — durch Fehler, Zusätze oder Auslassungen in der Anonyma-Übersetzung oder deren Überlieferung zustandegekommen war (vgl. unten, S. 317f.).

G¹ (RECENSIO PALATINA: *Da*)   G² (RECENSIO VULGATA: *SiZI*P)

I (X) 5, 1056a35—6,1057a14

(56a35) Oppositorum enim {SIMUL NEGATIO / CON} EST quorum est medium aliquod et DISTANTIA ALIQUA * NATA est (b1) esse; HORUM AUTEM non est differentia; nam in alio genere quorum (2) CONNEGATIONES, quare NON ⌐unum {QUOD SUBICITUR / subiectum}⌐.

(3) [6] Similiter autem et de uno et multis dubitabit (4) UTIQUE aliquis. Nam si multa simpliciter uni opponuntur, (5) ACCIDUNT QUEDAM IMPOSSIBILIA*. Nam unum * paucum aut pauca erit; (6) nam multa ET paucis opponuntur. Amplius duo sunt (7) multa, SI DUPLEX * MULTIPLEX, dicitur autem secundum (8) duo; quare unum * paucum; ad quid enim sunt multa IPSA duo (9) nisi ad unum et paucum? Non enim est minus. (10) {VEL ADHUC SI UT UNUM NON / Amplius SI UT in LONGITUDINE PONITUR LONGUM} productum et breve, sic in pluralitate (11) multum et paucum, et QUODCUMQUE FUERIT multum et multa, ET (12) QUECUMQUE MULTA multum (SI IGITUR NON ALIQUID DIFFERAT in continuo BENE TERMINABILI), (13) PAUCUM pluralitas quedam erit. Quare unum pluralitas quedam est, (14) si QUIDEM et paucum; hoc autem necesse, si duo sunt multa. Sed (15) forsan multa dicuntur quidem UT et multum, sed ut (16) differens, velut aqua multa et non MULTE; sed quecumque divisi-

(56a35) HEC QUIDEM ⌐enim oppositorum⌐ CONNEGATIO EST quorum est medium aliquod et DISTANTIA ALIQUA * NATA est (b1) esse; HORUM AUTEM non est differentia; nam in alio genere quorum (2) CONNEGATIONES, quare NON ⌐unum QUOD SUBICITUR⌐.

(3) [6] Similiter autem et de uno et multis dubitabit (4) UTIQUE aliquis. Nam si multa simpliciter uni opponuntur, (5) ACCIDUNT QUEDAM IMPOSSIBILIA*. Nam unum * paucum aut pauca erit; (6) nam multa ET paucis opponuntur. Amplius IPSA duo sunt (7) multa, SI DUPLEX * MULTIPLEX, dicitur autem secundum (8) duo; quare unum * paucum; ad quid enim sunt multa IPSA duo (9) nisi ad unum et paucum? NICHIL enim est minus. (10) Amplius SI UT in LONGITUDINE productum et breve, sic in MULTITUDINE (11) multum et paucum, et QUODCUMQUE FUERIT multum et multa ET (12) * MULTA multum (SI ⌐NON ALIQUID FORTE⌐ DIFFERAT in continuo BENE TERMINABILI), (13) PAUCUM MULTITUDO quedam erit. QUARE unum MULTITUDO quedam est, (14) si QUIDEM et paucum; hoc autem necesse, si duo sunt multa. Sed (15) forsan multa dicuntur quidem UT et multum, sed ut (16) differens, velut YDOR ID EST aqua MULTUM, ⌐multa AUTEM non⌐; sed

G¹ (RECENSIO PALATINA: *Da*)	G² (RECENSIO VULGATA: *ZiZi*P)
bilia, (17) in hiis dicuntur, uno quidem modo si FUERIT pluralitas habens excedentiam (18) aut simpliciter aut ad aliquid (et paucum similiter pluralitas (19) defectum habens), HOC AUTEM UT numerus, * quod opponitur uni (20) solum. Ita namque dicimus UNUM aut multa, ut si quis dicat (21) unum et una aut album et alba, et mensurata ad (22) metrum et mensurabile; sic et multiplicationes (23) dicuntur; multa namque unusquisque numerus, quia unum et quia mensurabilis (24) UNO quilibet, et ut contrapositum uni, non (25) pauco. Sic igitur sunt multa et duo, UT ⌐AUTEM pluralitas⌐ (26) habens excedentiam aut ad aliquid aut simpliciter non est, sed primum. (27) Pauca simpliciter IPSA duo; pluralitas enim EST defectum (28) habens primum (quapropter non recte affirmavit Anaxagoras dicens (29) quia simul res ⌐omnes ESSENT⌐ infinite et pluralitate et parvitate, (30) OPORTEBAT AUTEM dicere pro * et parvitate: et paucitate; (31) non enim INFINITE), quoniam paucum NON propter unum, ut quidam (32) dicunt, sed propter duo. Opponitur ITAQUE unum (33) multis ut metrum mensurabili; HEC AUTEM ut (34) ad aliquid, quecumque non secundum se eorum que * ad aliquid. Divisum autem est (35) a nobis in aliis quia dupliciter dicuntur QUE AD ALIQUID, alia namque ut (36) contraria, alia ut scientia ad scibile, quia dicitur aliquid (**57a**1) aliud ad IPSUM. Unum vero esse minus aliquo, ut (2) duobus, nichil prohibet; non enim, si minus, et paucum. (3) Pluralitas vero quasi genus est numeri; est enim NUMERUS pluralitas (4) uno mensurabilis, et opponitur ALIQUALITER	quecumque DIVISA, (17) in hiis DICITUR, uno quidem modo si FUERIT MULTITUDO habens excedentiam (18) aut simpliciter aut ad aliquid (et paucum similiter MULTITUDO (19) defectum habens), HOC AUTEM UT numerus, * quod ET opponitur uni (20) solum. Ita ENIM dicimus UNUM aut multa, ut si quis dicat (21) unum et una aut album et alba, et mensurata ad (22) metrum et mensurabile; sic et MULTIPLICIA (23) dicuntur; multa ENIM unusquisque numerus, quia unum et quia mensurabilis (24) UNO UNUSQUISQUE, et ut QUOD OPPONITUR uni, non (25) pauco. Sic igitur sunt multa et IPSA duo, UT ⌐AUTEM MULTITUDO⌐ (26) habens excedentiam aut ad aliquid aut simpliciter non SUNT, sed primum. (27) Pauca simpliciter IPSA duo; MULTITUDO enim EST defectum (28) habens PRIMA (quapropter non recte DESTITIT Anaxagoras CUM DIXISSET (29) quia simul ⌐omnes res⌐ ERANT infinite et MULTITUDINE et parvitate, (30) OPORTEBAT AUTEM dicere pro *et parvitate: et paucitate; (31) non enim INFINITE), quoniam paucum NON propter unum, ut quidam (32) dicunt, sed propter duo. Opponitur ITAQUE unum (33) multis ut metrum mensurabili; HEC AUTEM ut (34) QUE ad aliquid, quecumque non secundum se eorum que * ad aliquid. Divisum autem est (35) a nobis in aliis quia dupliciter dicuntur QUE AD ALIQUID, alia namque ut (36) contraria, alia ut scientia ad scibile, quia dicitur aliquid (**57a**1) aliud ad IPSUM. Unum AUTEM esse minus aliquo, PUTA (2) duobus, nichil prohibet; non enim, si minus, et paucum. (3) MULTITUDO AUTEM quasi genus est numeri; est enim NUMERUS MULTITUDO (4) uno mensurabilis, et OPPONUNTUR ALIQUALITER

G¹ (RECENSIO PALATINA: *Da*)

unum et numerus, non ut (5) contrarium sed sicut dictum est EORUM QUE ad aliquid quedam, in quantum enim ⌜metrum, (6) hoc *⌝ AUTEM mensurabile, SIC opponitur; quapropter non omne QUODCUMQUE FUERIT (7) UNUM numerus est, ut si quid indivisibile est. Similiter autem dicta (8) scientia ad scibile non similiter ASSIGNANTUR. (9) VIDEBITUR ENIM UTIQUE scientia metrum esse, scibile vero (10) mensuratum ... (13) — verum HUIC quidem MULTUM sicut excedens pluralitas (14) EXCESSE pluralitati — * NEQUE uni OMNI MODO.

G² (RECENSIO VULGATA: *ZiZl*P)

unum et numerus, non ut (5) contrarium sed sicut dictum est EORUM QUE ad aliquid quedam, in quantum enim ⌜metrum, (6) hoc *⌝ AUTEM mensurabile, SIC OPPONUNTUR; quapropter non omne QUODCUMQUE FUERIT (7) UNUM numerus est, PUTA si quid INDIVISUM est. Similiter autem dicta (8) scientia ad scibile non similiter ASSIGNANTUR. (9) VIDEBITUR ENIM UTIQUE scientia metrum esse, scibile vero (10) QUOD MENSURATUR ... (13) — SED HUIC quidem MULTUM sicut excedens MULTITUDO (14) EXCESSE MULTITUDINI — * NEQUE IPSI uni OMNI MODO.

„*Textkritische*" *Korrekturen der beiden Rezensionen* (G¹, G²) *gegen die Translatio Anonyma* (A = *edierter Text*, Aᵛ = *varia lectio*)   **56a**35 συναπόφασίς ἐστιν: simul connegatio est G¹: connegatio est G²] in negatione Aᵛ(*codd.*)   διάστημά τι: distantia aliqua G¹G²] distantias A   **b**2 συναποφάσεις: connegationes G¹G²] cognitiones Aᵛ(*codd.*)   οὐχ: non G¹G²] nec A   5 συμβαίνει ἔνια ἀδύνατα: accidunt quedam impossibilia G¹G²] accidit uni impossibile inconveniens A   6 καὶ: et G¹G²] om. A   9 οὐθὲν: nichil G²] non A G¹   10 ἐν μήκει J^marg.: ἔτι εἰ ὡς ἓν μὴ κεῖται J^text.: vel adhuc si ut unum non ponitur ... amplius si ut in longitudine G¹: amplius si ut in longitudine G²] amplius sicut (sunt Aᵛ) in longo A: ἔτι ὡς ἐν μήκει A^b   11–12 καὶ τὰ πολλά: et quecumque multa G¹: et multa G²] om. A   12 τι διαφέρει: aliquid differat G¹G²] differant A   εὐορίστῳ JE¹A^b: bene terminabili G¹G²] indeterminato A: ἀορίστῳ γρ E, Al.   19 δ καὶ: quod G¹: quod et G²] aut quod A   20 ἓν: unum G¹G²] aut multum A   27 ἐστιν: est G¹G²] om. A   28 ἀπέστη: destitit G²] affirmavit (? ἀπέφηνε) A G¹   29 ἦν: essent G¹: erant G²] sunt A   30 ἔδει: oportebat G¹G²] oportet A   35 τὰ πρός τι: que ad aliquid G¹G²] om. A   **57a**2 ἄριθμος: numerus G¹G²] om. A   4 πως: aliqualiter G¹G²] om. A   5 τῶν: eorum que G¹G²] ut A   5–6 μέτρον τὸ δὲ μετρητόν: metrum hoc autem mensurabile G¹G²] hoc est metrum mensurabile A   7 ἕν: unum G¹G²] numeri *vel* numerus Aᵛ (*codd.*)   13 τούτῳ: huic G¹G²] hoc A   τὸ πολὺ: multum G¹G²] multa A   14 ὑπερεχομένῳ: excesse G¹G²] ex Aᵛ (*codd.*)   οὔτε: neque G¹G²] sic nec A

G¹ (RECENSIO PALATINA: *Da*)   G² (RECENSIO VULGATA: *SiZl*P)

Λ(XII) 6, 1071b26−7, 1072b14

(**71b**26) ET etiam SI sicut dicunt (27) theologi qui ex nocte * generant, aut UT physici * (28) simul res omnes dicunt, idem impossibile. Quomodo *ergo* (29) movebuntur, si non fuerit actu aliqua causa? Nec enim (30) materia eadem se ipsam movebit, sed tectonica, nec menstrua (31) nec terra, sed spermata et

(**71b**26) ET etiam SI UT dicunt (27) theologi qui ex nocte * generant, aut UT physici, ERANT (28) simul res omnes, dicunt, idem impossibile. Quomodo ENIM (29) movebuntur, si non fuerit actu aliqua causa? NON enim (30) materia IPSA se ipsam movebit, sed tectonica, nec menstrua (31) nec terra,

G¹ (RECENSIO PALATINA: *Da*)

genitura **. Quapropter (32) faciunt QUIDAM semper actum, ut Leucippus et Plato; (33) semper enim *dicunt esse* motum ... (36) Deinde qualis prior? DIFFERT enim valde quodcumque est. Sed nec PLATONI (**72a**1) possibile dicere quod existimabat aliquando principium esse, idem (2) se ipsum movens; posterius enim et simul cum celo est anima, (3) ut ait. POTENTIAM QUIDEM IGITUR EXISTIMARE PRIOREM actu (4) est quidem quasi bene, est AUTEM quasi non (dictum est autem quomodo); quia vero (5) ACTUS * prius, testatur Anaxagoras (intellectus enim actus *) (6) et Empedocles amorem et odium, et semper dicentes (7) motum esse, ut Leucippus; quare non fuit * INFINITO (8) tempore chaos aut nox, sed eadem semper * aut circuitu aut aliter, (9) SI prius est ACTUS potentia. Quodsi idem (10) semper circuitu, oportet aliquid semper MANERE similiter AGENS. Quodsi (11) DEBEAT FORE generatio et corruptio, ALIUD oportet agens esse (12) aliter et aliter. Ergo necesse sic quidem secundum se (13) agere, sic vero secundum aliud; aut ergo secundum {ALTERUM / diversum}, aut secundum (14) primum. Necesse ITAQUE secundum hoc; iterum enim illud (15) *eique* causa et illi. Ergo melius PRIMUM, et (16) enim causa erat ILLUD IPSIUS semper similiter; ET IPSIUS aliter {ALTERUM / diversum}, (17) sed IPSIUS semper aliter ambo VIDELICET. ... (23) Est IGITUR aliquid et quod (24) movet **. Sed quoniam motum et movens et medium, IGITUR (25) EST ALIQUID quod non motum movet, sempiternum et substantia et ACTUS * (26) ens. Movet autem SIC * desiderabile et intellectuale; movent non mota (27) *. Horum prima eadem. Nam concupiscibile QUIDEM ** (28) apparens bonum, VOLUNTABILE autem primum EXISTENS bonum; (29) desideramus autem

G² (RECENSIO VULGATA: *ZiZi*P)

sed SEMINA et genitura **. PROPTER QUOD (32) faciunt QUIDAM semper actum, ut Leucippus et Plato; (33) semper enim *dicunt esse* motum ... (36) Deinde qualis prior? DIFFERT enim INAPTABILE QUANTUM *. AT VERO NEQUE PLATONI (**72a**1) possibile dicere quod EXISTIMAT aliquando principium esse, QUOD IPSUM (2) se ipsum movens; posterius enim et simul cum celo * anima, (3) ut ait. POTENTIAM QUIDEM IGITUR EXISTIMARE PRIOREM actu (4) est quidem UT bene, est AUTEM UT non (dictum est autem quomodo); QUOD AUTEM (5) ACTUS * prius, testatur Anaxagoras (intellectus enim actus *) (6) et Empedocles AMICITIAM et LITEM, et semper dicentes (7) motum esse, ut Leucippus; quare non fuit * INFINITO (8) tempore chaos aut nox, sed eadem semper * aut PERIODO aut aliter, (9) SI prius est ACTUS potentia. SI ITAQUE idem (10) semper PERIODO, oportet aliquid semper MANERE similiter AGENS. SI AUTEM (11) DEBEAT FORE generatio et corruptio, ALIUD oportet agens esse (12) aliter et aliter. ⌜Necesse IGITUR⌝ sic quidem secundum se (13) agere, sic vero secundum aliud; aut ergo secundum ALTERUM aut secundum (14) primum. Necesse ITAQUE secundum hoc; iterum enim illud (15) IPSIQUE causa et illi. ⌜DIGNIUS ergo⌝ PRIMUM; et (16) enim causa erat ILLUD IPSIUS semper similiter; ET IPSIUS aliter ALTERUM, (17) EIUS AUTEM QUOD EST semper aliter ⌜PALAM QUOD ambo⌝ ... (23) Est IGITUR aliquid et quod (24) movet **. ⌜Quoniam AUTEM⌝ QUOD MOVETUR et movens et medium, IGITUR (25) EST ALIQUID quod non motum movet, sempiternum et substantia et ACTUS * (26) ens. Movet autem SIC * APPETIBILE et INTELLIGIBILE; movent non mota. (27) Horum AUTEM prima eadem. ⌜Concupiscibile QUIDEM ENIM⌝ ** (28) IPSUM apparens bonum, VOLUNTABILE autem primum IPSUM EXISTENS bonum; (29) APPETI-

G¹ (RECENSIO PALATINA: *Da*)

quia VIDETUR MAGIS QUAM videtur eo quod desideramus; (30) principium enim est intelligentia. Sed intellectus ab INTELLIGIBILI movetur; INTELLECTUALIS AUTEM (31) ALTERA coelementatio secundum se; ET HUIUS substantia prima, (32) et HUIUS que simplex et secundum actum (est autem * ⌜unum et (33) simplex⌝ non idem; unum enim metrum significat; (34) simplex AUTEM QUALITER ⌜habens IPSUM⌝). AT VERO et bonum et (35) PROPTER IPSUM ELIGIBILE in eadem coelementatione; et est optimum (**72b**1) semper aut proportionale QUOD primum. Quia vero est QUOD cuius *causa* in (2) immobilibus, divisio ostendit. EST enim alicui QUOD cuius causa, (3) quorum hoc quidem est, illud vero non est. Movet autem quasi desideratum, (4) * MOTO vero alia movet. Igitur si quid movetur, contingit (5) aliter habere, QUARE LATIO PRIMA ET ACTUS EST, QUO MOVETUR, (6) HAC AUTEM CONTINGIT ALITER SE HABERE, secundum locum et (7) si non secundum substantiam; quoniam AUTEM est aliquid movens IPSUM IMMOBILE ens, (8) actu ens, hoc non contingit aliter se habere nullatenus. Ferentia (9) namque prima mutationum, eius vero que * circulo; eam (10) AUTEM HOC movet. Igitur ex necessario est ens; et * NECESSITAS (11) bene et sic principium. Nam necessarium totiens *, (12) hoc quidem vi, quia preter impetum, illud vero ⌜sine QUO non⌝ bene, (13) HOC autem non CONTINGENS aliter SED simpliciter. Ex tali (14) IGITUR principio pendet celum et natura. {VEL PERDUCTIO / Deductio} vero ...

G² (RECENSIO VULGATA: *ZiZl*P)

MUS autem quia VIDETUR MAGIS QUAM videtur QUIA APPETIMUS; (30) principium enim est intelligentia. ⌜Intellectus AUTEM⌝ ab INTELLIGIBILI movetur; INTELLIGIBILIS AUTEM (31) ALTERA coelementatio secundum se; ET HUIUS substantia prima, (32) et HUIUS que simplex et secundum actum (est autem *⌜unum et (33) simplex⌝ non idem; unum enim metrum significat; (34) simplex AUTEM QUALITER ⌜habens IPSUM⌝). AT VERO et QUOD bonum et (35) QUOD PROPTER IPSUM ELIGIBILE in eadem coelementatione; et est optimum (**72b**1) semper aut proportionale QUOD primum. Quia AUTEM est QUOD cuius GRATIA in (2) immobilibus, divisio ostendit. EST enim alicui QUOD cuius GRATIA, (3) quorum hoc quidem est, illud vero non est. Movet autem UT AMATUM, (4) * MOTO vero alia movet. ⌜Si QUIDEM igitur⌝ ALIQUID movetur, contingit (5) aliter habere, QUARE LATIO QUE PRIMA ET ACTUS EST, SECUNDUM QUOD MOVETUR (6), HAC AUTEM CONTINGIT ALITER * HABERE, secundum locum et (7) si non secundum substantiam; quoniam AUTEM est aliquid movens IPSUM IMMOBILE ens, (8) actu ens, hoc non contingit aliter se habere nullatenus. LATIO (9) ENIM prima mutationum, HUIUS AUTEM que * circulo; HAC (10) AUTEM HOC movet. ⌜Ex NECESSITATE igitur⌝ est ens; et * NECESSITAS (11) bene et sic principium. Nam necessarium totiens *, (12) hoc quidem vi, quia preter impetum, illud vero ⌜sine QUO non⌝ bene, (13) HOC autem non CONTINGENS aliter SED simpliciter. Ex tali (14) IGITUR principio DEPENDET celum et natura. Deductio AUTEM ...

„*Textkritische*" *Korrekturen der beiden Rezensionen* (G¹, G²) *gegen die Translatio Anonyma* (A = *edierter Text*, Aᵛ = *varia lectio*)   **71b**26 εἰ: si G¹G²] *om.* A   27 νυκτὸς: nocte G¹G²] + mundum A   ὡς Jˢ·¹· Aᵇ: ut G¹G²] *om.* (Jᵗᵉˣᵗ· E) A   28 ὁμοῦ Jᵗᵉˣᵗ· E: simul G¹: ἦν ὁμοῦ Jˢ·¹· Aᵇ: erant simul G²] forent simul A   γὰρ: enim G²] ergo Aᵛ(*Sc, plurimi*) G¹   31 γονή: genitura G¹G²] + id est sperma hominis A   32 ἔνιοι: quidam G¹G²] quidem Aᵛ(*codd.*)   37

Πλάτωνι γε *JE*: Platoni G¹G²] Platonicis A   **72a**1 οἴεται: existimat G²] existimabat A G¹   7ἦν: fuit G¹G²] + semper A   9 εἴπερ: si G¹G²] sed Aᵛ(*Sc, plurimi*) ἐνέργεια: actus G¹G²] *om.* Aᵛ(*Sc, plurimi*)   10 μένειν: manere G¹G²] quidem A   ἐνεργοῦν: agens G¹G²] agere A   11 μέλλει ... εἶναι: debeat fore ... G¹G²] semel odio (*vel* -ia Aᵛ) inest ... A   ἄλλο: aliud G¹G²] aliquid Aᵛ(*codd.*)   15 τὸ πρῶτον: primum G¹G²] *om.* A   16 ἐκεῖνο τοῦ: illud ipsius G¹G²] illius A   17 ἄμφω δῆλον ὅτι *J*: palam quod ambo G²] ambo palam (ἄμφω δηλονότι *EAᵇ*) A: ambo videlicet G¹   23 κινεῖ: movet G¹G²] + sempiternum et substantia actu existens A   24 τοίνυν ἔστι τι: igitur est aliquid G¹G²] quidem A   25 ἐνέργεια: actus G¹G²] actu est (et Aᵛ *plurimi*) A   26 ὧδε: sic G¹G²] sicut A   28 τὸ φαινόμενον: apparens G¹: ipsum apparens G²] et quod magis est apparens A   ὄν: existens G¹G²] *om.* A   29 δοκεῖ μᾶλλον ἢ *J* γρ*EAᵇ*: videtur magis quam G¹G²] videmus bonum (καλὸν *E*) aut A   30 νοητή: intellectualis G¹: intelligibilis G²] intellectuale A   35 τὸ δι' αὐτό: propter ipsum G¹: quod propter ipsum G²] hoc A   **72b**2 ἔστι γάρ: est enim G¹G²] etenim Aᵛ(*codd.*)   4 κινουμένῳ *JEAᵇ¹*: moto G¹G²] motum (κινούμενον *Aᵇ²*) A   5—6 ὥστ' ἡ φορὰ ἡ πρώτη ἡ ἐνέργειά ἐστιν, ᾗ κινεῖται ταύτῃ δὲ ἐνδέχεται ἄλλως ἔχειν *J* (*cf. EAᵇ*): quare latio (+ que G²) prima et actus est, secundum quod (secundum quod G¹: quo G²) movetur, hac autem contingit aliter se (*om.* G²) habere G¹G²] *om.* A   7 ἀκίνητον *JEA*ᵇ: immobile G¹G²] movens (κίνητον *E¹*) A   9 τοῦτο: hoc G¹G²] *om.* A   10 ἡ ἀνάγκη *J*: necessitas G¹G²] inquantum necesse (ᾗ ἀνάγκη *EAᵇ*) A   12 οὗ: quo G¹G²] *om.* A   13 ἀλλ': sed G¹G²] se habere A

Wir können den Vergleich zwischen den beiden Textformen (G¹|G²) hinsichtlich ihrer eigentlich Moerbekeschen Textelemente (g, bzw. g¹, g²) zunächst im gesamten Text nach einem äußeren Gesichtspunkt vornehmen. Außer den Übereinstimmungen auf beiden Seiten (g|g) haben wir zunächst solche Differenzen, deren beide Seiten verschiedene, aber — sicher oder sehr wahrscheinlich — genuine und eigene Lesarten Moerbekes darstellen (g¹|g²), nämlich die Doppelübersetzungen in den Neuübersetzungsteilen, welche oben, S. 297ff. schon aufgeführt wurden, und Doppelkorrekturen, d. h. zweifache Änderungen gegenüber der Anonyma, in den Revisionsteilen. Es gibt etwa 100 solcher Differenzen zwischen beiden Textformen im gesamten Text. Neben dieser Art von Differenzen finden wir in den Revisionsteilen noch eine sehr große Zahl von Differenzen solcher Art, daß (in den meisten Fällen) G¹ (*Da*) ein Element der Translatio Anonyma (a) überliefert, während G² (*SiZl*P) eine Korrektur des Revisors (g) bezeugt (also a|g), oder umgekehrt (in einigen Fällen), daß in G¹ (*Da*) ein Revisionselement überliefert ist, während G² (*SiZl*P) mit einem Element der Anonyma übereinstimmt (g|a). Schließlich gibt es noch „Doppellesarten" (fast nur in der ersten Textform), d. h. a + g|g, a + g|a, g¹ + g²|g².

Wenn wir unter diesem Gesichtspunkt die beiden Textformen in den oben angeführten Beispielabschnitten sowie im gesamten Text der Revisions-Bücher I und Λ zunächst rein quantitativ vergleichen (Zähleinheit für die Korrekturelemente g = 1 geändertes, zugefügtes, ausgelassenes Wort, Umstellung in einer konsekutiven Wortfolge; längere Auslassungen oder Zufügungen werden als 1 gezählt), so ergibt sich folgende (ungefähre) Größenordnung der verschiedenen Konstellationen (Tabelle II):

Tabelle II

	$G^1 \mid G^2$:	(I) 56a35—57a14	(Λ) 71b26—72b14	I + Λ
1.	g | g : (a + g | g)	80 (2)	85 (2)	1430 (13)
2.	a | g :	50	70	610
3.	$g^1 \mid g^2$: ($g^1 + g^2 \mid g^2$)	4 (2)	6 (1)	55 (6)
4.	g | a : (a + g | a)	1	1 (1)	15 (8)

Aus dieser Tabelle läßt sich ablesen, was man auch in den oben aufgeführten Beispielabschnitten schon erkennen kann: Die Textform G^2 umfaßt und ergänzt — unter dem Gesichtspunkt der vorhandenen Revisionselemente betrachtet — die Textform G^1. Die weitaus meisten Revisionselemente der Textform G^1 sind in die Textform G^2 übernommen worden (vgl. die Zahlen in der 1. Reihe der Tabelle mit denen in der 3. und 4.). Darüber hinaus sind aber die Revisionselemente in der Textform G^2 ganz erheblich vermehrt: in den beiden Beispielabschnitten um mehr als die Hälfte, im gesamten Text der Bücher I und Λ um mehr als ein Drittel. Im ersten Beispielabschnitt von etwa 50 Bekkerzeilen haben wir etwa 50, im gleichlangen zweiten etwa 70 *zusätzliche* Revisionselemente in der Textform G^2 (2. Reihe der Tabelle), während die erste Textform an diesen Stellen die Lesarten der Anonyma bewahrt hat. Die umgekehrte Situation kommt dagegen nur ausnahmsweise vor: in den beiden Beispielabschnitten nur je einmal.

Daß es sich bei den zusätzlichen Revisionselementen ebenso wie bei den beiden Textformen gemeinsamen Revisionselementen um Korrekturen Moerbekes und nicht etwa um die eines anderen „Revisors" handelt, braucht hier nicht eigens nachgewiesen zu werden. Abgesehen davon, daß wir im Fall der Metaphysik äußere Zeugnisse für die Autorschaft Moerbekes haben — nämlich explizite Zuweisungen in der handschriftlichen Überlieferung des Textes — [21], läßt auch der terminologisch-methodische Vergleich mit den entsprechenden Untersuchungen zu Wilhelms Übersetzungsmethode und den Indizes der edierten Übersetzungen keinen Zweifel daran zu, daß sowohl die zusätzlichen Revisionselemente der zweiten

---

[21] Der Name des Übersetzers ist in zwei Hss bezeugt, vgl. A. L.[1], p. 65—66, und „Unters.", 161, 173.

Textform wie die beiden Textformen gemeinsamen Revisionselemente, und natürlich auch die wenigen spezifischen Revisionselemente der ersten Textform, von Moerbeke stammen. Was die zusätzlichen Revisionselemente angeht, so wird dies auch schon, ohne daß diese Frage der eigentliche Untersuchungsgegenstand ist, aus den unten, S. 321 ff., angeführten Beispielen deutlich.

Wir hatten im vorangehenden Abschnitt gesehen, daß die erste Textform auf das gleiche, spezifische, von Moerbeke zugrundegelegte und korrigierte Exemplar der Translatio Anonyma zurückgeht, welches auch in der zweiten Textform zum Vorschein kommt. Daraus folgte, daß das Fehlen von Revisionselementen bzw. Überwiegen von Anonyma-Elementen in der ersten Textform nicht auf Kontamination beruht, sondern entweder daran liegt, daß der Abschreiber, durch welchen die erste Textform überliefert wurde, Revisionselemente vernachlässigt hat, oder daß diese Revisionselemente zum Zeitpunkt seiner Abschrift des Autographs nicht — noch nicht oder nicht mehr — vorhanden waren.

Gelegentliche Vernachlässigungen von Revisionselementen zugunsten des zugrundeliegenden Textes kommen auch in den drei anderen Textzeugen vor, sie sind nicht ungewöhnlich, sondern bei dem komplizierten Zustand des Autographs völlig verständlich. Eine so große Zahl von „Vernachlässigungen" muß aber von vornherein als höchst unwahrscheinlich gelten. In sehr vielen dieser Fälle hätten die „Vernachlässigungen" dem Kopisten auch keine Mühe ersparen können, da er ja das zugrundeliegende Wort an Stelle der Korrektur hätte schreiben müssen. Die Annahme, daß die betreffenden Korrekturelemente zu einem bestimmten Zeitpunkt nicht mehr vorhanden gewesen seien — daß sie also aus dem Original entfernt worden wären oder „verloren" gingen, ist bei einer so großen Anzahl vollends unwahrscheinlich und widerspricht außerdem dem Umstand, daß die erste Textform (Da) keinesfalls, wie wir an den Doppelübersetzungen gesehen haben, ein späteres Stadium der Übersetzung gegenüber der $SiZl$P-Überlieferung darstellen kann.

Allein die hier beobachteten quantitativen Verhältnisse sprechen also bereits für die Hypothese, daß die erste Textform (Da) ein zeitlich früheres Stadium der Revision repräsentiert, welches der Übersetzer zu einem späteren Zeitpunkt überarbeitet und, in einigen Teilen des Textes, durch eine große Anzahl zusätzlicher Korrekturen ergänzt hat.

3. Recensio Palatina (Da): Fast vollständige Erfassung der „textkritischen" Korrekturen

Diese Hypothese wird noch einleuchtender und konkreter durch bestimmte Merkmale der Revisionselemente in der ersten Textform gegenüber den *zusätzlichen* Revisionselementen in der zweiten.

Die Differenzen zwischen beiden Texten wurden bisher nach einem äußeren Gesichtspunkt (Anonyma-Elemente/Revisionselemente) klassifiziert. Diese Distinktion ist die einfachste. Es gibt aber noch ein anderes Kriterium, welches sich auf die eigentliche Tätigkeit des Revisors und seine Intention bezieht, und welches für die Beurteilung der Differenzen eine Rolle spielt: nämlich die schon erwähnte Unterscheidung von terminologisch-methodischen, semantischen und textkritischen Korrekturen. Sie läßt sich auf die Doppelübersetzungen in den Neuübersetzungsteilen anwenden — d. h. wir können fragen, ob und nach welchen Gesichtspunkten der Übersetzer hier seinen eigenen Text korrigiert hat —, sie wird aber besonders wichtig in den Revisionsteilen. Erstens hatte der Revisor es hier von vornherein mit mindestens zwei Textzeugnissen, dem lateinischen Text und seiner eigenen griechischen Quelle, zu tun und mußte bei Abweichungen zwischen ihnen entscheiden, zweitens hatte er in seiner lateinischen Grundlage beständig einen Text vor sich, welcher von seinen eigenen terminologischen und methodischen Gewohnheiten oder Prinzipien mehr oder weniger stark abwich.

Die Grenzen lassen sich natürlich nicht in allen Fällen ziehen, und es gibt Überschneidungen. Aber im allgemeinen kann man als terminologisch-methodische Korrekturen solche ansehen, die, bei gleicher griechischer Textgrundlage auf beiden Seiten, das lateinische Vokabular, hinsichtlich der „signifikativen" Worte oder hinsichtlich der Partikel, Konjunktionen, Pronomina usw., ändern ohne den Sinn des Satzes wesentlich zu beeinflussen (vgl. die unten, S. 321 ff. gegebenen Beispiele). Semantische Änderungen wären solche, die, ebenfalls bei gleicher griechischer Textgrundlage, den Sinn des respektiven lateinischen Textes ändern, verschärfen, eindeutiger oder vieldeutiger machen — häufig sind es syntaktische Änderungen (vgl. z. B. oben, S. 298ff., 62b26—27, 67b16,21, oder unten, S. 329f., 56b16 und 54b13). Von diesen beiden Arten von Korrekturen, die natürlich auch immer oder fast immer Korrekturen *aufgrund* des griechischen Textes sind, kann man schließlich noch die „textkritischen" Änderungen unterscheiden. Prinzipiell sind es natürlich solche, die auf einer *anderen* (bezeugten oder nicht bezeugten) griechischen Lesart beruhen als der lateinische Vergleichstext. Hinsichtlich des Revisionsteils muß man diesen Begriff jedoch genauer erläutern, weil Wilhelm ja nicht etwa zwei griechische Textzeugnisse vor sich hatte, sondern — neben seinem griechischen — ein lateinisches, welches außerdem bereits aus allen möglichen Gründen entstellt war.

Moerbeke war, nicht zuletzt durch die oft sehr freie und auch ungenaue Übersetzungsmethode seines Vorgängers[22], an sehr vielen Stellen mit

---

[22] Zu dem sehr merkwürdigen und „freien" Übersetzungsstil des Anonyma-Übersetzers vgl. G. Vuillemin-Diem, Die Metaphysica Media, Übersetzungsmethode und Textverständnis, AHDLM (1976) 7—69.

offensichtlichen, erheblichen und signifikativen Unterschieden zwischen seinem lateinischen Text und seiner zur Korrektur benutzten griechischen Vorlage konfrontiert. Die Unterschiede konnten von dreierlei Art sein: differierende Lesarten in beiden Texten, d. h. die lateinische Lesart stellt keine mögliche Übersetzung der griechischen Lesart an der entsprechenden Textstelle dar; Fehlen eines oder mehrerer Textelemente im lateinischen gegenüber ihrem Vorhandensein im griechischen Text, und umgekehrt Vorhandensein von Textelementen im lateinischen gegenüber ihrem Nichtvorhandensein im griechischen Text. Auf der lateinischen Seite konnte es sich dabei um Überlieferungsfehler handeln — um paläographische Verschreibungen, Auslassungen, spätere Zufügungen in der lateinischen Tradition —, es konnte sich auch um „Fehler" des lateinischen Originals handeln — Nachlässigkeiten, Auslassungen, Verlesungen, Mißverständnisse, erklärende Zufügungen des Anonyma-Übersetzers —; schließlich konnte es sich um Varianten, fehlende oder zugefügte Textelemente in der griechischen Vorlage der Anonyma handeln, um solche, die in existierenden griechischen Hss bezeugt oder nicht bezeugt sind, um Fehler, gute oder zweifelhafte Lesarten dieses — verlorenen — griechischen Exemplars. Solcher Art war Wilhelms lateinisches „Textzeugnis". Er war also häufig — und viel häufiger natürlich, als wenn er die griechische Vorlage der Anonyma gehabt hätte — vor „textkritische" Entscheidungen gestellt. Hinzu kommt, daß auch sein hauptsächliches griechisches Exemplar, die Handschrift *J*, an einer Reihe von Stellen Korrekturen oder Alternativlesarten aufwies, und daß er außerdem vermutlich an einigen Stellen, wie wir schon gesehen haben, eine zusätzliche griechische Textquelle benutzte.

In manchen von diesen „textkritischen" Fällen hat der Revisor den Text der Translatio Anonyma gegen sein griechisches Zeugnis übernommen. Ob dies immer auf intentionaler Entscheidung beruhte oder nicht vielmehr gelegentlich auch auf Flüchtigkeit beim Textvergleich — das Buch **B** ist sicherlich nicht sehr gründlich von ihm bearbeitet worden —, soll hier nicht zur Frage stehen. In den meisten Fällen, und dies gilt vor allem für die späteren Revisionsbücher und insbesondere I und Λ, ist er jedoch seiner griechischen Quelle gegen das lateinische „Zeugnis", so wie es ihm vorlag, gefolgt oder hat diese Quelle in irgendeiner Weise berücksichtigt. Diese, in dem hier erklärten Sinn textkritischen Änderungen Wilhelms sind in dem komparativen Apparat, welcher den beiden Beispielabschnitten hinzugefügt wurde, angeführt.

Wenn wir nun die Unterschiede zwischen der ersten und der zweiten Textform hinsichtlich der textkritischen Änderungen Moerbekes an Hand dieses Apparates untersuchen und mit den in der obigen Tabelle festgehaltenen Unterschieden vergleichen, so zeigt sich:

1. Fast alle textkritischen Änderungen Wilhelms gegenüber der Anonyma sind bereits in den Revisionselementen der Textform G^1 (Recensio

Palatina) enthalten und gehören größtenteils zu denjenigen Revisionselementen, welche in beiden Textformen identisch sind (G^1G^2 im komparativen Apparat, g | g in der Tabelle).

2. Der Anteil der textkritischen Änderungen innerhalb *sämtlicher* Revisionselemente der *ersten Textform* ist sehr hoch und umfaßt hier mehr als ein Drittel aller Änderungen: in jedem der beiden Beispielabschnitte von je ca. 50 Bekkerzeilen jeweils mehr als 30 textkritische Änderungen (vgl. komparativen Apparat) bei ca. 85 und ca. 92 Revisionselementen insgesamt (vgl. Tabelle, Reihe 1, 3 und 4).

3. Unter den *zusätzlichen* Revisionselementen der Textform G^2 (Recensio Vulgata) (in der Tabelle unter a | g, Reihe 2 aufgeführt), ist der Anteil der textkritischen Änderungen verschwindend klein. In den beiden Beispielabschnitten sind unter den ca. 50 + 70 (= ca. 120) *zusätzlichen* Revisionselementen von G^2 nur insgesamt 5 textkritische Änderungen enthalten. Sie beziehen sich außerdem vorwiegend auf Kleinigkeiten (56b9, 71b28[2], 72a1,17, vgl. komparat. Apparat).

4. Es gibt außerdem noch zwei Fälle innerhalb der relativ seltenen Unterschiede, die wir mit $g^1 | g^2$ und g | a bezeichnet haben, in welchen ein Revisionselement der ersten Textform eine textkritische Änderung darstellt, während die zweite Textform mit der Anonyma übereinstimmt oder eine neue Änderung hat, die — hinsichtlich ihrer griechischen Lesart — mit der Anonyma übereinstimmt (vgl. komp. Apparat 56b10, 71b28[1]), d. h. wir haben hier, ebenso wie an den im vorigen Punkt aufgeführten Stellen, textkritische Unterschiede *zwischen* der ersten und der zweiten Textform.

Wir werden diese textkritischen Unterschiede *zwischen* den beiden Textformen, die im Vergleich zu den terminologisch-methodischen Unterschieden selten, aber für das Verständnis der zweiten Textform von Bedeutung sind, später behandeln. Hier genügt zunächst die Beobachtung, daß die erste Textform dadurch gekennzeichnet ist, daß sie bereits fast alle der gesamten textkritischen Änderungen Wilhelms gegenüber der Translatio Anonyma enthält, und daß diese Änderungen hier einen großen Teil, nämlich etwa 30% der Revisionselemente ausmachen, während unter den spezifischen Elementen der zweiten Textform gegenüber der ersten und insbesondere unter den zahlreichen zusätzlichen Revisionselementen (über 600 in I, Λ) die textkritischen Änderungen nur selten sind und kaum mehr als 2—3% ausmachen.

Die Folgerung hinsichtlich der gestellten Frage ist offensichtlich. Die Annahme, daß sich sämtliche Revisionselemente bereits zu dem Zeitpunkt im Autograph befunden hätten, zu welchem die Abschrift der ersten Textform (durch einen Vorgänger von *Da*) erfolgt ist, kann nicht mehr aufrechterhalten werden: Es ist ausgeschlossen, daß ein Abschreiber erstens eine so große Zahl von Revisionselementen „vernachlässigt" hätte, und daß er zweitens, um ausgerechnet fast alle textkritischen Korrekturen zu erfassen, eine so gezielte „Auswahl" getroffen hätte, die nur durch ein mühseliges Verfolgen und kritisches Beurteilen beider Texte — Grundlesart der Anonyma und Korrektur —, in manchen Fällen nur mit Hilfe des griechischen Textes hätte gelingen können.

Andererseits wird das Vorgehen des Revisors deutlicher und völlig verständlich. Er hat in einem ersten Stadium seiner Arbeit sein Hauptaugenmerk darauf gerichtet, die zahllosen und oft sinnentstellenden Fehler seiner lateinischen Vorlage zu beseitigen. Warum auch immer er seinen Text noch einmal überarbeitet hat, er konnte jetzt nur noch kleinere Abweichungen hinsichtlich des Griechischen finden und, wie wir sehen werden, auf eine Reihe von problematischen Stellen zurückkommen, konnte aber dafür in verstärktem Maße auf terminologisch-methodische und semantische Verbesserungen seiner Vorlage achten und in dieser Hinsicht seine Revision der Translatio Anonyma, deren freier und unsystematischer Übersetzungsstil von seiner eigenen Methode erheblich abwich, vervollkommnen.

4. Recensio Vulgata (SiZlP):
Terminologische und methodische Verbesserung der Revision

Die zusätzlichen Korrekturen in der zweiten Textform, oder, wie wir jetzt sagen können, im zweiten Stadium der Revision, sind vorwiegend terminologisch-methodischer Art. Sie lassen außerdem eine gewisse Systematik erkennen. Es gibt, in einigen Punkten, Parallelen zum zweiten Stadium von Moerbekes Physikrevision und, vielleicht, einige Anzeichen einer Entwicklung seiner Übersetzungsmethode.

Die Methodik der Korrekturen im zweiten Stadium, sowohl hinsichtlich der Partikelübersetzungen wie auch hinsichtlich der übrigen Terminologie, läßt sich schon an den beiden Beispielabschnitten erkennen. Sie wird aber sehr viel deutlicher, wenn man den gesamten Text der Bücher I und Λ und auch die übrigen Revisionsteile, in welchen stärkere Unterschiede zwischen beiden Textformen bestehen, hinzunimmt.

Auffallend ist im zweiten Stadium zunächst die verstärkte Beachtung der Partikel, Konjunktionen und Pronomina. Die folgende Liste (Tabelle III) gibt die wichtigsten Beispiele der ständig wiederholten Korrekturen. Ich füge hier und in den folgenden Beispielen in einigen Fällen die Parallelen zu Moerbekes Physikrevision (Buch V) hinzu[23].

---

[23] Die Angaben zur Physik sind der oben, Anm. 2, aufgeführten Untersuchung entnommen.

A = Translatio Anonyma; G¹ = Recensio Palatina (*Da*); G² = Recensio Vulgata (*SiZl*P); *7, 12,* etc. = 7-mal, 12-mal, etc. (PV = Physica Vetus; PG¹ = Physica Nova; PG² = Recensio Matritensis. Die Angaben sind nur dem V. Buch entnommen.)

Tabelle III

	A	G¹	G²	
ἄν	*om.*	*idem*	utique	(A) 982a4 (Z) *7* (I) 53a16 58a29 (Λ) 69b27 74a23,b9

(cf. Phys. V: ἄν *om.* PV PG¹: utique PG² *9*)

	A	G¹	G²	
γάρ	nam, namque, ergo, *om.*	*idem*	enim	(Z) 39a7,26 41b14 (H) 42b19 (I) *14* (Λ) *18*
			etenim	(Λ) 72b27
δέ	vero, et, sed, *om.*	*idem*	autem	(A) 983b27 (Δ) *2* (E) *1* (Z) *14* (H) *5* (I) *8* (Λ) *39*
εἰ δέ	quodsi	*idem*	si autem	(Λ) 72a10 74a12,17
δή	quare, etiam, ergo, quodsi	*idem*	itaque	(H) 43a12,26 (Λ) 69b9,14 70a27 72a9

(cf. Phys. V: δή igitur PV PG¹: itaque PG² *6*)

	A	G¹	G²	
διὰ τί	quare	*idem*	propter quid	(Z) 37b11 40b2 41a10−26 (*8*) (I) 58b16 (Λ) 75b16
διὰ τοῦτο	unde	*idem*	propter hoc	(Z) 39b27
διό	quapropter, unde, quare	*idem*	propter quod	(Z) 40a5 (H) 43a14 (Θ) 50a17 (I) 54b17 66a15 58b23 (Λ) 71b31
ἕνεκα	causa	*idem*	gratia	(Λ) 72b1,2 74a28 (*2*) 75b9
ἔτι	amplius	*idem*	adhuc	(Λ) 70b34 71a17,b17 75a5

(cf. Phys. V: ἔτι amplius PV PG¹: adhuc PG² *2*)

	A	G¹	G²	
μέν	*om.*	*idem*	quidem	(Z) *3* (H) *9* (I) *3* (Λ) *19*
μήν: ἀλλὰ −	sed, sed et, verum etiam, atqui	*idem*	at vero	(Λ) 70b3 71b12,25,37 73a11 75b32
μή: εἰ ... −	sin ..., nisi	*idem*	si ... non	(Z) 39b4,10 (I) 57b16 (Λ) 71b15
οἷον	ut	*idem*	puta, ut puta	(Z) 41a26 (H) 42a34 (I) 53b29,34 55b28,35 57a3,7 58a3 (Λ) 69a24,b16 70b23

(cf. Phys. V: οἷον ut PV PG¹: puta, ut puta PG² *4*)

	A	G¹	G²	
οὖν	*om.*, ergo	*idem*	igitur	(Z) *2* (H) *2* (Λ) *10*
ὡς	quasi, sicut	*idem*	ut	(I) 58b5 (Λ) 70a22,b25,26 72a4 (*2*),b3 75b1 (*3*)
ὡς εἰπεῖν	ut (si ita) dicatur	*idem*	ut est dicere	(Z) 28b7 41a28 (Λ) 69a22
τις	quis	*idem*	aliquis	(Z) 39b3 40a6,b10 (H) 43b26 (Λ) 69b8

Wir haben es hier mit den Übersetzungsgewohnheiten Moerbekes zu tun, die auch seine Korrekturen im ersten Stadium der Revision bestimmen. Bemerkenswert ist im zweiten Stadium jedoch die gezielte Verbesserung in dieser Hinsicht, welche sich auch im zweiten Stadium seiner Physikrevision abzeichnet. Bei dem Vergleich muß man natürlich bedenken, daß der für die Physik ausgewertete Text vorläufig nur das V. Buch umfaßt (ca. 460 Bekkerzeilen), und daß vor allem die dort zugrundeliegende lateinische Vorlage, die Physica Vetus — im wesentlichen die Übersetzung Jakobs von Venedig —, dem Übersetzungsstil Wilhelms näher stand und ihm entsprechend weniger Anlaß zur Korrektur bot.

Umso auffallender ist eine Parallele hinsichtlich der Wiedergabe des griechischen Artikels. In beiden Texten, Metaphysik und Physik, läßt sich in den jeweils zweiten Stadien der Revision eine verstärkte Tendenz zur Abbildung und Verdeutlichung des griechischen Artikels erkennen. Es ist bekannt, daß Wilhelm in seinen späten und letzten Übersetzungen seine Methode in dieser Hinsicht bis beinahe zur exzessiven Genauigkeit entwickelt hat. Das zweite Stadium der Metaphysikrevision, wie auch dasjenige der Physikrevision, ist davon noch weit entfernt. Insbesondere haben wir es noch nicht mit der systematischen Benutzung des Artikels „*le*", vor allem in seinen deklinierten Formen[24], zu tun (der Artikel *le* — eine von Moerbeke gefundene und, wie es scheint, nur von ihm angewandte Übersetzungstechnik — wird in der Metaphysik einige Male, und zwar schon im ersten Stadium gebraucht). Aber in den zahlreichen nachträglichen Einführungen von lateinischen Äquivalenten ([*is*] *qui, ipse*) für den von den zugrundegelegten Übersetzungen und in den ersten Stadien der Revision nicht wiedergegebenen griechischen Artikel, scheint sich zwischen den jeweils ersten und zweiten Redaktionen eine Entwicklung in der Übersetzungsmethode anzudeuten.

ὁ (art. def., in substantivierender Funktion, vor Zahlwörtern, Pronomina, Infinitiven, Adjektiven etc., und in attributiven Erweiterungen oder elliptischen Ausdrükken):

---

[24] Vgl. Procl. Parm. (Anm. 12), 44*—45*.

om. A: *idem* G¹: (is) qui G² (Γ) 03b34 (Δ)*2* (E)*3* (Z)*8* (H)*1* (I)*4* (Λ)*10*
om. A: *idem* G¹: ipse (in subst. Funkt.) G² (Z)*2* (I)*6* (Λ)*3*
deest A: *om.* G¹: qui *G²* (Λ) 72b5
(cf. Phys. V: *om.* PV PG¹: (is) qui PG² *32*)

Etwas Ähnliches kann man hinsichtlich der Wiedergabe des substantivierten griechischen Partizips Praes. Pass. (gelegentlich auch Aktiv) beobachten. Im zweiten Stadium der Revision zeigt sich ein deutliches Bestreben, die griechische Form nicht durch das lateinische Partizip Perf. (*mensuratum, oppositum, subiectum* etc.) wiederzugeben, sondern durch die verbale

Tabelle IV

	A	G¹	G²	
τὸ ἀντικείμενον	oppositum	*idem*	quod opponitur	(I) 56b24
τὸ γιγνόμενον	—	facta	que fit	(K) 65a14
	—	genitum	quod fiebat	(K) 68b1
τὸ δυνάμενον	potens	*idem*	quod potest	(Λ) 71a10—11
τὸ ζητούμενον	quesitum	*idem*	quod queritur	(Z) 41a26
τὸ θερμαινόμενον	calefactivum	calefactum	quod calefit	(Δ) 21a18
τὸ καλούμενον	nominatum	vocatum	quod vocatur	(I) 58a21
τὸ κινούμενον	motum	*idem*	quod movetur	(Λ) 72a24 73a35
τὸ λεγόμενον	dictum	*idem*	quod dicitur	(A) 984a18
τὸ μετρούμενον	mensuratum	*idem*	quod mensuratur	(I) 57a10
τὸ νοούμενον	intellectum	*idem*	quod intelligitur	(Λ)75a3,6
	intellectus	intellectum	quod intelligitur	(Λ) 75a5
τὸ τεμνόμενον	sectum	*idem*	quod secatur	(Δ) 21a18
τὸ ὑποκείμενον	subiectum	*idem*	quod subicitur	(Δ) 24b3
				(H) 42a13,33,b2,33
	subiectum	subiectum	quod subicitur	(I) 53b3 56b2
		quod subicitur		
	om.	*idem*	quod subicitur	(H) 42a26
τῶν προσηκόντων	convenientium	contrahentium	eorum que conveniunt	(I) 58a22

(cf. Physica V: τὸ δηλούμενον monstratum PV PG¹: quod monstratur PG² 225a7
τὸ μεταβάλλον mutans PV PG¹: quod mutatur PG² 226b24
τὸ ἀποβαλλόμενον quod abiectum est PV PG¹: quod abicitur PG² 230b24)

Relativkonstruktion im Präsenz (*quod mensuratur, quod opponitur, quod subicitur* etc.), welche es erlaubt, die substantivierende Funktion des griechischen Artikels zu übernehmen und zugleich den Charakter des nicht abgeschlossenen *Geschehens* zu betonen, der in der griechischen Form liegt (vgl. Tab. IV). Dies kommt auch schon im ersten Stadium der Revision vor, aber die Korrekturen in der zweiten Redaktion sind in dieser Hinsicht auffallend vermehrt. Die umgekehrten Änderungen findet man dagegen nicht. Daß wir es hier mit einem ausgeprägten Zug der zweiten Redaktion zu tun haben, geht auch daraus hervor, daß Wilhelm nicht nur die im ersten Stadium aus der Anonyma übernommenen Partizipien ändert, sondern daß er mehrmals auch seine eigenen Revisionselemente des ersten Stadiums korrigiert, indem er statt des ursprünglich als *Korrektur* einer fehlerhaften Anonyma-Lesart von ihm eingesetzten Partizips Perfekt (*calefactum, vocatum, intellectum*) jetzt in zweiter Änderung die Relativkonstruktion im Präsenz (*quod calefit, quod vocatur, quod intelligitur*) einführt. Die gleiche Art von Änderungen findet man, wie wir schon gesehen haben, bei den Doppelübersetzungen in Buch K, die in Tab. IV mitangegeben werden. Und auch in diesem Punkt sind die Parallelfälle im zweiten Stadium der Physikrevision zu beachten.

Betrachten wir schließlich noch einige der zusätzlichen Korrekturen kategorematisch signifikativer Worte im zweiten Stadium (Tabelle V).

Auch hier ist offenbar, daß wir es bei den Revisionselementen der zweiten Textform nicht mit Korrekturen zu tun haben, die der Abschreiber der ersten Textform zufällig übersehen oder zugunsten der zugrundeliegenden Anonyma-Lesart vernachlässigt haben könnte, sondern umgekehrt mit gezielten und zum Teil ständig wiederholten Verbesserungen von bestimmten Ausdrücken des zugrundeliegenden lateinischen Textes, vgl. die Korrekturen *contrapositio/oppositio, potestas/potentia, pluralitas/multitudo, diversus/alter, ferentia/latio, inclinatus* etc./*obliquus* etc., *amor/amicitia, desidero* etc./*appeto*. Auch hier wird dies besonders deutlich in einigen Fällen, in welchen Wilhelm im ersten Stadium den zugrundeliegenden Text bereits korrigiert hatte, für seine Korrektur aber noch die Terminologie seiner Vorlage verwendet, während erst im zweiten Stadium die einheitlich verbesserte Terminologie eingeführt wird, vgl. [7], [8]. Einige Doppellesarten in der ersten Textform (vgl. [1], [5], [10]) könnten hier, ebenso wie an einigen bereits angeführten Stellen, darauf hinweisen, daß Wilhelm gewisse Verbesserungen zunächst als Vorschläge oder alternative Übersetzungsmöglichkeiten angegeben hatte, und daß er sie erst im Lauf seiner zweiten Überarbeitung definitiv als Korrekturen gekennzeichnet hat.

Eine ganze Reihe von „Verlegenheitstransliterationen" der Anonyma, welche in der ersten Textform unverändert übernommen wurden, werden in der zweiten Textform durch lateinische Äquivalente beseitigt [10]. Auch hier wäre es unverständlich, daß ein Abschreiber die sinnvollen lateinischen

Tabelle V

	A	G¹	G²	
[1] ἀντίθεσις	contrapositio contrapositio	*idem* oppositio contrapositio	oppositio oppositio	(I) 54a23 56a5 (I) 55b32 56a2
[2] δύναμις	potestas	*idem*	potentia	(Z) 40b12,14 (Θ) 48b37 50b25 (I) 52b7 (Λ) 69b17—17a19 (*8*)
[3] λόγος	oratio sermo	*idem* *idem*	ratio ratio	(Δ) 24b31,32 25a4 (I) 53a16
[4] πλῆθος	pluralitas	*idem*	multitudo	(I) 54a21—57a14 (*16*)
[5] ἕτερος	diversus diversus	*idem* alter diversus	alter alter	(Γ) 04a24,25 (Λ) 69b29—71a7 (*9*) 74b23 (*2*) (Λ) 72a13,16
[6] μεταξύ	medius	*idem*	intermedius	(I) 57b23,33
(cf. Physica V: medius PV PG¹: intermedius PG² 228b5,7)
[7] κυριώτερος : -τατος	magis proprius maxime secun- dum priorem	*idem* propriissimus	principalior principalissimus	(Λ) 75b18,19 (Δ) 20b14
[8] φορά	ferentia convehibile	*idem* ferentia	latio latio	(Λ) 69b26—74a30 (*16*) (Λ) 74a28 (*2*)
(cf. Phys. V: loci mutatio, motus PV PG¹: latio PG² 227b5¹,²,6 228a29 229a2,6,b7 230b13)
λοξός λελοξῶσθαι κατὰ τὸν λελοξωμένον περιόδῳ	inclinatus inclinari inclinatorum circuitu	*idem* *idem* secundum inclinatum *idem*	obliquus obliquari secundum obliquatum periodo	(Λ) 73b29 (Λ) 73b21 (Λ) 73b29 (Λ) 72a9,11
[9] νεῖκος φιλία ἐρώμενον ὀρέγομαι ὀρεκτός ὄρεξις	odium amor desideratum desidero desiderabilis desiderium	*idem* *idem* *idem* *idem* *idem* *idem*	lis amicitia amatum appeto appetibilis appetitus	(α) 994a7 (Λ) 72a6 (I) 63b15 (Λ) 72a6 75b2,6 (Λ) 72b3 (Λ) 72a29 (*2*) (Λ) 72a26 (Λ) 71a3

	A	G¹	G²	
[10] γόμφος	gumphus	*idem*	clavus	(Z) 42b18
	gumphus	clavus	clavus	(I) 52a24
		gumphus		
περὶ γῆν ἰὸν	perigi(ni)on	*idem*	terram girans	(Z) 40a31
νυκτικρυφές	nictikrifes	*idem*	nocte absconditum	(Z) 40a31
νηνεμία	nenemia	*idem*	serenitas	(H) 43a22
φθόγγους	phtongos	*idem*	sonos	(I) 57a24

Ausdrücke, wenn sie sich von vornherein im Autograph von Moerbekes Revision befunden hätten, zugunsten der für ihn meist sinnlosen Transliterationen „vernachlässigt" hätte. Wir hatten jedoch schon darauf hingewiesen, daß es bei Moerbeke auch den umgekehrten Vorgang gibt, daß er nämlich in ganz bestimmten Fällen Transliterationen bevorzugt oder wiedereinführt, vgl. hier *circuitu/periodo*, oben S. 298, *gleba/bolus* und unten, S. 329, *ydor id est aqua*.

Bei den meisten der angeführten Korrekturen handelt es sich um ein Vokabular, das Moerbeke gewöhnlich und in seinen Neuübersetzungen — wie auch in den Neuübersetzungsteilen der Metaphysik — von vornherein gebraucht, und das er auch schon im ersten Stadium der Revision verwendet, das er aber nachträglich, und zwar hauptsächlich in den Büchern Z—I, Λ, systematisch ergänzt.

Besonders im Buch Λ hat Wilhelm seinen ersten Text sehr gründlich und systematisch korrigiert, möglicherweise auch mit ganz bestimmten Intentionen. Bemerkenswert ist jedenfalls hier die Sorgfalt hinsichtlich der astronomischen Begriffe [8] wie auch die differenzierte Wiedergabe der griechischen Terminologie in Bezug auf die „Affektionen" [9].

Abgesehen von einer sehr auffälligen Parallele zum zweiten Stadium der Physikrevision (vgl. [8]: die systematische Einführung von *latio* für φορά), lassen sich die oben angeführten Termini keiner besonderen zeitlichen Phase der Moerbekeschen Übersetzungen zuordnen. Es gibt jedoch in der zweiten Textform, und nur in dieser, einige terminologische Neuerungen, die gewisse Anhaltspunkte geben könnten, z. B.:

(Λ) 72b22: ἐνεργεῖ: agit A G¹: actuatur G². — Der Terminus ἐνεργέω wird im allgemeinen, und auch von Moerbeke, durch *ago* oder *operor* übersetzt. Auf die Verwendung des selten gebrauchten mittelalterlichen Terminus *actuor* bei Wilhelm von Moerbeke zur Übersetzung des griechischen Wortes hat bereits R. A. Gauthier[25] aufmerksam gemacht. Außer an der oben angegebenen Stelle ist diese sehr auffällige Übersetzung noch in vier anderen Übersetzungen Moerbekes anzutreffen.

---

[25] Sentencia libri De anima (Anm. 6), 169*.

Drei dieser Übersetzungen sind datiert und fallen in ein und denselben, eng begrenzten Zeitraum: Them. De An., 198.63 (1267), Philop. De An., 21.96,98 (1268), De Int. 23a10 (1268). Die vierte Verwendung des Terminus *actuari* findet sich in Moerbekes Revision der De Anima-Übersetzung (416b19), jedoch nur in der sogenannten Ravenna-Rezension, welche möglicherweise auf ein zweites Stadium der Revision zurückgeht[26].

(I) 56a12 ἐναντίωσις: contrarietatis (*sic*) A: contrarietas G^1: contrariatio G^2. — Auch der Terminus *contrariatio* scheint eine Eigentümlichkeit Moerbekescher Übersetzungen zu sein. Die übliche, und auch von Moerbeke benutzte Übersetzung ist *contrarietas*. Während Moerbeke aber die Äquivalenz ἐναντίωσις — *contrarietas* in den Übersetzungen seiner frühen Periode (um 1260) ausschließlich zu verwenden scheint, taucht die Äquivalenz ἐναντίωσις — *contrariatio* im Lauf der datierten Übersetzungen von einem bestimmten Zeitpunkt an auf, und zwar zunächst gelegentlich, um in den spätesten Übersetzungen das Äquivalent *contrarietas* fast ganz zu verdrängen. Der verwandte griechische Terminus ἐναντιότης ist dagegen konstant in allen Moerbekeschen Übersetzungen durch *contrarietas* wiedergegeben. Es ist offensichtlich, daß Moerbeke gegenüber dem klassischen Wort *contrarietas*, welches wie ἐναντιότης einen *Zustand* bezeichnet, durch die unklassische Form *contrariatio* eine Möglichkeit gefunden hat, den Charakter der *Handlung*, welcher in der Form ἐναντίωσις liegt, zu treffen. Es zeichnet sich, in diesem Punkt, eine gewisse Entwicklung seiner Übersetzungsmethode ab (es werden im folgenden nur die Häufigkeiten der Äquivalenzen angegeben, die Stellen selbst sind, außer für die Meteora, den Indices der Editionen zu entnehmen):

	1260	um 1260 (?)		1266
ἐναντίωσις	Al. Met.	Met.	Gen. An.	Simpl. Cat.
contrarietas	*5*	344b36	*3*	ca. *90*
contrariatio	—	—	—	*8*

	1268	vor 1269	1280	1286
ἐναντίωσις	Amm. Int.	Rhet.	Procl. Opusc.	Procl. Parm.
contrarietas	*9*	—	—	*2*
contrariatio	*2*	*1*	*3*	*7*

Das je einmalige Auftauchen dieser beiden, sehr spezifischen Termini in der zweiten Redaktion (neben den „üblichen" Äquivalenten in beiden Textformen) scheint, in beiden Fällen, einen möglichen zeitlichen Zusammenhang dieser Redaktion mit Übersetzungen der „mittleren" Periode Wilhelms anzuzeigen, d. h. mit Übersetzungen, die in der zweiten Hälfte des 7. Jahrzehnts (1266—1269) entstanden sind.

---

[26] Vgl. unten, Anm. 42. Korrekturzusatz (Mitteil. v. J. Brams): Im 2. Stadium der Physikrevision hat Moerbeke *agere* 2× und *operari* 1× in *actuari* korrigiert.

5. Terminologische und semantische „Selbstkorrekturen" in der zweiten Redaktion.

Daß Moerbeke mit seiner zweiten Überarbeitung von bestimmten Teilen des Textes das Ergebnis seiner ersten Revision wesentlich verbessert hat, ist durch die gezielte und systematische Einführung der zahlreichen zusätzlichen terminologischen Korrekturen gegenüber den zuerst übernommenen Versionen der Anonyma deutlich geworden. Wilhelm hat jedoch mit dieser zweiten Überarbeitung nicht nur, wie man sagen könnte, anfänglich Versäumtes nachgeholt, sondern er hat gelegentlich, wie wir bereits in einigen Fällen festgestellt haben, auch seine eigenen Textelemente, d. h. seine eigenen ersten Korrekturen in terminologischer oder semantischer Hinsicht wieder verändert. Er hat sich also, ebenso wie in den Neuübersetzungsteilen, auch selbst korrigiert. Einige dieser Selbstkorrekturen sind besonders aufschlußreich, weil sie ein zunehmend verfeinertes und intelligenteres Textverständnis und eine aufmerksamere Berücksichtigung des Kontextes in der zweiten gegenüber der ersten Redaktion verraten.

(H) 43a22 ἀπεδέχετο: recipit A: recepit G[1]: approbavit G[2] (T, *n.* 1701). — Zunächst korrigiert Wilhelm nur die Zeitform des Verbs nach dem Griechischen, übernimmt aber das Verb selbst — eine mögliche Äquivalenz, die er selbst auch gelegentlich verwendet — aus der Vorlage. Der von ihm am häufigsten gebrauchte Ausdruck ist *acceptare*. Daß Wilhelm in seiner zweiten Korrektur jedoch den Terminus *approbare* wählt und nicht, wie man erwarten könnte, *acceptare*, zeigt, daß er hier eine spezifische Nuance des griechischen Wortes im Bedeutungszusammenhang des Satzes erkannt hat. Aristoteles führt an dieser Stelle die Definitionen des Archytas an, nicht als solche, die Archytas übernommen oder akzeptiert hätte, sondern als solche, die Archytas *als richtig* anerkannte: *similiter autem et quos Archytas approbavit terminos*.

(Λ) 72b20—21 (νοητὸς γὰρ γίγνεται ϑιγγάνων (καὶ νοῶν, ὥστε ταὐτὸν νοῦς καὶ νοητόν): (intelligibile fit) ordinans (et intelligens, quare idem intellectus et intelligibile) A: (intelligibile enim fit) appropinquans (…) G[1]: (intelligibilis enim fit) attingens (…) G[2] (T, *n.* 2539). — Die drei verschiedenen Übersetzungsversuche an dieser zentralen Stelle des Textes (*ordinans, appropinquans* und schließlich *attingens*) sind sehr merkwürdig und hängen gewiß nicht damit zusammen, daß der Ausdruck ϑιγγάνων als solcher nicht oder nicht genau verstanden wurde. Der transitive Terminus ϑιγγάνων bietet allerdings im Satzzusammenhang insofern eine gewisse Schwierigkeit, als das zugehörige Objekt ausgespart wurde. In allen modernen Übersetzungen mußte es syntaktisch hinzugefügt werden. Diese Schwierigkeit konnte auch von den lateinischen Übersetzern nicht übersehen werden. Es mag sein, daß die stark abweichende Übersetzung *ordinans* von A auf eine Verlesung τάττων zurückgeht, es kann sich hier aber auch um eine der „freien" Uminterpretationen des Anonyma-Übersetzers handeln. Daß Wilhelm hier von vornherein eingegriffen hat, ist nicht verwunderlich. Merkwürdig ist die Wahl von *appropinquans*. Sie ist zwar, gegenüber *ordinans*, eine deutliche Verbesserung, trifft jedoch den griechischen Terminus, den Moerbeke zweifellos genau verstand, nicht völlig.

Es mag sein, daß hier die oben erwähnte Schwierigkeit seine Wahl beeinflußt hat: *appropinquans* läßt sich, wie *ordinans*, ohne weiteres auch intransitiv gebrauchen. Erst in der zweiten Korrektur entschließt sich Moerbeke zu der wörtlichen Übersetzung durch *attingens*, die zwar, wie im Griechischen, syntaktisch ohne Ergänzung bleibt, die aber die im Argumentationszusammenhang entscheidende Bedeutung des effektiven „Berührens", „Erreichens" oder „Erfassens" des Denkobjektes genau wiedergibt.

(Λ) 74b36 ἐν παρέργῳ: in vocante (= vacante) A: in superhabundanti G¹: in accessorio G² (T, *n.* 2617: praeter opus vel praeter actum principalem ... quasi accessorium). — Ob Moerbeke den Ausdruck *vocante* als solchen genommen hat und damit als völlig inadäquat ansehen mußte oder ob er *vacante* verstanden hat, soll dahingestellt bleiben. Seine erste Korrektur ist eine mögliche, aber doch ungeschickte Übersetzung innerhalb des Kontextes. Der Fortschritt von der ersten zur zweiten Redaktion ist offensichtlich; mit *in accessorio* ist die Bedeutung des griechischen Wortes im Kontext genau getroffen: Wissenschaft, Wahrnehmung, Meinung etc. gehen, im Gegensatz zum Nous, welcher sich selbst und nur sich selbst zum Gegenstand hat, immer auf etwas anderes, und nur *nebenbei* auf sich selbst. Sehr merkwürdig ist hier der Kommentar von Thomas, der offensichtlich neben der zweiten Korrektur Moerbekes noch eine andere Lesart, welche nur aus dem Griechischen stammen kann (*praeter opus*), gesehen hat. War es ein, sonst nicht überlieferter, weiterer Übersetzungsvorschlag Moerbekes oder stammt diese Lesart aus dem verlorenen Teil der Übersetzung des Iacobus[27]?

(I) 56b16 οἷον ὕδωρ πολύ, πολλὰ δ'οὔ: velut aqua multa et non multa A: velut aqua multa et non multe G¹ (T: *n.* 2080): velut ydor id est aqua multum, multa autem non G². — Das Satzstück bietet für die Übertragung in die lateinische Sprache eine offensichtliche Schwierigkeit. Der Übersetzer muß versuchen, den von Aristoteles beabsichtigten Unterschied zwischen Singular und Plural („wie man Wasser Vieles aber nicht Viele nennt") wiederzugeben. Er ist zugleich gezwungen, wenn er die feminine Form *aqua* für das griechische Neutrum einsetzt — und es gibt kein anderes lateinisches Wort —, die Unbestimmtheit des Griechischen, in welchem πολύ und πολλά sowohl substantivisch wie adjektivisch verstanden werden können, aufzugeben und zwischen den beiden Interpretationen zu wählen. Die Anonyma hat den ersten Terminus adjektivisch, den zweiten substantivisch übersetzt. Das ist möglich, aber mißverständlich, weil jetzt grammatisch nicht mehr klar ist, welcher der beiden Termini Singular, welcher Plural ist. Wilhelm hat im ersten Stadium der Revision auf sparsame Weise geändert, indem er jetzt auch den zweiten Terminus adjektivisch interpretierte, den Text verbessert. Es blieb aber eine Unklarheit, denn *multa* könnte, wenn man das Griechische nicht heranzieht, als substantiviertes Neutrum pluralis verstanden werden. Indem Wilhelm im zweiten Stadium den griechischen Terminus selbst zur Erklärung heranzieht, hat er jetzt, mit nochmaliger Änderung der beiden Termini, eine unmißverständliche Überset-

---

[27] Vgl. L. Minio-Paluello, Note sull' Aristotele latino medievale I: La Metaphysica Vetustissima comprendeva tutta la Metafisica?, in: Riv. di Filos. Neo-Scol. 42 (1950) 222—226, jetzt in: L. M.-P., Opuscula, Amsterdam 1972, 98—102.

zung erreicht, die das Griechische genau widerspiegelt und sich dem Kontext besser anpaßt: (56b14—16) *Sed forsan multa dicuntur quidem ut et multum, sed ut differens, velut ydor, id est aqua, multum, multa autem non.*

(I) 58a30—31 τῆς δὲ διαφορᾶς (*gen. absol.*) ἐναντιώσεως: differentiis contrarietas [*sic*] A: differentia autem contrarietatis G¹: differentia autem contrarietate [*scil.* ente) G² (*cf.* T, *n.* 2127). — In seiner ersten Korrektur hat Moerbeke den ersten Genitiv als absoluten verstanden und richtig durch Ablativ wiedergegeben, den zweiten Genitiv jedoch wörtlich übersetzt. Erst im zweiten Stadium hat er die gesamte Konstruktion durchschaut, dementsprechend auch den zweiten Genitiv in Ablativ geändert und das Satzstück jetzt völlig adäquat übertragen („insofern der Unterschied [zwischen Mann und Weib] ein konträrer Gegensatz ist").

(Λ) 69b28—29 (... ἀλλ' ὅμως οὐ) τοῦ τυχόντος (ἀλλ' ἕτερον ἐξ ἑτέρου): (at tamen non) cuiuslibet (sed diversum ex diverso) A: (...) contingentis (...) G¹: (...) ex quocumque (sed alterum ex altero) G² (T, *n.* 2438). — Im ersten Stadium ändert Wilhelm nur den Terminus der Anonyma. Er verwendet selbst nur selten *quilibet* und er wählt zunächst eine genau dem Griechischen angepaßte Form: *contingens*. Er behält jedoch den bloßen wörtlichen Genitiv bei. Im zweiten Stadium ändert er den Ausdruck von neuem, vor allem aber interpretiert er jetzt die Bedeutung des griechischen Genitivs an dieser Stelle durch die Übersetzung von *ex* mit Ablativ. Die Formulierung des gesamten griechischen Satzes ist elliptisch. Der Genitiv *muß* interpretiert werden. Moerbekes Interpretation scheint die naheliegendste zu sein, sie entspricht derjenigen von (Ps-)Alexander (οὐκ εκ τοῦ τυχόντος ... γίνεται, 674.13—14), der auch Bonitz u. a. gefolgt sind. Nach dieser Interpretation muß der gesamte Satz etwa folgendermaßen verstanden werden: „Wenn es nun etwas dem Vermögen [aber nicht der Wirklichkeit nach Seiendes gibt, aus welchem die Entstehung hervorgeht], so doch nicht *aus* irgendeinem Beliebigen, sondern Verschiedenes aus Verschiedenem." Ross hat den Genitiv anders, und vielleicht richtiger, verstanden, mußte ihn in seiner Übersetzung aber auch umformulieren („not [by virty of a potentiality] *for* anything and everything", cf. *comm. ad loc.*). Die Korrektur Moerbekes zeigt jedenfalls, daß er in seiner zweiten Redaktion die Schwierigkeit im Text gesehen hat und zu lösen versuchte. Die erneute Änderung des Terminus selbst (*contingens-quicumque*) hängt sicherlich damit zusammen. Der pronominale Ausdruck *quicumque* ist, durch die jetzt hergestellte Parallele zum nachfolgenden Satzteil, angebrachter als *contingens*: *... at tamen non ex quocumque, sed alterum ex altero.*

(I) 54b11—13 τὰ δὲ [*sc.* ὅμοια λέγεται] ἐὰν πλείω ἔχῃ ταὐτὰ ἢ τὰ ἕτερα ... οἷον καττίτερος ἀργύρῳ ἢ χρυσῷ πῦρ ἢ ξανθὸν καὶ πυρρόν *JEEᵇEˢ*: alia, si plura habent ea aut altera ... ut stagnum argento aut auro ignis aut croceo rubeum aut colerico ignis A: alia, si plura habent EADEM QUAM altera ... ut stagnum argento QUAM auro ignis aut CROCEUM ET rubeum G¹: alia, si plura habent EADEM QUAM altera ... ut stagnum argento VEL auro ignis aut RUBICUNDUM ET RUFUM G². — Die griechische Überlieferung ist im zweiten Teil des Satzes in allen Hss verdorben und wurde von Alexander ebenso wie von den modernen Editoren korrigiert bzw. durch Konjekturen ergänzt. Der Text der Anonyma ist im ersten Teil durch Verlesungen und Mißverständnisse des Übersetzers völlig inkohärent und weicht im zweiten Teil durch freie Zufügungen stark vom Griechischen ab. Wilhelm hat den Text genau nach seiner griechischen Vorlage korrigiert und hat insbesondere die komparativische Bedeutung des ersten ἤ richtig verstanden. Möglicherweise verleitet durch diesen ersten Komparativ hat er aber, im ersten Stadium seiner Revision, auch das zweite ἤ komparativisch interpretiert. Sein erster Text stellt zwar eine wesentliche Verbesserung gegenüber der Anonyma dar, aber der komparative Vergleich im Beispielteil des Satzes stört die Argumentation: „Andere [werden ähnlich genannt], wenn sie mehr gleiche als verschiedene [Eigenschaften] haben ... wie das Zinn dem Silber [ähnlicher ist] als das Feuer oder das Safranfarbene oder des Rötliche dem Gold". Im zweiten Stadium muß er die Inkohärenz in der Argumentation bemerkt haben, er kommt hier auf die disjunktive Interpretation des zweiten ἤ, die A gegeben hatte, zurück, er verwirft seine erste Korrektur, übernimmt aber nicht *aut* aus A, sondern korrigiert in *vel*, womit in geschickter Weise die syntaktische Differenz zwischen den beiden aufeinanderfolgenden disjunktiven ἤ angezeigt ist. Außerdem führt er jetzt neue Farbtermini ein, die der Ähnlichkeit des Feuers mit dem Gold (aufgrund der rötlichen Farbe des Feuers), welche erst im syntaktischen Verständnis seiner zweiten Redaktion ins Spiel kommt, besser entsprechen. Er hat damit eine so sinnvolle und kohärente Übersetzung der Stelle gegeben, wie es an Hand des verdorbenen griechischen Textes möglich war: „Andere [werden ähnlich genannt], wenn sie mehr gleiche als verschiedene [Eigenschaften] haben ... wie das Zinn dem Silber [ähnlich ist] oder [wie] auch das Feuer oder das Gelblichrote und das Fuchsrote dem Gold [ähnlich sind]". — Es scheint, daß Thomas an dieser Stelle sowohl die Lesart von G¹ wie diejenige von G² gesehen und in freier Weise miteinander kombiniert hat, eine spezifische Benutzung von A ist nicht erkennbar: *ut dicantur illa esse similia, quae in pluribus conveniunt quam differant ... sicut stamnum argento, quia in multis convenit. Et similiter ignis auro et crocus rubeo* T, n. 2012.

6. Textkritische Umentscheidungen Moerbekes in der zweiten Redaktion

Mit seiner zweiten Überarbeitung hat Wilhelm gegenüber seinem ersten Revisionstext nicht nur die Qualität der Übersetzung als solcher — in terminologischer und semantischer Hinsicht — geändert und verbessert, sondern er hat an einer Reihe von Stellen auch andere griechische Lesarten zugrundegelegt, d. h. er hat gelegentlich einen anderen Text übersetzt. Dies konnte schon bei einigen der Differenzen zwischen beiden Textformen in den Neuübersetzungsbüchern beobachtet werden. Es gilt auch für die Revisionsteile. Hier ist eine Problematik hinsichtlich der griechischen Textgrundlage von vornherein vorhanden, insofern als der Revisor es von vornherein mit zwei verschiedenen — und häufig divergierenden — Textzeugnissen zu tun hat. Wir hatten gesehen, daß die meisten und wichtigsten textkritischen Korrekturen gegenüber der Translatio Anonyma bereits in der ersten Textform vorhanden sind, und dies war einer der Gründe, die erste Textform als eine erste Redaktion des Revisors und nicht als eine mehr oder weniger willkürliche Auswahl-Rezension eines Kopisten anzusehen. Es gibt nun aber auch im Revisionsteil eine Reihe von textkritischen Unterschieden *zwischen* der ersten und der zweiten Textform. Wir finden sie häufig an Stellen, an denen das erste Stadium bereits eine Korrektur aufweist, welche im zweiten Stadium wiederum verändert wird ($g^1 | g^2$ oder $g^1 + g^2 | g^2$), aber auch in anderen Konstellationen ($a + g | g$, $g | a$, $a | g$). Diese Unterschiede sind von besonderem Interesse, weil sie es erlauben, die textkritische und sozusagen editorische Arbeit und Weiterarbeit Moerbekes in den beiden Stadien seiner Redaktion zu verfolgen, und weil sie außerdem, ebenso wie einige der in den Neuübersetzungsteilen untersuchten Differenzen, auf das Vorhandensein einer zusätzlichen griechischen Textquelle für die zweite Redaktion hinweisen.

(**B**) 02b19 λαμβάνῃ EA^b, *edd.*: sumat A $G^1(DaZI^{pc})$: λανθάνῃ J: lateat $G^2(SiZI^{ac}P)$. — Im ersten Stadium hat Wilhelm die Lesart von A übernommen. Sie hätte jedoch einer, im elliptischen griechischen Satz ausgelassenen, syntaktischen Ergänzung bedurft: *si non sumat quis ⟨principia⟩ huius sillabe aut huius vocis*. In der zweiten Redaktion korrigiert er nach der Lesart von J (Sonderfehler von J), der lateinische Text ist jetzt syntaktisch in Ordnung und der Sinn läßt sich herauslesen: *si non lateat quis huius sillabe aut huius vocis*, „außer wenn jemand nicht dieser einzelnen Silbe oder dieses bestimmten einzelnen Lautes gedenkt".

(**Γ**) 03b26 εἷς ἄνθρωπος J^1E, *Ascl., Syr., Jaeger*: unus homo A G^1: + καὶ ἄνθρωπος $J^2 A^b$, Al^p, *Ross*: unus homo et homo G^2 (T, *n*. 550). — Es handelt sich um eine in der griechischen Überlieferung, bei den Kommentatoren und auch bei den modernen Editoren umstrittene Textstelle. Im ersten Stadium hat Wilhelm die Lesart der Anonyma, welche der Lesart des Grundtextes von J (J^1) entsprach, übernommen. In der zweiten Textform hat er sich — vielleicht durch Unterstützung eines anderen Textzeugnisses? — für die Korrekturlesart von J, welche den Zusatz enthielt, entschlossen. Der von ihm adoptierte Text wird von Ross (*comm. ad loc.*) überzeugend gerechtfertigt.

(**Γ**) 08a18 ἢ ἡ ἀντικειμένη ἀντίφασις A^b, *Asc.*: aut opposita negatio A: ἡ ἀντικειμένη JE, *edd.*: opposita G^1: quam opposita G^2 (*SiZl*): quam opposita negatio G^2 (P) (T, *n*. 644). — Die Anonyma hat den Text von A^b übersetzt, hat aber die komparative Bedeutung von ἢ nicht erkannt. Die Übersetzung ist im Kontext nicht nur falsch, sondern auch kaum verständlich. Im ersten Stadium hat Wilhelm nach J korrigiert, d. h. *aut* und *negatio* gestrichen bzw. expungiert. In der zweiten Redaktion ist er — durch eine Zusatzhs? — auf die von A übersetzte Lesart zurückgekommen, hat jedoch das unpassende *aut* durch *quam* ersetzt und hat möglicherweise, wie P und T bezeugen, das expungierte *negatio* wieder eingesetzt.

(**Γ**) 08a21 οὐ λέγει EA^b, *edd.*: non dicit A: non dicet G^2: *om.* J: *om.* G^1. — Zunächst hat Wilhelm die Lesart von A nach J korrigiert, d. h. gestrichen. Der mit οὐ λέγει eingeleitete Satzteil ist nicht unmittelbar verständlich und bedarf einer Erklärung (cf. Ross, *ad loc.*); syntaktisch war die Streichung möglich, Wilhelm konnte also durchaus das Zeugnis seiner griechischen Vorlage für authentisch halten. Er hat jedoch diese Stelle am Rand von J durch ein besonderes Zeichen (eine

Art von Ausrufungszeichen)[28] vermerkt. In der zweiten Redaktion ist Wilhelm — unterstützt durch eine griechische Zusatzhs? — auf den von A übersetzten Text zurückgekommen, hat jedoch *dicit* in *dicet* geändert, vermutlich wegen der vorangehenden Bedingungspartikel *si*.

(Γ) 09a20 ἀπάντησις J^2EA^b: obviatio A G^2: ἀπάτησις J^1: deceptio G^1. — Die Lesart von J^1 (ein Sonderfehler von J) ist, wie man sich am Kontext überzeugen kann, nicht sinnlos und Wilhelm konnte zunächst im Zweifel sein. Im ersten Stadium hat er A nach der Grundlesart von J korrigiert. Im zweiten Stadium ist Wilhelm auf den Text der Anonyma, welcher mit der Korrekturlesart von J übereinstimmte, zurückgekommen. Hatte er eine griechische Zusatzquelle, welche ihm zugleich die Anonyma-Lesart und die Korrekturlesart von J bestätigte? Hatte er eventuell im ersten Stadium *nur* die Grundlesart von J und könnte die Korrektur auf seine Intervention zurückgehen? (vgl. 23b19 28b27 39a7 50a14)

(Δ) 23b19 τι J^2E: aliquid A G^2: *om.* J^1A^b, *edd.*: *om.* G^1. — Vgl. 09a20.

(Z) 28b27 τί J^2EA^b: quid A G^2: *om.* J^1: *om.* G^1. — Vgl. 09a20. Die Stelle ist am Rand von J durch ein „Ausrufungszeichen" gekennzeichnet.

(Z) 39a7 εἰ J^2A^b, *edd.*: si A G^2: *om.* J^1E: *om.* G^1. — Vgl. 09a20. Die Stelle ist am Rand von J durch ein „Ausrufungszeichen" gekennzeichnet.

(Θ) 50a14 οὐχὶ J^2Eγρ A^b, *edd.*: non A G^2: οὐχ ᾗ J^1E: non in quantum G^1. — Vgl. 09a20.

(Z) 38b10 ᾗ $J^{ac}EA^b$: que A G^2: ᾗ J^{pc}: secundum quod G^1. — Die Korrektur in J stammt an dieser Stelle offensichtlich vom Schreiber der Hs selbst. Im ersten Stadium hat Wilhelm die Lesart der Anonyma nach der Korrekturlesart von J, die im Kontext sinnvoll ist, korrigiert. Die zweite Textform stimmt dagegen mit der ursprünglichen Lesart von J, welche auch die allgemeine griechische Überlieferung bezeugt, und A überein. Hat Wilhelm sich hier auf Grund einer griechischen Zusatzquelle oder nach eigener Überlegung umentschieden?

(H) 45b17 λόγον ἑνοποιὸν E^2A^b, *edd.*: τὸ ἓν ὁποῖον JE^1: rationem unumquodcumque A: unumquodque vel unum faciens G^1: unum faciens G^2 (T, *n*. 1767). — Die Stelle ist am Rand von J und über dem Wort ἓν ὁποῖον durch die schon erwähnten „Ausrufungszeichen" von Moerbeke gekennzeichnet. Moerbeke hat zunächst das Wort *rationem* in A, das in J fehlte, nach dem Zeugnis von J gestrichen. Die Akzentuation der Worte ἓν ὁποῖον in J muß ihm, obleich sie mit der Lesart von A *unumquodque* übereinstimmte, zweifelhaft erschienen sein, sie paßt nicht in den Kontext. Er hat im ersten Stadium der Revision hier vermutlich konjiziert — es genügte, die beiden Worte zusammenzulesen und die Akzente zu verändern —, war aber unsicher und hat beide Möglichkeiten *unumquodcumque vel unum faciens*

---

[28] Etwa 20 dieser Zeichen — in Form eines schrägen Ausrufungszeichens / — finden sich am Rand (gelegentlich auch direkt über dem betreffenden Wort in der Zeile) des Metaphysiktextes von J. Es läßt sich nachweisen, daß sie von Moerbeke selbst in die Hs eingetragen wurden, um auf bestimmte, textkritisch problematische Stellen aufmerksam zu machen, vgl. dazu den oben, Anm. 5, angeführten Artikel.

notiert. In der zweiten Redaktion hat er vermutlich die Stelle, die von ihm gekennzeichnet ist, mit Hilfe einer Zusatzhs (?) nachgeprüft, jedenfalls hat er sich dann für *unum faciens* entschieden.

(Θ) 47a3 δ' A^b, edd.: ὅ J: quod A G^1: qui G^2. — Die Lesart von J ist korrupt. Die richtige Lesart lag Wilhelm offenbar nicht vor. Aus dem Kontext geht jedoch hervor, daß es sich nicht um das, was jemand bauen wird (*quod edificabit*) handeln kann, sondern nur um den, der bauen wird. Die einzig mögliche Weise, die fehlerhafte Lesart von J sinnvoll zu machen, ist, sie als erste Person des Relativpronomens zu verstehen, wie Moerbeke das im zweiten Stadium offenbar getan hat (ὅ = ὅς = *qui edificabit*).

(I) 52b24 ἢ J^{ac}: aut A G^1: ᾗ $J^{pc} E A^b$: secundum quod G^2. — Vgl. oben 03b26. Die Stelle ist am Rand von J von Moerbeke mit einem „Ausrufungszeichen" markiert worden.

(I) 54b3—4 μὴ ταὐτὰ EA^b: non eadem A: ᾗ ταῦτα J: sint hec G^1: non sint eadem G^2 (T, *n*. 2008). — Man sieht hier deutlich die Entwicklung vom ersten zum zweiten Stadium der Revision. Zunächst hat Wilhelm sich genau an die Lesart seiner griechischen Vorlage gehalten und entsprechend den Text von A geändert. Im zweiten Stadium ist er — vielleicht durch den Vergleich mit einem anderen griechischen Zeugnis — auf die von A bezeugte griechische Lesart zurückgekommen. Er hat aber J nicht ganz verworfen, sondern hat die Lesart von J mit dem durch A (und vielleicht durch seine Zusatzhs) bezeugten Text kombiniert. Er hat möglicherweise bereits im ersten Stadium die einschneidende Differenz zwischen A und J durch einen Hinweis auf das Fehlen von *non* „in greco libro" notiert: eine Randnotiz in einer der direkten Abschriften von P könnte darauf hindeuten.

(I) 54b34 ταὐτὰ $EE^{b2}E^s Al.$ (cf. *Bonitz, comm. ad loc.*): ταῦτα E^{b1}, *Jaeger, Ross*: om. A^b: ταῦτα [*sic*] J: eadem A G^1: hec G^2 (*cf.* T, *n*. 2022). — Die durch E (J^1) und Alexander bezeugte Lesart, die in der jüngeren Überlieferung korrigiert wurde, ist im Kontext problematisch (*locus nondum sanatus*, cf. Jaeger *ad loc*.) und wurde auch von den modernen Editoren diskutiert, bzw. abgelehnt. Die Akzentsetzung in J ist zweideutig. Wilhelm hat im ersten Stadium die Lesart von A, welche der ursprünglichen Akzentuierung von J (sowie E, *Al*. etc.) entsprach, übernommen. Im zweiten Stadium hat er — unterstützt durch einen anderen griech. Text oder durch eigene Überlegung? — die (vermutlich nachträgliche) Akzentuierung von J gewählt und hat entsprechend korrigiert. Es handelt sich hier um eine Korrektur, die ein sehr intelligentes Verständnis des Kontextes verrät, vgl. Ross, *comm. ad loc.*

(I) 55b18 θάτερον $J^{ss.} A^b$, *Al.*, *Ross*: alterum A: θατέρου $J^{text.} E$, *Jaeger*: vel alterius alterum G^1: alterius G^2 (T, *n*. 2054). — Die Übersetzung von A ist zwar wörtlich, aber da der *acc. graec.* durch einfachen lateinischen Akkusativ wiedergegeben wurde, ist der lateinische Satz grammatisch schwer verständlich: *omnis enim contrarietas habet privationem alterum contrariorum* A. Wilhelm hatte durch J zwei Lesarten zur Auswahl. Er hat im ersten Stadium die Alternativübersetzung notiert, ohne sich zu entscheiden, — was durch die Doppellesart in *Da* bezeugt ist. Im zweiten Durchgang hat er sich für den leichter verständlichen Genitiv im Grundtext von J entschieden und die Akkusativübersetzung von A getilgt.

(I) 56b10 ἔτι εἰ (εἰ *om.* A^b) ὡς ἐν μήκει τὸ μακρόν $J^{\text{marg.}}EA^b$: ἔτι εἰ ὡς ἓν μὴ κεῖται τὸ μακρὸν $J^{\text{text.}}$: amplius sicut (*cf.* A^b) in longo productum A: amplius si ut in longitudine productum vel adhuc si ut unum non ponitur longum G^1: amplius si ut in longitudine productum G^2 (*cf.* T, *n.* 2078). — Moerbeke hat den Text von A aufgrund der Marginallesart von *J* korrigiert. Im ersten Stadium seiner Revision hat er aber gleichzeitig auch die Textlesart von *J* übersetzt (ein Sonderfehler von *J*, der aber nicht sinnlos ist). Im zweiten Stadium hat er sich — mit Hilfe einer griechischen Zusatzhs oder aus eigener Entscheidung — für die der allgemeinen Überlieferung entsprechende Randkorrektur von *J* entschieden.

(I) 58a8 ἧ JEA^b: in quantum (ἧ nicht bezeugt) A: que in quantum G^1: que G^2 (T, *n.* 2118). — Vermutlich hat Wilhelm zunächst zwischen seinem lateinischen „Zeugnis" und demjenigen seines griechischen Exemplars geschwankt. Er hat seine Übersetzung der griechischen Lesart (*que*) im ersten Stadium alternativ vermerkt und hat sich erst im zweiten Stadium endgültig für die von *J* und der übrigen griechischen Tradition bezeugte Lesart entschieden.

(I) 57b7 ἐκ γὰρ τοῦ γένους καὶ τῶν διαφόρων τὰ εἴδη EA^b: nam ex genere et differentiis species A: εἰ γὰρ τοῦ γένους ... *J*: al' ex genere si (sed *Da*) generis et differentiarum species G^1: ex genere enim et differentiis species G^2 (T, *n.* 2105). — Wilhelm hat hier im ersten Stadium seine lateinische Vorlage nach der — fehlerhaften — Lesart von *J* korrigiert. Durch die Lesart εἰ (statt ἐκ) in *J* mußte er *ex* in *si* korrigieren und die beiden Ablative in die dem Griechischen entsprechenden lateinischen Genitive ändern. Die Lesart von *J* konnte einen Sinn geben, wenn man sie ohne die Begründungspartikel an den vorangehenden Satz anschloß. Vielleicht ist darum *nam* im ersten Stadium gestrichen worden oder ausgefallen. Jedenfalls muß ihm die Divergenz seiner beiden Textzeugnisse ein Problem gewesen sein, da er im ersten Stadium offensichtlich beide Lesarten nebeneinander bestehen ließ. Im zweiten Stadium ist er — durch eine griechische Zusatzhs oder durch eigenes Urteil — zu dem Zeugnis bzw. dem Text von A zurückgekehrt, wobei er jedoch noch eine kleine stilistische Änderung, *nam — enim*, einführte.

(I) 58b30 δόξειεν J^2EA^b: opinatum est A: δείξειεν J^1: ostendet G^1: videbitur G^2 (*cf.* T, *n.* 2138). — Die Lesart von J^1 ist ein Sonderfehler von *J*, der einen abweichenden, aber nicht sinnlosen Text ergibt. Die Lesart der allgemeinen Überlieferung ist in *J* am Rand von späterer Hand vermerkt. Wilhelm hat zunächst die Anonyma nach der Grundlesart von *J* korrigiert. Im zweiten Stadium hat er sich — mit Hilfe einer Zusatzhs? — für die Randlesart von *J* entschieden, welche auch durch A bezeugt war. Er ist aber nicht zu der Übersetzung von A zurückgekehrt, sondern hat die griechische Form genauer wiedergegeben (Optativ mit ἄν durch lat. Futur) und einen von ihm auch sonst bevorzugten Terminus gewählt (*videbitur*). Es ist merkwürdig, daß er im ersten Stadium die Korrektur völlig außer Acht gelassen hat, und man könnte sich fragen, ob sie zum Zeitpunkt seiner ersten Redaktion schon vorhanden war, oder ob diese Eintragung *mit* seiner zweiten Redaktion zusammenhängt, d. h. ob er selbst diese Korrektur nach einer zweiten griechischen Quelle eingetragen hat. Vgl. oben, S. 333, 09a20, 23b19, 28b27, 39a7, 50a14. Er hat diese Stelle (vielleicht schon im ersten Stadium) jedenfalls auch am Rand von *J* durch ein Ausrufungszeichen gekennzeichnet.

(Λ) 69a22 ἤ *J Al.*ᶜ, *edd., Bonitz comm.*: aut A G¹: ἤ *EEᵇEˢAᵇ*: qua G² (*cf.* T, *n.* 2420). — Der Aristotelische Text ist an dieser Stelle nicht leicht verständlich, was sich auch durch die Divergenzen in der griechischen Überlieferung äußert. Die Lesart ἤ, welche die modernen Editoren adoptiert haben, läßt sich nur verstehen, wenn man entweder (vgl. Bonitz, *comm.* S. 470) im voraufgegangenen Satzteil eine Änderung mit Alexander vornimmt, oder den anschließenden Satzteil mit den modernen Editoren und Übersetzern als eine Ellipse betrachtet, den Terminus ἤ durch „andernfalls" übersetzt und den nicht ausgesprochenen Rest des Satzes hinzudenkt: „andernfalls [wären] auch das Nicht-Weiße und das Nicht-Gerade [Seiende]". Wilhelm hat im ersten Stadium den Text der Anonyma, welcher mit *J* übereinstimmte, unverändert gelassen. Es ist aber nicht verwunderlich, daß er bei der zweiten Überarbeitung das schwer verständliche ἤ = *aut*, entweder durch eigene Konjektur oder mit Hilfe einer zweiten griechischen Textquelle, zugunsten des leichter verständlichen ἤ = *qua* aufgab.

(Λ) 70a21 ὡς προγεγενημένα ὄντα *EAᵇ*: ut antecedentia facta A: ut addentia facta Aᵛ(*Sc et plurimi*): ὥσπερ γεγενημένα ὄντα *J*: ut entes facte G¹: velut prius facte existentes G² (*cf.* T, *n.* 2450). — An dieser Stelle wird besonders deutlich, daß sich Moerbekes Revision in zwei verschiedenen, zeitlich auseinanderliegenden Stadien vollzogen hat. Im ersten Stadium hatte Wilhelm die Lesart von A, und zwar in der korrupten Form *addentia*, vor sich und daneben den Text von *J*. Er mußte annehmen, daß *ut* dem Terminus ὥσπερ von *J* entsprach, *facta* dem Terminus γεγενημένα von *J*, und daß *addentia* eine freie oder vielmehr falsche Übersetzung von ὄντα darstellte. Er hat also im ersten Stadium genau dem Text von *J* folgend korrigiert, wobei er die Reihenfolge der Worte aus seiner lateinischen Vorlage beibehielt. Die Lesart von *J* scheint ein Sonderfehler von *J* zu sein, sie ist in den übrigen Überlieferungszweigen nicht bezeugt. Im zweiten Stadium muß Wilhelm hier eine zusätzliche griechische Quelle, welche die (offensichtlich bessere) Vulgata-Lesart hatte, gesehen haben. Er konnte diese Lesart nicht aus A und auch nicht ohne weiteres aus *J* erschließen. Daß sie den Text klärte, mußte ihm natürlich sofort auffallen, und er hat dementsprechend seine ersten Korrekturen von neuem geändert.

(Λ) 70a32 ταὐτὰ *EEᵇEˢAᵇ*: idem A: eadem G²: ταῦτα *J*: hec G¹. — Im ersten Stadium hat Wilhelm seine lateinische Vorlage nach der (Sonder-)Lesart von *J* korrigiert, in der zweiten Überarbeitung hat er — auf Grund einer anderen griechischen Hs oder durch eigene Konjektur — seine erste Korrektur nach der Vulgata-Lesart geändert.

(Λ) 70b5 ταὐτὰ στοιχεῖα *EᵇEˢAᵇ*, *edd.*: elementa eadem A G²: ταῦτα στοιχεῖα *JE*: hec elementa G¹. — Hier hat Wilhelm im zweiten Stadium seine erste Korrektur, welche sowohl im Wortlaut wie in der Reihenfolge *J* entsprach, wieder getilgt und ist — auf Grund einer zusätzlichen griechischen Hs? — auf die ursprüngliche Lesart von A zurückgekommen.

(Λ) 71b28 ἦν *J*ˢˢ·*EᵇEˢAᵇ*: forent (? εἴη) A: erant G²: *om. J*ᵗᵉˣᵗ·*E, edd.*: *om.* G¹. — Wilhelm hat sich im ersten Stadium nach dem Grundtext von *J* gerichtet und dementsprechend den Terminus *forent* in A gestrichen. Der Aristotelische Satz wird dadurch geglättet und auch die modernen Editoren sind diesem Text gefolgt (*aut ut physici simul res omnes dicunt*). Im zweiten Durchgang hat er vielleicht eine andere griechische Hs eingesehen, welche die Korrekturlesart von *J* bestätigte, so daß er wieder auf das Textelement von A zurückkam, aber, genauer, *erant* schrieb (*aut ut physici „erant simul res omnes" dicunt*).

(Λ) 75b12 ἐὰν μὴ ῥυθμίσῃ τις *JEA^b*, edd.: nisi figuret aliquis A G² (T, *n.* 2650): ... ῥαθυμήσῃ ... *Εγρ*, *Ambr*. F 113 *sup.*, *Al.*^c: nisi pigrescat aliquis G¹. — Diese Stelle ist sehr merkwürdig, weil es der erste Fall ist, welcher anzuzeigen scheint, daß Wilhelm bereits im ersten Stadium seiner Revision eine griechische Lesart gesehen hat, welche mit Sicherheit nicht aus *J* stammt, sondern aus einer anderen griechischen Quelle, welche auch hier mit dem Alexander-Kommentar übereinstimmt. Wenn die Lesart *pigrescat* von *Da* eine erste Korrektur Moerbekes bezeugt — und es gibt eigentlich keinen Grund, daran zu zweifeln — dann hätte Moerbeke hier, am Ende des letzten Buches des Revisionsteils zum erstenmal nach einer nicht aus *J* stammenden Lesart gegen A und *J* korrigiert, um bei seiner zweiten Überarbeitung auf die mit *J* übereinstimmende Lesart von A zurückzukommen.

Die Untersuchung dieser Stellen erlaubt einige Feststellungen, die im Einklang stehen mit den Merkmalen, die wir bereits an einigen der Selbstkorrekturen in den Neuübersetzungsbüchern K und M beobachtet haben.

1. Es ist bemerkenswert, aber nicht verwunderlich, daß sich die textkritischen Unterschiede *zwischen* der ersten und der zweiten Textform häufig an solchen Stellen finden, an denen nicht nur die lateinische Vorlage vom griechischen Exemplar Wilhelms abwich, sondern an denen der Text für den Revisor zusätzliche und objektive textkritische Probleme bot, sei es durch Alternativlesarten oder Korrekturen in seiner griechischen Vorlage, sei es durch Fehler in ihrem Kontext oder durch Verderbnisse in der gesamten Überlieferung, an Stellen also, wo auch Differenzen innerhalb der griechischen Überlieferung oder ihre gänzliche Verderbnis auf Textschwierigkeiten und Interpretationsprobleme hinweisen. Es ist aber doch auffällig, wie oft innerhalb all dieser Fälle die textkritischen Differenzen zwischen der ersten und zweiten Textform mit Korrekturstellen in *J* zusammentreffen: 03b26 09a20 23b19 28b27 38b10 39a7 50a14 52b24 54b34 55b18 56b10 58b30 71b28, vgl. oben, S. 297ff., 62b25 77b36—78a1.

2. Häufig finden wir im ersten Stadium eine fehlerhafte Lesart von *J* wiedergegeben, sei es, daß der Text von *J* eindeutig ist, sei es, daß er eine Korrektur oder Doppellesart aufweist, während das zweite Stadium mit der allgemeinen griechischen Überlieferung oder auch mit dem von den modernen Editoren ausgewählten Text übereinstimmt: 08a21 09a20 28b27 38b10 39a7 50a14 45b17 52b24 54b3—4,34 56b10 57b7 58b30 70a21,32,b5, vgl. oben, S. 297ff., 62b25 77b36—78a1.

3. Es gibt aber auch Fälle, und dies ist wichtig, wo erst im zweiten Stadium eine spezifische (fehlerhafte) Lesart von *J* eingeführt wird, vgl. 02b19.

4. Auffällig ist weiter, daß bei Korrekturen oder Alternativlesarten in *J* die erste Textform fast immer mit dem Grundtext von *J* liest und die zweite mit der Korrektur oder der Alternativlesart *(03b26 09a20 23b19 28b27 39a7 50a14* 52b24 56b10 *58b30* 71b28, vgl. oben, S. 297, *62b25)*. Insofern es sich bei diesen Stellen mehrfach um Korrekturen handelt, die nicht vom Schreiber selbst sondern von späterer Hand stammen (die kursiv gedruckten Stellenangaben), konnte man sich fragen, ob einige dieser Korrekturen nicht durch Moerbeke selbst, nämlich im zweiten Stadium seiner Redaktion und durch den Vergleich einer zusätzlichen griechischen Quelle, in *J* eingetragen wurden (vgl. 09a20 28b27 39a7 58b30)[29].

5. In einigen Fällen entspricht der Divergenz in der griechischen Überlieferung oder derjenigen zwischen dem Zeugnis der Anonyma und dem Zeugnis des griechischen Textes eine Doppellesart in der ersten Textform (45b17 55b18 56b10 58a8), während in der zweiten Textform keine Doppellesarten vorkommen. Dort, wo es sich bei den Doppellesarten um zwei verschiedene *Korrekturen* des Revisors handelt ($g^1 + g^2$, vgl. 56b10) sind die Doppellesarten sicher authentisch und zeigen, daß Wilhelm effektiv im ersten Stadium zwei Möglichkeiten angegeben hatte. Aber auch an den anderen Stellen, an welchen es sich um eine Lesart der Anonyma plus Korrektur (a + g, vgl. 45b17 55b18 58a8) handelt, sind diese Doppellesarten vermutlich nicht Mißverständnisse des Abschreibers, der hier fälschlich beide Lesarten überliefert hätte, sondern zeigen an, daß der Revisor sich an diesen Stellen zunächst noch nicht entschieden hatte.

6. Es ist auffällig, daß wir in den Fällen von textkritischen Unterschieden zwischen der ersten und der zweiten Textform mehrmals eine Korrektur des Revisors in der ersten Textform, dagegen Übereinstimmung mit einem Element der Anonyma in der zweiten Textform (d. h. g|a, z. B. 23b19 28b27 39a7 50a14 38b10 etc.) finden, während diese Lage bei den terminologischen und semantischen Unterschieden zwischen der ersten und der zweiten Textform fast nie vorkommt. Dieser Umstand zeigt deutlich, daß wir es hier nicht mit zufälligen primären Kontaminationen bei den Abschreibern der zweiten Textform zu tun haben, sondern mit nachträglichen Um- und Rückentscheidungen des Revisors zugunsten des lateinischen Textzeugnisses. Daraus ergibt sich außerdem, daß der Revisor bei seiner zweiten Redaktion den ursprünglichen Text der Anonyma, auch dort, wo er von ihm selbst im ersten Stadium korrigiert worden war, noch vor Augen hatte, d. h. daß er für die zweite Überarbeitung sein eigenes Autograph der ersten Redaktion, in welchem der ursprünglich zugrundeliegende Text noch zu erkennen war, benutzt hat.

---

[29] Die gleiche Frage mußte man sich auch im Physikteil der Hs *J*, im Zusammenhang mit Korrekturen der zweiten Moerbekeschen Revision, stellen: „Physica Nova", 267 ff.

7. In den meisten Fällen der textkritischen Differenzen wird die Lesart der zweiten Textform als nachträgliche Entscheidung Wilhelms gegenüber der Lesart in der ersten Textform verständlich. In vielen Fällen ist der Text des zweiten Stadiums, ebenso wie bei den terminologischen und semantischen Differenzen, auch eine objektive Verbesserung gegenüber demjenigen des ersten Stadiums, sei es durch die Wahl einer besseren griechischen Lesart, sei es durch Konjektur an einer in der Überlieferung verdorbenen Stelle.

8. Es ist in zwei Fällen (70a21 und oben, S. 301, 77b36—37) sicher, daß die Lesart der zweiten Textform nur durch eine von *J* verschiedene griechische Textquelle gefunden werden konnte. Diese Quelle scheint einer mit dem Alexanderkommentar zusammenhängenden Tradition angehört zu haben. Im Zusammenhang mit diesen beiden Fällen machen es außerdem die Umentscheidungen in der zweiten Textform, besonders an den Korrekturstellen von *J*, und ihre Übereinstimmung mit anderen Zweigen der griechischen Überlieferung wahrscheinlich, daß Wilhelm im zweiten Stadium an fraglichen Stellen mehrmals „diese" Textquelle benutzt hat.

Er hat diese zweite griechische Quelle in den bisher untersuchten Teilen seines Textes aber ganz sicher nicht systematisch verglichen, sondern eben nur an für ihn problematischen Stellen. Seine Hauptquelle war auch im zweiten Stadium die Hs *J*. Das geht daraus hervor, daß, obgleich er im zweiten Stadium größere Teile des Textes von neuem fortlaufend mit dem Griechischen verglichen haben muß, die meisten von ihm in der ersten Textform übernommenen Sonderlesarten und Sonderfehler von *J* im zweiten Stadium *nicht* geändert wurden, daß auch im zweiten Stadium zusätzliche Änderungen eine Sonderlesart bzw. Sonderfehler von *J* wiedergeben, und daß sich schließlich die textkritischen Änderungen im zweiten Stadium fast ausschließlich auf solche Stellen beziehen, die ihm von *J* her problematisch erscheinen mußten — sei es wegen einer Differenz zwischen *J* und der Anonyma-Lesart, sei es wegen Doppellesarten oder Korrekturstellen in *J*.

9. Das erste Stadium zeigt in den bisher betrachteten Teilen des Textes gegenüber dem zweiten die engere, und zwar, wie es scheint, eine ausschließliche Bindung an *J* bis zum Ende des XII. Buches. Hier taucht zum erstenmal in der ersten Textform eine Korrektur gegenüber der Anonyma auf, welche nicht aus *J* stammen kann, sondern auf einer anderen griechischen Quelle beruhen muß, die ebenfalls mit der Textüberlieferung des Alexanderkommentars verwandt ist (Λ 10, 1075b12). Es scheint also, daß Wilhelm auch hier schon „diese" Zusatzquelle benutzen konnte. Wir werden auf diesen Punkt noch zurückkommen, vgl. unten, S. 353 ff.

Wir können nun das Ergebnis der bisherigen Untersuchung zusammenfassen. Die Differenzen zwischen den beiden Textformen können nicht auf eine willkürliche Auswahl von Revisions- bzw. Übersetzungselementen durch verschiedene Abschriften aus einem zeitlich einheitlichen Original zurückgeführt werden. Dies ergibt sich sowohl aus stemmatischen wie aus inhaltlichen Argumenten.

Es ist ausgeschlossen, daß bei den zahlreichen Doppelübersetzungen und Doppelkorrekturen, wenn sie sich gleichzeitig in „dem" Original befunden hätten, die drei sonst nicht durch Fehler verbundenen Textzeugen der zweiten Textform (*SiZl*P) immer die gleiche „Auswahl" gegenüber dem vierten (*Da*) getroffen hätten. Es ist weiterhin ausgeschlossen, daß der Textzeuge der ersten Textform (*Da*) bzw. sein Vorgänger, der prinzipiell von dem gleichen Original abstammt wie die übrigen drei Textzeugen, eine so große Zahl von Revisionselementen, wenn diese bereits vorhanden gewesen wären, vernachlässigt hätte, daß er zugleich eine so gezielte „Auswahl" getroffen hätte, indem er fast alle textkritischen Korrekturen gegenüber der Anonyma erfaßt und fast nur terminologisch-methodische Korrekturen „vernachlässigt" hätte, daß er schließlich bei den Doppelübersetzungen und Doppelkorrekturen terminologischer, semantischer und textkritischer Art fast ausnahmslos die besseren ausgeschieden und die schlechteren übernommen hätte.

Die bereits nach der Darstellung der stemmatischen Lage und der Untersuchung der Doppelübersetzungen in den Neuübersetzungsteilen (K und M) aufgestellte Hypothese hat sich im Revisionsteil bestätigt und verdeutlicht. Die Recensio Palatina (*Da*) stellt ein früheres oder erstes, die Recensio Vulgata (*SiZl*P) ein späteres oder zweites Stadium der Revision bzw. Übersetzung dar. Die Differenzen der zweiten gegenüber der ersten Textform bezeugen nachträgliche Korrekturen des Revisors bzw. Übersetzers. Wilhelm hat seine eigene erste Redaktion — soweit wir sie bisher untersucht haben, d. h. in den Teilen in welchen beide Textformen prinzipiell übereinstimmen — in einem zweiten Durchgang wiederum nach dem Griechischen überarbeitet. Er hat bei dieser Überarbeitung die Terminologie seiner lateinischen Vorlage in einigen Teilen des Textes nur gelegentlich, in anderen durchgreifender und systematischer verbessert, er hat mehrfach auch seine eigenen ersten Übersetzungs- oder Revisionselemente anschließend geändert, er hat einige im ersten Stadium übersehenen Lesarten nach dem Griechischen korrigiert und ist schließlich auf eine Reihe von textkritisch problematischen Stellen zurückgekommen. Er hat dabei neben der hauptsächlich benutzten Hs *J* im zweiten Durchgang gelegentlich, und wahrscheinlich nur an einigen problematischen Stellen, ein zweites griechisches Textzeugnis herangezogen.

Das zweite Stadium stellt jedoch nicht eine völlig neue und fortlaufende Revision — z. B. nach einer anderen griechischen Textquelle — seiner ersten Redaktion dar, in der Weise etwa wie die erste Redaktion seines Textes eine fortlaufende Revision der Translatio Anonyma darstellt: in einigen Teilen des Textes finden wir nur gelegentliche nachträgliche Änderungen, in anderen, insbesondere zwischen den Büchern Z 14—Λ, ist die Überarbeitung durchgreifender, die stärkste Überarbeitung haben die Bücher I und Λ erfahren.

IV. Die Unterschiede im Textverlauf: Die beiden Translatio Anonyma-Teile in der Handschrift *Da*

Die Handschrift *Da*, die man zunächst für ein merkwürdig kontaminiertes Überlieferungsgemisch halten konnte, hat sich in den bisher untersuchten Teilen des Textes als ein wichtiger, weil einziger, Zeuge des Moerbekeschen Originals im Zustand seiner ersten Redaktion erwiesen[30]. Wir müssen uns daher auch nach der Bedeutung der beiden Translatio Anonyma-Teile fragen, durch welche sich die Hs *Da* in ihrem Textverlauf von den übrigen Textzeugen unterscheidet. Haben sie vielleicht auch mit dem Original in seinem ersten Zustand zu tun, und wenn ja, in welcher Weise? In beiden Fällen ist die Antwort auf diese Frage mit dem — bestehenden oder nicht bestehenden — Zusammenhang zwischen diesen Anonyma-Teilen und dem von Wilhelm benutzten Exemplar der Translatio Anonyma verknüpft.

1. M 8, 1084a4—N 6, 1093b29: *Nachträglicher Ersatz eines verlorenen Textendes*

Zunächst das zweite der beiden Textstücke, welches das Ende der Metaphysik ab **M 8**, 1084a4 umfaßt. Hier ist ein Zusammenhang mit Wilhelms Autograph von vornherein unwahrscheinlich. Ab **M 2**, 1076b9 ist sein Text — ebenso wie in Buch K, welches in der Anonyma ohnehin fehlte — ohne Benutzung der Anonyma direkt aus dem Griechischen übersetzt. Die plausibelste Erklärung für diesen Umstand ist, daß das Ende

---

[30] Ich möchte hier auf einen Umstand hinweisen, den ich bisher nicht erwähnt habe, weil er für die eigentliche Beweisführung keine Rolle spielt. Wenn ich die Hs *Da* als einzigen Zeugen der ersten Redaktion bezeichne, so deshalb, weil sie als einzige die erste Redaktion durchgängig überliefert und — wenn auch über Zwischenglieder — in direkter Linie von dieser Redaktion abstammt, und weil nur die Untersuchung von *Da*, und zwar ausgehend von den Bücher I und Λ, eine sichere Unterscheidung zwischen den beiden Redaktionen ermöglicht. Einige Lesarten der ersten Redaktion sind jedoch auch noch durch Korrekturen oder als Kontaminationselemente in einige Hss übergegangen, die zunächst von der zweiten Redaktion abstammen. Solche Elemente findet man gelegentlich in den Korrekturen erster Hand von *Zl* (vgl. z. B. oben, S. 332, 02b19, unten, S. 353, 982b23 und 3.), in *Fv* (vgl. S. 353), in einigen Pecien des zweiten Pariser Exemplars (P²) (z. B. oben, S. 298, 67a11) und dementsprechend in den von diesem Exemplar abstammenden Hss.

des Textes ab **M** 2, 1076b9 in seinem Anonyma-Exemplar verlorengegangen war. Wie dem auch sei, da die Hs *Da* nicht an eben dieser Stelle zum reinen Translatio Anonyma-Text übergeht, sondern zunächst mit den anderen Textzeugen die Neuübersetzung Wilhelms überliefert und erst einige Kapitel später zum Text der Anonyma überwechselt, kann man hier kaum einen Zusammenhang — selbst nicht den eines bloß materiellen Vorhandenseins des Translatio Anonyma-Endes in dem Konvolut von Blättern, aus dem Wilhelms Revision-Übersetzung bestand — vermuten.

Die Untersuchung dieses Textstückes in *Da*, die hier nicht im einzelnen dargestellt werden kann, hat außerdem ergeben: Der hier von *Da* überlieferte Text der Anonyma steht in keiner näheren Beziehung zu der Hs *Sc*, mit welcher das von Wilhelm zugrundegelegte Anonyma-Exemplar zusammenhing. Er hat, außer eigenen Fehlern, eine Reihe von Varianten mit anderen der überlieferten Anonyma-Hss gemeinsam, insbesondere besteht eine enge Beziehung zu der Anonyma-Hs Paris., bibl. nat. 6325 (*Px*), die in fast allen Fehlergruppierungen vertreten ist, und mit der *Da* gelegentlich auch allein gegen alle übrigen Hss übereinstimmt. Der hier von *Da* überlieferte Anonyma-Text weist im übrigen an denjenigen Stellen, an welchen die gesamte Anonyma-Überlieferung verdorben ist, nirgendwo „bessere" Lesarten auf. Es gibt keinen Einfluß aus der Moerbekeschen Übersetzung aber auch keine Anzeichen einer Kontamination mit einer Vorlage, die vom Archetyp der Anonyma-Hss unabhängig wäre, was — wie wir noch sehen werden — für das von Moerbeke benutzte Exemplar der Fall war. Daraus können wir schließen: Der hier von *Da* überlieferte Anonyma-Text hat nichts mit dem in den vorangehenden Teilen der Revision durchscheinenden spezifischen Anonyma-Exemplar Moerbekes zu tun. Sein Vorhandensein an dieser Stelle ist ein *accidens*. Wir müssen annehmen, daß in einem Vorgänger der Hs *Da* — die sicher keine direkte Abschrift des Originals ist — das Ende der Moerbekeschen Übersetzung fehlte bzw. verlorengegangen war und aus irgendeinem Grunde durch das entsprechende Textstück der älteren Übersetzung ersetzt wurde.

Man könnte sich natürlich fragen, ob zwar nicht das Vorhandensein dieser Ergänzung, aber der Abbruch der Moerbekeschen Übersetzung an dieser Stelle in der Hs *Da* vielleicht mit dem ersten Stadium seiner Redaktion zu tun haben könnte, d. h. ob Wilhelm nicht vielleicht selbst im ersten Stadium seine Übersetzung hier aus irgendeinem Grunde abgebrochen hätte. Diese Frage läßt sich natürlich nicht mit Sicherheit entscheiden, da die Hs *Da* unser einziges Zeugnis der ersten Redaktion ist. Die Annahme ist jedoch sehr unwahrscheinlich: Der gesamte Text der beiden letzten Bücher, wie er uns durch die Hss des zweiten Stadiums überliefert ist, macht gleichermaßen den Eindruck einer ersten, flüchtigen und noch unfertigen Übersetzung. Gegen Ende des Textes finden sich mehrmals unübersetzte und sicher oder vermutlich griechisch übernommene Worte, was in ähnlicher Weise im ersten Stadium der Übersetzung von Buch K vorkam. Auch in demjenigen Teil von Buch M, in welchem das Zeugnis von *Da* hinsichtlich von Wilhelms Übersetzung noch vorhanden ist und wir also beurteilen können, ob eine eventuelle Überarbeitung im zweiten Stadium stattgefunden hat, gibt es nur eine einzige Stelle (oben, S. 301), die im zweiten Stadium eine Änderung erfahren hat.

Das Vorhandensein des Translatio Anonyma-Endes in *Da* hat also wahrscheinlich nichts mit irgendeinem Geschehnis im ersten Stadium des Originals und ganz sicher nichts mit dem von Wilhelm benutzten Translatio Anonyma-Exemplar zu tun.

2. A 3, 984b8 – a 2, 994a7:
Das unkorrigierte Translatio Anonyma-Exemplar Moerbekes

Anders verhält es sich mit dem ersten Translatio Anonyma-Teil in *Da*. Die Ausgangslage ist hier bereits insofern verschieden, als der korrespondierende Text der Moerbekeschen Übersetzung, welcher von den Textzeugen *SiZlP* überliefert ist, hier mit der Translatio Anonyma verknüpft ist, nämlich — wie in den anderen Revisionsbüchern — eine Überarbeitung der Anonyma nach dem Griechischen darstellt. Wenn man nun diesen Anonyma-Teil in *Da* sowohl mit der übrigen Anonyma-Überlieferung (nach Text und Variantenapparat der Edition) als auch mit der Revision Moerbekes (nach der Überlieferung von *SiZlP*) vergleicht, so kommt ein merkwürdiger Umstand zutage: Der hier in *Da* befindliche Anonyma-Text repräsentiert — natürlich mit zusätzlichen Fehlern oder einigen später eingedrungenen Elementen — das spezifische von Wilhelm benutzte Anonyma-Exemplar in seiner unkorrigierten Form.

1. Betrachten wir in dem entsprechenden Teil der Recensio Guillelmi, den uns *SiZlP* überliefern, diejenigen Stellen, welche die spezifische Stellung des zugrundeliegenden Anonyma-Exemplars innerhalb der erhaltenen Überlieferung der Anonyma kennzeichnen, und die, wie auch in den übrigen Revisionsteilen, dessen enge Bindung an die Anonyma-Hs *Sc* erkennen lassen. Es gibt etwa 35 solcher Stellen, an denen Wilhelms Text mit Varianten von *Sc* — allein oder mit anderen Anonyma-Hss — gegen die übrige Anonyma-Überlieferung übereinstimmt. Es handelt sich, neben einigen in Hinblick auf das Griechische äquivalenten Varianten (*rursum — rursus, quisque — quilibet* etc.), im allgemeinen um kleinere Ungenauigkeiten gegenüber dem griechischen Text, häufig in der Reihenfolge der Worte, die Wilhelm in seiner Vorlage unverändert gelassen hat. An allen diesen Stellen finden wir nun die gleiche Variante in *Da*. Einige Beispiele:

Der vor der eckigen Klammer angeführte Text stimmt, wenn nicht ausdrücklich anders vermerkt, mit dem Griechischen überein. A = Translatio Anonyma; A^v

= *varia lectio* Transl. Anon. (*Sc* = Pis., Conv. Cath. 11); *Da* = Vat., Pal. lat. 1060; G^2 = Recensio Guillelmi (*SiZl*P)

985b28—9 terra ... aqua A] *tr.* A^v(*Sc*) *Da* G^2 986b33 rursum A] -us A^v(*Sc*) *Da* G^2 987b15 esse A] + et A^v(*Sc*) *Da* G^2 988a10 secundum materiam A] materia A^v(*Sc*) *Da* G^2 988a14 autem A] *om.* A^v(*Sc*) *Da* G^2 14—15 elementis dedit A] *tr.* A^v(*Sc*) *Da* G^2 989a24 in Physicis de eis A] de eis in Phys. *tr.* A^v(*Sc*) *Da* G^2 989b4 est A] *om.* A^v(*Sc*) *Da* G^2 989b27 aliquis investigabit A] *tr.* A^v(*Sc*) *Da*: *tr.* (immorabitur aliquis) G^2 990b19—20 non esse dualitatem A] dual. non esse *tr.* A^v(*Sc*) *Da* G^2 991a3 erit aliquid A] *tr.* A^v(*Sc*) *Da* G^2 a11 eis causa A] *tr.* (= gr.) A^v(*Sc*) *Da* G^2 991b12 isti (οἵ²) A] illi A^v(*Sc*) *Da* G^2 992a3 unitates differentes A] *tr.* A^v(*Sc*) *Da* G^2 992a29 et A] *om.* A^v(*Sc*) *Da* G^2 992b13 habent rationem A] *tr.* A^v(*Sc*) *Da* G^2 992b17 aliud videtur A] *tr.* A^v(*Sc*) *Da* G^2 992b32 quibus A] + est A^v(*Sc*) *Da* G^2 993a2 amplius A] + autem A^v(*Sc*) *Da* G^2 993b18 quasdam opiniones A] *tr.* A^v(*Sc*) *Da* G^2 993b26 aliis est causa A] est causa aliis *tr.* A^v(*Sc*) *Da* G^2

2. Das Anonyma-Exemplar Wilhelms war aber nun sicher nicht nur durch eine Reihe von Varianten, die es innerhalb der übrigen Anonyma-Überlieferung mit einzelnen Hss verknüpfen, gekennzeichnet, sondern es hatte ohne Zweifel auch eigene Fehler. Soweit es sich um gröbere Fehler handelt, wurden sie natürlich von Wilhelm korrigiert und sind in seiner Recensio nicht mehr erkennbar. Es gibt aber einige — wenige — Stellen, an welchen wir in der Recensio Guillelmi eine Lesart finden, die sich von der Translatio Anonyma unterscheidet, die in keiner von deren überlieferten Hss belegt ist, und die man doch nicht als intentionale Korrektur verstehen kann, sondern vielmehr als nicht-korrigierte Lesart von Wilhelms Anonyma-Exemplar ansehen muß. Wir finden in dem betrachteten Textteil nun eben diese Lesarten, die in der Recensio durch *SiZl*P bezeugt sind, als spezifische Varianten in dem von *Da* überlieferten Anonyma-Text:

991a17 primus (πρῶτος) A] prius *Da* G^2 992a2 autem (δὲ) A] *om. Da* G^2 992a22 hoc (τοῦτο) A] hic *Da* G^2 992a30 existentem videmus causam (ὁρῶμεν ὂν αἴτιον) A] existentem videmus causa *Da*: videmus existens causa G^2

Der in *Da* von A 3, 984b8—α 2, 994a7 überlieferte Anonyma-Text geht also auf das spezifische Anonyma-Exemplar zurück, das Moerbeke zugrundegelegt hat, und das wir in der von *SiZl*P überlieferten Revision dieses Textstückes — wie auch im übrigen Revisionsteil — durch eine Reihe von Lesarten identifizieren können.

Welche Eigenheiten hat nun dieser von *Da* überlieferte Text noch außer den soeben besprochenen?

3. An den meisten Stellen stimmt der Text natürlich mit der gesamten Tradition der Translatio Anonyma überein. Dies gilt unter anderem auch für die meisten der zahlreichen Fehler des Archetyps unserer Überlieferung, die in der Recensio Wilhelms dann korrigiert wurden. Daneben gibt es eine Reihe von (Fehler-)Varian-

ten, die mit einzelnen der Anonyma-Hss gegen die übrigen übereinstimmen. Neben den oben besprochenen Fällen, welche in die Recensio Guillelmi übernommen wurden, gibt es noch eine Reihe von weiteren derartigen Stellen, an denen die Revision Moerbekes verschieden ist. Auch hier zeigt der Text von *Da*, wie zu erwarten, seine Bindung an *Sc* durch mehr oder weniger spezifische Übereinstimmungen mit dieser Hs. In fast allen diesen gemeinsamen Varianten ist *Sc* allein oder mit anderen Hss vertreten. An diesen Stellen finden wir in der Recensio Guillelmi teils spezifische Korrekturen, teils aber auch die „guten" Lesarten der übrigen Anonyma-Hss. Wir können an diesen letzteren Stellen vermuten, daß der von *Da* bezeugte Text im allgemeinen auch hier Wilhelms Anonyma-Exemplar repräsentiert, und daß die Lesarten des Revisionstextes, die hier mit der allgemeinen Anonyma-Überlieferung übereinstimmen, nicht *aus* dieser Überlieferung von Wilhelm übernommen wurden, sondern in Wirklichkeit ebenfalls eigene Korrekturen Moerbekes darstellen. Da in vielen Fällen nicht nur die griechische Überlieferung einheitlich ist, sondern auch die lateinische Übersetzung in ihrer Wortwahl beschränkt oder sogar eindeutig festgelegt ist, ist eine solche — nachträgliche — Übereinstimmung seiner Korrektur mit der ursprünglichen Anonyma-Lesart, welche jedoch in seinem Exemplar verdorben war, in einigen Fällen sozusagen zwangsläufig gegeben.

4. Schließlich gibt es noch eine Reihe von individuellen Varianten. Die meisten von ihnen sind sofort als Überlieferungsfehler zu erkennen. Sie interessieren uns hier nicht, da sie auch in der Hs *Da* selbst oder in den Gliedern, die sie von Wilhelms Anonyma-Exemplar überlieferungsmäßig trennen, entstanden sein können.

Es bleiben aber etwa 50 Lesarten übrig (in den meisten Fällen handelt es sich um individuelle Varianten, in einigen gibt es Übereinstimmungen mit einer einzigen anderen, von *Sc* verschiedenen Hs oder mit Korrekturlesarten aus der Anonyma-Überlieferung), die man nicht als Fehler bezeichnen kann, sondern die umgekehrt, verglichen mit dem griechischen Text, gute Lesarten darstellen. Man muß sofort hinzufügen, daß sie sich meistens an solchen Stellen befinden, an denen die übrigen Anonyma-Hss sicher oder wahrscheinlich Überlieferungsfehler haben, d. h. offensichtliche paläographische Fehler oder kleinere Auslassungen. Etwa 30 von diesen Lesarten sind auch im Text der Revision Moerbekes, wie er von *SiZl*P in diesem Teil überliefert wird, zu finden.

Als erstes wird man sich jetzt fragen, ob man es in dem hier von *Da* überlieferten Text nicht doch — in gleicher Weise oder ähnlich wie in den übrigen Revisionsteilen — mit einer ersten Redaktion der Revision Moerbekes zu tun haben könnte. Ein Vergleich des gesamten Textstückes mit den übrigen Revisionsteilen und insbesondere die nähere Untersuchung der fraglichen Lesarten innerhalb dieses Textstückes zeigen nun sofort, daß diese Annahme ausgeschlossen werden muß.

a. Schon allein ein rein quantitativer Vergleich läßt dies erkennen. Wenn wir auf Grund dieser Lesarten annehmen wollten, daß *Da* auch in diesem Teil ein erstes Stadium von Moerbekes Revision darstellt, so würde das bedeuten, daß Moerbeke in dem gesamten betrachteten Textstück von ca. 630 Bekkerzeilen nur etwa 50 Stellen korrigiert hätte. In dem unmittelbar anschließenden Text aber, wo *Da* nun mit Sicherheit die Revision Moerbekes überliefert, finden sich in *Da* bereits bis zum Ende von α 2, d. h. in den folgenden etwa 55 Bekkerzeilen, ca.

60 Revisionselemente. Im gesamten anschließenden Text von Buch α und Β, der mit 617 Bekkerzeilen etwa die gleiche Länge hat wie das fragliche Textstück, finden sich insgesamt etwa 580 Revisionselemente in *Da*. In Buch Λ, in welchem *Da* ebenfalls das erste Stadium der Revision überliefert, das hier in der späteren Überarbeitung noch erheblich verändert wurde, finden wir in den insgesamt 412 Bekkerzeilen sogar etwa 615 Revisionselemente in *Da*. In dem kurzen Anfangsteil, der dem fraglichen Textstück vorausgeht, haben wir in *Da*, d. h. im ersten Stadium der Revision, in den etwa 250 Bekkerzeilen etwa 290 Revisionselemente.

Während also im übrigen Teil der Revision im allgemeinen zwischen 90—150 Revisionselemente pro 100 Bekkerzeilen durch *Da* bezeugt sind, hätten wir in dem betrachteten Textstück nur etwa 8 „Revisionselemente" pro 100 Bekkerzeilen. Alles andere in diesem Teil sind Elemente der Translatio Anonyma, Varianten aus deren Überlieferung oder individuelle Fehler. Der Übergang ist auch nicht etwa gleitend, sondern abrupt an beiden Textgrenzen. Allein diese Feststellung macht die Annahme einer hier vorliegenden „ersten Revision" zuhöchst unwahrscheinlich.

b. Die quantitativen Beobachtungen werden durch inhaltliche bestätigt.

Wenn die fraglichen Lesarten eine „Revision" Moerbekes begründen sollten, müßte man zugleich annehmen, daß Wilhelm bei dieser Revision zahlreiche und ganz offensichtliche, grobe Überlieferungsfehler seiner Vorlage unverändert ließ, nämlich an all denjenigen Stellen, an denen *Da* in Übereinstimmung mit der gesamten Anonyma-Tradition oder mit *Sc* und einer Reihe von anderen Hss mit Sicherheit das von Moerbeke benutzte Anonyma-Exemplar repräsentiert, also z. B.:

986a14 τιθέασι: ponunt (*scr.*) A] possunt A^v(*codd.*) *Da*   986b3 τὸ δ' ὅσαι: quot vero (*cum Vu² scr.*) A] quod non A^v(*cett.*) *Da*   986b17 οὗτοι δὲ: hii vero (*cum Vu² scr.*) A] huiusmodi A^v(*cett.*) *Da*   987a2 παρὰ: de (*scr.*) A] idem A^v(*codd.*) *Da*   987a31 παρὰ: preter (*cum Vu scr.*) A] propter A^v(*cett.*) *Da*   987b11 μιμήσει: imitationem (*scr.*) A] immutationem A^v(*codd.*) *Da*   13 μίμησιν: imitationem (*scr. cum Ko*) A] immutationem A^v(*cett.*) *Da*   988a7 μιμήματα: imitationes (*scr.*) A] mutationes A^v(*codd.*) *Da*   988a31 τινες: quidam (*scr.*) A] quidem A^v(*codd.*) *Da*   989a34 ἄλλως: aliter (*cum Px scr.*) A] alicui A^v(*Sc alii*) *Da*   990b20 ἀλλὰ: sed (*scr.*) A] secundum A^v(*codd.*) *Da*   993a23 μὲν: quidem (*scr.*) A] quodam A^v(*codd.*) *Da*

Man müßte weiter annehmen, daß er kaum eine einzige terminologische Korrektur vorgenommen hätte. Keine dieser beiden Annahmen — und dies gilt insbesondere für die erste — läßt sich vertreten.

Außerdem kann man — mit einer Ausnahme, die aber auch unsicher ist — in diesen „guten" Lesarten nirgendwo eine mit Sicherheit andere griechische Vorlage erkennen als diejenige, aus der auch die entsprechende Lesart der übrigen Anonyma-Hss (bzw. deren Überlieferungsfehler) stammen könnte. Im Revisionsteil Moerbekes, der in der zweiten Textform überliefert ist, sind dagegen solche Stellen zahlreich. Nach welcher griechischen Vorlage auch immer er diesen Teil des Textes korrigiert hat, sie war sicherlich nicht mit derjenigen seines „Vorgängers" identisch. Wenn die fraglichen Lesarten auf eine Revision Moerbekes (oder selbst auf eine Revision eines anderen „Revisors") zurückgehen sollten, müßte man auch auf solche Differenzen stoßen.

Andererseits kann man auch nicht annehmen, daß die fraglichen Lesarten insgesamt durch nachträgliche Kontamination mit der Revision Moerbekes in diesen Anonyma-Text von *Da* geraten seien. Denn erstens befindet sich ja nur ein Teil dieser Lesarten in der Revision Moerbekes, zweitens wäre es bei der starken Differenz zwischen Translatio Anonyma und Recensio Guillelmi — wir haben auch in diesem Teil etwa 100 Änderungen pro 100 Bekkerzeilen in der zweiten Textform — völlig unverständlich, warum bei solcher „Kontamination" fast nur solche Elemente übernommen worden wären, die *Überlieferungsfehler* der Anonyma-Tradition korrigieren, und zum Teil solche von ganz untergeordneter Bedeutung (wie z. B. Indikativ/Konjunktiv 990a24, *aut/et* ibid., Zufügung eines im Griechischen vorhandenen *et* 991b20, Präsenz/Futur 991b26, etc.), aber weder die objektiv textkritischen Korrekturen Wilhelms noch die bedeutenden terminologischen Korrekturen. Natürlich ist Kontamination im Einzelfall nicht immer auszuschließen. Insofern als *Da* keine direkte Abschrift aus Wilhelms Autograph darstellt, können gelegentlich textfremde Elemente in den unmittelbaren Vorgängern von *Da* oder durch *Da* selbst aus Randnotizen in den Text geraten sein. So läßt sich in *Da* z. B. ein gewisser Einfluß aus dem Kommentar des Thomas erkennen. Es gibt am Anfang des I. und im V. Buch einige Zusätze, die wörtlich dem Kommentartext von Thomas entstammen. Es ist also auch in dem betrachteten Anonyma-Teil, in welchem *Da* von dem unkorrigierten Anonyma-Exemplar Moerbekes abstammt, möglich, daß die eine oder die andere der Lesarten über Randkorrekturen verschiedener Herkunft nachträglich in den Text gelangt ist.

Insgesamt aber lassen sich die fraglichen Stellen weder als Zeugnis einer ersten Revision Moerbekes noch als nachträgliche Kontamination mit der in der zweiten Textform bezeugten Revision Wilhelms erklären. Wir müssen annehmen, daß es im allgemeinen, d. h. von möglichen Ausnahmen abgesehen, Lesarten von Wilhelms Anonyma-Exemplar sind, die aus einer besseren Anonyma-Quelle stammen als die uns überlieferten Anonyma-Hss.

Es ist schon erwähnt worden, daß es sich in den meisten Fällen um „Korrekturen" von paläographischen Fehlern der uns überlieferten Anonyma-Hss handelt, und zwar in der Weise, daß der von *Da* bezeugte Text — sei es, daß er von Wilhelm übernommen wurde, sei es, daß er von ihm verändert wurde — ein solches Übersetzungselement bezeugt, auf das der paläographische Fehler der übrigen Anonyma-Tradition zurückzuführen ist. Es dürfte sich also hier in Wirklichkeit nicht um „Korrekturen", sondern um die ursprünglichen Anonyma-Lesarten handeln, z. B.:

984b11 εὖ: eu *Da* G^2] esse A(*codd.*)   985a16 ἐοίκασιν: visi A(*scr.*) *Da*: assimilati G^2] usi A^v(*codd.*)   b3 οὕτω τε: sicque A(*scr.*) *Da*: sic G^2] sic quot *vel* sic quod A^v(*codd.*)   986a15 ἐμπίπτουσιν: incidunt *Da*: cadunt G^2] claudunt A^v (*codd.*)   988b6 μεταβολαὶ: transmutationes A(*scr.*) *Da* G^2] transmutatio ens A^v(*codd.*)   989b12 οἷόν τε: possibile Da G^2] posse A(*codd.*)   990a18 οἶμαι: existimo *Da* G^2] existere A(*codd.*)   991a5 τινός: aliqua *Da* G^2] alia A(*codd.*)   991a7 Καλλίαν: calliam Da G^2] Kardiam A(*codd.*)   991a29–30 ἅμα δὲ: simul autem *Da* G^2] similiter A(*codd.*)   993b2 ἐπιβάλλειν: immittere Da G^2] immiscere A(*codd.*)

In einigen Fällen läßt sich außerdem deutlich erkennen, daß es sich bei den „guten" Lesarten von *Da* — sei es, daß Wilhelm sie übernommen hat, sei es, daß er sie geändert hat — um eine Terminologie handelt, die gerade im Unterschied zu Wilhelms Übersetzungs- und Revisionsmethode für den Anonyma-Übersetzer charakteristisch ist, so z. B.:

988a35 δ': sed *Da*: autem G²] et A(*codd.*)   989a4 ἕκαστος *E*: quilibet *Da*: unusquisque G²: quodlibet (ἕκαστον *A*ᵇ) A(*codd.*)   b16 αὐτῷ: ei *Da* G²] eis A(*codd.*)   990a12 αὐτοῖς: eis *Da* G] om. A(*codd.*)   991a8 αὐτῶν: eorum (*non loco*) *Da* G²] om. A(*codd.*)   992b6 ταύτας: eas *Da*: has G²] ea A(*codd.*)

Aus dem griech.-lat. Index in der Edition der Translatio Anonyma geht hervor, daß die hier von *Da* für die griechischen Termini gebrauchten lateinischen Äquivalente zum Standardvokabular des Anonyma-Übersetzers gehören, während Wilhelm diese Äquivalente im übrigen Text der Metaphysik nie oder fast nie verwendet, weder dort, wo er neu übersetzt noch dort, wo er korrigiert. Er übernimmt zwar öfters ihm „fremde" Termini aus seiner Vorlage, korrigiert aber auch häufig, und wenn er korrigiert, wählt er für δέ *autem* (475×) oder *vero* (18), niemals *sed* (im Gegenteil: *sed* seiner Vorlage wird fast immer in *autem* geändert); für ἕκαστος *unusquisque* (50), das er im Neuübersetzungsteil immer (64) gebraucht, nur einmal *quilibet*; für αὐτός *ipse* (*passim*), im Neuübersetzungsteil immer gebraucht, und *is* seiner Vorlage wird fast immer in *ipse* geändert; für οὗτος fast immer *hic*, nur selten *iste*, niemals *is*, sondern *is* seiner Vorlage wird fast immer von ihm in *hic* geändert.

Einige der „guten" Lesarten von *Da* sind also mit Sicherheit *keine* Korrekturen Wilhelms.

Was wir in den übrigen Teilen der Revision nicht ohne weiteres erkennen können, zeigt sich hier, wo wir sozusagen die nackte Anonyma-Grundlage Wilhelms vor uns haben. Sein Anonyma-Exemplar hatte neben individuellen Fehlern und neben Gruppenfehlern, die es in engen Zusammenhang mit *Sc* stellen, einige gute Lesarten gegenüber den Fehlern im Archetyp unserer Überlieferung. Angesichts der stemmatischen Stellung dieses Exemplars und seiner prinzipiellen Abhängigkeit vom Archetyp der übrigen Überlieferung ist anzunehmen, daß diese Lesarten durch eine in den Vorgängern dieses Exemplars stattgefundene Kontamination bzw. Korrektur nach einer besseren Anonyma-Quelle in den Text gelangt sind. Einige dieser Lesarten hat Wilhelm im Zuge seiner übrigen Korrekturen verändert, andere hat er, ebenso wie einen großen Teil der sonstigen „guten" Lesarten — die sein Exemplar mit der übrigen Tradition gemein hat — übernommen. In den übrigen Teilen des Textes, in welchen *Da* wie die anderen Textzeugen Wilhelms Revision überliefert, können wir die „guten" Sonderlesarten von Wilhelms spezifischer Anonyma-Grundlage im allgemeinen nicht erkennen. Denn dort stehen uns als Vergleichsbasis ja nur die überlieferten Anonyma-Hss zur Verfügung. Dort müssen wir also diese Lesarten, jedenfalls in den meisten Fällen, automatisch für Korrekturen Wilhelms halten. Es gibt in diesen Teilen des Textes im allgemeinen kein externes Kriterium, um zu entscheiden, ob und an welchen Stellen Wilhelms Anonyma-Exemplar, ähnlich wie hier, gegen die uns überlieferten Anonyma-Hss eine ursprüngliche Lesart der Anonyma (durch Kontamination) bewahrt hat, die dann von Wilhelm übernommen wurde. Entsprechend wie uns der von *Da* überlieferte unkorrigierte Anonyma-Text über die nur scheinbaren Übernahmen der Recensio aus der Anonyma-Überlieferung, die in Wirklichkeit Korrekturen Wilhelms sind, aufklärt, klärt er uns über die nur scheinbaren Korrekturen Wilhelms auf, die in Wirklichkeit Übernahmen aus seinem spezifischen Anonyma-Exemplar sind, und zeigt uns, daß wir auch in den übrigen Revisionsteilen mit solchen Gegebenheiten rechnen müssen.

Bei einer genauen Analyse lassen sich nun auch im übrigen Revisionsteil einige solcher „guten" Lesarten erkennen, die vermutlich nicht Korrekturen Wilhelms sind, sondern ursprüngliche Lesarten der Anonyma, die in seinem Exemplar gegen die übrige Überlieferung bewahrt wurden. Sie finden sich in dem durch *Da* bezeugten ersten Stadium der Revision (G^1):

40a31 περὶ γῆν ἰὸν ἢ νυκτικρυφές: perigion aut maiephes A: periginion [*sic*] aut niktikrifex G^1(*Da*): terram girans aut nocte absconditum G^2 70b29 πλίνθοι: unum A(*codd.*): lutum G^1 (*Da*): lateres G^2 72b2 ἕνεκα: *om.* A(*codd.*): causa G^1(*Da*): gratia G^2.

Es ist sehr unwahrscheinlich, daß Wilhelm in einer ersten Korrektur *perigion* und *maiephes* in die adäquatere Transliteration *periginion* und *niktikrifex* verwandelt hätte; es ist anzunehmen, daß er die korrekte Transliteration in seinem Exemplar fand und zunächst stehen ließ, sie dann im zweiten Durchgang korrigierte. Er hat auch sicherlich nicht *unum* für πλίνθοι in *lutum* verwandelt, das er nie gebraucht, sondern hat *lutum* vorgefunden und als mögliche Übersetzung belassen, und dann erst im zweiten Stadium in den von ihm gewöhnlich gebrauchten Terminus *lateres* korrigiert. Ganz sicher hat er auch nicht das fehlende ἕνεκα zuerst durch *causa* und anschließend durch *gratia* übersetzt, da er *causa* für ἕνεκα nie oder fast nie verwendet, sondern er hat *causa* aus seinem Anonyma-Exemplar übernommen, und erst im zweiten Durchgang, wie auch an den Parallelstellen, in *gratia* geändert.

Die Untersuchung des fraglichen Textstückes hat also ergeben, daß der von *Da* hier überlieferte Anonyma-Text — bis auf später eingedrungene Fehler und möglicherweise einzelne Kontaminationen — das Anonyma-Exemplar repräsentiert, das Wilhelm in seiner gesamten Revision zugrundegelegt hat. Sie hat darüber hinaus einige Besonderheiten dieses Exemplars verdeutlicht, die in den übrigen Teilen der Revision, in welchen *Da* wie die übrigen Textzeugen dieses Exemplar in korrigierter Form überliefert, durch die Änderungen Wilhelms weniger deutlich oder gar nicht mehr ersichtlich waren.

Die Haupterkenntnis ist, daß *Da* dieses Exemplar hier in seiner noch unkorrigierten Form darstellt. In den übrigen Revisionsteilen (wie auch in den Neuübersetzungsteilen) bezeugt *Da*, wie wir gesehen haben, ein zeitlich erstes Stadium des Originals, in welchem dasselbe Anonyma-Exemplar korrigiert wurde. Das Vorhandensein dieses Anonyma-Teils in *Da* kann also kein *accidens* sein, sondern zeigt, daß *Da* auch hier auf ein erstes Stadium des Originals zurückgeht, in welchem Wilhelm diesen Teil des Textes unkorrigiert belassen hat.

3. Der fehlende Anfang in der griechischen Hs J: Ursache des Fehlens von Korrekturen im ersten Stadium der Revision

Nachdem sich gezeigt hat, daß der unkorrigierte Anonyma-Text zwischen A 3, 984b8 und α 2, 994a7 genuin zum ersten Stadium des Moerbekeschen Originals gehörte, haben wir eine sehr merkwürdige Textgestalt dieses ersten Stadiums von Wilhelms Arbeit vor uns. Wenn wir — wie es bis dahin selbstverständlich erschienen wäre — annehmen, daß Wilhelm seine Arbeit mit dem Anfang des Metaphysiktextes begonnen und mit dem Ende des Textes beendet hätte, so würde das bedeuten, daß er zunächst ein kurzes Stück (A 1—3, 984b8) der Translatio Anonyma nach dem Griechischen korrigiert hätte, dann den lateinischen Text bis α 2, 994a7 unverändert übernommen hätte und von da an seine Revision und schließlich Neuübersetzung nach dem Griechischen ohne Unterbrechung fortgesetzt hätte. Ein solches Vorgehen wäre aber völlig unverständlich. Das Problem läßt sich — jedenfalls in der Hauptsache — leichter lösen, wenn wir es in zwei Fragen aufspalten: 1) warum brechen seine Korrekturen in A 3, 984b8 ab, 2) warum setzen seine Korrekturen — nach der langen Unterbrechung — in α 2, 994a8 ein. Ich werde diese beiden Fragen in umgekehrter Reihenfolge behandeln. Die zweite Frage ist nämlich sofort zu beantworten, wenn man Wilhelms griechische Vorlage betrachtet.

1. Der Kodex Vind. phil. gr. 100 (*J*) stammt aus der Mitte des 9. Jh.[31] und ist, für die in ihm vorhandenen Schriften, die älteste Hs unserer griechischen Überlieferung. Er enthält, der Metaphysik vorausgehend, die Physik, De Caelo, De Generatione, die Meteora sowie das sogenannte Metaphysische Fragment des Theophrast. Ein Teil dieser Hs, welcher das Ende der Metaphysik des Theophrast und den Anfang der Metaphysik des Aristoteles enthielt, ist verloren. Der ursprüngliche Text der Hs bricht auf f. 136ᵛ vor dem Ende der MetTheophr (§ 31, 11a9 Usener) ab und setzt auf f. 139ʳ mit α 2, 994a6 der MetArist ein.

In die Lücke ist nachträglich ein Bifolium eingeschoben worden, auf welchem das Ende der MetTheophr (f. 137: vermutl. griech. Hand, 13. Jh.ᴵᴵ?) und der Anfang von Buch α der MetArist (f. 138: italogriech. Hand um 1300) ergänzt wurden. Ich lasse dieses Bifolium, das sich inzwischen als höchst interessantes Dokument im Zusammenhang mit Moerbeke erwiesen hat, hier jedoch außer acht, da seine Untersuchung auf die hier gestellten Fragen keinen entscheidenden Einfluß hat[32].

---

[31] Zur Datierung der Hs siehe J. Irigoin, L'Aristote de Vienne, in: Jahrb. d. Oesterr. Byz. Gesellsch. 6 (1957) 5—10. Beschreibung des Kodex in: Katal. d. gr. Hss d. Oesterr. Nationalbibl., Teil 1: Codices hist., philos. et philol., v. H. Hunger, Wien 1961, 208—209. Weitere Literaturangaben in „Unters.", 119 ff.

[32] Zu dem Bifolium vgl. die Beobachtungen von P. Moraux in „Unters.", 168. Seine Chronologie der verschiedenen Hände muß jedoch in einigen Punkten korrigiert werden.

Moerbeke hat für seine Revision der Anonyma — ebenso wie für die Neuübersetzung — die Handschrift *J* zugrundegelegt. Er hat seine lateinische Vorlage aber auch in dem in *J* verlorenen Textstück nach dem Griechischen korrigiert. Man mußte sich zunächst fragen, ob er hier eine andere Quelle benutzt hat, oder ob er nicht vielleicht den Anfang von *J* noch vor sich hatte. Es gab einige Elemente in der Überlieferungsgeschichte beider Texte, die darauf hinzuweisen schienen[33]. Diese Hypothese, die man aus inneren Kriterien nicht abweisen konnte, wird nun durch das in der hier durchgeführten Untersuchung gewonnene Ergebnis ausgeschlossen, ebenso wie umgekehrt das zunächst rätselhafte Vorhandensein des langen, unkorrigierten Anonyma-Teils im ersten Stadium der Moerbekeschen Revision durch die materielle Beschaffenheit seines griechischen Exemplars erklärt wird.

Die Korrekturen Moerbekes setzen im ersten Stadium seiner Revisionsarbeit unmittelbar nach der Stelle ein, an welcher der heute erhaltene Metaphysikteil von *J* beginnt — ab α 2, 994a8 finden wir in den folgenden etwa 55 Bekkerzeilen bis zum Ende des 2. Kapitels bereits 60 Revisionselemente im ersten Stadium der Redaktion —, während Wilhelm vor dieser Stelle, vor welcher der ursprüngliche Text von *J* fehlte, auf Korrekturen verzichtet hat (mit Ausnahme der ersten Anfangsseiten des Textes, über die noch zu sprechen sein wird). Nach allen dargelegten Umständen kann ein derartiges Zusammentreffen kein Zufall sein. Der mutilierte Beginn des Textes an der Stelle α 2, 994a6 in *J* ist die Ursache für das Fehlen der Korrekturen im ersten Stadium der Revision zwischen A 3, 984b8 und α 2, 994a7 und das plötzliche Einsetzen fortlaufender Korrekturen an dieser Stelle. Auch der Umstand, daß die ersten Anfangsseiten des Textes (A 1, 980a21 — A 3, 984b8), wie es scheint, bereits im ersten Stadium — d. h. in der Textform von *Da* — von Wilhelm nach dem Griechischen korrigiert wurden, ändert nichts an diesem Zusammenhang. Der Verlust der Blätter von *J*, welcher den mutilierten Beginn des Metaphysiktextes zur Folge hatte, war schon geschehen, als Wilhelm die Hs bekam. Das Fehlen von Revisionselementen zwischen A 3, 984b8 und α 2, 994a6(7) im ersten Stadium, ihr Vorhandensein im zweiten Stadium, d. h. in der Textform von *SiZl*P, zeigen, daß Wilhelm wegen des Schadens in seiner

---

Die griechische Hand, welche die Theophrast-Ergänzung auf f. 137 geschrieben hat, muß, aus bestimmten Gründen, noch aus der zweiten Hälfte des 13. Jh. stammen. Dies ist auf Grund von paläographischen Kriterien, nach Ansicht von André Jacob (Rom), auch durchaus möglich. Die wichtigste Korrektur betrifft die von P. Moraux identifizierte Liste der Hippokrates-Schriften am Rand von f. 137ᵛ. Die Liste wurde nicht, wie P. Moraux annahm, von einem Humanisten des 15. Jh. geschrieben, sondern, wie ich an anderer Stelle nachweisen werde, von Wilhelm von Moerbeke. Bestimmte, aufgrund der ursprünglichen Chronologie Moraux's angestellte Vermutungen hinsichtlich der späteren Geschichte der Hs („Unters.", 171—172) sind dadurch gegenstandslos geworden.

[33] Vgl. „Unters.", III: Das Theophrastscholion und seine Verwechslung, 173 ff.

griechischen Hs für dieses Textstück zunächst kein griechisches Zeugnis besaß und daher seine lateinische Vorlage hier nicht verbessern konnte, und daß er zu einem späteren Zeitpunkt diesen Teil nach einer anderen griechischen Quelle, die er unterdessen gefunden haben mußte, korrigiert hat.

2. Problematisch bleiben nur die Anfangsseiten, d. h. A 1, 980a21—3, 984b8. Dieses Stück ist bereits als Revision in *Da* vorhanden. Sofort drängt sich die Frage auf: ist dieses Stück „authentisch", d. h. bezeugt es — wie der übrige Text von *Da* mit Ausnahme des Textendes — das Vorhandensein von Korrekturen im ersten Stadium des Moerbekeschen Autographs, oder nicht, d. h. könnte es vielleicht ein nachträglicher Ersatz (nach einer Hs aus der Tradition der zweiten Redaktion) für ein in den Vorgängern von *Da* verlorenen Textanfang — der wie der anschließende Text aus dem unkorrigierten Anonyma-Exemplar Moerbekes bestanden hätte — sein. Auch am Ende von *Da* mußten wir ja einen Verlust von Blättern in der vorgängigen Überlieferung voraussetzen. Mit dieser Annahme wäre das Problem beiseite geschafft, und die Situation wäre so „rational", wie man es sich wünschen kann: Moerbeke hätte im ersten Stadium den Text der Anonyma so weit bearbeitet und ergänzt, wie seine griechische Vorlage es zuließ; da er zunächst keine zweite Quelle besaß, mußte er den gesamten Anfang bis α 2, 994a6 unbearbeitet lassen. Zu einem späteren Zeitpunkt hätte er dann, nachdem er in der Zwischenzeit eine Zusatzquelle gefunden hatte, die Korrekturen im gesamten Anfangsteil nachgeholt.

Ich möchte diese Möglichkeit nicht ausschließen. Das fragliche Textstück ist zu kurz, um eine ausreichende Untersuchungsbasis abzugeben. Die Überlieferungslage ist außerdem, wie bei vielen Texten, am Anfang unsicherer als im späteren Verlauf des Textes: so gibt es, auch in der Textform des zweiten Stadiums, hier keine zuverlässige, vom Pariser Exemplar (P) unabhängige Textbasis. Eine klare Entscheidung ist daher nicht möglich. Dennoch gibt es einige Argumente, welche gegen die oben vorgeschlagene „einfache", „rationale" Lösung sprechen.

1. Wir haben bereits bemerkt, daß es in diesem Anfangsstück einen Bruch in dem von *Da* überlieferten Text gibt: in den ersten ca. 80 Bekkerzeilen (980a21—982a4 = f. 1r—2v der Hs *Da*) hat der Text von *Da* nicht die spezifischen Varianten des von Moerbeke benutzten Anonyma-Exemplars. Dies gilt jedoch nur bis zu dieser Stelle. Wir müssen also bereits an dieser Stelle ein *accidens* in der Überlieferung annehmen, d. h. einen Verlust von etwa zwei Blättern mit nachträglicher Ergänzung aus irgendeiner durch die Moerbeke-Revision beeinflußten Anonyma-Hs. Die oben vorgeschlagene Lösung würde uns daher zur Annahme eines zweimaligen Verlustes zwingen: zunächst Verlust der Blätter bis 984b8 und Ersatz durch einen Text aus der zweiten Redaktion Moerbekes, anschließend Verlust der ersten (beiden) Blätter bis etwa 982a4 und Ersatz durch ein nach der

Moerbeke-Revision korrigiertes Anonyma-Exemplar. Die Hypothese wird also ziemlich kompliziert.

2. Obwohl der von *Da* zwischen 982a4—984b8 überlieferte Text sowohl in den Anonyma-Elementen wie in den Revisionselementen prinzipiell der gleiche ist wie der von *SiZl*P überlieferte Text, gibt es doch auch in diesem kurzen Teil Differenzen zwischen den beiden Textformen, welche den Differenzen entsprechen, die zur Unterscheidung der beiden Redaktionen geführt hatten. Es gibt nämlich auch hier sowohl Doppelkorrekturen wie zusätzliche — terminologische, semantische und „textkritische" — Korrekturen in dem von *SiZl*P überlieferten Text gegenüber *Da*, z. B.:

982a4 ἄν: *om.* A *Da*: utique *SiZl*P   982b23 ῥαστώνην ... διαγωγὴν: pigritiem ... eruditionem A: valitudinem *DaZl*^{pc} ... educationem *Da*: voluptatem ... perductionem *Si(Zl)*P   982b32 πέφυκε φθονεῖν: invidet A *Da*: natum est invidere *SiZl*P   983a6 μόνη A^b: sola A *Da*: solum (μόνον *E*) *SiZl*P   983b27 δὲ: *om.* A *Da*: autem *SiZl*P   984a17—18 τὴν ... λεγομένην: eam que est ... dicta A: eam que ... dicta A^v(*Sc*) *Da*: eam que ... dicitur *SiZl*P   984a21 διὰ τί τοῦτο συμβαίνει καὶ τί τὸ αἴτιον: quare hoc contingit et que (+ est A) causa A *Da*: qualiter [*sic*] hoc accidit et que causa *SiZl*P (vermutlich semantische Korrektur Moerbekes zur Vermeidung der Identität — *quare et que causa* — der beiden Fragen?)

3. Schließlich gibt es auch noch am Anfang des Textes bzw. vor Beginn des eigentlichen Textes einen Bestandteil der Übersetzung, der sich, obgleich *Da* hier als authentischer Textzeuge ausfällt, überlieferungsmäßig als Element der ersten Redaktion Moerbekes — und nur dieser — ausweist. Es handelt sich um das sogenannte „Theophrastscholion", das ich an anderer Stelle (s. oben, Anm. 33) untersucht habe. Dem Text selbst vorangehend, ist es nur durch zwei Hss bezeugt, die jedoch, unabhängig voneinander, gelegentlich Elemente der ersten Redaktion überliefern: nämlich durch eine der nachträglichen Korrekturen erster Hand des Venet. Marc. 1639 (*Zl*) und durch den Flor. Laur. S. Cruc. Plut. XII Sin 7 (*Fv*). Es geht mit Sicherheit auf die Moerbekesche Übersetzung zurück und stellt mit großer Wahrscheinlichkeit ein Element seiner ersten Redaktion dar, welches er in der zweiten Redaktion — aus leicht erklärbaren Gründen — wieder getilgt hat.

Diese Argumente sprechen dafür, daß der von *Da* überlieferte fragliche Text auch hier (mit der angegebenen Einschränkung, d. h. ab 982a4 etwa) „authentisch" ist und auch hier — wie in den übrigen Teilen — auf eine erste Redaktion Moerbekes, welche sich vom Anfang des Textes bis 984b8 erstreckte, zurückgeht. Das bedeutet aber, daß der Anfang des Textes bis 984b8 bereits im ersten Stadium von Wilhelm nach dem Griechischen korrigiert wurde. Dann sind zwei und nur zwei Alternativen vorhanden, deren erste sich sehr schnell als unhaltbar erweist.

Man könnte zunächst annehmen wollen, daß zum Zeitpunkt, als Moerbeke die Hs *J* bekam, noch nicht der gesamte heute fehlende Teil verloren war, sondern daß Wilhelm noch die ersten Seiten von Buch A der Metaphysik vor sich hatte, so daß er hier noch seine lateinische Vorlage korrigieren konnte, während ihm der anschließende Text bis α 2, 994a6 fehlte. Anläßlich einer Untersuchung der

Metaphysik des Theophrast hat bereits W. Burnikel[34] eine ähnliche Hypothese vertreten. Der heute fehlende Teil von *J* entspricht, wie sich nachweisen läßt[35], einem vollständigen Quaternio der Hs. W. Burnikel hat nun aus bestimmten Gründen vermutet, daß zunächst nur die inneren Blätter dieses Quaternios verlorengegangen seien, während die beiden Außenblätter mit dem Ende der MetTheophr und dem Anfang von MetArist A (erstes Außenblatt), sowie dem Ende von A und dem Anfang von α (letztes Außenblatt) erst später verlorengegangen seien. Diese Erklärung ist bereits in sich nicht sehr wahrscheinlich[36], sie würde aber auch hier nicht passen. Erstens umfaßt der von Wilhelm im ersten Stadium seiner Revision korrigierte Anfang mehr als auf einer Seite von *J* (der *verso*-Seite des ersten Außenblattes) gestanden haben könnte, und zweitens ist es offensichtlich, daß das letzte Außenblatt mit dem Ende von A und dem Beginn von α bereits ebenso verloren war wie die vorangehenden Blätter, als Wilhelm die Hs bekam. Die Annahme aber, daß das Ende von MetTheophr (*recto*-Seite des ersten Außenblattes des Quaternios) und der Anfang von MetArist A bis zu der Stelle, die Wilhelm im ersten Stadium seiner Revision korrigiert hat, später als der übrige Teil verlorengegangen wären, ist aus kodikologischen Gründen unhaltbar: 1) Die Umfangsberechnung des fraglichen Textanfangs in Relation zum Textumfang der *J*-Seiten führt auf keine volle Blattzahl von *J*. Da das Ende von MetTheophr etwa eine 3/4 Seite ausmacht und der Schreiber nach seiner Gewohnheit mit einem neuen Werk, MetArist, eine neue Seite begonnen haben dürfte, führt uns die Berechnung auf 1 (MetTheophr) + 4,3 (MetArist bis 984b8) = 5,3 Seiten, d. h. auf jeden Fall auf eine ungerade Seitenzahl. Es konnten aber natürlich nur ganze Blätter verlorengehen. 2) Selbst wenn man annehmen wollte, daß dieses Stück doch eine gerade Seitenzahl und damit volle Blattzahl umfaßte — es könnte sich dann höchstens um 6 Seiten = 3 Blätter gehandelt haben —, wäre dann die sehr gut zu belegende Berechnung, daß der gesamte in *J* verlorene Teil aus einem Quaternio bestand, nicht mehr zu halten, und man müßte für den gesamten verlorenen Teil eine Komposition aus ungewöhnlichen und unvollständigen Lagenfolgen annehmen.

Es bleibt also die zweite Alternative. Das heißt, wir müssen annehmen — was kodikologisch natürlich sehr viel wahrscheinlicher ist —, daß der gesamte heute in *J* fehlende Teil als zusammenhängender Quaternio auf einmal verlorenging, und daß, als Wilhelm die Hs bekam, der gesamte Anfangsteil der Metaphysik bis α 2, 994a6 fehlte. Es folgt also: 1. daß Wilhelm den gesamten Anfangsteil, einschließlich der ersten Seiten, nicht nach *J*, sondern nach einer anderen griechischen Quelle korrigiert hat[37],

---

[34] W. Burnikel, Textgeschichtliche Untersuchungen zu neun Opuscula Theophrasts, Wiesbaden 1974, 116—117.

[35] Vgl. W. Burnikel, ibid., und „Unters.", 194—196.

[36] Vgl. „Unters.", 195, n. 159.

[37] Moerbeke kann also auch das fälschlich auf den Beginn von Metaph. A bezogene „Theophrastscholion", welches er, und zwar höchstwahrscheinlich im ersten Stadium seiner Redaktion, aus dem Griechischen übersetzt hat, entgegen meinen früheren Vermutungen

2. daß er die ersten Anfangsseiten (bis A 3, 984b8) noch im ersten Stadium der Redaktion nach dieser „anderen" griechischen Quelle korrigiert hat, 3. aber natürlich nicht zu Beginn seiner Revisionsarbeit im ersten Stadium — denn sonst hätte er nach der gleichen Quelle in seinen Korrekturen fortfahren können — sondern, zwar bereits im ersten Stadium, aber hier erst zum Schluß.

Obgleich man die zunächst vorgeschlagene „einfache" Lösung nicht völlig abzuweisen braucht, ist es diese Hypothese, zu welcher die Gegebenheiten der Texte geführt haben. Sie wird im übrigen unterstützt durch die bereits erwähnte Beobachtung, daß im letzten Kapitel von Buch Λ, d. h. am äußersten Ende des Revisionsteils zum erstenmal eine Lesart in der ersten Textform auftaucht, die mit Sicherheit eine von *J* verschiedene griechische Quelle verrät.

V. Ergebnis und Zusammenfassung: Modell einer „Genealogie" der beiden Redaktionen Moerbekes

Wir können uns also die Entstehung des Moerbekeschen Textes, so wie er uns für das erste Stadium durch *Da*, für das zweite durch die übrigen Textzeugen überliefert worden ist, folgendermaßen vorstellen.

Wilhelm hatte ein Exemplar der Translatio Anonyma der Aristotelischen Metaphysik, in welchem Buch K fehlte und in welchem auch sehr wahrscheinlich das Ende der Schrift ab M 2, 1076b9, d. h. fast das gesamte Buch M sowie Buch N, abhanden gekommen war. Diesen Text wollte er vervollständigen und verbessern. Als griechische Quelle hatte er zunächst die Handschrift *J* und nur diese. Sie erlaubte ihm, die fehlenden Bücher zu ergänzen (möglicherweise war dies der erste Schritt seiner Arbeit) und den vorhandenen lateinischen Text zu korrigieren — dies jedoch nur ab α 2, 994a6, da der Anfang des Textes wiederum in seiner griechischen Hs fehlte. Er mußte also seine lateinische Grundlage bis zu dieser Stelle unverändert lassen und hat seine Revision an dieser Stelle begonnen und bis zum Ende des vorhandenen lateinischen Textes fortgeführt. Er hat aber natürlich nach einem zweiten griechischen Exemplar gesucht, das

---

nicht aus *J* bezogen haben (selbst wenn sich das Scholion im verlorenen Text von *J* befunden haben sollte), sondern muß es in einer anderen Quelle — seiner „Zusatzhandschrift" (?) — gefunden haben. Diese Quelle muß aber insofern mit der von *J* vertretenen Überlieferung verwandt gewesen sein, als sie auf einen Text zurückgehen muß, in welchem die Überlieferungsgemeinschaft MetaphTheophr—MetaphArist in eben dieser Reihenfolge bestanden hatte, da die fälschliche Übertragung des Scholions vom Ende der MetaphTheophr auf den Anfang der MetaphArist nur durch diese Reihenfolge stattfinden konnte (vgl. „Unters.", 174—175, 193—196).

ihm den fehlenden Anfang ergänzen konnte. Wahrscheinlich noch im Lauf dieser Arbeit, und zwar vermutlich zu einem Zeitpunkt, als er an den letzten Büchern des Revisionsteils arbeitete, hat er eine zusätzliche griechische Hs gefunden, mit deren Hilfe er dann noch begonnen hat, den bis dahin unbearbeitet gelassenen Anfang zu korrigieren. Er ist dabei nur bis zu dem Textabsatz A 3, 984b8 gekommen und hat dann aus irgendeinem, vermutlich äußeren, Grunde seine Arbeit unterbrochen. Von diesem ersten zeitlichen Stadium seiner Redaktion ist — zu irgendeinem Zeitpunkt vor der späteren Wiederaufnahme — eine Abschrift gemacht worden, auf die unser Textzeuge *Da* zurückgeht.

Auf jeden Fall hat eine Unterbrechung stattgefunden. Da Moerbeke in vielen, wenn nicht in allen Phasen seines Lebens andere Aufgaben neben oder sogar vor seiner Übersetzungstätigkeit hatte, sind solche „äußeren" Gründe, wie wir sie hier annehmen müssen, durchaus vorstellbar. Wenn man die oben, S. 352, erwähnte „rationalere" Hypothese wählt und den Abbruch seiner ersten Redaktion mit der Vollendung der — und nur der — Arbeit zusammenfallen läßt, die ihm auf Grund von *J* möglich war, so kann man auf weitere „äußere" Gründe verzichten. Die Gegebenheiten der Texte stehen dieser Hypothese jedoch im Wege.

Zu einem späteren Zeitpunkt hat Wilhelm seine Arbeit wieder aufgenommen. Daß ein gewisser Zeitraum zwischen der ersten und der zweiten Bearbeitung liegt, ist offensichtlich. Wie groß er war, läßt sich nicht sagen. Er hat jetzt nicht nur — wie zu erwarten wäre — den bis dahin noch unkorrigierten Teil seiner lateinischen Vorlage nach der griechischen Zusatzquelle revidiert, sondern er hat außerdem seine eigene erste Fassung, sowohl im Revisions- wie im Neuübersetzungsteil verbessert, und zwar in der Weise, daß er seine Korrekturen in den bereits vorhandenen Text seiner ersten Redaktion eintrug. In den ersten Büchern hat er nur gelegentliche nachträgliche Verbesserungen vorgenommen. Ab Buch Z 14 werden die Überarbeitungselemente häufiger. Die stärkste Überarbeitung haben die Bücher I—Λ erfahren. Die beiden letzten Bücher hat Wilhelm dagegen, bis auf eine textkritisch problematische Stelle (M 3, 1078a1), vermutlich nicht von neuem korrigiert. Allerdings fehlt hier, ab M 8, 1084a4, das Gegenzeugnis der ersten Textform, ohne welches eventuelle Überarbeitungselemente in der zweiten Textform nicht als solche erkennbar sind.

Seine Korrekturen im zweiten Stadium sind sowohl terminologisch-semantischer wie textkritischer Art. Die terminologischen Korrekturen stellen im Revisionsteil vorwiegend zusätzliche Revisionselemente gegenüber den im ersten Stadium noch übernommenen Lesarten der Translatio Anonyma dar, sie betreffen aber auch — ebenso wie in dem Neuübersetzungsteil — Wilhelms spezifische, eigene Formulierungen im ersten Stadium. Die textkritischen Korrekturen beziehen sich vor allem auf textkritisch problematische Stellen, insbesondere auf solche, an welchen durch Divergenzen zwischen dem „Textzeugnis" der Anonyma und demjenigen von *J* oder durch Korrekturen bzw. Doppellesarten in *J* bereits im ersten Stadium ein Problem vorhanden war. Sowohl den terminologisch-semantischen wie den textkritischen Überarbeitungselementen im zweiten Stadium liegt wiederum der griechische Text zugrunde. Wilhelm hat also auch im zweiten Stadium, überall dort, wo er überarbeitet hat, d. h. in größeren Teilen des Textes, seine erste Redaktion noch einmal sehr genau mit dem Griechischen verglichen. Auch dafür war *J* seine hauptsächliche Grundlage. Er hat aber zusätzlich eine zweite griechische Quelle herangezogen, aus welcher er auch den in *J* fehlenden Anfang bezog. Sie stammt aus einer Tradition, die mit der indirekten Textüberlieferung durch den Alexander-Kommentar verwandt zu sein scheint.

Während die durch die Recensio Palatina überlieferte erste Redaktion, was den eigentlich Moerbekeschen Anteil darin angeht — nämlich die Korrekturen im Revisionsteil und der fortlaufende Text im Neuübersetzungsteil —, ein zeitlich einheitliches Gebilde darstellt, sind in der zweiten Redaktion, abgesehen von den aus der Translatio Anonyma übernommenen Elemente, zwei zeitlich verschiedene Schichten nebeneinander enthalten: die aus dem ersten Stadium stammenden unveränderten Moerbekeschen Elemente (d. h. die von *Da* und den übrigen Textzeugen gemeinsam überlieferten Elemente) und daneben die spezifischen Elemente der zweiten, späteren Schicht, nämlich zwischen A 3, 984b8 — α 2, 994a6 sämtliche Korrekturen gegenüber der Translatio Anonyma und im übrigen Text sämtliche Änderungen gegenüber dem ersten Stadium (d. h. diejenigen Elemente, die nur von *SiZI*P und nicht von *Da* überliefert werden). Die zweite Redaktion stellt einen Text dar, der von ungleichmäßiger Vollkommenheit ist. So ist z. B. Buch **B** innerhalb des Revisionsteils bereits in der ersten Redaktion nicht sehr durchgreifend korrigiert und wurde im zweiten Stadium kaum verändert. Die Bücher **M** und **N** machen ebenfalls den Eindruck einer schnellen und noch unfertigen Arbeit. Aber wir müssen diesen Text des zweiten Stadiums als die „endgültige" Fassung Wilhelms ansehen. Im Fall der Metaphysik ist es außerdem — im Gegensatz zur Lage in der Physik, wo es die erste und nicht die zweite Redaktion Moerbekes war, die über das Pariser Exemplar allgemein verbreitet wurde — diese zweite und „letzte" Fassung, die hauptsächlich überliefert wurde.

Was die Entstehungszeit der zweiten Redaktion angeht, so haben sich aus inneren Kriterien einige Anzeichen ergeben, die uns auf die zweite Hälfte des 7. Jahrzehnts verwiesen haben. Es fanden sich einerseits einige spezifische terminologische Übereinstimmungen mit Übersetzungen Moerbekes aus den Jahren 1266—1269, andererseits Parallelen zur zweiten Redaktion von Moerbekes Physikübersetzung, die ihrerseits eine gewisse terminologische Verbindung zu Übersetzungen von und nach 1269 hat, und die möglicherweise etwas später liegt als die zweite Redaktion unseres Textes.

Wann und warum auch immer Wilhelm die Metaphysik ein zweites Mal überarbeitet hat, warum auch immer er sich dabei auf einen bestimmten Teil des Textes konzentriert hat — der Umstand, daß er es getan und die Weise, wie er es getan hat, zeigen, daß es ihm nicht einfach darum ging, nach bestimmten Regeln recht und schlecht eine Übersetzung zu produzieren und die einmal getane Arbeit dann hinter sich zu lassen, sondern daß er, in den Grenzen der Mittel — und sicherlich auch denen der Zeit —, die ihm zur Verfügung standen, wie ein Editor und ein Gelehrter kritisch und selbstkritisch am Text gearbeitet hat, auf schwierige Stellen zurückgekommen ist, seine eigenen ersten Lösungen verworfen, nach neuen gesucht, erste Mißverständnisse beseitigt, eine Reihe von Stellen in neuem Anlauf interpretiert hat, das lateinische Vokabular neu durchsucht oder auch neu geformt hat, um bessere, treffendere Äquivalente zu finden, den griechischen Text transparenter zu machen.

Es ist merkwürdig und auffallend, aber nicht mehr zu leugnen, daß Moerbeke ganz offenbar mehrere seiner eigenen früheren Übersetzungen zu einem späteren Zeitpunkt noch einmal nach dem Griechischen überarbeitet hat. Dies mußte man für seine Übersetzungen von De Generatione Animalium[38], der Rhetorik[39], der Politik[40] und einer Teilübersetzung von Simplicius' In de caelo[41] annehmen. In diese Reihe sind nun auch seine Übersetzungen bzw. Revisionen der Physik und Metaphysik einzufügen. Natürlich kann man jetzt nicht erwarten, daß dies für alle oder die meisten seiner Übersetzungen gilt. Es ist schon erstaunlich genug, daß er offenbar Interesse, Gründe — und Zeit — hatte, dies in den bereits bekannten Fällen zu tun. Es ist aber nicht mehr von vornherein abzuweisen, daß wir noch in anderen Übersetzungen Wilhelms auf eine von ihm selbst zu einem späteren Zeitpunkt vorgenommene Überarbeitung seines ersten Textes stoßen[42].

---

[38] Gener. An. (Anm. 12), XIX—XXIII.

[39] Rhet. (Anm. 12), XXXVIII—XLIII.

[40] Vgl. Politica (Anm. 12), XII—XIV und: Sentencia Libri Politicorum (Anm. 17), A 44—A 47.

[41] F. Bossier, Filologisch-historische navorsingen over de middeleeuwse en humanistische Latijnse vertalingen van de commentaren van Simplicius, Doctoraal proefschrift, Leuven 1975, II. 3: Het Fragmentum Toletanum, 23.001—23.098.

[42] Es ist gut möglich, daß sich eine solche zweite Überarbeitung eines eigenen ersten Textes durch Moerbeke auch in seiner De Anima-Übersetzung bzw. Revision, und zwar in der sogenannten Ravenna-Rezension abzeichnet. In der monumentalen Praefatio zur Leonina-Edition der Sentencia libri De anima (vgl. oben, Anm. 6) hat R. A. Gauthier auch die Nova Translatio von De Anima, Moerbekes Revision der Translatio Vetus des Jakob von Venedig, aufgrund umfassender Kollationen und Untersuchungen besprochen (129*—199*). Die Überlieferung des Moerbekeschen Textes führt demnach in der Hauptsache auf zwei Archetypen, Ni und Np, die, voneinander unabhängig, in getrennter Linie auf das Autograph (das von Moerbeke korrigierte Vetus-Exemplar) zurückgehen. Diese beiden Überlieferungszweige bezeugen nun an einer ganzen Reihe von Stellen einen einheitlichen Text gegenüber einer

Anhang: Folgerungen und Fragen

Aus den hier gewonnenen Ergebnissen lassen sich einige Folgerungen ziehen, und die neue Situation führt zu neuen Fragen in Hinblick auf die historischen Umstände von Moerbekes Übersetzung. Ich kann diese Punkte hier nur skizzenhaft andeuten.

Zu Wilhelms Kontakt mit der Hs Vind. gr. 100 (J).

Der ursächliche Zusammenhang zwischen dem fehlenden Anfang von J und dem entsprechenden — authentischen — Fehlen von Revisionselementen im ersten Stadium von Wilhelms Übersetzung liefert ein neues, materielles Zeugnis für eine

dritten Überlieferungsform Nr, welche durch Korrekturen erster Hand in der Hs Ravenna, Bibl. Class. 458 (sowie zwei von ihr abhängige Florentiner Hss) bezeugt ist. Etwa 90 dieser Stellen werden angeführt und untersucht. Es handelt sich um Korrekturen nach dem Griechischen. Sie entsprechen häufig überlieferten oder möglichen griechischen Varianten oder repräsentieren den allgemeinen griechischen Text dort, wo die beiden anderen Textformen, NiNp, eine nicht belegte griechische Variante übersetzen. Sie geben außerdem auch, bei gleicher griechischer Textgrundlage, häufig eine andere, bessere oder mögliche Übersetzung, oder liefern ein zusätzliches Revisionselement dort, wo NiNp dem Text der Vetus folgen. Es ist weiterhin evident, daß diese Lesarten auf die Revision Wilhelms, und nicht etwa auf eine Intervention eines anderen Übersetzers oder Revisors zurückgehen (167*—172*).

Pater Gauthier nimmt an, daß es sich bei den Lesarten dieser Ravenna-Rezension um Revisionselemente und Doppelkorrekturen Moerbekes handelt, die sich von vornherein, zusammen mit den übrigen Revisionselementen, im Autograph Wilhelms befanden. Da dieses Autograph ein stark korrigierter und vielleicht häufig auch unklar korrigierter Text war, seien diese Lesarten bei den beiden unabhängigen Kollationen, auf die Ni und Np zurückgehen, übersehen worden, und seien erst von einem dritten Abschreiber, der das Autograph noch einmal kollationierte, entdeckt worden.

Nach der Untersuchung einer ähnlichen Lage sowohl in der Überlieferung der Metaphysik wie in derjenigen der Physik, scheint diese Hypothese nicht mehr absolut sicher. Besonders auffällig ist die Parallele zur Physik, wo sich herausgestellt hat, daß die Korrekturlesarten der gleichen Ravenna-Hs einer *zweiten* und zeitlich späteren Redaktion Moerbekes entstammen, welche — für die Physik — in wesentlich vollständigerer Form durch die Madrider Hs bezeugt ist (vgl. „Physica Nova", 222). Es könnte sich also auch bei den Lesarten der Nr-Rezension, d. h. bei den Korrekturen im De Anima-Teil der Hs um — unvollständig überlieferte — Elemente aus einer zweiten Redaktion Moerbekes handeln. Es gibt außerdem unter den von R. A. Gauthier angeführten Nr-Lesarten auffällige terminologisch-methodische Parallelen zu den jeweils zweiten Stadien der Physik- bzw. Metaphysikübersetzungen. Und schließlich ist es auch hier schwer verständlich, daß sonst voneinander unabhängige Textzeugen, die auf zwei (bzw. drei) verschiedene Abschriften aus dem Original zurückgehen, nämlich NiNp sowie auch das aus der Sentencia des Thomas zu erschließende Nova-Exemplar, an so vielen Stellen in gleicher Weise eine authentische Korrektur im Original übersehen haben sollten, und es ist auch hier auffällig, daß die gemäß dieser Hypothese „übersehenen" Lesarten meistens offensichtliche terminologische oder textkritische Verbesserungen gegenüber dem allgemein überlieferten Nova-Text darstellen. — Diese Argumente könnten eher dafür sprechen, daß Wilhelm auch seine De Anima-Revision zu einem späteren Zeitpunkt ein zweites Mal bearbeitet hat, als daß die entsprechenden Elemente von vornherein vorhanden waren, aber erst später von einem Abschreiber bemerkt wurden.

Gegebenheit, die wir bereits aus anderen — inneren und äußeren — Kriterien schließen konnten, und deren Bedeutung man wohl nicht zu unterstreichen braucht: Wilhelm hatte für die Metaphysik (und dasselbe muß auch für die Physik und einige der übrigen in *J* enthaltenen und von Moerbeke übersetzten Texte gelten) die Handschrift *J selbst* und nicht etwa eine Abschrift von *J*. Kein Abschreiber hätte nämlich einen derart anfangslosen Text in dieser Form kopiert, d. h. indem er seine Abschrift wie in der Vorlage ohne den gesamten Anfang — oder wenigstens ohne einen vorangehenden Buchanfang — und mitten im Satz begonnen hätte. Für den Revisor, der im wahrsten Sinne des Wortes *auf* seiner lateinischen Grundlage arbeitete, war es dagegen durchaus möglich, solange er keine zusätzliche griechische Textquelle zur Verfügung hatte, mit seiner Bearbeitung an dieser Stelle anzufangen.

Was die Benutzung von *J* angeht, so ergibt sich ein anderes und nicht unwichtiges Detail. Für die beiden zeitlich getrennten Stadien der Metaphysikübersetzung gilt das gleiche, was sich nach der Untersuchung des V. Buches der Physikrevision ergeben hat[43]: Wilhelm hat die Hs *J* in den jeweils ersten *und* zweiten Redaktionen benutzt. Daraus folgt, daß er diese Hs zu verschiedenen und auseinanderliegenden Zeitpunkten zur Verfügung hatte.

Die Hs, die in der Mitte des 9. Jh. in Konstantinopel geschrieben wurde, und die sich in der Mitte des 15. Jh. (bis zur Mitte des 16. Jh.) wiederum in Konstantinopel befand, ist zwischen diesen beiden Zeitpunkten wahrscheinlich nicht ununterbrochen an ihrem Ursprungsort geblieben. Ein kodikologisches Detail läßt vermuten, daß sie sich um das Jahr 1300 im italo-griechischen Raum befunden haben könnte[44]. Wilhelm hat diese Hs benutzt und zwar mehrfach, in zeitlichen Abständen. Er muß sie irgendwo angetroffen haben und sie muß ihm dann für eine gewisse Zeit zur Verfügung gestanden haben. Er war 1260 in Nicaea[45], wo er seine Übersetzung des Meteora-Kommentars von Alexander von Aphrodisias beendete. Am Ende des gleichen Jahres befand er sich in Theben. Zwischen 1267 und 1278 ist seine Anwesenheit am päpstlichen Hof, in Viterbo und anderen Orten, bezeugt. Ab 1278 war er Erzbischof in Korinth, um dann 1284 wiederum als päpstlicher Legat in Italien (Perugia) zu wirken[46], wo er vermutlich bis zu seinem Tode (vor Herbst 1286) blieb. Wilhelm hat die Hs *J* nicht nur für seine beiden Redaktionen der Metaphysik- und Physikübersetzungen benutzt. Teilkollationen haben bereits gezeigt, daß auch seiner Meteora-Übersetzung die Hs *J* zugrundegelegen haben muß. Die Meteora-Übersetzung fällt aber sicherlich

---

[43] Vgl. „Physica Nova", 276.

[44] Die Ergänzung des Anfangs von Metaph. α auf f. 138[rv] des Vindobonensis stammt, wie schon P. Moraux bemerkt hatte, von einer italogriechischen, und zwar ohne Zweifel Salentiner Hand (briefl. Mitteilung von André Jacob) um 1300. Auf Grund dieser Beobachtung kann man zwar nicht beweisen, aber doch vermuten, daß der Kodex sich um diese Zeit in Süditalien befunden hat.

[45] Hinsichtlich dieses Ortes gibt es eine neue Hypothese von R. A. Gauthier, auf die ich hier jedoch nicht eingehen kann. Vgl. Sentencia libri De Sensu et sensato, cura et studio Fratr. Praed. (Ed. Leonina XLV, 2), Roma—Paris 1985, 93*—94*; dazu: La traduction de la Métaphysique (Anm. 5), n. 48.

[46] Vgl. A. Paravicini Bagliani, Nuovi documenti su Guglielmo da Moerbeke OP, in: Archivum Fratr. Praed. 52 (1982) 135—143.

in die Jahre um 1260 und scheint, nach noch vorläufigen Vermutungen, der Übersetzung des Alexander-Kommentars vorauszugehen[47]. Eine spezifische Verbindung zu *J* gibt es aber andererseits auch in einer offenbar wesentlich späteren Arbeit, nämlich in der Recensio recognita von De Caelo, einer von F. Bossier[48] identifizierten Moerbekeschen Überarbeitung der Translatio Nova des gleichen Textes, die vermutlich in zeitlichem Zusammenhang mit der Übersetzung des Simplicius-Kommentars zu De Caelo (Viterbo 1271) steht, und die daher auf italienischem Boden entstanden sein sollte. Auch für die jeweils zweiten Redaktionen der Metaphysik- und Physikübersetzungen konnte man — in noch vorsichtiger Weise — an eine „mittlere" Periode Moerbekes, d. h. die Jahre nach 1265/6 denken. Der Kontakt mit *J* könnte also bereits um 1260 auf griechischem Boden stattgefunden haben, er könnte vor und um 1270, zur Zeit von Moerbekes Anwesenheit in Viterbo, noch fortbestanden haben. — Was die Metaphysik betrifft, so gibt es schließlich noch die bekannte, in ihrer Authentizität jedoch nicht gesicherte, Notiz in der Hs Cant. Dom. Petri 22, die auf Nicaea als Entstehungsort hindeutet[49] — wobei es sich, wenn die Notiz überhaupt zutrifft, um die Entstehung der ersten Fassung handeln sollte.

Dies sind alles nur Andeutungen. Die Annahme, daß Wilhelm die Hs *J* bei seinem ersten griechischen Aufenthalt gefunden, dort schon — eventuell auch für die erste Fassung seiner Metaphysikübersetzung — benutzt hat, daß er sie um oder nach der Mitte des 7. Jahrzehnts dann für die zweite Fassung der Metaphysik — und Physik — gebrauchte, daß er also die Hs nach Italien brachte, ist vorläufig eine der möglichen Hypothesen. Der Umstand, daß er die Hs mehrfach und in größeren zeitlichen Abständen benutzen konnte, ist jedenfalls in diesem Zusammenhang von Bedeutung.

Zur „Datierung" der Metaphysikübersetzung.

Eine Argumentation, die immer wieder gegen eine „frühe" Entstehung der Metaphysikübersetzung — d. h. eine Entstehung um die Jahre 1260 — vorgebracht wird, stützt sich auf den Umstand, daß Albertus Magnus in seiner Metaphysikparaphrase (um 1264) die Übersetzung Moerbekes nicht kannte, und daß sie in den Werken des Thomas von Aquin erst in der zweiten Hälfte des 7. Jahrzehnts (nach 1265) auftaucht[50]. Abgesehen davon, daß diese negative Implikation — das Werk

---

[47] A. J. Smet, Alexander van Aphrodisias en S. Thomas van Aquino, in: Tijdschr. v. Philos. 21 (1959) 112, n. 21. Für eine frühe Datierung sprechen auch die auffallend häufigen „Verlegenheitstransliterationen" in diesem Moerbekeschen Text.

[48] F. Bossier, op. cit. (Anm. 41), II, 24.173—24.200.

[49] Vgl. A. L.¹, p. 65—66, „Unters.", 160—161, dazu: R. A. Gauthier in: Sentencia libri De sensu (Anm. 45), 94*, n. 4.

[50] Eines der zeitlich frühesten Zitate bei Thomas hat F. Pelster im ersten Teil der Summa theologiae (S. th. I, q. 17 a. 2) nachgewiesen, vgl. F. Pelster, Die Übersetzungen der arist. Metaph. in den Werken des hl. Thomas v. Aquin, in: Gregorianum 16 (1935) 333. Der gesamte erste Teil der Summa wurde, wie man allgemein annimmt, von Thomas im Römischen Dominikanerstudium Santa Sabina in den Jahren 1266—1268 niedergeschrieben. Das Zitat ist Metaph. Γ 5, 1010b11—12 entnommen und stammt mit Sicherheit aus der Moerbekeschen

war nicht bekannt, also existierte es noch nicht — immer unsicher bleibt, kann man in diesem Fall das hier benutzte Argument erklären und zugleich entkräften, wenn man weiß, daß die Übersetzung in zwei zeitlich auseinanderliegenden Etappen entstanden ist, und daß es die spätere Fassung war, die nach 1265 bekannt wurde. Dies muß natürlich noch im einzelnen an den zeitlich frühesten Zitaten nachgeprüft werden. Man kann es jedoch sofort am ersten Buch des Metaphysikkommentars von Thomas nachweisen. Im ersten Buch, welches sicher zu den zeitlich frühesten Teilen des Kommentars gehört[51], ist die Translatio Anonyma noch die hauptsächliche Textgrundlage. Thomas kennt hier aber bereits die Revision Moerbekes, die er mehrmals als *alia litera* oder *alia translatio* anführt. Dies geschieht nun auch in demjenigen Teil des ersten Buches, der erst im zweiten Stadium von Wilhelm korrigiert wurde, und die von Thomas angeführten Wendungen sind die Moerbekeschen Korrekturen aus der zweiten Redaktion (cf. T, n. 99 [ad 984b14] und n. 111 [ad 985b3]). Es ist also die spätere Fassung von Wilhelms Übersetzung, die Thomas hier benutzt und die daher um diese Zeit bekannt wurde. Die zweite Fassung existierte also in der zweiten Hälfte des 7. Jahrzehnts, vielleicht

---

Übersetzung. Ob aus der ersten oder aus der zweiten Redaktion, läßt sich jedoch nicht feststellen, da sich die beiden Redaktionen an dieser Stelle nicht unterscheiden.

Im Zusammenhang mit der Frage der ersten Zeugnisse von der Moerbekeschen Übersetzung möchte ich hier noch einen sehr merkwürdigen Umstand erwähnen. Obgleich Albert in seiner Metaphysik (um 1264) die Moerbekesche Übersetzung nicht benutzte und daher auch sicherlich nicht zur Verfügung hatte, gibt es in seinen Analytica Posteriora, die ohne Zweifel seiner Metaphysik vorausgehen (R. A. Gauthier nimmt mit guten Gründen die Entstehungszeit um etwa 1261—2 an, Sentencia libri De sensu [Anm. 45], 91*—92*), eine Erwähnung, welche ihre Quelle in eben der Moerbekeschen Übersetzung zu haben scheint. Albert weist nämlich in den Analytica Posteriora (I, tr. II, c. 1, ed. Borgnet II, 22) auf die Meinung hin, welche Theophrast das erste Buch der Aristotelischen Metaphysik zuschreibt (vgl. dazu „Unters.", 199 ff.). Diese irrtümliche Zuschreibung läßt sich aber, nach unseren bisherigen Kenntnissen, nur durch die Moerbekesche Übersetzung des an die falsche Stelle geratenen griechischen „Theophrastscholions" erklären. Wenn die Erwähnung Alberts nicht wesentlich später von ihm hinzugefügt wurde (und die hs Überlieferung des Textes läßt nicht darauf schließen), so müßte man annehmen, daß er zur Zeit der Abfassung seines Textes, zugleich mit der Moerbekeschen Übersetzung des Kommentars von Alexander zu De Sensu (vgl. R. A. Gauthier, l. c.) eine Information aus der ersten Redaktion der Moerbekeschen Metaphysikübersetzung erhielt, ohne jedoch die Übersetzung als Ganze zu bekommen.

[51] F. Pelster nimmt an, daß Thomas seine Erklärung der Metaphysik ebenfalls schon während seiner Tätigkeit am Ordensstudium in Rom, 1265/6 etwa, begann (op. c., Gregorianum 17 [1937], 382). Die Datierung des Kommentars, insbesondere die Frage, wann Thomas den Kommentar beendet hat, ist noch nicht geklärt. Man nahm bisher an, daß Thomas das XII. Buch erst nach 1271 verfaßt habe, da er in diesem Buch (XII, l. 1, n. 10) den Kommentar des Simplicius zu De Caelo benutzt, der von Moerbeke 1271 übersetzt wurde. F. Bossier hat jedoch nachgewiesen, daß Thomas hier nicht die bisher bekannte, vollständige Übersetzung Moerbekes zugrundelegt, sondern eine *frühere* Teilübersetzung Moerbekes, das sogenannte Fragmentum Toletanum. Der bisherige Terminus *post quem* entfällt also, und der Umstand, daß Thomas hier diese frühere Version Moerbekes benutzt und *nicht* die spätere, wesentlich verbesserte Übersetzung von 1271, auf die er sich in seinem Kommentar zu De Caelo stützt, verweist für die Beendigung der Metaphysikerklärung vielmehr auf ein Datum *vor* 1271. Vgl. F. Bossier, op. c. (Anm. 41), 23.077—23.098.

schon um 1265 etwa. Damit kommen wir aber für die Entstehungszeit der ersten Fassung der Zeit um 1260, d. h. der Zeit von Moerbekes griechischem Aufenthalt schon näher. Wir kennen im übrigen weder den Anfang noch das Ende dieses Aufenthaltes: Moerbekes Anwesenheit in Italien ist erst für das Jahr 1267 explizit bezeugt, mag aber natürlich früher liegen.

Zur Benutzung von Elementen beider Redaktionen im Metaphysikkommentar des Thomas von Aquin.

Die Frage, welchen Text Thomas in seinem Kommentar — soweit er sich auf die Recensio et Translatio Guillelmi stützt oder sie heranzieht — benutzt hat, muß an Hand der Unterschiede zwischen beiden Fassungen noch genau untersucht werden. Ich möchte hier nur auf einige Punkte hinweisen.

Aus der Reihe der bereits angeführten Textstellen wird schon deutlich, daß Thomas dort, wo er die Übersetzung Wilhelms anführt oder zugrundelegt, hauptsächlich die zweite Fassung benutzt (vgl. die Angaben von T in den oben, S. 297 ff., 328—337, gegebenen Beispielen). Es sei hinzugefügt, daß seine Quelle für diese Fassung recht gut gewesen sein muß, daß sie jedenfalls nicht die zahlreichen Fehler des Pariser Exemplars hatte, sondern davon unabhängig zu sein scheint.

Es gibt aber auch Kontakte mit den Lesarten der ersten Fassung. Außer den bereits oben angeführten Stellen (z. B. S. 298, (K) 1067a11, S. 330, (I) 1054b13, S. 329, (I) 1056b16) seien hier noch einige Beispiele gegeben, die zeigen, daß Thomas spezifische Elemente der ersten Redaktion kennt, welche er teils ohne expliziten Hinweis kommentiert, teils als *alia litera* anführt oder schließlich auch, ohne besondere Erwähnung, alternativ neben den entsprechenden Elementen der zweiten Redaktion und auch denjenigen der Translatio Anonyma kommentierend aufnimmt.

(Γ) 09b16 ὡς ἔπος εἰπεῖν: ut est dicere A: ut verisimile dicere G^1: ut consequens dicere G^2: ut est dicere *verisimile*, idest sicut verisimiliter coniecturare possumus ex eorum dictis T, *n.* 674.

(Δ) 14b17 ἐπεκτείνας: porrigens A: producens G^1: extendens G^2: „Ut si quis *porrigens* dicat naturam". Litera ista corrupta est. Quod ex alia translatione patet, quae sic habet „ut si quis *producens* dicat ypsilon". Physis enim, quod apud graecos naturam significat, si pro generatione viventium accipiatur, habet primum ypsilon *productum*, si vero pro principio, sicut communiter utitur, habet primum ypsilon breve. Posset tamen per hanc literam intelligi quod hoc nomen natura de generatione viventium dicatur secundum quamdam *porrectionem* idest *extensionem*. T, *n.* 808. — Thomas hat hier offenbar alle drei Versionen gesehen. Es ist außerdem auffällig, wie genau er die beiden Bedeutungen von *physis* erklärt — eine Erklärung, die er den Texten selbst nicht ohne weiteres entnehmen konnte.

(H) 43a19—20 διὰ τῶν διαφορῶν λόγος: differentia ratio A: ex differentiis ratio G^1: per differentias ratio G^2: ratio vero, quae sumitur *ex differentiis* T, *n.* 1700.

(Θ) 45b36 οὐ μὴν χρησίμη *JE*: non tamen utilis A G^2: non solum utilis G^1: et primo de potentia quae maxime dicitur proprie, non *tamen* utile est ad praesentem intentionem (*n.* 1770) ... Ex quo etiam apparet sensus alterius literae quae sic habet „Et quidem potentia quae dicitur proprie, non *solum* utilis est ad quod volumus nunc" ... T, *n.* 1772.

(Θ) 46a25 θλαστόν: eunuchizabile [*sic*] A: frangibile G¹: impressibile G²: Et similiter illud quod sic cedit tangenti ut *impressionem* quandam recipiat, sicut cera vel aliquid huiusmodi, inquantum tale est *frangibile*. „Vel suppositum", idest masculinum, est subiectum proprium huius passionis, quae est *eunuchizari*. T, *n.* 1782.

(Θ) 50a17—18 οἱ διδάσκοντες ἐνεργοῦντα ἐπιδείξαντες: docentes agentem demonstrantes A: docentes operantem cum instruxerint G¹: docentes operantem ostendentes G²: Unde, sicut docentes putant ad finem pertingere, quando *demonstrant* discipulum, quem *instruxerunt, operantem* ea que sunt artis T, *n.* 1860.

Man kann außerdem beobachten, daß Thomas an einigen Stellen die Anonyma-Elemente, die er kommentiert, offensichtlich *aus* der ersten Fassung der Moerbekeschen Revision übernimmt, nämlich z. B. an zwei der oben, S. 349, angeführten Stellen:

(Z) 40a31 περὶ γῆν ἰὸν ἢ νυκτικρυφές: perigion aut maiephes [*sic*] A(*codd.*): periginion aut niktikrifex G¹: terram girans aut nocte absconditum G²: *perigyrion* idest *terram gyrans* aut *nycticrypton* idest *nocte absconsum* T, *n.* 1628.

(Λ) 72b2 ἕνεκα: *om.* A(*codd.*): causa G¹(*Da*): gratia G²: quod cuius *causa* T, *n.* 2528.

Die Kontakte mit der ersten Fassung scheinen besonders häufig in Buch IX vorzukommen, aber auch in den Büchern IV, V, VII, X, XI und XII sind solche Kontakte zu beobachten. Es ist aber keineswegs so, als ob Thomas z. B. in Buch IX (Θ) *nur* die erste Fassung gehabt hätte, sondern es scheint, daß er neben der hauptsächlich benutzten zweiten Redaktion auch nicht selten Elemente aus der ersten Redaktion gesehen und in kritischer Weise benutzt hat, d. h. daß er sowohl spezifische Elemente der zweiten Redaktion mit denjenigen der ersten wie auch schließlich denjenigen der Translatio Anonyma vergleichen konnte. Hat er eine Abschrift der zweiten Redaktion mit einer Abschrift der ersten Redaktion kollationiert? Oder hatte er hier einen Text, in welchem man noch die spezifischen Versionen der ersten Fassung erkennen konnte, d. h. einen Text, der dem Autograph in seinem zweiten Stadium in der Weise ähnelte, daß nicht nur die späteren Korrekturen Wilhelms darin eingetragen waren, sondern daß man auch seine ursprünglichen Lesarten bzw. ersten Korrekturen — ebenso wie die ursprünglichen Elemente der Anonyma — noch erkennen konnte?

Diese Frage trifft sich in merkwürdiger Weise mit einer Beobachtung, welche die Editoren des Kommentars (Leonina-Edition, in Vorbereitung) gemacht haben. Ich zitiere eine schriftliche Mitteilung von A. Judy OP (1975):

"These last books of the Commentary (VIII—XII, with the exception of Bk XI) show a perplexing inconsistence regarding their translation source. There is some evidence to suggest that Aquinas made use of a manuscript of Aristotle which perhaps was at base a Media version, but with the Moerbekiana text carefully collated directly upon it. Some lemmata will have, for example, characteristic words of both translations."

Hatte Thomas hier also irgendein Anonyma (Media)-Exemplar, in welches sowohl die zweite Fassung des Moerbekeschen Textes als auch eine Reihe von Elementen der ersten Fassung hineinkollationiert waren, oder hatte er eine Vorlage, die dem Autograph Moerbekes in seinem zweiten Zustand entsprach? Ebenso wie man in diesem Autograph sicher an den meisten Stellen noch den zugrundeliegenden Anonyma-Text erkennen konnte, konnte man sicherlich an vielen Stellen auch noch die ersten Korrekturen Moerbekes — die er durch neue Lesarten verbessert, aber nicht getilgt hatte — erkennen.

Die Untersuchungen von F. Bossier zu der Übersetzung des Kommentars von Simplicius In de Caelo haben wahrscheinlich gemacht, daß es — trotz aller angebrachten Vorsicht im allgemeinen — Anzeichen für eine direkte Verbindung zwischen einer Übersetzungsarbeit Moerbekes, dem sogenannten Fragmentum Toletanum (einer Teilübersetzung von Simplicius In de Caelo), und einem Kommentarstück des Thomas von Aquin, und zwar eben dem XII. Buch seines Metaphysikkommentars gibt[52]. Sollte auch Moerbekes Revision seiner eigenen ersten Metaphysikübersetzung in Verbindung zu der Kommentierung der letzten Bücher des Textes durch Thomas stehen? Könnte hiermit der — immerhin auffällige — Umstand zusammenhängen, daß Wilhelms Bearbeitung keineswegs gleichmäßig über den ganzen Text hin erfolgte, sondern sich auf eben diese Bücher (Ende VII–XII) konzentriert?

Dies sind vorläufig nur Fragen. Aber vielleicht kann eine genaue Untersuchung des Kommentars unter Berücksichtigung seiner zeitlich verschiedenen Schichten[53] im Vergleich mit den Unterschieden zwischen den beiden Moerbekeschen Redaktionen sowie den spezifischen Lesarten des von Moerbeke benutzten Anonyma-Exemplars hier eine Klärung bringen. Ein wichtiges Kriterium, das allerdings nicht leicht zu erkennen sein wird, wäre das folgende: Hat Thomas überall das gleiche Anonyma-Exemplar benutzt, d. h. war z. B. im ersten Buch seine Anonyma-Vorlage die gleiche wie in den Bücher IX–XII? Und, falls man feststellen könnte, daß sie verschieden war, hängt seine Anonyma-Grundlage in den späteren Büchern mit dem spezifischen Anonyma-Exemplar Moerbekes zusammen oder nicht?

Die — vorläufig noch ganz unsichere — Möglichkeit eines Zusammenhangs zwischen Wilhelms zweiter Bearbeitung der Metaphysikübersetzung und den letzten Büchern des Kommentars von Thomas gilt aber nicht etwa für Wilhelms „zweite Fassungen" und die entsprechenden Kommentare des Thomas im allgemeinen. Die zweite und wesentlich verbesserte Redaktion von Moerbekes Physikübersetzung war Thomas bei der Abfassung seines Physikkommentars nicht bekannt[54], ebenso wie er bei seiner Kommentierung von De Caelo nur die Translatio Nova von De Caelo und Moerbekes Übersetzung des Simplicius-Kommentars, nicht

---

[52] F. Bossier, op. c. (Anm. 41), 23.077–23.087.

[53] Es ist möglich, daß die Bücher II, III, V. 7–VII. 16 (= diktierte Teile in der Neapler Hs B. N. VIII. F. 16), die ganz oder vorwiegend auf dem Moerbeke-Text beruhen, nachträglich von Thomas eingefügt wurden zum Ersatz von Kommentarteilen, in welchen er zunächst die älteren Übersetzungen zugrundegelegt hatte (Mitteilung von A. G. Judy OP).

[54] Dies gilt vorläufig noch mit der Einschränkung auf die entsprechende Untersuchung des V. Buches, vgl. „Physica Nova", 272ff.

aber Moerbekes Recensio recognita des De Caelo-Textes kannte[55]. Auch in seinem Kommentar zu De Anima kannte er nur den üblichen Nova-Text, jedoch nicht die (zweite?) Ravenna-Rezension[56].

---

[55] F. Bossier, op. cit. (Anm. 41), II, 24.199.
[56] Sentencia libri De anima (Anm. 6), 172*: „elle (= la recension de la Nova utilisée par saint Thomas) semble avoir ignoré la recension de Ravenne", d. h. die zweite (?) Redaktion Moerbekes, vgl. oben, Anm. 42.

NAMENREGISTER

Abd al-Magid Haridi, A. 163
ʿAbdarrazzāq al-Qāsānī 125
Aegidius Romanus 120, 121, 175, 176, 178, 182, 183
Aḥmad Ġazzālī 126
Albertus Magnus 1—3, 5, 8—29, 31—42, 44—46, 54, 55, 57, 269, 361, 362
Alexander von Aphrodisias 12, 24, 158, 183, 186, 187, 189, 237, 238, 241—243, 246, 247, 249, 251, 269, 290, 296, 297, 301, 327, 330, 334, 336, 337, 339, 357, 360—362
Alfarabius 12, 26, 125
Ambrogio Traversari 70, 77
Ammonius 53, 237, 238, 245, 296, 327
Anaxagoras 312
Antiochos von Askalon 53
Archimedes 237, 238, 245, 247, 248, 275, 297, 301
Archytas 328
Aristoteles 1, 3, 4, 9—17, 19, 20, 22, 23, 25—28, 33—36, 38, 40—42, 44—46, 53—56, 58—90, 92, 93, 96, 98—105, 108, 112, 113, 115, 119, 120, 123, 125, 126, 141—144, 146—151, 154, 156—164, 172, 173, 175—181, 183, 190—192, 194—197, 199, 206, 208—210, 214—216, 219, 237, 238, 245, 246, 248—252, 255, 262, 266, 269, 272, 274, 290—294, 296, 297, 299, 328, 329, 336, 350, 354, 355, 362, 364
Astāt 142, 147, 154—156, 159
ʿAṭṭār 126
Attikos 53
Aubenque, P. 293
Augustinus 25, 26, 55, 64
Avempace 12, 33, 40, 41
Averroes 9—12, 16, 17, 20—26, 33, 34, 37—41, 83, 84, 88, 91, 92, 103, 127, 141—143, 147, 153—164, 172, 175, 176, 178—185, 189
Avicenna 6, 12, 13, 16, 17, 19, 22—24, 26, 27, 33, 40, 41, 177, 178, 182

Bartholomaeus von Messina 250
Bassenge, F. 144
Bataillon, L.-J. 289, 299
Baur, L. 60, 67

Bekker, I. 194, 195, 199, 238, 255, 259, 265, 267, 269, 292, 305, 307, 315, 319, 322, 345—347, 351, 352
Bernard v. Trilia 96
Bessarion 54, 75—79
Boese, H. 237, 297
Boethius 53, 119, 246, 250
Boivin le Cadet 74, 75
Bolzano, B. 115
Bonagratia von Bergamo 97
Bonitz, H. 1, 144—146, 255, 265, 330, 334, 336
Borgnet, A. 362
Bormann, K. 60
Bossier, F. 190, 219, 269, 275, 291, 358, 361, 362, 365, 366
Bouyges, M. 142, 147, 160, 183
Brams, J. 190, 215, 219, 269, 289, 291, 327
Brunschvig, R. 128
Burnikel, W. 354
Butterworth, Ch. E. 127, 163, 172—174
Buytaert, E. M. 45

Cantor, G. 115—118
Carnap, R. 108
Cassirer, E. 54, 79
Cathala, M.-R. 297
Chatelain, A. 219
Cicero 11
Clagett, M. 237, 238, 247, 297
Cosimo de Medici 75
Craemer-Ruegenberg, I. 99, 100
Cranz, F. E. 161, 162, 164, 172, 179, 184

Darms, G. 141, 142, 183
Demokrit 28, 41, 42
Denifle, H. 219
Diaz y Diaz, M. C. 182
Diogenes Laërtius 70
Ps.-Dionysius Areopagita 2, 55, 57, 67, 68
Dondaine, A. 197
Dondaine, H.-F. 299
Drossaart Lulofs, H. J. 237, 238, 296, 297
Duhem, P. 103

Ebbesen, S. 119, 120, 124
Einstein, A. 1

Elias del Medigo 181
Emden, A. B. 81
Empedocles 312
Eutocius 301

Fischer, W. 126
Flashar, H. 53
Franciscus de Marchia 96—99, 103, 109—117
Freudenthal, J. 183, 189
Friedrich Barbarossa 197
Friedrich II. (Kaiser) 141

Galienus 25, 26
Gandillac, M. de 55
Garin, E. 76
Gauthier, R. A. 215, 221, 222, 234, 238, 241, 243, 269, 274, 275, 291, 294, 299, 326, 358—362
al-Ġazzālī (siehe Muḥammad al-Ġazzālī)
Gennadios Georgios Scholarios (siehe Scholarios)
Georgios Gemistos Plethon (siehe Plethon)
Georgius Trapezuntius 54, 75—78
Gerhardus de Monte 55
Gerhard von Cremona 192
Geyer, B. 143
Gilbertus Porretanus 8
Ps.-Gilbertus Porretanus 121
Gilson, E. 43
Gohlke, P. 1, 13
Grabmann, M. 216
Grassi, E. 76
Gregor von Nyssa 44
Grosche, R. 43
Grunebaum, G. E. v. 128

Häring, N. M. 197
Hamesse, J. 176, 188, 189
Happ, H. 102
Harlfinger, D. 293
Harrison, E. R. 1, 27, 41
Hartmann, N. 1, 27, 42
Haskins, C. H. 191
Heath, Th. 144, 145
Hegel, G. W. Fr. 26
Henri Aristippe 194, 238
Hermannus Alemannus 182
[Hermes Trismegistos] 63
Hesiod 4
Heymericus de Campo 55
Hippokrates 351
Hirschberger, J. 55
Homer 165, 166

Hora, E. 76
Hoßfeld, P. 9, 14, 42
Hugo von Honau 197
Hugues Éthérien 197
Hunger, H. 350

Iamblichos 53
Ibn al-ʿArabī 125—128, 135, 136
Ibn as-Sikkīt 126
Ibn Rušd (siehe Averroes)
Iohannes Buridanus 114
Iohannes Canonicus 96, 97, 107
Iohannes Damascenus 44, 45, 102
Iohannes de Ianduno 175, 176, 178, 181
Iohannes Duns Scotus 97, 108
Iohannes Grammaticus 12
Iohannes Philoponus 200, 237, 266, 296, 327
Iohannes Sophianos 76, 77
Irigoin, J. 252, 350
Isḥāq ibn Ḥunain 142

Jacob, A. 351, 360
Jaeger, W. 293, 332, 334
Jakob von Venedig 191—196, 198, 199, 201, 203, 204, 206, 207, 213, 215, 216, 225, 238, 243—251, 267, 294, 322, 329, 358
Jehamy, G. 172—174
Johannes Wenck 69
Judy, A. G. 364, 365
Jugie, M. 76
Junta, Th. 164, 173, 174, 176, 180—185, 189

Kalonymos ben Kalonymos 179, 183
Kassem, M. M. 163
Keklik, N. 125
Keßler, E. 74, 76
Klibansky, R. 54, 69, 70, 77
Koch, J. 175, 176
Kòpp, C. 120
Kristeller, P. O. 74, 75, 77, 162

Lacombe, G. 163, 190, 191, 201
Lagarde, B. 74
Léon Toscan 197
Leonardo da Vinci 103
Leukipp 41, 42, 312
Lewry, O. 121, 124
Lorenzo Valla 73
Lowe, E. A. 191
Ludwig d. Bayer 97

Mahdi, M. 128
Mahoney, E. H. 162, 179

Maier, A. 96, 97, 103
Mansion, A. 191, 192, 194, 195, 199, 201, 206—208, 210—213, 216, 274
Mantinus, J. 164, 173, 174, 180
Marsilio Ficino 75
Masai, F. 75, 77, 78
Mazal, O. 252
Meier, M. 44
Meiser, C. 53
Melissus 39, 40
Menge, H. 1
Mercati, G. 194
Meuthen, E. 77
Meyer, A. de 191
Meyer, E. 147, 184
Michael Scotus 9, 141, 142, 155—160, 178, 269
Michael von Cesena 97
Minio-Paluello, L. 162, 190—192, 194, 201, 209, 215, 238, 241—244, 249, 275, 289, 297, 329
Minkowski, H. 1
Mohler, L. 75—77
Molinier, A. 96, 104
Monfasani, J. 75—78
Moraux, P. 252, 290, 350, 351, 360
Moses Maimonides 54
Mueller, C. F. W. 11
Muḥammad (Prophet) 126, 127, 129, 131
Muḥammad al-Ġazzālī 126, 178, 183, 184

Nardi, B. 79, 238
Nicholaus Siculus 250, 251
Nikolaos Sekundinos 75
Nikolaus von Kues 54—80

Pape, W. 145
Paravicini Bagliani, A. 360
Paret, R. 125
Pattin, A. 11, 175, 176, 237, 296
Paulus Israelita 180—182, 184
Pelster, F. 209, 361, 362
Pertusi, A. 74
Peters, F. E. 179, 183
Petit, L. 76
Petrus Hispanus 122
Petrus Lombardus 97
Pierre Bayle 73
Pinborg, J. 121
Platon 9, 16, 25, 29, 44, 45, 53—56, 58—64, 66—80, 85, 87, 237, 297, 312, 314
Plethon 54, 74—79
Ponzalli, R. 147

Poppi, A. 79
Porphyrius 24, 53, 88, 269
Poseidonios 53
Prantl, K. 1, 14
Proklos 54, 55, 57, 67, 68, 70, 237, 242, 243, 245—248, 251, 296, 297, 299, 322, 327
Ptolemaeus 301

Ramon Llull 125
Richard Fishacre 121
Richard Rufus 121
Riedl, J. O. 175, 176
Rijk, L. M. de 119, 121, 122
Robert Grosseteste 57, 250
Roger Bacon 57, 120
Ross, W. D. 145, 146, 160, 218, 255, 263, 265, 267—269, 293, 330, 332, 334
Rudberg, G. 299

Saitta, G. 79
Sbaralea, J.-H. 96
Senger, H. G. 70, 72
Sertillanges, A. D. 43
Sideridès, X. A. 76
Simplicius 53, 237, 243, 245—249, 251, 265, 268, 269, 275, 296, 301, 327, 358, 361, 362, 365
Simpson, G. G. 27
Smet, A. J. 237, 296, 361
Sokrates 85, 87, 165, 186
Spiazzi, R. M. 297
Syrianos 54
Szabó, Á. 144, 145

Schmitt, Ch. B. 161
Scholarios 75—78

Stagninus, B. 180
Steel, C. 237, 297
Steiger, R. 58
Steinschneider, M. 179, 181

Taylor, J. W. 76
Teetaert, A. 97
Themistius 12, 23, 24, 53, 237, 238, 265, 269, 296, 327
Theodorus Gaza 54, 75—78
Theophrast 24, 350, 351, 353—355, 362
Thillet, P. 237, 238, 296
Thomas von Aquin 43—47, 49—52, 55, 71, 108, 110, 112, 113, 158, 215—217, 220, 221, 238, 267, 270, 272—276, 297, 298, 300, 329, 331, 347, 359, 361—366
Tohmann, R. 27

Usener, H. 350

van Ess, J. 128
Van Riet, S. 13
Vansteenberghe, E. 75
Verbeke, G. 190, 215, 216, 237, 238, 269, 289, 296
Vuillemin-Diem, G. 141, 192, 193, 196, 197, 199, 209, 225, 252, 290, 317

Walter Burley 119, 121−124
Whitehead, A. N. 42
Wielockx, R. 291
Wiesner, J. 252, 290
Wilhelm de Luna 142, 161, 172−174
Wilhelm von Clifford 81, 82, 91−95
Wilhelm von Moerbeke 190, 194, 195, 199, 215−217, 237, 238, 241−252, 255−258, 261−272, 274−276, 288−292, 294−302, 304−308, 314−320, 322, 324, 326−335, 337−366
Wilhelm von Ockham 97
Wilhelm von Sherwood 120
Wilpert, P. 67, 72
Wolfson, H. A. 162, 164, 175, 178, 179, 182
Woodhouse, C. M. 75

Xutos 36, 40−42

az-Zamaḫšarī 126
Zedler, B. H. 183
Zermelo, E. 115
Zimara, M. A. 162, 181
Zimmermann, A. 81, 96, 99, 120, 252, 290
Zuijderduijn, J. 297

COMMENTARIA IN ARISTOTELEM GRAECA
Edita consilio et auctoritate academiae
litterarum regiae Borussicae

Vol. I—XXIII. Cpl. Ganzleinen DM 6.495,—
(Wird durch Nachdrucke ständig ergänzt)

Vol. I. Alexandrini Aphrodisiensis in Aristotelis metaphysica commentaria. Edid. Michael Hayduck. — XIII, 919 S. 1891. Nachdr. 1956. Brosch. 340,— 3 11 005054 4

Vol. II pars I. Alexandri in Aristotelis analyticorum priorum librum I commentarium. Edid. Maximilianus Wallies. — XXII, 426 S. 1883. Nachdr. 1960. Brosch. 164,— 3 11 005068 4

pars II. Alexandri Aphrodisiensis in Aristotelis topicorum libros octo commentaria. Edid. Maximilianus Wallies. — LII, 712 S. 1891. Nachdr. 1959. Brosch. 278,— 3 11 005059 5

pars III. Alexandri quod fertur Aristotelis sophisticos elenchos commentarium. Edid. Maximilianus Wallies. — XXXII, 238 S. 1898. Nachdr. 1960. Brosch. 98,— 3 11 005069 2

Vol. III pars I. Alexandri in librum de sensu commentarium. Edid. Paulus Wendland. — XIX, 205 S. 1901. Nachdr. 1960. Brosch. 78,— 3 11 005070 6

pars II. Alexandri in Aristotelis meteorologicorum libros commentaria. Edid. Michael Hayduck. — XIII, 255 S. 1899. Nachdr. 1960. Brosch. 98,— 3 11 005071 4

Vol. IV pars I. Porphyrii Isagoge et in Aristotelis categorias commentarium. Edid. Adolfus Busse. — LVI, 181 S. 1887. Nachdr. 1957. Brosch. 86,— 3 11 005055 2

pars II. Dexippi in Aristotelis categorias commentarium. Edid. Adolfus Busse. — XII, 106 S. 1888. Nachdr. 1959. Brosch. 40,— 3 11 005060 9

pars III. Ammonius in Porphyrii Isagogen sive V voces. Edid. Adolfus Busse. — XLVIII, 136 S. 1891. Nachdr. 1960. Brosch. 64,— 3 11 005072 2

pars IV. Ammonius in Aristotelis categorias commentarius. Edid. Adolfus Busse. — XXII, 143 S. 1895. Nachdr. 1960. Brosch. 62,— 3 11 005063 3

pars V. Ammonius in Aristotelis de interpretatione commentarius. Edid. Adolfus Busse. — LVI, 320 S. 1897. Nachdr. 1960. Brosch. 136,— 3 11 005077 3

pars VI. Ammonii in Aristotelis analyticorum priorum libr. I commentarium. Edid. Maximilianus Wallies. — XVI, 100 S. 1899. Nachdr. 1960. Brosch. 40,— 3 11 005078 1

Vol. V pars I. Themistii analyticorum posteriorum paraphrasis. Edid. Maximilianus Wallies. — XVI, 88 S. 1900. Nachdr. 1960. Brosch. 38,— 3 11 005079 X

pars II. Themistii in Aristotelis physica paraphrasis. Edid. Henricus Schenkl. — XLII, 272 S. 1900. Nachdr. 1960. Brosch. 114,— 3 11 005080 3

pars III. Themistii in libros Aristotelis de anima paraphrasis. Edid. Ricardus Heinze. — XIV, 176 S. 1899. Nachdr. 1960. Brosch. 68,— 3 11 005081 1

Preisänderungen vorbehalten

Walter de Gruyter Berlin · New York

COMMENTARIA IN ARISTOTELEM GRAECA
Edita consilio et auctoritate academiae
litterarum regiae Borussicae (Forts.)

Vol. V pars IV. Themistii in libros Aristotelis de caele paraphrasis hebraice et latine. Edid. Samuel Landauer. — XVI, 256 S. 1902. Nachdr. 1961. Brosch. 160,— 3 11 005082 X

pars V. Themistii in Aristotelis metaphysicorum librum paraphrasis hebraice et latine. Edid. Samuel Landauer. — XII, 40 S. lat. u 36 S. hebr. 1903. Nachdr. 1960. Brosch. 30,—
3 11 005084 6

pars VI. Themistii (Sophoniae) in parva naturalia commentarium. Edid. Paulus Wendland. — XIII, 44 S. 1903. Brosch. 16,— 3 11 004433 1

Vol. VI pars I. Syriani in metaphysica commentaria. Edid. Guilelmus Kroll. — XIII, 219 S. 1902. Nachdr. 1960. Brosch. 85,— 3 11 005086 2

pars II. Asclepii in Aristotelis metaphysicorum libros A—Z commentaria. Edid. Michael Hayduck. — X, 505 S. 1888. Nachdr. 1960. Brosch. 188,— 3 11 005061 7

Vol. VII. Simplicii in Aristotelis de caelo commentaria. Edid. J. L. Heiberg. — XVII, 781 S. 1894. Nachdr. 1958. Brosch. 288,— 3 11 005057 9

Vol. VIII. Simplicii in Aristotelis categorias commentarium. Edid. Carolus Kalbfleisch. — XXI, 575 S. 1907. Brosch. 218,— 3 11 004434 X

Vol. IX. Simplicii in Aristotelis physicorum libros quattuor priores commentaria. Edid. Hermannus Diels. — XXXI, 800 S. 1882. Brosch. 304,— 3 11 004435 8

Vol. X. Simplicii in Aristotelis physicorum libros quattuor posteriores commentaria. Edid. Hermannus Diels. — XIV, S. 801—1463. 1895. Nachdr. 1954. Brosch. 248,— 3 11 005056 0

Vol. XI. Simplicii in libros Aristotelis de anima commentaria. Edid. Michael Hayduck. — XIV, 361 S. 1882. Nachdr. 1959. Brosch. 138,— 3 11 005062 5

Vol. XII pars I. Olympiodori prolegomena et in categorias commentariarium. Edid. Adolfus Busse. — XII, 162 S. 1902. Brosch. 62,— 3 11 004436 6

pars II. Olympiodori in Aristotelis meteora commentaria. Edid. Guilelmus Stüve. — XIV, 382 S. 1900. Nachdr. 1961. Brosch. 144,— 3 11 005073 0

Vol. XIII pars I. Philoponi (olim Ammonii) in Aristotelis categorias commentarium. Edid. Adolfus Busse. — XVIII, 234 S. 1898.Nachdr. 1961. Brosch. 90,— 3 11 005088 9

pars II. Ioannis Philoponi in Aristotelis analytica priora commentaria. Edid. Maximilianus Wallies. — XXXVII, 493 S. 1905. Brosch. 194,— 3 11 004437 4

pars III. Ioannis Philoponi in Aristotelis analytica posteriora commentaria cum anonymo in librum II. Edid. Maximilianus Wallies. — XXX, 620 S. 1909. Brosch. 236,—
3 11 004438 2

Walter de Gruyter Berlin · New York

COMMENTARIA IN ARISTOTELEM GRAECA
Edita consilio et auctoritate academiae
litterarum regiae Borussicae (Forts.)

Vol. XIV pars I. Ioannis Philoponi in Aristotelis meteorologicorum librum primum commentarium. Edid. Michael Hayduck. — VIII, 154 S. 1901. Nachdr. 1960. Brosch. 58,—
3 11 005089 7

pars II. Ioannis Philoponi in Aristotelis libros de generatione et corruptione commentaria. Edid. Hieronymus Vitelli. — X, 356 S. 1897. Nachdr. 1960. Brosch. 132,— 3 11 005090 0

pars III. Ioannis Philoponi (Michaelis Ephesii) in libros de generatione animalium commentaria. Edid. Michael Hayduck. — VIII, 279 S. 1903. Brosch. 106,— 3 11 004439 0

Vol. XV. Ioannis Philoponi in Aristotelis de anima libros commentaria. Edid. Michael Hayduck. — XIX, 670 S. 1897. Nachdr. 1960. Brosch. 252,— 3 11 005064 1

Vol. XVI. Ioannis Philoponi in Aristotelis physicorum octo libros (tres priores) commentaria. Edid. Hieronymus Vitelli. — XX, 495 S. 1887. Nachdr. 1960. Brosch. 188,—
3 11 005065 X

Vol. XVII. Ioannis Philoponi in Aristotelis physicorum octo libros commentaria (quinque posteriores). Edid. Hieronymus Vitelli. — S. 495—997. 1888. Nachdr. 1960. Brosch. 184,—
3 11 005066 8

Vol. XVIII pars I. Eliae in Porphyrii Isagogen et Aristotelis categoria commentaria. Edid. Adolfus Busse. — XXXIV, 290 S. 1900. Nachdr. 1961. Brosch. 118,— 3 11 005091 1

pars II. Davidis Prolegomena et in Porphyrii Isagogen commentarium. Edid. Adolfus Busse. — XXIV, 235 S. 1904. Brosch. 94,— 3 11 004440 4

pars III. Stephani in librum Aristotelis de interpretatione commentarium. Edid. Michael Hayduck. — VIII, 92 S. 1885. Nachdr. 1960. Brosch. 36,— 3 11 005067 6

Vol. XIX pars I. Aspasii in ethica Nicomachea quae supersunt commentaria. Edid. Gustavus Heylbut. — XIII, 246 S. 1889. Nachdr. 1958. — pars II. Heliodori in ethica Nicomachea paraphrasis. Edid. Gustavus Heylbut. — IX, 246 S. 1889. Nachdr. 1958. pars I/II zus. Brosch. 188,— 3 11 005058 7

Vol. XX. Eustratii et Michaelis et anonyma in ethica Nicomaches commentaria. Edid. Gustavus Heylbut. — XVI, 656 S. 1892. Nachdr. 1960. Brosch. 242,— 3 11 005092 7

Vol. XXI pars I. Eustratii in analyticorum posteriorum librum secundum commentarium. Edid. Michael Hayduck. — XVIII, 294 S. 1907. Unveränd. Nachdr. 1969. Brosch. 114,—
3 11 002550 7

pars II. Anonymi et Stephani in artem rhetoricam commentaria. Edid. Hugo Rabe. — XVI, 493 S. 1896. Nachdr. 1960. Brosch. 186,— 3 11 005094 3

Preisänderungen vorbehalten

Walter de Gruyter   Berlin · New York

COMMENTARIA IN ARISTOTELEM GRAECA
Edita consilio et auctoritate academiae
litterarum regiae Borussicae (Forts.)

Vol. XXII pars I. Michaelis Ephesii in parva naturalia commentaria. Edid. Paulus Wendland. — XI, 175 S. 1903. Brosch. 68,—   3 11 004442 0

pars II. Michaelis Ephesii in libros de partibus animalium — de animalium motione — de animalium incessu commentaria. Edid. Michael Hayduck. — XIV, 193 S. 1904. Brosch. 76,—   3 11 004443 9

pars III. Michaelis Ephesii in librum quintum ethicorum Nicomacheorum commentarium. Edid. Michael Hayduck. — VIII, 84 S. 1901. Brosch. 34,—   3 11 004444 7

Vol. XXIII pars I. Sophoniae in libros Aristotelis de anima paraphrasis. Edid. Michael Hayduck. — VIII, 175 S. 1883. Nachdr. 1960. — pars II. Anonymi in Aristotelis categoria paraphrasis Sophoniae in libros Aristotelis de anima paraphrasis. Edid. Michael Hayduck. — IV, 87 S. 1883. Nachdr. 1960. pars I/II zus. Brosch. 100,—   3 11 005074 9

pars III. Themistii quae fertur in Aristotelis analyticorum priorum librum I paraphrasis. Edid. Maximilianus Wallies. — X, 164 S. 1884. Nachdr. 1960. — pars IV. Anonymi in Aristotelis sophisticos elenchos paraphrasis. Edid. Michael Hayduck. — VI, 84 S. 1884. Nachdr. 1960. pars III/IV zus. Brosch. 96,—   3 11 005075 7

SUPPLEMENTUM ARISTOTELICUM
Editio concilio et auctoritate academiae
litterarum regiae Borussicae

III vol. (VI partes). Octav. 1885/1893. Ganzleinen cpl. DM 483,—
ISBN 3 11 005114 1

Vol. I pars I. Excerptorum Constantini de natura animalium libri duo. Aristophanis historiae animalium epitome suiunctis Aeliani Thimothei aliorumque eclogis. Edid. Spyridon P. Lambros. — XX, 282 S. 1885. Nachdr. 1961. — pars II. Prisciani Lydi quae extant Metaphrasis in Theophrastum et Solutionum ad Choasroem liber. Edid. I. Bywater. — XIII, 136 S. 1886. Nachdr. 1961. pars I/II zus. Brosch. 164,—   3 11 005087 0

Vol. II pars I. Alexandri Aphrodisiensis praeter commentaria scripta minora. De anima liber cum mantissa. Edid. Ivo Bruns. — XVII, 232 S. 1887. Nachdr. 1961. — pars II. Alexandri Aphrodisiensis prater commentaria scripta minora. Quaestiones — de facto — de mixtione. Edid. Ivo Bruns. — XLVII, 276 S. 1892. Nachdr. 1961. pars I/II zus. Brosch. 208,—
3 11 005113 3

Vol. III pars I. Anonymi Londinensis ex Aristotelis Iatricis Menoniis et aliis medicis eclogae. Edid. Hermannus Diels. Adiectae sunt Tabulae duae. — XVIII, 116 S. 1893. Nachdr. 1961. Brosch. 50,—   3 11 005095 1

pars II. Aristotelis res publica Atheniensium. Edid. Fridericus G. Kenyon. — XIV, 160 S. 1903. Nachdr. 1960. Brosch. 64,—   3 11 005096 X

Preisänderungen vorbehalten

Walter de Gruyter   W DE G   Berlin · New York